# 스펄전
# 신약 인물 설교

찰스 스펄전 지음
모수환 옮김

CH북스
크리스천
다이제스트

# 차례

## 제1부  신약의 남성들

# 제2부  신약의 여성들

# 신약의 남성들

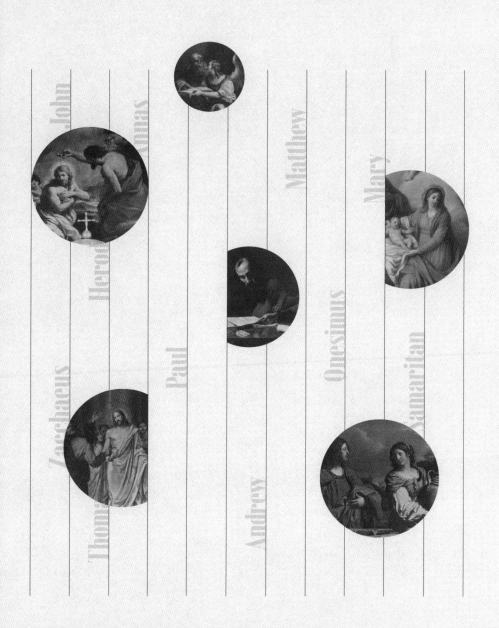

# 1

# 세례 요한

### 신발 끈을 풀다

*"나보다 능력이 많으신 이가 오시나니 나는 그의 신발 끈을 풀기도 감당하지 못하겠노라"(눅 3:16).*

요한의 사명은 사람들로 하여금 자기를 따르게 하는 것이 아니라 예수님께 그들을 안내하는 일이었으며, 그는 자신의 사명을 충실하게 감당하였습니다. 주님을 알리는 사자로서 주님에 대한 그의 견해는 매우 훌륭하였습니다. 그는 주님을 이스라엘의 왕 여호와의 기름 부음 받은 자로서 경배하였고, 결과적으로 자신을 높여서 주님의 경쟁자가 되는 과오를 범하지 않았습니다. "그는 흥하여야 하겠고 나는 쇠하여야 하리라"(요 3:30). 그는 기쁘게 선포하였습니다. 그는 이처럼 자신을 낮추는 가운데 본문의 말씀을 언급하였습니다.

이 말씀은 약간의 차이는 있지만 복음서 저자들마다 모두 기록하였습니다. 마태는 "나는 그의 신을 들기도 감당하지 못하겠노라"(마 3:11)고 기록하였습니다. 세례 요한이 주님의 신발을 주님께 가져다 드릴 자격도 없었다는 말입니다. 마가는 "나는 굽혀 그의 신발 끈을 풀기도 감당하지 못하겠노라"(막 1:7)고 기록하였습니다. 요한은 누가와 거의 비슷합니다(요 1:27). 신발을 신기고 벗기고 치워 놓는 일은 일반적으로 천한 종들이 하는 일이었습니다. 이 같은 일은 조금이라도 명예롭거나 존귀한 일이 아니었습니다. 하지만 세례 요한은 주 예수님의 천한 종이 되는 것이 아주 명예로운 일이라고 생각하였습니다.

요한은 결코 못난 사람이 아니었다는 사실을 기억하십시오. 그때까지 여인이 낳은 모든 자 가운데서 그보다 더 나은 사람은 없었습니다. 많은 선지자들이 그에 대하여 예언하였으며, 그의 사명은 특별히 고귀한 일이었습니다. 그는 위대하신 신랑의 친구로서 선택받은 신부에게 신랑을 소개하였습니다. 요한은 엎드려 굽실거리는 성격이 아니었습니다. 그는 바람에 흔들리는 갈대가 아니었고, 왕궁에서 아첨하는 성격을 지닌 사람이 아니었습니다. 아니, 우리는 그에게서 엘리야, 철인, 우레의 아들의 모습을 봅니다.

그는 먹이를 잡아먹는 젊은 사자처럼 포효하였으며, 아무도 두려워하지 않았습니다. 마음이 약한 것이 아니라 본래 온유한 심령을 가진 사람들이 더러 있는데, 그들은 태생적으로 남을 도와주며 다른 사람들을 자신의 지도자로 모십니다. 이런 사람들은 자기 자신을 비하하는 실수를 범하기 쉽습니다. 그런데 요한은 철두철미하게 주님을 위한 사람, 주님을 위한 영웅이었습니다. 그는 마치 학교에서 어린 학생이 선생님의 발 앞에 앉아 있는 모습처럼 예수님 앞에 앉아서 이렇게 외쳤습니다. "나는 그의 신발 끈을 풀기도 감당하지 못하겠노라."

더욱이 요한이 큰 능력을 받은 사람이었다는 것과 그런 사람들이 교만하기 쉽다는 사실을 기억하십시오. 그는 선지자였으며, 참으로 선지자보다 더 나은 사람이었습니다. 그가 광야에서 설교하였을 때 그는 불을 뿜는 유창한 언변으로 금세 예루살렘과 근처 모든 도시 사람들을 끌어 모았으며, 요단의 언덕들은 약대 털옷을 입은 이 사람 주위로 열광적인 수많은 사람들이 몰려드는 것을 보았습니다. 그는 랍비의 가르침도 받지 못하였고, 학교에서 웅변술도 배우지 못했지만, 수많은 사람들이 모여 그의 가르침에 귀를 기울였습니다. 요한은 대담하고, 명료하며, 효과적이고, 호령하는 설교를 하는 사람이었습니다.

또한 그가 훌륭한 설교자였을 뿐만 아니라 군중을 모으는 일은 물론 그들에게 세례를 주는 일에서 크게 성공한 사람이었다는 사실을 주목하십시오. 온 나라가 요한의 영향력을 실감하였고 그가 선지자임을 알았습니다. 마치

가을 곡식이 바람에 흔들리듯이 백성들은 그의 열정적인 말씀에 크게 동요하였습니다. 자신이 많은 동료들을 지배하는 권세를 가지고 있다고 느낄 때 사람은 누구나 터무니없이 높아지고 교만하기 쉽지만 요한은 그렇지 않았습니다. 주님은 그에게 많은 인기와 큰 성공을 안심하고 베푸실 수 있었습니다. 왜냐하면 그가 그 모든 영광을 누리면서도 겸손하게 그 모든 영광을 예수님의 발 아래 내려놓고 "메시야의 집에 있는 가장 천한 종이 되기도 나는 감당치 못하겠노라"고 말하였기 때문입니다.

아울러 요한이 종교지도자였으며 또한 그가 원하기만 하였다면 강력한 종파의 지도자가 될 기회가 있었다는 사실을 유념하십시오. 그랬다면 백성들은 분명히 그를 기꺼이 따랐을 것입니다. 만일 요한이 명하지 않았다면 의심할 여지 없이 그의 제자들이 그리스도께 가지 않았을 것이나, 요한은 그들더러 그리스도께로 가라고 명하였으며, 예수님을 가리키며 "보라 하나님의 어린양이로다"라고 증거하였으며, 자신에 대하여 "나는 그리스도가 아니라"고 누누이 밝혔습니다.

기록을 보면, 세례 요한이 죽은 지 오랜 후에도 여전히 그의 제자들이 남아 있었던 것으로 보아, 그만큼 그가 군중을 모아 자기의 제자들로 삼고 사람들 가운데 자신의 이름을 떨칠 기회가 그에게 얼마든지 있었던 것입니다. 하지만 그는 그러한 명성을 경멸하였고, 주님에 대한 고상한 생각으로 말미암아 사적인 지도력에 대한 욕망을 사전에 철저하게 차단하였으며, 도리어 "나는 그의 신발 끈을 풀기도 감당하지 못하겠노라" 하였던 것입니다.

요한이 언제나 자신의 자리를 지킬 수 있었던 비결이 무엇이었을까요? 주님에 대한 바른 인식과 깊은 경외심 때문이 아니었을까요? 그에 비해 우리는 그리스도에 대한 판단이 부족하기 때문에 주님께서 가장 낮은 자리 외에는 다른 높은 자리를 우리에게 안심하고 맡기지 못하시는 것입니다. 우리 대부분은 지금보다 열 배나 쓸모 있는 사람이었지만 다만 그렇게 되지 못한 것은 하나님께서 우리를 염려하셨기 때문일 것이라고 나는 믿습니다. 많은 사람들이 뒷줄에서 싸우고, 주님을 섬기되 조금만 섬기며, 또 그 섬김에서 조금밖에 성공할 수 없었던 이유는 그들이 그리스도를 온전히 경외하지 않고 주님을 온전히 사랑하지 않았기 때문이며, 그 결과 자아로 말미암아 자신이 넘어지고 교회에 슬픔을 가져다주며 주님께 욕을 돌리게 한 것입니다. 오, 그리스도는 높이고 우리 자신은 낮추는 그런 사고를 가집시다! 예수님께서 만물을 충만케 하시는 분이시며, 우리 자신은 그 앞에 아무것도 아니라는 사실을 유념합시다.

첫째, 어떤 모양의 거룩한 섬김이라도 가볍게 여겨져서는 안 된다는 사실을 주목합시다. 그리스도의 신발 끈을 푸는 일이 매우 사소한 일처럼 보일 것입니다. 종이 해야 할 일을 지위가 높고 영향력 있는 사람이 몸을 구부려 한다는 것은 자존심 상하는 것인 양 보일 것입니다. 내가 왜 그렇게까지 자존심을 꺾어야 하나요?

나는 그렇게 하므로 그리스도를 배울 것입니다. 나는 그리스도를 위해 많은 사람들에게 떡을 나눠 줄 것입니다. 나는 그리스도께서 말씀을 전하시도록 해안 가에 나의 배를 가져다 놓을 것이며, 혹은 주님께서 예루살렘에 당당히 들어가시도록 타실 나귀를 얼른 가서 끌고 올 것입니다. 하지만 제자가 단지 머슴이 될 필요가 있을까요? 이런 물음이 본문에는 나와 있지 않지만 만일 누가 이러한 질문을 한다면 그는 꾸지람 받을 것입니다. 왜냐하면 예수님께서 영광을 받으시는 일이라면 그 어떠한 일이라도 결단코 수치스러운 일일 수 없기 때문입니다. 사람이 주님께 영광을 돌리는 일을 한다면 그가 어떠한 일을 행할지라도 그의 가치는 떨어질 수 없습니다.

이제 그리스도를 위한 작은 일들, 곧 신발을 가져오고 신발 끈을 푸는 작은 일들을 하는 사람들이 큰 일들을 하는 사람들보다 자녀의 마음을 더 많이 가지고 있다는 사실을 주목하십시오. 친구는 밖에서나 길에서 친절을 베풀 것이며, 그 행동이 호의적입니다. 그러나 자녀의 행동을 알려면 여러분은 그 집안 내부를 들여다보아야 할 것입니다. 거기서 자녀는 아버지에게 돈을 빌려주거나 사업을 협상하거나 하는 그런 큰 일을 하지 않지만 자식으로서 행하는 그의 작은 행동들이 오히려 그의 자녀됨을 말해 줍니다. 일과가 끝난 후 아버지를 만나는 자가 누구입니까? 아버지에 대한 자녀의 사랑을 보여주는 행동이 무엇입니까?

어린 자녀가 아버지의 슬리퍼를 가지고 아장아장 걸어오며, 아버지가 구두를 벗으면 그 구두를 가지고 달아나는 모습을 보십시오. 어린 자녀는 아버지를 위한 작은 행동에서 큰 기쁨을 맛보며, 작은 행동으로 아버지에 대한 사랑을 나타냅니다. 예수님을 위한 작은 행동들도 이와 같습니다. 때때로 세상 사람들도 그리스도를 위해 돈을 기부하며, 자선이나 선교를 위해 막대한 액수를 기부합니다. 하지만 그들은 다른 사람들의 죄에 대하여 은밀히 기도하지 않으며, 고난당하는 성도에게 위로의 말을 하지 않습니다. 몸이 아픈 여자를 방문하고, 어린아이를 가르치며, 거리의 부랑아를 교화시키고, 원수를 위해 기도하며, 낙심한 성도에게 언약의 말씀을 전해 주는 일이 양로원을 짓거나 교회에 재산을 기부하는 일보다 오히려 자녀됨을 보여 준다고 할 수 있을 것입니다.

그리스도를 위하여 큰 일들 못지 않게 작은 행동들도 반드시 행해져야 한다는 사실을 우리는 기억해야 합니다. 만일 우리가 그리스도의 발을 씻겨드리지 않고, 그의 신을 풀어드리지 않는다면 그만큼 그리스도는 고통을 겪으실 것이며, 결과적으로 그의 발은 피곤하여 멀리 여행하지 못할 것이며, 이에 많은 동네들이 그리스도의 복을 받지 못하게 될 것입니다. 그 밖에 다른 소소한 일들도 이와 마찬가지로 중요합니다. 수천 명의 사람들 앞에서 하나님의 진리를 공적으로 전파하는 것도 필요하지만 조용히 성도로서 중보의 기도를 드리는 것 또한 그에 못지않게 필요합니다. 군주들의 죄를 책망하는 일도 필요하지만 어린아이들에게 어린이 찬송을 가르쳐 주는 일 또한 필요합니다.

말의 편자에 단 하나의 못을 박지 아니하므로 싸움에서 졌다는 옛이야기를 우리는 기억합니다. 지금까지 교회가 그리스도를 위한 싸움에서 패배한 이유는 아마도 예수님을 위해 마땅해 행해야 했던 소소한 일들을 소홀히 했기 때문이 아닐까 생각합니다. 어린아이에게 "온유하신 예수님"이란 찬송을 가르쳐 주고, 그 어린 심령을 구세주께로 인도하는 일이 사소한 일처럼 보이겠지만, 이는 그 어린아이가 후에 신자가 되고, 사역자가 되고, 영혼들을 구원하는 능력자가 되도록 하는 은혜로운 신앙교육으로서 없어서는 안 될 필수적인 과정입니다. 이 첫 교훈을 생략해 보세요. 그러면 여러분은 한 생명을 버리게 될 수도 있을 것입니다.

또 다른 예를 들어봅시다. 어떤 설교자가 자신이 외딴 마을에서 설교하기로 공시된 사실을 알았습니다. 폭풍우가 심하게 몰아쳤지만 그는 약속을 지키기 위해 그 마을에 갔습니다. 그런데 막상 가 보니 그 집회 장소에는 달랑한 사람만 참석하였습니다. 설교자는 마치 그 집에 사람들이 꽉 차 있는 것처럼 열정적으로 그 한 사람에게 설교를 하였습니다. 몇 년이 흐른 후, 그는 그 지역 곳곳에 교회들이 세워진 것을 알았습니다. 그 이유를 알아보니 그 한 명의 청중이 그날 회개하였고, 그 한 사람이 그 지역 전체를 전도하였던 것입니다. 만일 그 설교자가 그 한 사람에게 설교하는 것을 거절하였다면, 그 지역에 어떤 복도 내리지 않았을 것입니다. 그리스도를 위해 신발 끈을 푸는 일을 결단코 소홀히 여기지 마십시오. 그 끈에 무엇이 달려 있는지 모릅니다. 인간의 운명은 종종 보이지 않는 작은 경첩을 따라 돌아갑니다. 결단코 속으로 "이것은 사소한 일이야"라고 말하지 마십시오. 주님에게 사소한 일은 전혀 없습니다.

그리스도를 위한 작은 일들은 우리의 신앙의 진실성을 알아보는 가장 좋은 시험 방법입니다. 작은 일에 순종하는 것은 종이 갖추어야 할 성품입니다. 집에 종을 고용해 보십시오. 그리고 그날 수행해야 할 중요한 임무를 맡겨보면 좋은 종인지 나쁜 종인지 금방 알 수 있습니다. 종은 음식을 요리하며, 침대를 가지런하게 하며, 집을 청소하며, 문을 열어 줄 것입니다. 그 집을 행복하게 꾸미는 종과 그 집의 골칫거리인 다른 종과의 차이점은 얼마간의 작은 일들에 있습니다. 아마도 여러분이 그런 작은 일들을 종이에 적어둘 수는 없겠지만, 그런 작은 일들이 가정에 큰 행복을 가져다주기도 하며 혹은 불행을 가져다주기도 하기에 종의 가치를 결정하는 것입니다.

나는 그리스도인의 삶도 이와 같다고 믿습니다. 여기에 모인 우리 대부분이 언제나 율법의 큰 계명들을 등한히 하였다고 나는 생각하지 않습니다. 그리스도인으로서 우리는 흠이 없고 올바르게 행동하려고 노력하며, 하나님을 경외하므로 큰 일을 감당하는 가운데 우리의 가정을 지키려고 노력합니다. 하지만 순종의 정신이 가장 잘 드러나는 경우는 작은 일에서 주님을 의지할 때입니다. 우리의 시선을 주님께 고정해야 이러한 순종의 정신이 드러납니다. 참으로 순종하는 심령은 모든 일에서 주님의 뜻을 알기를 소원합니다. 설령 세상이 하찮게 보는 점이 있을지라도 오히려 그 때문에 순종하는 심령은 다음과 같이 말합니다. "작은 일에도 내가 그의 기쁘신 뜻에 따라 온 마음을 다해 복종하기를 원하는 사실을 주님께 보여드리기 위해 나는 그 작은 일들을 성실히 수행할 것입니다."

작은 일들 가운데 도가니와 시금석이 있습니다. 위선자라도 주일예배에 참석할 수 있을 것입니다. 하지만 모든 위선자가 기도회에 참석하거나, 은밀히 성경을 읽거나, 하나님의 도를 성도들에게 개인적으로 전하지는 못할 것입니다. 그들은 이런 일들을 작은 일들이라고 판단하고 소홀히 여기며, 결국 스스로를 정죄하고 맙니다. 신앙이 깊은 사람은 기도를 사랑하는 반면, 신앙이 얕은 사람은 오로지 공적인 예배의식에만 관심을 갖습니다.

작은 일에서 그리스도인의 진실성이 나타납니다. 금세공인의 순분 인증 각인(純分認證刻印)은 작은 일이지만 이로써 진짜를 판별할 수 있습니다. 그리스도의 신발을 기쁘게 가져오는 사람과 그것이 하찮다고 생각하여 결코 굽히지 않는 사람 사이에는 큰 차이가 있습니다. 바리새인이라도 그리스도를 자기 집에 초대하여 함께 식사를 나눌 수 있습니다. 그는 위대한 종교 지도자를 자기 식탁에서 기꺼이 환대할 것입니다. 하지만 아무나 몸을 구부려 그리스도의 신발 끈을 풀지는 못할 것입니다. 그 예로서 잔치를 베푼 이 바리새인은 주님께 발 씻을 물도 가져다주지 않았으며, 환영의 입맞춤도 하지 않았습니다. 그는 작은 일들을 간과하므로 자신의 환대가 무성의한 것이었음을 보여 주었던 것입니다. 마르다와 마리아는 결코 주님의 신발 끈 푸는 일을 소홀히 하지 않았으며, 나사로는 놓치지 않고 주님의 발을 씻겨드렸다는 사실을 나는 말하지 않을 수 없군요. 부탁하건대, 여러분은 그리스도인으로서 눈에 띄지 않는 일, 사람들이 인정하지 않는 일, 사람들에게 명예를 주지 못하는 일에서 그리스도를 성실하게 섬기세요. 이렇게 해야 그리스도에 대한 여러분의 참된 사랑이 인증될 것이기 때문입니다.

또한 큰 일을 통해서 알 수 없는 그리스도와의 친밀성을 작은 일을 통해서는 알 수 있다는 사실을 주목하십시오. 예를 들면, 내가 앞에 있는 사람의 신발 끈을 풀어 줄 때, 비록 그의 발만 만질 뿐이지만 나는 그와 교제하게 됩니다. 나가서 마귀를 쫓아내고 복음을 전하고 병든 자를 고쳐주는 일이냐, 아니면 주님을 따르며 항상 주님의 신발 끈을 풀어 주는 일이냐, 이 둘 중에 하나를 택하라고 한다면 나는 후자를 택할 것입니다.

유다도 첫 번째 일은 하였습니다. 그는 다른 제자들과 함께 예수님을 따랐으며 사탄이 하늘로부터 번개같이 떨어지는 것을 보았지만 결국 그는 멸망 당하고 말았습니다. 그 이유는 그가 그리스도와 교제하는데 실패하였기 때문입니다. 그는 그리스도의 돈궤를 맡으면서 도둑질을 하였으며, 그리스도에게 입맞춤하면서 배반하였습니다. 그리스도와의 사적인 관계에서 실패하지 않는 사람이 온전한 사람이며, 그런 사람이 마음속에 의의 증거를 가진 사람입니다.

창조 이래로 여인이 값비싼 향유 옥합을 깨뜨려 그리스도에게 부은 행동만큼 위대한 행동은 일찍이 없었습니다. 가난한 자가 깨진 옥합에서 아무것도 얻지 못하였고, 병든 자가 이 때문에 치유된 일은 없었지만 그녀의 행동은 분명히 주님을 위한 일이었으며, 그래서 그녀의 행동은 특히 아름다운 행동이었습니다. 참으로 그녀의 행동은 신발 끈을 푸는 일에 불과하였지만 그 신발은 주님의 것이었으며, 이 사실이 그녀의 행동을 귀하게 하는 것이었습니다.

대부분의 사람들이 대수롭지 않게 여기는 이런 은혜로운 행위에 대하여 한 번 더 생각해 봅시다. 아시다시피 하나님은 작은 예물을 드리는 우리의 예배를 열납하십니다. 하나님은 자기 백성들이 황소를 드리는 제사를 받으셨고, 숫양을 드리는 제사를 받으셨습니다. 이들은 많은 가축 떼 가운데서 잡아드릴 수 있는 풍성한 재물이 있던 사람들이었습니다. 아울러 하나님은 가난한 자들에게는 산비둘기 한 쌍이나 집비둘기 새끼 둘을 바치도록 허락하셨습니다. 하나님께서 황소로 드린 제사보다 산비둘기로 드린 제사를 덜 좋아하셨다는 말씀을 나는 성경에서 한 번도 본 일이 없습니다.

내가 아는 바, 우리의 복되신 주님께서 친히 세상에 계셨을 때 그분은 어린아이들의 찬송을 기뻐하셨습니다. 이 아이들은 동방의 박사들처럼 금이나 은을 가져오지 않고 다만 "호산나"라고 외쳤을 뿐이지만 주님은 그들의 찬송에 성내지 않으시고 그들의 순진한 찬송을 열납하셨습니다. 그리고 우리가 기억하건대, 과부가 헌금함에 그녀의 생활비 전부에 해당하는 두 렙돈, 곧 한 고드란트(로마의 동전)를 넣었을 때 주님은 그 헌금을 거절하지 않으시고 도리어 칭찬하셨습니다. 그 헌금은 매우 작은 것이었지만 매우 엄청난 것이었다는 사실을 우리는 지금 익히 알고 있습니다. 무한하신 하나님께 두 렙돈, 곧 한 고드란트가 열납되었습니다! 만왕의 왕께서 동전을 받으셨습니 다! 천지를 만드신 주님께서 동전을 승인하신 것입니다. 이는 새 발의 피도 안 되는 것이었지만 주님은 그것을 대단하게 여기셨습니다. 그러므로 작은 행동이라고 인간의 잣대나 기준으로 판단하지 말고, 하나님의 기준으로 판 단하십시오. 왜냐하면 주님은 사람들의 마음을 보시기 때문입니다. 주님은 사람들의 행동보다도 그런 행동을 하게 된 동기를 소중히 여기십니다.

두 번째, 우리 자신의 부족함에 대하여 생각해 보도록 하겠습니다. 우리가 기독교 사역을 접하게 될 때 정말로 우리 자신이 부족함을 절감하게 됩니다. 일반적으로, 아무 일도 하지 않는 사람이 스스로 훌륭하다고 생각합니다. 글 을 한 번도 써 본 적이 없는 사람이 가장 신랄한 비평을 한다는 사실을 여러 분은 알게 될 것입니다. 마찬가지로 총을 잡아보지도 않은 사람들이 전투상 황을 가장 많이 판단한다는 사실도 알게 될 것입니다. 점잖게 의식에 참여하 지만 영혼을 구원하려고 단 한 번도 노력하지 않은 그리스도인들이 놀랍게 도 목사의 설교가 변변찮다거나 혹은 시시하다고 성급하게 말합니다. 그들 은 우리의 행동양식이 불법인지 혹은 지나치게 열광적인지 알아보려고 우 리를 감시합니다. 그들은 광신이나 무질서와 같은 냄새를 맡는데 탁월한 후 각을 발휘합니다. 나로서는 이런 점잖은 사람들의 비판을 받는 것이 매우 안 전합니다. 그들의 비판 때문에라도 내가 아주 잘못되지는 않을 테니까요.

한 번 주 예수님을 위해 진정으로 일해 보십시오. 그리하면 여러분이 영광 의 주님을 위해 가장 천한 일을 할 자격도 없다는 사실을 곧 깨닫게 될 것입 니다. 잠시 이 사실에 대하여 숙고해 봅시다. 우리가 지금까지 어떠한 존재였 는지 생각해 볼 때, 그리스도를 위해 가장 천한 일을 할 자격도 없다는 사실 을 느끼지 않을 수 없습니다.

여러분도 아시다시피 바울은 명백한 범죄자들의 악행을 신랄하게 책망한 뒤에 "너희 중에 이와 같은 자들이 있더니"(고전 6:11)라고 말하였습니다. 우리 가운데 어떤 이들의 마음이 하나님 앞에서 얼마나 완고한지요! 얼마나 많이 거역하고 얼마나 심하게 고집을 부리는지요! 얼마나 하나님의 성령을 소멸하며, 얼마나 죄악을 많이 사랑하는지요! 글쎄, 제가 저를 위해 십자가에 못 박히신 주님의 발 앞에 몸을 굽혀 그의 신발 끈을 풀 수 있다면, 저는 틀림없이 그 못 자국을 저의 눈물로 적시며 이렇게 말할 것입니다. "나의 주여, 나와 같은 사람도 당신의 발을 만질 수 있나이까?" 하늘의 천사들이 그리스도를 위해 가장 작은 일을 하도록 허락 받은 사람을 부러워할 것입니다. 그들은 한 번도 죄를 범하지 않았는데도 말입니다. 오, 죄로 더러워진 우리가 죄 없으신 구세주를 섬기도록 부르심을 받았다는 사실이 얼마나 큰 은혜입니까!

그런데 우리 죄의 근원을 추적하면서 우리는 다시 한 번 우리의 부족함을 깨닫게 됩니다. 우리는 과거에도 부족했지만 지금도 부족함을 깨닫습니다. 그렇습니다. 지금도 우리는 부족합니다. 비록 우리가 예수님의 보혈로 죄 씻음을 받았고, 새로운 마음과 의로운 영을 받았지만, 여전히 우리는 거짓된 활처럼 곁길로 나아갑니다. 왜냐하면 우리 안에 타락이 존재하기 때문입니다. 때로는 작은 믿음 하나 지키는 것조차 힘이 듭니다. 우리는 두 마음을 품고 있으며, 정함이 없습니다. 너무 뜨겁다가도 너무 차갑고, 너무 열광적이다가도 그 후에는 또 너무 태만합니다. 우리의 본분과는 영 딴판입니다. 따라서 그리스도께서 그를 위해 가장 작은 일이라도 우리에게 허락하신 사실에 우리는 놀라지 않을 수 없는 것입니다. 주님께서 우리를 감옥에 가두고 그곳에 처박아 두셔야 했음에도 불구하고 실제로는 우리를 벌하지 않으신 것은 자비로 우리를 대하셨기 때문입니다. 주님은 우리의 행위대로 갚지 않으시고 도리어 우리를 감옥에서 불러내셔서 그를 섬기게 하셨습니다. 그러므로 우리가 주님의 집에서 가장 작은 일을 할 자격도 없는 존재임을 깨닫게 됩니다.

사랑하는 성도들이여, 아무리 작은 섬김이라도 우리에게는 더 나은 마음의 상태가 요구됩니다. 나는 복음을 증거하지 않을 때보다 복음을 증거할 때 나의 부족함을 더 많이 발견하게 됩니다. 자신의 죄를 깨닫는 것이 은혜라면, 나는 복음 전함을 하나님께 감사드립니다. 왜냐하면 이를 통해 나의 죄를 깨닫게 되기 때문입니다. 솔직히 말해서 내가 예수 그리스도를 전하고 그를 영화롭게 하지만 어떤 때는 나의 마음이 주님을 향하여 뜨겁지 않으며, 주님을 소중하게 여기지 못합니다. 높은 보좌 위에 계신 주님을 전하는 동안에도 나의 마음은 주님을 그 높은 자리에 모시지 못할 때가 있습니다. 오 그때에 나는, 나의 마음이 내 앞에 있는 영광스러운 진리와 하나되지 못하도록 방해하는 마음속의 시커먼(타락한) 점액(눈물)을 빼내기 위해 나의 마음이라도 쥐어뜯어야 되겠다고 생각합니다.

때로 우리가 죄인들을 초대하고 그들을 그리스도께로 인도하려고 노력할 때가 있습니다. 그때에 그리스도께서 눈물을 흘리며 설교하시는 마음으로 우리는 많은 긍휼을 가지고 복음을 전하기 원합니다. 하지만 우리는 건조한 눈으로, 거의 감격 없이 복음을 전하며, 그때에 우리는 감격도 느낌도 없는 우리의 굳은 마음을 채찍질합니다.

다른 임무를 감당할 때도 마찬가지로 우리의 부족함을 느낍니다. 여러분은 다음과 같은 느낌을 가져보지 않았나요? '오늘 오후에 나는 교회에 가서 반 아이들을 가르쳐야 합니다. 하지만 나에게는 그만한 자격이 없습니다. 주간 내내 근심하며 지냈습니다. 지금 내 마음은 목표에 이르지 못하였습니다. 나는 주님을 사랑하기를 소망합니다. 하지만 내가 과연 그러한지 알 수 없습니다. 나는 이 아이들을 위해 열심을 내야 하지만 열심을 내지 못할 것 같습니다. 나는 자리에 앉아 뜻도 모르고 흉내내는 앵무새처럼 그렇게 생명도 없이, 사랑도 없이 아이들을 가르칠 것 같습니다.' 그래요. 그렇다면 여러분은 주님의 신발 끈을 풀기에도 합당하지 못한 자신의 부족함을 뼈저리게 느끼고 있는 것입니다.

혹시 여러분이 오늘 오후에 죽어 가는 한 사람을 방문하게 되면, 그에게 천국 가는 길에 대하여 말해 줄 것입니다. 하지만 그는 회개하지 않습니다. 자, 여러분은 불을 토하는 입술이 되기를 원합니다. 하지만 여러분의 혀는 얼어붙어 있습니다. 그리고 여러분은 이런 생각을 합니다. '오 하나님, 내가 침상 곁에 앉아서 이 가련한 사람이 그리스도를 영접하지 않으면 아마도 일주일 내에 지옥불에 떨어질 수밖에 없을 것이라는 그런 생각을 하면서 어찌하여 내가 그 일이 그리 대수롭지 않은 일인 양 그렇게 그의 위험천만한 상태를 냉정하게 지켜볼 수 있나이까?' 정말 그렇습니다. 나 자신 안에는 주님의 일을 할 수 있는 자격이 조금도 없다는 사실을 수없이 느껴보았습니다.

우리는 주님의 종이 될 만한 자격이 없습니다.

우리는 또 다른 면에서 우리의 부족함을 느낄 수 있습니다. 형제 자매들이여, 우리가 그리스도를 위하여 행한 일을 돌아볼 때 우리의 행동 가운데서 자아가 지나치게 많이 개입되어 있다는 사실을 고백하지 않을 수 없습니다. 우리 자신이 할 일을 골라잡고 선택하며, 그 골라잡음과 선택이 자기존중이라는 본능에 의해 결정됩니다. 우리 자신에게 좋은 일을 하라고 하면 우리는 그 일을 합니다. 우리더러 칭찬 받는 모임에 참석하라고 하면, 사회적인 신분이 상승하는 일을 하라고 하면, 또는 동료 그리스도인들에게 우리를 나타내는 일을 하라고 하면, 우리는 한 마리의 물고기처럼 뛰어올라 그 일을 합니다. 하지만 그 일이 우리에게 부끄러움을 주는 일이라고 가정해 봅시다. 그리고 그 일이 우리의 능력보다는 우리의 무능력을 드러내는 것이라고 가정해 봅시다. 그러면 우리는 그 일을 사양하고 말 것입니다.

여호와께서 모세를 부르셨을 때 그가 다소 느꼈던 기분을 우리 대부분도 느끼고 있습니다. "내가 그리스도를 전할 경우 나는 말을 더듬거릴 것입니다"라고 사람들은 말합니다. 그들은 마치 하나님께서 말 잘하는 입술만 만드시고 말 더듬는 입술은 만들지 않으신 것처럼 말합니다. 하나님께서 모세를 택하셨을 때 마치 모세가 어떤 자인지 모르시고 택하신 양 그렇게 그들은 말합니다. 모세는 하나님을 위해 가서 더듬거리는 말로써 하나님께 영광을 돌려야 했지만, 그는 그런 일을 좋아하지 않았습니다. 이와 마찬가지로 많은 사람들도 사명을 감당할 충분한 은혜를 갖추지 못하였습니다. 자, 한 달란트를 받은 내가 열 달란트를 받지 못하였다고 하여 주님을 섬기기를 거부해야 할까요? 우리가 그렇게 비뚤어져 있다면 그 얼마나 어리석은 일이며 주님을 거역하는 일이겠습니까!

그리고 여러분이 어떤 거룩한 일을 행하였다면 그 후에 교만하기 쉽다는 사실을 알아차리지 못했나요? 우리가 어떤 일에서 성공을 거둔 후 교만하지 않은 적은 거의 없었으며, 하나님이라도 우리의 교만을 막지 못하십니다. 그 때에 우리는 '우리가 그 일을 얼마나 잘 해내었는가!' 라고 생각합니다. 우리는 다른 어떤 사람이 "그 일은 아주 영리하게, 멋지게, 신중하게, 그리고 진지하게 해냈어"라고 말해 주는 것을 바라지는 않습니다. 왜냐하면 자기에게 이미 그 모든 말을 하였고, 또한 다음과 같은 말을 속으로 덧붙이기 때문입니다. '그래, 너는 그 일을 열심히 했어. 많은 사람들이 이루지 못한 일을 네가 해낸 거야. 그러고도 너는 그 일을 자랑하지 않지. 너는 이웃을 불러 그 일을 보라고 하지도 않아. 네가 오직 하나님을 사랑하므로 그 일을 했으니까. 그러므로 너는 특별히 겸손한 놈이야. 아무도 네가 자존심이 강하다고 말하지 못해.' 이 얼마나 감미로운 말인지요. 하지만 참으로 "만물보다 거짓되고 심히 부패한 것은 마음"(렘 17:9)입니다. 우리는 예수님의 신발 끈을 풀 자격도 없습니다. 우리가 예수님의 신발 끈을 풀면 그때부터 우리는 속으로 이렇게 생각하기 시작합니다. '우리가 얼마나 위대한 사람들인가. 바로 우리가 주님의 신발 끈을 풀도록 허락 받았단 말이야.'

나의 형제들이여, 우리가 그리스도를 위해 가장 천한 일을 하기에도 부족한 사람들이라는 사실을 깨달아야 합니다. 왜냐하면 우리가 가장 낮은 곳에 내려갔을지라도 예수님은 언제나 우리보다 더 낮은 곳에 내려가 계시기 때문입니다. 예수님의 신발을 가져오는 것이 작은 일입니까? 그렇다면 예수님께서 제자들의 발을 씻기신 그 겸손은 무엇이었습니까? 고난당하는 형제를 불쌍히 여기고 그에게 친절을 베풀며, '내가 그리스도인이기 때문에 모든 면에서 그에게 양보하리라' 생각하는 것은 매우 겸손한 모습일 것입니다. 하지만 그때에도 우리 주님은 우리보다 훨씬 더 겸손하십니다. 주님은 사람들의 연약함을 참아주셨고, 일흔 번에 일곱 번씩이라도 용서하셨습니다. 우리가 교회에서 가장 낮은 자리로 기꺼이 내려간다고 칩시다. 그럴지라도 예수님은 우리보다 더 낮은 자리로 내려가셨습니다. 예수님께서 저주받는 자리에까지 내려가셨기 때문입니다. 아무 죄도 알지 못하신 주님께서 우리의 죄를 대신하시므로 우리를 자기 안에서 하나님의 의가 되게 하신 것입니다.

가끔 나는 영혼들을 구원하기 위해 지옥문까지 내려갈 용의가 있음을 느낍니다. 하지만 구세주는 더 아래로 내려가셨습니다. 왜냐하면 영혼들을 대신하여 하나님의 진노를 받으셨기 때문입니다. 자신에 대하여 교만한 생각을 갖지 않고 형제들 가운데서 가장 작은 자가 되기를 원하는 그런 겸손한 그리스도인이 혹시 있다면, 이는 그가 많은 은혜를 받은 증거입니다. 하지만 사랑하는 형제여, 그대가 아무리 겸손할지라도 그리스도만큼 겸손할 수는 없습니다. 왜냐하면 주님께서는 완전히 자기를 비우셨지만 여러분은 아직 비우지 못한 부분이 많기 때문입니다. 그리고 주님은 종의 형체를 가지고 죽기까지 복종하셨지만 여러분은 아직 이에 이르지 못하였기 때문입니다. 심지어 그리스도는 십자가에서 죽으셨습니다. 십자가는 흉악범을 처형하는 형틀이었습니다. 여러분이 아무리 낮아져도 절대로 여기까지 낮아질 수는 없을 것입니다. 오, 구세주께서 놀라우신 사랑으로 낮아지셨도다!

한 사람에게 그의 영혼에 대하여 말하는 것이 아주 작은 일인 것처럼 보일지도 모릅니다. 여러분이 백 명의 사람들에게 설교해 달라는 초청을 받는다면 여러분은 그렇게 할 것입니다. 나는 하나님의 이름으로 엄숙히 권고합니다. 오늘 해가 지기 전에 한 남자 혹은 한 여자에게 그 영혼에 대하여 말씀하십시오. 그렇게 하지 않겠습니까? 이 일이 여러분에게 너무나 작은 일이라고 생각됩니까? 그렇다면 나는 여러분에게 솔직해져야 하겠습니다. 내가 말하건대, 여러분은 그런 일을 할 자격이 없습니다.

오늘 어느 어린 아이에게 그의 영혼에 대하여 말해 보십시오. "오, 우리는 아이들에게는 말을 못하겠어요. 우리는 그들에게 몸을 구부리지 못하겠습니다"라고 말하지 마세요. 경건한 브레이너드(Brainerd)는 죽음이 임박하여 더 이상 인디언들에게 설교를 할 수 없게 되자, 작은 인디언 소년을 자기 병상 곁에 오게 하고 그에게 글자를 가르쳐 주었습니다. 그리고 병문안 온 사람에게 그는 이렇게 말하였습니다. "죽는 날까지 나를 사용해 달라고 나는 하나님께 기도드렸습니다. 내가 더 이상 설교할 수 없게 되어서 나는 글씨를 모르는 이 꼬마로 하여금 성경을 읽도록 가르치려고 합니다." 우리가 아이들을 가르치는 것이 자신을 낮추는 것이라고 절대로 생각하지 마세요.

아마도 여러분 가운데는 타락한 여인들에게 착한 일을 할 기회를 가져본 분들이 계실 것입니다. 여러분은 그런 일을 하려고 할 때 머뭇거립니까? 많은 사람들이 그러합니다. 그 사람들은 그런 여자들에게 복음을 전하기보다는 차라리 다른 일을 했으면 좋겠다고 생각합니다. 그 일이 여러분의 주님의 신발 끈을 푸는 일이 아닙니까? 그렇다면 그 일은 존경할 만한 일입니다. 형제여, 그 일을 하십시오. 여러분이 예수님을 위해 그 일을 한다면 그 일은 여러분의 품위를 떨어뜨리지 않습니다. 오히려 여러분을 최고로 높여줄 것이며, 따라서 여러분은 그런 일을 감당할 자격이 없는 것입니다. 아마도 여러분 집 근처에는 극빈자들이 사는 지역이 있을 것입니다. 여러분은 그들 가운데로 지나다니는 것을 그다지 달가워하지 않습니다. 그들은 지저분하고 아마 질병에 감염되어 있을 것입니다.

그래요, 가난한 사람들이 그렇게 심하게 지저분한 것은 유감스러운 일입니다. 하지만 교만은 그보다 더욱 지저분한 것입니다. "나는 그리로 가지 못하겠어요"라고 여러분은 말합니까? 어째서 못 갑니까? 여러분이 손이 더러워지는 것을 싫어할 정도로 그렇게 대단하고 깔끔한 신사인가요? 주님은 가난한 사람들과 함께 사셨으며, 가난한 사람들보다 더 가난하셨습니다. 주님은 머리 둘 곳도 없었습니다. 오, 여러분 자신을 부끄러워하십시오. 부끄럽지도 않습니까? 여러분이 낮아지셨고 사랑 많으신 주님의 종이라니요! 여러분은 악하고 교만한 종입니다. 겸손히 여러분의 일에 충실하십시오. 주님의 신발 끈을 직접 풀어 드리십시오! 여러분이 예수님을 위해 일하므로 겸손해질 것이라고 생각하지 마십시오. 말하건대, 오히려 여러분은 주님의 일을 행하므로 교만해질 것입니다. 참으로 여러분은 주님의 일을 할 자격이 없습니다. 그 영광이 여러분에게 너무 과분한 것입니다. 그러므로 그 영광은 여러분보다 더 나은 사람의 몫이 될 것입니다.

사랑하는 자들이여, 그리스도를 위한 일이라면 무슨 일이든 우리가 감당할 수 없을 만큼 귀한 일이라는 사실을 우리는 알아야겠습니다. 어떤 이는 문지기를 자원하였습니다. 어떤 이는 뒷골목을 깨끗하게 하는 일을 자원하였습니다. 어떤 이는 거친 불량배들을 교화시키는 일을 자원하였습니다. 어떤 이는 사람들을 예배당으로 안내하였으며, 어떤 이는 사람들에게 자기 자리를 내어주었으며, 자신은 복도에 서 있었습니다. 자, 내가 악인의 장막에서 귀족의 대접을 받는 것보다 여호와의 집에서 문지기로 있는 것이나 혹은 구두닦이로 있는 것이 더 낫습니다. 예수님을 위한 일이라면 낮아질수록 더 좋은 것이며, 예수님을 위한 일이라면 겸손할수록 더 좋은 것입니다. 예수님을 위한 일이라면 말입니다.

자, 이제 마지막으로 이 모든 사실로 인해 우리가 분발하되 낙심치는 말아야 하겠습니다. 비록 우리가 주님의 일을 할 자격은 없지만, 이 때문에 우리는 자신을 낮추는 은혜를 받아서 영광스럽게 주님의 일을 감당해야 할 것입니다. "나는 그의 신발 끈을 풀기도 감당치 못하겠습니다. 그러므로 나는 설교하는 것을 포기하겠습니다"라고 말하지 마십시오. 그것은 아닙니다. 오히려 더 큰 용기를 가지고 전하십시오. 세례 요한이 그러했습니다. 그는 설교만 한 것이 아니라 경고까지 하였습니다. 사람들에게 설교는 물론 경고하십시오. 그들에게 다가올 심판을 전하고, 그들이 귀한 것과 속된 것을 구분하게 하십시오. 우리는 우리의 사명을 철저하게 수행해야 할 것입니다. 힘든 일이라고 빠뜨리지 말고, 하나님께서 우리에게 명하신 것은 무엇이든 철저하게 감당해야 할 것입니다.

세례 요한은 그리스도를 증거하라고 보내심을 받았습니다. 그는 자신이 그런 일을 감당할 자격이 없다고 느꼈지만 그는 자신의 사명을 회피하지 않았습니다. 그의 평생의 사명은 "보라, 하나님의 어린양이로다"라고 외치는 것이었으며, 그는 그 일을 진지하게 수행하였습니다. 그는 잠시도 쉬지 않고 외쳤습니다. 게다가 열심히 세례를 베풀었습니다. 세례는 새로운 세대를 알리는 의식이었습니다. 그는 믿는 자들에게 계속하여 서서 세례를 베풀었습니다. 세례 요한만큼 끈기 있는 일꾼은 일찍이 없었습니다. 그는 주님의 사역을 감당할 만한 자격이 없다고 느꼈기 때문에 그 일에 자신의 영혼 전부를 바쳤습니다. 형제 자매들이여, 만일 여러분이 빈둥거린다면, 여러분에게 주님의 일을 할 자격이 없다는 그런 관념이 여러분을 괴롭힐 것입니다. 하지만 하나님의 사랑이 여러분의 영혼 안에 있다면 여러분은 다음과 같은 사실을 깨달을 것입니다. "내가 최선을 다하더라도 행위가 온전치 못하기 때문에 나는 언제나 전력을 다할 것입니다. 최대한으로 해 보아도 아주 작은 부분만 이루게 되기 때문에 나는 적어도 최대한의 노력을 할 것입니다." 내가 나의 전 재산을 주님께 드리고, 나의 생명을 드리고, 또한 나의 몸을 불사르게 내어드릴지라도, 이는 내가 맛본 놀랍고 거룩한 사랑에 대하여 오직 작은 보답에 불과할 것입니다.

세례 요한은 어렵게 살았습니다. 그의 양식은 메뚜기와 석청이었습니다. 또한 그가 입었던 옷은 왕궁에 사는 사람들의 부드러운 옷이 아니었습니다. 그는 살아서도 힘들었고, 또한 죽을 때도 힘들게 죽었습니다. 그는 대담한 성격 때문에 감옥에 갇히게 되었고, 그의 용맹스러운 충성 때문에 순교의 죽음을 당해야 했습니다. 그는 자신을 부인하며 살다가 죽을 때에는 진리와 의를 증거하며 죽었는데, 이런 그의 생애는 주님에 대한 깊은 존경에서 비롯된 것이었습니다. 그리스도에 대한 우리의 존경심도 이처럼 커져서 그리스도를 위해서 어떤 역경이라도 기꺼이 참을 수 있고, 심지어 주님의 이름을 위하여 우리의 생명이라도 바칠 수 있게 되기를 축원합니다!

어떤 모라비아 교도의 선교사들은, 노예제도가 있던 옛 시절에, 서인도 군도의 한 섬으로 복음을 전하러 갔습니다. 그곳에서 그들이 깨달은 것은 자신들이 노예가 되지 않으면 절대로 그들에게 복음을 가르칠 수 없다는 사실이었습니다. 그래서 그들은 그렇게 하였습니다. 노예들의 영혼을 구원하기 위하여 스스로 자신들을 팔아 돌이킬 수 없는 노예의 신분이 되었습니다. 또한 어떤 성도들이 나환자들의 영혼을 구원하기 위하여 실제로 나환자촌에 들어갔다는 이야기도 우리는 들었습니다. 그들은 그곳에 한 번 들어가면 다시는 밖으로 나올 수 없다는 사실을 알면서도 그곳에 들어갔습니다. 그곳에 들어가 문둥병에 걸려 죽더라도 영혼들을 구원하기 위해 그렇게 하였습니다. 나는 또한 토메 드 예수(Thomé de Jesu)라는 사람에 대한 기록을 읽어보았습니다. 그는 기독교인 포로들 가운데 끼어 그들과 함께 바르바리(이집트를 제외한 북아프리카의 옛 이름)로 유배되어 갔습니다. 그가 그곳에서 살면서 유형당하고 감금당하다가 마침내 죽은 것은 그의 형제들을 위로하고 그들에게 예수님을 전해 주기 위함이었습니다. 형제들이여, 우리는 결단코 그러한 헌신에 이르지 못하였습니다. 우리는 예수님의 헌신에 턱없이 모자랍니다.

오, 그리스도의 사랑의 불꽃이 우리의 심령 속에서 타오르기를 축원합니다! 오, 골고다 제단에서 꺼내온 핀 숯이 우리의 인격 전체를 뜨겁게 불태우므로 우리를 살리시려고 자신을 내어주신 그리스도를 위해 우리가 거룩한 열심을 내게 되기를 축원합니다!

# 2

# 마태

---

### 마태라 하는 사람

"예수께서 그곳을 떠나 지나가시다가 마태라 하는 사람이 세관에 앉아 있는 것을 보시고 이르시되 나를 따르라 하시니 일어나 따르니라"(마 9:9).

이 말씀은 다소 자서전 같습니다. 마태는 이 구절에서 자신에 관한 기록을 남겼습니다. 나는 손에 펜을 들고 마태복음을 기록하는 그의 모습을 상상해 봅니다. 그리고 또 상상해 보건대, 그가 자신에 관해 기록할 때, 잠시 펜을 내려놓고 눈물을 닦는 모습을 그려볼 수 있습니다. 자신의 생애에서 가장 잊혀지지 않는 감상적인 사건을 회상하는 순간, 그는 떨리는 감정으로 그때 일을 기록하였습니다. "예수께서 그곳을 떠나 지나가시다가 마태라 하는 사람이 세관에 앉아 있는 것을 보시고."

이 복음서 저자는 자신에 대하여 이보다 더 적게 말할 수 없었습니다. "예수께서 … 마태라 하는 사람이 세관에 앉아 있는 것을 보시고 이르시되 나를 따르라 하시니 일어나 따르니라."

나는 마태가 자신의 부르심을 기록한 형태와 오늘날 회심자들이 자신의 체험을 말하는 일반적인 형태 사이에 매우 중요한 차이점을 발견합니다. 앞아서 이런 형태로 우리에게 이야기해 보십시오. "예수께서 그곳을 떠나 지나시다가 마태라 하는 사람이 세관에 앉아 있는 것을 보시고." 이는 우리가 알고 싶어하는 것을 기록한 것입니다. 주님께서 여러분을 어떻게 부르셨고, 어떻게 여러분이 주님을 따르게 되었는지 최대한 간략하게 나에게 말씀해 보세요. 과연 이처럼 간단하게 말할 수 있을까요? 이 이야기에는 겸손이 숨어 있습니다. 아무리 봐도 이는 거짓된 겸손이 아닙니다. 마태는 여기서 마태라 하는 사람이 자신이라는 사실을 숨기고 있습니다. 또한 그가 세리였다는 사실을 언급합니다. 그가 사도들의 이름을 기록한 명단에서 자신을 "세리 마태"(마 10:3)라고 부릅니다. 다른 복음서 저자들은 그를 세리라고 부르지 않습니다. 그들은 일반적으로 그를 "마태"라고 부르지 않고 그보다 더 존경할 만한 이름인 "레위"라고 부릅니다. 마태가 자신에 대해 말한 것보다 다른 저자들이 마태에 대하여 더 많은 사실을 말해 주고 있습니다. 우리가 칭찬 들을 만한 일이 있거든, 그것을 스스로 말하지 않고 다른 사람이 말해 주는 것이 언제나 우리에게 가장 좋습니다.

"예수께서 그곳을 떠나 지나가시다가 마태라 하는 사람이 세관에 앉아 있는 것을 보시고 이르시되 나를 따르라 하시니 일어나 따르니라." 마태가 이 이야기를 소개한 시점을 주의 깊게 살펴보세요. 이 이야기는 기적이 일어난 직후에 소개되었습니다. 공관복음 상에서 이 사건의 정확한 위치에 대하여 몇 가지 의문이 제기되었습니다. 즉, 마태가 기록한 순서대로 사건이 일어났는가, 아니면 마태가 연대보다는 효과를 기대하고 임의로 기록하였는가 하는 문제입니다.

때때로 복음서 저자들은 연대기적인 위치를 간과하고, 그보다는 기록 목적에 맞게 사건의 위치를 배정한 듯이 보입니다. 나는 이 사건의 연대에 대하여 잘 알지 못합니다. 하지만 마태가 바로 여기서 자신이 주님의 부르심을 받은 사실을 기록한 것은 내게는 아주 멋지게 보이는군요. 이러한 구성을 통해 마태는 다음과 같이 말하고자 하였을 것입니다. "앞에서 나는 중풍병자로 하여금 침상을 들고 걸어가게 하신 구세주의 기적을 말할 것이며, 그 다음에 여기서 나는 또 다른 기적을 말할 것인데, 이 기적은 앞의 기적보다 훨씬 더 큰 기적입니다. 그곳에 중풍병자보다 더 심각한 사람이 있었는데 그는 이익과 부정한 거래에 매여 있었습니다. 그러나 그는 그리스도의 명령을 받고 거룩하신 주님을 따르기 위해 자신의 직업과 그의 모든 이익을 버렸던 것입니다."

사랑하는 친구들이여, 여러분도 자신의 회개에 대하여 생각할 때 그것을 기적으로 여기십시오. 그리고 속으로 '그때의 일은 엄청난 기적이었어' 라고 말하십시오.

이처럼 마태는 자신의 이야기를 매우 부드럽게 말하면서도 아울러 자신의 이야기를 크게 주목을 끄는 기적 뒤에 배정함으로써 이 이야기 속에 담긴 중요한 뜻을 암시하고 있습니다. 사람이 세리들처럼 남을 억압하고 착취한다고 생각해 보십시오. 그의 양심은 화인을 맞게 되어, 그 착취자는 옳은 것을 깨닫거나 바랄 수 없게 됩니다. 그런데 여기에 소개된 한 사람은 악한 직업에 완전히 매였다가 거룩한 부르심을 받고 그리스도를 따르기 위해 이익에 대한 자신의 헛된 꿈을 버렸습니다. 이는 침상을 들고 걸어갔던 중풍병자의 회복과 마찬가지로 또 하나의 기적이었습니다. 여러분도 역시 여러분의 회개와 주님께서 행하신 기적 사이에 비슷한 점을 찾아낼 수 있을 것입니다.

어쨌든, 여러분에게 권하고 싶은 것은, 조용히 앉아서 마태에 대해서가 아니라 여러분 자신에 대하여 묵상해 보십시오. 나는 "스펄전이라 하는 사람"에 대하여 묵상할 것입니다. 그리고 여러분은 "길동이라 하는 사람", 혹은 "미정이라는 사람", 혹은 각자 여러분 자신의 이름을 딴 사람에 대하여 묵상해 보십시오. 주님께서 여러분을 사랑의 눈으로 바라보셨다면, 여러분은 본문에다 자신의 이름을 집어넣어 이렇게 읽을 수 있을 것입니다. "예수께서 그곳을 떠나 지나가시다가 기원이라는 사람을, 명수라는 사람을, 또는 해성이라는 사람이 앉아 있는 것을 보시고." 또 여러분이 여성이라면 여러분의 이름을 따서 " … 숙경이라는 사람이", "혜숙이라는 사람이 … "라고 읽을 수 있을 것입니다. 조용히 앉아서 예수님께서 여러분 각자에게 "나를 따르라"고 하셨던 말씀과 그 행복한 순간에 여러분이 일어나서 주님을 따랐던 사건을 묵상하십시오. 그때부터 여러분은 진실한 찬송을 부를 수 있었고, 그 찬송이 지금까지 지속될 수 있었던 것입니다.

> 이루어졌네! 위대한 계약이 이루어졌네
> 나는 주님의 것이요, 주님은 나의 것일세
> 주님께서 나를 이끄셨고, 나는 그를 따랐네
> 주님의 매력에 이끌려 거룩한 고백을 드리네

이 엄숙한 맹세를 높은 하늘이 들었고
그 맹세가 매일 새롭게 들리리라
내가 엎드러지는 마지막 시간까지
죽음으로 너무나 귀한 연합을 이룰 때까지

마태라 하는 사람의 부르심은 우연한 사건, 즉 실제로 일어날 것 같지 않은 사건인 것처럼 보였습니다.

"예수께서 그곳을 떠나 지나가시다가." 이때는 예수님께서 이런저런 일로 돌아다니시면서 가버나움을 지나셨을 때, 혹은 그 도시의 한 거리를 단순히 걸어가셨을 때를 말합니다. 이 사건이 일어났던 때는 바로 예수님께서 그 거리를 "지나가시다가"였습니다. 예수님께서 지나가실 때 마태라 하는 사람이 세관에 앉아 있는 것을 예수님께서 보신 것입니다. 우리는 이유를 설명할 수 없는 "우연한 일"을 이야기할 때 이런 식으로 이야기합니다. 자, 여러분은 어떤 식으로 회개하게 되었나요? 오래 전에 내가 어떻게 해서 회개하게 되었는지 나도 잘 모르겠습니다. 하지만 분명히 그런 일이 일어났습니다. 그렇지 않습니까? 그런데 그때에 그 일이 당연히 일어날 것 같은 일이었다는 생각이 여러분에게 들지 않았습니다.

마태의 경우를 돌이켜보면, 그가 예수님의 제자가 된다는 것은 아주 이상한 일인 것처럼 여겨집니다. 가버나움은 그리스도께서 계시던 도시였고, 따라서 주님은 자주 그곳에 계셨으나 마태는 아직 구원받지 못한 상태였습니다. 그리스도는 그때까지 "마태라 하는 사람"을 특별하게 주목하지 않으시다가, 이 특별한 때에 그를 특별하게 주목하셨던 것입니다. 여러분은 회개하기 전에 수없이 예배당에 왔습니다. 아마도 여러분은 어린 시절부터 정기적으로 예배당에 왔을 것입니다. 하지만 은혜 받는 특별한 날이 이르러서야 비로소 여러분에게 특별한 일이 일어났습니다. 마치 본문에 기록된 시간이 이르러서야 비로소 마태라 하는 사람에게 아주 특별한 일이 일어났던 것처럼 말입니다.

더욱이 그때에 예수님은 다른 일로 바쁘셨던 것 같습니다. 왜냐하면 "예수께서 그곳을 떠나 지나가시다가"라고 본문이 말씀하고 있기 때문입니다. 아마도 설교자가 다른 의도로 말씀을 전하였는데 오히려 그 말씀이 여러분에게 은혜가 되는 경우가 있었을 것입니다. 아마도 설교자가 믿는 신자들을 위로하려고 말씀을 전하였는데, 하나님께서 그 말씀을 가지고 아직 회개하지 않은 가련한 죄인인 여러분의 급소를 찌르는 메시지가 되게 하셨을 것입니다. 마태의 경우나 여러분의 경우 모두 희한한 일이 아닌가요?

또한 그때에 가버나움에 다른 많은 사람들이 있었지만 그리스도는 그들을 부르시지 않았습니다. 주님께서 그들을 보셨지만 마태라 하는 사람을 보셨던 것처럼 특별하게 그들을 보시지 않았습니다. 이와 마찬가지로, 여러분이 구원의 은혜를 받은 자비의 날에, 아마도 많은 사람들이 모여 있었지만, 여러분이 아는 대로 여러분 외에는 그 은혜가 다른 사람에게 임하지 않았습니다. 그렇다면 어찌하여 여러분에게는 그 은혜가 임하였나요?

성소의 휘장 안을 볼 수 있는 비결, 그 휘장 안에서 등불을 켜고 볼 수 있는 비결을 배우지 않으면 여러분은 알지 못할 것입니다. 만일 여러분이 그 휘장 안을 들여다본다면, 예수 그리스도께서 지나가시다가 있었던 일, 곧 사람들이 우연이라고 불렀던 일이 전부 계획된 일이며, 주님의 눈빛이 영원 전부터 철저하게 정해져 있었던 것임을 깨닫게 될 것입니다. 주님께서 누군가를 바라보실 때, 하나님의 영원하신 목적과 예지를 따라 바라보시는 것입니다. 주님은 마태라 하는 사람을 오래 전부터 바라보셨으며, 이제 때가 차서 예수 그리스도께서 그 길을 지나가시다가 마태라 하는 사람을 사랑과 자비로 바라보신 것입니다. 주님께서 오래 전에 그를 미리 보셨기 때문에 그때에 그를 주목하셨던 것입니다.

둘째로, 마태라 하는 사람의 부르심은 전혀 생각지도 못했고 구하지도 않았던 일이었습니다.

마태는 기도하다가 그리스도의 부르심을 받은 것이 아니었습니다. 그는 창피스러운 일을 하고 있었습니다. "세관에 앉아 있는 것을." 그는 구세주의 말씀에 귀를 기울이지 않았습니다. 그는 백성들이 싫어하는데도 그들로부터 로마의 정복자를 위하여 세금을 거두어들이고 있었습니다. 내가 알기로, 그는 그리스도에 대하여 조금도 생각하지 않았습니다. 마태가 그리스도의 제자가 되기 전에 이미 부르심을 받았다고 나는 생각하지 않습니다. 또한 마태가 일찍이 사도로 부르심을 받았다고 나는 생각하지 않습니다. 왜냐하면 그리스도께서 구원하신 사람이 세리라는 직업으로 다시 돌아간다는 것은 나로서는 상상할 수 없기 때문입니다. 세리는 완전히 착취하는 직업이었습니다. 그리스도의 제자로 부르심을 받은 자는 자기 백성들을 착취할 수 없습니다. 회개하기 전에 그런 직업을 가졌더라도 그가 그리스도께 돌아온 이후로는 그 일을 그만둘 것입니다.

게다가 마태는 남을 함정에 빠뜨리는 일을 하고 있었습니다. 이익을 사모하는 것만큼 사람을 타락하게 하는 것은 없습니다. 사람들이 좋아하는 금과 은은 떼어놓기 힘들 정도로 끈적끈적한 물건입니다. 큰 사냥꾼인 마귀는 이 끈끈이로 많은 영혼을 잡았으며, 많은 사람들이 이것으로 인하여 멸망당하였습니다. 일반적으로 세리들은 합법적인 세금 이외에 많은 돈을 강탈함으로써 개인적인 이득을 올렸습니다. 이때에 마태는 강탈한 돈을 돌려주지 않았고, 여전히 세관에 앉아 있었습니다.

설령 마태가 그리스도를 따르고자 하였을지라도 과연 그가 그렇게 할 용기가 있었을까 의심스럽습니다. 분명한 것은 그가 그리스도를 따르기에는 너무나 부족하다고 생각했을 것이라는 점입니다. 설령 마태가 용기를 내어 그 같은 일을 시도했을지라도 다른 제자들에게 퇴짜를 맞았을 것이라고 나는 생각합니다. 그들은 마태에게 타박을 주면서 "네가 누군데 감히 우리와 함께 있겠다고 하느냐?"고 소리쳤을 것입니다. 그리스도께서 친히 마태에게 "나를 따르라"고 말씀하신 이후로는 그들이 감히 그렇지 하지 못하였지만, 분명히 마태라 하는 사람이 그리스도를 찾았다거나 그리스도에 대하여 생각했다는 암시는 없습니다.

여러분이 회개한다면, 여러분에게도 이런 일이 실제로 일어날 것입니다! 어쨌든 내가 아는 바 이 일은 사실입니다. 여러분이 먼저 그리스도를 찾은 것이 아니라 그리스도께서 먼저 여러분을 찾으신 것입니다. 여러분은 헤매는 양이었고, 우리를 좋아하지 않았습니다. 하지만 그리스도께서 놀라운 자비로 여러분을 찾아 나섰습니다. 그의 은혜로 말미암아 여러분이 주님을 생각하게 되었고, 기도하게 되었던 것입니다. 성령께서 영적인 생명의 호흡을 최초로 여러분 안에 불어넣어 주셨고, 이에 여러분이 그리스도께 나올 수 있었던 것입니다. 내가 확신하건대, 일이 그렇게 진행되었던 것입니다.

세 번째로, 마태의 부르심은 주 예수님께서 그에 대하여 완전히 알고 행하신 일이었습니다.

마태가 먼저 주님을 보았다고 성경은 말씀하지 않습니다. 성경은 "예수께서 그곳을 떠나 지나가시다가 마태라 하는 사람이 세관에 앉아 있는 것을 보시고"라고 말씀하고 있습니다. "예수께서 마태라 하는 사람을 보셨다"는 이 말씀에 대하여 자세히 설명하고자 합니다. 왜냐하면 내가 보기에 이 말씀 안에 많은 교훈이 있기 때문입니다.

그리스도는 아마도 마태가 앉아 있던 곳 맞은 편에 서서 그를 보셨을 것입니다. 거기서 그리스도는 그 사람 안에 있어왔던 모든 죄를 보셨으며, 지금까지 그 사람 속에 쌓여 있던 모든 악을 보셨습니다. "예수께서 마태라 하는 사람이 … 보시고." 그리스도는 수색하고 분별하고 탐지하는 안목을 갖고 계십니다. 그리스도께서 마태를 훑어보시고 그 속에 있는 모든 것을 다 아셨습니다. 다른 이들에게 비밀이 되는 모든 것이 그리스도의 꿰뚫는 눈앞에서 명백하게 다 드러났습니다. "예수께서 마태라 하는 사람이 … 보시고." 그리고 내가 믿기로, 예수님은 마태 안에 있는 현재의 모습뿐만 아니라 이후의 모습까지 보셨습니다. 내가 말하는 것은, 그리스도께서 사랑의 눈으로 마태 안에 있는 장점을 보시고 아셨다는 뜻입니다. 주님은 사랑의 눈으로 마태 안에 임할 은혜를 보고 아셨습니다.

잘은 모르지만 성경에서 마태는 전에 항상 "레위"로 불렸습니다. 그런데 주 예수 그리스도는 여기서 "레위라는 사람"을 보시지 않았습니다. 레위는 마태의 옛 이름이었습니다. 하지만 주님은 그때 그 자리에 있던 마태를 보셨습니다. 오 사랑하는 성도들이여, 주님께서 여러분을 장차 변화될 장래의 모습을 여러분 안에서 이미 보셨으며, 앞으로 주님의 구속받은 종이 될 존재로서 여러분을 사랑하셨습니다. 또한 내가 믿기로, 주 예수 그리스도께서 마태를 보셨을 때, 그 손에 펜을 잡고 있는 마태를 보셨으며, 속으로 "저 영리한 글솜씨 좀 보라, 그는 네 복음서 중에 첫 복음서를 쓸 사람이로다"라고 말씀하셨을 것입니다.

비록 아직 회개하지 않은 사람들일지라도 하나님께서 미래의 사역을 위해 그들 안에 주입하시는 적응력이 있습니다. 누가는 의사였기 때문에 복음을 기록할 자격이 있었습니다. 마태는 세리였기 때문에 그가 우리에게 남긴 상세한 복음서를 기록할 자격이 있었습니다. 현재의 여러분의 생활 습관, 소질, 그리고 여러분의 상태가 장차 하나님의 교회에서 일익을 감당하는데 밑거름이 될 것입니다. 오, 복된 날에 예수님께서 여러분을 보시고 예수님을 따르라고 부르실 것입니다.

네 번째, 내가 조금 더 힘주어 말하고자 하는 것은 마태의 부르심이 주님의 은혜로운 겸손에서 비롯되었다는 사실입니다. "예수께서 그곳을 떠나 지나가시다가 마태라 하는 사람이 세관에 앉아 있는 것을 보시고 이르시되 나를 따르라 하시니 일어나 따르니라."

그리스도께서 자신의 제자들을 택하시는데 하필이면 세리를 택하게 되셨을까요? 로마의 지배는 자유의 몸으로 태어난 아브라함의 후손에게는 너무나 혐오스러운 일이었기 때문에 우상숭배자 로마가 성지(聖地)에서 주인 노릇을 한다는 사실은 유대인들에게는 참을 수 없는 노릇이었습니다. 따라서 로마인들이 세금을 거두는 유대인들을 구하였을 때 사회적 명성에 대하여는 전혀 관심이 없는 사람들을 뽑았을 것입니다.

세리들이 다른 사람들보다 더 나쁜 사람들은 아니었을 것입니다. 그들이 아주 나쁜 사람들은 아니었지만 그들은 자기 민족으로부터 인간 쓰레기나 부랑자 취급을 받았습니다. 그런데 주 예수 그리스도께서 이러한 세리를 보시고 그에게 "나를 따르라"고 말씀하십니다. 그는 주님께 그다지 명예가 되지 못할 인물일 것입니다. 하지만 의외로 주 예수 그리스도께서는 그런 명예 따위에는 조금도 관심을 두지 않으셨습니다. 주님께서는 혼자 힘으로 최고의 존경을 받으실 분이시기에 자신도 명예롭고 자기의 모든 백성들도 충분히 명예롭게 하실 수 있습니다. 따라서 주님은 거리낌없이 그에게 눈높이를 맞추시고 당장 자신을 따르라고 하셨으며, 그가 비록 로마인을 위해 세금을 거두는 자였지만 그 "마태라 하는 사람"을 자신의 제자 중 하나로 삼으신 것입니다.

어떤 사람은, "오, 그렇지만 그분이 나까지도 부르실 것이라고 나는 생각하지 않습니다"라고 합니다. 하지만 주님께서는 그를 반드시 부르실 것이라고 나는 생각합니다! 여러분은 존 뉴턴(John Newton)을 기억할 것입니다. 이 사람은 노예상인이었으며, 게다가 자신도 노예였습니다. 말하자면, 가장 악랄한 생각에 사로잡힌 노예 말입니다. 그러나 성 메리 울노스(St. Mary Woolnoth) 교회 성도들은 이 사람이 그 교회 강단에서 오랜 세월 동안 복되신 하나님의 영광스러운 복음을 열정적으로 외쳤다고 증거합니다. 아프리카에서 신성을 모독하였던 이 사람이 가장 고상하고 존귀한 그리스도의 사역자가 된 것입니다. 그렇습니다. 주 예수 그리스도는 세리들, 곧 가장 미천한 자들을 애타게 찾으시며, 그들에게 이렇게 말씀하십니다. "나를 따르라. 나와 친구가 되자. 내 뒤를 따라오너라. 나의 종이 되어라. 나의 복음을 맡으라. 내가 너를 쓸 것이다." 주님은 이러한 사람들을 택하여 그의 말씀의 선포자가 되게 하십니다. 주님은 이처럼 여러분을 부르십니다.

"그래요. 주님께서 대단한 겸손으로 세리 마태를 부르셨네요"라고 여러분은 말합니다. 그렇습니다. 하지만 주님은 그와 똑같은 겸손으로 저와 여러분도 부르시지 않았습니까? 여러분이 남자든 여자든, 여러분의 이름이 무엇이든, 여러분과 같은 사람들을 그리스도의 제자로 택하신 그 겸손한 사랑에 우리는 놀라고 찬송해야 할 것입니다.

귀한 친구들이여, 다섯 번째로 마태를 부르신 이 부르심은 아주 간단하였다는 사실을 주목하십시오. 이 부르심은 "(예수께서) 이르시되"라는 견과의 껍질과 같은 견고한 말씀 안에서 이루어졌습니다.

이 부르심을 말씀하신 분은 요한이나 야고보나 또는 어떤 사도들이 아니었습니다. "(예수께서) 이르시되." 영혼들을 구원할 수 있는 것은 나의 설교나 여러분의 설교나 대주교의 설교가 아닙니다. 그것은 "(예수께서) 이르시되," 곧 주님께서 말씀하심으로 이루어지는 것입니다. 주 예수 그리스도께서 거룩한 성령으로 한 사람에게 "나를 따르라"고 말씀하실 그때에 비로소 중요한 사역이 이루어지는 것입니다. 예수님께서 태고의 어둠을 향하여 "빛이 있으라"고 말씀하시매 빛이 있었습니다. 오직 전능하시고 영원하신 하나님께서 사람에게 말씀하실 때에 이와 같은 결과가 따르는 것입니다. "이르시되 나를 따르라." 그때에 즉시, 마태가 "일어나 따랐다"고 본문은 말씀하고 있습니다. 그때에 달콤한 말이나 성직자의 정략이나 성찬형식주의가 없었습니다. 주님의 말씀이 구원의 방법입니다. 여러분이 죄 가운데 있을 때 죄를 떠나라고 그리스도께서 여러분에게 말씀하시며, 그때에 여러분은 죄를 떠납니다. 주님께서 여러분에게 자신을 믿으라고 부탁하시며, 그때에 여러분은 주님을 믿습니다. 주를 의지하므로 여러분은 구원을 받습니다. 왜냐하면 주님을 "믿는 자는 영생을 가졌다"(요 6:47)고 성경은 말씀하고 있기 때문입니다.

귀한 친구여, 여러분은 이런 식으로 구원받은 것이지요? 나는 그런 것으로 알고 있습니다. 하지만 여러분은 안달복달하고 애태우면서 속으로 "나는 느끼고 싶고, 보고 싶어, 체험하고 싶단 말이야"라고 말합니다. 이제 이 모든 오해를 푸시기를 나는 바랍니다. 여러분의 회심만큼 숭고한 것은 아무것도 없지만 아울러 여러분의 회심만큼 간단한 것도 없습니다. 여러분이 표적과 기사 보기를 구하고, 만일 그렇지 않으면 믿지 않으려 한다면, 나는 여러분이 그런 어리석은 생각을 포기하기를 바랍니다. 왜냐하면 그리스도께서 죽은 심령에게 "살아나라"고 말씀하실 때 그 심령이 살아나는 이 사실만큼 큰 표적이나 기사는 없기 때문입니다. 주님께서 믿지 않는 심령에게 "믿으라"고 말씀하실 때 그 심령이 믿는 것이야말로 가장 큰 기적인 것입니다. 내가 나사렛 예수 그리스도의 이름으로 여러분에게 말하건대, 죄인이여, "주 예수 그리스도를 믿으라." 주님께서 실제로 나를 통해 말씀하시면, 여러분은 주님을 믿을 것이며, 일어나 그를 따를 것입니다.

여섯 번째로 주님의 부르심은 즉시 효력을 발생하였다는 사실을 주목하십시오. 주 예수 그리스도께서 마태에게 "나를 따르라"고 말씀하시자 마태는 "일어나 따랐습니다."

마태는 즉시 따랐습니다. 어떤 이들은 지체하면서 동전을 치웠을 것입니다. 하지만 본문은 마태가 그렇게 하였다고 말씀하지 않습니다. 그는 "일어나 따랐습니다." 마태는 그리스도에게 "나는 이 페이지 끝까지 액수를 기입해야 하는데요. 여기에는 물고기 바구니를 가진 많은 사람들이 있고, 내가 그들로부터 얼마를 받아야 할지 알아보아야 하며, 계산을 마쳐야 하는데요"라고 말하지 않았습니다. 그는 "일어나 따랐습니다." 사람이 회개하면 즉시 돌이킨다고 믿습니다. 그는 지금까지 해온 나쁜 일에서 즉시 돌이킬 것이니다. 나는 술을 아주 좋아한 선술집 주인의 이야기를 들어보았습니다. 그는 함께 술을 마시는 방법으로 많은 사람들을 지옥으로 떨어지게 하였습니다. 그러나 그가 회개하던 날, 그는 간판을 때려 부쉈고, 그 나쁜 장사를 끝냈습니다. 그 밖에 나쁜 어떤 일이 있다면, 그 일이 무엇이든지 그것을 부수어 버리고 그 일을 끝내는 모습을 보기를 나는 바랍니다. 나는 한 번에 조금씩 회개하는 것을 믿지 않습니다. 회개는 단번에 하는 것이며, 즉시 돌아서서 "나를 따르라"는 주님의 부르심에 순종하는 것입니다. 예수께서 마태에게 "나를 따르라"고 말씀하셨을 때 그는 "일어나 따랐습니다."

마태를 부르신 부르심은 효과적인 은혜의 부르심이었습니다. "왕의 말은 권능이 있습니다"(전 8:4). 예수 그리스도께서 마태에게 하신 말씀은 바로 왕의 말씀이었습니다. 주님은 "나를 따르라"고 말씀하셨고, 마태는 주님을 따랐습니다. 우리가 예수 그리스도의 이름으로 여러분에게 설교할 때, "귀한 친구여, 그대가 원하거든 회개하라"고 전하지 않습니다. 우리는 "주 예수를 믿으라. 그리하면 네가 구원을 받으리라고 주님께서 명령하십니다"라고 우리는 전합니다. 그 명령에는 왕의 권능이 따르며, 따라서 죄인들이 구원 받는 것입니다. 예수님은 마태에게 "나를 따르라"고 말씀하셨고, 마태는 "일어나 따랐습니다."

이제 마지막으로, 마태의 부르심은 다른 죄인들을 위한 소망의 문이었습니다.

나는 지금까지 주로 개인의 회개에 대하여 말씀드렸습니다. 아마도 어떤 이는 이렇게 말할 것입니다. "목사님, 아시다시피 우리는 우리 자신뿐만 아니라 다른 사람들에 대하여도 관심을 가져야 합니다." 아주 정확한 지적입니다. 구원받은 사람은 절대로 혼자서 천국에 가기를 원치 않습니다. 예수님께서 "마태라 하는 사람"을 보시고 그 세리에게 자기를 따르라고 명령하셨을 때 마태는 구원을 받았고, 그의 구원으로 말미암아 다른 세리들이 예수님께 나오는 계기가 되었습니다.

다음에 마태는 자신의 집을 열고 그의 친구들을 초대하여 예수님의 말씀을 듣는 기회를 제공하였습니다. 마태는 부르심을 받고 주 예수님을 따르자마자 속으로 이런 생각을 하였습니다. '이제 내가 나의 새로운 주인을 위하여 무엇을 할 수 있을까? 아 참, 시민들이 세금을 내기 전까지 그들의 물건을 보관해 두었던 크고 좋은 방이 있지.' 그리고 이렇게 말하였습니다. "요한, 도마, 마리아, 이리 와서 이 방을 깨끗하게 치워 주세요! 그리고 한가운데 긴 식탁을 놓아주세요. 오랜 친구들을 초대할 거예요. 그들은 내가 어떤 사람인지 알고 있지요. 나는 그들 모두를 저녁식사에 초대할 거예요. 이 식사는 평범한 식사가 아닐 거예요. 그들이 지금까지 먹어본 것 중에 최고의 식사가 될 거예요."

레위는 자기 집에 큰 잔치를 베풀고 주 예수님께 이렇게 말씀드렸습니다. "주님께서 당신을 따르라고 내게 말씀하셨지요. 저는 그렇게 할 것입니다. 그런데 제가 주님을 따르는 한 가지 방법으로서 오늘 밤 저의 집에 큰 잔치를 베풀고 오랜 친구들을 불러 모을 것입니다. 그 친구들이 제가 마련한 식탁에 둘러앉아 즐거워할 때 주님께서 오셔서 당신께서 저에게 행하신 일을 그들에게 말씀해 주시겠어요? 주님, 아마도 마태가 당신의 제자가 되었다고 말씀하시면, 그들은 깜짝 놀라 이렇게 말할 것입니다. '뭐라고! 마태가? 마태가 그리스도를 따른다고? 이 그리스도가 누구인데 마태와 같은 사람을 제자로 삼으신다는 말인가? 그렇다면 우리도 마태와 같은 처지이기 때문에 그가 우리도 부르실 거야. 그리스도께서 마태에게 베푸신 능력의 말씀을 우리에게도 베풀어 주신다면 우리도 마태처럼 그리스도께 나아갈 거야.'" 이처럼 마태의 부르심은 잃어버린 많은 사람들을 진리의 지식과 영원한 구원으로 인도하는 그리스도의 방법이었던 것입니다.

자, 귀한 친구여, 여러분도 그렇게 하였나요? 여러분도 다른 사람들을 예수님께로 인도하였습니까? 여러분의 자녀들을 예수님께서 인도하였습니까? 기도함으로 여러분의 남편을 예수님께로 인도하였습니까? 여러분의 형제들을 위해 간구함으로 그들을 예수님께로 인도하였습니까? 그렇지 않다면, 여러분은 필생의 사업이 되어야 할 그 일을 아직까지 완수하지 못한 것입니다. 여러분 주변에 있는 사람들, 그리고 여러분과 같은 처지에 있는 사람들을 주님께로 인도하게 해 달라고 기도하십시오. 그들은 여러분이 가장 손쉽게 아주 큰 감동을 줄 수 있는 사람들입니다.

여러분이 회개한 바로 그날, 여러분의 학교 친구였던 사람들과 대화를 시도해 보십시오. 여러분이 공장에서 회개하였나요? 여러분의 동료 노동자들에게 지체 말고 이야기하십시오. 여러분의 신분이 높습니까? 사교계에서 높은 지위를 갖고 있나요? 주님을 부끄러워하지 말고 응접실에서 그리스도를 소개하십시오. 그곳에서 주님을 크게 높이세요. 우리 모두 주님의 부르심에 따라, '나를 따라오라고 내게 말씀하신 주님은 다른 사람들도 나의 도움으로 주님을 따라오게 하라고 부탁하셨다'고 생각합시다. 이런 거룩한 섬김이 있는 여러분에게 하나님께서 복을 내리시기를 축원합니다!

# 3

# 시므온

## "영안"으로 그리스도를 바라봄

"주재여, 이제는 말씀하신 대로 종을 평안히 놓아 주시는도다. 내 눈이 주의 구원을 보았사오니"(눅 2:29, 30).

"바요나 시몬아, 네가 복이 있도다. 이를 네게 알게 한 이는 혈육이 아니요"(마 16:17). 지금껏 혈과 육은 세상과 기쁘게 작별하지 못하였습니다. 육체는 이 땅에 집착합니다. 육체는 흙이요, 따라서 그것이 비롯된 땅에 대하여 애착을 가집니다. 육체는 어머니인 땅과 헤어지기를 몹시 싫어합니다. 심지어 나이가 많아 그 육체가 쇠하여도 사람들은 이 세상에서 기꺼이 떠나려 하지 않습니다. 본질상 우리는 엄청난 애착을 가지고 생명을 붙들고 늘어집니다. 심지어 살면서 행하는 악행들 때문에 한숨지으며 불행에 대하여 불평할 때에도 기꺼이 세상을 떠나겠다는 것은 단지 표면적인 말뿐이요 정작 우리의 마음속 깊은 데서는 떠날 의도가 없습니다.

시므온이 마리아의 손에서 건네 받아 매우 즐겁게 안아준 그 아기에게서 구원을 본 것은 혈과 육의 계시로 말미암은 것이 아니었습니다. 이 아기가 구세주이심을 깨달은 것은 하나님의 은혜로 말미암은 것이며, 그와 동시에 그 은혜로 말미암아 그를 땅에 묶어두었던 줄이 풀렸으며, 이에 시므온은 이 땅보다 더 좋은 땅에 마음이 끌렸습니다. 은혜로 말미암아 천국을 맛보고 더 좋은 땅으로 기꺼이 떠날 수 있는 사람은 복이 있습니다. 그런 사람은 그의 마음속에 이처럼 위대한 일을 행하신 주님을 찬미해야 할 것입니다.

첫 번째, 위로로 가득한 아주 일반적인 원리로 시작해 봅시다. 말하자면 이런 것입니다. 모든 신자는 궁극적으로 편안한 죽음을 확신할 수 있습니다. 이는 시므온만이 누릴 수 있는 특권이 아니며 모든 신자들의 공통 특권입니다. 왜냐하면 이 특권의 근거가 시므온에 의하여 독점될 수 없고 우리 모두에게 속하는 것이기 때문입니다.

모든 성도들이 이미 하나님의 구원을 보았다는 사실을 주목하십시오. 그러므로 성도들은 누구나 다 평안히 죽을 수 있습니다. 사실상 우리는 아기 그리스도를 팔에 안을 수 없으나 그분의 형상이 우리 안에서 이루어지며, 그분이 영광의 소망이 되십니다. 육신의 눈으로 그리스도를 보는 것이 우리를 구원하지 못합니다. 왜냐하면 수많은 사람들이 육신의 눈으로 그리스도를 보고도 "그를 십자가에 못 박게 하소서, 십자가에 못 박게 하소서"라고 소리쳤기 때문입니다. 결국 시므온의 경우에 하나님께서 보내신 그리스도를 본 것은 영적인 눈이요 믿음의 눈이었던 것입니다.

성전 안에서 다른 사람들도 아기를 보았습니다. 성전 안에는 할례 의식을 행한 제사장도 있었고, 그 무리 주변에 관리들도 모여 있었습니다. 하지만 그들 중에 어느 한 사람이라도 하나님의 구원을 보지 못하였습니다. 그들은 부모들이 데리고 온 순진한 어린 아기를 보았을 뿐 그 아기 안에서 놀라운 존재를 전혀 보지 못하였습니다. 아마도 성전 안에 있던 모든 사람들 가운데 시므온과 안나만이 영적인 눈을 가지고 연약한 유아로 임하신 하나님의 기름 부음 받은 자를 보았을 것입니다. 따라서 저와 여러분이 그리스도의 외모를 보지 못한다고 하여 이를 섭섭하게 생각할 필요가 없습니다. 육신의 눈으로 보는 것은 부차적인 것에 불과하기 때문입니다. 영적인 눈으로 우리가 성육신하신 하나님을 보고 그를 우리의 구원으로 받아들였다면, 우리는 경건한 시므온과 함께 복을 받은 사람들입니다.

아브라함은 그리스도의 날이 오기 전에 이미 그의 날을 보았습니다. 그런데 우리는 그리스도의 날이 이미 임한 후에 그날을 보고, 믿음의 조상 아브라함과 함께 기뻐합니다. 우리는 지금껏 그리스도를 바라보고 기뻐합니다. 우리는 "세상 죄를 지고 가는" 하나님의 어린양을 보았습니다. "멸시를 받아 사람들에게 버림받으신" 그분 안에서 우리는 기름 부음을 받으신 구세주를 보았습니다. 십자가에 못 박히고 장사되었다가 다시금 부활하시고 영광을 얻으신 그분 안에서 우리는 구원을 보았습니다. 그 구원은 완전하고 거저 주시며 완성된 구원입니다. 아니, 그런데 그런 우리가 시므온보다 은혜를 덜 받았다고 생각하다니 그것이 말이 됩니까?

게다가 신자들은 시므온만큼 이미 평안을 누리고 있습니다. 평안히 살지 못한 사람은 아무도 평안히 세상을 떠날 수 없습니다. 그러나 살아서 평안을 누리던 사람은 죽을 때에도 평안을 누릴 것입니다. 곧 죽음 이후의 영원한 평안 말입니다. "그러므로 우리가 믿음으로 의롭다 하심을 받았으니 우리 주 예수 그리스도로 말미암아 하나님과 화평을 누리자"(롬 5:1). 예수님은 "평안을 너희에게 끼치노니 곧 나의 평안을 너희에게 주노라"(요 14:27) 말씀하시면서 우리에게 평안을 물려 주셨습니다. "그는 우리의 화평이신지라"(엡 2:14). 그리고 평안은 성령의 열매입니다. 하나님의 아들의 죽으심으로 말미암아 우리가 하나님과 화목하였습니다.

시므온의 마음속에 어떠한 평안이 흘러 넘쳤는지 몰라도, 나는 확신하건대, 그의 평안은 모든 진실한 신자들 속에 있는 평안보다 더 거룩한 것은 아니었습니다. 죄 사함 받은 이상 싸움은 끝났습니다. 구속 받은 이상 평안은 확고히 세워졌습니다. 영원히 지속되기로 언약된 평안 말입니다. 속죄소에 보혈이 뿌려짐으로 말미암아 그곳은 우리가 언제나 도움을 청할 수 있는 안전한 곳이 되었습니다. 담대함이 두려움을 대신하였습니다. 하나님의 보좌가 전에는 우리의 두려움의 대상이었지만 이제는 우리의 기쁨입니다. 그러므로 하나님과 화목을 누리는 우리는 "평안히 세상을 떠날 수 있음"을 확신할 수 있습니다. 하나님께서 마지막에 우리를 버리실까 두려워할 필요가 없습니다. 우리는 모든 위로의 하나님과 교제하는 가운데 이미 풍성한 은혜를 받았고, 또한 그리스도 예수 안에서 평안을 누리고 있기 때문입니다.

게다가 우리는 시므온이 누린 평안과 똑같은 평안을 누릴 수 있습니다. 참된 신자들이라면 우리는 모두 시므온과 똑같이 하나님의 종들이기 때문입니다. 본문은 "주재여, 이제는 말씀하신 대로 종을 평안히 놓아 주시는도다"라고 말씀하고 있습니다. 그런데 이 경우에, 한 명의 종이 그 집에 있는 다른 종들보다 더 큰 특권을 요구할 수 없습니다. 모든 종들이 하나님 앞에서 동일한 신분이며, 하나님으로부터 동일한 상급을 받기 때문입니다. 시므온은 하나님의 종이었습니다. 그리고 나의 형제인 그대 역시 하나님의 종입니다. 시므온에게 "평안히 세상을 떠나라"고 말씀하신 하나님께서는 여러분에게도 똑같이 말씀하실 것입니다.

주님은 언제나 그의 늙은 종들에게 긍휼을 보이시며, 그들의 힘이 떨어질 때 그들을 돌보아주십니다. "너희가 노년에 이르기까지 내가 그리하겠고 백발이 되기까지 내가 너희를 품을 것이라. 내가 지었은즉 내가 업을 것이요 내가 품고 구하여 내리라"(사 46:4). 다윗은 이러한 주님의 긍휼을 확신하고 하나님께 이렇게 기도하였습니다. "하나님이여 내가 늙어 백발이 될 때에도 나를 버리지 마시며"(시 71:18). 신실한 주인은 자기의 종을 보호하는 것을 의무로 여깁니다. 우리의 위대하신 주인이자 왕이신 주님은 모든 제자들 중에 가장 작은 자를 위해서 자신의 능력을 보이실 것이며, 자기 백성을 위해 예비하신 안식으로 그들 모두를 인도하실 것입니다. 여러분이 진실로 하나님을 섬기십니까? 그렇다면 죽음을 두려워하지 마십시오. 죽음은 더 이상 여러분에게 두려움이 되지 못할 것입니다.

또한 모든 신자들이 평안히 세상을 떠날 것이라는 우리의 확신을 더욱 굳히는 또 다른 묵상이 있습니다. 말하자면 이런 것입니다. 지금까지 신자들이 체험한 모든 일은 하나님의 말씀대로 이루어진 것입니다. 시므온이 평안히 세상을 떠날 것이라고 소망했던 근거는 바로 "말씀하신 대로"였습니다. 분명한 것은 성경을 사사로이 풀어서는 안 된다는 것입니다. 그렇지 않다면 성경이 다른 모든 사람은 제외하고 오직 한 신자만을 위해 지금까지 보존되었다는 말입니까? "그리스도 안에서 얼마든지 예가 되는"(고린도후서 1:20) 하나님의 약속은 아브라함의 모든 후손들에게 확실한 것입니다(참고. 롬 4:16). 자녀들 중에 일부에게만 이 약속을 하신 것이 아닙니다. 은혜로 거듭난 모든 신자들이 하나님의 약속의 상속자들입니다. 여호와를 믿는 신자로서 시므온이 세상을 평안히 떠나리라는 약속을 받았다면, 나 또한 그리스도 안에 있기에 그와 똑같은 약속을 받은 것입니다.

모든 신자는 시므온과 똑같이 죽음의 순간에 세상을 떠날 것입니다. 여기서 사용된 단어는 어떤 내용을 시사하며 격려합니다. 이 단어는 감금상태로부터 달아나거나 수고로부터 해방된다는 의미로 사용될 수 있습니다. 그리스도인의 현재 상태는 새장에 갇힌 새의 신세와 같습니다. 그의 몸이 영혼을 가두고 있습니다. 하지만 때가 되면 위대하신 주님께서 그 새장의 문을 열어 주시고 갇힌 자들을 풀어 주실 것이며, 그들은 상상할 수 없는 기쁨으로 온전히 찬송할 것입니다.

시므온은 죽음을 해방된 삶의 양식으로 보았습니다. 곧 넌더리나는 인내로부터 구출, 포로로부터 탈출, 속박으로부터 해방으로 보았습니다. 이와 같은 의미의 구원이 죽음의 순간에 우리에게 이루어질 것입니다. 우리로 하여금 거룩과 영성, 그리고 자신을 닮기를 열망하게 하신 하나님은 결단코 우리를 놀리시려고 그러한 열망을 심어 주시지 않았습니다. 하나님은 이러한 거룩한 열망을 이루어 주시기로 작정하셨던 것입니다. 그렇지 않다면 하나님은 우리에게 그러한 열망을 주시지 않았을 것입니다.

이 단어(depart, "놓아 주시는도다"로 번역됨)가 수고로부터의 해방을 의미한다고 나는 말했습니다. 마치 종이 주인을 기다리고 있는 것처럼 시므온은 주님의 식탁에 서서 기다리는 모습이었습니다. 여러분도 아시다시피, 그리스도는 비유에서 주인이 먼저 종에게 앉아서 먹으라고 하지 않고 "띠를 띠고 나에게 수종들라"고 명령한다고 말씀하셨습니다(눅 17:7-8). 시므온은 저만치 서서 띠를 띠고 자기의 주인에게 수종들고 있습니다. 그러나 주님은 그의 때가 다 된 것을 아시고 돌이켜서 시므온에게 말씀하십니다. "이제 너는 해방이다(you mayest depart). 네 음식을 먹으라. 네 사명을 다하였도다."

우리는 또 다른 비유를 들 수 있습니다. 모르드개처럼 궁궐 문에 앉아 있는 시므온을 그려보십시오. 그는 명령을 받들기 위해 항상 대기하고 있다가 마침내 궁궐 문을 지키는 시간이 끝났습니다. 위대하신 왕께서 평안히 가라고 그에게 명령을 내리신 것입니다. 또는 시므온을 추수하는 일꾼에 비유할 수 있습니다. 그는 작열하는 태양 아래에서 수확을 거두는 수고를 하고 있으며, 목이 바짝 말라 있고, 일에 지쳐 있습니다. 그러다가 갑자기 위대하신 보아스(주님을 가리킴: 역주)께서 밭에 오셔서 그의 종에게 수고했다고 위로하시며 이렇게 말씀하십니다. "너는 품꾼의 한 사람처럼 너의 날을 마쳤노라.

품삯을 받으라. 그리고 평안히 가라(depart)." 그리스도의 신실한 모든 종들에게도 이와 똑같은 때가 올 것입니다. 그때에 그들은 더 이상 피곤하여 괴로워하지 않는 곳에서 모든 수고를 그치고 쉴 것이며, "해나 아무 뜨거운 기운에 상하지도 아니할 것입니다"(계 7:16). 그들은 주님의 기쁨에 동참할 것이며, 그들을 위해 예비된 안식을 누릴 것입니다.

하지만 이 말씀을 주목하십시오. 하나님의 자녀의 죽음은 주님께서 정하신다는 사실을 여러분은 알고 있습니다. "(주님께서) 종을 … 놓아 주시는도다." 종은 주인의 허락 없이 일을 떠나서는 안 됩니다. 그렇다면 그는 도주한 자요 자신의 직무를 소홀히한 자가 되는 것입니다. 착한 종은 주인이 "평안히 가라"고 말할 때까지 자신의 자리를 결코 뜨지 않습니다. 시므온은 떠나라는 주님의 허락을 받을 때까지 끝까지 기다렸습니다. 주님께서 우리의 생명을 길게 연장하실지 혹 금방 취하실지 모르나 우리는 그 어떠한 경우라도 시므온처럼 주님의 지시를 기쁘게 따라야 할 것입니다. 분명한 것은 주님의 허락 없이는 어떠한 세력이라도 우리의 생명을 취할 수 없다는 것입니다.

광야로부터 불어오는 어떤 바람이라도 우리의 영혼을 어둠의 땅으로 몰아가지 못할 것이며, 징글맞게 아우성치는 악마들이라도 우리를 지옥으로 끌고 가지 못할 것이며, 또한 어둠 속에서 돌아다니는 역병이라도 우리의 목숨을 단축시키지 못할 것입니다. 하나님께서 우리에게 "나의 자녀야, 섬김의 밭에서 떠나라, 너의 갑갑한 장막에서 떠나라. 그리고 안식에 동참하여라" 말씀하시기까지 우리는 죽지 않을 것입니다. 하나님께서 우리에게 명하실 때까지 우리는 죽을 수 없습니다. 그리고 하나님께서 우리에게 떠나라고 명하시면 우리는 즐겁게 이 세상을 떠날 것입니다.

또한 본문의 말씀은 신자가 죽을 때 거룩한 축복이 시작된다는 사실을 분명히 보여 줍니다. 하나님은 "평안히 떠나라"고 말씀하십니다. 이는 우리가 친구에게 하는 것과 같은 인사입니다. 그것은 하나님의 제사장 아론이 희생 제물을 바친 백성에게 선포한 것과 같은 축복입니다. 엘리는 한나에게 "평안히 가라, 이스라엘의 하나님이 네가 기도하여 구한 것을 허락하시기를 원하노라"(삼상 1:17)고 말하였습니다. 죄인의 죽음의 자리에는 큰 폭풍이 닥치며, 그는 영원한 폭풍 소리를 듣습니다. 그의 영혼은 시끄럽고 낮은 저주의 우레소리에 묻혀 떨어지거나 혹은 허리케인을 영원히 예고하는 대단히 무서운 고요 속에 묻혀 떨어집니다. "떠나라, 저주받은 자여" 이 소름끼치는 소리가 그의 귀에 들립니다. 하지만 의인은 그렇지 않습니다. 의인은 아버지께서 축복의 손으로 그 머리에 안수하여 주시며, 영원한 팔로 그를 안아 주시는 것을 느낍니다. 의인에게는 최상품 포도주가 마지막까지 남아있습니다. 황혼의 빛이 밝고, 지는 해가 더욱 장려하며, 하늘을 온통 붉게 물들입니다. 그때에 구경꾼은 놀라 이렇게 외칩니다. "나는 의인의 죽음을 죽기 원하며 나의 종말이 그와 같기를 바라노라"(민 23:10). 의인이 죽을 때 다정다감한 아버지께서 부드러운 손가락으로 눈을 감겨주시며, 결코 눈물로 눈을 적시지 않는 곳에서 행복하게 깨어나게 하십니다.

이제 두 번째로, 어떤 신자들은 유달리 죽음을 편안하게 생각합니다.

그들이 언제 이런 느낌을 갖습니까? 이에 대한 대답은 이렇습니다. 첫째, 그들이 받은 은혜가 활기찰 때입니다. 모든 그리스도인들은 은혜를 받았습니다. 하지만 그들 모두가 똑같은 은혜를 받는 것은 아니며, 그 은혜의 강도가 언제나 한결같지는 않습니다. 어떤 신자들의 경우 믿음이 강하고 살아 있습니다. 믿음이 "보지 못하는 것들의 증거"이며, "바라는 것들의 실상"일 때, 그 심령은 "주재여, 이제는 (당신의) 종을 평안히 놓아주시나이다"라고 말할 수밖에 없습니다. 믿음은 에스골 골짜기의 포도송이들을 광야로 운반해 오며, 이스라엘 지파들로 하여금 젖과 꿀이 흐르는 땅을 사모하게 만듭니다. 옛 골 사람들(Gauls)이 이태리의 포도주를 마신 후 "알프스 산을 넘어 풍성한 포도주를 생산하는 이태리의 포도원을 차지합시다"라고 말하였습니다. 그렇습니다. 믿음으로 말미암아 우리가 천국의 기쁨을 깨달으면, 그때에 우리의 영혼은 날개를 달고 서서 영광의 땅에서 오는 신호를 기다립니다.

소망의 은혜도 마찬가지입니다. 소망은 보이지 않는 것을 들여다보기 때문입니다. 소망으로 말미암아 우리는 영원한 도성의 황금문으로 나아갑니다. 모세처럼 우리는 소망으로 인하여 비스가 산꼭대기로 오르며, 참된 이스라엘(신약의 성도들: 역주)이 차지할 가나안을 바라봅니다. 모세는 느보 산 정상에서 바라보았을 때 약속의 땅의 멋진 광경을 볼 수 있었으며, 단에서부터 브엘세바까지 전 지역을 볼 수 있었습니다. 이처럼 소망은 멋진 땅과 레바논의 매력적인 모습에 매료되어 큰 기쁨으로 이렇게 외칩니다. "주여, 이제 당신의 종을 평안히 놓아주시는군요." 소망으로 천국을 실감하고 기대하는 심령은 죽음을 아주 귀하게 생각합니다.

사랑의 은혜도 마찬가지로 우리에게 같은 효과를 가져다 줍니다. 사랑은 희생제물처럼 마음을 제단 위에 드립니다. 그리고 사랑은 천국의 불을 가져와 마음을 태웁니다. 마음이 희생제물처럼 타서 달아오르기 시작하면 어떤 결과가 나타날까요? 그 마음은 연기 기둥처럼 하나님의 보좌 앞으로 올라갑니다. 사랑하는 사람에게 우리를 더 가까이 가게 하는 것이 사랑의 본능입니다. 그리고 하나님을 향한 사랑이 심령에 널리 퍼지면 그 영혼은 이렇게 외칩니다. "내 사랑하는 자야, 너는 빨리 달리라. 향기로운 산 위에 있는 노루와도 같고 어린 사슴과도 같아라"(아 8:14). 완전한 사랑은 모든 두려움을 내어쫓고 "일어나 함께 가자"고 외칩니다.

나는 이처럼 모든 은혜를 언급할 수 있으나 지금은 그 중에 하나만 말하겠습니다. 이 은혜는 종종 빠뜨리기 쉽지만 오빌의 금처럼 아주 귀중한 은혜입니다. 그것은 바로 겸손의 은혜입니다. 사람이 자신을 낮게 평가하면 할수록 하나님 앞에서 그가 더 높이 올라간다는 사실이 이상합니까? "심령이 가난한 자는 복이 있나니 천국이 그들의 것임이요"(마 5:3)라고 성경에 기록되어 있지 않습니까? 시므온은 세상에서 자신이 중요한 존재라고 자만하지 않았습니다. 만일 자만했다면 그는 이렇게 말했을 것입니다. "주여, 나로 세상에 남게 하셔서 사도가 되게 하소서. 이 복된 시대가 방금 시작되었는데, 이 중대한 때에 반드시 나의 도움이 필요할 것입니다." 그러나 아닙니다. 그는 자신을 아주 작게, 아주 하찮게 여겼으며, 마음의 소원을 이루고 하나님의 구원을 본 그때에 그는 평안히 떠나기를 원하였습니다. 겸손은 우리 자신을 낮춤으로써 하나님을 높게 생각하도록 도움을 주며, 결과적으로 하나님과 함께 있기를 간절히 소망하게 만들어 줍니다. 우리의 은혜가 언제나 풍성하게 넘치기를 축원합니다. 그렇다면 우리는 언제나 기꺼이 죽을 것이며, 기꺼이 제물로 바쳐질 것입니다.

또 다시 신자들이 이처럼 죽음을 편안하게 생각할 때는 바로 확신이 뚜렷할 때입니다. 매우 성숙한 그리스도인들이라도 언제나 확신이 뚜렷하지는 않습니다. 어떤 성도들은 아직 확신에 이르지 못하였습니다. 그들은 분명히 구원을 받았고, 순수한 믿음을 가지고 있습니다. 그러나 확신은 믿음이라는 우유가 만들어내는 크림과 같습니다. 믿음이라는 우유가 확신이라는 크림을 만들어낼 만큼 오랜 시간 동안 굳지 못하였습니다. 그들은 아직까지 확신의 꽃을 피우지 못하였습니다. 왜냐하면 그들의 믿음은 아직 어린 나무에 불과하기 때문입니다. 사람이 천국에 대한 확신을 가지면 그는 열심히 천국을 바라보며 즐거워할 것입니다. 그러나 천국에 대해 의심한다면, 그는 세상에 남아있고자 할 것입니다.

그는 시편 저자 다윗과 같이 "내가 떠나 없어지기 전에 나의 건강을 회복시키소서"(시 39:13)라고 하나님께 기도합니다. 다윗에게는 아직 정리하지 못한 일들이 있었습니다. 그리고 그 일들이 남아있는 동안에 그는 세상에 머무르고자 하였습니다. 하지만 배에 짐을 다 싣고 선원들이 승선하고 닻을 들어올렸을 때 범선은 순풍에 돛을 달고 빠르게 항해하고자 할 것입니다. 그리스도의 보혈을 의지하고 있는지 알아봅시다. 부지런히 자신을 성찰함으로써 자신 안에 중생의 표적이 있는가 점검합시다. 자신의 심령의 증거와 아울러 성령의 오류가 없는 증거로써 자신이 하나님으로부터 태어난 존재인지 확실한 증거를 받읍시다. 그리하면 자연스러운 결과로서 그는 이렇게 말하게 될 것입니다. "이제 나로 이 땅의 모든 것으로부터 풀려나게 하소서. 그리고 분명히 나를 위해 예비된 안식에 들어가게 하소서."

여러분은 게으르게 살고, 죄에 빠지고, 타락함으로 확신을 잃었습니다. 이 때문에 여러분이 세상을 품고 놓지 않는 것은 아주 당연한 일입니다. 여러분에게 다른 기업이 없다는 것을 여러분이 두려워하기 때문입니다. 하지만 하늘의 집에 자신의 이름이 명백하게 기록된 사람들은 이처럼 세상을 껴안지 않습니다. 그들은 떠나야 하는 이 세상에 남아있게 해 달라고 애원하지 않을 것이며, 오히려 다음과 같이 마음속으로 노래할 것입니다.

예루살렘 나의 행복한 집이여,
네 이름이 내게 귀하도다
언제쯤 나의 수고가 끝나서

그 집에서 기쁨과 평안을 누릴까?

또한 그리스도와 친밀하고 즐거운 교제를 나눌 때 성도들은 평안히 죽음을 맞이할 수 있다고 느낍니다. 그리스도께서 자신을 숨기실 때 우리는 죽음에 대하여, 또는 천국에 대하여 말하기를 꺼려합니다. 그러나 주님께서 창문을 통해 그의 모습을 보여 주시며, 우리가 "시냇가의 비둘기 같은데 우유로 씻은 듯하고 아름답게도 박힌"(아 5:12) 주님의 눈을 보고, 거울을 통해 희미하게나마 주님의 어렴풋한 모습에 우리의 심령이 녹을 때, 우리는 기꺼이 집에 가려고 할 것이며, 우리의 심령의 눈으로 아름다우신 왕을 뵙고 저 멀리 있는 땅을 볼 그날을 사모하여 부르짖을 것입니다.

여러분은 지금껏 천국 향수를 느껴본 적이 한 번도 없습니까? 여러분은 지금껏 고향에 가기를 갈망해 본 적이 한 번도 없습니까? 여러분의 마음이 신랑의 아름다움으로 충만하고, 여러분의 심령이 그의 고귀하고 귀중한 사랑으로 크게 기뻐하였을 때 여러분은 이렇게 말하였습니다. "언제 날이 저물고 그림자가 사라질까? 어찌하여 그의 마차가 이리도 더디 온단 말인가?" 고귀하신 그리스도께서 우리의 심령에 임하시면 우리는 예수님을 뵙고 죽을 수 있다고 생각합니다.

러더퍼드(Rutherford)는 "검은 태양, 검은 달, 검은 별들, 하지만 상상할 수 없이 밝고 영광스러운 주 예수님"이라고 하였습니다. 이 경건한 사람은 이런 종류의 글을 많이 기록하였습니다. "오, 내가 주께 이르기 위하여 일곱 번 지옥을 헤엄쳐 지나가야 하더라도, 주께서 내게 베드로에게 하셨던 것처럼 '내게로 오라'고 말씀하기만 하신다면, 나는 바다뿐 아니라 지옥의 끓는 홍수를 지나서라도 주께로 나아갈 것입니다. 내가 주께 이를 수만 있다면, 주님 앞에 갈 수만 있다면 나는 그리할 것입니다." 여기서 나는 잠시 러더퍼드의 말을 여러분에게 소개해 드립니다.

"내가 고백하건대, 사랑의 바다에 완전히 빠질 때까지 내게는 안식도 평안도 없습니다. 그리스도의 사랑(기쁨의 원천)이 내가 바라는 만큼 허락된다면, 오, 나는 충분히 마시고 또 마실 것입니다! 주께서 계시지 않는 것을 나는 차라리 저주라고 부릅니다. 그리스도의 얼굴을 가린 마스크와 베일은 잔혹한 덮개입니다. 병든 심령에게 그 멋진 얼굴을 가리다니요. 나는 감히 주님을 비난하지 못합니다. 하지만 주께서 계시지 않는 것은 철산(a mountain of iron)과 같이 나의 무거운 마음을 내리누릅니다. 오, 언제쯤 우리가 만날까요? 오, 혼인날의 새벽까지 얼마나 기다려야 하나요? 아름다우신 주 예수여, 보폭을 넓게 하소서. 나의 주님, 한 걸음에 산들을 넘어오소서! '오 내 사랑하는 자야, 너는 빨리 달리라 향기로운 산 위에 있는 노루와도 같고 어린 사슴과도 같아라'(아 8:14). 오, 주님께서 하늘들을 외투처럼 접으시고, 시간과 날들을 폐지시키실 때, 어린양의 아내로 서둘러 남편을 맞이하게 하소서! 주께서 나를 본 이후 나의 마음은 나의 것이 아닙니다. 주께서 나의 마음을 하늘로 가져가셨습니다."

성도들이 이 세상에 있는 모든 것들을 놓게 되었을 때가 바로 천국을 향해 닻을 올리고 돛을 펼치는 때입니다. 그때에 일반적으로 성도들은 오는 세상을 굳게 붙잡습니다. 많은 사람들에게 이 세상은 달콤하고 그럴싸하지만 하나님은 자기 자녀들의 잔에 쓴 맛을 집어넣으십니다. 그들의 보금자리가 편안하면 그 안에 가시를 채워 오랫동안 날아오르게 하십니다. 마땅히 이렇게 되어야 하건만 일부 하나님의 종들은 마치 달 아래에서(세상에서) 쉼을 얻으려고 결심한 듯이 보입니다.

사랑하는 친구들의 사망, 혹은 믿었던 사람들의 배반, 육체의 질병, 혹은 심령의 우울함이 종종 발생하여 이 세상에 우리를 박아둔 못을 푸는데 도움을 줍니다. 그때에 우리는 비로소 다윗처럼 시편 131편을 노래할 수 있습니다. 이 시편은 시편 전체에서 아주 짧은 시들 중에 하나입니다. "실로 내가 내 영혼으로 고요하고 평온하게 하기를 젖 뗀 아이가 그의 어머니 품에 있음 같게 하였나니 내 영혼이 젖 뗀 아이와 같도다." 만일 다윗이 "젖을 안 먹는 (weaning) 아이"라고 하였다면 이 말이 훨씬 더 대부분의 하나님의 백성들에게 어울리는 말이었을 것이라고 나는 가끔 생각합니다. 하지만 젖을 떼인 것, 곧 세상으로부터 거절당하고, 세상의 위로로부터 소외당함으로 말미암아 우리는 "주여, 이제 당신의 종을 평안히 떠나게 해 주소서"라고 부르짖게 됩니다.

성도들이 편안하게 세상을 떠나고 싶을 때는 바로 자신들의 사명을 거의 다 이루었을 때입니다. 여기 계신 많은 성도들은 이 경우에 해당되지 않겠지만 시므온은 이런 경우에 해당되었습니다. 착하고 늙은 사람! 그는 변함없이 헌신하여 왔으나 이때에 성전 안에 들어와서 이 아기를 품에 안고 하나님을 찬송하였다고 성경은 말씀하고 있습니다. 그는 다시 한 번 그의 영혼으로 경배를 드렸으며, 다시 한 번 천사들과 함께 찬송하였습니다. 그는 이 일을 다 행하였을 때, "내 눈이 주의 구원을 보았사오니"(눅 2:30)라고 말하면서 자신의 믿음을 공개적으로 고백하였습니다. 이는 모든 신자들이 감당해야 할 또 하나의 중요한 일입니다.

그는 공적으로 아기 예수님을 증거하였으며, 그가 "이방을 비추는 빛"이 될 것이라고 선포하였습니다. 이 일을 행한 후 그는 아기의 부모, 곧 요셉과 마리아에게 아버지답게 축복하였습니다. 그는 그들에게 복을 빌고, 마리아에게 이렇게 말하였습니다. "보라, 이는 이스라엘 중 많은 사람을 패하거나 흥하게 하며 비방을 받는 표적이 되기 위하여 세움을 받았고"(눅 2:34). 그런데 다윗이 당시의 세대를 섬긴 후에 잠이 들었다는 말씀을 우리는 성경에서 읽을 수 있습니다(행 13:36). 사람이 평생의 사명을 완수하였을 때가 바로 편안히 잠들 때입니다. 시므온은 모든 일을 다 하였다고 느꼈습니다. 즉, 하나님을 찬송하였고, 자신의 신앙을 선포하였고, 그리스도에 대해 증거하였으며, 경건한 사람들을 축복하였습니다. 그리고 "주재여, 이제는 종을 평안히 놓아 주시는도다"라고 말하였던 것입니다.

그리스도인들이여, 여러분이 게으르다면 결코 세상을 떠날 마음이 없을 것입니다. 여러분이 그리스도를 위하여 거의, 혹은 아무것도 한 일이 없는 게으른 잠꾸러기들이며, 잡초가 무성하게 자라도록 내버려둔 나태한 종들이라면, 여러분이 주님을 뵙기를 원치 않는다는 것은 당연한 일입니다! 여러분의 나태함이 여러분을 고발하며, 이로 인하여 주님을 만나는 것이 겁이 나는 것입니다. 자신의 재능을 유익한데 사용한 자만이 청지기 직분을 기꺼이 회계하고자 할 것입니다. 사람이 어떤 공로도 주장하지 않고, 자신이 선한 싸움을 싸웠으며, 자신의 달려갈 길을 다 마치고 믿음을 지켰다고 느낄 때, 그는 하늘에 자신을 위하여 예비한 면류관을 기뻐할 것이며, 그 면류관을 쓰기를 사모할 것입니다.

사랑하는 형제들이여, 주님의 일에 여러분의 힘을 다 바치십시오. 여러분의 모든 힘을 조금도 남기지 마십시오. 몸, 혼, 영을 온전히 하나님께 바치시고, 최대한 쓰임을 받으십시오. 낮 동안에 여러분의 사명을 완수하십시오. 왜냐하면 품꾼처럼 여러분이 일을 빨리 마치면 마칠수록 그림자가 길어지는 시간이 더 빨리 다가올 것이며 그때가 더욱 즐겁게 느껴질 것이기 때문입니다. 그때에 하나님은 충성된 종에게 말씀하시는 것처럼 여러분에게 "평안히 떠나라!"고 말씀하실 것입니다.

한편, 성도들이 편안하게 죽고 싶을 때는 바로 하나님의 교회의 부흥을 보거나 예견할 때입니다. 착하고 늙은 시므온은 그리스도께서 이방을 비추는 빛이요 주의 백성 이스라엘의 영광이 되실 것을 알았습니다. 그러므로 그는 "주재여, 이제는 종을 평안히 놓아 주시는도다"라고 말하였습니다. 나는 경건한 집사님을 알고 있는데, 그는 교회가 약해지고 썩어가는 모습을 보아야 했습니다. 교회의 사역은 무익하였고, 교인들은 분열되었습니다. 이 고상하고 늙은 사람은 하나님 앞에 자신의 심령의 괴로움을 털어놓았습니다. 마침내 주님께서 한 사람을 보내어 이스라엘의 선을 추구하였습니다. 교회는 세워졌고, 그는 미칠 듯이 기뻤습니다. 이에 그는 "주재여, 이제는 종을 평안히 놓아 주시는도다"라고 말하였습니다. 존 녹스(John Knox)는 스코틀랜드 전역에 종교개혁의 뿌리가 안전하게 내려진 것을 보고는 안심하고 죽을 수 있었습니다. 늙은 래티머(Latimer: 영국의 종교개혁자. 메리 여왕의 즉위와 함께 이단으로 몰려 화형에 처해졌다: 역주)는 장작더미 위에 섰을 때, 행복한 표정으로 이렇게 말하였습니다. "형제여, 용기를 가져라. 오늘 절대로 꺼지지 아니할 하나의 촛불을 우리가 잉글랜드에 밝힐 것이다."

"예루살렘을 위하여 평안을 구하라"(시 122:6). 우리는 예루살렘을 위하여 평안을 구하며 교회의 부흥을 간절히 바랍니다. 우리가 그리스도께서 영광을 받으시고, 오류가 고쳐지며, 진리가 세워지고, 죄인들이 구원을 받으며, 성도들이 성화되는 것을 볼 수 있다면, 우리는 교회가 바라는 모든 것을 다 가지고 있다고 느낄 것입니다. 이 평안, 이 부흥을 위해 기도합시다. 그리고 그때가 온 것을 볼 때, 우리의 심령은 고요하고 편안하게 될 것이며, 이에 우리는 평안히 죽음을 맞이할 것입니다.

이제 세 번째 대지를 여러분에게 말씀드리겠습니다. 이처럼 평안히 죽을 수 있도록 우리에게 용기를 주는 말씀들이 있습니다. "말씀하신 대로." 이제 성경으로 들어가 죽음을 맞이할 때 우리의 마음에 힘을 준다고 생각되는 일곱 말씀들을 살펴봅시다. 첫째는 시편 23편 4절입니다. "내가 사망의 음침한 골짜기로 다닐지라도 해를 두려워하지 않을 것은 주께서 나와 함께 하심이라. 주의 지팡이와 막대기가 나를 안위하시나이다." "다닐지라도(walk)." 그리스도인은 죽을 때 발걸음을 재촉하지 않습니다. 그는 살았을 때에도 걸었고, 지금은 죽음을 두려워하지 않습니다. 그러므로 그는 평안히 걸어갑니다. 그는 "음침한" 골짜기를 걸어갑니다. 죽음은 실체(substance)가 없고 오직 그늘(shade)일 뿐입니다. 누가 그림자를 두려워해야 하나요? 죽음은 외로운 걸음이 아닙니다. "주께서 나와 함께 하심이라." 죽음은 우리에게 두려움을 주는 걸음이 아닙니다. "두려워하지 않을 것은." 죽음에는 악이 존재하지 않을 뿐 아니라 어떠한 두려움도 나의 죽음의 시간들을 어둡게 하지 못합니다. 죽음은 위안으로 가득한 세상과의 이별일 것입니다. "주의 지팡이와 막대기." 이 두 가지 도구는 우리에게 충만한 위안을 줄 것입니다. "주의 지팡이와 막대기가 나를 안위하시나이다."

다음 말씀을 봅시다. 그리고 "말씀하신 대로," 그 지시를 따릅시다. 시편 37편 37절. "온전한 사람을 살피고 정직한 자를 볼지어다. 모든 화평한 자의 미래는 평안이로다." 우리가 온전하다면, 곧 신실하다면, 우리가 정직하다면, 곧 마음이 정직하다면, 우리의 마지막은 분명히 평안일 것입니다.

또 다른 말씀은 시편 116편 15절입니다. "그의 경건한 자들의 죽음은 여호와께서 보시기에 귀중한 것이로다." 성도의 죽음은 평범한 것이 아닙니다. 성도의 죽음은 하나님께서 보시고 아주 기뻐하시는 장관(壯觀,spectacle)입니다. 왕들이 진주와 다이아몬드를 기뻐하고 그것들을 귀중하게 여기듯이 성도들의 임종은 하나님께서 보시기에 귀중한 것입니다.

또 다른 말씀은 이사야 57장 2절입니다. "그들은 평안에 들어갔나니 바른 길로 가는 자들은 그들의 침상에서 편히 쉬리라." 성도들은 평안에 들어가며, 그들이 임종할 때 편히 쉴 것이며, 무덤에 묻힌 그의 몸이 편히 쉬고, 주님의 품에 안긴 그의 영혼도 편히 쉴 것이며, 바른 길로 나아가므로 위에서 영생을 누릴 것입니다. "말씀하신 대로." 오, 이 간단한 말씀이 얼마나 힘이 넘치는지요! 여러분이 하나님의 말씀을 주장할 때 반드시 승리합니다. 성경 말씀처럼 그 안에 골수와 기름진 것이 풍부한 것은 아무것도 없습니다. 또한 고린도전서 3장 22절을 봅시다. "바울이나 아볼로나 게바나 세계나 생명이나 사망이나 지금 것이나 장래 것이나 다 너희의 것이요." 자, 죽음이 여러분의 것이라면, 죽음은 여러분의 기업의 한 몫으로서 여러분은 여러분에게 임할 그 죽음을 두려워해야 할 이유가 없는 것입니다.

같은 서신 15장 54절 이하를 봅시다. "이 썩을 것이 썩지 아니함을 입고 이 죽을 것이 죽지 아니함을 입을 때에는 사망을 삼키고 이기리라고 기록된 말씀이 이루어지리라. 사망아 너의 승리가 어디 있느냐? 사망아 네가 쏘는 것이 어디 있느냐? 사망이 쏘는 것은 죄요 죄의 권능은 율법이라. 우리 주 예수 그리스도로 말미암아 우리에게 승리를 주시는 하나님께 감사하노니." 이 말씀에 의지하여 우리는 죽음을 두려워할 필요가 없습니다.

내가 인용할 일곱 번째 말씀은 그 숫자만큼이나 평안한 죽음에 대해 완벽한 증거를 합니다. 요한계시록 14장 13절, "또 내가 들으니 하늘에서 음성이 나서 이르되, 기록하라, 지금 이후로 주 안에서 죽는 자들은 복이 있도다 하시매, 성령이 이르시되 그러하다 그들이 수고를 그치고 쉬리니 이는 그들의 행한 일이 따름이라 하시더라."

아마 여러분 가운데 많은 분들이 "하나님께서 시므온에게 하신 말씀처럼 나도 죽는 순간에 말씀해 주시므로 나를 격려해 주시면 좋겠다"고 말했을 것입니다. 그러나 사실 그 말씀이 여러분 앞에 있습니다. 아주 확실한 증거의 말씀 일곱이 여기에 있습니다. 어두운 곳에서 밝은 빛을 주목하듯이 여러분이 임종할 때에 이 말씀을 주목하는 것이 좋습니다. 이 약속들은 우리의 귀하신 주요 구세주이신 예수 그리스도를 믿는 모든 사람에게 주시는 말씀들입니다. 그러므로 놀라지 말고 두려워 말고, 오히려 "주재여, 이제는 종을 평안히 놓아 주시는도다"라고 말하십시오.

그리스도를 믿는 신자가 아니기 때문에 평안히 죽을 수 없는 여러분에게 한두 말씀을 전하겠습니다. 여러분은 결코 하나님의 구원을 보지 못하였으며, 여러분은 하나님의 종도 아닙니다. 나는 성도들을 대하듯이 여러분을 대해야 합니다. 본문이 "말씀하신 대로" 나는 성경 말씀을 성도들에게 전하였습니다. 아울러 나는 여러분에게도 성경의 두 구절을 소개하겠습니다. 이 말씀은 여러분이 편안한 죽음을 바랄 수 없는 이유를 여러분에게 보여 줄 것입니다.

첫 번째 말씀은 부정적입니다. 이 말씀은 누가 천국에 들어갈 수 없는지, 그 결과 평안히 세상을 떠날 사람들이 누구인지 보여 줍니다. 고린도전서 6장 9절, "불의한 자가 하나님의 나라를 유업으로 받지 못할 줄을 알지 못하느냐?" 공평하지 못한 자, 억압하는 자, 사기꾼, 악당, 이런 불의한 자는 하나님의 나라를 유업으로 받지 못할 것입니다. 나는 이 말씀을 읽고 설명할 필요가 없습니다. 대신 이 말씀의 채찍을 받은 여기 있는 모든 사람들은 이 말씀 앞에 꿇어 엎드려야 합니다.

"미혹을 받지 말라. 음행하는 자나" ― 런던에는 이런 사람들이 넘쳐납니다 ― "우상 숭배하는 자나" ― 나무나 돌로 만든 우상을 숭배해야만 꼭 우상숭배자들이 아닙니다. 하나님 외에 다른 어떤 것을 경배하는 여러분이 바로 우상숭배자들입니다 ― "간음하는 자나 탐색하는 자나 남색하는 자나 도적이나 탐욕을 부리는 자나 술 취하는 자나" ― 이런 사람들 가운데 일부는 정기적으로 이 집(교회)에 나오기도 합니다 ― "모욕하는 자나" ― 곧 험담하는 사람들, 트집쟁이들, 소문을 퍼뜨리는 사람들, 저주하는 사람들, 이런 종류의 사람들을 말합니다 ― "속여 빼앗는 자들" ― 말쑥한 신사들 가운데 20퍼센트가 여기에 해당됩니다 ― 바로 이런 사람들이 "하나님의 나라를 유업으로 받지 못하리라"고 말씀합니다. 엄청난 폭리로 가난한 차용자들을 착취하는 여러분, 여러분 가운데 단 한 사람도 하나님의 나라를 유업으로 받지 못할 것입니다. 만일 여러분이 이 목록 가운데 들어있고, 하나님께서 여러분의 마음을 새롭게 하셔서 여러분을 변화시키지 않는 한 천국의 거룩한 문은 여러분에게 굳게 닫혀 있을 것입니다.

두 번째 말씀은 긍정으로 시작합니다. 요한계시록 21장 7절, "이기는 자는 이것들을 상속으로 받으리라. 나는 그의 하나님이 되고 그는 내 아들이 되리라. (그러나) 두려워하는 자들과" ― 비겁한 자들, 곧 그리스도를 부끄러워하는 자들, 그리스도를 위해 고난을 받으려 하지 않는 자들, 이것저것 다 믿으나 실상은 아무것도 믿지 않는 자들, 핍박을 견디지 못하여 진리를 부인하는 자들을 의미함 — "믿지 아니하는 자들과" — 즉, 구세주를 신뢰하지 않는 자들 — "흉악한 자들과" — 가난한 자들 가운데도 흉악한 자들이 적지 않으며, 귀족들(Right Honorables) 가운데도 흉악한 귀족(Right Abominable)이라고 불러야 할 자들이 있으며, 그 이상으로 국가적으로 미움을 받을 큰 악을 범하는 자들도 있음 — "살인자들과" — "그 형제를 미워하는 자마다 살인하는 자니" — "음행하는 자들과 점술가들과" — 마귀들과 악한 영들과 교접하거나 교접하는 척하는 자들, 강신술사들, 그런 부류의 사람들 — "우상 숭배자들과 거짓말하는 모든 자들은" — 이런 자들이 도처에 들끓고 있고, 인쇄물로 속이고, 목소리로 속임 — "불과 유황으로 타는 못에 던져지리니 이것이 둘째 사망이라."

이는 내 말이 아니라 하나님의 말씀입니다. 만일 여러분이 이 말씀의 저주에 해당된다면 여러분은 저주를 받을 것입니다. 여러분이 저주를 받을 형편이라면 예수님께로 피하십시오. 복음의 말씀처럼 회개하고 돌이키십시오. 그리하면 여러분은 예수 그리스도로 말미암아 용서받을 것입니다.

# 4

# 요한

———

### 예수께서 사랑하시는 그 제자

"베드로가 돌이켜 예수께서 사랑하시는 그 제자가 따르는 것을 보니 그는 만찬석에서 예수의 품에 의지하여 주님 주님을 파는 자가 누구오니이까 묻던 자더라"(요 21:20).

우리 주님은 모든 제자들을 사랑하셨습니다. "세상에 있는 자기 사람들을 사랑하시되 끝까지 사랑하시니라"(요 13:1). 주님께서는 모든 사도들에게 이렇게 말씀하셨습니다. "이제부터는 너희를 종이라 하지 아니하리니 종은 주인이 하는 것을 알지 못함이라. 너희를 친구라 하였노니 내가 내 아버지께 들은 것을 다 너희에게 알게 하였음이라"(요 15:15). 그러나 이런 사랑의 범위 안에는 사랑 받는 요한만이 머무를 수 있는 지성소(innermost place)가 있었습니다. 요한이 특별히 사랑을 받았다는 이유 때문에 예수 그리스도께서 나머지 제자들에게 베푸신 사랑을 조금이라도 과소 평가하지는 맙시다.

한 사람에게 특별한 사랑을 보이는 사람들은 그만큼 많은 사람들에게 큰 사랑을 베풀 수 있는 능력이 있다고 나는 생각합니다. 그러므로 예수님께서 요한을 가장 사랑하셨기 때문에 나는 다른 제자들에 대한 예수님의 사랑을 더욱 높이 평가합니다. 예수님께서 요한을 최고로 사랑하신 사실로 인하여 어느 누가 괴로워했다는 것은 잠시도 상상할 수 없는 일입니다. 요한이 높임을 받음으로 인해 다른 제자들이 떨어진 것이 아니라 도리어 그와 함께 높임을 받았습니다.

모든 신자들은 구세주의 귀중한 선택의 대상이며, 피로 값 주고 사신 바된 자들이고, 그의 소유요 기업이며, 그의 면류관의 보석들입니다. 요한의 경우처럼 한 사람이 다른 사람들보다 더 큰 사랑을 받는다 해도 모두가 큰 사랑을 받고 있는 것이며, 요한의 높은 자리에 다른 제자들이 이른다는 것은 감히 바랄 수 없다 할지라도 "예수께서 사랑하시는 그 제자" 요한이 다른 제자들보다 더 뛰어나 보일 수 없습니다. 오히려 각자가 "주님께서 나를 사랑하시고 나를 위해 자신을 바치셨습니다"라고 고백할 수 있고, 우리는 이러한 형제가 됨을 크게 감사할 수 있습니다.

요한처럼 특별한 사랑을 받는 것은 지금까지 모든 신자들이 받아온 동일한 은혜 중에서도 가장 진한 은혜의 형태(innermost form)입니다. 나는 요한의 성격에서 사랑 받을 만한 특징 몇 가지를 여러분에게 보여드리려고 합니다. 그렇다고 하여 그리스도께서 은혜의 법이 아닌 다른 어떤 방법으로 요한에게 사랑을 베푸셨음을 내가 말하려 한다고 생각해서는 절대로 안 됩니다. 요한에게 사랑받을 만한 그 무엇이 있었든지 이는 하나님의 은혜로 말미암은 것이었습니다. 천성적으로 사랑받을 만한 성품이 그에게 있었다 치더라도 사람 속에 있는 존경할 만한 것은 전부 창조주 하나님께서 만들어 주신 것입니다. 그리고 이런 자연적인 성품이 은혜로 말미암아 영적인 성품으로 변화될 때에 비로소 그리스도 예수를 흡족하게 해 드리는 주체가 될 수 있는 것입니다.

내가 오늘 요한에 대하여 말할 때 마치 요한이 자신의 공로로 사랑을 받거나 혹은 그의 자랑할 만한 개인적인 장점 때문에 그리스도께서 그를 귀하게 여기신 것처럼 나는 말하지 않습니다. 다른 모든 형제들처럼 그 또한 예수님께서 너무나 사랑하시고 주님의 마음을 요한에게 주셨기 때문에 요한이 사랑을 받은 것입니다. 요한이 사랑을 받은 것은 전적으로 은혜였습니다. 은혜 외에 다른 어떤 것을 상상한다는 것은 있을 수 없습니다. 이와 같이 주님의 특별한 사랑의 모습을 우리는 "최고의 은사"의 하나로 바라보며, 이에 우리는 이 특별한 사랑을 간절히 사모하게 됩니다. 주님의 사랑은 단연코 은사이지 삶이나 구입할 수 있는 상품이 아닙니다. 주님의 사랑은 돈으로 살 수 없습니다. 주님의 사랑은 결단코 값으로 흥정하거나 권리를 주장할 수 없는 것입니다. 주님의 사랑에서 우리가 느끼는 기분은 거저 주시는 선물입니다. "사람이 그의 온 가산을 다 주고 사랑과 바꾸려 할지라도 오히려 멸시를 받으리라"(아 8:7).

사랑하는 친구들이여, 이제 본문으로 돌아가 "예수께서 사랑하시는 그 제자"라는 이름의 의미를 살펴봅시다.

제일 먼저 주목할 사실은 이 이름이 요한이 자신을 표현한 호칭이라는 사실입니다. 생각해 보건대, 요한은 이 이름을 다섯 번 반복하였습니다. 성경의 다른 어떤 저자도 요한을 "예수께서 사랑하시는 그 제자"라고 부르지 않았습니다. 그렇다고 요한을 이기주의자가 아닌가라고 의심하지는 마십시오. 이는 이기주의와는 거리가 먼 경우입니다. 당연히 저와 여러분은 이러한 이름을 취하기를 꺼려할 것입니다. 설령 그런 이름이 우리에게 어울린다고 느낄지라도 우리는 선뜻 그런 이름을 취하지 않을 것입니다. 왜냐하면 우리는 우리의 명예를 지켜야 하며, 다른 사람들이 우리에 대하여 주제넘다고 생각하지 않을까 염려되기 때문입니다. 하지만 요한은 너무나 순진한 나머지 자기 자신을 잊은 채 이 이름을 취하였습니다. 다른 사람들이 트집을 잡든지 말든지 이 이름이야말로 자신의 존재를 정확하게 설명해 주기 때문이었습니다. 이 이름에는 교만이 조금도 들어있지 않으며, 다만 요한의 꾸밈없는 영혼, 솔직함, 그의 투명한 성품, 그의 온전한 무사 무욕의 정신을 보여 줄 뿐입니다.

하나님께서 우리를 위해 행하신 일을 말하는 것이 교만이 아니라 오히려 증거하지 않는 것이 정말로 교만입니다. 나는 철저한 겸손으로 확신에 차서 하나님의 사랑을 말하는 형제의 이야기를 들어보았습니다. 어떤 이들은 그가 주제넘다고 생각하였지만 내가 속으로 느끼기에는 그의 적극적인 증거가 오히려 그의 철저한 겸손과 완전히 일치하였습니다. 그가 매우 순진하였기 때문에 자신을 완전히 잊어버리고 사람들 앞에 자신을 드러내고 이기적이라는 사람들의 판단도 감수하였던 것입니다. 그는 어떻게 하면 자신이 하나님을 영화롭게 할 것인가에 몰두하였기에 자신을 드러내는 상황을 두려워하지 않았던 것입니다. 왜냐하면 그는 주님 안에서 자신을 잊었기 때문입니다.

요한은 이 이름 안에 자신을 감추고 있습니다. 그는 요한이라는 자신의 이름 밝히기를 조심스러워하고 있습니다. 그는 자신을 "또 다른 제자," "그 다른 제자," "예수께서 사랑하시는 그 제자"라고 말합니다. 이런 이름들은 요한이 직접 쓴 복음서에서 자신의 이름을 밝히지 않기 위해 사용한 "익명" (incognito)들입니다. 하지만 그의 변장술은 매우 서툴기에 우리는 그를 금세 알아봅니다. 하지만 그는 여전히 구세주 뒤에 자신을 감추려고 애를 씁니다. 그는 베일처럼 주님의 사랑을 입었습니다. 하긴 그 베일이 빛의 베일이라는 사실이 드러났지만 말입니다. 그가 마음만 먹었다면 "하나님의 계시를 본 그 제자"라고 자신을 소개하였을 것이나, 그는 예언보다는 사랑을 말하고 싶어합니다. 초대교회 때에 우리는 요한에 대하여 기록한 작품들을 보게 되는데, 거기서 그의 이름이 "예수의 품에 의지한 그 제자"라고 소개되어 있습니다. 이는 본문에서 요한이 소개한 이름과 같습니다.

요한은 "복음서들 중에 한 권을 기록한 그 제자" 혹은 "누구보다도 그리스도의 마음을 잘 알았던 그 제자"라고 소개될 수도 있었습니다. 그러나 요한은 사랑한다는 말을 선호합니다. 그는 무엇인가를 행한 그 제자가 아니라 예수님으로부터 사랑을 받은 그 제자입니다. 그는 예수님을 사랑하는 그 제자가 아니라 "예수께서 사랑하시는" 그 제자입니다. 우리는 이 사람이 주님과 가진 교제를 알고 있습니다. 그는 이렇게 말하였습니다. "하나님이 우리를 사랑하시는 사랑을 우리가 알고 믿었노니 하나님은 사랑이시라. 사랑 안에 거하는 자는 하나님 안에 거하고 하나님도 그의 안에 거하시느니라" (요일 4:16).

우리가 본 이 이름은 요한이 가장 마음 편하게 생각한 이름입니다. 다른 어떤 칭호도 그를 이처럼 잘 설명하지는 못할 것입니다. 그의 본 이름인 "요한"은 "하나님의 선물"이라는 뜻입니다. 즉, 그는 하나님 아버지께서 고난 받을 아들에게 주신 고귀한 선물이었으며, 또한 구주께서 사람들과 함께 계시는 동안에 큰 위로가 되어 드렸습니다. 그가 스스로 "예수께서 사랑하시는 그 제자"라고 부른 까닭은 주님의 큰 사랑에서 흘러나오는 즐거운 은혜를 감사하며 그 멋진 감동을 늘 받기를 소원하였기 때문입니다. 요한은 예수님의 사랑을 은혜롭고 칭찬할 만한 자신의 모든 덕의 근원과 뿌리로 생각하였습니다. 무슨 용기가 그에게 있든지, 무슨 충성됨이 그에게 있든지, 무슨 깊은 지식이 그에게 있든지, 그것은 모두 다 예수님께서 그를 사랑하셔서 그에게 그러한 덕을 허락하셨기 때문이었습니다. 그의 마음의 정원에서 만발한 아름다운 모든 꽃들은 그리스도의 사랑의 손으로 심으신 것들이며, 따라서 요한이 자신을 가리켜 "예수께서 사랑하시는 그 제자"라고 불렀을 때 그가 본질의 뿌리와 기초에 내려가 자신의 존재의 진정한 이유를 그 이름을 통해 설명하였다고 생각하였습니다.

이 사랑스러운 이름이 그의 평생에 가장 밝은 기억을 불러일으켰기 때문에 요한에게는 너무나 소중한 이름이었습니다. 요한이 나이가 들어 예수님과 함께 지낸 그 짧은 햇수들을 바라보았을 때 그는 틀림없이 큰 기쁨을 느꼈으며, 그때가 그의 존재의 면류관이요 영광으로 보였습니다. 요한이 팔레스타인에서 그리스도를 뵌 이후에 다시금 밧모 섬에서 주님을 뵈었다고 나는 믿어 의심치 않습니다. 왜냐하면 주님의 모습을 그는 여러 번 반복하여 보여 주고 있기 때문입니다. 주님에 대한 요한의 관찰은 비범한 것이었습니다. 그는 주님의 음성뿐만 아니라 주님의 모습에서도 때때로 메아리 소리를 들을 정도였습니다.

요한은 독수리의 눈으로, 사려 깊은 내면의 눈으로 주님을 바라보았습니다. 그러한 요한은 전 세계에서 주님을 관찰할 최고의 적임자였습니다. 실제로 그는 에게 해의 바위들(밧모 섬을 의미함) 틈에서 본 환상 중에서 주님의 모습을 상세히 관찰하였습니다. 그가 사용한 이름으로 말미암아 그는 자신의 생애에서 가장 좋았던 때를 모두 회상할 수 있었습니다. 또한 그 이름의 힘으로 말미암아 요한은 십자가의 무서운 고난을 받는 동안에도 살아계신 주님과 친밀한 교제를 나누는 가운데 그 교제를 자주 갱신하였으며, 그의 생애 마지막까지 주님과의 교제를 지속하였습니다. 그 매력적인 이름이 그의 영혼의 종들을 모두 울리게 하였습니다. "예수께서 사랑하시는 그 제자." 그 이름이 아름다운 곡조로 들리지 않습니까?

그 이름은 요한이 살아 있는 동안에 그의 행동의 강력한 동기가 되었습니다. 자신을 그토록 사랑하시는 주님인데 어찌 그가 그런 주님 앞에서 거짓될 수 있겠습니까? 예수님께서 사랑하시는 그 제자인데 어찌 아무리 먼 길인들 그 발로 가지 않을 수 있겠습니까? 예수께서 사랑하시는 제자인데 아무리 잔인한 폭도들이라도 어찌 그런 제자의 마음을 위협할 수 있겠습니까? 예수께서 사랑하시는 제자인데 어떤 형태의 추방이나 죽음이라도 어찌 그런 제자를 놀라게 할 수 있겠습니까? 그럴 수 없습니다. 이와 같이 그 이름의 힘으로 요한은 담대하고 성실할 수 있었으며, 그의 온 마음으로 그의 사랑하는 친구(주님)를 섬길 수 있었습니다.

이 이름은 결코 논쟁의 대상이 되지 않았습니다. 요한이 자신을 이런 이름으로 밝히고 있는데 대하여 어느 누구도 불평하는 것을 여러분은 찾아볼 수 없습니다. 요한에게 그런 이름을 주는 것에 대하여 전체가 동의한 것입니다. 그의 형제들이 그와 약간 다툰 일은 있었습니다. 요한의 맹신적인 어머니, 살로메가 자기의 두 아들을 메시아의 우편과 좌편에 앉게 해 달라고 하였을 때 그런 약간의 다툼이 있었습니다. 하지만 요한에 대한 예수님의 사랑은 형제들 가운데 어떠한 갈등도 일으키지 않았으며, 요한이 부당한 이득을 취하지도 않았습니다. 내가 믿기에, 요한에 대한 주님의 특별한 사랑은 아주 당연한 일이라고 다른 사도들이 말없이 인정했을 것입니다.

요한에게는 그의 형제들이 그를 사랑할 수밖에 없었던 상당한 매력이 있었습니다. 그러하기에 주님께서 요한을 가장 친한 친구로 삼으시는 것을 그들이 놀라지 않고 받아들였던 것입니다. 참으로 하나님의 사랑을 받는 사람은 일반적으로 형제들의 사랑을 받으며, 심지어 얼마간 불신자들의 사랑까지도 받습니다. "사람의 행위가 여호와를 기쁘시게 하면 그 사람의 원수라도 그와 더불어 화목하게 하시느니라"(잠 16:7). 다윗이 하나님과 동행하는 동안 온 이스라엘이 그를 사랑하였습니다. 심지어 사울 왕까지도 다윗에게 "너는 나보다 의롭도다"(삼상 24:17)라고 어쩔 수 없이 외쳤습니다. 요한은 어디에서나 사랑을 받을 만큼 사랑스러웠습니다. 성도들 자신부터 큰 사랑을 받기를 원하는 만큼 그런 축복받은 사람들을 만나면 기뻐합니다. 우리가 몰약과 침향과 계피향 맡기를 원한다면, 향기로운 옷을 입은 사람 만나는 것을 즐거워할 것입니다.

요한의 이름의 경우도 그와 마찬가지입니다. 두 번째, 그 이름 이면에 있

는 성품을 살펴봅시다. 나는 오직 요한의 축소된 그림(miniature)을 보여드
릴 뿐입니다. 짧은 한 편의 설교에서 요한의 전신 초상화를 그린다는 것은
불가능한 일입니다. 참으로 내가 시도는 해 보겠지만 그런 일을 충분히 완수
할 수 있는 실력 있는 화가가 아닙니다. 요한의 성품에서 우리는 존경할 만
한 것을 많이 볼 수 있습니다.

첫째, 그의 개인적인 성격을 살펴봅시다. 그의 마음은 크고 따뜻하였습니
다. 아마도 요한의 주요한 영향력은 그의 강렬한 성품에 있었을 것입니다.
그는 열정적이지는 않았지만 심원하고 힘이 있었습니다. 그는 무슨 일을 하
더라도 매우 충심으로(heartily) 하였습니다. 그는 순진하였고, 그 안에는 간
사한 것이 없었습니다. 그의 본성에는 불일치가 없었고, 그의 모든 생각이나
행동은 하나였으며 나뉘지 않았습니다. 그는 질문을 숨기지 않았고, 말꼬리
를 잡고 늘어지지 않았으며, 다른 사람들의 허물을 염탐하지도 않았습니다.
그리고 정신적으로나 육체적으로 어려움 없이 행복하게 지낸 듯합니다.

깊이 생각하고 결론에 이르면, 그의 온 성품이 일치 단결하여 힘있게 전진
하였습니다. 어떤 길로 가든지 그는 온전히 행하였고, 아주 단호하게 행하였
습니다. 어떤 이들은 두 길로 가거나, 혹 그때그때 진로를 바꾸거나, 똑바르
지 않은 방법으로 목표를 향해 갑니다. 하지만 요한은 불을 뿜으며 곧장 앞
으로 나아갔고, 엔진을 전속력으로 가동하였습니다. 그는 주님의 뜻에 온 영
혼을 드렸습니다. 왜냐하면 그는 깊이 생각하고 조용히 연구한 다음에 강력
하게 실천하는 행동가였기 때문입니다. 요한은 성급한 베드로같이 충동적이
지 않았으나 결단력이 있었고, 목적을 끝까지 관철하였으며, 불 같은 열심으
로 일을 하였습니다.

그의 믿음은 대단히 힘이 있었습니다. 그는 주님에 대하여 배운 바를 최대
한 믿었습니다. 그의 서신서를 다 읽어보세요. 그러면 "우리가 안다, 우리가
안다, 우리가 안다"라는 말을 얼마나 많이 사용하였는지 알 수 있을 것입니
다. 그에게는 "만약에"라는 개념이 없습니다. 그는 심원하고 강한 믿음의
소유자였습니다. 그의 마음은 사실 그대로 거짓없이 동의하였습니다.

게다가 요한에게는 따뜻함이 있었습니다. 그는 주님을 사랑하였고, 그의
형제들을 사랑하였습니다. 그는 큰 마음으로 사랑하였는데 이는 그의 마음

그릇이 컸기 때문입니다. 그는 끊임없이 사랑하였고, 주님께 실제로 용기를 드릴 정도로 그렇게 사랑하였습니다. 그는 담대한 사람이었고, 진정 우레의 아들이었기 때문입니다. 만일 앞에 나설 수밖에 없는 상황이라면 그는 선봉에 설 준비가 되어 있었습니다. 하지만 돌발적인 행동이나 소란 없이 아주 조용하게 앞에 나섰습니다. 그의 성격은 일시에 떨어지는 큰 폭포와 같지 않고, 언제나 변함없이 흐르는 깊은 강과 같았습니다.

우리가 요한의 성격에 대하여 아는 바를 종합해 볼 때, 그는 여러분의 차갑고 계산적인 성격과는 반대였으며, 수줍어서 행동이 굼뜬 그런 성격과도 반대였습니다. 내가 말하는 그런 유의 사람들을 여러분은 아실 것입니다. 그들은 나름대로 착하지만 결코 매력적이지 않으며, 또는 본받을 만한 것도 없습니다. 요한은 인간성이 결여된 무미건조한 그런 형제들과는 정반대였습니다. 그런 사람들은 어떤 부분에서는 거의 완벽에 가깝습니다. 하지만 이는 활기가 너무 없어서 죄를 짓지 못할 뿐입니다. 그들은 잘못을 범하지 않습니다. 왜냐하면 그들은 아무 일도 하지 않기 때문입니다. 나는 이런 사람들을 약간 알고 있습니다. 그들은 다른 사람들을 예리하게 비판하는 사람들이며, 자신들은 나무랄 데가 없습니다. 그러나 단 한 가지 이례적으로 그들은 무정합니다.

요한은 정이 많은 사람이었습니다. 그는 지적이면서도 영적인 사람이었습니다. 그의 영성은 철저하였으며, 그는 열정적이면서도 조용한 삶이 몸에 배어 있었고, 사람들에게 사랑받는 사람이었습니다. 그의 표정에는 절정의 자신감이 넘쳤으며, 그의 거동에는 기운이 넘쳤고, 그의 모든 활동에는 지칠 줄 모르는 힘이 있었습니다. 그가 전에 스승으로 모셨던 세례 요한처럼 그는 "불붙고 빛나는 빛"이었습니다. 그에게는 빛뿐만 아니라 따스함이 있었습니다. 그는 열정적이고 진지하였으며, 성격상 이기적이지 못하였습니다. 그에게 충만한 은혜가 임하여 그의 이러한 미덕들이 성별되었던 것입니다.

이제 주님과의 관계 속에서 요한을 고찰해 봅시다. 요한이 스스로 자처한 이름은 "예수께서 사랑하시는 그 제자"입니다. 예수님은 요한을 제자로서 사랑하셨습니다. 선생님들은 어떤 제자들을 사랑할까요? 어린이들을 가르쳐본 분들은 아실 것입니다. 만약 선생님들이 아이들을 선택한다면, 다른 아이들보다 먼저 선택하는 아이들이 있을 것입니다. 만일 내가 선생님이 되어 학생들을 가르친다면 나는 말을 잘 알아듣는 학생들을 사랑할 것입니다. 요한이 그런 제자였습니다. 그는 빨리 배우는 제자였습니다. 그는 굼뜨고 따지기 좋아하고 지나치게 조심스러운 도마와 같지 않았습니다. 자신이 모신 선생님이 참된 선생이라는 확신이 들었다 하면 그는 자신을 선생님께 바쳤으며, 선생님이 보여 주시는 진리를 적극적으로 받아들였습니다.

그는 예리한 눈을 가진 제자였습니다. 그 눈으로 가르치시는 선생님의 영혼을 간파하였습니다. 초대교회에서 요한의 상징물은 독수리였습니다. 독수리는 높이 날지만 아울러 멀리 봅니다. 요한은 모형과 상징의 영적인 의미를 보았습니다. 그는 다른 제자들과 달리 외적인 상징에 머물지 않고 통찰력 있는 영혼으로 진리의 깊이를 해석해냈습니다. 여러분은 요한복음과 요한 서신서에서 이와 같은 사실을 알 수 있습니다. 그는 영적인 깊이가 있는 사람이었습니다. 그는 문자에 머물지 않고 문자 이면에 있는 진리 속으로 뛰어들었습니다. 그는 문자의 껍질을 파고 들어가 그 내면의 교훈에 도달하였습니다.

그의 첫 번째 스승이 세례 요한이었습니다. 그가 제일 먼저 그의 스승을 떠난 것은 그가 좋은 제자였기 때문입니다. 좋은 제자였다면 어찌 그럴 수 있느냐고 여러분은 생각합니다. 정말 좋은 제자였기 때문에 요한이 그리했던 것입니다. 왜냐하면 세례 요한의 목적은 자기의 제자들을 예수님께로 보내는 것이었기 때문입니다. 세례 요한은 "보라 세상 죄를 지고 가는 하나님의 어린양이로다"라고 말했습니다. 요한은 이 선구자의 훌륭한 제자였기에 선구자가 그에게 소개해 준 주님을 즉시 따랐던 것입니다. 요한은 누가 잡아끌지 않았는데도 그리하였습니다.

그의 행동은 자연스럽고 균형 잡혀 있습니다. 그는 자신이 배운 바를 확신을 가지고 받아들였습니다. 그는 진리를 믿되 그 진리를 실제로 그리고 철저하게 믿었습니다. 사람들이 자신의 알량한 이성으로 이해하려고 한 것처럼 요한은 그렇게 믿지 않았습니다. 오히려 그는 진리를 양손으로 붙잡았고, 그 진리를 마음속에 두었으며, 중심으로 흘러가게 하여 그의 존재 전체를 흠뻑 적시게 하였습니다. 그는 내면의 영혼으로 믿는 신자였습니다. 주님께서 십자가에서 피와 물을 쏟으시는 모습을 보았을 때, 그리고 무덤 안에 세마포가 개켜 있는 모습을 보았을 때, 그는 보고 그대로 믿었습니다.

요한은 감수성이 뛰어났습니다. 그는 배운 바를 흡수하였습니다. 그는 언제든지 하늘의 이슬을 흡수하려는 기드온의 양털 같았습니다. 그의 온전한 본바탕은 예수님 안에 있는 진리를 있는 그대로 흡수하였습니다. 그는 말을 많이 하는 사람이 아니었습니다. 나는 그가 말이 거의 없는 제자였다고 생각합니다. 복음서에 보면 그가 한 말은 오직 한 번 뿐일 정도로 그는 거의 말이 없었습니다.

"왜요? 두세 번 정도 있는데요?" 요한이 그리스도 우편에 앉게 해 달라고 요구했다는 사실을 여러분은 상기시키시나요? 나도 그 요청을 알고 있습니다. 하지만 내가 대답하건대, 그것은 그의 어머니 살로메가 한 말이었습니다. 만찬 때에 요한이 "주여 누구니이까?"(요 13:25)라고 질문한 사실을 또다시 말씀하십니까? 그 말은 맞습니다. 하지만 그 질문을 하도록 부추긴 사람은 베드로였습니다(24절). 내가 기억하는 바로는 복음서에서 순전히 요한이 스스로 한 말은 오직 한 번뿐이었습니다. 즉, 디베랴 바다에서 "주님이시라"(요 21:7)고 베드로에게 한 말이었습니다. 이 말은 간단하지만 매우 의미 있는 말이었습니다. 그는 재빠른 사랑의 눈으로 주님을 알아본 것입니다. 예수님의 가장 가까이서 지낸 그였기에 예수께서 해변 가에 서 계신 것을 보고는 잘 알아볼 수 있었던 것입니다. "주님이시라," 이 소리는 사랑에서 우러나온 즐거운 외침이요, 사랑하는 분의 모습을 보고 너무 기쁜 나머지 자기도 모르게 튀어나온 소리였습니다.

제자로서 요한의 성격의 한 가지 큰 특성은 자기 선생님에 대한 열렬한 사랑이었습니다. 그는 진리만 받아들이지 않고 선생님도 받아들였습니다. 사람의 허물은 종종 그의 장점보다는 그의 마음을 드러낸다고 생각합니다. 이상한 말인 듯하지만 이는 사실입니다. 진실한 마음은 훌륭한 모습 속에서도 보이지만 연약한 모습 속에서도 보입니다. 사람들이 지적하는 바 요한의 단점은 무엇이었습니까? 한 번은 요한이 편협함을 보인 적이 있었습니다. 어떤 사람들이 귀신을 쫓아내었을 때, 그들이 예수님의 제자들과 함께 따르지 않았다는 이유로 그들의 행위를 금하였습니다. 자, 그러한 편협함은 잘못된 것이었지만 알고 보면 주님에 대한 그의 사랑에서 비롯된 것이었습니다. 요한은 이런 주제넘은 자들이 자기 주님의 경쟁자가 될까봐 염려했던 것이며, 그래서 사랑하는 예수님의 지배 아래 그들이 나아오기를 원했던 것입니다. 또 다른 때에 사마리아 사람들이 예수님의 일행을 영접하지 않았던 적이 있었습니다. 그때에 요한은 그들에게 하늘에서 불이 떨어지게 해 달라고 주님께 요청하였습니다. 이러한 그의 모습은 칭찬 받을 모습은 아니지만 이 역시 예수님을 너무나 사랑한 나머지 자신의 가장 좋은 친구에 대한 그들의 비열한 행동을 분개하였던 것입니다.

사람들에게 복을 주시려고 세상에 오신 구세주를 그들이 환대하지 않은 데 대하여 너무나 분개하여 그만 하늘로부터 불이 떨어지기를 요청하였던 것입니다. 이는 예수님에 대한 그의 불타는 사랑을 보여 줍니다. 요한과 그의 형제가 그리스도 우편과 좌편에 앉게 해 달라고 그의 어머니가 요청하였는데, 이 또한 예수님에 대한 깊은 신앙이 없었다면 그리하지 못했을 것입니다. 명예와 영광에 대한 그의 개념은 예수님과 밀접한 관계가 있었습니다. 그가 야망을 포기한다면, 그것은 멸시당하는 갈릴리 사람들에게 군림하는 야망일 것입니다. 그는 그의 지도자이신 주님 편이 되지 않는 한 어떠한 권세를 바라지 않았습니다. 더구나 얼마나 큰 믿음을 가졌기에 그러한 요청을 할 수 있었단 말입니까! 나는 그러한 요청을 정당화하지는 않지만 여러분의 비난을 완화시킬 만한 상당한 근거를 말씀드리겠습니다.

우리 주님께서 예루살렘에 올라가신 목적은 침 뱉음을 당하고, 죽임당하시기 위함이었습니다. 그런데 요한은 그의 위대하신 왕의 운명에 기꺼이 참여하고자 주님의 이력 속으로 자신을 온전히 던졌으며, 그 마지막은 반드시 주님의 즉위로 끝날 것이라고 확신하였습니다. 요한은 주님의 (고난의) 세례에 동참하는 것을 기뻐하였으며, 주님의 잔을 함께 마시는 것을 즐거워하였습니다. 그가 요청한 한 가지는 예수님과 모든 것을 나누게 해 달라는 것이었습니다. 훌륭한 작가의 말대로, 그의 이런 모습은 로마가 적의 수중에 떨어졌을 때 오히려 성 안에 집을 구입한 로마인의 용기를 기억나게 해 줍니다.

요한은 십자가 위에서 이제 막 죽으려 하시는 주님 바로 옆에서 용맹스럽게 권세를 요구했습니다. 이는 그가 주님의 승리를 확신하였기 때문입니다. 그리스도의 뜻과 그리스도의 나라가 이제 막 몰락할 것처럼 보이는 때에 요한은 진심으로 하나님을 믿었고, 주님을 사랑하였던 것입니다. 이처럼 그의 최고의 야망은 예수님께서 행하시는 무슨 일이든 예수님께서 처하시는 어떤 처지든 언제나 그와 함께 하는 것이었습니다. 줄곧 그는 온 마음으로 주님을 사랑하였습니다. 이 때문에 예수 그리스도께서 그를 사랑하신 것입니다. 이를 달리 표현하자면, 주님께서 요한을 사랑하셨으며, 이에 요한이 주 예수님을 사랑한 것입니다. 이러한 사실을 요한은 다음과 같이 설명합니다. "우리가 사랑함은 그가 먼저 우리를 사랑하셨음이라"(요일 4:19).

다시 한 번 요한이 교육받은 사람이었다는 사실을 살펴봅시다. 그는 사랑받는 제자였으며, 그의 지식은 점점 더 늘어갔습니다. 그런 입장에서 나는 요한에 대하여 말씀드릴 것입니다. 요한은 따뜻한 마음을 타고난 데다 은혜로 말미암아 생긴 친절 때문에 우리 주 예수님께서 그를 사랑하신 것이 틀림없습니다. 베드로가 애석하게도 넘어진 후에 요한은 그 사도에게 얼마나 친절했는지요. 이른 아침에 요한은 베드로와 함께 무덤으로 갔습니다. 그는 타락한 자를 회복시킨 사람입니다. 요한은 너무나 다정다감하였기 때문에 우리 주님께서 "내 어린 양을 먹이라"고 그에게 말씀하실 필요가 없었습니다. 왜냐하면 꼭 그렇게 해야 한다는 사실을 그는 알고 있었기 때문입니다. 그래서 주님께서 베드로에게 말씀하신 대로 "내 양을 치라"고 그에게 말씀하시지 않았습니다. 그의 애정이 넘치는 성품을 직감하시므로 그가 그렇게 하리라고 주님은 아셨던 것입니다. 요한은 그리스도의 지도 하에서 영적으로 매우 깊이 성장한 사람이었습니다.

요한이 서신서에서 사용한 단어들은 대부분 단음절어들(monosyllables)이지만 그 단어들은 엄청난 의미를 포함하고 있습니다. 우리가 성경의 저자들을 서로 비교할 수 있다면, 나는 감히 말하건대 어떤 복음서 저자라도 깊이면에서 요한과 비교될 수 없습니다. 다른 복음서 저자들은 그리스도께서 행하신 기적들, 그의 설교들을 우리에게 보여 줍니다. 하지만 그리스도의 심오한 강화들, 비길 데 없는 기도는 예수님께서 사랑하시는 그 제자가 기록하기로 예약해 둔 주제였습니다. 요한은 하나님의 깊은 것을 장엄하고 단순한 문체로 다루었으며, 자신이 직접 맛보고 손으로 만진 일들을 우리에게 선포하였습니다.

모든 제자들 가운데 요한이 그리스도를 가장 많이 닮았습니다. 좋아하는 감정은 상대방을 닮고자 할 것입니다. 예수님은 요한 안에서 은혜로 말미암아 만들어진 자신의 모습을 보셨기 때문에 요한을 사랑하셨습니다. 요한이 어떤 공로를 세웠다고 추정할 수는 없을지라도 생각하건대, 그의 인격, 제자로서의 품성, 교육받은 영적인 사람으로서의 성품이 요한으로 하여금 우리 구세주의 가장 친밀한 사랑을 받게 하는 근거가 되었다는 사실을 여러분은 아실 것입니다.

세 번째, 그리스도의 이러한 특별한 사랑에서 비롯된 삶을 고찰해 봅시다.

요한의 삶은 어떠했습니까? 첫째, 친밀한 교제의 삶이었습니다. 요한은 그리스도께서 계신 곳에 언제나 있었습니다. 다른 제자들은 배제되었어도 베드로와 야고보와 요한은 주님과 함께 하였습니다. 모든 제자들이 식탁에 둘러앉았을 때 베드로조차도 주 예수님과 가장 가까운 자리에 앉지 못하였으나 요한은 주님의 품에 머리를 기댔습니다. 그들의 교제는 매우 가깝고 친밀하였습니다. 예수님과 요한은 다윗과 요나단의 재판이었습니다. 여러분이 주님의 사랑을 크게 받는 사람이라면, 여러분은 예수님 안에서 살 것이며 주님과의 교제는 날마다 계속될 것입니다.

요한의 삶은 **특별한 교육**을 받은 삶이었습니다. 그는 다른 사람들이 알지 못하는 사실들을 배웠습니다. 다른 사람들은 그런 사실들을 배웠어도 감당하지 못하였을 것입니다. 생애 마지막에 그는 은혜로 말미암아 바울도 보지 못한 계시를 받았습니다. 그에 대한 주님의 사랑이 너무나 큰 나머지 주님은 그에게 미래에 될 일들을 보여 주셨으며, 베일을 걷고 그 나라와 영광을 보게 해 주셨습니다. 가장 많이 사랑하는 자들이 가장 많이 볼 것입니다. 교리에 마음을 가장 많이 쏟은 사람들이 가장 많이 배울 것입니다.

차후에 요한은 놀랄 만큼 깊이 있는 삶을 살았습니다. 주님께서 그와 함께 계시는 동안에는 대체로 말을 많이 하지 않았지만 그는 미래에 사용하기 위해 그 모든 말을 간직해 두었습니다. 그는 내적인 삶을 살았습니다. 그는 우레의 아들이었기에 진리를 담대하게 소리지를 수 있었습니다. 뇌운(雷雲)이

전기를 충전하듯이 그는 주님의 생명, 사랑, 그리고 진리의 신비로운 힘을 모아 두었습니다. 그가 말하기 시작하였을 때 그 속에는 하나님의 음성과 같은 소리가 있었습니다. 곧 그에게는 하나님의 오묘하고 신비로운 불가항력적인 힘이 있었습니다. 요한계시록은 번갯불처럼 번쩍입니다! 유리병과 깔때기 속에 이 얼마나 무서운 우레가 잠자고 있습니까! 내부에서 타오르는 불로 인해 요한의 삶은 거룩한 능력으로 충만한 삶이었습니다. 그의 불은 냄비 밑에서 자작거리며 타는 가시덤불의 불이 아니었으며, 하얀 불꽃으로 전부를 녹여 버리는 용광로 속의 달아오른 숯불이었습니다.

그러므로 그의 삶은 특별히 쓰임 받은 삶이었습니다. 그는 아주 명예롭고 훌륭한 임무를 맡았습니다. 주님은 아주 다정다감하고 섬세한 일을 그에게 맡기셨습니다. 유감스럽게도 주님은 오늘날 우리들에게 그런 일을 맡기지 않으십니다. 구주께서 나무에 달려 죽어 가실 때 군중 속에 서 있는 모친을 보셨습니다. 그때에 주님은 모친을 베드로에게 맡기지 않으시고 요한에게 맡기셨습니다. 나는 확신하는데 주님께서 베드로에게 모친을 맡기셨다면 그는 기쁘게 주님의 모친을 모셨을 것입니다. 도마도 야고보도 그리했을 것입니다. 하지만 주님은 요한에게 "보라, 네 어머니라"고 말씀하셨고, 모친에게는 "여자여, 보소서. 아들이니이다"라고 말씀하셨습니다. 그 시간 이후로 그 제자는 주님의 어머니를 자기 집에 모셨습니다.

요한은 아주 온건하고 가정적이며 신사적이었다고 말하고 싶은 사람이었기에 마음이 상한 주님의 모친을 맡을 적임자였던 것입니다. 그가 진짜 신사였다고 내가 말한다면 잘못 말한 것일까요? 신사(gentleman)라는 단어를 쪼개어 표현한다면, 그는 사람들 중에 가장 신사다운 사람이었습니다. 요한은 귀부인을 돌보는데 꼭 필요한 섬세한 기질과 사려 깊은 태도를 갖춘 사람이었습니다. 베드로는 좋은 사람이지만 다듬어지지 않았습니다. 도마는 친절하지만 냉정합니다. 요한은 부드럽고 정이 있습니다. 여러분이 예수님을 많이 사랑한다면, 여러분은 섬세한 일들을 맡게 될 것이며, 이는 여러분의 주님께서 여러분을 신뢰한다는 증거가 될 것이며, 주님의 사랑에 대한 새로운 증표가 될 것입니다.

또한 요한의 삶은 남달리 거룩한 삶이었습니다. 사람들은 그를 성 요한이라고 불렀으며, 실제로 요한은 거룩하였습니다. 그는 독수리 날개로 거룩한 곳으로 날아 올랐으며, 그곳에서 주님의 영광을 목격하였습니다. 예루살렘이든 안디옥이든, 에베소든 밧모 섬이든, 그의 교제는 하늘에 속한 것이었습니다. 요한계시록에 보면, 그는 주님의 날에 성령 안에서 구름을 타고 오시는 주님을 기다렸습니다. 너무나 간절히 주님의 날을 기다리자 알파와 오메가가 되신 주님께서 서둘러 그에게 자신의 모습을 보이셨습니다. 주님의 사랑이 그로 하여금 영광스러운 계시를 받을 채비를 갖추게 하였던 것입니다. 주님의 사랑에 감동된 나머지 주님을 향한 요한의 사랑이 불타오름으로써 십자가에서 고난당하시는 동안 내내 주님을 충실하게 따르지 않았더라면, 그는 결단코 주님의 보좌를 뚫어지게 바라볼 수 없었을 것입니다. 그는 "하나님의 어린양"이라고 지목되신 주님을 충성스럽게 따랐으며, 이에 보좌에 앉으사 천사들과 구속받은 성도들의 경배를 받으시는 어린양을 뵐 수 있는 자격을 얻었던 것입니다. 우리도 역시 세상의 추잡함에서 벗어나서 영적이고 천국 같은 순수한 경지로 높이 올라갈 수 있기를 바랍니다.

이제 마지막으로 예수님께서 사랑하신 그 제자로부터 우리를 위한 교훈들을 배워봅시다. 성령께서 우리의 마음 깊은 곳에 이러한 교훈들을 말씀해 주시기를 축원합니다.

첫째, 아직 젊은 여러분들에게 말씀드립니다. 여러분이 "예수님께서 사랑하시는 그 제자"가 되고자 한다면 지금 시작하십시오. 요한이 회개하였을 때 나이가 20세 내지 25세였다고 추측합니다. 어쨌든 그는 아주 젊었을 때 회개하였습니다. 우리에게 전해지는 요한에 대한 모든 기록들은, 나는 그것들에 큰 가치를 부여하지는 않지만, 그의 젊음이라는 사실 안에서 통합됩니다. 젊은이의 경건은 훌륭한 경건이 될 가능성이 아주 높습니다. 여러분이 속히 그리스도와 동행하기 시작한다면 여러분의 발걸음은 개선될 것이며, 습관은 향상될 것입니다. 생애 말년에 그리스도인이 된 사람은 최고의 단계에 이르지 못할 것인데, 그 이유는 시간이 부족하고 옛 습관으로 말미암아 성장하는 데 방해를 받기 때문입니다. 그러나 속히 주님과의 동행을 시작한 여러분은 양지바른 좋은 땅에 심겨져서 반드시 성숙하게 될 것입니다.

둘째, 우리가 요한처럼 그리스도의 사랑을 받는 자가 되고자 한다면, 영적인 것에 우리의 마음을 최대한 드립시다. 형제 자매들이여, 외부적인 의식들을 중단하지 마십시오. 하지만 그 의식의 깊은 의미 속으로 뛰어드십시오. 예를 들어 주일에 단순히 예배 장소에 참석했다는 이유만으로 여러분의 심령에 절대로 만족을 주지 마십시오. 여러분 자신에게 "내가 과연 예배드렸는가? 나의 영혼이 하나님과 교제하였는가?"라고 물어보십시오. 세례와 성만찬의 두 의식을 행할 때, 그 의식의 껍데기만으로 만족하지 말고 그 속에 있는 참 뜻을 깨달으려고 노력하십시오. 하나님의 성령께서 여러분 속에 거하실 때까지 안심하지 마십시오. "율법 조문은 죽이는 것이요 영은 살리는 것"(고후 3:6)임을 기억하십시오. "아버지께 참되게 예배하는 자들은 영과 진리로 예배할 때가 오나니 곧 이때라. 아버지께서는 자기에게 이렇게 예배하는 자들을 찾으시느니라"(요 4:23). 영적인 사람이 되십시오. 그리하면 여러분은 주님의 큰 사랑을 받는 사람들이 될 것입니다.

셋째, 거룩한 열심을 품으십시오. 여러분의 감정을 억제하지 말고 여러분의 심령을 얼게 하지 마십시오. 아시다시피 냉동시키는 능력을 타고난 형제들이 있습니다. 여러분이 그들과 악수를 하면, 한 마리의 물고기를 잡았다는 착각을 하게 될 정도로 냉기가 여러분의 심령으로 전해집니다. 그들의 노래를 들어보세요. 아니, 여러분은 그들의 노래를 들을 수 없습니다! 그들 옆자리에 앉아보세요. 여러분은 그들이 노래하는 소리를 조금도 듣지 못할 것입니다. 그들의 가게에서는 소리가 일 마일 밖에까지 들리지만, 그들이 집회 시간에 기도하면 여러분은 그들의 소리를 듣기 위해 열심히 귀를 기울여야 겨우 들을 수 있을 정도입니다. 그들 모두는 마치 적은 품삯을 받고 하루 동안 나쁜 주인을 위해 일하는 사람들처럼 그렇게 썰렁하게 예배를 드립니다. 그들이 세상에 나가면 마치 소중한 생명을 위해 일하는 것처럼 맡은 일을 충실히 해냅니다.

그런 형제들에게 애정이 있을 수 없습니다. 그들은 결코 젊은이를 격려하지 않습니다. 왜냐하면 그들의 큰 격려가 젊은이를 터무니없이 높여 준다고 걱정하기 때문입니다. 적은 격려는 힘들어하는 젊은이들에게 큰 도움을 줄 것입니다. 하지만 그들은 아무런 격려도 하지 않습니다. 그들은 계산하고 판단하고 타산적으로 행동합니다. 하나님을 담대히 믿는 행동을 그들은 무모하고 어리석은 짓으로 여깁니다. 열심은 이런 냉장고와 같은 사람들이 빠질 수 없는 감정입니다. 여러분이 그런 형제들을 철저하게 추적한다면, 그들은 스스로도 기쁨이 없으며 다른 사람들에게도 기쁨을 주지 못한다는 사실을 여러분은 알게 될 것입니다. 그들은 구원의 확신을 결코 가질 수 없습니다. 그들에게 구원의 확신이 없다면 다른 사람들도 구원의 확신이 없다는 것을 우리는 쉽게 추측할 수 있을 것입니다. 그들은 풍성한 사랑에 바쳐야 할 힘을 불안한 생각 때문에 소모합니다.

예수 그리스도는 따뜻한 사람들을 사랑하십니다. 주님은 빙산과 같은 사람들이 그 빙산을 녹이기 전에는 그들에게 결코 빛을 비추지 않으십니다. 주님 자신의 삶이 사랑으로 충만하여서 그 거룩한 불이 다른 사람들 속에서 타오르게 하셨습니다. 따라서 주님은 마음이 뜨거운 사람들과 교제하십니다. 사랑받을 자격은 바로 사랑입니다. 예수님의 사랑을 받기 위해 우리는 사랑으로 넘쳐나야 합니다. 열렬하고 간절하며 격렬한 사랑을 위해 기도하십시오.

여러분이 예수님께서 사랑하시는 사람이 되기를 원한다면, 사랑을 많이 베푸십시오. 그리고 온유하고 친절한 성품을 가집시다. 습관적으로 화를 잘내며 자주 노하는 사람은 하나님과 동행할 수 없습니다. 성급하고 화를 억제하지 못하는 다혈질의 사람, 또는 타다 남은 재에서 연기를 피우는 불처럼 자신이 받은 손해를 악의적으로 기억하는 사람은 예수님의 친구가 될 수 없습니다. 왜냐하면 그의 정신은 예수님과 반대이기 때문입니다. 동정심 많고, 인정 많고, 이타적이며, 관대한 마음을 우리 주님께서 좋아하십니다.

동료를 용서하되 마치 아무것도 용서할 것이 없는 것처럼 용서하십시오. 형제들이 여러분에게 해를 끼치거든 그들이 실수를 한 것이라고 생각하거나 혹은 그들이 여러분을 더 잘 알았다면 그들이 여러분을 더 나쁘게 대하였을 것이라고 생각하십시오. 그들에 대한 여러분의 마음가짐은 그들로 하여금 성나게 하지 말아야 할 것이며, 또 여러분 스스로도 성을 내지 말아야 할 것입니다. 여러분의 마음의 평안뿐 아니라 여러분이 형제들을 위해 살기 위해서라도 자신을 기꺼이 버리십시오. 성도들이 천국에서 행하듯이 다른 사람의 기쁨 속에서 살아가십시오. 그리하면 여러분은 큰 사랑을 받는 사람이 될 것입니다.

마지막으로, 하나님의 성령께서 여러분으로 하여금 거룩한 곳으로 올라가게 하여 주시기를 축원합니다. 고약한 수전노나 더러운 벌레 같은 인간이 되지 마세요. 쾌락을 따르는 사람과 신기로움을 찾는 사람들이 되지 마십시오. 곧 해체되고 말 이런 아이들 장난감 같은 것들에 애착을 두지 마십시오. 더 이상 어린아이들이 되지 말고 하나님의 사람들이 되십시오. 그리스도 안에서 기쁨을 얻고, 그리스도 안에서 행복을 누리며, 그리스도 안에서 명예를 얻고, 그리스도 안에서 모든 것을 가지는 것이야말로 진정한 평화입니다. 세상에서 살되 세상에 속하지는 마십시오. 마치 사람들 가운데 잠시 거하기 위해 천국으로부터 보냄받은 천사처럼 이 땅에서 지내며, 사람들에게 천국을 알리며, 천국 가는 길을 그들에게 알려 주십시오. 이러한 삶이야말로 그리스도의 사랑 안에 거하는 것입니다. 항상 올라갈 준비를 하는 가운데 발끝으로 서서 하늘의 부르심을 기다리며, 주님의 재림을 알리는 나팔소리를 기대하십시오. 이러한 삶이야말로 그리스도와 교제하는 삶입니다.

# 5

# 안드레

———

매일 쓰임 받음

"데리고 예수께로 오니"(요 1:42).

신앙의 부흥을 위한 뜨거운 열망을 키움과 더불어 우리는 어떻게 하면 하나님께서 우리 가운데 임하실까 하는 생각을 마음속으로 해 보았을 것입니다. 우리는 부흥이 일어났던 옛 시절에 대한 소문을 기억하고 그때와 똑같은 외형적인 표적들이 오늘날에도 일어나기를 기대합니다. 즉, 쇼트스(Shotts) 교회에서 리빙스턴(Livingstone)에게 역사하신 것, 혹은 뉴 잉글랜드(New England)에서 조나단 에드워즈(Jonathan Edwards)에게 역사하신 것, 혹은 우리 지역에서 횟필드(Whitefield)에게 역사하신 것과 같은 주님의 역사를 우리는 갈망합니다. 아마도 여러분은 하나님께서 비범한 설교자를 세우셔서 그의 사역으로 군중을 휘어잡고, 그가 설교하는 동안 성령 하나님께서 말씀과 함께 역사하심으로 말미암아 수많은 사람들이 설교때마다 회개할 것을 마음속으로 기대하였을 것입니다. 그리고 그와 같은 영을 가진 다른 전도자들이 일어나서 복음을 증거하므로 섬 이 끝에서 저 끝까지 모든 사람들이 진리를 듣고 그 능력을 체험할 것을 기대하였을 것입니다.

이제도 하나님께서 우리에게 임하실 것입니다. 부흥의 시기에 자주 나타났던 표적과 이적들을 다시금 볼 수 있을 것입니다. 하나님의 성령께서 홍수로 넘치고 엄청난 급류로 모든 것을 쓸어버리는 큰 강물처럼 자신을 계시하실 수 있습니다. 하지만 성령께서 원하시면, 그의 능력을 부드러운 이슬처럼 감추시며 눈에 띄지 않게 온 땅을 새롭게 하실 수 있습니다. 불과 바람이 엘리야 앞에서 지나갔을 때 여호와께서 그런 큰 세력들 가운데 계시지 않았으나 세미한 소리로 그의 종과 교제하기를 더 좋아하셨던 그런 현상이 우리에게도 일어날 수 있습니다. 아마도 이 세미한 소리는 하나님의 백성 가운데 임하는 은혜의 언어일 것입니다. 우리가 영원하신 하나님의 길을 자세하게 표시한다는 것은 무모한 짓이 될 것이며, 하나님께서 우리에게 주시기를 기뻐하시는 온갖 좋은 것을 다만 우리의 마음에 들지 않는다는 이유로 거절한다는 것은 쓸데없는 짓이 될 것입니다.

그러므로 나는 실제적인 문제들과 모두의 손에 닿을 수 있는 노력들에 대하여 말씀드리기 위해 본문을 선택하였습니다. 나는 복음의 일반적인 승리에 대해서는 말하지 않을 것이며, 다만 개개인의 심령 속에서 거두는 복음의 승리에 대하여 말할 것입니다. 나는 전 교회의 노력을 다루지 않을 것이며, 다만 각각의 제자들의 경건한 열정을 다룰 것입니다.

첫 번째, 나는 전도하는 제자에 대한 여러분의 주목을 촉구할 것입니다. 안드레는 그리스도의 모든 제자들이 마땅히 되어야 할 모습입니다. 최초로 전도에 성공한 이 전도자는 예수님의 신실한 제자였습니다. 자기 자신부터도 그리스도를 알지 못하는 설교자는 저주받는 사람입니다. 하나님께서 무한한 섭리 가운데 설교자를 다른 사람들에게 복을 베푸는 도구로 삼으시지만, 그리스도를 모르는 자가 강단에 서면 그는 사기꾼이요 설교할 때마다 그는 하나님을 업신여기는 것이며, 주님 앞에서 회계할 때에 그는 화를 당할 것입니다.

주일학교에서 가르치는 일을 맡았으나 아직 회개하지 않았고, 자신도 모르는 것을 다른 사람들에게 가르쳐야 하는 어린 여러분은 별나게 점잔을 빼야 하며, 비상한 위험에 빠질 처지에 놓여 있습니다. 내가 "비상한 위험"이라고 말한 이유는 선생이라는 사실로 인해 여러분이 아는 체할 것이며, 여러분이 말한 대로 심판받을 것이며, 여러분 자신의 입으로 스스로 정죄를 받을까 염려하기 때문입니다. 여러분은 단지 이론적으로만 신앙을 알고 있으며, 신앙의 능력에는 문외한이니 그런 신앙이 도대체 무슨 소용이 있겠습니까?

여러분 스스로 거절하는 길로 어찌 다른 사람들을 인도할 수 있겠습니까?

그 밖에, 그리스도를 믿기도 전에 교회에서 적극적으로 일한 사람들은 그때까지 받은 사회적인 명성에 만족하면서 믿음 없는 상태로 그냥 남아있기 쉽다는 사실을 나는 발견하였습니다. 귀한 친구들이여, 이런 현상을 주의하십시오. 요즈음 위선이 만연되어 있으며, 자기 망상에 너무 쉽게 빠집니다. 그러므로 나는 그런 악을 피할 수 없는 곳에 여러분을 버려 두지 않을 것입니다. 사람이 자신의 경건을 당연하게 여기는 곳에 자원하여 있게 되면, 그런 사람의 다음 단계는 경건의 흉내만을 내게 될 것이며, 장래에 그는 아주 성공적으로 흉내낸 것을 실제로 그러하다는 믿음에 빠져 우쭐거리게 될 것입니다. 거짓된 이 세대는 자기 성찰에 거의 도움을 주지 못합니다. 그렇다면 다른 사람들을 그리스도께로 인도하려고 하기 전에 우리 각자는 더욱 간절하게 "내가 과연 그리스도의 제자인가? 내가 그리스도의 보혈로 깨끗한가? 나는 그리스도의 영으로 새로워졌는가?"라고 스스로에게 물어보아야 하지 않을까요? 만일 그렇지 않다면, 나의 첫 번째 임무는 강단에서 전하는 것이 아니라 무릎 꿇고 기도하는 일일 것입니다. 나의 첫 번째 업무는 주일학교 반을 맡는 일이 아니라 나의 골방에서 죄를 자백하며 구속의 제물로 말미암아 죄 사함 받는 일일 것입니다.

안드레는 비록 초신자였지만 다른 사람들의 영혼을 위한 열심이 있었습니다. 그에 관한 자료를 최대한 살펴본 결과, 안드레는 어느 날 예수님을 하나님의 어린양으로 바라보았고, 바로 그 다음 날 그의 형제인 베드로를 찾아 나섰던 것으로 보입니다. 어제 기쁨과 평안을 맛본 여러분이 거듭난 열심과 기운찬 충성을 하는 것을 금지할 생각 따위는 우리에게 전혀 없습니다. 나의 형제 자매들이여, 지체하지 마십시오. 지금 여러분에게 아주 생생하고 충만한 기쁨을 주는 복음을 서둘러 널리 전파하십시오. 나이 많고 경험이 많은 성도들은 뒤에 남아서 흠잡기 잘하고 의심 많은 자들을 다루어야 하지만, 여러분 같이 젊은 성도들은 여러분이 감당할 수 있는 사람들을 찾아 나서야 할 것입니다. 곧 여러분의 꾸밈없는 이야기를 잘 들어주고 여러분의 단순한 증거를 믿을 수 있는 시몬 베드로와 같은 형제들, 소중한 자매들을 찾아 나서야 할 것입니다. 은혜 면에서 여러분은 아직 어리고 훈련받지 못하였지만 영혼을 구원하는 일을 시작하십시오.

주변의 죄인들에게 알리십시오
여러분이 얼마나 소중한 구주를 만났는지.

예수 그리스도에 대한 신앙이 이해하기 힘든 심오한 교리로 되어 있다면, 기독교 구원의 진리가 다루기 힘든 형이상학적인 논지라면, 하나님의 모든 일꾼들에게는 신중한 판단력이 필요할 것이며, 초신자에게 조심스럽게 "배우기까지 자제하라"고 말해야 할 것입니다. 하지만 영혼을 구원하는 진리는 A, B, C와 같이 단순합니다. 그 진리는 오직 "믿고 세례 받는 사람은 구원을 얻을 것"(막 16:16)이라는 사실, 즉 그리스도의 공로를 믿는 자는 구원을 받을 것이라는 사실입니다.

안드레는 새로운 제자였으며, 아울러 평범한 제자, 보통의 재능을 가진 사람이었습니다. 그는 그의 형제 시몬 베드로가 보여 준 두드러진 성격의 소유자가 아니었습니다. 예수 그리스도의 생애 동안에 안드레의 이름이 언급되기는 하였지만 그러한 경우라도 별로 주목할 만한 사건이 아니었습니다. 만년에 그는 의심할 여지 없이 가장 쓸모 있는 사도가 되었으며, 구전에 따르면 십자가에서 죽음으로써 그의 평생의 사역을 마감하였지만, 초창기에 안드레는 재능에서 보통의 신자였으며, 뛰어난 것이 없는 평범한 사람이었습니다. 그러나 안드레는 후에 쓸모 있는 사역자가 되었습니다. 따라서 예수 그리스도의 종들은 주님의 나라의 영역을 확장시키지 못한 것에 대하여 "나에게는 뛰어난 재능이나 남다른 능력이 없어서 그렇습니다"라는 말로 핑계하지 못할 것입니다. 얼마 안 되는 은사를 받은 사역자들을 헐뜯고 그들이 마치 강단에 절대로 서서는 안 될 것처럼 비아냥거리는 그런 자들을 나는 반대합니다. 형제들이여, 하나님의 종인 우리가 단지 웅변의 능력으로 판단 받아야 합니까? 제자들의 신앙이 사람의 지혜에 있지 않고 하나님의 능력에 있게 하려고 말의 지혜를 포기한 바울의 방식이 바로 이런 것이었나요?

교회의 기쁨이 되는 탁월한 설교자들이 수준이 떨어지는 사람들에게 이끌려 교회로 나오는 경우가 얼마나 많은지요! 마치 안드레에게 이끌려 시몬 베드로가 회개한 경우처럼 말입니다. 안드레가 아니었다면 시몬 베드로가 어떻게 되었을지 누가 알겠습니까? 교회가 안드레의 입을 막았더라도 교회가 베드로와 같은 사람을 얻었을 것이라고 누가 말할 수 있겠습니까? 재능이 좀 떨어지는 형제나 자매에게 손가락으로 가리키며 "이런 사람들은 침묵을 지켜야 해"라고 누가 말할 수 있겠습니까? 아닙니다. 형제들이여, 여러분에게 한 가지라도 재능이 있다면 더욱 열심히 그 재능을 사용하십시오. 하나님께서 여러분에게 요구하시는 것이 바로 이것입니다. 형제들이 여러분을 제지하여 그 재능을 발휘하지 못하게 하거든 그런 방해를 단호히 거절하십시오.

그리스도에 대한 신앙을 고백하는 개개인은 주님 나라의 확장을 위해 일익을 감당해야 한다는 결론에 이르도록 이런 식으로 나의 설교를 전개할 것입니다. 우리 교회에 속한 교인들은 모두 달란트를 얼마나 받았든지, 안드레처럼 민첩하기를 바랍니다. 안드레는 회개하자마자 전도인이 되었습니다. 가르침을 받자마자 가르치기 시작하였습니다. 나는 안드레처럼 민첩할 뿐만 아니라 끈기 있는 사람들을 원합니다. 안드레는 제일 먼저 베드로를 찾았습니다. 이것이 그의 첫 번째 성공이었습니다. 하지만 후에 그가 찾아낸 영혼들이 얼마나 많은지 누가 말하겠습니까? "그가 먼저 자기의 형제 시몬을 찾아"(요 1:41). 그는 영적으로 많은 영혼들의 아버지였습니다. 그러나 그에게 가장 큰 기쁨은 그의 친형제인 베드로의 영적인 아버지가 된 것이었습니다. 베드로가 육신으로는 그의 형제였지만 그리스도 예수 안에서는 영적으로 그의 아들이었던 것입니다.

내가 만일 여러분 모두를 개인적으로 찾아가서 여러분의 손을 꼭 붙잡을 수 있다면, 나는 아주 다정하면서도 진지하게 여러분을 위해 기도하되, 여러분의 영혼을 인도하고 여러분의 심령을 각성하게 하여 사랑하는 주님을 봉사할 수 있게 한 그 사람 곁에서 기도할 것입니다. 핑계하지 마십시오. 큰 값으로 산 바 된 사람들에게는 핑계가 있을 수 없습니다. 일하는 데 많은 신경을 써야 한다고 여러분은 내게 말할 것입니다. 나도 그런 줄 알고 있습니다. 그러므로 여러분이 일하는 가운데 하나님을 섬길 수 있는 식으로 그렇게 여러분의 일을 조정하십시오. 여러분은 시간을 쪼개어 거룩한 섬김에 헌신해야 합니다. 여러분은 직접적으로 사람들을 주님께로 인도할 기회를 마련해야 합니다. 또 여러분 가운데 여가 시간이 있는 사람들은 "일"을 핑계대지 못할 것입니다. 제발 부탁하건대, 여러분의 여가시간을 하찮은 일을 하고 잡담하고 잠자고 방종하는데 허비하지 마십시오!

여러분은 아무것도 할 수 없다는 쓸데없는 신념으로, 혹은 큰 시험을 준비한답시고 시간을 흘려보내지 마십시오. 이제 안드레처럼 즉시 서둘러 예수님을 섬기십시오. 여러분이 오직 한 사람에게만 접근할 수 있더라도 그 사람을 버려 두지 마십시오. 시간은 빨리 흘러가며 사람들은 죽어가고 있습니다. 우리는 이런 무서운 현실을 직시하기에 하찮은 일에 시간을 쓸 수 없습니다. 내게 능력이 된다면, 이 거대한 도시가 죄악 속에서 뒹구는 실상을 묘사함으로써 나의 모든 형제 그리스도인들의 마음과 영혼을 감동시키면 정말 좋겠습니다. 분명히 죄, 무덤, 그리고 지옥은 아무리 무디고 냉담한 죽은 귀라도 따끔하게 하는 주제들입니다. 오, 영혼들을 대속하기 위해 십자가에서 죽으신 구세주를 여러분 앞에 소개하면 정말 좋겠습니다! 오, 죄인들이 들어가지 못하는 천국을 설명하고, 자신들이 버림당한 사실을 깨달을 때 그들의 후회하는 모습을 보여 줄 수 있었으면 정말 좋겠습니다!

전도하는 제자의 모습을 기술하였으므로 나는 이제 두 번째로 그의 위대한 목적에 대하여 간단하게나마 진술하려고 합니다.

안드레의 위대한 목적은 베드로를 예수님께로 데리고 오는 것이었던 것 같습니다. 안드레의 이러한 목적은 중생한 모든 심령들의 목적이 되어야 할 것입니다. 곧 우리의 친구들을 어느 당파에 속하게 하는 것이 아니라 예수님께로 데리고 오는 것 말입니다. 어떤 적대적인 분파들은 다른 교회에서 교인들을 빼앗기 위하여 바다와 육지를 두루 다닙니다. 이들은 합법적으로 좋은 진주를 구하는 상인들이 아니라 약탈로 살아가는 해적들입니다. 우리는 그들에게 긍휼을 베풀어야 하며 분노해서는 안 됩니다. 물론 혐오감을 조금도 갖지 않는다는 것은 어려운 일이지만 말입니다. "저 사람이 목회하는 교회는 비록 큰 교회지만 다른 교회에서 빼앗은 교인들로 구성되어 있대"라는 말이 내게 들린다면, 나는 이를 최대의 수치로 생각할 것입니다. 전에는 불경하고 되는 대로 살았던 사람이지만 이제는 세상에서 나와 그리스도와 교제하는 사람들을 나는 값으로 따질 수 없을 만큼 소중히 여깁니다. 이들은 친구의 해안에서 몰래 가져온 횡재가 아니라 적의 수중에서 칼날로 사로잡은 포획물입니다. 우리는 굳세지 못한 심령들을 감언이설로 속여서 현재 그들이 예배드리는 곳에서 빼내기보다는 죽어 가는 영혼들을 돌볼 것입니다.

게다가 영혼을 구원하는 사람의 목적은 사람들을 단순히 외형적인 의로 인도하는 것이 아닙니다. 여러분이 단순히 안식일을 범하는 자를 안식일을 지키는 자로 만든다고 여러분이 그를 위해 해야 할 일을 다했다고 말할 수 없을 것입니다. 여러분이 기도하지 않던 자를 설득하여 다만 기도의 모양만 갖추게 하고 정작 그가 마음으로 기도하지 못한다면, 여러분이 그를 위해 할 일을 다했다고 말할 수 없을 것입니다. 여러분이 바꾼 것은 죄의 모양일 뿐 그 사람은 여전히 죄 가운데 살아가고 있는 것입니다. 그 사람이 소금물에 빠지는 것은 막았지만 그러나 여러분은 그를 깨끗한 물에 집어던진 것입니다. 여러분은 그에게서 한 가지 독을 빼앗았지만 다시금 다른 독에 노출시킨 것입니다. 사실상 여러분이 그리스도를 참으로 섬기고자 한다면, 여러분의 관심의 대상이 된 그 사람을 위해 계속해서 기도하고 열심을 내되, 그가 완전히 은혜를 받고 예수 그리스도를 붙잡으며 구속의 희생제물로 말미암는 영생을 얻을 때까지 그리해야 합니다. 사람들을 예수께로 인도하는 것, 오 이것이야말로 여러분과 저의 목적입니다. 즉, 사람들을 세례로 이끌고 예배당으로 이끌고 예배의 형태를 채택하는 것이 우리의 목적이 아니라 "평안히 가라. 너의 많은 죄가 모두 사하여졌느니라"고 유일하게 말씀하실 수 있는 소중한 주님 발 앞에 그들을 인도하는 것이 우리의 목적입니다.

형제들이여, 기독교 신앙의 핵심인 예수님을 우리가 믿을진대, 그리스도께로 나오지 않는 자는 참된 경건을 전혀 얻지 못합니다. 어떤 이들은 제사장에게 가서 그로부터 면죄 받는 것으로 크게 만족합니다. 그들은 성례에 참석하여 교회에서 떡을 먹는 것으로 크게 만족합니다. 그들은 기도문을 받고 종교행사를 통과하는 것으로 크게 만족합니다. 하지만 우리가 알건대, 심령이 예수님께로 나아가지 않는 한 이런 모든 것들은 아무것도 아니며 무익한 것입니다. 심령이 예수님을 하나님께서 언약하신 속죄제물로 영접하지 아니하고 오직 그분만을 믿지 않는 한 그 심령은 헛된 외식과 불안 속에서 걸어갈 것입니다. 그러므로 형제들이여, 오늘 이후부터 여러분의 한 가지 포부는 여러분의 동료들을 예수 그리스도께로 인도하는 것이 되도록 합시다.

여러분의 친구들을 위해 중보하십시오. 그들을 위해 그리스도께 간청하십시오. 여러분이 기도할 때마다 끊임없이 그들의 이름을 언급합시다. 특별히 시간을 마련하여 그들을 위해 하나님께 간구합시다. 여러분이 중보의 기도를 드릴 때 여러분의 소중한 (영적인) 자녀의 이름을 늘 말합시다. 여러분의 소중한 자매들의 상태를 중보자이신 주님의 귀에 늘 아룁시다. 아브라함이 이스마엘을 위하여 간청하였던 것처럼 주변에 있는 사람들을 위해 여러분이 부르짖음으로써 주님께서 자비로 그들을 심방하시기를 기뻐하게 하십시오. 중보는 영혼들을 그리스도께로 인도하는 것인데, 여러분이 다른 어떤 방법을 사용할 수 없을 때 이 중보의 방법이 효력이 있을 것입니다.

여러분이 사랑하는 사람들이 오스트레일리아 어느 이주자의 오두막에 있어서 편지조차 전하지 못한다 할지라도 기도는 그들을 찾아낼 수 있을 것입니다. 기도는 어떤 대양이라도 건널 수 있으며, 아무리 먼 거리라도 나아갈 수 있습니다. 사랑하는 자들이 아무리 멀리 있어도 여러분은 믿음의 기도로 그들을 품에 안을 수 있으며, 그들을 예수님께로 인도하여 "주님, 이 사람들에게 자비를 베푸소서"라고 말씀드릴 수 있습니다. 직접 가서 전하지도 가르치지도 못하는 자들에게 소중한 무기가 있으니, 그들은 모든 기도의 검을 휘두를 수 있는 것입니다. 심령이 너무 완고하여 설교를 거부하고 선한 조언을 거절할지라도 그래도 그런 심령을 사랑할 수 있는 여지가 있는 것은 말안 듣는 자를 위해 하나님께 간구할 수 있기 때문입니다. 은혜의 자리에서 우리가 뜨거운 눈물을 흘리고 탄식하며 그곳에서 승리한다면, 주님께서는 완고한 심령들 가운데 틀림없이 그의 강력한 은혜를 나타내실 것입니다.

사람들을 예수님께로 인도하기 위해 여러분은 다음의 방법들을 채택할 수 있습니다. 말하자면, 직접 그들을 가르치는 방법, 복음의 소식을 들을 수 있는 곳으로 그들을 데리고 가는 방법입니다. 복음의 빛이 우리에게는 풍족한 반면, 그 빛이 이 나라에서 아주 편중되게 보급되어 있다는 것은 너무 이상한 일입니다. 그리스도 안에서 내가 가진 소망을 화급히 두세 가지 피력하면서 깨달은 사실은, 내가 청중들에게 완전히 새로운 일을 말하고 있다는 것입니다. 내가 그리스도의 대속의 교리를 설명하였을 때 지식 있는 많은 영국인들의 얼굴에서 깜짝 놀라는 기색을 나는 보았습니다. 젊어서부터 교구교회에 참석했던 사람들을 만나보았는데, 그들도 믿음으로 말미암아 의롭다함을 받는다는 이 단순한 교리를 전혀 모르고 있었습니다. 국교에 반대하는 예배처소에 다닌 일부 사람들도 자기 행위로 구원받지 않고 오직 예수 그리스도의 보혈과 의를 믿는 믿음으로 말미암아 구원을 받는다는 이 기본적인 진리를 확고히 붙들지 못한 것 같았습니다.

이 나라는 지금 자기 의의 교리(self-righteous doctrine)에 깊이 빠져 있으며, 마틴 루터의 개신교 교리는 전반적으로 알려져 있지 않은 상태입니다. 하나님의 은혜로 부르심을 받은 많은 사람들은 이 진리를 지키고 있지만, 밖에 있는 큰 세상은 여전히 인간이 최선을 다한 다음에야 하나님의 자비를 기대할 수 있다고 말하고 있습니다. 그리고 그들은 율법적인 자기 의만을 주장하는 한편, 예수님을 믿는 자는 예수님께서 이루신 공로로 말미암아 구원을 받는다는 중요한 교리를 광신(狂信)이라고 비웃거나, 혹은 방탕으로 이끄는 주범이라고 비난합니다. 그러므로 이 진리를 사방에 알립시다. 여러분의 영향권 아래에 있는 사람들은 누구라도 이 진리를 모르는 일이 없도록 합시다. 내가 복음을 말할 때 종종 하나님의 손길이 임하여 그 복음을 들은 영혼이 즉각 평안으로 인도 받았던 사실을 나는 간증할 수 있습니다.

얼마 전에 나는 거의 액면 그대로의 천주교 정서를 가진 부인을 만났던 적이 있습니다. 나는 그 부인과 대화를 나누는 가운데 복음이 그녀에게 얼마나 흥미 있고 매력적인 것인가를 깨닫고는 기뻐하였습니다. 그녀는 자신이 가진 종교 때문에 마음의 평안을 누릴 수 없다고 불평하였습니다. 그녀는 한 번도 만족해 본 적이 없었던 것 같습니다. 그녀는 사제의 사면을 소중히 여겼으나 분명히 그것이 그녀의 영혼에 평안을 주지 못하였습니다. 그녀는 죽음을 두려워하였고, 하나님이 무서웠으며, 심지어 그리스도도 사랑의 대상이기보다 두려움의 대상이었습니다.

나는 그녀에게 예수님을 믿기만 하면 누구든지 죄 용서함을 완전히 받았다고 말하였습니다. 나 또한 죄 사함 받았고, 나의 존재를 걸고 확신하건대 살든지 죽든지 두렵지 않으며, 하나님께서 그의 아들 안에서 내게 영생을 주셨기 때문에 삶과 죽음은 내게 똑같은 것이라고 말하였습니다. 그러자 새로운 사상에 그녀의 마음이 깜짝 놀라는 것을 나는 보았습니다. 그러면서 그녀는 "내가 그런 사실을 믿는다면 나는 세상에서 가장 행복한 사람이 되겠네요" 하였습니다. 나는 그런 추정을 부인하지 않고, 도리어 그것이 진리라는 사실이 입증되었다고 주장하였습니다. 우리가 나눈 짧은 대화를 그녀가 계속 잊지 않고 있다는 소식을 나는 듣고 있습니다.

여러분의 모범을 통하여 많은 사람들이 그리스도께로 인도될 수 있기를 축원합니다. 정말로, 거룩한 삶만큼 강력한 설교는 이 세상에 존재하지 않습니다. 이러한 사실이 때때로 나를 부끄럽게 하며, 나의 주님을 증거할 때에 나를 약하게 만듭니다. 왜냐하면 내가 이 자리에 서서 주님을 증거할 때에 신앙 고백자들 가운데 일부는 그들이 믿는 신조뿐만 아니라 일반 윤리 면에서까지 수치스러운 존재라는 생각이 들기 때문입니다. 이러한 사실 때문에 나는 마치 숨이 멎고 무릎이 떨리는 채로 말하는 듯한 느낌이 들며, 그때에 나는 하나님의 교회에 속했다고 하지만 실상은 지독한 죄로써 하나님의 뜻을 더럽히고 자신에게는 영원한 멸망을 스스로 자초하는 그런 자들의 가증한 위선을 생각합니다.

교회가 거룩한 만큼 그에 비례하여 교회의 증거가 힘이 있을 것입니다. 우리가 순결한 성도들이라면, 우리의 증거는 그루터기 가운데 타는 불과 같을 것이며, 곡식 단 가운데 타오르는 불덩어리 같을 것입니다. 하나님의 성도들이 세상과 같지 않다면, 좀 더 사심이 없고, 좀 더 기도하며, 좀 더 경건하다면, 행군하는 시온의 군사들은 나라들을 요동하게 할 것이며, 그리스도의 승리의 날이 확실히 밝아올 것입니다. 오 제발, 하나님을 경외함과 성령의 능력으로 여러분을 보는 사람들이 "도대체 이 사람이 어디서 이런 거룩함을 얻었는고?"라고 물을 정도로 그렇게 살기를 바랍니다. 그리하여 그들이 여러분을 따름으로써 결국에는 여러분으로 말미암아 그들이 예수 그리스도께 나와 하나님을 가까이 하며 살아가는 비결을 배울 수 있기를 바랍니다.

아마도 여러분은 횟필드(Whitefield)의 일화를 들었을 것입니다. 그는 어느 집에 머물든지 그 집 식구들에게 그들의 영혼에 대하여 이야기해 주는 습관이 있었습니다. 하지만 어느 대령 집에서는 그런 이야기를 하지 않았습니다. 그 대령의 집은 그리스도인이라는 사실 말고는 더 이상 바랄 것이 없는 그런 사람이었습니다. 그는 그 집의 환대를 받고 기뻤습니다. 그리고 착한 대령과 그의 아내와 딸의 성격은 전체로 매력적이었습니다. 만일 그들의 성격이 좋지 않았더라면 그의 단호한 생각을 밝혔겠지만, 그들의 성격이 너무 좋아서 그들에게 말할 수가 없었습니다.

그는 한 주일 동안 그들과 함께 있었습니다. 그리고 지난 밤에 하나님의 성령께서 그를 찾아와 감동하셔서 잠을 잘 수가 없었습니다. 그는 혼자서, "이 사람들은 그동안 내게 매우 친절하게 대해 주었어. 하지만 나는 그들에게 진실하지 못했어. 내가 떠나기 전에 반드시 나는 그들에게 진실을 말해야 돼. 그들이 아무리 좋은 성품을 가지고 있다 해도 예수님을 믿지 않으면 버림당할 수밖에 없다는 사실을 나는 그들에게 전해 주어야 돼"라고 말하였습니다.

그는 밤중에 일어나 기도하였습니다. 기도한 후에도 그는 여전히 마음속에서 갈등을 느꼈습니다. 그의 옛 성품은 "나는 못해"라고 말했으나, 성령께서는 "그들을 권고하지 않고는 떠나지 말라"고 말씀하시는 듯했습니다. 드디어 그는 한 가지 꾀를 생각해내고는 그 꾀를 받아달라고 하나님께 기도하였습니다. 그는 다이아몬드 모양으로 되어 있는 창문 유리 위에 그의 반지로 이렇게 기록하였습니다. "당신들에게 아직도 한 가지 부족한 것이 있습니다"(막 10:21). 그는 그들에게 말할 자신이 없었습니다. 하지만 그들이 회개하게 해달라고 많은 기도를 드리고 길을 떠났습니다. 그가 떠나자마자 휫필드를 크게 존경하였던 그 집의 착한 부인이 "그의 방에 올라가 봐야지. 하나님의 사람이 머물던 곳을 보고 싶어"라고 말하였습니다.

부인은 올라가서 유리창에 "당신들에게 아직도 한 가지 부족한 것이 있습니다"라고 기록된 글자를 보았습니다. 이 글이 순간적으로 그녀의 잘못을 깨닫게 하였습니다. 그녀는 이렇게 말하였습니다. "아, 그분은 머무는 곳마다 그 집 사람들을 위해 언제나 기도해 주시는 것으로 알고 있었기 때문에 나는 그분이 우리를 위해서는 기도해 주지 않기에 우리에게 별 관심이 없고 우리 집에 대하여 화가 나 있는 줄 생각했어. 그런데 알고 보니 그게 아니야. 그분은 마음이 너무나 섬세하셔서 우리에게 말씀하실 수 없었던 거야." 부인은 딸들을 불렀습니다. "딸들아, 휫필드 씨가 창문에 쓴 저 글씨를 봐. '당신들에게 아직도 한 가지 부족한 것이 있습니다.' 너희 아버지를 불러라." 아버지가 올라와서 역시 그 글씨를 읽었습니다. "당신들에게 한 가지 부족한 것이 있습니다." 하나님의 사람이 잠잤던 침대 주위에 모두가 무릎을 꿇고 그들에게 한 가지 부족한 것을 채워달라고 간구하였습니다. 그리고 그 방을 나가기 전에 그들은 한 가지 부족한 것을 깨달았습니다. 그리고 온 가족이 예수님 안에서 즐거워하였습니다. 얼마 전에 내가 한 친구를 만났는데, 그 친구가 다니는 교회의 교인이 바로 그 유리창을 가보처럼 보존하고 있답니다.

자, 여러분이 한 가지 방식으로 훈계하고 권고할 수 없겠거든 다른 방식으로 해 보십시오. 삼가 주의하여 여러분의 영혼이 여러분의 친척과 친구들의 피로부터 깨끗해지십시오. 그리하여 하나님의 심판대 앞에서 그 피가 여러분의 옷을 새빨갛게 물들이고 여러분을 정죄하지 못하도록 하십시오. 여러분이 하나님 앞과 사람의 영혼들 앞에서 신실할 수 있도록 어찌 해서라도 그렇게 살고 그렇게 말하고 그렇게 가르치세요.

이제 세 번째 대지로 넘어가야 하겠습니다. 지금까지 우리는 전도하는 제자에 대해서 그리고 그의 위대한 목적에 대하여 살펴보았습니다. 이제 세 번째로 그의 지혜로운 방법에 대하여 살펴보겠습니다.

나는 이미 이 주제에 대하여 고찰한 바 있습니다만 그것이 별 도움은 되지 못할 것 같습니다. 열심이 있던 안드레는 지혜로웠습니다. 열심은 때로 신중하게 하며, 사람으로 하여금 재능은 없을지라도 재치 있게 만들어 줍니다. 안드레는 자신에게 있었던 능력을 사용하였습니다. 안드레가 만일 내가 알고 있는 젊은 사람들 같았다면, 그는 이렇게 말했을 것입니다. "나는 하나님을 섬기고 싶어. 내가 설교하는 것을 얼마나 좋아하는데! 그러니 나에게는 많은 회중이 필요해."

런던에는 거리마다 강단이 있습니다. 우리가 사는 이 대도시에는 하나님께서 지으신 푸른 하늘 아래에서 설교할 수 있는 아주 넓고 충분한 공간이 있습니다. 하지만 이 젊은 열심당원들은 야외보다는 더 손쉬운 적당한 장소를 선호할 것입니다. 그리고 그는 아주 큰 강단에 초빙되지 않기 때문에 아무 일도 하지 않습니다. 만일 안드레처럼 가시권 안에 있는 사람들 가운데 들어가 자신이 가진 재능을 사용하기 시작했다면, 그래서 거기서 또 다른 단계로 밟아 올라가고, 거기서 또 다른 단계로 매년 진보하였다면, 그들은 지금보다 훨씬 나을 것입니다. 제군들이여, 만일 안드레가 그의 형제를 돌아오게 하는 도구가 되지 못했다면, 사도가 되지 못하였을 가능성이 높습니다. 그리스도는 몇 가지 근거를 가지고 사도들을 택하시고 그들에게 직분을 맡기셨습니다. 아마도 안드레가 예수님의 사도로 뽑힌 근거는 이런 것이었을 것입니다. 주님은 다음과 같이 말씀하셨을 것입니다. "그는 열심 있는 사람이야. 그는 시몬 베드로를 내게로 데리고 왔어. 그는 언제나 각 사람들에게 복음을 전하겠지. 나는 그를 사도로 삼을 거야."

이제, 젊은 여러분들이여, 여러분이 전도책자를 열심히 돌리고, 주일학교 일에 열심을 낸다면, 아마도 여러분은 사역자가 될 것입니다. 그러나 여러분이 모든 것을 다 할 수 있을 때까지 가만히 있고 아무 일도 하지 않는다면 여러분은 쓸모없는 사람이 되고 말 것입니다. 교회에 도움이 되기는커녕 교회에 장애물이 될 것입니다. 여러분이 그런 실수를 한다면 하나님은 여러분에게 일을 맡길 수 없습니다. 여러분이 얼마간 재능을 받은 것이 틀림없으며, 그 중에 어떤 것은 다른 사람은 아무도 흉내낼 수 없는 그런 재능입니다.

사람의 몸의 전체적인 구조에서 볼 때, 작은 모든 근육, 모든 세포 하나하나는 고유의 작용과 역할을 가지고 있습니다. 어떤 의사들이 이런저런 기관들은 없어도 살수 있다고 말했다지만, 내가 믿기로는, 인간의 본성이라는 전체 자수에서 단 한 개의 실이라도 없어서는 안 될 것입니다. 직물 전체가 필요한 것입니다. 이와 마찬가지로 신비로운 몸인 교회는 가장 작은 지체라도 꼭 필요한 존재입니다. 아주 못난 지체라도 교회의 성장을 위해 꼭 필요합니다. 여러분에게 꼭 맞는 곳이 어디인지 알려달라고 하나님께 구하십시오. 그리고 그곳에 자리를 잡고 예수 그리스도께서 오셔서 여러분에게 상을 주실 때까지 그곳을 지키십시오.

안드레가 한 영혼을 중요시하였다는 점에서 그의 지혜는 입증되었습니다. 처음에 그는 한 사람에게 온갖 수고를 쏟았습니다. 훗날 안드레는 성령으로 말미암아 많은 사람들을 전도하는 좋은 점수를 받았지만, 처음에 그는 한 사람을 가지고 시작했습니다. 한 영혼을 소중히 여기는 이런 셈이야말로 얼마나 훌륭한 셈인지요! 한 영혼이 회개할 때 천국에 있는 모든 종들이 울립니다. 죄인 하나가 회개할 때 천사들이 즐거워합니다. 한 영혼이 회개할 수만 있다면 그 영혼을 위해 전 생애를 바친들 그것이 무슨 상관이겠습니까? 여러분이 진주처럼 소중한 영혼을 구원한다면, 그 영혼이 여러분의 목숨과도 같은 가치를 여러분에게 선사할 것입니다. 그러므로 여러분의 반 숫자가 떨어진다고, 혹은 여러분이 구원하기 위해 산고를 치르고 있는 사람들 대부분이 여러분의 증거를 거절한다고 우울해 하거나 낙심하지 마십시오.

사람이 하루에 얻을 수 있다면 그는 만족할 수 있을 것입니다. "하나를 가지고 뭘 해요?"라고 사람들은 말합니다. 내가 말하고자 하는 것은 일 페니가 아니라 일천 파운드입니다. "아, 그 정도면 굉장한 보상이군요"라고 여러분은 말합니다. 이처럼 여러분이 단 한 영혼만을 얻는다해도 그것이 얼마나 큰 가치가 있는지 여러분은 바로 판단해야 합니다. 사람이 온 천하를 얻고도 자기 목숨(영혼)을 잃으면 무슨 유익이 있겠습니까? 사랑하는 형제들이여, 여러분이 온 천하를 잃고 여러분의 영혼을 얻는다면, 그리하여 하나님께서 여러분을 사용하여 다른 사람들의 영혼들을 얻는다면, 여러분에게 무슨 손실이 있겠습니까?

여러분이 안드레를 본받기 위해 먼 데까지 갈 필요는 없습니다. 많은 그리스도인들은 자기 집으로부터 오 마일 안에서 모든 선한 일을 할 수 있습니다. 그때에 갔다가 돌아오는 시간도 자기 포도원에서 한가롭게 보내는 시간이면 족할 것입니다. 신자들로서 우리가 감당해야 할 의무는 하나님께서 우리를 있게 하신 곳, 특히 우리 집안에서 할 수 있는 선한 일을 모두 다 하는 것입니다. 우리가 모든 남성들에게 해야 할 의무보다 우리 자식들에게 해야 할 의무가 더 큰 것입니다. 힘이 닿는 데까지 내가 모든 여성들의 영혼을 돌아보아야 할 책임이 있다면, 나의 혈육에 대해서는 그보다 더 큰 책임이 있는 것입니다. 자비와 함께 경건은 집에서 시작되어야 합니다. 회개는 우리와 가장 밀접한 유대관계를 갖고 있는 사람들에게서 시작되어야 할 것입니다. 형제 자매들이여, 내가 이 달에 여러분에게 권고하고자 하는 것은 인도에서 선교하라는 것이 아니며, 아프리카로 건너가 긍휼을 베풀라는 것이 아니며,

천주교와 이교도의 땅을 위해 눈물을 흘리며 수고하라는 것이 아닙니다. 그보다도 여러분의 자녀들을 위해, 여러분의 혈육을 위해, 여러분의 이웃들을 위해, 여러분이 알고 있는 사람들을 위해 그리하라는 것입니다. 그들을 위해 하늘에다 더욱 소리 높여 부르짖으십시오. 그런 후에야 여러분은 열방 가운데서 복음을 전하게 될 것입니다.

아마 어떤 이는 "안드레가 시몬 베드로를 어떻게 설득하였기에 그가 그리스도께로 나왔나요?"라고 물을 것입니다. 첫째, 안드레는 자신의 체험을 직접 들려줌으로써 베드로를 설득하였습니다. "우리가 메시아를 만났다"고 그는 말했습니다. 여러분이 그리스도에 대하여 체험한 바를 다른 사람들에게 들려주십시오. 둘째, 안드레는 그가 만난 분이 누구인지 베드로에게 지혜롭게 설명하여 주었습니다. 안드레는 자기에게 감동을 주었지만 도대체 그가 누구인지 모르는 그런 사람을 만났다고 말하지 않았습니다. 그는 메시아, 곧 그리스도를 만났다고 베드로에게 말했습니다. 복음을 분명히 알고 체험하십시오. 그런 다음에 여러분이 구원하고자 하는 영혼에게 복음을 전하십시오. 안드레는 분명한 확신이 있었기 때문에 베드로를 사로잡을 수 있었습니다. "내가 그리스도를 만났기를 바란다"고 말하지 않고, "내가 그리스도를 만났다"고 그는 말하였습니다. 그는 확신하였습니다. 구원에 대한 확신을 가지십시오. 확신만큼 강력한 무기는 없습니다. 다른 사람을 설득하려고 하면서 정작 자신은 의혹을 가지고 말한다면 이는 다른 사람이 자기의 증거를 제발 의심해 달라고 요구하는 것이나 마찬가지입니다.

안드레는 베드로 앞에서 진지한 모습으로 복음을 전하였기 때문에 그를 사로잡았습니다. 안드레는 마치 흔해빠진 일인 것처럼 "메시아가 왔나봐"라고 베드로에게 말하지 않았습니다. 모든 메시지 중에 가장 중요한 메시지를 전하는 만큼 그에 어울리는 어조와 몸짓을 하면서 "나는 확신하는데, 우리가 그리스도라고 하는 메시아를 만났어"라고 전하였습니다. 자, 형제 자매들이여, 여러분의 친척에게 여러분의 믿음, 여러분의 기쁨, 여러분의 확신을 말하되, 확고하게, 사실임을 확신하고 말하십시오. 그리하면 하나님께서 여러분의 일을 축복하실 것을 누가 감히 의심하겠습니까?

마지막으로, 안드레가 받은 기분 좋은 보상을 살펴봅시다. 한 영혼을 구원한 것, 그것도 그의 형제의 영혼을 구원한 것, 그것이 그가 받은 보상입니다. 그는 그런 보화를 얻은 것입니다! 그는 다름 아닌 시몬을 구원하였습니다. 그리스도께서 시몬을 영혼을 낚는 어부로 만드셨는데, 그는 처음 복음의 그 물을 던져서 한 번에 삼천 명의 영혼을 건져낸 사람입니다! 초대교회의 바로 그 설교의 황제인 베드로가 주님께서 사용하신 모든 종들 가운데 가장 능력 있는 한 사람이 되었으니 그를 주님께로 인도한 안드레에게 베드로는 기쁨 이 되었을 것입니다. 나는 안드레가 의심하고 두려워하는 날에 다음과 같이 말하는 것을 이상하게 여기지 않을 것입니다. "베드로를 그토록 쓰임 받게 하신 하나님을 송축할지어다! 일찍이 내가 베드로에게 소개한 하나님을 송 축할지어다! 내가 할 수 없는 바를 베드로는 능히 하리로다. 나는 속수무책 으로 앉아있지만 나의 소중한 형제 베드로는 자랑스럽게 많은 영혼들을 그 리스도께로 인도하고 있으니 나는 이를 기쁘게 여기노라."

오늘 이 예배당에는 아직 회개하지 않은 휫필드 같은 사람이 앉아있을 수 도 있습니다. 오늘 오후 여러분의 반에 아직 구원받지 못한 존 웨슬리 같은 사람, 칼빈 같은 사람, 루터 같은 사람이 묵묵히 이름 없이 나왔다가 여러분 을 통하여 은혜의 부르심을 받을 수 있습니다. 지금까지도 조율되지 않아서 그리스도를 찬양하지 못하는 살아 있는 마음의 수금이 우리 주변에 존재합 니다. 그러한 마음의 수금이라도 무아지경에 이르도록 여러분의 손가락으로 연주해야 하는데 아직까지 여러분은 깨어나지 못한 상태에 있는 것입니다. 여러분은 거룩한 희생제물, 곧 그리스도에 대한 헌신의 삶을 태울 수 있는 불을 일으켜야 합니다. 오직 적극적으로 주 예수님을 위해 일하십시오. 끈질 기게 기도하십시오. 열심을 내고 자신을 희생하십시오. 주님께서 자신의 이 름을 위하여 그리 되게 하실 것입니다. 아멘.

# 6

# 나다나엘

무화과나무 아래에

"빌립이 나다나엘을 찾아 이르되 모세가 율법에 기록하였고 여러 선지자가 기록한 그이를 우리가 만났으니 요셉의 아들 나사렛 예수니라. 나다나엘이 이르되 나사렛에서 무슨 선한 것이 날 수 있느냐? 빌립이 이르되 와서 보라 하니라. 예수께서 나다나엘이 자기에게 오는 것을 보시고 그를 가리켜 이르시되, 보라 이는 참으로 이스라엘 사람이라. 그 속에 간사한 것이 없도다. 나다나엘이 이르되, 어떻게 나를 아시나이까? 예수께서 대답하여 이르시되, 빌립이 너를 부르기 전에 네가 무화과나무 아래에 있을 때에 보았노라. 나다나엘이 대답하되 랍비여, 당신은 하나님의 아들이시요 당신은 이스라엘의 임금이로소이다. 예수께서 대답하여 이르시되, 내가 너를 무화과나무 아래에서 보았다 하므로 믿느냐? 이보다 더 큰 일을 보리라. 또 이르시되, 진실로 진실로 너희에게 이르노니 하늘이 열리고 하나님의 사자들이 인자 위에 오르락내리락 하는 것을 보리라 하시니라"(요 1:45-51).

우리는 자주 죄인 중에 괴수에게 복음을 전합니다. 자주 이런 일을 하는 것이 우리의 임무라고 나는 믿습니다. 우리 주님께서 모든 족속에게 복음을 전하라고 제자들에게 분부하시면서 "예루살렘에서 시작하여"(눅 24:47)라는 말을 사용하시지 않았나요? 죄인들 중에 괴수가 사는 곳에 먼저 복음이 전파되었습니다. 그러나 아울러 온 인류가 똑같이 지독하고 노골적으로 하나님께 범죄한 자들이라고 생각한다면 이러한 생각은 관찰이 부족해도 너무나 많이 부족하다는 사실을 드러낼 것입니다. 이러한 생각은 지혜가 부족함을 보일 뿐만 아니라 진실성이 결여되어 있는 것입니다. 왜냐하면 모든 사람이 죄를 범하므로 하나님의 진노를 받아 마땅하지만 회개하지 않은 사람들 모두가 복음에 대하여 그와 같은 마음 상태는 아니기 때문입니다.

씨뿌리는 자의 비유에서 우리가 배우는 것은 좋은 씨가 밭에 떨어지기 전에 먼저 여러 가지 다양한 밭이 있었다는 사실입니다. 어떤 밭은 돌이 많은 땅이었으며, 또 어떤 밭은 가시덤불 밭이었으며, 세 번째 밭은 도로처럼 사람들이 하도 밟고 지나가서 딱딱해진 땅이었습니다. 그리고 마지막 밭이 주님께서 "착하고 좋은" 마음이라고 설명하신 밭입니다. 모든 경우에 육신의 생각은 하나님과 원수가 되지만 많은 경우에 그런 육신의 생각이 억제되지 않았음에도 불구하고 그런 적의(敵意)를 누그러뜨리는 힘이 작동합니다.

많은 사람들이 돌을 들어 우리 주님을 죽이려고 한 반면, 주님의 말씀을 기쁘게 들었던 다른 사람들도 있었습니다. 오늘날에도 수많은 사람들이 복음을 거부하는 한편, 기쁨으로 복음의 말씀을 듣는 사람들도 있습니다. 이러한 차이점의 원인을 우리는 하나님의 예지적인 은혜(anticipatory grace)에 돌립니다. 어쨌든 이러한 차이를 보이는 사람들은 이러한 은혜가 자신에게 작용하고 있다는 사실을 모르고 있다고 우리는 믿습니다. 이 예지적인 은혜는 구원하는 은혜와 형태 면에서 꼭 같지 않습니다. 왜냐하면 이 은혜를 받은 영혼은 그리스도의 필요성이나 구원의 좋은 점을 아직 모르기 때문입니다. 그 영혼에게 긍휼을 베풀기 위한 예비적인 어떤 일이 있습니다. 이 일로 말미암아 그 영혼은 한층 더 차원 높은 은혜 받을 준비를 하게 됩니다. 이는 마치 씨를 뿌리기 전에 밭을 가는 것과 같습니다.

우리 회중들 가운데 많은 분들은 감사하게도 아주 지독한 악을 행치 않았으며, 도덕적으로 순수하고 훌륭한 면을 보여 주고 있으며, 악하게 복음을 반대하지 않고 오히려 이해만 된다면 충분히 복음을 받아들일 준비가 되어 있으며, 심지어 예수 그리스도로 말미암아 구원받기를 열망하며, 비록 지금까지는 경배의 의미를 알지 못하지만 그의 이름을 경배한다고 나는 믿습니다. 그들은 구속의 주님을 잘 알지 못하므로 주님 안에서 쉼을 얻을 수 없습니다. 하지만 이런 부족한 지식은 주님을 믿는데 주저하게 만드는 요소에 불과합니다. 그들이 주님의 명령을 이해한다면 기꺼이 순종할 것입니다. 그들이 우리 주님의 인격과 사역을 분명히 이해하기만 한다면, 그들은 주님을 그들의 주와 하나님으로 기쁘게 영접할 것입니다.

이런 설명에 유의하면서 나는 첫째, 나다나엘의 인물됨에 관하여 잠시 말씀드리겠습니다.

본문은 그 속에 간사한 것이 없는 사람, 곧 참으로 이스라엘 사람이라고 말씀합니다. 말하자면, 그는 야곱처럼 "꾸밈없는 사람"(a plain man; 창 25:27, 개정개역판에는 "조용한 사람"으로 번역됨)이었으며, "교활한 사냥꾼"(a cunning hunter; 개정개역판에는 "익숙한 사냥꾼"으로 번역됨)인 에서와 같지 않았습니다. 어떤 심령들은 나면서부터 뱀처럼 교활하고, 비뚤어져 있으며, 뻔뻔스럽습니다. 구부러진 생각만을 합니다. 그들의 동기는 복잡하고 얽혀 있으며, 그들은 두 마음을 품습니다. 이 사람들의 보는 방향과 노를 젓는 방향은 반대입니다. 그들은 두 얼굴을 가진 야누스 신을 숭배하며, 예수회 회원들(Jesuits)처럼 같은 교파가 아니라면 이처럼 이중적인 행동을 합니다. 그들은 사실을 꾸밈없이 말하지 못하며 혹은 말하는 동안 여러분의 표정을 살핍니다. 왜냐하면 그들의 심리는 심리유보(心裏留保, mental reservations; 표시행위가 표의자(表意者)의 진의(眞意)와 다른 의미로 해석되는 것을 알면서 하는 의사 표시. 예를 들면 사실 증여할 의도가 없는데 증여의 의사 표시를 하거나, 팔 의사가 없는데 판다는 의사 표시를 하는 경우 등이다: 역주)와 세심한 경계로 가득 차 있기 때문입니다.

나다나엘은 이 모든 심리와 정반대였습니다. 그는 위선자가 아니었고 교활한 사기꾼도 아니었습니다. 그는 자신의 감정을 숨기지 않았습니다. 그의 말을 들어보면, 그의 말과 생각, 생각과 말이 일치한다는 사실을 여러분은 알 수 있습니다. 그는 어린아이 같고 순진하고 유리처럼 투명한 사람이었습니다. 그러나 그는 뭐든지 다 믿는 바보는 아니었습니다. 또 다른 한편으로, 요즈음 칭송받는 그런 바보, 즉 아무것도 믿지 않고 난해한 철학에 대한 자신의 신념을 지키기 위하여 너무나 자명한 진리까지도 의심할 필요가 있다고 생각하는 그런 바보도 아니었습니다. 개화된 이 시대의 이런 "사상가"

(thinkers)들은 엄청난 궤변을 늘어놓습니다. 하나님의 존재가 정오의 태양 같이 분명한 사실인데도 그들은 과연 하나님이 계시는지 의심한다고 공언할 것입니다. 나다나엘은 남의 말에 속지도 않았지만 의심이 많지도 않았습니다. 그는 진리의 힘 앞에 정직하게 굴복할 줄 아는 사람이었습니다. 그는 증거를 기꺼이 받아들였으며 증거 앞에서 굴복하였습니다. 갈릴리 가나에 이보다 더 순진한 사람은 없었습니다.

나다나엘은 순진한 사람이었으며 아울러 열심 있는 구도자였습니다. 빌립이 나다나엘을 찾았던 것은 복음이 그의 흥미를 끌 것이라고 느꼈기 때문이었습니다. "우리가 메시아를 만났다"는 말은 메시아를 고대하지 않은 사람에게는 그다지 기쁜 소식이 되지 못할 것입니다. 그러나 나다나엘은 그리스도를 고대하고 있었습니다. 아마도 그는 모세와 선지자의 글을 잘 이해했기 때문에 그리스도의 신속한 강림을 고대하게 되었을 것입니다.

메시아가 그 성전에 홀연히 임하시는 때가 분명히 도래하였습니다. 그리고 그때에 나다나엘은 열 지파(사마리아를 가리킴)의 신실한 모든 자들처럼 그들의 구원이 나타나기를 기다리고 바라면서 밤낮으로 기도하였습니다. 그는 이스라엘의 영광이 실제로 임하였다는 소식을 아직 듣지 못하였으나 학수고대하고 있었습니다. 여러분이 지금 진리를 알기를 간절히 원하고 그 진리로 구원받기를 간절히 열망한다면, 이처럼 소망스러운 마음 상태가 되기를 바랍니다! 이것이 바로 나다나엘의 마음 상태였습니다. 그는 명백한 진리를 정직한 마음으로 사랑하며, 그리스도를 만나기를 열망한 구도자였습니다.

어떤 면에서 그가 무지했다는 것은 사실입니다. 그가 모세와 선지자의 글에 무지하지는 않았으며, 오히려 깊이 알고 있었으나 그는 그리스도께서 이미 오신 사실을 몰랐던 것입니다. 나사렛은 가나에서 약간 떨어진 곳에 있었습니다. 그러므로 메시아가 오셨다는 소식이 가나에까지 전해지지 않았습니다. 나쁜 소식이었다면 아마도 그 소식은 독수리의 날개를 타고 날아왔을 것이지만, 좋은 소식이었기 때문에 천천히 왔습니다. 왜냐하면 사람들은 악보다 선을 말하는데 열심을 품지 않기 때문입니다. 따라서 빌립이 올 때까지 나다나엘은 나사렛 예수의 소문을 듣지 못하였습니다. 이 나라에도 복음의 의미를 아직 모르지만 그것을 알고 싶어하는 사람들이 얼마나 많습니까! 만일 그들이 복음의 의미를 알기만 한다면 그 복음을 받아들일 것입니다. 우리 회중 가운데, 그리고 우리의 경건한 가족들 가운데 무지의 요새가 있습니다. 이런 무지한 사람들이 성경을 읽는 사람들일 수 있으며, 복음을 들은 사람들일 수 있습니다. 그러나 그들은 하나님께서 그리스도 안에서 세상을 자기와 화목하게 하셨다는 이 위대한 진리를 여태껏 깨닫지 못하였을 수도 있는 것입니다.

그들은 그리스도께서 죄인을 대신하신 사실이 무엇을 의미하는지, 죄인이 믿음으로 말미암아 대속의 희생으로부터 나오는 복을 받는 것이 도대체 무엇인지 전혀 깨닫지 못하였을 수도 있습니다. 어떤 사람들은 지금도 이렇게 말합니다. "이것이 모두 어떻게 된 일인가? 나는 믿음에 대한 많은 이야기를 듣고 있는데 믿음이 대체 무엇이란 말인가? 이 그리스도, 하나님의 아들은 누구인가? 죄로부터 구원 받는다는 것, 중생한다는 것, 성결케 된다는 것이 도대체 무엇을 의미하는가?" 사랑하는 친구들이여, 여러분이 어둠 속에 있어야 한다는 것이 유감스럽습니다. 하지만 내 마음이 기쁜 것은, 비록 여러분이 알아야 할 사실을 모르고 있지만, 여러분은 순진하고 진리를 사랑하며 진지하게 찾고 있기 때문입니다. 여러분은 빛을 거절하지 아니하고, 이제 예수님을 알고 예수님도 여러분을 알게 될 것이라고 나는 확신해 마지않습니다.

아울러 나다나엘은 약간 편견을 가지고 있었습니다. 빌립이 요셉의 아들 나사렛 예수를 만났다고 말하자 나다나엘은 "나사렛에서 무슨 선한 것이 날 수 있느냐?"고 하였습니다. 그의 편견은 변명의 여지가 상당히 많다는 사실을 주목합시다. 왜냐하면 그 편견은 빌립의 잘못된 증거에서 비롯되었기 때문입니다. 빌립은 회개한 지 얼마 안 된 사람이었습니다. 그는 바로 전날 예수님을 만났을 뿐입니다. 진실로 은혜를 받은 모든 영혼의 본능은 그리스도의 복된 모습을 전하려는 것입니다. 그래서 빌립은 자기 친구 나다나엘에게 이 사실을 말하려고 갔던 것입니다. 하지만 그는 복음을 전하는 데에 너무나 많은 실수를 저질렀습니다! 비록 실수이긴 하였지만 나다나엘을 그리스도께로 데리고 오는데는 별 문제가 없었습니다. 하지만 빌립의 인도는 실수로 가득하였습니다. 여러분이 그리스도를 단지 조금만 안다 할지라도, 그리고 여러분이 그 약간 아는 바를 자제하지 못하고 전하면서 많은 실수를 저지른다 할지라도, 하나님은 그 허물을 너그럽게 여기시고 진리를 세우실 것입니다. 이제 빌립의 말을 주목해 봅시다.

그는 "우리가 만났으니 요셉의 아들 나사렛 예수니라." 이 이름은 우리 주님의 대중적인 이름이었지만 결코 정확한 이름은 아니었습니다. 주님은 나사렛 예수가 아니었습니다. 주님은 나사렛에서 태어나지 않았으며, 베들레헴에서 태어나셨습니다. 나사렛에서 사셨던 것은 분명하지만 예루살렘 사람이라고 칭해져서도 안 되었던 것처럼 나사렛 사람이라고 칭해져서도 안 되었던 것입니다. 또한 빌립은 예수님을 "요셉의 아들"이라고 말하였습니다. 단순히 요셉의 아들로 일컬어졌지만 사실상 주님은 가장 높으신 이의 아들이셨습니다. 빌립은 평범하고 잘못된 이름으로 우리 주님을 칭하였지만 이 이름은 생각 없는 사람들이 입에서 입으로 전한 이름에 불과하였던 것입니다. 그는 "우리가 하나님의 아들을 만났다"거나 "다윗의 아들을 만났다" 하지 못하고 겨우 그가 알고 있던 전부를 말하였지만, 이는 하나님께서 저와 여러분에게 기대하는 전부입니다.

참으로 은혜로운 것은 우리의 사역이 불완전할지라도 그 때문에 우리를 통해 영혼들을 구원하시는 하나님의 계획은 방해 받지 않는다는 사실입니다! 만일 하나님의 계획이 방해를 받았다면 세상에서 구원의 사역은 이루어지지 못하였을 것입니다! 존 웨슬리(John Wesley)는 복음의 한쪽 면을 열렬히 전하였으며, 윌리엄 헌팅던(William Huntingdon)은 또 다른 한쪽 면을 전하였습니다. 두 사람은 서로에 대하여 지독한 혐오감을 느꼈으며, 아주 신중하게 서로를 비난하였습니다. 하지만 이성을 초월한 사람이라면 존 웨슬리나 윌리엄 헌팅던에 의해 영혼들이 구원받지 못하였다고 감히 말하지 못할 것입니다. 왜냐하면 하나님께서 두 사람 모두 축복하셨기 때문입니다. 두 사역자들 모두 실수가 있었지만 그들 모두 진지하였고, 또 쓰임을 받았습니다. 우리의 모든 증거도 그와 같습니다. 우리의 증거는 모두 불완전하며, 한 가지 진리를 지나치게 과장하고 다른 쪽의 진리를 오해합니다. 하지만 우리가 모세와 선지자들이 예언한 참되신 그리스도를 증거하는 한 우리의 실수는 용서될 것이며, 하나님께서 우리의 모든 약점에도 불구하고 우리의 사역을 축복하실 것입니다.

나다나엘에게도 부족한 점이 있었습니다. 그러나 나다나엘의 편견은 빌립의 서투른 말투에서 비롯된 것이었습니다. 우리는 쓸데없는 편견을 유발하지 않도록 실수를 없애야 합니다. 사람들이 우리의 실수로 성나게 되면 그들이 성을 내는 대상이 복음을 전하는 우리의 방식이 아니라 바로 복음이라는 생각을 가지고 우리는 복음을 설명해야 할 것입니다.

신앙에 대하여 완전히 알지 못하기 때문에, 혹은 일부 사역자의 거친 태도 때문에 여러분이 그리스도의 거룩한 복음에 대하여 약간의 편견을 가질 수 있습니다. 하지만 그런 것 때문에 여러분이 비뚤어지지 않으리라고 나는 믿어 의심치 않습니다. 여러분은 공정하게 그리고 거짓없이 예수님께 나와 직접 그분을 뵐 것이라고 나는 기대하고 있습니다. 직접 주님을 살펴봄으로써 그 제자의 보고를 고쳐보십시오. 빌립은 "와서 보라"고 말함으로써 자신의 실수를 만회하였습니다. 여러분이 직접 예수님께 와서 보고 그의 복음을 들어보십시오.

나다나엘의 또 다른 특징을 말씀드리고자 합니다. 그는 모든 면에서 최대한 경건하고 진지한 사람이었습니다. 그는 예수님을 믿는 사람이 아니었지만 "참으로 이스라엘 사람"이었습니다. 그는 은밀한 기도를 드리는 사람이었으며, 바리새인들이 단지 외식적인 예배를 드림으로써 하나님을 조롱한 것처럼 그는 하나님을 조롱하지 않았습니다. 그는 마음속으로 하나님께 예배드리는 자였으며, 아무도 보지 않을 때 그의 영혼은 하늘에 계신 하나님과 은밀히 교제하였습니다. 여러분의 경우도 그러하리라고 나는 믿습니다. 여러분은 아직까지 평안을 얻지 못하였을 것입니다. 그러나 여러분은 기도하며, 구원받기를 간절히 바라고 있습니다. 여러분은 위선자가 되기를 원치 않습니다. 무엇보다도 형식에 빠지는 것을 여러분은 두려워하고 있습니다. 그리스도인이 된다면 정말로 참된 그리스도인이 될 수 있게 해 달라고 여러분은 기도합니다. 나는 바로 그런 성격을 찾고 있습니다. 여러분의 성격이 그렇다면 여러분은 나다나엘이 받은 복을 받을 것입니다.

두 번째, 우리는 지금까지 나다나엘을 살펴보았는데 이번에는 나다나엘이 예수님을 봤다는 사실을 잠시 고찰해 봅시다.

"빌립이 이르되, 와서 보라 하니라." 빌립의 말을 듣고 나다나엘은 구세주를 뵈러 왔습니다. 이 같은 사실은 비록 그가 새로운 메시아에 대하여 약간의 편견이 있기는 하였지만 빌립의 주장을 알아볼 만큼 충분히 공정하였습니다. 사랑하는 친구들이여, 여러분이 예수 그리스도의 참된 복음에 대하여 조금이라도 편견이 있다 할지라도, 그 편견이 나면서부터 있었든 아니면 그렇게 배웠기 때문에 생겼든, 혹은 이전에 다른 어떤 신앙을 고백하였기 때문이든, 정직한 마음으로 예수 그리스도의 복음을 한 번 공정하게 들어보십시오. 여러분이 복음을 철저하게 조사하기까지 복음을 버리지 마십시오. 내가 여러분에게 요구하는 것은 진지하게 앉아서 여러분이 성경에서 발견하게 될 은혜의 교리, 그 중에서도 그리스도의 생애, 그리고 그를 믿는 자들에게 주시는 복을 깊이 고찰하라는 것입니다. 이런 사실들을 주의 깊게 조사해 보세요. 이런 사실들이 여러분의 마음을 끌 것입니다. 왜냐하면 하나님께서는 이미 옳게 판단할 수 있는 마음을 여러분에게 마련해 주셨기 때문입니다. 여러분이 판단할 때, 여러분의 마음을 확실하게 사로잡을 복음의 진리에 대하여 여러분은 특별한 아름다움과 매력을 느끼게 될 것입니다.

래티머(Hugh Latimer, 케임브리지에서 교육을 받고 성직자가 되었으나 차차 프로테스탄트로 전향하여 헨리 8세와 캐서린의 이혼 때에는 왕을 지지하였다: 역주)는 전에 복음의 교리를 반박하는 설교를 하였습니다. 그의 설교를 듣고 있던 청중 가운데는 나중에 순교자가 된 경건한 사람이 있었습니다. 그는 래티머의 설교를 듣고 그의 논조 속에서 비록 적수지만 정직함을 발견하였습니다. 그래서 래티머에게 빛이 임한다면 그 빛으로 그가 깨닫게 될 것이라는 희망을 가졌습니다. 이 경건한 사람은 래티머를 찾았고, 그와 대담하였습니다. 이 경건한 사람의 설명은 정직한 래티머의 마음을 개혁교회의 입장으로 완전히 돌려놓았습니다. 그리고 여러분도 아시다시피 래티머는 대단히 용맹스럽고 대중적인 새 언약의 사역자가 되었습니다. 그러므로 나의 정직한 친구들이여, 예수님의 보혈을 믿는 믿음으로 말미암는 구원의 복음에 한 번 공정하게 귀를 기울여 주세요. 우리는 그 결과를 두려워하지 않습니다.

또한 나다나엘은 매우 활기찬 마음으로 그리스도께 왔습니다. "와서 보라"

는 말을 듣자마자 그는 와서 보았습니다. 그는 그 말을 듣고도 가만히 앉아서 "자, 이 새로운 교리 안에 어떤 빛이 있다면 그것이 내게 오겠지"라고 말하지 않았습니다. 반대로 그는 그 빛으로 나아갔습니다. 사람들에게 가만히 앉아 있으라고 말하는 가르침은 믿지 마십시오. 진리의 좁은 문으로 들어가려고 애쓸 필요가 없다는 그런 사고방식으로는 평안을 구하지 마십시오. 은혜가 여러분에게 임하면, 그 은혜는 여러분을 무기력으로부터 깨워 그리스도께 나아가도록 인도할 것입니다. 그리고 여러분은 아주 활기찬 심령으로 뜨거운 열심을 가지고 감추어진 보화를 찾듯 그리스도를 찾을 것입니다.

날개를 단 심령을 본다는 것은 기쁜 일입니다. "와서 보라"고 빌립이 말하였고, 나다나엘은 와서 보았습니다. 나다나엘이 그의 육신의 눈으로 한 번 본 것으로써 그리스도께로 돌이키리라고 기대한 것 같지는 않아 보입니다. 그의 판단은 정신적인 관점에서 형성되었습니다. 그가 메시아의 몸을 본 것은 사실입니다. 하지만 인간의 모습에서 메시아의 어떤 윤곽을 보고 그분이 어떤 분인지 판단하리라고 그는 예상하지 못하였습니다. 그는 메시아가 입을 열어 말씀하실 때까지 기다렸습니다. 그리고 드디어 메시아가 말씀하셨을 때, 그는 저 신비로운 분의 전지(全知)하심, 곧 그의 마음을 능히 읽으시고 그의 은밀한 행위를 다 아시는 것을 보고 그는 믿었습니다.

여러분 가운데 일부가 다분히 물리적인 징후(physical manifestation)가 나타나기를 기대하므로 여전히 어둠 속에 거하는 것을 볼 때 나는 유감스럽습니다. 여러분은 생생한 꿈, 혹은 여러분의 육체 가운데서 느끼는 상당히 이상한 느낌, 혹은 여러분의 가정에서 일어나는 놀라운 사건을 기대합니다. "너희는 표적과 기사를 보지 못하면 도무지 믿지 아니하리라"(요 4:48). 그리스도를 바라봄으로써 구원을 얻는 것은 이런 물리적인 현상이 아닙니다. 진리가 여러분의 정신에 감동을 주고, 여러분의 지각을 깨우며, 여러분의 감정을 사로잡아야 합니다. 그리스도께서 세상 가운데 임하시는 것은 영적인 일이며, 따라서 여러분은 이와 같은 인간의 눈이 아니라 영혼의 눈으로 그리스도를 바라보아야 할 것입니다. 여러분은 그의 아름다운 성품, 위엄 있는 인격, 완전하고 충분한 구속을 깨달아야 할 것입니다. 바로 이런 진리들을 깨달을 때, 성령께서 그리스도를 믿고 살도록 여러분을 감동하실 것입니다.

한 가지 더 중요한 사실을 우리는 주목해야 하겠습니다. 그것은 그리스도께서 나다나엘을 보셨다는 사실입니다.

예수님께서 나다나엘을 보자마자 "보라 이는 참으로 이스라엘 사람이라"고 말씀하셨습니다. 이 말씀은 그리스도 예수님께서 나다나엘의 마음을 읽고 계셨다는 사실을 우리에게 보여 줍니다. 나는 우리 주님께서 나다나엘을 단지 인간의 눈으로 보셨다고 생각하지 않습니다. 우리 주님께서 나다나엘의 성격을 꿰뚫고 있었던 이유는 주님께서 관상학의 대가였기 때문이 아닙니다. 그래서 한눈에 그가 순진한 사람이라는 것을 알아채셨기 때문이 아닙니다. 그 이유는 주님께서 나다나엘을 지으신 창조주이셨기 때문입니다.

주님은 사람의 마음과 뜻을 살피시는 분이시므로 마치 사람이 자기 눈 앞에 펼쳐져 있는 책을 읽듯이 나다나엘의 성격을 다 아셨던 것입니다. 주님은 그 구도자의 속에 있는 모든 것을 한 번에 다 보시고 그에게 거짓이 없다는 판결을 내리셨던 것입니다. 그런 다음에 주님께서는 얼마나 철저하게 나다나엘에 관한 모든 사실을 아시는가를 입증하기 위하여 한 작은 사건을 말씀하셨습니다. 이 작은 사건은 여러분이나 나 자신이나 혹은 다른 어느 누구라도 설명할 수 없는 것이며, 오직 나다나엘과 예수님만이 설명해 줄 수 있습니다.

이 작은 사건은 오로지 나다나엘과 예수님만이 아는 특급 비밀입니다. 주님은 "빌립이 너를 부르기 전에 네가 무화과나무 아래에 있을 때에 보았노라"고 나다나엘에게 말씀하셨습니다. 나다나엘이 무화과나무 아래에서 무엇을 하였는지 우리는 추측만 할 뿐 정확히 알 수는 없습니다. 헤르몬과 미살 산이 다윗에게 의미 있는 곳이었던 것만큼 무화과나무가 나다나엘에게 의미 있는 곳이었다고 믿는 것은 아마도 별 무리가 없을 것입니다. 다윗은 "내가 요단 땅과 헤르몬과 미살 산에서 주를 기억하나이다"(시 42:6) 하였습니다. 그 거룩한 추억이 도대체 무슨 내용이었는지 다윗은 우리에게 말하지 않았습니다. 우리가 예리하게 추측해 볼 수는 있지만 그 정확한 내용은 오직 다윗과 하나님만이 아시는 완전한 비밀입니다.

무화과나무와 관련된 사실을 우리는 알 수 없지만 그리스도와 나다나엘 사이에 있는 일반적인 지식이었습니다. 따라서 우리 주님께서 그 신성한 장소를 언급하신 순간, 그곳에 대한 나다나엘의 추억은 아주 은밀하고 성스러운 것이었기 때문에 모든 것을 다 아시는 분이 자기 앞에 계시다는 것을 그는 깨달았습니다. 잠시도 의심할 수 없는 증거가 바로 눈앞에 있었습니다. 왜냐하면 나다나엘이 아무에게도 한 번도 말하지 않은 자신의 은밀하고 특별한 비밀이 신비한 기적에 의한 것처럼 드러났기 때문입니다. 그의 일기에 붉은 글자로 표시된 날짜가 무화과나무에 대한 언급으로 말미암아 되살아났습니다. 그리고 그의 영혼속에 감추어진 원기를 촉진시킬 수 있는 분은 틀림없이 하나님의 아들임에 분명합니다.

그런데 추측해보건대 나다나엘이 무화과나무 아래서 과연 무엇을 하였을까요? 동양의 경건한 사람들이 특별한 기도처를 마련하였던 것으로 보아 무화과나무 그늘은 아마도 나다나엘이 기도를 드리곤 했던 곳이었을 것입니다. 아마도 빌립이 찾기 전에 나다나엘은 이곳에서 혼자서 죄를 고백하였을 것입니다. 그는 동산을 둘러보고 아무도 들어오지 못하도록 대문을 잠근 후, 무화과나무 그늘 아래서 자기 하나님의 귀에 대고 하기 어려운 고백을 쏟아내었습니다. 그리스도께서 "네가 무화과나무 아래에 있을 때에"라고 말씀하셨을 때, 나다나엘은 자신의 상하고 깊이 뉘우치는 마음을 얼마나 쏟아내었는지, 그리고 오직 하나님만이 아시는 모든 죄를 얼마나 간절히 고백하였는지 그때의 그 장면이 떠올랐습니다. 그리스도를 뵘으로써 그가 드렸던 죄의 고백이 떠올랐을 것이며, 주님의 말씀과 주님의 모습이 함께 교차하면서 "나는 너의 비밀한 짐을 알고 있고, 네가 그 짐을 주님께 내려놓고 평안을 얻은 줄 알고 있노라"고 말씀하시는 것처럼 느껴졌을 것입니다. 따라서 그 순간 예수님이 바로 이스라엘의 하나님이 틀림없다는 사실을 그는 느꼈습니다.

죄의 고백과 아울러 그는 무화과나무 아래서 자신의 마음을 깊이 성찰하였을 것입니다. 의로운 사람들은 대체로 자신의 죄를 고백하면서 자신을 성찰합니다. 그는 간사한 것이 없는 사람이었기에 자신의 본성의 성향을 살펴보고, 자신의 타락한 본성의 깊고 깊은 근원을 놀라움으로 바라볼 수 있었을 것입니다. 그는 마치 에스겔이 우상의 방을 돌아다니며 이스라엘의 죄를 목격한 것처럼 자신의 마음속에 있는 우상들을 보고, 그가 우상의 방에 있는 것보다 더 혐오스러운 자신의 추행을 보았을 것이며, 주님 앞에서 낮아졌을 것입니다. 그리고 그 무화과나무 아래서 그는 욥처럼 부르짖었을 것입니다. "티끌과 재 가운데에서 회개하나이다"(욥 42:6). 이러한 모습을 예수님께서 보셨던 것입니다.

또한 무화과나무 아래서 나다나엘은 매우 간절히 기도하였습니다. 야곱이 브니엘에서 날이 새도록 씨름하면서 이전에 약속하신 것을 이루어달라고 하나님께 간구하였던 것처럼, 나다나엘은 무화과나무 아래서 이방인들에게 빛이 되시고 자기 백성 이스라엘에게 영광이 되실 약속된 메시아를 보내달라고 간구했을 것입니다. 무화과나무는 그에게 하나님의 집이요 천국의 문인 벧엘과 같은 곳이었습니다.

나다나엘은 무화과나무 아래서 기도할 뿐만 아니라 엄숙한 서원을 하였다고 제안한다면 어떨까요? 여호와께서 임하셔서 어떤 표적과 유익한 표시를 보여 주신다면 자기가 여호와의 것이 될 것이며, 주님을 위해 바쳐질 것이라고 말입니다. 또한 여호와께서 메시아를 보내신다면, 자기가 제일 먼저 제자가 될 것이라고 말입니다. 여호와께서 천사나 기타 다른 방법으로 자기에게 말씀하신다면, 자기는 그 목소리에 순종하겠다고 말합니다. 그런데 예수님께서 천사들이 오르락내리락하는 것을 그가 보게 되리라고 그에게 말씀하십니다. 그리고 나다나엘이 엄숙하게 서원한 바로 그 메시아라고 자신을 밝히십니다. 이러한 제안은 아마 가능할 것입니다.

또한 무화과나무 아래서 나다나엘은 자기 하나님과 가장 달콤한 교제를 즐겼습니다. 사랑하는 친구들이여, 여러분은 어떤 신성한 장소들이 생각나지 않습니까? 나는 살아오면서 너무나 신성하여서 말로 표현할 수 없는 한두 가지 장소를 가지고 있습니다. 온 세상을 잊어버린다 해도 그 장소들은 언제나 내 기억 속에서 생생하게 살아 있을 것입니다. 그곳은 예수 나의 주님께서 나를 만나주시고 나에게 그의 사랑을 보여 주신 참으로 거룩한 곳입니다. 주님께서 석류로 빚은 향기로운 술을 꺼내주신 특별한 축제를 우리는 때때로 기억합니다. 그때에 우리의 기쁨이 너무 커서 연약한 몸으로는 감당할 수 없을 정도였으며, 우리의 기쁜 심령은 칼집에 있는 칼처럼 가만히 앉아 있을 수 없었습니다. 아, 진실로 주님은 그의 사랑의 불 가운데서 우리에게 세례를 베푸셨으며, 따라서 우리는 그 은밀한 장소들, 그런 소중한 일들을 영원히 기억할 것입니다. 그러므로 무화과나무 아래는 그리스도와 나다나엘 사이에 은밀한 표시였습니다. 이로써 그 제자는 그의 거룩하신 친구요 미래의 선생님과 주님을 알아보았습니다. 그가 전에는 영적으로 메시아를 만났으나 이제는 혈과 육으로 만나고 있으며, 이 신호로써 그는 메시아를 알아보고 있습니다.

이와 같이 나다나엘이 실제로 예수님을 믿는 신자가 되기도 전에 주님께서는 그가 행하던 일 가운데서 그를 보셨다는 사실을 우리는 깨닫습니다. 이러한 사실을 통해 우리가 알 수 있는 진리가 있습니다. 여러분이 의로워지고 진리를 깨닫게 되기를 간절히 열망해 왔다면, 그러한 열망과 갈망을 하고 있는 여러분 각자를 주님께서 이미 알고 계시다는 사실입니다. 여러분이 말씀을 깨닫지 못하여 눈물 흘릴 때 예수님은 그 눈물을 보셨습니다. 여러분이 심령의 만족을 얻지 못하여 탄식할 때 예수님은 그 탄식하는 소리를 들으셨습니다. 진실한 마음으로 그리스도를 찾을 때 그리스도는 반드시 그 마음을 아십니다. 그리스도는 그 마음을 너무나 잘 아십니다. 왜냐하면 주님을 향해 떨리는 마음의 그 모든 떨림이 바로 주님의 사랑으로 말미암기 때문입니다.

주님께서 끈으로 여러분을 둘러싸고 있다는 사실을 여러분은 감지하지 못하겠지만 주님은 여러분을 끌어당기고 계십니다. 주님은 여러분의 마음을 끌어당기시는 숨겨진 천연자석이십니다. 이 진리는 아직 어둠 속에 있지만 간절히 빛을 찾는 모든 자들에게 넘치는 위로가 됩니다. 목사가 여러분에게 설교하기 전, 곧 여러분이 무화과나무 아래 있을 때, 침대 곁에 있을 때, 골방에 있을 때, 톱질 구덩이에 내려가 있을 때, 건초 두는 곳에 있을 때, 울타리 뒤편 들판을 거닐고 있을 때, 예수님은 여러분을 보셨습니다. 예수님은 여러분의 열망을 아셨고, 여러분의 갈망을 읽으셨으며, 여러분의 사정을 철저하게 간파하셨습니다.

지금까지 우리는 나다나엘이 그리스도를 뵌 일과 그리스도께서 나다나엘을 보신 일을 살펴보았습니다. 이제 네 번째 대지는 나다나엘의 믿음입니다.

나는 이러한 제목 하에 다시금 똑같은 근거를 자세히 살펴보겠습니다. 그의 신앙의 근거가 무엇이었는가를 주목하십시오. 나다나엘은 예수님을 메시아로 기쁘게 영접하였는데, 그가 예수님을 영접한 근거는 이런 것이었습니다. 예수님은 나다나엘에게 그의 생애에 특별한 사건을 언급하셨습니다. 그 사건은 전능하신 하나님 외에는 아무도 알 수 없는 것이라고 그는 확신하였습니다. 이에 근거하여 그는 예수님께서 전능하신 하나님이라고 결론을 내렸고, 예수님을 즉시 자신의 왕으로 영접하였습니다. 이는 흔히 사람들이 그리스도를 믿게 되는 그런 모습이었습니다. 똑같은 상황이 같은 복음서에서 몇 장 뒤에 기록되어 있습니다.

주님은 우물가에 앉아서 사마리아 여인과 대화하셨습니다. 그녀에게 아무런 느낌도 없다가 주님께서 "너에게 남편 다섯이 있었고 지금 있는 자도 네 남편이 아니라"(요 4:18)고 말씀하시자 달라졌습니다. 그때에 "이 낯선 사람이 나의 개인적인 역사를 훤히 알다니. 그는 예사로운 인물이 아니야. 그는 위대하신 선지자야"라는 생각이 문득 들었습니다. 그녀는 동네로 달려가서 자기 마음속에 있는 것을 입으로 말하였습니다. "내가 행한 모든 일을 내게 말한 사람을 와서 보라. 이는 그리스도가 아니냐?"(요 4:29)

삭개오도 같은 경우였습니다. 그러나 이러한 형태의 회개는 주님께서 육체로 계시던 날, 곧 기적의 시대에만 있었던 것이라고 여러분은 생각하겠지만 사실은 그렇지 않습니다. 사실 오늘날에도 복음을 통한 마음의 생각에 대한 발견이 성령께서 사람들로 하여금 복음의 진리를 믿게 하시는 유력한 방법입니다. 나는 구도자들이 자주 다음과 같이 말하는 소리를 들었습니다. "목사님, 그 설교가 꼭 나를 위해 준비된 것처럼 느껴졌습니다. 누군가 나에 대하여 설교자에게 틀림없이 말했다고 느낄 정도로 내 사정과 꼭 맞는 말씀들이었습니다. 그리고 하나님 외에는 그런 생각들을 아무도 알 수 없다고 내가 확신할 정도로 그 말씀과 교훈들은 나의 은밀한 생각을 아주 자세하게 설명하였습니다. 그래서 나는 하나님께서 복음을 통해 내 영혼에게 말씀하고 계시다는 사실을 깨닫게 되었습니다."

그렇습니다, 이런 일은 언제나 있을 것입니다. 복음은 은밀한 일을 낱낱이 드러냅니다. 복음은 마음의 생각과 뜻을 감찰합니다. 예수 그리스도는 복음 안에서 여러분의 죄에 대한 모든 것, 여러분이 추구하는 모든 것, 여러분이 닥치는 모든 어려움을 아십니다. 바로 이러한 것 때문에 복음은 신성한 것이라고 여러분이 믿게 되는 것입니다. 왜냐하면 복음의 가르침이 마음을 폭로하고, 또한 복음이 영적인 모든 질병을 치료하기 때문입니다. 복음의 아주 짧은 구절에 나타난 인간 본성에 대한 지식은 플라톤이나 소크라테스의 작품들보다 더 심오합니다. 복음은 꼬불꼬불하고 비틀어져 있는 타락한 상태의 인간본성을 마치 실마리처럼 꿰뚫고 있습니다. 오, 복음의 소리가 여러분에게 직접적으로 가슴에 사무칠 수 있기를 바랍니다. 성령으로 말미암아 여러분이 죄, 의, 심판에 대하여 확신하고, 영생을 얻을 수 있게 되기를 축원합니다.

나다나엘의 믿음은 그 근거뿐만 아니라 명석하고 이해가 빨랐다는 면에서 독특하였다고 말씀드리지 않을 수 없습니다. 그는 예수님을 하나님의 아들로 즉시 영접하였습니다. 예수님은 그에게 신성을 가지신 분이셨으며, 그래서 그는 예수님을 경배하였습니다. 그는 또한 예수님을 이스라엘의 왕으로 모셨습니다. 예수님은 그에게 왕이었으며, 그래서 그는 예수님에게 경의를 표하였습니다. 여러분과 제가 예수 그리스도를 이런 식으로 모시기를 바랍니다. 예수님은 참사람이신 동시에 참하나님이십니다. 예수님은 멸시받고 버림당한 사람인 동시에 형제들 위에 기름 부음을 받으신 메시아로서 만왕의 왕, 만주의 주가 되십니다.

나는 다시금 나다나엘의 믿음에 감탄합니다. 왜냐하면 그의 믿음은 기민하고 스스럼없고 과단성 있는 것이었기 때문입니다. 그리스도는 과단성 있고 기민한 이런 믿음으로 말미암아 영광을 받으셨습니다. 그리스도를 믿기를 지체하는 것은 그를 모욕하는 일입니다. 정직한 심령, 신실한 마음이여, 여러분에게 부탁하건대, 가능한 한 빨리 참된 믿음의 빛과 자유 가운데로 나오십시오. 한결같이 복되신 임마누엘의 속죄희생과 거룩한 인격 안에서 여러분이 성령의 감동을 받아 즉시 만족을 얻을 수 있기를 축원합니다.

이제 마지막 대지입니다. 나다나엘의 이후의 발견(AFTER-SIGHT)을 살펴봅시다.

어떤 이들은 예수님을 믿기 전에 기독교 안에 있는 모든 내용을 보고자 합니다. 말하자면 그들은 초등학교에 가기도 전에 대학교 수준의 떠들썩한 요구를 하는 것입니다. 많은 사람들이 요한복음 3장을 읽기도 전에 로마서 9장을 알고자 합니다. 그들 모두는 "믿으면 살리라"는 단순한 기초를 이해하기도 전에 커다란 신비를 깨달으려고 합니다. 하지만 지혜로운 사람들, 그리고 나다나엘과 같은 사람들, 말하자면 그리스도께서 하나님의 아들이시요 이스라엘의 왕이시라는 그런 사실부터 흔쾌히 믿는 사람들은 갈수록 더 많은 것을 알게 될 것입니다.

우리 주님의 말씀을 읽어보십시오. "이보다 더 큰 일을 보리라. 또 이르시되, 진실로 진실로 너희에게 이르노니 하늘이 열리고 하나님의 사자들이 인자 위에 오르락 내리락 하는 것을 보리라 하시니라." 성숙한 제자들에게 예수님은 "이보다 더 큰 일을 하리라"고 약속하셨습니다. 그리고 방금 회개한 자들에게 예수님은 "이보다 더 큰 일을 보리라"고 약속하셨습니다. 예수님은 우리가 받을 수 있는 능력에 맞게 약속하십니다. 나다나엘에게 주신 약속은 그에게 가장 알맞은 것이었습니다. 그는 참으로 이스라엘 사람이었습니다. 그러므로 그는 이스라엘의 꿈을 꿀 것입니다.

이스라엘 곧 야곱이 꿈 속에서 보았던 그 큰 광경이 무엇이었습니까? 그는 천사들이 오르락내리락하는 사다리를 보았습니다. 정확히 바로 이 사다리를 나다나엘이 볼 것입니다. 그는 예수 그리스도를 보되 열린 하늘과 축복받은 땅을 이어주는 중보자로서 볼 것이며, 그 인자 위에 천사들이 오르락내리락하는 것을 보게 될 것입니다. 여러분이 이스라엘의 인격을 가진다면 여러분은 이스라엘의 특권을 누리게 될 것입니다. 여러분이 참으로 이스라엘 사람이라면 여러분은 이스라엘을 기쁘게 만든 그 은총을 받을 것입니다.

나다나엘은 예수님을 하나님의 아들로 모셨습니다. 여기서 그는 영광을 받으시는 인자(人子, 사람의 아들)를 볼 것이라는 말씀을 듣습니다. 본장의 마지막 말씀을 주목하십시오. 이 말씀은 그리스도께서 겸손하게 자신을 인자라고 부르셨다는 의미보다 — 물론 이것도 사실이지만 — 더 큰 의미가 있습니다. 하나님이신 그리스도의 영광을 본다는 것은 간단한 일이지만, 사람이신 그리스도의 영광을 보고 이해한다는 것은 믿음의 시각이 필요한 일입니다. 그리고 아마도 주님의 재림의 날에 이러한 믿음의 시각이 꼭 있어야 할 것인데, 이는 재림의 때에 우리의 분별력이 요구되기 때문입니다.

골고다에서 고난당하신 바로 그분, 백보좌에서 산 자와 죽은 자를 심판하시는 바로 그분이 나타나실 때, 여러분이 예수님을 하나님의 아들로 믿는다면, 우주의 홀을 잡고 통치하시며 온 땅의 왕으로 위에 오르신 인자의 영광을 여러분은 보게 될 것입니다. 나다나엘은 예수님을 이스라엘의 임금이라고 불렀습니다. 그런데 이제 그는 천사들의 왕이신 주님을 볼 것이며, 하나님의 천사들이 그 위에 오르락내리락하는 것을 보게 될 것입니다.

나의 소중한 형제들이여, 여러분이 그리스도를 알고 있는 한 그를 믿으세요. 그리하면 여러분은 그리스도를 더 많이 알게 될 것입니다. 여러분의 눈을 열어 율법의 촛불을 바라보십시오. 그리하면 여러분은 조만간 복음의 햇빛을 보게 될 것입니다. 주님은 매우 은혜로우셔서 "무릇 있는 자는 받아 풍족하게 되리라"(마 25:29)는 복음의 규칙을 이루어 주십니다. 여러분이 이스라엘의 왕을 인정하면, 천사장들이 그 앞에서 얼굴을 가리고 스랍들이 섬기는 만군의 여호와이신 주님을 뵙게 될 것입니다.

내가 생각하기에, 나다나엘이 믿음의 결과로 얻은 위대한 발견은 변화하신 주님의 모습, 또는 어떤 사람들의 생각처럼 주님의 승천하시는 모습을 본 것이 아니었습니다. 그 위대한 발견이란 하늘과 땅을 연결시켜 주시는 그리스도의 중보의 능력을 영적으로 본 것이었습니다. 이는 참으로 다른 모든 사람들을 능가하는 발견입니다. 오 심령이여, 그대는 이런 발견을 할 수 없나요? 여러분이 발견한다면 그 발견으로 인해 기뻐하게 될 것입니다. 여러분은 이제 추방되지 않습니다. 오히려 여러분은 아버지 집의 윗층 다락방으로 연결된 계단 앞에 서 있습니다. 여러분의 하나님은 위에 계시며, 밝은 영혼들은 중보자의 인격이라는 열린 통로를 끊임없이 통과하여 아버지께로 나아갑니다.

의심할 여지 없이 나다나엘이 보는 앞에서 이 약속은 이루어지고야 말 것인데, 이는 하나님의 섭리를 그리스도 예수께서 주관하신다고 그가 인정하였기 때문입니다. 그리고 그리스도 예수께서는 교회의 유익을 위하여 만물을 다스리시는 분이기 때문입니다. 천사들이 인자 위에 오르락내리락하리라는 비유 가운데 말하자면, 생명체든 물질이든 모든 요인들, 율법과 그리스도의 통치 하에 있는 모든 것들이 이미 계획되어 있는 것입니다. 따라서 "하나님을 사랑하는 자 곧 그의 뜻대로 부르심을 입은 자들에게는 모든 것이 합력하여 선을 이루느니라"(롬 8:28)는 말씀이 성립되는 것입니다. 사람들은 고국에 대하여 안달이 나서 이렇게 말합니다. "지금 새로운 교리들이 생기고 있고 우리 조상들이 알지 못했던 새로운 신들이 출현하고 있습니다. 성직자들이 믿음에서 떠나고 있으며, 악한 날이 교회에 도래하였습니다. 이제 가톨릭교가 몰려오며 그에 따라 불신앙도 함께 몰려오고 있어요." 이 모든 말이 사실이기는 하지만, 하나님께서 의도하신 위대한 목적을 이루는데는 이러한 것이 조금도 문제가 되지 않습니다. 하나님은 악어의 입에다 재갈을 물리시며, 가장 강한 대적들에게 당신의 뜻대로 행하실 수 있습니다. 하나님은 그룹 날개를 타고 다니시며, 폭풍을 다스리십니다. 구름은 그의 발에 낀 먼지에 불과 합니다. 섭리가 혼란에 빠졌다는 말을 절대로 믿지 마십시오. 이 거대한 엔진의 바퀴는 어떤 때는 이리로 어떤 때는 저리로 회전하지만, 그 결과는 확실하게 나타날 것입니다. 왜냐하면 예능인은 최종적인 결과가 확실하다는 것을 알고 있기 때문입니다. 하나님의 영광은 모든 것으로부터 드러날 것입니다. 천사들이 내려오나 올라가나 똑같이 하나님의 뜻을 행할 것입니다. 어떤 일들은 불행이나 심지어 큰 재난처럼 보이기도 합니다. 그러나 결국 이 모든 것들이 최선을 위한 과정이었다는 사실이 입증될 것입니다. 왜냐하면 하나님은 이런 분이시기 때문입니다.

악하게 보이는 것으로부터
선을 끌어내시며
무한한 과정 속에서
점점 더 좋아지게 하시네

형제들과 구별되신 주께서 머리에 면류관을 쓰시고, 모든 영광이 그의 보좌 앞에서 파도소리처럼 크게 울려 퍼질 때까지, 저와 여러분이 끊임없이 이 위대한 광경을 점점 더 분명하게 목도할 수 있습니다. 주님께서 호령과 천사장의 나팔소리와 하나님의 음성과 함께 하늘로부터 강림하실 때까지, 그리고 한 순간에 하늘과 땅이 뒤섞이는 것을 우리가 볼 때까지, 우리는 끊임없이 인자 위에 천사들이 오르락내리락하는 것을 계속 볼 수 있습니다. 이 비길 데 없는 모든 영광은 우리가 처음 구세주를 보았던 그 조그만 창을 통해 우리에게 임할 것입니다. 모든 미래를 볼 수 있을 때까지 우리가 예수님을 주님으로 바라보지 않는다면, 우리는 어둠 속에서 망하고 말 것입니다. 여러분이 믿지 않고 굳건히 서지 못한다면, 여러분은 망하고 말 것입니다. 하지만 순진하고 진실한 마음을 가지고 예수님을 찾고 그 앞에 나와 주님, 이스라엘의 왕으로 영접한다면, 이보다 더 큰 일들이 여러분을 위해 마련될 것입니다. 그때에 여러분의 눈은 왕의 아름다움과 저 멀리 있는 땅, 그리고 주께서 강림하시는 날을 볼 것입니다. 그때는 왕께서 자기 땅에 오셔서 다윗의 아들의 머리에 면류관이 씌워지는 날이기 때문에 하늘과 땅이 넘치는 기쁨으로 깃발을 펄럭일 것입니다. 여러분이 그때에 이런 광경을 목도할 것이며, 이 모든 것을 볼 것입니다. 왜냐하면 주님께서 계시는 곳에 여러분도 있을 것이기 때문입니다. 그러므로 여러분은 주님의 영광, 곧 아버지께서 세상의 기초를 세우시기 전에 아들에게 주신 바로 그 영광을 보게 될 것입니다.

# 7

# 도마
---
나의 주 나의 하나님

"도마가 대답하여 이르되, 나의 주님이시요 나의 하나님이시니이다"(요 20:28).

예수께서 부활하신 후 첫 번째 주의 날에 사도들이 모였을 때, 도마는 열한 사도들 가운데 그 자리에 있지 않았던 유일한 제자였습니다. 두 번째 주의 날에 도마는 모인 자리에 함께 있었으며, 열한 사도들 중에서 의심하는 유일한 제자였습니다. 도마가 결석하였기 때문에 얼마나 많이 의심하게 되었는지 나는 말할 수 없습니다. 하지만 만일 그가 처음에 그 자리에 있었더라면, 다른 열 명의 제자들처럼 같은 체험을 하고 기뻐하였을 것이며, 다른 제자들처럼 "우리가 주님을 보았노라"고 말하였을 가능성이 매우 높습니다.

어떤 이들의 습관처럼 우리가 함께 모이는 것을 폐하지 맙시다. 왜냐하면 우리가 모이는 것을 폐할 때 얼마나 큰 손실을 입을 수 있는지 말로 다할 수 없기 때문입니다. 우리 주님께서 막달라 마리아에게 하셨던 것처럼 혼자 있는 개인들에게 자신을 나타내 보이시기도 하지만, 주님은 일반적으로 두세 사람이 모인 곳에서 자신을 보여 주시며, 그의 종들이 모인 곳에 임하시기를 가장 크게 기뻐하십니다. 주님은 자기 백성들 가운데 서서 "너희에게 평강이 있을지어다"라고 말씀하시기를 가장 좋아하시는 것 같습니다. 같은 신자들끼리 모이는 것을 게을리 하지 맙시다. 나로서는 하나님의 백성들의 모임을 언제든지 소중하게 여길 것입니다. 예수님께서 자주 찾아오시는 곳에 나 또한 있을 것입니다.

> 생명 또는 호흡이 있는 한
> 나의 영혼이 항상 시온을 갈망하나이다
> 나의 가장 좋은 친구들, 나의 식솔들이
> 그곳에 거하나이다
> 그곳에서 나의 구주 하나님께서 통치하시나이다

여러분 모두가 진심으로 이와 같이 말할 수 있으리라는 것을 나는 알고 있습니다.

두 번째 모임에 도마는 참석하였습니다. 그때에 그는 열한 명의 제자들 가운데 의심으로 난처한 입장이 된 유일한 사람이었습니다. 십자가에서 못 박히시고 그 옆구리를 찔리신 주 예수님께서 실제로 죽은 자 가운데서 다시 살아나신다는 것을 그는 상상도 할 수 없었습니다. 그런 도마를 묵묵히 지켜보신 주님의 오래 참으심을 기쁜 마음으로 살펴봅시다. 다른 제자들도 모두 의심하였습니다. 그리고 주님은 그들의 불신앙과 완고한 마음을 부드럽게 책망하셨습니다. 하지만 도마는 형제들의 열 번의 증거를 믿지 않았습니다. 그 하나하나의 증거가 모두 무조건 믿을 만한 것임에도 불구하고 말입니다.

주께서 자신이 십자가에 달리셨다가 죽은 자 가운데서 다시 살아나리라고 제자들에게 분명하게 말씀하신 예언에 따라 그들은 부활을 기대했어야 마땅합니다. 하지만 그들이 부활을 기대하지 못한 만큼 그들은 책망 받아 마땅합니다. 그렇다면 주님의 분명한 말씀과 더불어 주님을 실제로 보았다는 열 명의 동료들의 증거를 받은 이 사람에 대하여 우리가 뭐라 말하겠습니까? 그런데도 한 명의 의심하는 자, 곧 완강히 의심하는 이 회의론자는 자신이 믿어야 하는 타당성에 대하여 엄중한 필요조건을 요구하였습니다.

주께서 그의 완고함으로 인해 화를 내시지 않을까요? 그러나 예수님께서 얼마나 많이 참으시는지 보십시오! 우리가 예수님의 입장이라면, 우리가 사람들을 위해 죽었다가 무덤 문을 열고 그들을 위해 다시 살아났다면, 그들이 우리가 행한 일을 믿기를 거절할 때 크게 슬퍼하고 얼마간 화를 내고 말았을 것입니다. 하지만 우리 주님은 그런 모습을 조금도 보이지 않으십니다. 주님은 양육하는 아버지처럼 그들을 부드럽게 대하십니다. 주님은 그들의 불신을 꾸짖으셨습니다. 왜냐하면 그들을 위해 꾸짖을 필요가 있었기 때문입니다. 하지만 주님은 마음의 분함을 나타내지 않으셨습니다. 특별히 도마의 경우 주님은 그에게 아주 부드럽게 대하시며, 먼저 말을 거셨습니다.

만일 조잡하고 유물론적인 증거를 보지 않고는 도마가 믿지 못한다면, 주님은 그에게 그러한 증거를 보여 주실 것입니다. 만일 도마가 주님의 못 자국에 그의 손가락을 넣어보아야만 믿는다면 주님은 그 손가락을 넣어보도록 허락하실 것입니다. 만일 그 손을 주님의 옆구리에 난 상처에 넣어보아야만 믿는다면, 주님은 그렇게 하라고 허락하실 것입니다. 우리가 믿지 않는다면, 이는 주님의 잘못이 아닙니다. 왜냐하면 주님은 우리의 눈높이에 맞추어 우리에게 믿음을 가르쳐 주시기 때문입니다. 때로는 우리가 요구할 권한이 없는 것까지도 우리의 요구를 들어주시며, 우리가 기대할 이유가 없는 것까지도 우리의 기대에 만족을 주시며, 심지어 우리의 죄악에서 비롯된 열망까지도 응해 주십니다. 주님은 신분이 낮은 사람들의 눈높이에 자신을 낮추십니다. 소자 하나라도 멸망당하는 것은 주님의 뜻이 아닙니다. 따라서 주님은 그들에게 아주 치명적인 불신을 내쫓아 버리십니다.

우리 주님께서 그날 도마를 돌이키시고 많은 어려움을 무릅쓰고서라도 그를 믿지 않는 상태에서 건지신 특별한 이유가 있었습니다. 그 이유는 분명한데, 첫째, 주님의 부활의 사실에 대하여 능력 있는 증인으로 도마를 세우시기 위함이었습니다. 여기에 속지 않기로 단단히 마음먹은 사람이 있습니까? 그 사람에게 와서 자신이 택한 방법으로 시험해 보게 하십시오. 우리 주님의 부활을 믿고 싶어하던 사람들이 그런 사실을 증거하였다고 여러분이 말한다면, 그런 말은 완전히 잘못된 것이라고 나는 대답하겠습니다. 그 증인들 가운데 단 한 명도 죽은 자 가운데서 다시 살아나리라고 하신 주님의 예언의 의미를 몰랐습니다. 그들은 부활의 개념을 파악하기조차 어려웠습니다.

도마 안에서 우리는 특별히 믿기 힘들었던 한 사람을 만납니다. 수년 동안 가깝게 지낸 열 명의 친구들에게 거짓말쟁이라고 책망할 만큼 그는 완고한 사람이었습니다. 자, 내가 멋진 진술을 해야 한다면, 나는 아주 신중하고 조심성 있다고 알려진 한 사람을 증인석에 세울 것입니다. 처음에는 의심이 많고 비판적이었으나 나중에는 놀라운 증거로 말미암아 결국 믿을 수밖에 없게 되었던 그런 사람이면 더욱 좋겠습니다. 그런 사람은 도마가 "나의 주님이시요 나의 하나님이시니이다"라고 외쳤던 것처럼 강한 확신을 가지고 증거할 것이라고 나는 확신합니다. 냉정하고, 시험을 잘하며, 신중하고, 비판적인 도마가 절대적인 확실성에 도달한 것이야말로 주님께서 부활하신 사실을 다른 어떤 것보다도 가장 잘 증거하는 것입니다.

또한 내가 생각하기에, 우리 주님께서 도마를 직접 대면하신 이유는 아버지께서 자기에게 주신 자들 중에 단 한 명이라도 빼앗기지 아니하리라는 사실을 우리에게 보여 주시고자 하셨기 때문일 것입니다. 선한 목자는 아흔아홉 마리 양을 놔두고 길 잃은 한 마리 양을 찾아 나섭니다. 도마가 제일 믿지 않았기에 그는 가장 큰 관심을 받아야 했습니다. 저와 여러분은 이렇게 말했을지 모릅니다. "도마가 믿지 않는다면, 우리는 그를 내버려둡시다. 그는 한 사람에 불과한데, 그의 증거 없이도 우리는 해낼 수 있어요. 우리가 한 사람을 영원히 찾을 수는 없습니다. 그를 내버려두세요." 우리는 그렇게 하였을 것입니다. 그러나 예수님은 그렇게 하지 않으실 것입니다. 우리의 선하신 목자는 한 사람 한 사람을 돌보시며, 이러한 사실이 우리에게 위로를 줍니다. 한 마리의 양을 버린다면, 양 떼 전체를 어찌 버리지 않겠습니까? 또한 마찬가지로 하나가 돌봄을 받는다면 모두가 돌봄을 받을 것입니다. 본문에서 우리 주님은 뒤에 처져 있는 사람들을 자비로 돌보아 주신다는 사실을 우리에게 보여 주고 계십니다.

이제 도마의 외침을 고찰해 봅시다. "나의 주님이시요 나의 하나님이시니이다." 이는 우리 주 예수 그리스도의 참된 신성을 분명하게, 그리고 마음으로부터 고백하는 외침입니다.

이는 예수님께서 참으로 하나님이요 주님이시라고 확실하게 그리고 독단적으로 주장하기를 원하는 그런 사람의 말입니다. 다윗은 여호와를 가리켜 "나의 왕, 나의 하나님, 만군의 여호와여"(시 84:3)라고 말하였고, 또 다른 곳(시 35:23)에서는 "나의 하나님, 나의 주여"라고 말한 것을 볼 수 있습니다. 도마는 이러한 표현들을 익히 알고 있었습니다. 그리고 이스라엘 사람으로서 그는 어떠한 사람에게도 이러한 표현을 사용하지 않았습니다. 왜냐하면 그들은 하나님이 아니라 믿었기 때문입니다. 그런 면에서 부활하신 주님을 "나의 주님이시요 나의 하나님이시니이다"라고 말한 것으로 볼 때, 그가 우리 주님을 하나님으로 믿은 것이 분명합니다. 이러한 표현이 잘못이었다면 주 예수님께서 그를 책망하셨을 것입니다. 왜냐하면 주님은 단순한 사람을 하나님으로 경배하는 죄를 계속 범하도록 그를 방치하지 않았을 것이기 때문입니다. 바울과 바나바가 루스드라에서 그 지역 사람들이 자기들에게 제사를 드리려고 하자 옷을 찢었던 때의 그 느낌을 우리는 가져야 할 것입니다. 설령 "하나님과 동등됨을 취할 것으로 여기지 아니한"(빌 2:6) 그런 성품을 지니지 않으셨더라도 사람이 "나의 주님이시요 나의 하나님이시니이다"라고 칭해지고 그렇게 경배를 받는다는 생각에 대하여 거룩하신 예수님께서 얼마나 큰 반감을 가지시겠습니까! 완전하신 예수님은 신성한 경배를 받으셨고, 그러므로 도마의 경배는 마땅한 것이었다고 우리는 확신합니다. 그러므로 우리도 잠시 여기서 주님께 그와 같은 경배를 드립니다.

예수님께서 틀림없이 자기의 주님이시요 자기의 하나님이시라고 도마가 마음속으로 크게 깨달았을 때 그가 받은 거룩한 놀라움을 경건하게 표현한 것이 바로 이 외침이라고 나는 생각합니다. 자기가 메시아로 생각한 이 위엄 있는 분이 또한 하나님이시라는 그런 생각을 하게 되었습니다. 자신 앞에 서 계시는 그 사람이 인간 이상의 분이시며, 틀림없이 하나님이시라고 그는 알았으며, 이런 사실에 너무 놀라 떨리는 목소리로 외쳤습니다.

그는 마치 교리를 낭독하듯이 "당신은 나의 주님입니다. 그리고 당신은 나의 하나님입니다"라고 말한 것이 아니었습니다. 그는 경배하는 자세로 띄엄띄엄 말하면서 무아경 속에서 "나의 주님이시요 나의 하나님이시니이다"라고 외친 것입니다. 하기야, 몇 년 전에 그가 이런 사실을 알고, 또 알았어야 합니다. 예수님께서 바다 위를 걸으셨을 때, 바람을 잠잠하게 하시고 풍랑을 고요하라고 명하셨을 때 도마는 그 자리에 없었나요? 소경의 눈을 뜨게 하시고 귀머거리의 귀를 열어 주신 예수님의 모습을 그는 보지 못했나요? 그때에는 어찌하여 "나의 주님이시요 나의 하나님이시니이다"라고 외치지 않았습니까?

도마는 배우는 게 느렸습니다. 그래서 빌립에게 "내가 이렇게 오래 너희와 함께 있으되 네가 나를 알지 못하느냐?"(요 14:9)고 말씀하셨듯이 도마에게도 똑같이 말씀하셨을 것입니다. 이제야 그는 자기의 주님을 알아봅니다. 깜짝 놀랄 정도로 그의 깨달음은 그에게는 아주 굉장한 것이었습니다. 도마가 그 모임에 온 것은 그의 형제들에게 찾아온 사람이 골고다에서 죽으신 바로 그 사람인가를 알아보기 위해서였습니다. 그러나 이제는 그 본래의 의문을 잊어버린 것같이 보입니다. 그 모습은 해답을 얻은 그 이상의 모습이었으며, 의문은 그쳤습니다. 증거의 홍수에 밀려 훨씬 더 많이 떠내려가서 예수님의 신성에 대한 확신 가운데 상륙하였습니다. 그는 주님의 상처 난 몸에서 내재된 신성을 발견하였고, 그런 확신을 뛰어넘어 바로 예수님이 하나님이시라는 확신에 이르렀습니다. 그 결과 떨리는 목소리로 두 배나 확신하면서 "나의 주님이시요 나의 하나님이시니이다"라고 외쳤던 것입니다.

여러분 모두가 도마와 같기를 나는 진실로 바랍니다! 우리도 놀라며 경배합시다! 그는 머리 둘 곳이 없으셨고, 채찍에 맞으시며 침 뱉음을 당하시고, 골고다에서 죽으셨지만, 그럼에도 불구하고 그분은 영원히 모든 사람들에게 찬송 받으실 하나님이십니다. 무덤에 묻히신 그분이 지금 살아 계시고 만왕의 왕, 만주의 주로 통치하십니다. 할렐루야! 보십시오. 그는 아버지의 영광을 입고 오셔서 산 자와 죽은 자를 심판하실 것입니다. 여러분의 심령으로 이 진리를 들이마시고 놀라십시오. 하나님의 아들 예수님께서 여러분을 위하여 고난당하시고 피 흘리며 죽으셨는데도, 이러한 사실에 여러분이 조금도 놀라지 않는다면, 여러분이 이 사실을 믿지 않는 것인지, 혹은 그 의미를 충분히 깨닫지 못하고 있는 것인지 염려가 됩니다. 천사들도 놀랍니다. 그런데 여러분이 놀라지 않습니까? 오, 자기의 피로써 우리를 죄에서 건져 주신 그분이 바로 지극히 높으신 하나님의 아들이심을 깨달으심으로써 오늘 이 거룩한 놀라움(holy surprise)을 느껴보십시오.

다음에, 이 외침은 헤아릴 수 없는 기쁨의 표현이었다고 나는 믿습니다. 여러분도 보시다시피 도마는 "주님이시요 하나님이시니이다"라고 말하지 않고, "나의 주님이시요 나의 하나님이시니이다"라고 말하였습니다. 그는 "나의"라는 말을 두 번 사용함으로써 마치 두 손으로 주 예수님을 꼭 붙잡고 있는 것 같습니다. 오, 그 순간에 도마의 눈에서는 기쁨의 빛이 번뜩였습니다! 그의 심장이 얼마나 빨리 뛰었겠습니까! 그는 그 순간과 같은 기쁨을 전에 한 번도 맛보지 못하였습니다. 그는 비록 매우 겸손한 마음을 가지게 되었지만, 그런 겸손 안에는 그의 거룩하신 주님을 뵙고, 상하신 발에서부터 가시면류관을 쓰신 이마에 이르기까지 뚫어지게 바라보았다는 엄청난 만족감이 포함되어 있었고, 이러한 만족감에 "나의 주님이시요 나의 하나님이시니이다"라고 말하였던 것입니다. 이 짤막한 구절 안에는 아가서에서 신부가 "내 사랑하는 자는 내게 속하였고 나는 그에게 속하였도다"(아 2:16)라고 노래한 배우자의 소네트(14행 시)와 비슷한 노래가 숨어 있습니다.

기쁨에 들떠 있는 제자는 마음속의 친구가 자기 앞에 서 계셔서 자신에게 사랑의 빛을 비추시며 그의 마음을 자신에게 밀착시키고 계시는 것을 깨달았습니다. 나는 여러분이 도마처럼 그리스도 안에서 이러한 기쁨을 누리시기를 바랍니다. 지금 여러분 앞에는 예수님께서 서 계십니다. 여러분이 믿음으로 보면 주님의 모습을 볼 수 있습니다. 그리스도 안에서 기뻐하십시오. 언제나 그리스도의 사랑으로 크게 기뻐하십시오. 그리스도는 온통 사랑이시며, 또한 철저하게 여러분을 위해 계십니다. 그는 속성상 무한히 여러분을 사랑하십니다. 그의 인성의 부드러움과 신성의 위엄이 여러분에 대한 사랑 안에 섞여 있습니다. 오 성도들이여, 주님을 사랑하십시오. 왜냐하면 주님은 여러분이 마음으로 사랑할 자격이 있는 분이기 때문입니다. 이 순간 이렇게 외치세요. "나의 주님이시요 나의 하나님이시니이다."

더욱이 도마의 말을 보면 마음의 완전한 변화, 다시 말해서, 진심 어린 회개를 읽을 수 있다고 나는 믿습니다. 도마는 못 자국에 자기 손가락을 넣어보게 해 달라고 주 예수님께 요구하지 않았습니다. 아니, 생각할 것도 없이 모든 의심이 사라졌습니다. 여러분이 본 장을 자세히 살펴보면, 도마가 처음에 제안한 대로 주님의 몸에 손을 대었다는 말을 전혀 찾을 수 없을 것입니다. 도마가 그의 손가락을 못 자국에 넣어보거나 그의 손을 옆구리에 넣어보았는가 아니면 넣어보지 아니했는가 하는 점은 우리가 천국에서 도마를 만나 그에게 물어보기 전에는 영원히 알 수 없을 것입니다. 구세주께서 자신의 몸에 손가락이나 손을 한 번 넣어보라고 명령하신 것으로 해석한다면 도마가 그렇게 했을 것이라는 결론을 내릴 수도 있을 것입니다. 하지만 그렇게 하도록 허락하신 것이라고 해석한다면 도마는 그렇게 하지 않았을 것이라고 나는 생각합니다.

나의 친한 친구에게 본문을 읽어 주고 그 다음에 물었습니다.

"너는 도마가 과연 그의 손을 그리스도의 옆구리에 넣어보았다고 생각하니?"

그는 깊이 생각하고는 차분한 마음으로 이렇게 대답하였습니다.

"나는 그가 그렇게 했다고 생각하지 않아. 주님께서 그에게 말씀하신 후에 그는 움츠러들었을 거야. 그리고 그렇게 한다는 것은 지독한 불신이라고 그는 생각했을 거야."

이러한 대답은 나의 신념과 정확히 일치하였습니다. 내가 만일 도마의 입장이었다면, 주님께서 그런 허락을 하신 사실 때문에 크게 부끄러움을 느끼고 주님께서 무조건 그렇게 해 보라고 명령하지 않는 한 나는 증거를 구하는 어떠한 행동도 전혀 하지 않았을 것이라고 확신합니다. 도마가 우리와 같은 사람이고, 또 그의 결점에도 불구하고 우리 가운데 어떤 이들보다는 훨씬 나은 사람이었다고 판단할 때, 그는 불신으로부터 완전히 돌아서서 그의 손가락을 못 자국에 넣어보지 않고 "나의 주님이시요 나의 하나님이시니이다"라고 외쳤을 것이라고 나는 추측합니다.

구세주께서는 "너는 나를 본 고로 믿었도다"라고 그에게 말씀하셨습니다. 나는 이제 이를 강조하지는 않겠지만, 만일 도마가 참으로 구세주를 만졌다면 구세주께서 아마도 "네가 나를 만져본 고로 믿었도다"라고 말씀하셨을 것입니다. 하지만 주님께서 본 것만을 말씀하신 만큼 도마는 주님을 뵌 것만으로 충분했을 것입니다. 나는 이런 해석을 고집하지는 않지만 이런 해석이 옳다고 생각합니다. 주님을 뵌 것이 도마가 행한 일의 전부라고 결론짓는 것이 타당하다고 생각합니다. 그는 그 이상의 행동을 할 수 없었습니다. 도마는 보고 믿었습니다. 우리는 도마에게서 완전한 감정의 변화를 볼 수 있습니다. 그는 열한 제자들 중에 가장 믿음이 없던 자였으나 이제는 다른 어느 누구보다도 잘 믿는 자가 되어 예수님을 하나님이라고 고백하게 되었습니다.

"나의 주님이시요 나의 하나님이시니이다." 이러한 외침은 또한 간단한 믿음의 고백입니다. 구원받는 자는 누구든지 무엇보다도 도마와 한 마음이 되어 진심으로 "나의 주님이시요 나의 하나님이시니이다"라는 신조를 고백할 것입니다. 아타나시우스 신조를 상세하게 들여다보지는 않겠지만, 그 신조가 기록될 당시에는 그것이 절대적으로 필요했으며, 아리우스파의 둘러대기와 속임수를 저지하는데 실질적으로 큰 도움을 주었다는 사실에는 의심의 여지가 없습니다. 그러나 나는 도마의 이 짧은 신조를 훨씬 더 좋아합니다. 왜냐하면 이는 간단하면서도 힘차고, 완전하면서도 간결하기 때문이며, 또한 믿음을 위태하게 하는 상세한 요인들을 무력화시키기 때문입니다. 이러한 믿음이 필요합니다. 하지만 성령의 가르침을 받지 않는다면 어느 누구도 참으로 그런 믿음을 가질 수 없습니다. 그런 사람은 말은 할 수 있지만 영적인 진리를 받아들일 수는 없습니다. 성령으로 아니하고는 누구든지 예수님을 "주시라" 할 수 없습니다. 그러므로 우리가 주 예수님께 "나의 주님이시요 나의 하나님이시니이다"라고 외치는 것이 매우 필요하며 이는 구원의 신조입니다. 부탁하건대, 바로 지금 여러분의 마음으로 이 고백을 해 보십시오. 여러분의 믿음을 새롭게 하십시오. 그리고 여러분을 위해 죽으신 그가 여러분의 주님이시요 하나님이시라고 고백하십시오.

게다가 도마의 이런 말들은 그리스도에 대한 그의 충성을 고백한 것이었다고 여러분은 생각하지 않으십니까? "나의 주님이시요 나의 하나님이시니이다." 이 고백은 최소한의 충성을 바친 것이었으며, 그가 주님께 헌신하고 자신의 존재 전체를 바쳐 주님을 섬기겠다는 결연한 의지의 표현이었습니다. 그가 한때는 주님을 의심했으나 이제는 주님께 복종합니다. 왜냐하면 주님을 온전히 믿기 때문입니다. 그는 자신의 결의를 말로 표현합니다. "오 그리스도시여, 이제부터 당신은 나의 주님이시며 나는 당신을 섬기리이다. 당신은 나의 하나님이시며 나는 당신을 경배하리이다."

마지막으로 나는 이 고백을 분명하고 직접적인 경배의 행위라고 생각합니다. 자기 앞에 나타나신 구세주의 발 앞에서 도마는 "나의 주님이시요 나의 하나님이시니이다"라고 외칩니다. 이 소리는 보좌 앞에서 그룹들과 스랍들이 "거룩하다 거룩하다 거룩하다 만군의 여호와여"라고 끊임없이 외치는 영원한 노래의 리허설처럼 들립니다. 이는 영원하신 하나님의 보좌 주위를 밤낮 맴도는 합창 교향곡에서 이탈해 나온 음처럼 들립니다. 이제 엄숙히 침묵하는 가운데 우리의 심령이 보좌 앞에 나아가 어제도 계셨고 지금도 계시고 앞으로도 계시는 주님, 곧 죽임을 당하셨다가 다시금 살아나시고 영원히 살아 계시는 어린양께 엎드려서 이렇게 경배드립시다. "나의 주님이시요 나의 하나님이시니이다."

다음 대지의 제목은 다음과 같은 질문입니다. 도마가 그렇게 외치게 된 동기가 무엇이었나요? 그날 저녁에 도마가 모임에 갔을 때 어떤 느낌이었다고 여러분은 생각해 왔습니까? 도마가 그 모임에 참석한데는 복잡한 설명이 필요했습니다. 도마는 형제들의 진지한 주장을 의심하였는데 어찌하여 그들과 어울렸을까요? 도마가 형제들과 교제를 나누다가 그들에게 거짓말을 하였다고 책망하였을까요? 예수 그리스도께서 죽으시고 부활하지 못하였다면 어찌하여 도마는 그곳에 갔을까요? 그가 죽은 사람을 예배하려고 했겠습니까? 그가 지난 2년 동안의 믿음을 이제 포기하려고 했을까요? 예수님께서 살아 계시지 않는다면 그가 어떻게 믿음을 붙들고 있겠습니까?

그러나 한편으로 처음부터 믿음도 없던 그가 어떻게 믿음을 포기한다고 할 수 있겠습니까? 도마가 그 모임에 처음 참석하였을 때부터 예수 그리스도께서 그에게 주님이시요 하나님이셨습니까? 나는 그렇게 생각하지 않습니다. 도마가 다락방에 들어갔을 때 자기 앞에 계신 분이 죽으신 바로 그분이라고 믿지 않았습니다. 물론 다른 제자들은 믿었습니다. 도마만이 홀로 의심하였습니다. 그는 이상하고 실증적이고 완고한 회의자였습니다. 다분히 똑같은 상황에 부지중에 빠지는 일이 다른 제자들에게는 한 번도 없었을까요? 어쨌든 그날 저녁 도마는 저녁 왕따를 당하였습니다. 그 작은 모임에서 그는 따돌림당하는 사람이었습니다. 하지만 예배가 끝나기 전에 주님은 그를 완전히 변화시키셨습니다. "보라 나중 된 자로서 먼저 될 자도 있고 먼저 된 자로서 나중 될 자도 있느니라 하시더라"(눅 13:30).

내 생각에, 도마가 그리스도의 신성에 대한 믿음을 고백하게 된 첫 번째 동기는, 주님께서 도마의 생각을 드러내신 일이었습니다. 구세주는 문이 닫힌 상태에서 다락방에 들어오셨습니다. 문을 열지 않고 하나님의 능력으로 주님은 갑자기 제자들 앞에 나타나셨습니다. 그때에 도마를 지목하시면서 도마가 그의 형제들에게 했던 말을 도로 그에게 말씀해 주셨습니다. 형제들은 주님께 도마의 말을 고자질하지 않았는데도 주님은 멀리서도 도마의 생각을 읽으셨으며, 따라서 도마가 한 말을 정확하게 그에게 도로 말씀해 주실 수 있었습니다. 구세주께서 "몸을 구부려 나의 발에 난 못 자국 안에 너의 손가락을 넣어 보라"고 도마에게 말씀하지 않으신 사실을 주목합시다. 왜 그렇게 말씀하지 않으셨나요? 그것은 도마가 주님의 발을 한 번도 언급하지 않았기 때문입니다. 따라서 주님도 발에 대한 언급을 하지 않으셨습니다.

모든 것이 정확했습니다. 우리가 상황을 살펴보면 주님께서 너무나 정확히 말씀하셨다는 것을 알 수 있습니다. 도마는 우리보다 훨씬 더 이 사실을 절감했을 것이 분명합니다. 그는 주님 앞에서 압도당하였습니다. 주님께서 정확한 말로 자신의 생각을 드러내시고, 그의 생각을 반영한 자신의 말을 다시금 주님께서 반복하시는 것을 들었을 때 그는 정말로 놀라지 않을 수 없었습니다. 그래서 그는 "오, 지금 내게 말씀하시는 주님은 다름 아닌 하나님이시로다. 나의 주님이시요 나의 하나님이시로다"라고 말하였던 것입니다. 이로 말미암아 그는 자신의 생각을 읽으신 분께서 틀림없이 하나님이시라는 확신에 이르게 되었던 것입니다.

그 밖에 다른 동기로 도마는 주님의 신성을 믿게 되었습니다. 자기 앞에 계신 분이 전에 자신이 교제하였던 바로 그 예수님이라는 사실을 깨닫자 그의 머릿속에 지난 모든 일들이 떠올랐으며, 주 예수님께서 신성을 나타내신 많은 사건들을 기억하게 되었습니다. 다시금 되살아난 과거의 교제를 통하여 그는 예수님께서 바로 주님이시요 하나님이시라는 확신을 더하게 되었던 것입니다.

내 생각에, 구세주의 외양, 자세, 그리고 인품이 떨고 있는 이 제자에게 확신을 주었을 것입니다. 이런 모습들에서 도마는 주님을 둘러싸고 있는 신격을 엿볼 수 있었을 것입니다. 나는 우리 주님의 모습에 위엄이 있었다고 확신합니다. 그 위엄은 인간의 자세와 어조, 말과 행동 가운데 나타나는 품위

이상의 것이었습니다. 주님의 인품은 도마에게 주님에 대한 확신을 심어 주었습니다. 그리하여 그는 주님을 뵙고 주님의 신성을 믿었던 것입니다.

하지만 모든 동기들 중에 가장 설득력 있는 것은 바로 우리 주님이 입으신 상처였을 것입니다. 그리스도의 상처로부터 그의 신성을 추론해내는 데는 과정이 필요한 듯합니다. 하지만 그것은 훌륭하고 분명한 근거입니다. 나는 여러분에게 그 과정을 설명해 주지는 않겠습니다. 여러분 스스로 그 과정을 생각해 보십시오. 하지만 한 가지 작은 힌트를 드리겠습니다. 주님의 옆구리에는 죽음을 초래하고도 남을 만한 큰 상처가 있습니다. 그 상처는 곧바로 심장으로 통하였습니다. 로마 군사가 창으로 주님의 옆구리를 찔렀고, 그곳에서 피와 물이 쏟아져 나왔습니다. 이는 주님의 심장이 관통되었음을 입증합니다. 옆구리에는 여전히 구멍이 나 있었습니다. 그래서 주님은 도마의 손을 그의 옆구리에 넣어보라고 권하였던 것입니다. 그런 주님께서 살아나셨습니다.

여러분은 이런 이야기를 지금껏 들어본 적이 있습니까? 우리는 피가 순환되어야 살 수 있는데 우리가 사는 방식대로 주님께서 사셨다면, 어떻게 이런 일이 가능한지 아무도 이해할 수 없습니다. 썩을 수밖에 없는 혈과 육은 하나님의 나라를 유업으로 받을 수 없습니다. 하지만 구세주의 부활하신 몸은 하나님의 나라를 유업으로 받을 수 없는 그런 몸이 아니었습니다. 왜냐하면 주님은 썩음을 당하지 아니하였기 때문입니다(행 13:37). 주님께서 자신의 몸에 관하여 말씀하셨는데, 그 말씀에서 썩을 몸과 다른 주님의 몸의 특성을 여러분이 주목하시기를 바랍니다. "나를 만져 보라. 영은 살과 뼈가 없으되 너희 보는 바와 같이 나는 있느니라"(눅 24:39).

주님의 몸은 진짜 몸이요 신체였습니다. 주님은 구운 생선 한 조각을 취하여 제자들 앞에서 잡수셨기 때문입니다. 하지만 여전히 주님의 부활하신 몸은 옆구리에 상처가 벌어져 있었고, 그 상처가 심장으로 연결되어 있었는데도 살아 있는 그런 몸이었으며, 분명 이러한 몸은 사람들의 몸과는 다른 것이었습니다. 우리는 그리스도의 몸을 보고 그가 사람이심을 알 수 있는 동시에 또한 단순한 사람이 아니심을 알 수 있습니다. 주님의 상처들은 여러 가지로 도마에게 주님의 신성을 보여 주는 증거가 되었습니다. 어쨌든, 이 영광스러운 사실이 한 순간에 도마의 놀라는 생각에 밀어닥쳤고, 이에 그는 "나의 주님이시요 나의 하나님이시니이다"라고 외쳤습니다.

마지막으로 우리가 어떻게 이 믿음을 가질 수 있는지 살펴봅시다. 이것이 우리의 마지막 관점이자 가장 실제적인 논제입니다. 나는 하나님의 성령께서 그때 당시에 아주 강하게 역사하셨다고 믿습니다. 그리고 도마가 깨우치게 된 진정한 동기는 하늘의 조명이었다고 믿어 의심치 않습니다. 우리 가운데 누구라도 신령과 진정으로 "나의 주님이시요 나의 하나님이시니이다"라고 외친다면, 이는 틀림없이 성령께서 우리를 가르치신 결과입니다. 왜냐하면 혈과 육은 이와 같은 진리를 여러분에게 나타내 보이지 못하기 때문입니다. 오직 하나님께서 하늘로부터 이러한 진리를 여러분에게 보여 주실 수 있습니다.

그런데 언제 신자들이 "나의 주님이시요 나의 하나님이시니이다"라고 외치는지 그 시간을 여러분에게 말씀드리겠습니다. 내 마음이 충만했던 처음 시간을 나는 기억하고 있습니다. 죄에 눌려 있고, 두려움이 가득했던 나는 지옥 문 앞에 있는 것처럼 비참한 존재였습니다. 그때에 나는 다음과 같은 주님의 음성을 들었습니다. "땅의 모든 끝이여, 내게로 돌이켜('Look unto me'; KJV, '나를 앙망하라'; 개역판) 구원을 받으라. 나는 하나님이라. 다른 이가 없느니라"(사 45:22). 나는 그때 그곳에서 바라보았습니다. 나를 대신하여 고난당하신 주님을 나는 믿음으로 바라보았고, 그때에 즉시 평안이 강물처럼 밀려왔습니다. 나의 마음은 절망에서 기쁨으로 뛰어올랐고, 나는 주님께서 하나님이심을 깨달았습니다. 그때에 누구든지 내게 "예수 그리스도는 하나님이 아니다"라고 말하였다면, 나는 그를 비웃고 조롱했을 것입니다. 주님은 의심할 여지 없이 나의 주님이시요 나의 하나님이셨습니다. 왜냐하면 주님은 내 안에 하나님의 역사를 행하셨기 때문입니다.

이러한 것이 어떤 사람에게는 증거가 되지 못할 수도 있습니다. 하지만 용서를 체험한 심령에게는 그러한 체험이 결정적인 증거가 됩니다. 만일 주 예수님께서 여러분의 애통을 춤으로 바꾸시고, 여러분을 기가 막힐 웅덩이와 수렁에서 끌어올리시고 여러분의 발을 반석 위에 두사 그 걸음을 견고하게 하신다면, 그때로부터 영원히 예수님은 여러분의 주님이시요 하나님이 되실 것이 분명합니다. 구원받은 심령은 이 진리를 부인하는 모든 이들 앞에서, 지옥에 있는 모든 마귀들 앞에서 거리낌없이 구세주의 신성을 주장할 것입니다. 나를 구원하신 이는 틀림없이 하나님이시며, 그 밖에는 아무도 없습니다.

이 첫 번째 고백은 시작에 불과한 것으로 입증되었습니다. 우리는 똑같은 사실을 고백한 다른 많은 경우들을 기억하고 있습니다. 우리는 큰 시험을 받았지만 미끄러지지 않았고 의복을 더럽히지 않았습니다. 우리가 시험에서 벗어나다니 이 얼마나 놀라운 일입니까! 우리를 타락하지 않도록 지켜 주신 그분은 하나님이심이 분명합니다. 나의 한평생을 뒤돌아보니, 어둠 속에서 모르고 지난 곳이 날이 새어보니 위험한 골짜기였던 때가 여러 번 있었습니다. 그때에 내가 걸어갔던 좁은 길이 얼마나 협소하였는지 나는 보았습니다. 왼쪽이나 오른쪽으로 조금만 헛디뎠다면, 나는 완전히 파멸할 뻔하였습니다. 그러나 나는 한 번도 헛디디지 않았습니다. 오히려 나는 안전하게 통과하였습니다. 나는 놀라서 머리를 조아리며 다음과 같이 주님께 경배하였습니다. "주님께서 나의 피난처시요 나의 요새가 되셨나이다. 주님은 나의 영혼의 생명을 지켜 주셨고 나를 파괴자로부터 보호하셨나이다. 그러므로 나의 평생에 주를 찬송하리이다." 오, 그렇습니다. 사랑하는 하나님의 자녀들이여, 전쟁의 날에 여러분의 머리가 가리워졌을 때, 여러분은 이스라엘을 지키시는 이를 가리켜 "나의 주님이시요 나의 하나님이시니이다"라고 찬미하였습니다. 우리는 다시는 의심할 수 없으리라고 확신하였으며, 신실하신 창조주의 돌보심에 자신을 기쁘게 맡겼습니다.

또한 고난의 때에도 마찬가지였습니다. 그때에 여러분은 위로를 받고 세움을 입었습니다. 아주 중한 고통이 여러분에게 닥쳤지만, 놀랍게도 여러분이 우려한 것과 달리 여러분을 짜부라뜨리지 못하였습니다. 몇 년 전, 여러분은 심한 두려움에 "나는 절대로 견디지 못할 거야"라고 말하면서 엄청난 타격을 예상했습니다. 하지만 여러분은 잘 견뎌냈습니다. 그리고 지금 이 순간 여러분은 그때의 어려움을 잘 견뎌낸 것을 감사하고 있습니다. 여러분이 두려워하던 일이 여러분 앞에 닥쳤습니다. 그리고 정작 그 일이 닥치자 여러분이 예상했던 것에 비하면 마치 깃털처럼 가볍게 느껴졌습니다. 그때에 여러분은 앉아서 이렇게 말할 수 있었습니다. "주님께서 공급해 주셨습니다. 주님께서 제거해 주셨습니다. 주님의 이름을 송축합니다." 여러분의 친구들이 여러분을 보고 깜짝 놀랐습니다. 여러분은 전에 불쌍하고 극도로 두려워하는 존재였습니다. 그러나 시험받을 때에 여러분은 모든 사람을 깜짝 놀라게 할 정도로 희한한 능력을 발휘하였습니다.

여러분 모두 자신에게 놀랐습니다. 왜냐하면 놀라울 정도로 여러분은 약할 때 강해졌기 때문입니다. 여러분은 "(여호와께서는) 내가 어려울 때에 나를 구원하셨도다"(시 116:6)라고 찬송하였습니다. 그때에 여러분은 주님의 신성을 의심할 수 없었습니다. 주님에게서 영광을 빼앗는 그 무엇이라도 여러분은 지독히 미워하였습니다. 여러분은 마음속으로 이렇게 찬송하였습니다. "주여, 전능하신 주 하나님 외에 이렇게 나의 영혼을 위로할 수 있는 자가 없나이다." 개인적으로 나는 주님의 기이한 일들을 깊은 곳(바다)에서 보고(시 107:24) "주시라!"(요 21:7)고 외치지 않을 수 없었습니다. "내 영혼아, 네가 힘 있는 자를 밟았도다"(삿 5:21). 나의 영혼은 나의 주님이시요 나의 하나님을 찬미할 것입니다. 왜냐하면 주님께서 다음의 시편 구절들과 같이 나를 구원하셨기 때문입니다. "그가 높은 곳에서 손을 펴사 나를 붙잡아 주심이여, 많은 물에서 나를 건져내셨도다"(시 18:16). "나를 넓은 곳으로 인도하시고 나를 기뻐하시므로 나를 구원하셨도다(시 18:19).

떡을 뗄 때 우리는 종종 예수님을 체험하게 됩니다. 성찬 상에서 우리는 여러 번 주님을 뵙고 경배하였습니다. 그러한 체험은 아주 귀한 것이었습니다. 우리는 마음놓고 울고 기뻐하였습니다. 그때에 우리의 심령은 "나의 주님이시요 나의 하나님이시니이다"라는 선율에 박자를 계속 맞추어나갔습니다. 아마도 외형적인 의식을 행할 때만 여러분의 영혼이 그렇게 찬미하지는 않았을 것입니다. 먼 곳이나 혹은 바닷가에서, 거닐면서 조용히 생각에 잠겼을 때, 여러분은 갑자기 예수님의 영광스러운 위엄이 느껴지고 그 느낌에 압도당하였으며, 그리하여 아주 작은 소리로 "나의 주님이시요 나의 하나님이시니이다"라고 혼자서 속삭일 수밖에 없었습니다. 또는 여러분이 아파서 몸져누웠을 때 주님께서 여러분의 잠자리를 정돈해 주셨습니다. 병들었을 그때에 여러분은 주님의 거룩한 능력을 체험하였습니다. 여러분을 간호한 사람들에게는 그때가 지루하고 피곤한 밤이었지만, 여러분에게는 너무나 짧고 신선함으로 가득했던 시간이었습니다. 왜냐하면 주님께서 그곳에 계셨고, 그 밤에 여러분에게 노래를 주셨기 때문입니다.

깨어났을 때에도 여러분은 여전히 주님과 함께 있었고, 주님의 빛나는 임재로 인하여 기쁨을 이기지 못한 나머지 거의 현기증을 느낄 정도였습니다. 그때에 여러분은 아래와 같이 찬미할 수 있었습니다.

나의 그리스도, 그는 만주의 주시요
만왕의 왕이시로다
그는 의의 태양이시며
그의 날개로 치료하시는도다

나의 그리스도, 그는 하늘들 중에
하늘이시로다
나의 그리스도, 내가 무엇이라 부르랴?
나의 그리스도는 처음이요, 나의 그리스도는 마지막이라
나의 그리스도는 모든 것 중에 모든 것이시로다

이제 나는 예수님께서 저와 여러분 모두에게 주님과 하나님이 되신 이후의 사정을 말씀드리겠습니다. 주님은 때때로 우리의 수고를 축복하셨으며, 팔을 내밀어 사람들을 구원하셨습니다. 전에 우리의 보고를 거절했던 사람들이 믿게 되었고, 주님께서 부흥의 행복한 시절을 우리에게 허락하셨을 때, 우리는 주님께 영광을 돌렸고, 주님의 전능하신 사랑을 기뻐하였습니다. 이제 우리는 자녀들을 위해 기도합니다. 그리고 놀랍게도 — '놀랍게도' 라고 말하기가 부끄러움. 왜냐하면 기도의 응답은 우리에게 결코 놀랄 일이 아니기 때문 — 주님은 우리의 기도에 응답해 주셨습니다. 하나씩 하나씩 자녀들이 우리에게 와서 "아버지, 제가 주님을 만났습니다"라고 말하였고, 그때에 주님께서는 역시 우리의 하나님이심을 체험하였습니다. 우리는 빈약하나마 눈물로 기도를 드리고 위를 바라보며 주 예수님께서 그런 빈약한 기도라도 들으시리라고 생각하였으며, 마음속 깊은 곳에서 "나의 주님이시요 나의 하나님이시니이다"라고 말하였습니다.

우리 중에 어떤 이들에게는 이 생에서 이것이 진리임을 체험할 마지막 기회를 가질 때가 머지않아 곧 올 것입니다. 죽음을 맞이하는 성도들을 방문하였을 때 나는 자주 많은 위로를 받고 새힘을 얻었습니다. 참으로 주님은 마지막 원수(죽음을 의미)의 목전에서 상을 베푸십니다. 평생 자기를 부인하고, 경외심과 겸손한 마음을 가지고 산 신자들을 나는 알았습니다. 그들은 사망의 음침한 골짜기에 들어갔을 때 두려움, 의심을 드러내 보이지 않았고, 오히려 그들 모두 확신을 가졌습니다. 평소 소심하던 신자들의 마지막 시간은 도리어 평온하고 차분하고 아름답고 즐겁고 심지어 의기양양하기조차 하였습니다. 내가 그런 신자들의 매력적인 임종의 말을 들었을 때, 나는 죽는 동안 우리에게 승리를 주시는 주님의 신성을 확신하였습니다.

주님의 이름을 믿는 믿음만이 죽을 때 사람들을 강하게 만듭니다. 우리의 마음과 육체가 쇠약해질 때, 오직 살아 계신 하나님만이 생명의 힘이 되시며, 우리의 영원한 기업이 되실 수 있습니다. 죽음의 순간에 예수님을 우리의 살아계신 하나님으로 안다는 것이 얼마나 아름다운 일인지요! 예수님 안에서 우리는 말로 할 수 없는 기쁨과 충만한 영광으로 즐거워하며, 죽음의 순간에 우리는 예수님께 "나의 주님이시요 나의 하나님이시니이다"라고 고백 드립니다.

기운을 내십시오! 잠시 후에 하나된 교회가 티나 주름잡힌 것이 하나도 없이, 그리고 그리스도의 신부로서 영광스럽게 단장하고, 그리스도의 보좌 앞으로 인도될 것이며, 주님의 사랑하는 자로 인정받을 것입니다. 그때에 교회는 온전한 마음으로 "나의 주님이시요 나의 하나님이시니이다"라고 외칠 것입니다.

# 8

# 헤롯

———

"저 여우"

"헤롯이 요한을 의롭고 거룩한 사람으로 알고 두려워하여 보호하며, 또 그의
말을 들을 때에 크게 번민을 하면서도 달갑게 들음이러라"(막 6:20).

요한은 사람들에게서 영광을 구하지 않았습니다. 우리 주 예수님에 관하
여 "그는 흥하여야 하겠고 나는 쇠하여야 하리라"(요 3:30)고 말하는 것이
그의 기쁨이었습니다. 그런데 요한은 사람들의 영광을 구하지 않았지만 결
과적으로 그는 영광을 얻었습니다. 왜냐하면 헤롯이 요한을 두려워하였다고
성경에 기록되어 있기 때문입니다. 헤롯은 최고 신분의 군주였으며, 요한은
초라한 설교자에 불과했습니다. 그의 옷과 음식은 아주 조잡스러운 것이었
습니다. 그런데 헤롯이 요한을 두려워하였습니다. 요한은 왕 헤롯보다 더 왕
다운 모습이었습니다. 성품을 보면 요한이 진짜 왕 같았고, 명목상의 왕이
그 앞에서 두려워하며 떨었습니다. 사람은 신분에 의해 평가되어서는 안 되
며 성품에 의해 평가되어야 합니다.

만일 요한에게 비문이 필요하다면, 그의 무덤 앞에 "헤롯이 요한을 두려
워하다"라고 써 놓읍시다. 그러나 복음의 사역자라면 누구라도 받기를 기뻐
하는 더 좋은 추천장이 있으니, 곧 이런 것입니다. "요한은 아무 기적도 행
하지 않았지만, 그가 이 사람에 관하여 말한 것은 전부 다 진실이었다"는 평
가입니다. 그는 그 세대를 놀라게 할 아무런 기적도 행하지 않았습니다. 다

만 그는 예수님을 전하였고, 그가 전한 모든 내용은 진실이었습니다. 하나님이여, 주님의 종들이 이러한 칭찬을 받게 하여 주옵소서.

이 시간 나의 설교의 주제에 따라서 부득이 요한에 대한 말보다 헤롯에 대한 말을 해야 하겠습니다. 나는 오늘 모인 사람들 중에 헤롯과 같은 사람이 없기를 바랍니다. 하지만 여러분 가운데 일부가 헤롯과 같지 않을까 심히 우려됩니다. 그러므로 여러분 중에 아무도 이 악한 왕의 전철을 밟지 않기를 바라는 사랑의 마음에서 여러분에게 말씀드리려고 합니다.

헤롯의 성격에서 희망적인 요소가 있었다는 사실을 살펴보시기 바랍니다. 첫째, 헤롯이 정의와 거룩을 존중하였다는 사실을 여러분은 보게 될 것입니다. 본문은 "헤롯이 요한을 의롭고 거룩한 사람으로 알고 두려워하여"라고 말씀하고 있습니다. 나는 모든 사람이 자신 안에 덕을 갖추지 못했을지라도 그 덕을 존중하는 마음을 가지기를 바랍니다. 왜냐하면 덕을 존중하는 사람은 그 다음에 덕을 갖추기를 바라게 될 것이며, 의로워지기를 바라는 사람은 이후에 거의 그렇게 되기 때문입니다. 그러나 어떤 이들의 마음은 선을 경멸하고 의와 신앙을 조롱하는 그런 죄악된 상태에 빠져 있습니다. 하나님께서 우리로 하여금 그런 무서운 상태에 절대로 빠지지 않도록 해 주시기를 바랍니다. 의롭고 거룩한 것에 대한 존중심을 상실할 정도로 양심이 혼돈하게 되면 사람은 참으로 비참한 곤경에 처하게 됩니다. 헤롯은 그런 상태는 아니었습니다. 그는 의롭고 정직하고 진실하고 용기 있고 정결한 삶을 존중하였습니다. 비록 그가 이런 덕목들을 스스로 갖추지는 못하였지만 그런 것들에 대한 거의 존중하는 마음에 가까운 긍정적인 두려움을 가지고 있었습니다. 나는 지금 선하고 의로운 모든 것을 존중하는 많은 사람들에게 설교하고 있다고 알고 있습니다. 그런 사람들은 자기들이 정말로 선하고 의롭기를 소원합니다. 그런 만큼 의로워집니다.

내가 헤롯에게서 발견하는 또 하나의 좋은 점은 공정과 의로움을 갖춘 사람을 존경하였다는 것입니다. 이는 진일보한 것입니다. 왜냐하면 여러분이 추상적인 덕을 존중하면서도 실제로 그 덕이 한 사람 안에 실현되어 있는 것을 보면 여러분은 그를 미워할 것입니다. 고대인들은 아리스티데스(Aristides ; 530?-468? B.C. 아테네의 정치가이자 장군: 역주)의 정의를 인정하였습니다. 그러나 그들 중에 일부는 그를 "정의로운 사람"이라고 부르는 것에 점점 싫증을 냈습니다. 사람은 의롭고 거룩하다고 인정받을 수 있는데, 그 때문에 미움을 받기도 합니다.

동물원에서는 사자와 호랑이를 보고 싶어하지만, 여러분의 방 안에 그놈들이 있는 것을 보고 싶어하지 않을 것입니다. 여러분은 그놈들이 철창 뒤에 또는 우리 안에 있는 것을 보고 싶어할 것입니다. 많은 사람들이 경건을 존중하지만 그들은 경건한 사람들을 받아들이지 못합니다. 그들은 정의를 존중합니다! 그들이 얼마나 웅변적으로 정의를 외치는지요! 하지만 그들은 정의롭게 행동하는 것을 좋아하지 않습니다. 그들은 거룩을 칭송합니다. 하지만 그들 곁에 성자가 있으면, 그들은 성자를 핍박할 것입니다. 헤롯이 요한을 두려워하였고, 그를 관대하게 대하였으며, 잠시나마 그를 지켜 주었으나 결국 헤로디아의 손에 넘겼습니다. 여러분 가운데 많은 사람들이 하나님의 백성과 교제하기를 좋아합니다. 그러나 실제로 여러분은 원칙 없이 행동합니다. 때로 여러분은 세속에 빠졌다가 도저히 견디지 못하고 저질스러운 악을 행하는 자들로부터 즉시 달아납니다. 여러분은 좋은 교제를 기뻐합니다. 그런 만큼 의로워집니다. 하지만 그것으로 충분하지 않습니다. 우리는 더 진보해야 합니다. 그렇지 않으면 결국 헤롯과 같은 사람으로 그치고 말 것입니다.

헤롯의 세 번째 좋은 점은 그가 요한의 말을 경청하였다는 것입니다. 저와 여러분이 설교를 경청하는 것만큼 훌륭한 일은 없습니다. 하지만 헤롯과 같은 왕이 그렇게 한다는 것은 더욱 훌륭한 일입니다. 군주들은 대부분 신앙적인 강연에는 관심이 없습니다. 다만 예복을 입고 부드러운 언어를 사용하는 왕실 설교자들의 말에만 귀를 기울일 뿐입니다. 하지만 요한은 왕실에 아부하는 그런 사람이 아니었습니다. 그는 거칠고 무뚝뚝하고 직선적으로 말하였습니다. 그의 말은 정곡을 찌릅니다. 그런데도 헤롯은 요한의 말을 기꺼이 경청하였습니다. 헤롯이 정의, 거룩, "세상 죄를 지고 가는 하나님의 어린양"을 전파한 사람의 말을 들으려 했다는 사실은 그의 성격에 바람직한 요소가 있었다는 증거입니다. 하나님의 말씀이 있는 그대로 선포될 때, 비록 그 말씀이 자신의 양심을 찌르는 것일지라도, 사람이 그 말씀을 듣고 경청하려 한다면 그 사람은 훌륭하고 바람직한 성격을 소유한 사람입니다. 아마도 나의 설교를 듣는 여러분 가운데 일부는 복음의 말씀을 가끔씩 듣는 사람들일 것입니다.

여러분이 집회에 가끔씩 들르면, 여러분은 마치 도서관에 있는 모든 책을 뼈다귀 하나와 기꺼이 교환해 버리는 개와 같을 것입니다. 런던에는 그런 사람들이 많이 있습니다. 신앙은 그들의 마음에 들지 않습니다. 오락하는 곳들이 그들의 마음에 훨씬 들 것입니다. 어떤 이들은 설교자에 대하여 말합니다. "나는 저 사람의 설교를 다시는 안 듣겠어. 저 사람은 너무 잘게 쪼개. 너무 사적인 문제를 다루어." 형제의 아내를 취하는 것은 불법이라고 요한은 헤롯에게 말했습니다. 요한은 아주 직선적으로 말하였지만 헤롯은 그의 말을 경청하였습니다. 왜냐하면 "요한을 의롭고 거룩한 사람으로" 알았기 때문입니다. 이러한 것이 헤롯에게 좋은 점이었습니다. 만일 여러분이 어떠한 말씀이라도 복음의 말씀을 듣고자 한다면 여러분에게 좋은 점이 있는 것입니다. 그런 만큼 의로워집니다.

헤롯에게는 이보다 더 좋은 점이 있었습니다. 그는 들은 말씀을 순종하였습니다. 헤롯은 요한의 말을 달갑게 들었습니다. "크게 번민을 하면서도"(KJV, "did many things"; NASV, "was very perplexed"; NIV, "was greatly puzzled"; 여기서 스펄전은 KJV에 근거하여 회개의 행동을 한 것으로 보았음: 역주). 우리의 전하는 소리를 듣고도 사람들 중에 많은 이들이 아무런 행동도 하지 않습니다. 그들은 듣고 또 듣지만 그것으로 끝입니다. 그들은 복음의 초청을 받지만 잔치에 참석하지 않습니다. 어떤 이들은 신앙의 의무가 첫째, 듣는 것이요 그 다음에 말하는 것이라고 생각하는 듯합니다. 그러나 이런 생각은 잘못입니다. 헤롯은 이보다 더 잘 알았습니다. 그는 듣기만 한 자가 아니었고 무언가를 행하였습니다. "그가 많은 일을 하였다"(he did many things)는 본문의 말씀은 주목할 만합니다. 아마도 헤롯이 행한 많은 일들 중에 일부는 이런 것들일 것입니다. 그는 백성에게 부당한 세금을 부과한 세리들을 해고했을 것입니다. 또는 멸시받는 과부의 피해를 보상해 주었을 것입니다. 또는 자기가 선포한 잔혹한 법을 폐지했을 것입니다. 또는 상당 부분 자신의 습관과 태도를 바꾸었을 것입니다. 분명히 많은 부분에서 그는 개선된 사람이었습니다. 세례 요한이 그에게 좋은 영향을 끼쳤기 때문입니다.

"헤롯이 요한을 두려워하여 그의 말을 들을 때에 많은 일을 하였더라" (KJV에 따른 번역임: 역주). 나의 설교를 듣는 사람들 중에 많은 분들은 설교를 듣고 행동에 옮겼으며, 처음에 교회에 나온 이후부터 지금까지 많은 일들을 행하였습니다. 나는 이에 매우 감사하고 있습니다. 복음에 매료된 사람을 나는 알고 있습니다. 그는 술에 취하는 습관, 안식일을 범하는 습관을 끊었습니다. 그리고 세속적인 말을 끊으려고 노력한 끝에 상당 부분 성공하였습니다. 이렇게 그는 크게 개선되었습니다. 그런데도 그는 결국 헤롯과 같은 사람에 불과합니다. 헤롯은 헤롯일 뿐이었습니다. 헤롯은 많은 일을 행하였지만, 그 후에 그의 마음은 여전히 온갖 종류의 악을 맞이하였습니다. 어쨌든 그는 얼마간 고쳤으며, 그만큼 의로워졌습니다.

헤롯의 좋은 점 하나가 또 있습니다. 이를테면, 그는 꾸준히 설교자의 말씀을 달갑게 들었습니다. 본 구절 말미에 보면 그가 요한의 말씀을 계속 들었다는 사실이 지적되고 있습니다. 요한은 그의 양심을 건드렸습니다. 그런데도 불구하고 그는 계속하여 요한의 말씀을 달갑게 들었습니다. 그는 "또 다시 요한을 청하라"고 지시하였습니다. 헬리(Henry) 8세 왕은 휴 래티머(Hugh Latimer 1485-1555; 영국의 성직자, 종교개혁자)가 면전에서 비난을 하고, 심지어 그의 생일에 "음행하는 자들과 간음하는 자들을 하나님이 심판하시리라"(히 13:4)는 말씀을 적은 손수건을 보냈어도 그의 말을 경청하곤 하였습니다. 헬리 8세는 "모두 휴 래티머 목사의 말을 들을지어다"라고 외쳤습니다.

불량한 사람들도 그들에게 진리를 말하는 사람들을 칭찬합니다. 그 경고의 말이 달갑지 않더라도 그들은 그 말이 옳은 말이라고 여기고 그런 말을 해 주는 사람을 존경합니다. 이러한 좋은 점이 헤롯에게 있었습니다. 회개하지 않으신 여러분들은 나에게서 신랄한 책망을 들었으며, "다가올 심판"에 대한 말씀을 들었습니다. 나의 경고를 들으세요. 하나님의 말씀의 경고를 듣고도 여러분이 여전히 듣고자 한다면, 나는 여러분에게 커다란 소망을 가질 것입니다. 그만큼 여러분에게는 좋아질 소망이 있을 것입니다.

헤롯에게 또 다른 좋은 점이 있었습니다. 즉, 요한의 설교를 통하여 그의 양심이 큰 찔림을 받았습니다. 본 절을 "헤롯이 크게 번민을 하였다" 혹은 "헤롯이 머뭇거리게 되었다"라고 해석하는 것이 어떤 면에서 옳다고 나는 생각합니다. 어떤 사본에서 그러한 의미가 발견되기 때문입니다. 헤롯은 한 편으로는 죄를 사랑했으며, 한편으로는 신앙 안에 있는 "거룩의 매력"을 보고 거룩해지고 싶어했습니다. 하지만 그에게는 헤로디아가 있었고, 그는 그녀를 포기할 수 없었습니다. 헤롯은 요한의 설교를 들었을 때, 마치 친척의 말처럼 그의 말을 거의 믿었지만, 결국 그의 정욕을 버리지 못하였습니다. 그는 요한이 지시한 대로 온전히 따르지 못하였습니다. 헤롯은 품속에 있는 죄를 버릴 수 없었습니다. 그러나 그에게 죄를 버리고 싶은 생각도 있었습니다. 그는 두 가지 생각 사이에서 방황하고 머뭇거리고 동요하였습니다. 선도 취하고 쾌락도 취할 수 있었으면 하고 그는 바랐을 것입니다. 하지만 쾌락은 그를 지배하는 강한 주인이었기에 그는 그것으로부터 벗어날 수 없었습니다. 그는 덫에 걸린 새 같았습니다. 그는 날아가기를 원하였지만, 유감스럽게도 그는 정욕에 자진하여 사로잡히고 붙들렸습니다. 나의 설교를 듣는 많은 사람들이 이러한 상태입니다. 그들의 양심은 그들의 죄로부터 떨어지지 않습니다. 그들은 죄를 포기할 수 없지만 포기할 수 있기를 바랍니다. 그들은 물가에서 서성이며 항해하기를 두려워합니다. 양심은 오늘날 유행에서 사라진 것 같습니다. 하지만 선포되는 말씀에 민감한 양심을 가진다는 것은 칭찬할 만한 일입니다. 여러분이 그런 양심을 가지고 있다면, 그만큼 여러분은 좋아질 것입니다.

헤롯에게는 여섯 가지 좋은 점이 있었습니다. 하지만 이제 매우 유감스럽게도 나는 헤롯의 결점을 지적하지 않을 수 없습니다. 첫 번째 결점은 이렇습니다. 그는 요한을 사랑했지만 한 번도 요한의 주님을 바라보지 못했습니다. 요한은 절대로 누구든지 자기의 제자가 되기를 원치 않았고, 대신 "하나님의 어린양을 보라"고 외쳤습니다. 얼마간 헤롯은 요한의 제자였으나 절대로 예수님의 제자는 아니었습니다. 여러분은 설교자의 말을 듣고 그를 사랑하고 존경하기는 쉽지만 정작 설교자의 주님을 알지 못할 수 있습니다. 여러분 중 누구라도 그렇게 되지 않기를 바랍니다. 여러분을 나 자신에게로 이끌고 나 자신에게 머물도록 목회하는 것을 하나님은 금하십니다. 우리는 그리스도를 가리키는 푯말에 불과합니다. 우리를 넘어서 가십시오. 오로지 그리스도의 제자가 되려는 목적으로 우리를 따르십시오. 여러분은 그리스도께로 나아가야 합니다. 모든 사역의 목적은 그리스도 예수십니다. 여러분이 은혜를 받고 그리스도께로 나아가지 않는 한, 여러분은 헤롯과 같은 사람들에 지나지 않을 것입니다.

헤롯의 두 번째 결점은 이렇습니다. 그는 마음속으로 선을 존중하지 않았습니다. 어떤 면에서 그는 선을 동경하였지만, 자신 속에서는 조금도 그렇지 않았습니다. 그리스도는 인물 묘사의 대가셨습니다! 우리 주님은 헤롯을 훌륭하게 묘사하셨습니다. 주님은 헤롯에 대하여 "저 여우"(눅 13:32)라고 말씀하셨습니다. 헤롯은 여우같이 이기적이고 술수로 가득한 사람이었습니다. 그는 자기보다 강한 자들 앞에서는 겁을 냈으나 스스로 지킬 수 없는 자들 앞에서는 잔인하고 되바라졌습니다. 나는 이처럼 여우 같은 사람들을 자주 대합니다. 그들은 천국에 가고 싶어하면서도 지옥 길을 좋아합니다. 그들은 한편으로 예수님께 찬송을 하면서도 노는 벗들을 만나면 또한 떠들썩한 노래를 부를 것입니다. 그들은 교회에 금화를 바칩니다. 오 그래요! 훌륭한 일입니다. 그러나 그들은 비밀스러운 정욕을 위해서는 얼마나 많은 금화들을 씁니까? 이렇듯 많은 사람들이 하나님과 사탄 사이에서 속임수를 쓰려고 합니다. 그들은 한 곳에 빠지기를 원치 않습니다. 그들은 양다리를 걸칩니다. 그들은 선한 모든 것을 존중하면서도 자신들이 지나치게 선해지는 것을 원치 않습니다. 그리스도의 십자가를 자신의 어깨에 메고 가며, 정확하고 분명하게 사는 것을 불편해 합니다. 그러면서도 그들은 그렇게 사는 사람들을 비방하는 말을 결코 한마디도 하지 않습니다.

헤롯의 또 다른 결점은 하나님의 말씀을 결코 사랑하지 않았다는 것이었습니다. 그는 요한을 존중하여 아마도 이렇게 말했을 것입니다. "저 사람은 나를 위해 있는 사람이야. 자기 주인의 메시지를 담대하게 전하는 저 모습 좀 보게나. 나는 당연히 저 사람의 말을 들어야 돼." 하지만 정작 자신에게 다음과 같이 말한 적은 단 한 번도 없었습니다. "하나님께서 요한을 보내셨어. 하나님께서 요한을 통해 내게 말씀하시는 거야. 오, 요한이 전하는 말씀을 깨닫게 하시고 요한이 선포하는 말씀으로 새로워지게 하소서. 그의 말은 곧 하나님의 말씀이니까요."

사랑하는 청중들이여, 당연히 이렇게 생각해야 하는 것 아닙니까? 여러분이 이러한 생각을 가지고 있는가 자신에게 물어보시기 바랍니다. 여러분이 존경하는 아무개 설교자가 설교하기 때문에 그 설교에 귀를 기울이는 것은 아닙니까? 그런 식으로 말씀을 대한다는 것은 여러분의 신앙을 죽이는 것입니다. 여러분의 신앙은 진리, 곧 하나님의 말씀에 근거해야 합니다. 그렇지 않다면 여러분의 신앙은 여러분을 구원하지 못할 신앙이 될 것입니다. 여러분은 설교를 하나님의 말씀으로 받아들이고, 그 앞에 엎드려야 합니다. 그리고 하나님의 입에서 나오는 말씀의 능력으로 여러분이 새로워지고, 성령으로 말미암아 그 은혜가 여러분의 심령에 임하기를 간절히 사모해야 합니다. 그렇지 않는 한, 설교가 여러분의 영혼을 감동시키지 못할 것입니다.

아시다시피 헤롯은 설교를 하나님의 말씀으로 받아들이지 않았습니다. 그 이유는 그 자신이 말씀을 찍고 선택하였기 때문입니다. 요한이 7계명에 대하여 말했을 때 그는 요한의 설교를 좋아하지 않았습니다. 만일 요한이 4계명에 대하여 말하였다면 "그것 참 훌륭한 말씀이군. 유대인들은 이 말씀을 지켜야 해"라고 말했을 것입니다. 그러나 요한이 제7계명에 대하여 말하였을 때, 헤롯과 헤로디아는 "우리는 설교자들이 이런 주제를 다루어야 한다고 생각하지 않소"라고 말했을 것입니다.

내가 지금까지 관찰한 바로는, 악을 행하며 사는 사람들은 하나님의 종들이 상스러운 문제를 다루어서는 안 된다는 생각을 가지고 있습니다. 우리 설교자들은 가상의 인물의 죄, 아프리카 내륙에 있는 야만인들의 악을 책망할 수 있지만, 또한 이 도시 런던에서 매일 행해지는 악을 책망해야 합니다. 만일 우리가 하나님의 이름으로 우리의 손가락으로 사람들을 지목하며 책망한다면, 어떤 이는 당장에 "나를 이런 식으로 대하는 것은 버릇없는 짓이오"라고 소리칠 것입니다. 요한은 하나님의 말씀 전체를 다루었습니다. "보라 하나님의 어린양이로다"라고 말했을 뿐만 아니라 그는 "도끼가 나무 뿌리에 놓여졌다"고 외쳤습니다. 그는 노골적으로 양심에 대고 말하였습니다.

헤롯의 치명적인 결점은 요한이 전한 하나님의 말씀 전부를 받지 않았던 것입니다. 그는 하나님의 말씀 중 일부만 좋아했고 일부는 싫어했습니다. 그는 교리적인 설교를 좋아하고 하나님의 말씀의 교훈을 받지 않는 그런 사람들과 같았습니다. 누군가 "나는 실제적인 설교를 좋아합니다. 나는 어떤 교리도 원하지 않습니다"라고 외치는 소리를 듣습니다. 혹시 여러분이 그렇게 외치고 있는 것은 아닙니까? 그러나 하나님의 말씀 안에는 교리가 있습니다. 그러므로 하나님께서 여러분에게 가르쳐 주시는 교리를 여러분은 받아야 합니다. 하지만 성경을 반쪽만 받지 말고 예수님 안에 있는 진리를 모두 다 받아야 합니다. 헤롯에게 있었던 큰 결점은 바로 이것이었습니다. 그는 요한의 증거를 하나님의 말씀으로 받아들이지 않았던 것입니다.

헤롯은 많은 일을 하였지만 모든 일을 행하지는 않았습니다. 하나님의 말씀을 진실로 받아들이는 사람은 많은 일들을 하려고 애쓸 뿐만 아니라 옳은 것은 무엇이든지 다 행하려고 노력합니다. 그는 한 가지 악이나 여러 가지 악만 버리지 않고 잘못된 모든 것을 버리려고 노력하며, 모든 악으로부터 구원받으려고 애씁니다. 헤롯은 철저한 회개에는 관심이 없었습니다. 왜냐하면 그렇게 하기 위해서는 자기부인(self-denial)이 필요하였는데 이것이 너무나 부담스러웠기 때문입니다. 그는 한 가지 죄를 계속 고집하였으며, 요한이 이 죄를 노골적으로 지적하자 그는 요한의 말씀을 들으려 하지 않았습니다.

헤롯에게 있는 또 하나의 결점은 그가 죄의 지배를 받았다는 것이었습니다. 헤롯은 헤로디아에게 푹 빠져 있었습니다. 헤로디아는 헤롯의 조카딸이었으며, 또한 전에 헤롯의 동생과 결혼했었으며, 동생과의 관계에서 낳은 자녀들도 있었습니다. 그러나 헤롯은 동생의 집에서 그녀를 데리고와서 자기 아내로 삼았습니다. 그리고 오랫동안 헤롯에게 착하고 성실하던 아내를 버렸습니다. 이는 생각조차 하기 싫은 더럽고 추악한 근친상간의 죄악이었습니다. 이 여자의 영향으로 말미암아 그는 저주를 받고 파멸하였습니다. 얼마나 많은 남자들이 이런 식으로 파멸하는지요! 다른 사람들의 악한 영향을 받음으로써 이 도시에서 매일 몰락하는 여성들이 얼마나 많은지요!

사랑하는 남성 여성분, 여러분은 하나님 앞에 서서 회계해야 할 것입니다. 어느 누구도 여러분에게 마법을 걸지 못하도록 방어하십시오. 여러분에게 부탁하건대, 살기 위해 도망치십시오. 악이 여러분을 사냥하려 할 때 도망치십시오. 나는 여기서 여러분에게 한마디 뼈있는 말씀을 드려야겠습니다. 이는 여러분의 양심을 깨우고 위기의식을 고취시키기 위함입니다. 불신자가 아무리 도덕적이라도 그의 영향을 받는다는 것은 언제나 위험한 일입니다. 그런데 악한 여인이나 악한 남자의 매력에 이끌리는 것은 더할 나위 없이 위험한 일입니다. 하나님께서 이런 위험에서 벗어날 수 있도록 성령으로 도우실 것입니다. 왜냐하면 여러분이 악한 말을 듣고 행한다면 여러분은 결국 헤롯과 같은 사람이 되고 말 것이기 때문입니다.

이제 헤롯의 마지막 결점을 말씀드리겠습니다. 그의 신앙은 그로 하여금 많은 일을 하게 하였지만, 그것은 사랑이 아니라 일종의 두려움이었습니다. 본문은 헤롯이 하나님을 두려워하였다고 말씀하지 않고, "요한을 두려워하였다"고 말씀합니다. 그는 요한을 사랑한 것이 아니라 두려워한 것이었습니다. 그의 모든 일은 두려움에서 비롯된 것이었습니다. 여러분도 아시다시피 그는 사자가 아니라 여우였습니다. 이 여우는 두려움이 많고 겁이 많고, 짖어대는 똥개 앞에서도 도망가기 일쑤입니다.

두려움 때문에 신앙생활하는 많은 사람들이 있습니다. 어떤 사람의 경우에는 사람들을 두려워합니다. 그들은 경건한 척하지 않는다면 사람들이 자기에게 뭐라 말할까 두려워합니다. 평판이 좋지 않을 경우 그리스도인 동료들이 자기들에 대하여 뭐라 생각할까 두려워합니다. 또 다른 이들의 경우에는 무서운 심판이 자기들에게 내릴까 두려워합니다. 하지만 기독교의 원천은 사랑입니다. 오, 복음을 사랑하고 진리를 기뻐하고 거룩을 즐거워하는 것, 이것이 바로 진정으로 회개한 신앙의 모습입니다. 죽음에 대한 두려움, 지옥에 대한 두려움은 너무나도 초라한 신앙을 초래하며, 사람들로 하여금 헤롯의 수준에 머물게 합니다.

나는 유감스럽게도 헤롯의 결말을 보여 줌으로써 이 설교를 마무리짓겠습니다. 그는 좋은 점들이 있었음에도 불구하고 결말은 비참했습니다. 첫째, 그가 한때 존경했던 설교자를 죽였습니다. 물론 처형한 사람은 따로 있었지만 그렇게 하도록 지시한 사람은 헤롯이었습니다. 헤롯은 "가서 세례 요한의 머리를 소반에 담아오라"고 명령했습니다. 기대를 모으던 많은 사람들에게 이런 일이 벌어집니다. 그들이 한때 두려워하던 설교자들을 중상하고 핍박하게 됩니다. 할 수만 있다면 그들은 설교자들의 머리도 자릅니다. 시간이 지나면 사람들은 책망 받기를 싫어하며, 그들의 싫은 감정을 계속 드러내다가 마침내 그들이 한때 존중했던 것들을 비웃고, 마치 축구공을 가지고 놀듯이 그리스도의 이름을 가지고 놉니다. 조심하십시오! 제발 조심하십시오! 죄의 길로 가면 곧 몰락하고 맙니다. 헤롯은 요한을 두려워하였지만 결국 그를 참수하고 말았습니다. 사람이 복음적이고 칼빈주의적이다가도 어떤 상황에 처하게 되면, 그가 전에 인정했던 진리를 미워하며 핍박할 수 있습니다.

헤롯의 결말은 여기서 멈추지 않았습니다. 이 헤롯 안티파스는 훗날 구세주를 조롱한 사람이었습니다. 성경은 이렇게 말씀하고 있습니다. "헤롯이 그 군인들과 함께 예수를 업신여기며 희롱하고 빛난 옷을 입혀 빌라도에게 도로 보내니"(눅 23:11). 이 사람이 바로 요한의 지도를 받고 "많은 일을 했던" 사람입니다. 그런데 이제 그의 길이 바뀌었습니다. 그는 구세주에게 침을 뱉고 하나님의 아들에게 욕을 퍼부었습니다. 복음을 가장 악랄하게 모독하는 사람들 중에 일부는 본래 주일학교에서 교사로 봉사하던 사람들이며, "믿을 뻔했던" 젊은이들이었습니다.

그러나 그들은 신앙생활을 멈추고 머뭇거리며 방황하다가 결국 도박꾼이 되고 악해졌습니다. 처음에 그들이 진리의 빛을 받지 못했다면 아마 이렇게까지 악해지지는 않았을 것입니다. 마귀가 유다 같은 사람, 곧 "멸망의 자식"을 만들 재료를 원한다면, 그는 일하고 있는 사도를 취할 것입니다. 헤롯처럼 아주 악한 사람을 만들 때, 먼저 요한의 말을 들었던 헤롯처럼 그를 감수성이 예민하게 만들 것입니다. 어쨌든 경계인들(border men, 이도 저도 아닌 사이에 끼어있는 사람들: 역주)은 가장 악한 원수들입니다. 이전에 잉글랜드와 스코틀랜드 사이에 벌어진 전쟁 때에, 잉글랜드와 스코틀랜드 경계에 있던 주민들은 아주 호전적이었습니다. 확실하게 국경 안으로 그들을 끌어들이기 전에는 경계인들은 어느 누구보다도 우리에게 해를 끼칠 것입니다. 오, 하나님의 은혜로 지금 경계선에서 머뭇거리고 있는 사람들이 확실하게 결심할 수 있기를 간절히 바랍니다.

머지않아 헤롯은 그가 가진 모든 권세를 상실하고 맙니다. 그는 여우 같은 사람이었고, 언제나 권세를 얻으려고 몸부림쳤지만 결국에는 로마 제국의 신임을 얻지 못하고 소환되었습니다. 이는 그의 종말을 의미하였습니다. 많은 사람들이 명예를 위하여 그리스도를 버립니다. 그리고 그들은 그리스도도 잃고 또한 자신을 잃어버리고 맙니다. 그들은 가톨릭의 핍박을 받던 시대에 믿음을 위하여 감옥에 갇힌 사람과 같습니다. 그는 개신교의 신앙을 사랑한다고 말했지만 "나는 불에 타죽을 수는 없어요"라고 외쳤습니다. 이처럼 그는 신앙을 부인했지만 한밤중에 그의 집에 불이 나고 말았습니다. 불에 타죽을 수 없다던 그 사람이 불에 타죽을 수밖에 없었지만, 그는 주님을 부인하였기 때문에 불 속에서 아무런 위로도 받을 수 없었습니다. 여러분이 팥죽한 그릇 때문에 그리스도를 판다면, 여러분의 입술은 그 팥죽에 데고 말 것입니다. 그것이 녹아 흘러내리는 납처럼 여러분의 영혼속에서 영원히 탈 것입니다. 왜냐하면 "죄의 삯은 사망"이기 때문입니다. 황금 동전이 아무리 밝게 빛나고, 그 부딪히는 소리가 음악처럼 아름다울지라도, 그것을 얻기 위해 주님을 파는 사람에게 그것은 무서운 저주가 될 것이 분명합니다.

오늘날 헤롯은 영원히 불명예스러운 이름이 되고 말았습니다. 기독교회가 존재하는 한, 헤롯이라는 이름은 저주받을 것입니다. "헤롯이 요한을 두려워하고 많은 일들을 행하였으며, 요한의 말을 달갑게 들었다"는 말씀은 생각하기조차 부끄러운 것이 되지 않았습니까? 내가 알기로, 여기 있는 어떠한 젊은이도 자기가 헤롯과 같은 사람이 되리라고 믿지 않을 것입니다. 내가 선지자처럼 "네가 이렇게 하고 저렇게 하리라"고 하면 여러분은 이렇게 대답할 것입니다. "이런 일을 하다니 당신의 종이 개입니까?" 하지만 여러분이 하나님을 위해 결심하지 않는 한 여러분이 그리될 것입니다.

전에 이와 같은 일로 깜짝 놀란 적이 있습니다. 내가 어리고 미숙하였을 때, 나와 함께 학교에 다녔고, 나에게 본이 되었던 전도 유망한 아이가 있었습니다. 그는 착한 소년이었습니다. 그러나 나는 그의 이름을 별로 좋아하지 않았습니다. 왜냐하면 그의 착함 때문에 나는 늘 아버지의 꾸지람을 받았기 때문입니다. 그러다가 나는 그곳에서 멀리 이사하게 되었습니다. 그보다 어린 나는 그가 도제살이를 하다가 대도시에서 환락생활에 빠져들었고 부끄러운 모습으로 고향에 돌아왔다는 사실을 알게 되었습니다. 이는 나를 무서워 떨게 만들었습니다. 나도 과연 나의 인격을 더럽힐 수 있을까? 내가 그리스도게 헌신하면 그리스도께서 내게 새로운 마음과 올바른 영혼을 주시리라는 사실을 깨달았을 때, 그리고 "나를 경외함을 그들의 마음에 두어 나를 떠나지 않게 하리라"(렘 32:40)는 언약의 말씀을 읽었을 때, 그 말씀이 마치 인격보증(a Character Insurance Society)처럼 느껴졌습니다. 내가 예수 그리스도를 믿는 한 나의 인격은 보증 받은 것입니다. 왜냐하면 그리스도께서 나로 하여금 거룩한 길로 걸어가게 해 주실 것이기 때문입니다. 이러한 사실에 매료되어 나는 그리스도 안에서 누리는 은혜를 갈망하게 되었습니다.

여러분이 헤롯과 같은 사람이 되고 싶지 않다면, 예수 그리스도의 제자가 되십시오. 여러분에게는 달리 선택의 여지가 없을 것입니다. 여러분 가운데 어떤 이들은 아주 강한 성격을 타고나서 완전히 그리스도를 섬기든지 마귀를 섬기든지 해야 합니다. 한 스코틀랜드 노인이 로울랜드 힐(Rowland Hill) 경을 쳐다보고 있었습니다. 그 의로운 노신사는 "당신은 지금 무엇을 보고 있습니까?"라고 물었습니다. 그러나 그 노인은 "선생 얼굴 선이요"라고 대답했습니다. "그래, 얼굴 선이 어떻습니까?" 이렇게 묻자 그 노인은 다음과 같이 대답했습니다. "내 생각에 선생께서 그리스도인이 아니라면 아주 무시무시한 죄인이 될 것이오."

더러 이런 사람들이 있습니다. 그들은 시계추처럼 이리저리 흔들립니다. 아무쪼록 여러분이 오늘 밤 그리스도께로 흔들리기 바랍니다. 다음과 같이 부르짖으십시오. "주여, 나의 길을 버릴 수 있도록 도와주소서. 온전히 당신의 길로 나아갈 수 있도록 도와주소서. 내가 바라는 의와 내가 존중하는 거룩을 소유할 수 있도록 도우소서. 일부만이 아니라 주님께서 내게 바라시는 모든 일을 할 수 있도록 도우소서. 나를 붙잡아 주소서. 나를 당신의 소유로 삼으소서. 그리하면 나를 거룩하게 하시는 주님 안에서 내가 즐거워하고 기뻐하리이다." 소중한 친구들이여, 하나님께서 예수 그리스도로 말미암아 여러분에게 복을 내리실 것입니다. 아멘!

# 9

# 삭개오

주님을 재촉한 당위성

"예수께서 그곳에 이르사 쳐다 보시고 이르시되, 삭개오야 속히 내려오라. 내가 오늘 네 집에 유하여야 하겠다 하시니"(눅 19:5).

본문이 예수님께서 직접 누군가의 집에 가시겠다고 말씀하신 유일한 경우가 아닌가 생각됩니다. 대체로 주님을 만나려면 우리가 주님을 찾아야 합니다. 어쨌든 표면상으로, 보이는 은혜의 역사는 이런 식으로 이루어집니다. 즉, 사람이 은혜를 얻기 위해 먼저 부르짖기 시작합니다. 마치 소경이 나사렛 예수께서 지나가신다는 소문을 듣고 "다윗의 자손 예수여 나를 불쌍히 여기소서"라고 외쳤던 것처럼 말입니다. 하지만 하나님은 이러한 일반적인 방법에 제한 받지 않으실 만큼 은혜가 풍성한 분이십니다. 일반적으로 하나님은 자신을 찾는 자들을 만나 주십니다. 그러나 때로는 자신을 찾지 아니하는 자들도 만나 주십니다. 그렇습니다. 내가 온갖 진리를 다 전하고, 실제의 진상을 다 파헤친다 할지라도 죄인들을 찾으시는 분은 언제나 하나님이십니다. 하나님과 죄인 사이에 먼저 찾은 주체는 결코 죄인이 아니라 하나님이십니다. 지금도 외관상으로는 사람들이 먼저 하나님께 기도하며, 먼저 주님을 찾기 시작합니다. 그리고 이것이 구원이 일반적으로 사람들에게 임하는 순서입니다. 탕자는 "내가 일어나 아버지께 가리라"고 말하였습니다. 소경은 "다윗의 자손 예수여, 나를 불쌍히 여기소서"라고 소리쳤습니다.

하지만 본문은 하나님의 은혜에 조건이 없음을 우리에게 보여 줍니다. 왜 냐하면 삭개오가 자기 집에 그리스도를 초대하지도 않았는데도 그리스도께서 그의 집에 가시겠다고 말씀하셨기 때문입니다. 삭개오 쪽에서 손님으로 와 달라는 요청도 하지 않았고 더군다나 집요한 간청도 없었지만 그리스도께서 직접 재촉하시며 "속히 내려오라. 내가 오늘 네 집에 유하여야 하겠다" 고 말씀하셨습니다. 오늘 이 자리에는 삭개오처럼 주님을 영접해야 할 사명을 가진 사람들이 있다고 나는 생각합니다. 주님께서 많은 사람들을 만나주셔서 그들에게 다음과 같이 말씀해 주시기를 축원합니다. "속히 와서 나를 영접하라. 내가 오늘 밤 너와 함께 유하여야 하겠고, 이 시간부터 영원토록 너의 집과 너의 마음에 거하여야 하겠다."

첫 번째 대지는 구세주를 재촉한 거룩한 당위성입니다. 주님은 "내가 (반드시) 하여야 하겠다(I must)"라고 말씀하셨습니다. "내가 오늘 네 집에 유하여야 하겠다."

나는 삭개오의 당위성(necessity)이 그리스도의 당위성만큼 크다고 생각하지 않습니다. 아시다시피 주님은 다른 때에 이 당위성(must)을 느끼셨습니다. 요한복음 4장 4절을 보면, "사마리아를 통과하여야 하겠는지라"라고 말씀하고 있습니다. 주님께서 그 길로 가셔야 할 거룩한 당위성이 있었습니다. 이런 당위성이 가장 두드러졌던 때는 주님께서 십자가를 앞에 두셨을 때였습니다. "이때로부터 예수 그리스도께서 자기가 예루살렘에 올라가 장로들과 대제사장들과 서기관들에게 많은 고난을 받고 죽임을 당하고 제삼일에 살아나야 할 것을 제자들에게 비로소 나타내시니"(마 16:21).

본문의 경우에, 당위성은 또 다른 성격을 띱니다. 주님은 삭개오의 집에 유하여야 하셨습니다. 우리의 복되신 주님을 급하게 재촉하였던 이 당위성은 도대체 어떤 것이었습니까? 여리고에는 이 세리의 집 말고도 다른 많은 집들이 있었습니다. 감히 말씀드리건대, 분명히 주 예수 그리스도를 영접할 수 있는 더욱 유력한 집 주인들이 있었습니다. 하지만 실제로 그들은 주님을 영접하지 못하였습니다. 전능하신 주님에게 강력한 압박이 있었습니다. 이 "당위성"(must)이 무엇을 의미합니까?

그에 대한 첫 번째 대답은 사랑(love)의 당위성이었습니다. 우리 주 예수님은 누군가에게 복을 베풀기를 원하셨습니다. 주님은 삭개오를 보시고 그의 직업, 그의 죄를 아셨으며, 그에게 복을 베풀어야만 하겠다고 느끼셨습니다. 주님께서 삭개오를 보셨을 때 느끼신 감정은 마치 병든 아이를 돌보는 어머니의 모성애였습니다. 혹은 배고파 죽게 될 지경에 이른 사람을 보고 그에게 먹을 것을 주어야겠다고 느끼는 그런 감정이었습니다. 물에 빠진 사람을 보고 그를 구원하기 위해 물 속에 뛰어드는 그런 사람들의 감정이었습니다. 이 사람들은 멈추어 서서 생각하지 않았습니다. 그들은 생각하지 않고 위험을 무릅쓰고 용기 있는 행동을 하였습니다. 왜냐하면 그들이 그런 행동을 "해야만 한다(must)"고 느꼈기 때문입니다.

이처럼 예수님은 삭개오를 — 이보다 훨씬 더 강렬하게 — 축복해야만 한다고 느끼셨습니다. 그때나 지금이나 그리스도는 동일하십니다. 그리스도는 그때와 동일하게 지금도 사랑하십니다. 지금도 주님은 그때와 동일하게 은혜로우신 구세주이시며, 동일한 당위성을 느끼시며, 영혼들을 향한 동일한 굶주림을 느끼시며, 인생들을 축복하고 싶은 동일한 사랑의 갈증을 느끼십니다. 이것이 바로 우리 구세주의 거룩한 자비와 사랑에서 비롯된 당위성이었습니다.

두 번째 대답은 주권(sovereignty)의 당위성이었습니다. "내가 오늘 네 집에 유하여야 하겠다." 주님 주위에는 서기관들, 바리새인들, 그리고 기타 여러 종류의 사람들이 있었습니다. 그들은 이렇게 말했습니다. "저분은 선지자입니다. 저분이 소경의 눈을 뜨게 하였습니다. 그러므로 저분은 선지자로서 상당히 유명한 바리새인의 대접을 받아야 합니다. 매우 훌륭한 인사가 오늘 밤 저분에게 숙소를 마련해 드려야 합니다." 하지만 우리 주 예수 그리스도께서는 이렇게 말씀하신 듯합니다. "나는 묶여 있을 수 없다. 나는 속박을 받지 않을 것이다. 나는 나의 뜻을 행해야만 해. 나는 나의 주권을 발휘해야 해. 이 사람들 모두가 투덜거리지만 나는 그리할 수밖에 없어. 삭개오, 내가 가서 네 집에 유할 것이다. 이는 내가 긍휼히 여길 자를 긍휼히 여기고 불쌍히 여길 자를 불쌍히 여기리라는 사실을 그들에게 보여 주기 위함이니라."

여러분도 아시다시피 이 사람에 대한 평판은 좋지 않았습니다. 이 나라에서도 세리들을 좋아하지 않습니다. 하지만 동양인들은 우리보다 한층 더 세리들을 좋아하지 않습니다. 외세에 의하여 하나님의 백성에게 부과된 불쾌한 세금을 징수하러 온 세리는 그가 비록 유대인이라 할지라도 유대인들에게 심한 미움을 받았습니다. 그가 세금 도급인이 되기 위해 외국의 권력자들에게 아부하였다는 이유 때문이었습니다. 더구나 삭개오처럼 세리장이나 세관의 수석 도급인들은 더 형편없는 오명을 뒤집어써야 했습니다. 사람들은 그와 사귀려고 하지 않았고, 그의 집에 찾아가지도 않았습니다. 대개 사람들은 그를 피하였습니다. 그들이 죄인들의 이름을 들먹였을 때, 그들이 아주 혐오하는 일을 통해 재물을 얻고 부자가 된 삭개오가 언제나 가장 악랄한 죄인이라고 생각했습니다. 삭개오가 산헤드린의 법에 의해 파문당하였다고 나는 생각합니다. 왜냐하면 세리들은 일반적으로 파문당한 사람들로 여겨졌기 때문입니다.

게다가 내 생각에, 삭개오는 괴벽스러운 몸을 가진 사람이었습니다. 그가 달음질한다는 것은 그 몸에 아주 이상한 행동이었습니다. 부자들은 키가 작을지라도 대개 거리를 가로질러 달려가서 나무에 올라가지 않습니다. 삭개오는 다른 사람과 교제하지 않는 그런 사람이었다고 나는 생각합니다. 그는 한 가지 일을 하고자 하면 그 일을 끝내려고 하였습니다. 그 일이 소년처럼 나무에 올라가는 일이라도 그는 개의치 않았습니다. 왜냐하면 그는 여론을 신경 쓰지 않았기 때문입니다. 따라서 우리 주 예수 그리스도께서 그를 구원하심으로써 다음과 같이 말씀하려고 하신 듯합니다. "이 백성에게 보여 주리라. 내가 사람들을 구원하는 것은, 그들이 사회에서 평판이 좋기 때문에, 훌륭한 명성을 얻고 있기 때문에, 혹은 그들의 성격이 좋아서 그들을 구원하는 것이 아니다. 나는 따돌림당하는 이 사람, 곧 이 멸시받는 세리 삭개오를 구원하리라. 내가 그를 구원해야겠다. 그는 나의 주권적인 은혜를 가장 잘 보여 줄 수 있는 그런 사람이기 때문이다." 주님은 마음속으로 거룩한 결단을 하십니다. 즉, 주님께서 원하는 대로 하리라고 말입니다. 그래서 주님은 삭개오에게 "내가 네 집에 유하여야 하겠다"고 말씀하십니다.

우리 주 예수님에게는 또 다른 당위성이 있었습니다. 주님은 자신의 은혜의 큰 능력을 보여 줄 수 있는 사람을 찾으셨습니다. 우선 첫째로 죄인이 필요했습니다. 죄인을 성자로, 그것도 아주 특별한 성품의 성자로 만들고자 하셨던 것입니다. 여기에 회개한 후 삭개오의 수준에 이른 그리스도인이 한 분이라도 계시나요? 비판하려고 하는 말이 아닙니다. 하지만 과연 삭개오처럼 회개한 사람이 하나라도 있는지 의심스럽습니다. 자기 재산의 절반을 가난한 자들에게 나눠 주겠다고 한 사람이 여기에 계시는지요?

그가 큰 은혜를 받았기에 다른 이들에게 베풀 수 있었다고 나는 생각합니다. 더구나 은혜 받은 지 얼마 안 되어서 그가 그렇게 행하였다는 사실에 유념하십시오. 삭개오가 은혜 안에서 자라났을 때 얼마나 큰 일을 하였을지 나는 모릅니다. 하나님의 큰 은혜가 요술 지팡이보다도 그의 굳게 닫힌 마음을 더 잘 열었으며, 일천 개의 넘치는 개울에서 흘러나오는 물처럼 그 착한 행실이 세차게 흘러나왔습니다. 자신에게 선한 것이라곤 전혀 없다고 생각하는 그런 사람이 여기에 계시는지 모르겠습니다. 만일 그렇다면, 주님께서 이렇게 말씀하실 것입니다. "내가 그 사람을 귀중한 인물로 만들어 그를 아는 모든 사람으로 하여금 깜짝 놀라게 하리라. 그가 변화된 모습에 그의 아내가 깜짝 놀라게 될 것이라. 그의 모든 자녀들이 '도대체 아버지에게 무슨 일이 일어난 거야?' 라고 말하게 되리라. 온 성도들이 '놀라운 기적이야! 놀라운 기적이야!' 라고 말하게 되리라."

주님께서 삭개오의 집에 유하셔야 했던 또 하나의 "당위성"이 있었습니다. 이를테면, 삭개오가 여리고에서 주님을 영접하는 집주인이 되어야 했기에 주님은 삭개오의 집에 유하셔야 했던 것입니다. 구세주께서도 어딘가에서 숙박하셔야 했습니다. 대부분의 곳에서 아버지께서는 은혜로운 심령을 지정하셔서 그로 하여금 주님을 대접하게 하셨습니다. 그런데 그날 삭개오가 주님을 대접하는 집주인이 되었습니다. 만일 주님께서 또 다시 그 길로 가셨다면, 그의 옛 숙소로 가셨을 것이라고 나는 확신합니다. 주님의 소중한 이름을 송축합니다. 주님에게는 언제나 주님을 위해 방을 마련하고 있는 집주인들이 있습니다! 어느 도시나 촌이나 오지에든지 선지자의 방을 마련하고 있는 집이 있습니다. "이곳에 주 예수 그리스도를 모실 분이 계십니까?" 라고 묻는다면, 여러분은 주님과 교제하기를 기뻐하는 사람들을 곧 만나게 될 것입니다. 아마 가구가 딸리고 잘 준비된 큰 다락방에서 주님과 그 집주인은 함께 떡을 뗄 것입니다. 혹은 작은 골방, 소수의 사람들이 모여 기도하는 곳처럼 그다지 밝다고 할 수 없는 그런 곳에서 두세 사람이 주님과 이야기할 것입니다. 주님은 이 세상에서 대접 받으셔야만 했고, 삭개오는 여리고에서 주님을 대접하는 사람이어야 했습니다.

두 번째, 우리에게도 그런 당위성이 있는지 살펴봅시다. 주 예수 그리스도께서는 여러분의 집에 들어와 머무시고, 여러분의 마음 가운데 유하셔야 할 당위성이 있습니까? 나는 여러분에게 몇 가지 질문을 함으로써 이 물음에 대한 훌륭한 답변을 할 수 있습니다.

첫째, 여러분은 그리스도를 즉시 영접하기를 원하십니까? 그렇다면 주님께서 여러분에게 오셔야 할 당위성이 있습니다. 주님은 결코 사람에게 은혜를 보내기 전에 의지를 보내지 않기 때문입니다. 참으로 주님을 영접하고자 하는 의지가 있다는 사실은 그에게 은혜가 임하였다는 증거입니다. 주님께서 여러분의 손님이 되기를 갈망하며 사모하십니까? 그렇다면 여러분은 분명히 주님을 영접하게 될 것입니다. 예수 그리스도로 말미암아 하나님과 화목하기를 간절히 바라십니까? 그렇다면 여러분은 즉시 그 큰 은혜를 받을 수 있습니다. 의에 목말라 하고 있습니까? 그렇다면 여러분은 만족할 것입니다. "목마른 자도 올 것이요"(계 22:17). 누구든지 다음과 같이 말하면 안 됩니다. "오, 하지만 그 목마름이라는 단어에 함축된 어떤 마음의 각오가 있습니다. 나는 충분히 목마르지 못할까 염려됩니다." 성경은 이어서 뭐라고 말씀합니까? "또 원하는 자는 값없이 생명수를 받으라 하시더라"(계 22:17).

둘째, 여러분은 예수님을 충심으로 영접하시겠습니까? 삭개오는 "즐거워하며 영접"하였습니다. 누군가 다음과 같이 말하는 소리가 내 생각속에 들려오는군요. "주님을 즐겁게 영접하겠는가? 주님께서 제게 오시기만 한다면 저는 그리할 것입니다. 그리스도를 저의 구세주로 모시고, 제 안에 새 생명을 얻기 위해, 그리고 제 마음속에 예수님께서 유하시도록 하기 위해 제가 가진 모든 것을 드리겠습니다." 여러분도 이처럼 즐겁게 주님을 모실 것입니다. 그렇지요? 그렇다면 주님은 여러분에게 오실 수밖에 없습니다. 주님께서 서서 닫힌 문을 두드릴 것입니다. 그러므로 문만 열면 주님께서 들어가실 것이라고 나는 확신합니다. 루디아에 대하여 성경은 "주께서 그 마음을 열었다"(행 16:14)고 기록하고 있습니다. 루디아의 마음의 문이 금세 열려서 주님께서 그 안에 들어가셨습니다. 여러분의 마음도 그리스도 앞에서 열리기만 하면, 바로 이 시간 주께서 여러분의 마음속에 유하실 것이 분명합니다.

또 다른 질문을 해 봅시다. 수군거리는 자들이 무어라 말하더라도 여러분은 그리스도를 영접하겠습니까? 주님께서 여러분에게 오시면, 그들은 수군거릴 것입니다. 주님께서 삭개오의 손님으로 그의 집에 가셨을 때에도 마찬가지였습니다. 나는 여러분이 어디에 사는지 모릅니다. 하지만 여러분 주위에 있는 사람들이 여러분과 주님의 허물을 찾으려 할 것이 틀림없습니다. "뭇 사람이 보고 수군거려 이르되 저가 죄인의 집에 유하러 들어갔도다 하더라"(눅 19:7). 보세요. 그들은 그리스도뿐만 아니라 삭개오를 향해서도 수군거렸습니다. 여러분이 그리스도를 영접할 때도 똑같은 취급을 받을 것입니다. "너는 좋은 친구야"라고 말했던 사람들도 여러분이 그리스도인이 되었다는 사실을 알게 되면 여러분을 가리켜 불쌍한 놈이라고 말할 것입니다. 여러분이 그들에게 마실 것을 준다면 그들은 여러분을 가리켜 참으로 재미있는 강아지라고 말할 것입니다. 여러분이 그들의 방식대로 따라 준다면 여러분은 문자 그대로 그들에게 강아지가 되고 말 것이며, 그들은 오로지 여러분을 걷어차고 저주할 것입니다.

격식을 차리는 사회에서는 그들이 그리스도인에게 얼마나 차갑게 대하는지 여러분도 아실 것입니다. 실제로 말은 없습니다. 하지만 여러분이 한 번 그리스도인이 되면 방에서 그리스도와 교제하기 위해서는 그들의 눈치를 살펴야 합니다. 여러분은 그런 냉대를 참을 수 있습니까? 그런 불이익을 감수하겠습니까? 그리스도께서 여러분의 집과 마음에 오시면, 여러분은 주님과 함께 십자가를 져야 할 것을 각오해야만 하는 것입니다. 여러분은 그리스도와 함께 즐겁게 십자가를 지겠습니까? 그리고 기꺼이 이렇게 말씀하시렵니까? "수군거리는 자들로 자기 생각대로 말하고 행동하게 내버려두시오. 나의 마음은 결정되었습니다. 그리스도는 나를 위하시고 나는 그리스도를 위할 것입니다. 나는 그리스도를 포기할 수 없습니다."

또한 여러분은 예수 그리스도를 여러분의 주님으로 영접하겠습니까? 삭개오는 그렇게 하였습니다. 그는 "주여 보시옵소서"라고 하였습니다. 이제 여러분은 그리스도께 모든 것을 즐겁게 내어드리고 그를 여러분의 주님으로 삼겠습니까? 주님께서 여러분에게 명령하시는 것을 즐겁게 행하시겠습니까? 주님께서 명령하시는 대로 무조건 따르겠습니까? 내가 진실로 여러분에게 말씀드리건대, 여러분이 그리스도를 여러분의 주님으로 영접하지 않는 한 그분을 구세주로 모실 수 없을 것입니다. 죄를 내놓아야 하고, 악한 행실을 버려야 하며, 거룩을 따라야 하고, 그의 발자취를 따라오도록 본을 보이신 구세주를 닮으려고 온갖 노력을 기울여야 합니다. 여러분은 그럴 각오가 되어 있습니까? 그렇다면 그리스도께서 여러분의 집에 기꺼이 거하시고, 여러분의 마음속에 유하실 것입니다.

다시 한 번, 여러분은 그리스도를 수호할 채비를 갖추겠습니까? 만일 예수님께서 한 집을 방문하신다면, 예수님을 수호하는 것이 그 집 주인의 의무가 될 것입니다. 삭개오는 수군거리는 자들의 냉소에 대하여 자랑이 아니라 일종의 대답을 하였습니다. 수군거리는 자들이 그리스도께서 죄인의 집에 가서서 그곳에 유하신다는 말을 했을 때 그는 이렇게 대답했던 것 같습니다. "나는 전과 같이 더 이상 죄인이 아닙니다. 만일 내가 누구의 것을 속여 빼앗은 일이 있으면 네 갑절이나 갚을 것입니다. 그리고 내 재산의 절반을 가난한 자들에게 나눠 주겠습니다." 이것은 삭개오가 할 수 있던 최선의 수호였습니다. 그리스도는 제자들의 변화된 삶으로써 수호되셔야만 합니다. 사람들이 구세주를 공격하려고 할 때, 그들이 여러분을 가리켜 "자, 결과적으로 저 사람은 그리스도인이 되길 잘했어"라고 말할 수 있도록 그렇게 살아야 합니다. 주 예수 그리스도께서 여러분의 집에 오시면, 여러분은 이렇게 말해야 합니다. "내가 살아 있는 동안, 내가 신뢰하는 바 성령께서 내 안에 이루실 거룩한 성품으로써 그리스도의 정당성을 옹호해 드리는 것이 내 마음의 열망이 될 것입니다."

그리스도께서 여러분의 집에 유하시면 어떤 일이 생기는지 이제 나는 여러분에게 상기시켜 드리겠습니다.

첫째, 여러분은 집안의 반대에 대처할 각오를 해야 합니다. 나의 주님을 기꺼이 영접하겠다고 말씀하신 여러분, 여러분은 그 영접이란 의미가 무엇인지 알고 있다고 확신하십니까? 그리스도께서 여러분의 집에 유하시기를 원하시며, 또 그렇게 해야만 한다고 말씀하십니다. 그때에 여러분은 "그래요, 나의 주님, 나의 마음과 나의 집에 당신을 기쁘게 모시겠습니다"라고 대답합니다. 하지만 친구여, 잠시 생각해 봅시다. 여러분은 그 문제에 대하여 아내에게 물어보았습니까? 여러분은 낯선 사람들을 집에 들여서는 안 된다고 알고 있습니다. 여러분이 낯선 사람을 집에 들인다면 아내는 여러분을 미워할 것입니다. 여러분의 결단의 대가를 계산해 보셨습니까?

"나의 착한 아내여, 내가 그리스도를 나의 집에 모시고 싶소"라고 여러분은 말해야 합니다. 여러분은 이 문제에 대하여 남편에게 물어보았습니까? 때로는 사랑스러운 자녀가 "예수 그리스도께서 나와 함께 유하실 거예요"라고 말합니다. 하지만 아버지는 뭐라고 말할까요? 종종 아버지들은 하나님을 대적합니다. 여러분의 집에서 그런 일이 일어난다면, 여러분은 그리스도로 인한 핍박을 견뎌낼 각오가 되어 있습니까? 우리 주님께서 친히 "사람의 원수가 자기 집안 식구리라"(마 10:36) 말씀하셨습니다. 종종 그런 일들이 있습니다. 여러분은 다음과 같이 말할 수 있습니까? "나는 아내를 사랑합니다. 나는 내 자녀를 사랑합니다. 나는 내 아버지를 사랑합니다. 하지만 그들보다 나는 예수님을 더욱 사랑합니다. 설령 싸움이 일어나더라도 나는 내 마음속에, 나의 집에 그리스도를 모셔야 합니다."

여러분의 결심이 그러하다면 주님은 여러분의 집에 오실 것입니다. 하지만 그렇지 않다면, 주님께서 두 번째 순위가 되기 위해 오시지는 않을 것입니다. 주님을 모셨다고 사람들이 여러분을 희롱하는 처음 순간에, 또는 사람들이 여러분의 주님을 최초로 비난하는 순간에, 여러분이 겁쟁이가 되어 버린다면 주님께서는 그런 곳에 오시지 않을 것입니다. 그러나 온갖 핍박과 비난에도 불구하고 여러분이 주님을 영접하기로 결심한다면 주님께서는 여러분의 집에 오실 것입니다.

둘째, 여러분의 집은 주님을 영접하고 모시는데 어울립니까? 내가 알기에 주님께서 단 하룻밤도 유하실 수 없는 그런 집들이 있습니다. 식탁, 대화, 그모든 환경들이 주님께 맞지 않습니다. 그렇다면 여러분은 주님을 불쾌하게 하는 모든 것을 치울 준비가 되어 있나요? 여러분의 집에서 악한 모든 것을 씻어내겠습니까? 여러분이 마귀를 초대한다면 주 예수님께서 여러분의 집에 오시는 것을 기대할 수 없습니다. 그리스도께서는 마귀와 함께 같은 하늘에 유하지 않으십니다. 사탄이 범죄하자 주님은 그를 거룩한 곳에서 집어 던져 버리셨습니다. 주님은 주님께서 유하시는 곳에 악한 영이 들어오는 것을 용납하지 않으실 것입니다. 여러분이 육체의 정욕과 안목의 정욕과 이생의 자랑, 그리고 주님께서 아주 싫어하시는 악한 모든 것들을 용납한다면 주님께서는 여러분의 집에 와서 살지 않으실 것입니다. 여러분은 주님의 은혜로 말미암아 이러한 것들을 깨끗이 청산할 준비가 되어 있습니까?

셋째, 우리는 우리의 귀하신 손님을 슬프게 하는 것은 무엇이든지 들여서는 안 됩니다. 어떤 경우에는 자녀들이 악하게 행동하므로 주님께서 그 집에 유하실 수 없습니다. 엘리가 이스라엘 집의 수장이었을 때 주님은 그 집에 거하기를 원치 않으셨습니다. 엘리의 자녀들이 악하였기 때문입니다. 자녀들과 젊은이들이 엘리의 자녀들처럼 살 때 주님은 그 집에 유하지 않으십니다. 주님께서 여러분의 집에 오시면, 여러분이 아브라함같이 되기를 원하실 것입니다. 아브라함에 대하여 주님은 이렇게 말씀하셨습니다. "내가 그로 그 자식과 권속에게 명하여 여호와의 도를 지켜 공의와 정의를 행하게 하려고 그를 택하였나니"(창 18:19).

주님께서 여러분의 집에 오신다면, 여러분은 주님께서 빌립보 감옥의 간수장의 집에 오셨던 그 길로 와 달라고 주님께 부탁해야 할 것입니다. 그 길은 어떤 길이었나요? 나는 문맥을 고려하지 않고 구절의 일부분만 인용하는 경우를 종종 보게 됩니다. "선생들이여, 내가 어떻게 하여야 구원을 받으리이까 하거늘 이르되, 주 예수를 믿으라 그리하면 너와 네 집이 구원을 받으리라"(행 16:30-31). 많은 사람들이 이 구절에서 마지막 두 단어, "네 집이"를 생략합니다. 가장뿐만 아니라 집안 모든 식구들이 주 예수 그리스도를 믿는다는 것이 얼마나 큰 은혜입니까! 여러분의 집안도 그리 되기를 여러분도 원치 않습니까? 그런 은혜를 간절히 바라지 않습니까? 여러분에게 그런 소원이 있으리라고 나는 믿습니다.

또한, 주 예수 그리스도께서 여러분의 집에 들어오시면, 여러분은 그를 대접해야 합니다. 주님은 여러분의 재물을 원치 않으시며, 다만 여러분이 가지고 있는 가장 귀한 것을 원하십니다. 여러분에게 있는 가장 귀한 것이 무엇입니까? 그야 여러분의 마음, 여러분의 영혼입니다! 주님께 여러분의 마음을 드리십시오. 여러분의 생명을 드리십시오. 여러분 자신을 드리십시오. 만일 여러분이 여왕을 대접해야 한다면 — 여왕이 여러분의 집을 방문하여 저녁 시간을 여러분과 함께 지내겠다고 약속하였다면 — 장담하건대, 여러분은 그때에 여왕에게 무엇을 대접해야 할지 안절부절못하고 염려할 것입니다. 그리고 아주 적은 재산이라도 있다면, 여러분은 최대한 가장 좋은 것을 여왕에게 대접하려고 최선을 다할 것입니다.

나는 자주 시골에 내려가 설교하곤 하였습니다. 그때에 나는 농장에서 기숙하였습니다. 그때마다 그곳에 사시는 귀한 노인 한 분이 적어도 백 파운드 정도의 쇠고기를 식탁에 차려놓곤 하였습니다. 해마다 그렇게 엄청난 양의 고기를 차려놓은 것을 보고 어느 날 그 노인께 이렇게 말했습니다.

"주인장께서는 저의 식욕이 어디까지인지 호기심이 많으신 듯합니다. 식탁에 차려 주신 이 큰 고깃덩어리를 저는 다 먹을 수가 없습니다."

"오, 목사님께서 가신 다음에 우리가 그 고기를 금방 먹어치울 수 있답니다. 이곳에는 가난한 사람들도 많고 농장일꾼들도 많아서 금방 먹어치우지요."

"하지만 하필 제가 올 때 그렇게 많은 고기를 드십니까?"

"귀하신 목사님, 제가 구할 수만 있다면 집채만한 고기라도 드리겠습니다. 아무렴 그렇고 말고요. 저의 집에서 목사님을 얼마나 환대하는지 저는 보여드리고 싶답니다."

나는 그분의 말씀의 의미를 이해하고 그의 친절에 감사했습니다. 이보다 훨씬 더 고상한 의미에서, 우리의 마음과 우리의 집이 주 예수님을 얼마나 환대하는지 보여드리기 위해 최대한 가장 큰 것을 대접하도록 합시다.

우리의 복되신 구세주께서 우리에게 오시는 목적은 우리의 죄를 도말하시고, 우리의 성품을 변화시키시며, 왕과의 사귐으로 우리를 영화롭게 하시고, 끝까지 우리를 지키시고 보호하시므로 우리와 우리 자녀들을 들어올려 그의 우편에서 영원히 살게 하시는 것입니다. 주님께서 그러한 목적으로 우리에게 오시는데 우리는 그런 주님을 얼마나 환대해야 하겠습니까! 오, 그와 같은 손님을 우리는 마땅히 성대하게 대접해야 합니다! 누군가 "주님께서 제게 오시기만 한다면 저는 주님을 큰 기쁨으로 맞이하겠습니다"라고 말합니다. 그렇다면 주님께서 큰 기쁨으로 우리에게 오실 것입니다. 왜냐하면 주님은 인간의 마음속에서 환대 받기를 기뻐하시기 때문입니다.

내가 겪었던 일이 생각납니다. 그때 나는 하나님의 자비를 구하기 위해 부르짖었으나 응답을 받을 수 없었습니다. 나는 실제로 소망 없는 기도를 포기해야 할 것 같아 두려웠습니다. 하지만 "구원을 얻지 못한다면 나는 멸망할 것이다"라는 생각에 계속하여 기도하였습니다. 그때에 나는 주님께서 나로 하여금 계속 기다리게 하신다고 생각했던 것 같지만 — 이는 나의 어리석은 생각이었을 뿐 사실이 아니었음 — 혼자서 이렇게 중얼거렸습니다. "주님께서 나를 계속해서 기다리게 하신다면, 나 또한 주님으로 하여금 오랫동안 기다리게 한거야. 여러 해 동안 내가 주님을 거스르며 거절하지 않았던가? 주님께서 나로 하여금 구원을 기다리게 하신다면 불평해서는 안 되지."

그때 이런 생각이 들었습니다. '자, 이제 내가 계속 기도한다면, 그리고 20년 동안 그리스도를 만나지 못하다가 드디어 만난다면, 그 복은 받을 가치가 충분하고 기다릴 가치 역시 충분하리라. 그러므로 나는 결단코 기도를 중단하지 않을 테야.' 그 다음에 또 이런 생각이 들었습니다. '하나님께서 나를 종종 부르셨는데도 그 소리를 듣지 못하거늘 왜 나는 은혜의 보좌 앞에 나아가는 그 순간에 나의 기도가 응답되기를 기대하는가?' 그러나 내가 기도 외에 달리 무엇을 할 수 있을까 하는 생각으로, 마치 나의 등에 채찍을 가하듯이 인내하며 계속하여 기도하였습니다. 그리고 나는 다음과 같이 결심해야 한다고 느꼈습니다.

기도를 떠나 버리면 나는 멸망할 뿐입니다
나는 기도하기로 결심합니다
내가 기도를 쉰다면
나는 영원히 죽을 수밖에 없습니다

몇몇 사람들이 추구했던 방법을 나는 좋아합니다. 그들은 방에 들어가 문을 닫고 구세주를 만나기 전까지는 밖으로 나오지 않기로 결심하였습니다. 그들은 말씀을 읽었는데, 특히 "주 예수를 믿으라. 그리하면 너와 네 집이 구원을 받으리라"(행 16:31), "아들을 믿는 자에게는 영생이 있고"(요 3:36)와 같은 말씀을 읽었습니다. 그들을 무릎을 꿇고 이렇게 기도했습니다. "주여, 이는 주께서 하신 약속입니다. 이제 내가 예수님을 믿을 수 있도록 도와주시고 주님을 위하여 내게 구원을 베푸소서. 당신께서 축복하지 않으시면 나는 이 자리를 벗어나지 않겠습니다!"

이렇듯 열정적이고 끈덕진 기도는 반드시 이루어집니다. 여러분 중에 한 사람이라도 어찌 구원을 얻지 못한 채 계속 살기를 바라겠습니까? 여러분이 하나님과 화목하지 못한 채 어찌 눈을 붙이고 잠이 들 수 있습니까? 여러분의 침실에서 잠을 이루지 못하고 눈을 뜨고 이렇게 말한들 어찌겠습니까? "내가 어디에 있는 거지? 이 두려운 상태가 무엇이란 말인가? 내가 전에 사랑했던 것들은 어디에 있지? 내가 갈망한 것들은 어디에 있지? 나는 어디에 있는 걸까? 그리스도께서는 어디에 계시지? 복음은 어디에 있나? 안식일은 어디에 있는가? 내가 무시했던 경고의 말씀들은 어디에 있는가? 기도의 능력은 어디에 있는가? 이 모든 것이 영원히 사라졌는가? 나는 어디에 있는가? 너무나 어둡고 무시무시한 절망 속에 있구나. 오 하나님, 내가 당신을 대적하고 있나이다!"

이 무시무시한 장면을 설명하려고 하니 입술이 얼어붙는 것 같은 두려움이 엄습합니다. 오, 제발 그곳으로 가지 마세요! 미래의 형벌의 영원성을 부인하는 사람들이 있습니다. 하지만 설령 그 형벌에 끝이 있다 할지라도 나로서는 단 한 시간이라도 그런 고통을 당하지 않겠습니다. 단 한 시간이라도 지옥에 있다는 것이 얼마나 불행한 일입니까! 오, 그렇다면 여러분이 구세주를 찾아 만나기를 얼마나 간절히 원해야 하겠습니까! 하지만 지옥에서는 단 한 시간도 주님을 만날 수 없답니다. 한 번 실족하면 영원히 실족하는 것입니다! 그러므로 지금 주님을 찾으십시오. 이렇게 부르짖으십시오.

오, 그리스도여, 당신 자신이 내가 바라는 모든 것입니다
당신은 내가 당신 안에서 찾는 것 이상이십니다

내겐 다른 피난처는 없습니다
의지할 데 없는 나의 영혼이 당신께 매달립니다!

이처럼 하나님의 그리스도시여, 우리 자신을 당신께 던집니다! 우리를 구
원하소서! 우리를 구원하소서! 제발 우리를 구원하소서!

# 10

# 유다

---

배신

"말씀하실 때에 한 무리가 오는데 열둘 중의 하나인 유다라 하는 자가 그들을 앞장서 와서 예수께 입을 맞추려고 가까이 하는지라. 예수께서 이르시되, 유다야, 네가 입맞춤으로 인자를 파느냐 하시니"(눅 22:47, 48).

사탄이 겟세마네 동산에서 그리스도와의 싸움에서 완전히 패배하였을 때 유다가 현장에 나타났습니다. 전투에서 파르티아 사람이 슬쩍 피하여 운명의 화살을 쏘는 것처럼, 사탄은 주님을 배신한 자를 이용해 구세주에게 또 다른 화살을 겨누었습니다. 유다는 마귀의 대리자가 되었습니다. 그는 마귀에게 가장 믿을 만하고 쓸모 있는 도구였습니다. 극악무도한 사탄은 구세주의 신뢰받는 친구를 골라 배신자로 만들어 버렸습니다. 이는 사탄이 그의 상처 나고 피 흘리는 가슴 한가운데를 찔렀기 때문입니다.

하지만, 사랑하는 성도들이여, 하나님은 모든 면에서 사탄보다 지혜로우시며, 선하신 주님의 지혜가 악의 왕을 능가하십니다. 그러므로 그리스도를 배반한 이 비열한 배신을 통해 예언이 성취되었고, 그리스도께서 약속된 메시아라는 사실이 더욱 확실하게 선포되었습니다. 그리스도께서 다윗의 대형(對形, antitype)이라는 사실을 여러분은 모르십니까? 다윗도 주님처럼 그의 가장 친한 친구요 모사였던 아히도벨로부터 배신을 당하였습니다. 시편의 말씀들이 우리 주님께서 배신당하신 일로써 문자 그대로 성취되었습니다.

시편 41편과 55편의 예언이 너무나도 정확하게 성취되었습니다. 41편의 말씀은 이렇습니다. "내가 신뢰하여 내 떡을 나눠 먹던 나의 가까운 친구도 나를 대적하여 그의 발꿈치를 들었나이다." 그리고 55편에서는 더욱 뚜렷합니다. "나를 책망하는 자는 원수가 아니라. 원수일진대 내가 참았으리라. 나를 대하여 자기를 높이는 자는 나를 미워하는 자가 아니라. 미워하는 자일진대 내가 그를 피하여 숨었으리라. 그는 곧 너로다. 나의 동료, 나의 친구요, 나의 가까운 친우로다. 우리가 같이 재미있게 의논하며 무리와 함께 하여 하나님의 집 안에서 다녔도다 … 그는 손을 들어 자기와 화목한 자를 치고 그의 언약을 배반하였도다. 그의 입은 우유 기름보다 미끄러우나 그의 마음은 전쟁이요 그의 말은 기름보다 유하나 실상은 뽑힌 칼이로다(12-14, 20-21). 소선지서의 눈에 띄지 않는 구절들도 문자 그대로 성취되었습니다. 예를 들면, 스가랴 선지자의 예언대로(슥 11:13), 천한 하인의 몸값에 해당하는 은 삼십 냥 때문에 구세주께서 그의 택하신 친구에게 배반을 당하셔야 했습니다.

배은망덕하게 그리고 비열하게 배신당하신 우리 주님의 모습을 잠시 살펴봅시다.

주님의 죽으심은 약속된 것이었으나 어떻게 대적들의 손에 넘어가시게 되었을까요? 그들이 강압적으로 주님을 사로잡았을까요? 결코 그렇지 않습니다. 주님은 마지못해 희생당하는 모습을 보이지 않으셨습니다. 주님께서 대적들 앞에서 도망치다가 더 이상 숨을 수 없게 된 것일까요? 희생제물이 죽음에 쫓긴다는 것은 옳지 않습니다. 주님께서 대적에게 친히 나타나셨나요? 이는 살인자들에게 변명할 구실을 주는 것이며, 또는 그들의 범죄를 묵인하는 셈이 될 것입니다. 주님께서 우연히 또는 부지중에 잡히셨을까요? 이는 인진 쑥에다 쓸개즙을 탄 필연적인 고난을 주님의 잔에서 빼버리는 결과가 될 것입니다. 주님께서는 이런 모습으로 그들의 손에 넘어가지 않았습니다. 주님은 자신의 친구에게 배신당하신 것이 틀림없습니다. 이로써 주님은 극도의 괴로움을 겪으셔야 했으며, 이런 괴로움이 모든 상황에서 큰 슬픔의 원천이 되었습니다.

배신이 예정되어 있었던 한 가지 이유는, 주님께서 죽으실 때 인간의 죄가 최고조에 달하도록 그렇게 정해져 있었기 때문입니다. 포도원의 대지주이신 하나님께서 많은 종들을 자신의 포도원에 보내셨지만 일부는 포도원 농부들에 의해 돌에 맞아 죽고 일부는 쫓겨났습니다. 그러자 최종적으로 하나님은 이렇게 말씀하셨습니다. "내 사랑하는 아들을 보내리니 그들이 혹 그는 존대하리라"(눅 20:13). 그들이 그 기업을 빼앗기 위해 상속자를 죽였을 때 그들의 반역은 극도에 달하였습니다. 우리의 복되신 주님의 죽으심은 인간의 죄악의 극단을 보여 준 것이었습니다. 이 죄는 인간의 마음속에 잠재해 있는 하나님에 대한 증오를 드러낸 것이었습니다. 인간이 하나님을 죽였을 때 비로소 죄는 가득 차게 되었습니다. 즉, 주님을 배신한 인간의 흉악한 죄악으로 말미암아 죄의 전모가 전부 드러나고 말았던 것입니다.

유다가 배신하지 않았더라면 우리는 인간의 본성이 얼마나 흉악하고 더러운지 몰랐을 것입니다. 나는 이 멸망의 자식, 곧 더러운 배교자의 배신을 변호하려고 하는 사람들을 경멸합니다. 나의 형제들이여, 우리는 이 오명(汚名)의 대가(大家)에게 깊은 혐오감을 느껴야 할 것입니다. 그는 자기 곳으로 갔습니다. 그리고 베드로가 일부 인용한 다윗의 저주가 그에게 임하였습니다. "그가 심판을 받을 때에 죄인이 되어 나오게 하시며, 그의 기도가 죄로 변하게 하시며, 그의 연수를 짧게 하시며, 그의 직분을 타인이 빼앗게 하시며"(시 109:7, 8; 참고. 행 1:20). 분명히 마귀가 사람들을 괴롭히도록 허락을 받은 만큼 그는 유다를 자기 마음대로 사로잡았으며, 이로써 우리는 그 사람의 마음이 얼마나 더럽고 지독하게 악하였는지 알 수 있습니다.

의심할 여지 없이 그리스도께서 배신당하신 이유는 죄를 완전히 속하기 위함이었습니다. 우리는 대개 죄를 형벌로 이해합니다. 인간이 자기 하나님을 배신하였습니다. 인간은 왕이신 하나님의 동산을 관리하였습니다. 인간은 자기 하나님과 교제하기 위해 그 동산의 푸른 가로수 길을 거룩하게 관리했어야 합니다. 그런데 인간은 그 믿음을 배반하였습니다. 인간은 그곳을 파수하지 못하였습니다. 즉, 죄악이 그의 마음속에 들어오는 것을 허용하였고, 결국 하나님의 낙원에까지 들어오게 되었던 것입니다. 인간은 창조주의 선하신 이름 앞에 성실하지 못하였고, 그가 경멸하고 물리쳤어야 할 죄의 교묘한 침투를 그만 허용하고 말았습니다. 이에 예수님은 한 인간이 자신을 배신할 자임을 틀림없이 아셨습니다. 주님께서 겪으신 고난 속에는 죄라는 상대가 틀림없이 들어 있었습니다. 저와 여러분은 종종 그리스도를 배신하였습니다. 유혹을 받을 때 우리는 악을 택하고 선을 버렸습니다. 우리는 지옥의 뇌물을 받았고, 예수님을 굳건히 따르지 않았습니다. 이에 주님은 우리의 죄에 대하여 대신 보응을 받으시고, 우리는 그가 받으신 형벌로 말미암아 배은 망덕하고 배신한 죄의 실상을 깨닫습니다.

그 밖에, 주님의 고난의 잔은 하나님의 진노에 상응할 만큼 극도로 고통스러운 것이었습니다. 그 안에는 위로될 만한 것이 전혀 없습니다. 하나님의 지혜로만 생각해낼 수 있는 무시무시하고 한 번도 듣지 못한 모든 고통들이 이 잔에 들어 있습니다. 그리고 한 가지 사실, 곧 "내 떡을 먹는 자가 내게 발꿈치를 들었다"(요 13:18)는 배신이 이러한 고통을 가중시키는데 절대적으로 필요하였습니다.

게다가, 주님께서 배신자에게 배신당하심으로써 우리가 고통 가운데 빠질 때 우리를 긍휼히 여기실 수 있는 신실하신 대제사장이 되셨다고 우리는 확신합니다. 중상과 배신을 당하는 일은 흔히 있는 일이기 때문에 우리는 확신을 가지고 예수님께 나아갈 수 있습니다. 예수님은 이러한 비통한 시험을 아십니다. 왜냐하면 예수님께서 이러한 시험들을 친히 완전히 체휼하셨기 때문입니다. 예수님께서 우리와 함께 고통당하시므로 우리를 돌보시기 때문에 우리는 모든 염려, 모든 슬픔을 그에게 맡겨 버릴 수 있습니다.

이제 배신 자체를 살펴봅시다. 그 배신이 얼마나 흉악한 것인지 여러분은 아십니다. 유다는 그리스도의 종이었습니다. 내가 그를 주님의 심복이었다고 한들 틀린 말은 아닐 것입니다. 그는 사도의 직임을 맡은 사람이었고 놀랄 만한 은사들을 받아 누린 사람이었습니다. 그는 주님의 친절하고 관대한 대우를 받았습니다. 그는 자기 선생님의 물건들을 모두 사용하였고, 사실 주님보다 더 편한 생활을 하였습니다. 왜냐하면 슬픔을 많이 당하신 인자께서는 언제나 가난으로 인한 모든 고통과 치욕스러운 중상을 가장 많이 당하셨기 때문입니다. 그는 좋은 음식을 먹고 좋은 옷을 입었으며, 그의 선생께서는 그를 매우 풍족하게 해 주셨던 것 같습니다. 아시다시피 형제들이여, 전적으로 믿었던 종으로부터 뒤통수를 얻어맞는 일이 얼마나 비통한 일입니까! 그런데 유다는 그 이상이었습니다. 유다는 친구였으며, 그것도 신뢰받는 친구였습니다. 아낌없이 주는 여인들이 헌금한 연보궤가 유다의 수중에 맡겨졌습니다. 그는 돈줄을 쥐고 있을 만큼 아주 똑똑하였습니다. 그의 장점은 경제였으며, 이는 회계원에게 꼭 필요한 능력이었습니다. 모든 헌금이 그에게 맡겨졌습니다.

그는 선생님의 지시에 따라 가난한 자들에게 베풀었지만, 아무런 계산서도 쓰지 않았습니다. 이러한 자리에 세워진, 만왕의 왕의 회계원, 곧 하나님의 재무부장관에 임명된 자가 돌아서서 구세주를 판것은 참으로 비열한 행동입니다. 이것은 극도의 배신이었습니다. 당시 세상이 유다를 우리 주님의 동료요 동반자로 보았다는 사실에 유념하십시오. 유다의 이름은 그리스도의 이름과 크게 관련되어 있었습니다. 베드로, 야고보, 또는 요한이 잘못된 일을 하였을 때 그 모든 비난의 말을 그들의 선생님께서 받으셨습니다. 열두 제자들은 나사렛 예수님의 분신이요 한패였던 것입니다.

아마도 우리 주님께서 유다에게서 죄인들의 전형, 곧 후 세대에 그의 범죄를 모방한 수많은 사람들의 대표적인 초상화를 보셨을 것입니다. 예수님은 가룟 유다에게서 진리, 선, 그리고 십자가를 배신한 모든 유다들을 보셨습니다. 후메내오, 알렉산더, 허모게네, 빌레도, 데마, 그리고 그러한 족속들은 주님께서 앞서 보셨던 바로 그 사람, 곧 은 삼십 냥에 자신을 팔아 버린 그의 동료와 같은 사람들이었습니다.

사랑하는 친구들이여, 유다의 지위가 틀림없이 그의 배신을 더욱 부채질하였을 것입니다. 이방인들조차 배은망덕은 가장 악랄한 죄악이라고 가르쳤습니다. 가이사가 그의 친구 브루투스(Brutus)의 칼에 찔렸을 때 당시의 시인은 이렇게 노래하였습니다.

모든 공격 중에
이는 가장 잔인한 습격이다
숭고한 가이사가 그의 찌르는 모습을 보았을 때
배신자의 팔보다 더 강력한 배은망덕이
그를 정복하였다.

그의 강한 심장이 터지고 말았다.
그리고 외투로 그의 얼굴을 감싼 채
폼페이의 조각상 밑에
위대한 가이사가 쓰러졌다

고대 헬라와 로마의 많은 이야기들을 보면 이방인들이 배은망덕과 배신을 얼마나 혐오했는지 알 수 있습니다. 예를 들어 고대 시인들 중에 소포클레스(Sophocles)와 같은 사람은 사기치는 친구들에 대하여 격렬한 말을 쏟아냈습니다. 그러나 친구를 포용하여 파멸에 팔아넘기는 것만큼 잔인하고 괴로운 일은 없을 것입니다.

괴로워하는 구세주의 찢어지는 가슴을 바라보면서 주님께서 이러한 고난에 어떻게 대처하셨는지 살펴봅시다. 주님은 많은 기도를 드리셨습니다. 주님은 기도로써 몹시 불쾌한 감정을 가라앉힐 수 있었습니다. 주님은 매우 평온하셨습니다. 우리가 친구에게 버림받을 때 마음의 평온을 찾는 것이 필요합니다. 주님의 온유함을 살펴봅시다. 유다가 입맞춤으로 주님의 얼굴을 더럽혔을 때 주님께서 유다에게 하신 첫마디는 "친구여"였습니다. "친구여!" 이 말을 주목합시다. "너 가증스러운 이단자"라고 말씀하지 않으시고 "친구여, 네가 무엇을 하려고 왔는지 행하라" 하셨습니다. "철면피, 네가 무엇을 하려고 감히 너의 더럽고 거짓된 입술로 나의 얼굴을 감히 더럽히느냐?" 하지 않으시고 "친구여, 네가 무엇을 하려고 왔는지 행하라"(마 26:50)고 말씀하셨습니다. 유다에게 조금이라도 착한 것이 남아있었더라면 이 말씀에 그는 감동을 받았을 것입니다.

그가 지독하고 구제할 수 없고 악랄한 배신자가 아니었더라면, 틀림없이 탐욕을 즉시 물리치고 그는 이렇게 외쳤을 것입니다. "선생님! 제가 당신을 배신하러 왔나이다. 하지만 그 관대하신 말씀에 저의 심령이 사로잡혔나이다. 선생님께서 묶이신다면 저도 선생님과 함께 묶이겠나이다. 저의 파렴치한 행위를 모두 고백하나이다."

우리 주님은 이어서 다음과 같이 말씀하셨습니다. "유다야, 네가 입맞춤으로 인자를 파느냐?"(눅 22:48) 이 말씀에는 책망이 섞여 있으나 그럼에도 불구하고 이러한 겁쟁이에게는 참으로 친절하고 너무나 인자한 말씀이었습니다. 주님께서 친한 친구요 동료에게 "나의 유다, 나의 재무장관, 네가 인자를 파느냐?" 하셨을 때 나는 유다의 눈에서 눈물이 왈칵 쏟아져 나오고, 그의 목소리가 떨렸을 것이라고 생각합니다. 이 말씀의 의미를 풀이하면 다음과 같습니다.

네가 보았듯이 나는 머리 둘 곳도 없이 헐벗고 가난하고, 고난받고 슬퍼하는 너의 친구인데 그런 나를 네가 파느냐? 매우 다정한 듯 애정의 입맞춤을 하면서까지 네가 인자를 파느냐? 그 애정의 표시는 마땅히 왕에 대한 충성의 표시가 되어야 하거늘 어찌 너의 배신의 상징이 되느냐? 너는 그것을 이용하여 나를 죽이려 하느냐? 네가 입맞춤으로 인자를 파느냐? 오! 유다의 마음이 완고하지 않았더라면, 성령께서 그를 완전히 버리지만 않았더라면, 이 멸망의 자식은 분명히 다시금 엎드려져서 자신의 영혼을 위해 울며 이렇게 외쳤을 것입니다.

"아니에요. 나는 당신, 고난당하시는 인자를 배신할 수 없습니다. 나를 용서해 주세요. 나를 용서해 주세요. 몸조심하십시오. 이 피에 굶주린 사람들로부터 피하십시오. 그리고 배반한 당신의 제자를 용서해 주소서!" 하지만 은이 걸려 있는 까닭에 그는 양심의 가책을 느끼는 말 한 마디 하지 않았습니다. 이후에 슬픔이 닥쳤고 이 슬픔이 결국 그를 죽음으로 몰고 갔습니다. 유다의 모델이었던 아히도벨이 양심의 가책을 면하려고 목을 매어 죽은 것처럼 그 또한 슬픔에 빠져 자살하고 말았습니다. 배신자가 끝내 뉘우치지 않았으며, 차라리 태어나지 않는 것이 나을 뻔하였다고 주님께서 일찍이 말씀하신 그 사람이 무시무시한 멸망의 길로 갔다는 소식을 주님께서 접하셨을 때 우리의 사랑하는 주님의 괴로움은 더욱 가중되었을 것이 틀림없습니다.

사랑하는 성도들이여, 이제 조용히 묵상하는 가운데 여러분의 시선을 여러분의 주님께 고정시키도록 할 것입니다. 사람들에게 멸시와 거절을 당하시고 간고를 겪고 질고를 아시는 주님을 묵상합시다. 여러분의 마음의 허리를 동이고, 불시험이 여러분에게 닥치거든 이상히 여기지 말고, 비록 우리 주님께서 그의 뛰어난 제자들에게 배신을 당할지라도 그의 은혜로 말미암아 수치와 고난 속에서도 주님을 붙잡고 따르며, 필요하다면 죽음에 이르기까지 주님을 따르기로 결심합시다. 이제 하나님께서 주님의 못 박힌 손과 발의 형상을 볼 수 있는 은혜를 우리에게 주십니다. 우리는 이 모든 일이 한 친구의 배신으로 말미암았다는 사실을 기억하고 우리의 행동이나 말 또는 생각으로 주님을 배신함으로써 주님을 또 다시 십자가에 못 박거나 주님께서 멸시를 당하지 않으시도록 우리 자신을 경계합시다.

이제 인자를 배신한 사람, 곧 배신자 유다에 대하여 평가를 내릴텐데 이 평가에 주목하시기 바랍시오.

유다의 지위와 신분을 주목합시다. 유다는 설교자였습니다. 그것도 최고의 설교자였습니다. 베드로 사도는 "이 직무의 한 부분을 맡았던 자라"(행 1:17)고 말하였습니다. 그는 단지 70인 중에 속하지 않았습니다. 그는 열두 제자들 중에 한 명으로 주님께서 직접 택하신 자였으며, 사도 학교의 촉망받는 학생이었습니다. 의심의 여지 없이 많은 사람들이 그의 목소리를 기뻐할 만큼 그는 복음을 전하였으며, 그의 말에 병든 자가 낫고 귀머거리가 듣고 소경이 보게 될 정도로 놀라운 능력이 그에게서 나타났습니다. 글쎄요, 전에 다른 사람들에게서 마귀를 쫓아내던 사람이 정작 자신에게서 마귀를 물리치지 못한 것은 의심할 여지 없는 분명한 사실입니다.

너 아침의 아들 계명성(루시퍼)이여, 어찌 그리 하늘에서 떨어졌는고! 백성들 중에 선지자로서 학식 있는 말을 하였고, 그 말과 기적들을 볼 때 그가 예수님과 함께 있었고 예수님을 알았다는 것이 분명한데 그런 자가 자기 선생님을 배반하다니. 나의 형제들이여, 은사가 은혜를 보증하지 못한다는 것을 이해하십시오. 또한 교회 안에서 명예롭고 유능한 직분이 주님에 대한 우리의 신실성을 반드시 입증하는 것은 아니라는 사실을 이해하십시오. 의심할 여지 없이 지옥에는 감독들도 있으며, 한때 강단을 지켰던 수많은 성직자들이 이제는 영원한 저주 속에 그들의 외식을 애통하고 있습니다.

교회의 직분을 맡은 여러분, 여러분이 교회의 신임을 받고 있기 때문에 하나님의 은혜가 확실히 여러분 안에 있다고 결론짓지 마십시오. 아마도 직분자들 모두에게 가장 큰 위험은 종교계에 알려지고 많은 존경을 받으면서 정작 자신의 속이 썩어있다는 것일 것입니다. 다른 사람들이 우리의 허물을 관찰할 수 있는 곳에 있다는 것은 괴롭지만 유익한 일입니다. 그러나 우리가 잘못을 범할 수 있다는 사실을 믿지 않고, 우리가 잘못하는 것을 보면서도 우리를 눈감아 주는 그런 친구들과 산다는 것은 유익하지 못합니다. 왜냐하면 그런 상태에서는 우리의 마음이 하나님 앞에 옳지 못하더라도 깨닫는 것이 불가능해지기 때문입니다. 평판은 좋으나 마음이 잘못되어 있는 상태는 지옥의 가장자리에 서 있는 것입니다.

유다는 직무상 높은 지위를 얻었습니다. 그는 주님의 재정을 맡는 남다른 명예를 얻었습니다. 이는 결코 적은 것이 아니었습니다. 모든 종류의 은사들을 활용하는 법을 아시는 주님께서는 그 사람이 가지고 있던 은사가 무엇이었는지 파악하셨습니다. 경솔하고 조급한 성격의 베드로는 재정을 금세 다 써버리고 큰 곤경에 빠지면 그 일을 놓게 될 것을 주님은 아셨습니다. 그리고 그 일을 요한에게 맡기면, 요한은 정이 많아서 살살 녹이는 말을 하는 놈들에게 구워삶아져서 자선을 지혜롭지 못하게 행하게 될 것을 주님은 아셨습니다. 요한은 주님의 머리에 향유를 붓는데 사용할 옥합을 사는데 많은 돈을 들이지 않았을 것입니다. 주님은 유다에게 연보궤를 맡기셨습니다. 연보는 사려 깊고 신중하며 적절하게 사용되었습니다. 유다가 가장 현명한 사람이었고 그 지위에 딱 맞는 적임자였다는 사실은 의심할 여지가 없습니다. 하지만, 주님께서 우리 가운데 누군가를 성직자나 교회의 직분자로 택하시고 우리에게 남다른 지위를 주실지라도, 우리의 지위가 지시하는 높은 직분이라서 동료 목사들이 부러워하고 동료 장로들이나 집사들이 마치 우리가 이스라엘의 족장들이 된 것처럼 우러러볼 정도일지라도, 우리가 변심하고 거짓이 탄로 난다면, 결국 우리의 종말이 얼마나 저주스럽겠습니까! 우리가 성도들의 마음에 얼마나 큰 타격을 줄 것이며, 또 지옥에서는 얼마나 비웃겠습니까!

유다는 솔직히 훌륭한 성격을 지녔다는 사실을 여러분은 알게 될 것입니다. 그의 성격에 어떠한 허물이 있었는지 나는 모르겠습니다. 다른 사람들이 생각하는 만큼 그의 도덕성에 흠이 있었던 것이 아니었습니다. 그는 베드로처럼 허풍선이가 아니었습니다. 그는 "다 버릴지라도 나는 그리하지 않겠나이다"(막 14:29)라고 소리칠 만큼 경솔하지 않았습니다. 그는 보좌 우편의 자리를 요구하지도 않았으며 기타 다른 야망도 없었습니다. 그는 엉뚱한 질문도 하지 않았습니다. 예수님께 질문한 유다는 "가룟 유다"가 아니었습니다. 도마와 빌립이 심오한 문제들에 대하여 꼬치꼬치 캐물었지만 유다는 아니었습니다. 그는 주님께서 가르치는 대로 진리를 수용하였습니다. 다른 사람들이 죄를 범하고 더 이상 예수님을 따르지 않았을 때 그럴만한 명분을 가지고 신실하게 예수님을 따랐습니다. 그는 육체의 정욕에 빠지지도 않았고 또한 교만하지도 않았습니다. 제자들 중에 한 사람도 그가 위선하고 있다고 생각하지 않았습니다. 만찬상에서 제자들은 "주여 내니이까?"라고 하였을 뿐 "주여 유다입니까?"라고 결코 말하지 않았습니다. 그가 몇 달 동안 좀도둑질한 것은 사실이지만 그의 도둑질은 미미한 것이었으며, 교묘하게 조작하므로 그가 유용한 것을 감추었으며, 이에 유다가 함께 한 정직한 어부들(제자들을 의미)에게 발각되지 않았습니다.

본래 유다는 매우 훌륭한 사람이었습니다. 틀림없이 그는 머지않아 시의회 의원이 될 수 있었을 것입니다. 그는 매우 경건하고 재능이 많은 사람이었습니다. 그가 교회나 예배당에 들어왔다면 사람들에게 큰 기쁨을 주었을 것입니다. 집사들은 그를 향하여 "참으로 사려 깊고 영향력 있는 사람이로다"라고 칭송할 것입니다. 그러면 목사는 "맞아요, 우리 모임에 얼마나 소중한 사람인지 모르겠습니다. 우리가 그에게 직분을 맡긴다면 그는 교회를 위해 훌륭한 일을 할 것입니다."

나는 주님께서 유다를 고의로 사도로 택하셨다고 믿습니다. 왜냐하면 그런 유형의 사람이 강단에서 설교를 하거나 그리스도의 교회에서 직분을 감당하고 있는 모습을 볼지라도 우리가 전혀 놀라지 않도록 하기 위함입니다. 이런 직분들은 중요합니다. 이 사실을 마음에 새겨둡시다.

하지만, 두 번째로 나는 유다의 실질적인 성품과 죄를 여러분에게 제시합니다. 유다는 양심이 있는 사람이었습니다. 그는 양심 없는 일은 할 수 없었습니다. 그는 신앙을 내던져버리는 사두개인이 아니었습니다. 그는 종교성이 강하였습니다. 그는 타락한 사람이 아니었습니다. 그는 살면서 악을 도모하느라 결코 2펜스 짜리 동전하나 지불하지 않았습니다. 그는 악을 좋아하는 것보다 2펜스 짜리 동전을 더 좋아했습니다. 가끔씩 그는 풍부하였는데 그때에 다른 사람의 돈을 맡았기 때문입니다. 그는 자신의 사랑스러운 돈줄,

곧 연보궤를 잘 지켰습니다. 그는 양심이 있었습니다. 그런데 그 양심의 줄이 한 번 풀리자 맹렬한 것이 되었습니다. 왜냐하면 그 양심이 자기 자신을 목을 매어 죽게 만들었기 때문입니다. 하지만 그런 양심이 마음의 보좌 위에 규칙적으로 앉지 못하였고, 양심은 발작적으로 가끔씩 발동하였을 뿐입니다. 양심이 주도적인 요인이 되지 못하였습니다. 탐욕이 양심보다 우세하였습니다. 솔직히 그가 돈을 가장 좋아했을진대 양심적으로 돈을 벌 수 없다면 세상에서 어떻게 해서든 돈을 벌려고 했을 것입니다. 그는 소상인에 불과했습니다. 따라서 그의 수입은 그다지 많지 않았습니다. 만일 그의 수입이 많았다면 그는 그렇게 적은 액수 때문에 그리스도를 팔지는 않았을 것입니다. 그가 주님을 팔고 받은 액수는 현재 시세로 고작해야 십 파운드, 그때 당시 시세로는 삼사 파운드에 불과했습니다. 그것은 주님을 팔고 받기에 초라한 액수였지만 그 작은 돈이 그에게는 큰 것이었습니다.

그는 가난했습니다. 그가 그리스도를 따른 것은 그리스도께서 곧 유대인의 왕으로 선포될 것이라는 생각 때문이었습니다. 그렇게 되면 자신이 귀족이 되고 부자가 될 것이라고 생각했던 것입니다. 그리스도의 왕국이 도래하는 동안 그는 그리스도의 실체를 알아가면서 조금씩 돈을 빼내고 충분히 저축해 두었습니다. 이제 자신의 모든 꿈이 물거품이 될까봐 염려하였습니다. 이에 그리스도에게는 전혀 관심을 갖지 않고 오로지 자신에게만 관심을 가졌으며, 그 동안 자신의 행동이 총체적인 실수였다는 생각에서 있는 힘을 다해 보상을 받으려 하였으며, 마침내 주님을 배신함으로써 돈을 벌었습니다. 모든 위선자들 중에 이러한 사람들은 하나님께서 그들의 돈이라는 하찮은 소망을 가진 사람들이라고 나는 굳게 믿습니다.

여러분은 술주정뱅이를 변화시킬 수 있습니다. 우리는 그런 경우를 많이 보았습니다. 죄악에 굴복한 타락한 그리스도인이라도 죄의 욕망에 싫증을 느끼고 죄악에서 돌아설 수 있습니다. 하지만 탐욕에 무너진 사람이 구원받은 경우는 손톱에다 그 이름을 다 새길 정도로 그리 많지 않다는 것이 우려됩니다. 이 죄는 세상이 책망하지 않는 죄입니다. 아주 신실한 목회자도 이죄를 대놓고 책망하지 못합니다. 이 세상이 전부인데도 그리스도의 제자인양 하는 사람들에게 내가 얼마나 책망을 하였는지 하나님께서 아십니다. 하지만 그들은 언제나 "나만 그런가요" 라고 말합니다. 나는 뻣뻣하고 적나라 한 탐욕이라고 부르는 것을 그들은 절약, 재량, 경제, 기타 등등으로 부릅니 다. 내가 침을 뱉으며 조롱하는 행동들을 그들이 행할 것이며, 그들이 그런 일을 행하고도 자기들의 손을 깨끗하다고 생각할 것입니다. 그들은 하나님 의 백성이 앉아 있는 것처럼 앉아 있고, 하나님의 백성이 듣는 것처럼 들으 며, 그리스도를 얼마 안 되는 값에 팔아먹은 후에도 자신들이 천국에 들어갈 것이라고 생각합니다.

오 심령들이여, 심령들이여, 심령들이여, 삼가 모든 탐심을 주의하고 주의 하고 또 주의하시오! 악의 뿌리는 돈 자체가 아니고 돈이 없음도 아니고 돈 을 사랑하는 것입니다. 돈을 사랑한다고 돈을 버는 것이 아니며, 돈을 사랑 한다고 돈을 움켜쥐는 것이 아닙니다. 그냥 돈을 사랑하는 것일 뿐입니다. 돈을 사랑하는 것은 돈을 여러분의 신으로 삼는 것입니다. 돈을 사랑하는 것 은 돈을 성공의 기회로 보는 것입니다. 그러나 그러한 심령은 그리스도의 뜻, 그리스도의 진리, 그리스도의 거룩한 삶을 생각하지 않습니다. 오로지 모든 것을 희생해서라도 이익을 얻을 태세입니다.

세 번째 생각할 점은 유다가 받은 경고와 그가 고집한 길입니다. 생각해 보십시오. 유다가 그의 선생님을 팔기 전날 밤에 주님께서 무엇을 하셨다고 여러분은 생각하십니까? 그야 주님께서 그의 발을 씻기셨지요! 그런데 그가 주님을 팔다니! 그런 겸손이 어디 있습니까! 그런 사랑이 어디 있습니까! 그 런 친교가 어디 있습니까! 주님은 수건을 자신의 허리에 두르고 유다의 발을 씻겨 주셨습니다! 그런데 그 발로 사람들을 안내하여 예수님을 붙잡게 하였 습니다. 주님께서 그의 발을 씻기셨을 때 "너희가 깨끗하나 다는 아니니라" (요 13:10) 하신 말씀을 여러분은 기억합니다. 그때 주님의 눈은 유다를 향하 였습니다. 그것이 그에게 얼마나 큰 경고였습니까! 그보다 어떻게 더 분명할 수 있겠습니까? 만찬 시간이 되어 그들은 함께 먹고 마시기 시작했습니다. 그때에 주님은 "너희 중 하나가 나를 팔리라"(요 13:21) 하셨습니다. 그것으 로 충분히 명백해졌습니다. 주님은 조금 더 분명하게 말씀하셨습니다. "나 와 함께 그릇에 손을 넣는 자니라"(막 14:20). 이 얼마나 회개할 수 있는 절 호의 기회였는지요! 주님께서 신실한 설교자가 아니었다고 말할 수 없습니다. 어찌 이보다 더 인격적일 수 있겠습니까?

지금 회개하지 않는다면 어찌 되겠습니까? 게다가 유다는 돌 같은 마음이라도 녹게 만들 수 있는 주님의 모습을 보았습니다. 즉, 그는 고뇌에 찬 그리스도의 얼굴을 보았던 것입니다. 그때 이미 주님께서 "지금 내 마음이 괴롭다"(요 12:27)고 말씀하신 후였습니다. 그러나 그때에 유다는 주님을 팔려고 그 만찬 자리에서 나갔습니다. 만일 수심으로 가득한 유다가 포기하지 않고 홀로 남아 그의 심령을 자신의 악한 꾀에 넘겨주지 않았더라면 그는 틀림없이 주님께로 돌아섰을 것입니다.

다음과 같은 예수 그리스도의 말씀보다 뇌성같이 크게 울리는 말씀은 없을 것입니다. "인자를 파는 그 사람에게는 화가 있으리로다 그 사람은 차라리 태어나지 아니하였더라면 제게 좋을 뻔하였느니라"(마 26:24). 주님은 또한 말씀하셨습니다. "내가 너희 열둘을 택하지 아니하였느냐? 그러나 너희 중의 한 사람은 마귀니라"(요 6:70). 이러한 우렛소리가 그의 뇌리를 스쳤고, 주님의 말씀의 번개불이 그의 인격을 겨냥했는데도 이 사람은 깨닫지 못하였으니, 그 영혼 안에는 얼마나 지독한 완고함과 죄가 자리잡고 있었단 말입니까! 그런데 여러분 가운데 누군가 주일에 상점 문을 열려고 그리스도를 팔고, 거짓으로 가외의 삯을 얻으려고 그리스도를 판다면, 곧 악한 계약으로써 여러분이 백 파운드의 돈을 벌기 위해 그리스도를 판다면, 여러분은 멸망당해도 할 말이 없을 것입니다. 왜냐하면 이미 가룟 유다를 통해 주께서 경고하셨기 때문입니다.

이제 배신의 행위 자체를 살펴봅시다. 유다는 시험을 스스로 자초하였습니다. 그는 마귀가 자기에게 오기를 기다리지 않았습니다. 그가 마귀를 쫓아갔습니다. 그는 대제사장들에게 가서 "내가 예수를 너희에게 넘겨주리니 얼마나 주려느냐?"(마 26:15)고 물었습니다. 옛 청교도 성자 중 한 분은 말하기를, "이는 사람들이 일반적으로 거래하는 방식이 아니다. 일반적으로 파는 사람들이 값을 부른다"고 하였습니다. 유다는 "얼마를 주려느냐? 당신들이 원하는 대로 팔겠다. 생명과 영광의 주를 사는 자의 값에 팔겠다"고 했습니다. 또 다른 분은 이렇게 얌전하게 설명하였습니다. "그들이 그에게 얼마를 줄 수 있었을까? 그가 원하는 것이 무엇이었는가? 그는 양식과 옷을 원하지 않았다. 그는 자기 선생님과 다른 제자들처럼 잘 지냈다. 그는 충분하였다. 그에겐 필요한 모든 것이 있었다. 그런데 그런 그가 '얼마를 주려느냐?' '얼마를 주려느냐?' '얼마를 주려느냐?' 하였다."

어떤 사람의 신앙은 한 가지 질문에 기초를 두고 있습니다. "내게 얼마를 주려느냐?" 그렇습니다. 그들은 교회에서 거저 주는 구호금이 있으면 교회에 나갈 것이나 가지 않고도 더 많은 것을 얻는다면 그쪽을 택할 것입니다. "내게 얼마를 주려느냐?" 이런 사람들 중에 어떤 이들은 유다처럼 지혜롭지 못합니다. 유다가 받은 십 파운드보다 훨씬 더 값있는 면류관을 위해 주님을 팔 자가 저기에 있습니다! 글쎄요, 현재 통화 가치로 가장 적은 은 조각을 위해 그리스도를 팔 사람들도 있습니다. 그들의 1년 연봉에도 미치지 못할 만큼 이익이 얼마 안 되는데도 그들은 주님을 부인하도록 유혹을 받고 있고, 더러운 길로 행하도록 유혹을 받고 있습니다. 자세히 살펴보면 이보다 더 두려운 일은 없을 것입니다. 이러한 유혹이 우리 각자에게도 일어납니다. 이런 사실을 부인하지 맙시다. 우리 모두 이익을 얻기를 좋아합니다. 그것은 우리의 본성입니다.

받기를 좋아하는 경향이 우리 마음속에 있습니다. 율법의 제한 속에서도 그 경향은 여전합니다. 하지만 이러한 경향이 우리 주님에 대한 충성과 대립하게 될 때, 오늘날과 같은 세상에서는 자주 이런 일이 일어나는데, 우리는 그런 경향을 이겨야 합니다. 그렇지 않으면 우리는 멸망할 수밖에 없습니다. 여러분 가운데 어떤 사람들에게는 "하나님이냐 이익이냐", "그리스도냐 은 삼십 냥이냐" 하는 갈등이 한 주일에도 여러 번 일어날 것입니다. 그러므로 나는 여러분에게 이러한 사실을 한층 절박하게 알립니다. 세상이 최고의 값을 주고, 위로를 듬뿍 담아주며, 인기와 명예와 존경을 준다 할지라도 여러분은 주님을 버리지 마십시오. 교회에 잘 나오던 사람들의 경우에도 이런 일들이 있었답니다. 그들은 주일에 장사가 가장 잘 된다고 교회에 나오지도 않고 장사하였으나 결국 지나고 보니 성공하지 못하였다는 것을 깨달았습니다. 처음에는 느낌이 좋았고 기분이 좋았으나 지금은 그런 느낌이나 기분을 다 상실하고 말았습니다. 또 내가 알고 있는 어떤 이는 이렇게 말하였습니다. "글쎄, 아시다시피 저는 주님을 사랑한다고 생각했죠. 그런데 제가 하나님의 집에 나오면서 나의 일이 잘 안 되자 나는 신앙을 버렸습니다. 나의 신앙고백을 포기하였습니다."

유다여! 유다여! 유다여! 당신도 그러하기에 당신의 이름을 부릅니다. 아무개여! 이는 또 다시 배신자의 죄입니다. 여러분이 회개하도록 하나님께서 도우십니다. 가십시오. 제사장에게 가지 말고 그리스도께 나와 자백하십시오. 어쩌면 여러분은 구원받을 것입니다. 아시다시피 유다가 그리스도를 팔 때 그는 그의 주인에게 충성하였습니다. "그의 주인에게 충성하였다니요?" 그렇습니다. 유다의 주인은 마귀였습니다. 마귀의 승낙을 얻은 후 그는 그 일을 충실하게 수행하였습니다. 어떤 사람들은 언제나 마귀에게 충성합니다. 그들이 잘못된 일을 할 것이라고 말한다면, 자기가 이미 그렇게 하겠다고 말했기 때문에 그렇게 해야만 한다고 말합니다. 악한 맹세라도 맹세는 사람을 묶어 버리는 경향이 있습니다. 어떤 사람이 "절대로 다시는 그 집에 가지 않겠어"라고 했습니다. 그리고 나중에 그는 "내가 괜히 그런 말을 했네" 하고 후회합니다. 그것이 잘못된 것입니까? 여러분의 맹세는 어떻습니까? 잘못된 맹세는 마귀에게 한 것입니다. 사탄에게 한 맹세 외에 또 무엇이 어리석은 맹세란 말입니까? 여러분은 사탄에게 충성하겠습니까? 여러분이 그리스도께 충성하기를 축원합니다.

유다는 입맞춤으로 자기 선생님을 배신하였습니다. 대부분의 배신자들이 그런 모습으로 배신합니다. 그들은 언제나 입맞춤으로 배신합니다. 여러분은 살아오면서 진리에 대한 깊은 존중심으로 쓰지 않은 이교도의 책을 본 적이 있습니까? 나는 한 번도 본 적이 없습니다. 주교들이 쓴 현대의 작품들조차 언제나 그런 식으로 시작합니다. 그들은 입맞춤으로 인자를 배신합니다. 싫증날 정도의 겸손과 달콤한 말과 아첨, 황금의 시럽과 달콤하고 부드러운 모든 말로 시작하지 않은 격심한 논쟁을 읽어본 적이 있습니까? 여러분은 처음에 그렇게 시작하는 것을 보고는 "이 책에는 뭔가 안 좋은 것이 있는 게 분명해. 왜냐하면 사람들이 처음에 너무 부드럽고 감미롭게, 너무 겸손하고 매끄럽게 시작하면 그들의 마음속에 참을 수 없는 미움이 들어있기 때문이야"라고 말합니다. 가장 경건하게 보이는 사람들이 종종 세상에서 가장 위선적인 사람들입니다.

이제 마지막으로 유다의 후회를 생각해 봅시다. 그는 후회했습니다. 정말 후회했습니다. 하지만 그 후회는 죽음으로 끝나고 말았습니다. 그가 자백을 했지만 그 행동 자체를 돌아본 자백이 아니라 그 결과를 생각한 자백이었습니다. 그는 그리스도께서 선고 받으신 사실을 크게 후회하였습니다. 친절한 자기 선생님께 대하여 가졌던 숨은 사랑이 선생님이 선고를 받으시자 싹텄습니다. 아마도 그는 일이 그렇게까지 되리라고는 생각하지 못했을 것입니다. 선생님께서 사람들을 피해 달아나리라고 기대했을 것입니다. 그러면 은 삼십 냥을 저축하고, 아마도 그를 다시 팔 생각을 했을 것입니다. 아마도 유다는 선생님께서 놀라운 능력을 보이심으로써 사람들의 수중에서 벗어나거나 혹은 나라의 창설을 선언하실 것이라고 생각했을 것입니다. 그렇게 되면 결과적으로 자신이 복된 목적을 달성하는데 일조한 셈이 되리라고 생각했을 것입니다. 그러나 결과가 그렇게 되지 못한 이유로 그는 후회하였다는 것입니다.

친구들이여, 결과를 후회한 사람은 회개한 사람이 아닙니다. 악한이 후회하는 것은 교수형이지 살인이 아닙니다. 그것은 결코 회개가 아닙니다. 물론 인간의 법은 결과로서 죄를 판결해야 하지만 하나님의 법은 그렇지 않습니다. 철로에서 자기 의무를 소홀히 한 철도원이 있습니다. 불행하게도 철로에서 충돌사고가 일어났고 사람들이 죽었습니다. 이 사람에게는 과실로 인한 살인죄가 적용됩니다. 그런데 이 철도원이 자기 의무를 소홀히 하기 전까지는 사고가 일어나지 않았고, 그래서 집에 돌아가면서 "나는 지금까지 잘못한 게 없어"라고 말했을 것입니다. 자, 주목하십시오. 과실은 결코 사고로 판단되는 것이 아니라 과실 자체로 판단됩니다. 여러분이 과실을 범했는데도 들키지 않고 용케 모면할 수 있었다 할지라도 그것은 하나님 보시기에 잘못된 것입니다. 여러분이 잘못을 저지르고 하나님의 섭리로 인해 당연히 잘못된 결과를 피할 수 있었다면 그 영광은 하나님께 있는 것입니다. 그리고 여러분의 죄가 마치 완전히 잘못된 결과로 이어져서 온 세상에 불이 난 것처럼 여러분은 자신의 죄에 대하여 책임을 져야 합니다. 결단코 죄를 결과로써 판단하지 말고 죄는 죄 자체로 회개하십시오.

결과를 후회하였지만 그 결과는 돌이킬 수 없기에 이 사람은 양심의 가책을 느끼게 되었습니다. 그는 나무를 찾아 거기에 줄을 묶고 목을 맸습니다. 조급한 마음에 그는 엉성하게 목을 맸기 때문에 줄이 끊어져 절벽 위로 떨어지고 말았습니다. 그래서 그의 창자가 쏟아져 나왔다고 성경은 기록하고 있습니다. 몸이 엉망인 채 벼랑 밑에 쓰러졌으며, 지나가는 모든 사람들이 이를 보고 두려워하였습니다. 이제 여러분은 경건의 유익을 구하십시오. 그리하면 자살이라는 종국에 이르지 않을 것입니다. 그리고 여기서 뼈아픈 교훈을 얻으십시오.

존경하는 전임자 키치(Keach) 목사님께서 그의 설교집 끝에 존 차일드(John Child)라는 분의 죽음을 소개하셨습니다. 존 차일드는 국교에 반대하는 목사였는데, 이익을 얻고 생계를 유지하기 위해 양심을 거스르면서 감독교회(Episcopalians)에 가입하였습니다. 그는 유아들에게 세례를 주었습니다. 그리고 자신의 양심에 거스르는 기타 다른 의식을 거행하였습니다. 마침내, 마침내, 그는 자신의 행위로 인해 공포에 사로잡혔습니다. 그는 사는 것을 포기하고 병상에 누웠습니다. 그리고 그는 죽어가면서 맹세와 신성모독, 저주들을 퍼부었으며, 그의 사례는 당시에 사람들을 깜짝 놀라게 할 만큼 무시무시한 일이었습니다. 키치 목사님은 이 사례를 자세히 기록하였습니다. 많은 사람들이 그 사람을 위로해 보려고 노력하였지만 그는 "너희들은 꺼져. 꺼지란 말야. 소용없어. 나는 그리스도를 팔았단 말이야"라고 말하곤 하였습니다.

또한 프랜시스 스피라(Francis Spira)의 소름끼치는 죽음을 여러분은 알고 있습니다. 모든 문학작품에서 스피라의 죽음만큼 무서운 것은 없습니다. 그 사람은 진리를 알았습니다. 그는 개혁가들 사이에 인기가 좋았습니다. 그는 명예롭고 분명히 신실한 사람이었습니다. 하지만 그는 로마교회로 돌아갔습니다. 그는 신앙을 버렸습니다. 그 후 그의 양심이 살아났을 때 그는 그리스도께로 나아가지 못하였습니다. 자신의 죄보다는 결과를 바라보았던 것입니다. 그래서 그 결과는 바뀔 수 없다고 생각하고 죄가 용서받을 수 있다는 사실을 잊어버렸고, 마침내 극심한 고뇌 속에 죽고 말았습니다. 우리 가운데 어느 누구라도 불행하게 그러한 임종을 기다리는 사람이 하나도 없기를 축원합니다.

이제 주님께서 우리에게 자비를 베푸셔서 우리의 마음을 살피게 하십니다. 여러분 가운데 "우리는 이런 설교를 바라지 않습니다"라고 말하는 사람들이 아마도 이런 설교가 가장 필요한 사람들일 것입니다. "글세, 우리 가운데 유다는 없습니다"라고 말하는 사람이 아마도 다름아니라 유다 같은 사람일 것입니다. 여러분 자신을 살피십시오. 모든 갈라진 틈을 찾으십시오. 여러분의 신앙이 과연 그리스도를 위한 것인지, 진리를 위한 것인지, 하나님을 위한 것인지, 혹은 여러분의 신앙고백이 남의 이목을 의식하는 것은 아닌지, 그 신앙고백이 여러분의 체면을 유지해 주기 때문에 신앙고백을 유지하고 있는 것은 아닌지 알아보기 위해 여러분의 심령의 구석구석을 들여다보십시오. 주님은 우리를 살피시고 우리를 시험하시며, 우리의 가는 길을 깨닫게 하십니다.

이제 결론입니다. 구세주가 계십니다. 그리고 구세주께서 지금 우리를 기꺼이 받아주십니다. 내가 성도가 아니라면 나는 죄인입니다. 우리 모두 이 은혜의 근원으로 다시금 나아가 죄 씻음을 받고 깨끗해지는 것이 최선이 아닐까요? 우리 모두 새로이 나아가 이렇게 주님께 말씀드립시다.

"주님, 나라는 존재를 당신은 아시나이다. 나도 나를 모릅니다. 하지만 내가 잘못되었다면 나를 옳게 만들어 주소서. 내가 옳다면 나를 그대로 지켜 주옵소서. 나는 당신을 신뢰합니다. 이제 당신의 이름을 위하여 나를 지켜 주옵소서." 아멘.

# 11

# 안나스

---

### 대제사장과 사두개인

"이에 군대와 천부장과 유대인의 아랫사람들이 예수를 잡아 결박하여 먼저 안나스에게로 끌고 가니 안나스는 그 해의 대제사장인 가야바의 장인이라 … 대제사장이 예수에게 그의 제자들과 그의 교훈에 대하여 물으니 예수께서 대답하시되, 내가 드러내 놓고 세상에 말하였노라. 모든 유대인들이 모이는 회당과 성전에서 항상 가르쳤고 은밀하게는 아무것도 말하지 아니하였거늘 어찌하여 내게 묻느냐? 내가 무슨 말을 하였는지 들은 자들에게 물어 보라. 그들이 내가 하던 말을 아느니라. 이 말씀을 하시매 곁에 섰던 아랫사람 하나가 손으로 예수를 쳐 이르되 네가 대제사장에게 이같이 대답하느냐? 하니 예수께서 대답하시되, 내가 말을 잘못하였으면 그 잘못한 것을 증언하라. 바른 말을 하였으면 네가 어찌하여 나를 치느냐? 하시더라"(요 18:12, 13, 19-23).

13절 말씀을 주목합시다. "먼저 안나스에게로 끌고 가니." 이 사람 안나스는 그의 이름이 사도신경에 오르지 않았기 때문에 본디오 빌라도처럼 악명을 떨치지는 않게 되었습니다. 하지만 여러 가지 면에서 그는 로마의 총독 빌라도보다 훨씬 더 죄가 많은 사람이었습니다. 그는 우리 주님을 빌라도에게 넘긴 사람들 가운데 하나이며, "나를 네게 넘겨 준 자의 죄는 더 크다"(요 19:11)는 주님의 심판에 포함되어 있는 사람입니다. 안나스가 구세주를 심문한 최초의 사람이었다는 사실을 잊어서는 안 됩니다. "먼저 안나스에게로 끌고 가니."

주 예수님께서 안나스의 관저로 제일 먼저 끌려가셨는데, 도대체 이 사람이 누구였습니까? 그는 한동안 대제사장을 지낸 사람이었습니다. 그러나 그의 가족들이 대를 이어 순서대로 대제사장직을 차지하였기 때문에 실질적으로 안나스는 약 50년 동안 유대인들에게 실질적인 대제사장으로 간주되었습니다. 대제사장의 직분이 변질되어 영구직에서 거의 일년직이 되고 말았으며, 그래서 본문은 가야바에 대하여 "그 해의 대제사장인 가야바"라고 말씀하고 있습니다. 하지만 유대인들은 안나스를 실질적인 유대인으로 생각하였던 것 같습니다. 요세푸스(Josephus)에 따르면, 안나스의 다섯 아들과 그의 사위 가야바가 그의 성직을 계승하였기 때문에 능력 면에서 안나스가 유대인들의 존경을 쉽게 받았던 것 같습니다. 그러므로 제사장들에게 속한 희생제물(예수님을 지칭함)이 그에게 제일 먼저 끌려가는 것은 당연한 일이었습니다. 즉, 그에게 이러한 우선권이 주어지는 것은 마땅할 것입니다. "먼저 안나스에게로 끌고 가니." 하나님의 희생제물, 유월절 어린양, 주님의 속죄를 의미하는 아사셀 염소(참고. 레 16:10)는 죽임을 당하기 전에 먼저 제사장 앞에 끌려가야 합니다.

안나스의 관저는 가야바의 집과 연결되어 있었습니다. 산헤드린 공회가 재판을 위해 급히 모일 때까지 죄수는 그곳에 감금하도록 되어 있었습니다. 예수님께서 안나스의 관저로 끌려가셨다면, 이 늙은이는 예수님을 보고 심문을 하고 사위의 대리자 역할을 수행하는 즐거움을 누렸을 것입니다. 자기 집을 떠나지 않고 그는 이처럼 악을 즐기고 그 일에 간섭할 수 있었습니다. 제사장의 미움은 훨씬 심각하고 무자비합니다. 오늘날 성직자의 정략(政略)을 즐기는 사람들이야말로 그리스도의 거룩한 복음을 방해하는 가장 큰 원수들입니다. 우리 주님께서 죄수로서 먼저 대제사장의 집으로 끌려간 사건에 예언적인 의미가 없는 것은 아닙니다. "먼저 안나스에게로 끌고 가니." 예수님은 군인들의 막사나 총독의 저택이 아니라 제일 먼저 대제사장의 관저에 감금되는 수모를 겪으셔야 했습니다. 그곳은 주님의 자리인 것처럼 보입니다.

안나스는 좋은 이름을 가졌습니다. 왜냐하면 그 이름의 뜻이 "인자한 또는 자비로운"이기 때문입니다. 하지만 그는 말로 주 예수님을 함정에 빠뜨리려고 했던 사람이었습니다. 그는 먼저 특별한 방법으로 주님을 심문하였습니다. 즉, 간교한 질문으로 주님으로부터 고발할 조건을 빼내려고 하였던 것입니다. 자비를 가장한 채, 그는 심문자로 돌변하였고, 그의 희생양에게 질문을 던졌습니다. 인자함이라는 뜻의 이름을 가진 이 제사장은 통상적으로 악인의 부드러운 자비를 보였으나 실제로 그 자비는 잔인하기 짝이 없는 것이었습니다. 예수님께서 그의 종들에게 핍박을 받으셨을 때 그곳에는 공통적으로 동정과 긍휼이라는 가식이 있었습니다. 핍박자들은 잔인할 수밖에 없음을 알고 몹시 슬퍼합니다. 그들의 부드러운 심령은 주님의 백성을 비판하는 말을 하지 않을 수 없기 때문에 상처를 입습니다! 부드러운 말로 그들은 아픈 상처를 입힙니다. 그들의 말은 기름보다 부드러우나 실상은 뽑힌 칼입니다(시 55:21).

내가 이 사람 안나스의 인물됨을 바로 설명한다면, 그는 구세주의 가장 지독한 원수들 중에 하나였습니다. 그는 사두개인이었습니다. 사두개인은 "자유주의의"(liberal) 편이 아닙니까? 그 반대로 우리는 바리새인들을 유대인들 중에 가장 엄격한 분파라고 생각합니다. 안나스가 구세주를 지독하게 증오한 이유는 명백합니다. 바리새인들이 의식과 자기 의를 늘리는 과정에서 그리스도를 미워하였다면, 사두개인들은 계시된 진리를 불신하고 거절하는 과정에서 또한 그리스도를 미워하였기 때문입니다. 여기서 의식주의(Ritualism)와 이성주의(Rationalism)가 보조를 맞춥니다. 자유주의를 표방하는 자유 사상가는 대개 진리를 따르는 자들에게 자신의 사상을 조금도 드러내 보이지 않습니다. 광교회파(Broad Church, 영국 국교회의 한 파)는 십자가의 교리를 논할 때 대개 생각을 좀처럼 드러내지 않습니다. 예수님께서 환전상들의 상과 비둘기 파는 사람들의 의자를 둘러엎으셨을 때, 이 사두개인이 성전에서 이루어지는 거래에 관심이 있었는지, 누군가의 견해대로, 아주 민감한 부분, 말하자면 그의 지갑이 건드려졌기 때문에 크게 신경질이 났는지 나는 말할 수 없습니다. 하지만 분명히 이런저런 이유로 안나스는 시간의 순서뿐만 아니라 악의 정도에서도 우리 주님을 가장 먼저 핍박한 자였습니다.

지휘관과 그의 군대가 안나스의 관저에서 멈춘 이유가 무엇이었을까요?

안나스가 그 일에 깊이 관여했고, 또 그때 당시에 빌라도가 대제사장과 그의 장인의 뜻대로 하라고 군대에 지시하였기 때문일까요? 이 명석한 늙은이는 공모자들의 고문이었나요? 반세기 동안 명성을 지켜온 지도력이 이 중대한 때에 그를 지도자로 세웠을까요? 군인들이 그들의 희생제물을 넘기고 유다가 피 값을 받기 위해 그들이 안나스의 관저를 방문했을까요? 어쨌든 그 배신자가 이후부터 주님을 붙잡은 무리들 가운데 있었다는 기록을 우리는 더 이상 볼 수 없습니다.

주님은 먼저 안나스에게로 끌려가셨습니다. 이러한 행동에 어떤 동기가 있었을 것이라고 우리는 확신합니다. 안나스는 핍박자들 가운데 으뜸이 될 정도로 충분히 악의가 있고 잔인하며 사악한 자였습니다. 그는 처음부터 끝까지 모든 일에 관여하였고, 우리 주님에 대한 불의한 재판을 이 사람이 앞에서 이끌었습니다. 그는 헤롯과 같이 가장 혐오스러운 사람들의 총애를 받았고, 빌라도 총독의 친구였으며, 무죄한 자를 합법적으로 죽이도록 음모를 꾸민 주모자였습니다. 거룩하고 의로우신 하나님께서 잔인하고 불의한 자들의 손에 넘겨지셨을 때 정의에 대한 모든 소망은 사라지고 말았습니다. 여러 해 동안 그는 헤롯과 로마인들과 유다인들에게 아첨함으로써 자신의 자리를 유지해 왔습니다. 그는 냉정한 판결과 치밀한 교활함으로 나사렛 예수를 함정에 빠뜨리는 작업을 착수하였습니다. 이는 이미 피를 흘리기로 마음을 정하고 모이고 있었던 산헤드린 회원들에게 예수님을 처형할 길을 열어주기 위한 모략이었습니다.

첫째, 심문을 당하시는 거룩하신 우리의 주님을 사랑과 애정과 경배의 마음을 가지고 바라봅시다.

가장 먼저 주목할 것은, 이 심문은 비공식적이었고, 법의 테두리 밖에서 진행한 일이었다는 사실입니다. 예수님은 아직까지 아무런 고발도 당하지 않은 상태였습니다. 아직까지 어떤 재판관도 재판석에 앉지 않았으며, 죄수의 죄를 증거할 어떠한 증인도 소환되지 않았습니다. 이는 잡힌 사람으로부터 무언가 자백을 받아내려는 생각으로 실시한 일종의 사사로운 심문이었습니다. 이후에 그는 이것을 근거로 잡힌 사람을 고소하는데 사용하려 했습니다. 아시다시피 우리의 법은 강력하고도 적절하게 이러한 사사로운 심문을 금하고 있습니다. 이런 일이 비록 유다의 법을 위반하는 것은 아니었을지라도 영원한 의의 법을 분명히 위반하는 것이었습니다. 이처럼 죄수의 말에서 꼬투리를 잡아서 그에게 죄를 씌우려는 심문은 해서는 안 될 것입니다. 명백한 고소거리가 없을 경우에는 그를 돌려보내야 합니다. 범죄자명부를 완전히 기재하지 못하였을지라도 그를 돌려보내야 합니다. 잔인한 대적 앞에 그를 세워 심문을 받음으로 상처를 입혀서는 안 됩니다.

그런데 우리 구세주의 경우 안나스 앞에 끌려가 바로 이러한 억울한 일을 당하신 것입니다. 오늘날 주님을 아주 나쁘게 대하는 많은 사람들을 나는 알고 있습니다. 그들은 주님을 심문하며 주님에 대한 조사를 합니다. 하지만 그들은 정직하고 진지하게 혹은 공정한 규칙대로 심문하지 않습니다.

우려하는 것은 그리스도에 대한 신앙을 트집잡는 사람들 대부분이 공정하게 신앙을 알아보려 하지 않는다는 사실입니다. 그들 가운데 더러는 마지막에 읽으려고 생각하는 책이 신약성경이며, 마지막에 이해하려고 하는 것이 그리스도의 참된 인격입니다. 그리고 그들이 마지막으로 들으려 하는 것 중에 하나가 그리스도의 복음에 대한 충분한 설명입니다. 오늘날에도 여전히 안나스와 같은 사람들이 여기저기에 존재합니다. 거의 어디에서나 그들은 조롱거리를 찾아내려는 속셈으로 그리스도의 제자들을 심문합니다. 또한 이 화려한 세대의 정신과 일치하지 않는 점을 기독교 신앙에서 찾아내려는 속셈으로 그리스도의 제자들을 그리합니다. 나는 넌더리날 정도로 자주 그런 심문을 받고 있습니다. 19세기가 그 수치스러운 무덤으로 내려갈 때까지 내내 나는 그런 소리를 들을 것입니다.

두 번째, 그리스도에 대한 안나스의 심문은 일방적이었습니다. "대제사장이 예수에게 그의 제자들과 그의 교훈에 대하여 물으니." 왜 안나스는 예수님 자신에 대하여, 곧 예수님이 누구인지 어떤 분이었는지 묻지 않았을까요? 그리고 예수님께서 행하신 이적들과 주님의 전 생애에 대하여 안나스는 어찌하여 묻지 않았을까요? "당신이 죽은 자를 살려냈소? 당신이 장님의 눈을 보게 하였소? 당신이 문둥병자들을 고쳐 주었소? 당신이 선한 일을 열심히 하였소?"라고 어찌하여 묻지 않았을까요? 그런 질문은 한 번도 하지 않았습니다. 그런 일들은 별로 중요하지 않은 것처럼 넘어가 버렸습니다.

안나스는 가장 약한 부분, 혹은 당시 사람들이 평소 예수님의 약점이라고 생각했던 부분부터 심문하기 시작하였습니다. 안나스는 예수님의 제자들에 대하여 물었습니다. 지도자가 자기를 따르는 자들의 어리석음과 약점을 대신해 줄 수 있나요? 안나스는 "너의 제자들이 어디에 있느냐?"라고 물었을 것입니다. 베드로가 대제사장의 뜰에 앉아 있었지만 그리스도께서는 그를 증인으로 부를 수 없었습니다. 요한은 아마도 주님 뒤편에 있었겠지만 다른 제자들은 주님을 버리고 달아나 버렸습니다. 안나스는 틀림없이 "너의 제자들이 누구냐? 네가 그들을 뽑았느냐?"고 물었을 것입니다. 주님의 제자들이 갈릴리 사람들이며, 그들 중에서도 대부분이 평범한 어부들이라는 사실을 그는 분명히 알았습니다. 그러므로 그는 그리스도를 비방하려는 속셈으로 이 질문을 한 것입니다. 안나스가 이러한 제자들에 대하여 더 많은 것을 알았다면, 그는 예수의 종교를 헐뜯는 질문을 더 많이 하였을 것입니다.

오늘날 사람들의 행동도 이와 같습니다. 그들은 그리스도의 제자들에 관하여 묻습니다. "그리스도의 제자 아무개를 보라. 목사 아무개를 보라. 교회 안에 얼마나 많은 분파들이 있는가를 보라"고 그들은 말합니다. 그러나 분명한 것은 그리스도를 심문하더라도 충분히 공정하게 심문하여야 하며, 오직 한 가지 면에 대해서만 심문해서는 안 될 것입니다. 그리스도의 이름을 송축합니다. 어떤 부분에 대하여 심문을 하든지 그것은 상관이 없습니다. 주님은 언제나 훌륭한 대답을 하실 준비가 되어 있으니까요. 참으로 사람들이 진리를 알기를 원한다면, 그들은 예수님의 모든 면을 보아야 할 것이며, 이곳저곳을 다 살핀 후 그리고 나서 주님을 판단해야 할 것입니다.

또한 안나스의 심문은 매우 혼란스러웠습니다. 왜냐하면 대제사장이 그리스도에게 그의 제자들과 그의 교훈에 대하여 물었기 때문입니다. 논리적으로 보면, 먼저 그리스도의 교훈에 대하여 묻고 그 다음에 그의 제자들에 관하여 묻는 것이 올바른 순서일 것입니다. 즉, 주님의 가르침에 대하여 먼저 묻고 그 다음에 그 가르침을 받은 사람들에 대하여 묻는 것이 바른 순서일 것입니다. 그러나 안나스와 같은 사람들은 거꾸로 질문을 합니다. 먼저 할 것을 나중에 하고 나중에 할 것을 먼저 합니다. 그 까닭은 그리스도를 고소할 거리를 확보하기 위한 의도가 있었기 때문입니다. 자, 누구든지 조용히 앉아서 진심으로 나사렛 예수의 삶과 인격과 가르침을 배우고자 한다면, 나는 그 사람의 말을 무엇이든지 들을 용의가 있습니다. 하지만 올바른 절차를 밟아 배워야 할 것입니다. 다른 종교 선생을 연구하는 방식으로, 혹은 법정에 선 사람의 됨됨이를 조사하는 방식으로 그렇게 올바른 절차를 밟아 주님을 배워야 합니다. 우리의 복되신 주님에 대하여 가혹하게 말하는 그런 사람들이 여기에 있다면 나는 그분들에게 부탁합니다. 자신들과 그리스도에 대하여 공평하게 평하십시오. 지금과 다른 절차를 택하십시오. 그리고 심문의 성격상 질문이 필요하다면 마치 자신을 심문하듯이 그리스도를 심문하십시오.

안나스는 그렇게 하지 못했습니다. 왜냐하면 그의 심문은 그리스도의 제자들과 그의 교훈에 관한 것이었기 때문입니다. 제자들에 관한 질문에 대하여 주님은 아무 말씀도 하지 않으셨습니다. 그리스도께서는 아버지에게 자신의 제자들에 대하여 많이 말씀하셨습니다. 만일 그리스도께서 마음만 있으셨다면, 그의 무한한 사랑과 지혜로, 그 자리에서 즉시, 자신의 제자들에 관하여 많은 말씀을 하실 수 있었을 것입니다. 성경 전체를 통해 볼 때, 하나님의 백성에 관한 말씀이 비교적 적다는 것을 우리는 발견합니다. 하나님의 백성에 대한 기록은 주로 그들의 허물과 실수에 대한 것입니다. 그 이유는 지금은 아직 그들이 나타날 때가 아니기 때문입니다. 그러나 그날은 속히 오고 있습니다.

"우리가 지금은 하나님의 자녀라. 장래에 어떻게 될지는 아직 나타나지 아니하였으나 그가 나타나시면 우리가 그와 같을 줄을 아는 것은 그의 참모습 그대로 볼 것이기 때문이니"(요일 3:2). "그때에 의인들은 자기 아버지 나라에서 해와 같이 빛나리라"(마 13:43).

안나스는 그리스도의 제자들이 광신자들 패, 곧 무식하고 미숙하고 가치 없는 사람들, 하층민들이라고 생각했습니다. 카타콤의 비문에 적힌 조잡한 글자를 읽어보면, 세상이 감당하지 못할 경건한 사람들 가운데 학식 있는 사람이 얼마나 적었는지 알 수 있습니다. 그들 대부분은 분명히 평범하고, 초라하고, 일반적인 사람들이었습니다. 우리 주 예수 그리스도께서는 이 땅의 지위나 권위에서 큰 명성을 얻지 못하였습니다. 주님은 사람을 사랑하셨지만 사람이 입으시는 복장에는 별 관심이 없으셨습니다. 아주 초라한 형제들에게 진실로 주님은 "형제라 부르시기를 부끄러워하지 아니하셨습니다"(히 2:11).

그리스도 편에 섰다는 이유로 멸시를 받은 우리가 부활의 날에 몸과 아울러 명예까지도 부활한다는 사실은 우리에게 은혜입니다. 지금은 존경을 받지 못하지만 그때에는 존경을 받을 것이며, 세상에서는 신뢰를 받지 못하지만 그때에는 신뢰를 받을 것입니다. 주님께서 이를 명하셨기에 반드시 이루어질 것입니다. "의인을 위하여 빛을 뿌리고 마음이 정직한 자를 위하여 기쁨을 뿌리시는도다"(시 97:11). 성도들의 기쁜 추수때가 반드시 올 것입니다. 신자들이 예수 그리스도 곧 그들의 주님을 위하여 받았던 수치와 조롱을 그때에 영광의 빛이 임함으로 영원히 사라질 것입니다.

안나스는 또한 그리스도의 교훈, 곧 그리스도의 말씀을 경청한 사람들에게 가르치신 내용에 대하여 물었습니다. 나는 이 문제를 다루지 않겠습니다. 왜냐하면 나는 그리스도께서 안나스에게 주신 대답에 대하여 자세히 설명하기 원하기 때문입니다. 먼저 주님은 공적으로 자신이 이미 말씀하신 바를 사적으로 다시금 질문 받는 것이 옳지 않다고 이의를 제기하셨습니다. 즉, 주님의 말씀을 이미 들은 사람들에게 물어보는 것이 타당하다는 주장입니다. 주님은 그 이유를 다음과 같이 말씀하셨습니다. "내가 드러내 놓고 세상에 말하였노라. 모든 유대인들이 모이는 회당과 성전에서 항상 가르쳤고 은밀하게는 아무것도 말하지 아니하였거늘 어찌하여 내게 묻느냐? 나는 가장 공공연한 장소를 택하여 가르쳤다. 나는 비밀스러운 모임이나 비밀집회를 갖지 않았으며, 이 일로 제자들을 선동하지 않았다. 아니, 나는 '드러내 놓고 말하였다.' 하늘이 나의 가르치는 소리를 들었다. 언덕 위에 서서 메시지를 선포하였다. 바닷가에서 나는 모인 모든 사람들에게 말하였다. 내가 인도하는 예배에 자주 수많은 인파가 몰려들었다. 그들이 내가 말한 바를 알고 있다. 그들을 증인으로 신청하면 그들이 증언을 해 줄 것이다."

그리스도의 가르침은 완전히 개방되어 있었습니다. 주님의 교훈에는 말씀하시는 것과 뜻하는 것이 다른 음흉한 음모와 같은 것이 전혀 없었으며, 이중적인 의미를 가지는 표현을 전혀 사용하지 않으셨습니다. 물론 주님께서 모든 교훈을 대중에게 다 설명하지 않으신 것은 사실입니다. 왜냐하면 그들이 주님의 교훈을 전부 다 받을 수 있을 만큼 지혜롭지 못하였기 때문입니다. 그러나 아울러 주님께서는 듣는 사람들이 꼭 알아야 했던 내용을 그들로부터 숨기신 적은 전혀 없었습니다. 주님은 듣는 자들에게 마음을 열어 가르치셨기 때문에 그들 모두가 주님의 마음을 읽을 수 있었습니다. 심지어 소수의 제자들에게 아주 은밀한 장소에서 가르치신 모든 내용일지라도 누구든 깨닫는 눈만 가지고 있었다면 많은 군중들에게 가르치신 일반적인 교훈 속에서도 알 수 있었습니다.

하나님의 말씀 안에는 우리가 차라리 전하지 않는 것이 나은 어떤 진리가 있다는 말을 나는 들어왔습니다. 그런 내용들이 참이라는 사실은 인정되지만 그런 내용들이 교훈적이지 않다고들 말합니다. 나는 그러한 생각에 동의하지 않을 것입니다. 이는 로마교회의 체계로 돌아가는 것일 뿐입니다. 하나님의 지혜에 유익한 것은 무엇이든지 하나님의 종들이 선포하는 것이 지혜롭습니다. 우리가 누구관대 이 진리 저 진리 사이를 판단할 수 있으며, 우리가 전해야 하는 것, 우리가 간직해야 하는 것을 말할 수 있겠습니까? 이러한 체계는 결국 그리스도의 복음을 우리가 감정하는 결과가 되는 것입니다. 이런 일이 우리 가운데서 있어서는 결코 안 됩니다. 이는 우리가 감당할 수도 없는 책임을 떠맡는 일이 될 것입니다. 교회에 빈 자리가 늘어나고 있는 이유는 강단에서 은혜의 교리가 전해지지 않기 때문이라고 나는 믿습니다. 설교에서 은혜의 교리를 빼십시오. 그리하면 여러분은 설교에서 골수와 기름진 것을 빼낸 것입니다. 무조건적인 선택의 교리, 제한속죄의 교리, 효과적인 부르심의 교리, 성도의 견인의 교리를 선포하지 않는다면 도대체 무엇으로 사람들을 기도처로 오게 할 것이며, 그들을 교회로 모이게 할 것입니까?

어떤 이들은 이러한 교리들이 성도들 사이에서만 이야기되어야 하고 죄인들에게 전해져서는 안 된다고 말합니다. 오, 그렇게 말하지 마십시오! 하나님의 말씀에 속한 교리는 모두가 선합니다. 성경에 나오는 진리는 모두가 선합니다. 고의적으로 어느 하나라도 빼 버린다면 우리의 증거 전체가 해를 입게 됨으로 말미암아 우리의 증거가 이슬이 내리는 헤르몬 산처럼 되지 못하고 이슬이 내리지 않는 저주받은 길보아 산처럼 되고 말 것입니다. 나의 형제들이여, 주님께서 성령으로 말미암아 여러분에게 가르치신 그 무엇이든지 다른 사람들에게 전하십시오. 기회 있는 대로 하나님께서 여러분에게 보여 주신 것을 그들에게 나타내십시오. 그리스도께서 친히 말씀하시기를, "내가 너희에게 어두운 데서 이르는 것을 광명한 데서 말하며 너희가 귓속말로 듣는 것을 집 위에서 전파하라"(마 10:27) 하셨습니다.

모든 진리들이 균형 있게 전해져야 합니다. 때를 따라 여러 진리를 골고루 전해야 하며, 아무것도 빠져서는 안 됩니다. 목회의 마지막 순간에 나는 이렇게 말할 수 있기를 바랍니다. "나는 아무것도 숨기지 않았노라. 그리스도께서 내게 가르쳐 주신 모든 진리를 나는 다른 사람들에게 가르쳤으며, 그래서 나는 목사로서 증거하는 직분을 온전히 감당하였노라."

복되신 우리 주님께서 자신의 공적인 생애와 교훈에 대하여 말씀하심으로써 안나스의 질문에 대답하셨습니다. 그 밖에 다른 말이 필요 없었습니다. 우리는 이보다 더 설득력 있는 그 무엇을 생각할 수 없습니다. 어떤 웅변적인 말이나 힘있는 논증도 전장터에서 이 교활한 적의 기세를 완전히 꺾을 수는 없었을 것입니다. 그러나 이 심문자는 주님의 대답에 매우 부끄러워하였고, 그 순간 매우 당황하였습니다. 이 때문에 열성적인 관원이 예수님을 손바닥으로 때리고 말았습니다. 답변 한마디로 잔인한 대적을 잠잠케 하였다는 이유로 핍박받은 나사렛 예수님의 결백하고 당당한 얼굴이 이처럼 강타당하였습니다. 이는 그만큼 주님의 대답이 멋졌다는 증거입니다! 주님의 대답 한마디를 통해 우리는 주님의 인격이 얼마나 완벽한가를 엿볼 수 있으며, 이전보다 훨씬 위엄 있는 모습을 볼 수 있습니다!

예수님께서 자신의 생애에 대하여 말씀하신 것처럼 우리 중에 자신의 생애에 대하여 감히 말할 수 있는 사람은 단 한 사람도 없다고 나는 확신합니다. 우리 주님의 생애는 단연코 사람들과 함께 하신 삶이었습니다. 주님은 은둔생활을 하지 않았습니다. 이른 아침부터 밤늦게까지 주님은 사람들과 함께 하셨습니다. 그러므로 주님께서는 사람들이 보는 앞에서 모든 일을 행하셨습니다. 군주를 구하는 사람들의 맹렬한 눈빛이 항상 주님을 찾았습니다. 주님은 항상 경계의 대상이었습니다. 주께서 하신 모든 말씀이 기억되었습니다. 주님의 대적들은 주께서 말씀하는 사이에 주님을 붙잡으려고 끊임없이 시도하였습니다. 주님은 자신의 속마음을 털어놓을 때, 마치 난롯가에 있는 것처럼 거의 한 순간도 마음을 놓을 수 없었습니다. 주님은 언제나 불경건한 세상의 감시를 받았습니다. 그들은 아무도 없는 곳에서 결점을 찾으려 하였고, 조그마한 흠이라도 있으면, 그것을 침소봉대하려고 하였으며, 땅 끝까지 알리려고 하였습니다.

게다가 우리 주님은 결단코 조용한 분이 아니었습니다. 주님은 말씀하시고 또 자주 말씀하셨습니다. 주님께서 조용한 삶을 사셨다고 증거하는 말씀을 보여 주십시오. 주님께서 말씀하시고 행하신 일들은 기록된 것보다 훨씬 더 많았습니다. 요한은 이에 대하여 이렇게 말하였습니다. "예수께서 행하신 일이 이 외에도 많으니 만일 낱낱이 기록된다면 이 세상이라도 이 기록된 책을 두기에 부족할 줄 아노라"(요 21:25). 그런데 그리스도의 이 모든 행동과 말씀 속에서 대적이 단 하나의 흠도 찾아낼 수 없었습니다. 주님은 심지어 사탄에게 자신의 삶에서 흠을 찾아보라고 다음과 같이 말씀하실 정도였습니다. "이 세상의 임금이 오겠음이라. 그러나 그는 내게 관계할 것이 없으니"(요 14장).

주님은 또한 자주 말씀하셨을 뿐만 아니라 분명하게 말씀하셨습니다. 심지어 어린아이들이라도 주님의 말씀을 이해할 정도로 주님은 아주 평이하게 말씀하셨습니다. 주님의 말씀을 들은 사람들 가운데 단 한 사람도 저 설교자가 무엇을 말하는지 모르겠다고 말하지 않았습니다. 설령 사람들이 그 말씀의 의미가 무엇인지 말한다 할지라도 그들은 주님의 말씀에서 흠을 찾을 수 없었을 것입니다.

또 하나 우리가 주목할 수 있는 재미있는 것은 주님께서 자주 분노하신 가운데 말씀하셨다는 사실입니다. 그렇다고 주님께서 평정을 잃거나 혹은 분별없이 그 입술로 말씀하시지는 않았습니다. 저와 여러분도 경험하는 바이지만, 우리가 평정을 잃으면 천박하고 어리석게 말하고 악한 말을 하기가 쉽습니다. 하지만 복되신 우리 구세주께서는 아무리 크게 분노하셨을지라도 결단코 그런 식으로 죄를 범하지는 않으셨습니다. 주님은 또한 억울한 말을 많이 들으셨습니다. 사람들이 우리에 대하여 거짓을 말하면 우리는 진실 혹은 신중의 범위를 벗어나 평정을 잃고 대응하기 쉽습니다. 하지만 우리 주 예수님은 결코 그렇지 않으셨습니다. 구세주께서 어느 때에 하신 말씀이라도 여러분은 그 말씀을 수정해서는 안 됩니다. 주님의 모든 말씀은 따로 떼어놓고 보아도, 함께 붙여놓고 보아도 절대적인 진리입니다.

복되신 우리 주님께서 소란 속에서 자주 말씀하셨다는 사실을 잊어서는 안 됩니다. 우리가 공적 예배를 드리기 위해 모일 때처럼 언제나 그렇게 차분하고 질서 있는 회중들에게 주님께서 말씀하신 것이 아닙니다. 반대로 주님은 성난 군중들이 아우성치는 가운데 종종 말씀하셔야 했고, 주님을 미워한 자들의 반대와 저주 가운데 말씀하셔야 했습니다. 그러나 이처럼 견딜 수 없는 환경 속에서도 주님은 그들이 들은 주님의 어떤 말씀에서라도 한 번 흠을 찾아보라고 그들에게 거침없이 요구하실 정도로 그렇게 완벽하게 말씀하셨습니다. 우리 주님은 온갖 종류의 성격을 가진 사람들에게 말씀하셨습니다. 곧 악한 사람들에게도, 선한 사람들에게도, 무관심한 사람들에게도 말씀하셨습니다. 특히 주님의 가장 심오한 말씀을 많이 들었으나 나중에 주님을 배반한 사람에게도 주님은 말씀하셨습니다. 유다는 한적한 곳에서 주님과 함께 하였으며, 은혜를 입은 소수만이 있었을 때 하신 주님의 말씀을 들었습니다. 그런데 주님께서는 주님을 배반한 유다의 큰 죄를 감안해서 말씀하신 적이 단 한 번도 없었습니다.

둘째, 우리 주 예수님은 부당하게 매를 맞으셨습니다. "이 말씀을 하시매 곁에 섰던 아랫사람 하나가 손으로 예수를 쳐 이르되 네가 대제사장에게 이같이 대답하느냐?"

주님의 대답은 아주 간단한 것이었으며, 또 모든 관점에서 보더라도 적절한 대답이었습니다. 그러나 아울러 주님의 대답은 틀림없이 안나스를 아프게 하는 대답이었습니다. 안나스가 어떤 사람이라는 것을 내가 알고 있기에 이는 분명한 사실일 것입니다. 여러분이 주님의 대답 속에서 안나스에 대한 주님의 진의를 엿볼 수 있을 것입니다. 우리 구세주께서는 이러한 속뜻을 가지고 안나스에게 대답하신 듯합니다. "나는 은밀하게 다른 사람의 생명을 해하는 음모를 꾸미지 않는다. 나는 말로 그 사람을 곤란에 빠뜨리려는 목적으로 사람에게 말한 적이 없다. 나는 음모를 꾸민 적이 한 번도 없다. 나는 드러내 놓고 회당에서 말하였고, 성전, 곧 사람들이 집합하는 장소에서 가르쳤으며 한 번도 은밀하게 말한 적이 없다." 이 파렴치한 사람에게 일말의 양심이 있었다면 이러한 주님의 대답은 사실상 안나스에 대한 호된 책망의 말씀이었습니다. 이에 대제사장 주위에 서 있던 아랫사람 하나가 그리스도를 치면서 "네가 대제사장에게 이같이 대답하느냐?" 하였습니다.

앞서 그리스도는 소위 심문이라는 핍박을 당하셨습니다. 하지만 이제 주님은 서민들에게 핍박을 당하셨습니다. 그리스도를 한 번도 심문하지 않은 많은 사람들이 있습니다. 하지만 그들은 주님을 나쁘게 판단합니다. 그리고 아내, 친구, 이웃, 혹은 그리스도 편에 서 있는 사람이면 누구나 핍박하기 시작합니다. 이 아랫사람이 우리 주님을 친 것처럼 그들은 종종 때리기도 합니다. 이것은 아주 비겁한 행동이었습니다. 왜냐하면 그리스도는 묶여 있어서 속수무책이었기 때문입니다. 그런데 우리 시대에 이와 같은 일이 벌어지고 있습니다. 내가 아주 불쾌하게 여기는 것은, 누군가 길을 걸어가면서 찬송을 부를 것 같으면 그들은 손이 묶인 채 돌에 맞거나 흙을 뒤집어쓰거나 하게 되는 현실입니다. 그들은 방어할 수도 없고 상대와 맞서 싸울 수도 없습니다. 왜냐하면 기독교 신앙 때문에 손을 묶어둘 수밖에 없기 때문이며, 또한 잔인한 폭도들이 이를 알고 있기 때문입니다. 이 사람들이 싸우기 원한다면, 길을 걸어가고 있는 자신과 같은 동료들을 어찌 찾아서 자신들을 핍박하는 사람들을 공격하지 않겠습니까? 하지만 그렇게 되면 어떻게 되겠습니다. 그들은 그렇게 하기를 꺼립니다. 왜냐하면 오늘날까지 핍박은 손이 묶인 사람들에게 언제나 가해졌기 때문입니다.

우리의 신앙이 똑같이 대응하고, 손으로 치면 같이 손으로 치고, 발로 차면 같이 발로 차라고 가르쳐 주었다면, 참으로 공정하겠습니다. 하지만 성경은 악을 악으로 갚지 말라고 말씀하며, 그리스도를 믿는 자들은 우리를 해하는 더러운 말에 대하여 똑같이 대응하지 말라고 하니 이 같은 핍박을 당하는 우리 입장으로서는 너무나도 비참합니다. 모든 역사를 살펴보십시오. 핍박자들은 자기들의 머리카락 하나 대지 아니한 성도들을 완전히 모욕하며 불에 태워 버렸으며, 자기들에게 아무런 해도 끼칠 수 없었고 또 절대로 그렇게 하기를 원하지 않았던 가련한 남자 여자들을 죽이지 않았습니까? 바로 이것이 그리스도와 그리스도를 따르는 제자들의 한결같은 이야기입니다. 즉, 그리스도인들은 첫째, 진리를 알기를 원하지 않는 사람들에게 심문을 받으며, 둘째, 그들을 해하는 말을 조금도 하지 아니한 사람들에게 핍박을 받는 것입니다.

우리 구세주를 부당하게 친 이 사람에게 주님은 말씀하셨습니다. "내가 말을 잘못하였으면 그 잘못한 것을 증언하라. 바른 말을 하였으면 네가 어찌하여 나를 치느냐?" 우리 또한 그리스도의 제자들을 방자하게 치는 사람들에게 이렇게 말할 수 있을 것입니다. "네가 어찌하여 치느냐? 기독교가 일반적으로는 인간 전체에게, 혹은 구체적으로는 당신에게 무슨 해라도 끼쳤단 말인가?" 역사적으로 폭군의 권력을 무너뜨린 힘이 무엇이었습니까?

많은 나라에서 사람들을 해방시킨 배후는 바로 하나님의 말씀이었습니다. 우리 시대에 노예무역을 근절시키고 흑인을 해방시킨 것이 무엇입니까? 오늘날 이 땅의 술 중독을 물리칠 수 있는 가장 잠재력 있는 세력이 무엇입니까? 분명히, 예수 그리스도의 복음밖에 없습니다. 우리 그리스도인들이 온 세상 사람들에게 비난받을 만한 무슨 의도라도 가지고 있나요? 우리가 이웃들에게 못된 짓을 하고 있습니까? 우리가 술 취하고, 욕심부리며, 다른 사람을 억압하라고 가르쳤나요? 여러분의 타고난 권리를 빼앗는다거나 어떻게 해서든 여러분을 해하겠다는 무슨 소리라도 우리에게서 들으셨나요? 우리가 그렇지 않다는 것을 여러분이 잘 아십니다. 우리는 평화를 위해 싸웁니다. 우리는 공격하는 것을 공격합니다. 우리가 무언가 비난해야 한다면, 우리는 무엇보다도 비난하는 것을 비난할 것입니다. 우리가 이왕 아파한다면, 무엇보다 먼저 아파하는 것에 대하여 아파할 것이며, 또한 시기, 원한, 모든 무자비함에 대하여 아파할 것입니다.

고결한 생각이나 혹은 우리의 어떤 말이나 행동에서 누구든지 우리의 흠을 찾아보라고 도전할 때가 가끔은 있습니다. 하지만 우리의 생애 전체, 곧 공적인 생애와 사적인 생애 전부를 놓고 볼 때, 우리 대부분은 그러한 시험 받는 것을 몹시 싫어할 것입니다. 우리의 대적들이 우리를 핍박할 때 우리는 그들에게 이렇게 말할 수 있습니다. "아! 여러분이 참으로 우리의 존재를 속속들이 알았다면, 우리의 선함에 대하여는 핍박하지 않을 테지만 우리의 악함에 대하여는 핍박할 것입니다." 내가 비방을 당하였을 때 나는 종종 혼자서 이렇게 말하였습니다. "그들이 내게 거짓말을 하였다. 하지만 그들이 나를 잘 알았다면, 그들은 오직 사실만을 말하면서도 이에 못지 않게 나를 나쁘게 말하였을 것이다." 제정신을 가진 사람 치고 자신의 생각이 전부 기록되고, 자신의 말과 행동이 기록에 남겨지기를 바라는 사람은 하나도 없습니다. 나의 말 가운데 절반은 나의 눈물로 지워지기를 나는 종종 원하였으며, 그 다음 나머지 절반은 보혈로 씻겨져야 할 것입니다. 그렇지 않으면 우리 자신이 이를 견디지 못할 것이며, 더군다나 예수님께서 모든 죄를 씻으시는 당신의 보혈을 뿌리지 않고는 이를 견디지 못할 것입니다.

이제, 내가 지금까지 여러분에게 말씀드린 이 모든 것 때문에 우리가 주님을 사랑할 수밖에 없다고 나는 생각합니다. "하나님이 죄를 알지도 못하신 이를 우리를 대신하여 죄로 삼으신 것은 우리로 하여금 그 안에서 하나님의 의가 되게 하려 하심이라"(고후 5:21). 우리가 이 사실을 기억하고 믿는다면 우리는 주님을 사랑할 수밖에 없을 것입니다. 기꺼이 희생하신 어린양이 여기에 계십니다. 대제사장과 그의 모든 하인들이 자기들 마음대로 어린양을 심문합니다. 하지만 그들은 어린양이 완전하다는 사실을 깨달을 뿐입니다. 그분에게는 흠이 없습니다. 그분에게는 쓸데없는 말도 없고 태만한 일도 없습니다. 우리는 그분에게서 아무런 흠도 발견할 수 없습니다. 안을 보나 밖을 보나, 젊었을 때를 보나 어렸을 때를 보나, 혹은 성년의 때를 보나, 살아계셨을 때를 보나 죽으셨을 때를 보나, 그의 말을 보나 침묵을 보나, 그분의 생각을 보나 행동을 보나, 주님은 선하십니다. 주님은 오직 선하실 뿐입니다. 그러므로 그의 거룩하신 이름을 영원히 송축합니다!

# 12

# 아리마대 요셉

## 숨은 제자

---

"아리마대 사람 요셉이 와서 당돌히 빌라도에게 들어가 예수의 시체를 달라 하니 이 사람은 존경받는 공회원이요 하나님의 나라를 기다리는 자라. 빌라 도는 예수께서 벌써 죽었을까 하고 이상히 여겨 백부장을 불러 죽은 지가 오 래냐 묻고 백부장에게 알아 본 후에 요셉에게 시체를 내주는지라. 요셉이 세 마포를 사서 예수를 내려다가 그것으로 싸서 바위 속에 판 무덤에 넣어 두고 돌을 굴려 무덤 문에 놓으매"(막 15:43-46).

그날은 하나님의 교회와 그리스도의 운동에 어두움이 드리워진 날이었습 니다. 왜냐하면 주 예수님께서 죽으셨고, 성도들의 태양이 저물었기 때문입 니다. "이에 제자들이 다 예수를 버리고 도망하니라"(마 26:56). "너희가 다 각각 제 곳으로 흩어지고 나를 혼자 둘 때가 오나니 벌써 왔도다"(요 16:32). 주님의 슬픈 예언들이 현실이 되었습니다. 주님은 십자가 위에서 죽으셨고, 주님의 대적들은 그것으로 끝났기를 바랐습니다. 그리고 주님의 친구들은 바로 끝인 줄 알고 두려워하였습니다. 마지막까지 십자가 주변에 남아있었 던 소수의 여자들만이 죽기까지 충성한 사람들이었습니다. 하지만 여자들이 무슨 수로 주님의 거룩한 몸을 모셔다가 정성스럽게 장사지낼 수 있겠습니 까! 헤아릴 수 없을 만큼 귀하신 주님의 몸이 범인의 몸처럼 함부로 취급될 위기에 처해 있었습니다. 어쨌든, 시체를 둘 수 있는 곳이면 아무데나 제일 먼저 보이는 곳에 주님의 몸을 내던질 위험이 있었기에 이로 인해 크게 염려되는 상황이었습니다.

그 위기의 순간에 유다의 성읍인 아리마대 사람 요셉이 갑자기 등장하였습니다. 우리는 그 이름을 전에도 듣지 못하였으며, 후에도 듣지 못하였습니다. 그는 그때를 위해 필요한 사람이었습니다. 그는 세력 있는 사람이었으며, 빌라도를 설득시킬 수 있는 그런 영향력을 가진 사람이었습니다. 또한 그는 부자였고, 선생이었으며, 산헤드린 공회원이었고, 유력하고 존경받는 사람이었습니다. 복음서 저자들 모두가 그의 이름을 기록하였고, 그를 비중 있게 다루었습니다. 이로부터 우리는 그가 주님의 제자였고, 선하고 의로운 사람이었으며, 하나님의 나라를 기다리는 사람이었음을 알 수 있습니다. 요셉은 내향적이었고, 아마도 전에는 겁이 많았던 모양입니다. 하지만 지금은 십자가 앞에 와서 해결해야 할 문제가 있다는 것을 알았습니다. 그리고 담대하게 빌라도에게 가서 예수님의 시신을 요구하였고, 결국 허락을 받았습니다.

이로부터 우리는 하나님께서 언제나 당신의 증인들을 준비하신다는 사실을 알 수 있습니다. 사역자가 진리를 버리고, 지도자가 되어야 할 사람들이 변절할지라도 그런 것은 문제가 되지 않습니다. 하나님의 진리는 후원자들이 부족하여 실패하지 않을 테니까요. "모든 나라 가운데서 이르기를 여호와께서 그 나무로부터 다스리시는도다"(시 96:10). 이는 시편의 구절을 특이하게 번안한 것이며, 여기에는 영광스러운 진리가 담겨 있습니다. 예수님께서 십자가에 달려 죽으셨을 때에도 여전히 왕권을 장악하고 계셨으며, 주님은 영원토록 다스리실 것입니다.

흐리고 어두운 날에 여러분이 이 말씀을 기억하고 용기를 얻으십시오. 여러분이 믿는 사람이 없는 곳에서 산다 할지라도, 마치 여러분이 바라는 바가 다 끝나버린 듯이 슬픔 속에서 손을 쥐어뜰지 말고 낙망하여 앉아 있지 마세요. 주님은 살아 계시며, 믿음의 자손들을 땅에서 생존하게 하실 것입니다. 또 다른 아리마대 요셉이 절망의 순간에 앞으로 나설 것입니다. 우리가 아무것도 할 수 없을 때 그 사람이 나타날 것입니다. 애굽에서는 이스라엘을 구원한 요셉이 있었고, 십자가에서는 예수님을 위한 요셉이 있었습니다. 주님의 탄생 시에 요셉이 아버지의 역할을 하였으며, 또 다른 요셉은 주님의 장사를 준비하였습니다. 주님께서는 후원자들의 도움을 받지 못하고 버려지지 않으실 것입니다. 구약의 역사를 보면 하나님의 종 엘리의 시력이 약해졌을 때가 영적으로 어두운 때였습니다. 더욱 악화된 엘리는 영적으로나 육체적으로 거의 보지 못하였습니다. 그리하여 그는 두 아들이 몹시 악하게 행하였는데도 이를 제지하지 않았습니다. 외견상 하나님께서 자기의 백성 이스라엘을 버린 듯이 보였습니다. 하지만 어머니가 바친 이 어린아이는 누구입니까? 평생 동안 하나님을 섬기기 위해 성소에 바쳐진 이 어린아이가 누구입니까? 믿음의 눈을 가지십시오. 선지자 사무엘이 여러분 앞에 있습니다. 그는 여호와의 종입니다. 이후 그의 거룩한 모범으로 말미암아 이스라엘의 상황이 좋아졌으며, 엘리의 두 아들의 죄악을 징벌한 억압에서 해방되었습니다.

어딘지는 모르겠지만 하나님은 오늘날 어딘가에 즉, 영국 어느 마을의 눈에 띄지 않는 작은 집이나, 혹은 아메리카 외딴 벽지의 통나무 오두막이나, 뒷골목 빈민가나, 우리의 왕궁 안에 성숙한 삶으로써 이스라엘을 구원하고 여호와의 전쟁을 수행할 한 사람을 예비하고 계십니다. 주님은 자신의 종을 준비하고 계십니다. 꼭 필요한 때에 정확히 나타난 아리마대 요셉의 등장으로 나는 마음속에 하나님의 뜻을 품은 모든 이들을 위한 샘물을 발견합니다. 우리는 오늘날의 목회자들과 전도자들의 뒤를 이어야 할 지도자들을 염려할 필요가 없습니다. 사도적인 계승은 우리 하나님께 안전하게 맡길 수 있습니다.

이미 말씀드린 대로, 여기에 기록된 말씀 외에는 아리마대 요셉에 대하여 더 많은 이야기를 들을 수 없습니다. 그는 필요할 때 빛을 발하고 이내 사라졌습니다. 그에 대한 기록은 하늘에 남아 있습니다. 나는 그에 대한 구전(口傳)을 말하지 않겠습니다. 왜냐하면 전설을 인용한다는 것은 악한 의도를 드러내는 것이며, 우리로 하여금 순수하고 완전한 하나님의 말씀에서 벗어나게 할 수 있다고 생각합니다. 나와 여러분이 구전과 무슨 관계가 있습니까? 성경으로 충분하지 않습니까? 아마도 요셉과 글래스턴베리 (Glastonbury; 잉글랜드의 도시. 아서 왕의 섬이 있었다고 전해지는 전설적인 도

시: 역주)에 대한 어리석은 설화에는 아마도 아무런 진실이 없을 것입니다. 설령 진실이 있을지라도 그것이 우리에게 그리 중요한 의미를 가질 수 없습니다. 어떤 사실이 영감 있게 기록될 가치가 있었다면 기록으로 남겨졌을 것입니다. 그런데 그 사실이 기록되지 않았기 때문에 우리는 알 필요가 없습니다. 성령께서 기록을 멈추신 곳에서 우리도 멈춥시다.

첫째, 나는 여러분을 경계하기 위해 아리마대 요셉을 살펴보기를 원합니다. 그는 그리스도의 제자였지만 유다 사람들을 두려워하였기 때문에 숨어 있었습니다. 나는 이러한 요셉을 본받으라고 여러분에게 권하지 않습니다. 두려움 때문에 우리의 신앙을 숨기는 것은 악한 일입니다. 반드시 제자가 되십시오. 그러나 숨지는 마십시오. 만일 그렇게 한다면 여러분은 여러분의 삶의 목적 중에서 아주 중요한 부분을 잃어버리게 될 것입니다. 무엇보다도 사람을 두려워한 나머지 숨지 마십시오. 왜냐하면 사람을 두려워하면 올무에 걸리게 되기 때문입니다. 여러분이 그런 두려움의 노예가 된다면, 이로 인해 여러분은 품위가 떨어지고, 하찮게 보이게 될 것이며, 하나님께 마땅히 돌려야 할 영광을 돌려드리지 못하게 될 것입니다.

  너희 성도들아, 하나님을 두려워하라
  너희들이 다른 아무것도 두려워하지 않으리라

그리스도를 존귀하게 여기십시오. 그리하면 그리스께서 여러분을 존귀하게 여기실 것입니다.

그런데 아리마대 요셉이 소심하였던 까닭이 무엇이었을까요? 아마도 이는 그의 타고난 성품에서 기인하였을 것입니다. 많은 사람들이 매우 담대한 성품을 타고납니다. 그리고 어떤 사람들은 담대함이 다소 지나쳐 주제넘게 참견하며, 자기의 뜻을 주장합니다. 반면, 많은 사람들은 지나치게 내향적입니다. 그들이 사랑하는 구세주를 위해 좋은 말 한마디를 하려면 용기를 한껏 북돋워야 합니다. 그들은 승리자들과 함께 전리품을 나누기를 희망하지만 적과 맞설 때 전사들과 함께 싸우기를 그다지 바라지는 않습니다. 이러한 사람들 중에 일부는 비록 소심하기는 하지만 성실합니다. 위기의 때에 아주 용기 있게 대처한 사람들 중에 일부가 태생적으로 무서움을 잘 타는 사람들이었다는 사실이 순교의 날에 밝혀졌습니다. 폭스(Foxe)의 기록을 보면, 그리스도를 위하여 고난과 죽음을 기꺼이 당하리라고 장담했던 사람들은 겁이 나서 달아나고 신앙을 저버렸습니다. 반면, 감옥에서 화형에 처해질 것을 생각하며 벌벌 떨었던 다른 사람들이 순교를 당하고 주변 사람들의 칭송을 받았습니다. 그럼에도 불구하고 소심하게 불안해하므로 그 소심함이 더욱 커진다면 이는 바람직한 일이 아닐 것입니다. 사람의 두려움은 뿌리 채 뽑혀 더 이상 자라지 못하는 식물과 같은 것이어야 합니다. 그러므로 종종 다음과 같은 시로 스스로 마음을 다잡아 보는 것이 좋지 않을까요?

내가 과연 십자가의 군병이며
어린양의 제자인가?
내가 그의 뜻을 품기를 두려워하거나
그의 이름을 말하기를 부끄러워해야 하겠는가?

다른 이들이 상을 얻기 위해 싸우고
피의 바다를 항해하고 있는데
나만 꽃으로 꾸민 평안의 침대를 타고
하늘로 옮겨져야 하겠는가?

시험이 여러분을 두려움에 빠뜨린다는 사실을 여러분이 안다면, 두려움을 경계하고 물리치십시오. 그리고 성령의 도우심으로 말미암아 담대한 용기를 갖도록 한층 더 노력하십시오.

내가 유감으로 생각하는 것은, 아리마대 요셉의 신앙을 방해한 한 가지 요소는 그가 부자였다는 현실입니다. "재물이 있는 자는 하나님의 나라에 들어가기가 심히 어렵도다"(막 10:23)라는 우리 주님의 엄숙한 외침 속에 이러한 슬픈 사실이 녹아 있습니다. 재물이 마음을 강하게 하지 못하며, 또한 사람들로 하여금 선한 뜻을 담대히 행하게 하지 못합니다. 재물이 천국에 들어간 사람이 잘 사용할 수 있는 큰 달란트이기는 하지만, 아울러 올무와 시험이 되기도 합니다. 사람이 아직 천국에 들어가지 못하였을 때 재물은 여러 가지 면에서 천국에 들어가는데 무서운 장애물이 됩니다. "하나님의 나라에 들어가기가 얼마나 어려운지 낙타가 바늘귀로 나가는 것이 부자가 하나님 의 나라에 들어가는 것보다 쉬우니라." 갈릴리의 어부들은 자기들의 배와 낚시 도구들을 기꺼이 버렸습니다. 그러나 아리마대 요셉은 부자였으며, 따라서 그리스도를 위해 모든 것을 버리기가 쉽지 않았습니다. 재물의 특성을 우리는 재물이 많아서 근심하며 주 예수님을 떠난 청년의 경우에서 볼 수 있습니다. 그는 자신이 가진 모든 것을 팔아 구제하라는 쉽지 않은 시험을 받았습니다.

수영을 잘하는 사람은 배가 암초에 부딪쳤을 때 무거운 모든 짐을 버리고 자신의 목숨을 구합니다. 반면 다른 사람들은 자신의 허리에 금을 묶어두었기 때문에 바다 밑으로 곧장 빠져 버립니다. 금은 납과 마찬가지로 틀림없이 사람을 가라앉게 합니다. 교만, 신분에 대한 욕심, 재물 축적에 대한 탐심을 삼가 물리치십시오. 이런 것들은 주님을 섬기는데 방해가 됩니다. 재물은 사람들을 의기 양양하게 만들어서 허리를 굽혀 정말로 귀한 진주를 찾지 못하게 합니다. 가난한 사람은 그리스도가 전파되는 허름한 마을의 성소에 들어가 영생을 찾습니다. 그러나 같은 마을의 또 다른 사람은 영혼에 관심은 있으나 그 초라한 비밀 집회(conventicle; 비국교도의 비밀예배를 의미)에 참석하기를 좋아하지 아니하고 결국 복을 받지 못합니다. 아리마대 요셉의 재물이 그로 하여금 과도하게 소심하게 만들었습니다. 어쩌면 그가 이런 사실을 알지 못하였기에, 주 예수님을 따른 보통 사람들처럼 자신의 모든 것을 내어놓지 못하였을 것입니다. 그의 마음은 주님의 상급을 열망하였습니다. 하지만 무거운 그의 재물에 눌려 믿음의 경주를 하는데 방해를 받았습니다. 그러던 그가 마침내 믿음의 경주를 잘 할 수 있게 되었는데, 이는 풍성한 은혜가 그에게 임하였다는 증거입니다.

또한 그가 관원이었으므로 이로 인해 사람들의 존경을 받았다는 사실이 그의 신앙에 걸림돌이 되었을 것입니다. 설령 사람이 훌륭한 삶으로써 모든 사람들의 칭찬을 얻을 수 있고, 또 황금 글씨로 하늘에 자기 이름을 써넣을 수 있을지라도, 그 모든 것이 무슨 의미가 있을까요? 생각 없는 군중들의 박수갈채 속에는 무엇이 있을까요? 덕으로써 얻는 것이라면 착한 사람들의 칭찬은 많은 재물보다 바람직한 것이 될 것입니다. 하지만 그럴지라도 사람들의 칭찬은 시험이 될 수 있습니다. 왜냐하면 칭찬 받는 사람은 "하나님께서 뭐라 하실까?"라는 질문보다 "사람이 뭐라 할까?"라는 질문을 하게 되기 때문입니다. 사람이 그런 분위기에 빠지는 순간 그는 살아가면서 서서히 결단성을 잃게 될 것입니다. "잘하였도다 착하고 충성된 종아"라는 주님의 인정이 상원의원들과 군주들의 우레와 같은 박수갈채보다 더 가치가 있습니다. 사람들로부터 받는 존경은 기껏해야 최선에 이르지 못하게 하는 위험인자일 뿐입니다. 요셉은 공회에서 존경 받았으며, 이 때문에 그는 타산적으로 행동할 수밖에 없었습니다. 관원의 성향은 의욕보다는 조심하는 쪽으로 치우칩니다. 나는 높은 지위에 있는 사람들에게 이러한 사실을 주지시킨 바 있습니다. 그때에 나는 그들이 그리스도를 공공연하게 나타내지 못하는 것은 비겁한 일이며, 이는 주님께서 그들에게 주신 그 지위에 어울리지 않는 것은 아닌지 솔직하게 자신을 판단해 보라고 하였습니다.

만일 여러분이 주님을 사랑하면서도 사람들을 두려워하여 신앙을 드러내지 않는다면 나는 이제 여러분에게 애정을 가지고 질문하겠습니다. 설교는 모름지기 철저하게 개인에게 적용되어야 하니까요. 여러분은 한 번도 신앙을 공공연하게 고백하지 않았습니다. 왜 그랬습니까? 여러분이 주님 편에 서서 명확한 입장을 밝히는데 무엇이 방해가 됩니까? 하나님께서 여러분에게 후하게 대우하시고 또한 여러분에게 크게 기대하셨는데, 여러분은 그에 대한 보답으로 그의 아들을 부인하고, 양심을 거슬리며, 진리에 등을 돌리고, 오직 시류(時流)만을 따를 수 있습니까?

사회에서 냉대를 당하고 멸시의 손가락질을 당하는 것이 힘들다는 것을 나는 알고 있습니다. 하지만 자기만을 생각하는 이런 두려움 앞에 굴복하는 것은 인간으로서 할 짓이 아니며, 그리스도인으로서 완전히 수치스러운 일입니다. "오, 하지만 나는 성격상 소심한데요." 부탁하건대, 그래도 두려움에 빠지지 마십시오. 모두가 그런 마음이었다면 진리는 어디에서 발전하였으며, 진리의 개혁과 부흥은 어디에서 이루어졌겠습니까? 루터나 칼빈이나 츠빙글리는 어디서 나올 수 있었겠습니까? 외딴 골짜기와 같은 냉정한 삶의 여정을 따라 걷는 것이 그들이 원하는 최고의 목적이라고 생각했다면 우리의 휫필드나 웨슬리는 어디서 나올 수 있었겠습니까? 진리를 위해 그리고 주님을 위해 나오십시오. 여러분에게 옳은 것이 우리 모두에게도 옳은 것이라는 사실을 생각하십시오. 예를 들면, 여러분이 교회에 등록하지 않는다면, 우리 모든 사람들 또한 교회에 등록해야 하는 의무를 소홀히 여길 것이며, 그렇게 되면 그리스도의 가견적(可見的)인 교회가 어디에 존재하겠으며, 우리의 거룩한 신앙의 의식들이 은혜에 대한 증거로서 사람들 가운데서 어떻게 지켜지겠습니까? 이와 관련된 신자들에게 부탁하건대, 은둔의 모순을 곰곰 생각하고 그런 비겁한 상태를 중단하시기 바랍니다.

아리마대 요셉은 숨음으로써 큰 것을 잃었다고 나는 확신합니다. 여러분도 아시다시피 다른 많은 제자들은 예수님과 함께 산 반면 그는 예수님과 함께 살지 못했습니다. 짧지만 황금과도 같은 그 기간 동안에 제자들은 예수님과 함께 걷고 대화하고 먹고 마셨지만 요셉은 그렇지 못하였습니다. 그는 열두 제자들과 함께 하지 못하였습니다. 큰 무리가 돌아간 후 주님께서 기뻐하신 허물없는 대화에 그는 참여하지 못하였습니다. 초대교회 성도들의 고상한 삶이 가능하게 한 거룩한 훈련과 강화를 그는 놓치고 말았습니다. 또한 주님을 위해 그리고 주님과 함께 일할 수 있는 기회를 그는 얼마나 많이 놓쳤습니까! 우리가 그에 대한 이야기를 더 많이 듣지 못하는 이유는 아마도 그가 한 일이 그만큼 없었기 때문일 것입니다. 그나마 그의 이름이 잊혀지지 않게 한 한 가지 큰 일이 성경에 기록된 전부인 것은 그것이 기록할 가치가 있는 전부였기 때문일 것입니다. 요셉이 나약하고 쓸쓸하고 크게 쓰임 받지 못한 일꾼이었던 까닭은 그가 그리스도를 멀리 떨어져서 따랐기 때문입니다. 이러한 반성을 통하여 지금까지 쓰레기더미 속에 숨어서 예수님 앞에 나오지 못한 우리의 사랑스럽고 참으로 신실하고 존경스러운 그리스도인들이 밖으로 나오기를 하나님께 기도드립니다.

둘째, 나는 지금까지 아리마대 요셉의 모습을 통해 여러분을 경계하였습니다만, 계속하여 여러분을 교육하기 위해 그에 대하여 말할 것입니다.

아리마대 요셉이 밖으로 나온 동기는 무엇이었습니까? 그것은 십자가의 능력이었습니다! 그리스도의 온 생애를 보고도 이 사람이 공개적으로 고백하지 못한 것은 놀라운 일이 아닌지요? 우리의 주님께서 행하신 기적들, 놀라운 강론들, 주님의 가난, 자기를 비우심, 거룩과 사랑을 나타내 보이신 주님의 영광스러운 삶, 이 모든 것들이 요셉의 은밀한 신앙을 키워주는데 도움을 주었지만, 그로 하여금 신앙을 담대히 고백하게 하지는 못하였습니다. 십자가의 부끄러운 죽으심이 아름다운 그리스도의 온 생애보다도 더 큰 능력을 발휘하였습니다.

이제 소심하고 수줍어하는 여러분, 오늘날에도 십자가가 여러분에게 똑같은 감동을 주는지 살펴봅시다. 여러분이 십자가를 주의 깊게 연구한다면 오늘날에도 똑같은 감동을 주리라고 나는 믿습니다. 성령께서 여러분의 마음속 깊은 곳에 십자가를 세우시면 여러분이 큰 감동을 얻으리라고 나는 확신합니다. 추측컨대, 십자가에서 그리스도께서 죽으신 일은 아리마대 요셉에게 너무나 악한 일로 보였고, 이로 인해 그는 부득불 악하게 취급되신 분을 위해서 밖으로 나오지 않으면 안 되었을 것입니다. 산헤드린 공회원들이 예수님에게 사형선고를 내렸을 때 그는 그들의 행동에 동의하지 않았습니다. 아마도 그와 니고데모는 그 모임에 전혀 참여하지 않았을 것입니다. 하지만 그 범죄가 실제로 저질러지고, 무죄하신 분이 사형당하신 모습을 보자, 그는 "나는 이러한 살인에 대하여 더 이상 침묵할 수 없다. 나는 거룩하고 의로운 자의 편에 서리라"고 말하였습니다. 그래서 그는 밖으로 나갔고, 십자가에 못 박히신 주님을 자발적으로 섬기는 주님의 종이 되었습니다. 그들이 악하게 주 예수님의 목숨을 빼앗아간 지금, 어떤 일이 있더라도 자신은 주님의 오른 편에 서야겠다고 그는 확신하였습니다. 때는 늦었습니다. 애석하게도 때는 늦었지만 그렇다고 아주 늦은 것은 아니었습니다.

오, 숨어 있는 제자들이여, 숨어 있는 곳을 떠나지 않겠습니까? 서둘러 그리하지 않겠습니까? 조용히 숨어 있는 여러분, 악한 날에 예수님의 이름이 모욕을 당한다는 소식을 들을 때, 주님을 위해 일어서지 않겠습니까? 예수님은 모든 영광을 받기에 합당하신 데도 사람들은 주님에게 숱한 모욕을 주고 있습니다. 여러분이 주님을 보호해 드리지 않으시렵니까? 그는 여러분의 구세주요 주님이십니다. 오, 여러분이 주님의 소유임을 지체 말고 고백하십시오. 십자가가 요셉의 속마음을 드러냈습니다. 그는 거룩하고 의로우신 분을 죽인 악을 몹시 싫어하였습니다. 따라서 그는 허리를 동이고 주님의 거룩한 몸을 지키는 보호자가 되었습니다.

다음에, 요셉이 더 이상 숨어서는 안 되겠다고 생각하게 된 동기는 부분적으로 주님께서 죽으시면서 보여 주신 놀라운 인내였을 것입니다. 주님께서 "아버지, 저들을 사하여 주옵소서. 자기들이 하는 것을 알지 못함이니이다" 라고 기도하시는 소리를 그가 들었나요? 복되신 입술로 주님께서 "내가 목마르다" 말씀하실 때 그는 주님을 주목하였나요? 주변에서 임종하시는 주님에게 퍼붓는 상스러운 말과 조롱을 그가 목격했다고 여러분은 생각하시나요? 그리고 자기의 최고의 친구에게 애정을 나타내지 않으면 돌들이 소리지를 것이라고 그가 느꼈나요?

그렇습니다. 예수님께서 자신을 위해서 아무 말씀도 하지 않으시고 마치 털 깎는 자 앞에 잠잠한 양같이 잠잠히 계셨기 때문에, 요셉은 주님을 위해 자신의 입을 열어야겠다고 결심하였습니다. 예수님께서 오직 살인자들을 위해 기도하려고 숨을 내쉰 것 외에는 아무런 대답도 하지 않으셨다면 이 존경받는 관원이 그를 인정하지 않으면 안 될 것입니다. 태양이 그를 인정하고 그 얼굴을 굵은 베로 가리웠습니다! 땅도 그를 인정하고 그의 고난 앞에서 그 중심이 진동하였습니다. 죽음도 그를 인정하고 무덤이 그때까지 묶어두었던 시신들을 내주었습니다! 성전도 그를 인정하고 자기가 본 공포로 말미암아 마음이 철저하게 부서진 여인처럼 두려움 속에서 휘장이 갈라졌습니다! 그러므로 요셉은 주님을 인정해야만 했고, 그 감동을 참을 수 없었습니다. 지금까지 여러분이 수줍어하였다면, 이러한 동기로 말미암아 많은 무리들을 이끄는 선구자가 되십시오.

요셉은 십자가의 죽음에서 놀라운 모든 사실들을 보았습니다. 이런 놀라운 사실들로 말미암아 백부장은 이 사람이 의인이었다는 사실을 확신하였습니다. 그리고 이런 놀라운 사실들로 말미암아 다른 이들은 십자가의 주님이 하나님의 아들이라는 사실을 확신하였습니다. 또한 이미 그리스도의 제자였던 요셉은 십자가 주변에서 그가 본 사실로 말미암아 틀림없이 확신에 확신을 크게 더하게 되었습니다. 그리스도의 제자로서 담대하게 행동해야 할 시간이 왔습니다. 여러분 주위에는 변화 받는 놀라운 일들, 기도의 응답,

하나님의 구원이 없었나요? 이러한 일들을 보고 숨은 신자들이 이제는 자신의 소신을 말해야 하지 않겠습니까?

우리 주님께서 죽으신 뜻을 그가 충분히 이해했다고 나는 생각하지 않습니다. 그가 어느 정도는 알았겠지만, 하나님의 성령께서 충만히 임하셔서 우리에게 십자가의 의미를 가르쳐 주신 지금 우리가 알고 있는 정도의 지식은 아니었습니다. 들으십시오. 주님은 여러분을 위해 죽으셨습니다! 주님의 상처들은 모두 여러분을 위한 것들이었습니다. 지금도 여전히 여러분이 십자가에 못 박히신 주님의 얼굴에서 볼 수 있는 피땀은 전부 여러분을 위해 흘리신 것입니다. 그 목마름과 열도 여러분을 위한 것이며, 머리를 떨구신 것도 여러분을 위한 것이며, 영혼이 떠나신 것도 여러분을 위한 것입니다. 그런데 여러분이 주님을 고백하기를 부끄러워할 수 있겠습니다. 여러분을 위해 이 모든 것을 견디신 주님을 위해 여러분이 비난과 조롱을 견디지 않으시렵니까? 이제 여러분의 영으로 "그가 나를 사랑하셨다, 나를 위해 목숨을 내어주셨다"고 말하십시오.

여러분이 이렇게 말할 수 없다면 행복할 수 없습니다. 그러나 그렇게 말할 수 있다면, 그 다음에 무엇이 따라올까요? 여러분은 주님을 사랑하고 그에게 여러분 자신을 바쳐야 하지 않을까요? 십자가는 불가사의한 자석과 같아서 순수한 금속 같은 모든 사람을 예수님께로 끌어들입니다. 십자가는 높이 올린 깃발 같아서 충성된 모든 사람들은 그리로 모입니다. 온 땅에 전해진 이 불 같은 십자가가 용사들을 일깨워 싸움터로 보낼 것입니다. 여러분을 위해 죽기까지 고난 받으신 주님을 보고도 등을 돌릴 수 있습니까? 여러분이 더 이상 지체하지 말고 즉시 이렇게 외칠 수 있기를 나는 기도합니다. "나의 이름을 주님의 제자들의 이름에 기록해 주시오. 왜냐하면 나는 주님께서 다음과 같이 말씀하실 때까지 끝까지 싸울 것이기 때문입니다."

오라 오라
네가 영원한 영광을 얻으리라

셋째, 각성을 위한 말씀을 드리겠습니다. 시간이 촉박하므로 마음이 의로운 모든 사람은 반드시 주님을 인정하고 그를 섬겨야 합니다. 그리스도를 사랑하는 모든 사람은 이 시간 행실로 그 사랑을 보여야 할 것입니다. 남 웨일스에 있는 멈블스(Mumbles) 사람들의 부표에는 종이 달려 있습니다. 이 종은 선원들에게 위험한 암초를 경고하기 위해 달려 있는 것입니다. 이 종은 보통 날씨에는 조용합니다. 하지만 바람이 불고 큰 파도가 해안으로 밀려오면, 그 엄중한 소리가 바다의 손안에서 이리저리 진동하면서 주변으로 몇 마일까지 퍼져나갑니다. 상황이 조용할 때는 침묵을 지키다가 거센 바람이 불면 어쩔 수 없이 말해야 하는 진실한 사람들이 있다고 나는 믿습니다. 나는 주님의 이름으로 여러분을 전쟁에 소환합니다. 주님께 여러분이 필요합니다. 여러분이 와서 주님을 도와 강한 자를 대적하지 않는다면 저주가 여러분에게 닥칠 것입니다. 여러분은 비겁한 사람으로 기록되거나 그렇지 않으면 오늘날 예수님의 뜻을 엄숙히 지지해야 할 것입니다. 그 이유를 여러분에게 말씀드려야 할까요?

나는 요셉이 왜 필요하였는지 그 이유를 말씀드리겠습니다. 그 이유는 그리스도의 대적들이 마침내 큰 성공을 거두었기 때문입니다. 그들이 돌을 들어 던지기 위해 그리스도를 붙잡았을 때 그들은 매우 큰 성과를 얻었습니다. 주님께서 마귀가 들려 미쳤다고 말했을 때 그들은 큰 효과를 거두었습니다. 주님이 마귀들의 왕인 바알세불을 힘입어 마귀들을 쫓아낸다고 그들이 주장하였을 때 그들은 신성을 모독하였습니다. 그러나 이제 그들은 아주 치명적으로 한계선을 넘고 말았습니다. 그들은 실제로 이스라엘의 왕을 붙잡아 십자가에 못 박아 죽게 하였습니다. 그러므로 요셉은 더 이상 참을 수 없었습니다. 이에 그는 그들과의 교제를 끊고 주 예수님의 편에 섰습니다. 이 시대에 사람들이 얼마나 지나치게 행하는지 살펴봅시다.

여러분 안에 조금이라도 용맹스러움이 있다면, 이 신성모독의 시대에 거기서 나와 책망하십시오.


너희 인생들아,
셀 수 없을 만큼 많은 대적들을 물리치고
이제는 주를 섬길지어다

위험을 무릅쓰고 용기를 내어
힘에는 힘으로 대항할지어다

아리마대 요셉이 주님의 제자로서 자신을 나타내 보였을 때 우리 주님의 친구들은 대부분 도망쳤습니다. 그들 모두가 도망쳤다고 해도 과언이 아닐 것입니다. 그때에 요셉은 말했습니다. "내가 가서 주님의 시신을 요구하리라." 다른 모든 사람들이 달아났을 때, 이 소심한 사람은 용감해졌습니다. 일반적으로 신앙이 크게 황폐해졌을 때 오히려 연약한 자들이 강해지는 경우를 나는 여러 번 보았습니다. 한 자매는 교회 앞에서 그녀의 체험을 말해 보라고 강요당하였을 때 그렇게 하지 못했습니다. 하지만 그녀는 도망가서 돌이켜 이렇게 말했습니다. "나는 그리스도를 위해 말은 못하지만 그분을 위해 죽을 수는 있습니다." 그러자 목사는 "돌아오라, 우리는 너를 환영한다"고 하였습니다. 진리를 위한 증인들이 아무도 남아있지 않을 것 같아 염려되는 시대에 숨어 있는 자들은 용기 있게 행동합니다. 신앙이 퇴보하고 있는 곳에 사는 여러분 모두가 주 예수님을 한층 더 성실하게 섬기기로 결심하시기를 축원합니다!

여러분도 아시다시피, 요셉의 시대에 주님께 충성한 사람들은 이처럼 연약한 무리들이었습니다. 그다지 가난하지 않았던 사람들 — 자기들의 소유로 주님을 섬긴 여자들(눅 8:3) — 은 빌라도에게 가서 주님의 시신을 달라고 요청하지 못하였습니다. 빌라도가 그 사람들의 요구를 수리하지 않았을 것입니다. 그리고 설령 빌라도가 그들의 요구를 수리한다 할지라도 그들은 너무나 소심하여 그를 만나지도 못하였을 것입니다. 그러나 요셉은 부자요 공회원이었습니다. 이에 그는 속으로 이렇게 말했을 것입니다. "이 귀하고 착한 여자들에게 후원자가 필요하군. 여자들만으로는 십자가에서 존귀하신 주님의 시신을 내릴 수 없어. 내가 로마 총독에게 가리라. 니고데모와 같이 내가 세마포와 향품을 준비하고, 여자들의 도움을 받아 저 나무에서 예수님을 끌어내리고, 나의 새 무덤에 그를 안장해야지. 그리고 주님의 사지를 세마포와 향품으로 싸서 시신을 썩지 않게 보존해야겠다."

여러분 가운데 일부가 살고 있는 시골에서는 하나님께 충성된 사람들이 매우 가난하며, 많은 힘이 없습니다. 무언가 더욱 결심하도록 여러분을 감동하더라도, 어쩔 수 없는 현실에 막힐 것입니다. 힘이 없는 친구들을 돕는 것은 훌륭한 일입니다. 보통 사람들은 누구라도 성공의 꽁무니를 따라갈 것입니다. 하지만 진실한 사람은 진리에 속한 명분이 멸시받을지라도 이를 부끄러워하지 않습니다. 재능과 물질을 소유한 여러분은 다음과 같이 말해야 할 것입니다. "내가 가서 이제 그들을 도우리라. 이 힘없는 사람들에게 주님의 뜻을 맡겨둘 수는 없어. 그들이 최선을 다하고 있다는 것을 나는 알고 있어. 미약하나마 나는 그들과 함께 하여 위대하신 주님을 위해 그들을 힘써 도와야겠다."

나의 유일한 열망은 한동안 방황한 여러분에게 "일어나시오, 예수님을 위하여 일어나시오"라고 권유하는 것이며, 또한 어디서나 지혜가 통하는 곳에서 주님의 존귀하고 거룩한 이름을 공언하는 것입니다. 아마도 여러분은 밤에 만발하는 손가락선인장이나 저녁에 피는 앵초처럼 어두워져야 필 수 있는 꽃들일 것입니다. 지금이 바로 여러분이 피어날 시간입니다. 이미 저녁이 되었습니다. 나의 귀한 친구들이여, 꽃을 피우십시오. 그리하여 여러분의 사랑의 매혹적인 향기를 온누리에 풍기십시오. 다른 꽃잎들이 닫힐 때 조심스럽게 꽃잎을 열어 이슬을 받으십시오. 여러분 별들이여, 이 어두운 시간에 빛을 발하십시오! 해가 지지 않았다면 여러분은 숨어 있었을 것입니다. 이젠 여러분의 모습을 우리에게 드러내십시오! 요셉과 니고데모는 예수님께서 살아 계신 낮에는 한 번도 보이지 않았습니다. 하지만 예수님의 죽으심으로 말미암아 해가 지자 그들의 광채를 온전히 발하였습니다.

마지막으로, 나는 이 주제를 통해 여러분을 안내하겠습니다. 누군가 말하기를, "그런데, 날더러 드러내라고 하는 말이 무슨 뜻입니까? 요셉이 한 일을 나도 알겠습니다. 하지만 내가 무엇을 할 수 있습니까? 나는 아리마대에 살고 있지도 않은데요. 그리고 오늘날에는 빌라도도 없는데요."

요셉은 주님을 모시기 위해 위험을 감수하였습니다. 한 주인이 그리스도인이기 때문에 처형을 당하였는데 그 주인의 그리스도인 종이 재판관에게 가서 자기 주인의 시신을 장사지내게 해 달라고 요청하였습니다. 이에 재판관은 "무슨 이유로 너의 주인의 시신을 요구하느냐?"고 물었습니다. 그러나 종은 "주인께서 그리스도인이셨고, 나 또한 그러하기 때문입니다"라고 대답하였습니다. 이 고백으로 말미암아 그는 사형선고를 받고 말았습니다. 빌라도도 그럴 수 있었습니다. 왜냐하면 유대인 통치자들이 틀림없이 요셉을 미워하였고 그를 죽이기를 바랐기 때문입니다. 본문은 "예수의 시체를 달라 하니"라고 말씀하고 있습니다. 어느 주석가의 적절한 말처럼, 그는 시신을 당돌히 요구했으며 겁쟁이가 아니었습니다. 그는 순진하게 시신을 요구하였고, 총독은 그의 소원을 들어주었습니다.

여러분이 그리스도 때문에 세상의 좋은 것들을 버려야 한다면 과연 그렇게 할 수 있으리라고 생각하십니까? 이 배교의 시대에 옛 신앙을 고백함으로써 담대하게 여러분의 명성을 버릴 수 있겠습니까? 예수님을 위하여 모든 것을 버릴 수 있습니까? 주님께 영광을 돌릴 수만 있다면 그분을 위해 값을 치르고 이를 대수롭지 않게 여겨야 하는 것은 그분이 여러분을 위해 죽어 주셨기 때문입니다.

또한 기억해야 할 것은, 이 의로운 사람, 아리마대 요셉이 예수님의 시신을 취함으로 인해 의식적인 부정 상태(ceremonial pollution)에 빠졌다는 사실입니다. 그것이 여러분에게는 별일 아닌 것 같지만, 유대인에게는 아주 큰 일이었고, 더구나 유월절 기간 동안에는 더 더욱 큰 일이었습니다.

그는 복되신 주님의 몸을 만졌으며, 이는 유대인들의 입장에서 볼 때 자신을 더럽힌 것이었습니다. 하지만 이는 조금도 부정한 것이 아니었습니다. 오히려 이는 거룩한 것, 곧 하나님께서 준비하신 몸을 만지는 영광이었습니다. 그러나 그들은, 여러분이 그리스도를 위해 나타나 그의 백성과 연합하면 스스로 자신의 가치를 떨어뜨리는 것이라고 여러분에게 말할 것입니다. 그들은 여러분을 가리키며 여러분에게 어떤 모욕적인 이름을 지어줄 것이며, 광신적이라고 여러분을 비난할 것입니다. 이 복된 모욕을 받으십시오. 그리스도를 위한 불명예는 영광이며, 주님을 위한 부끄러움은 모든 영광 중에 최고입니다. 이처럼 만물의 찌끼같이 될지라도 뒤로 물러서지 않고, 도리어 앞으로 나아가 여러분의 신앙을 고백하리라고 나는 믿습니다.

생명의 위험을 무릅쓰고 자신의 명예를 버린 이 사람은 그리스도를 장사 지내기 위해 기꺼이 큰 대가를 치렀습니다. 그는 가서 세마포를 샀으며, 이스라엘 사람이면 누구나 갖고 싶어하는 바위를 쪼아서 만든 무덤에다 기쁜 마음으로 주님을 안치하였습니다. 그리스도를 모시려면 실제로 모시세요. 여러분의 지갑을 주님으로부터 감추지 말며, 혹은 "나는 주님의 것입니다" 라고 말만 하고 실제로 주님을 위해 아무 일도 하지 않아도 된다고 생각하지 마십시오. 나는 미국의 메인(Maine; 미국 동북부의 주)에 있는 한 의로운 늙은 집사님에 대한 이야기를 읽어보았습니다. 그는 선교헌금이 끝난 후에 집회에 들어왔습니다. 그때에 목사님은 그 자리에서 "우리의 의로운 세웰(Sewell) 형제"에게 기도를 부탁했습니다. 세웰은 기도하지 않았습니다. 대신 손을 주머니에 집어넣고 만지작거렸습니다. "헌금바구니 좀 가져다 주세요"라고 그는 말하고, 헌금바구니가 오자 안에다 헌금을 넣었습니다. 목사님은 "세웰 형제님, 나는 무엇을 달라고 요청한 것이 아니라 다만 기도를 요청했습니다"라고 말했습니다. 그러자 그는 이렇게 말했습니다. "오, 내가 먼저 얼마를 드리기 전에는 기도할 수 없습니다." 그는 기도하기 전에 먼저 위대한 선교사역을 위해 무언가 하지 않으면 안 된다고 느꼈던 것입니다. 그리스도인들 모두가 이러한 행동과정의 정당성을 깨닫기를 축원합니다!

이것이 마땅하고 옳지 않습니까? 구세주를 장사지낼 것을 원하셨을 때 요셉은 주님을 장사지내지 않고서는 주님 앞에 진실할 수 없었습니다. 지금은 구세주께서 장사를 원하지 않으십니다. 하지만 주님은 우리가 주님의 강한 능력을 힘입어 주님을 사람들에게 전하기를 원하십니다. 우리가 주님을 사랑한다면, 우리는 우리에게 있는 것을 다 바쳐서 주님의 이름을 아는 지식을 널리 반포해야 할 것입니다. 여러분, 아리마대 요셉이여, 여러분은 어디에 있습니까? 자, 빨리 앞으로 나오세요. 여러분의 시간이 왔습니다! 지금 나오세요! 여러분이 은밀히 그리스도를 따랐다면 이제 그 은밀함을 바람에 날려 보내세요! 이제부터는 주님께서 가시는 곳마다 주님을 따르는 그리스도의 호위병들 가운데 가장 용감한 전사가 되세요. 두려움이나 두려운 생각을 갖지 마십시오. 여러분이 그리스도의 이름으로 인하여 여러 가지 시험에 빠지더라도 이를 온전히 기쁘게 여기십시오. 그리스도는 영원히 영광 받으실 만왕의 왕이시며 만주의 주가 되십니다.

# 13

# 구레네 시몬

---

### 강요받은 섬김

"마침 알렉산더와 루포의 아버지인 구레네 사람 시몬이 시골로부터 와서 지나가는데 그들이 그를 억지로 같이 가게 하여 예수의 십자가를 지우고"(막 15:21).

요한은 우리의 구세주께서 자신의 십자가를 지고 가셨다고 말씀하였습니다(요 19:17). 우리는 요한의 증거에 근거하여 이 사실을 말할 수 있습니다. 다른 복음서 저자들은 구레네 사람 시몬이 그리스도의 십자가를 지고 갔다고 말하고 있습니다. 하지만 종종 세 복음서들 사이의 차이점을 매워 주는 요한은 예수님께서 자신의 십자가를 지고 골고다로 출발하셨다고 우리에게 말하고 있습니다. 우리 주 예수님께서는 빌라도의 궁전에서 자신의 십자가를 지고 출발하셨으나 밤새 피땀을 흘리며 기도하신 관계로 너무나 쇠약해지고 탈진하셔서 난폭한 군사들이 재촉하는 속도로 도저히 앞으로 나아가실 수 없었습니다. 따라서 그들은 그들의 죄수로부터 십자가를 빼앗아 시몬으로 하여금 짊어지게 하였거나 혹은 운명의 장소까지 구세주께서 십자가를 부분적으로 짊어지고 가시는 동안 이 힘센 시골사람이 주님과 함께 그 어깨에 십자가를 메고 목적지까지 갔을 것입니다.

글쎄요, 구세주께서 십자가를 지셨다고 말하는 것이 좋기는 합니다. 왜냐하면 그렇지 않았다고 한다면 반대자들이 반대입장을 내놓을 것이기 때문입니다. 나는 그들이 이렇게 말하는 것을 들었습니다. "여러분도 인정하다시피 구약에서 하나님의 아들의 희생을 암시하는 가장 두드러진 모형(types) 중에 하나가 아브라함이 자기의 아들 이삭을 바친 사건입니다. 그때에 아브라함은 자신의 아들 이삭에게 나무를 지우고 종에게 지우지 않았습니다. 그러므로 하나님의 아들이 십자가를 친히 져야 하지 않겠습니까? 우리 주님께서 자신의 십자가를 직접 지지 않으셨다면 그 모형의 성취에 흠이 남게 될 것입니다. 따라서 구세주께서는 희생제물로서 드려지기 위해 가셨을 때 친히 나무를 지고 가신 것이 틀림없습니다."

하지만 다른 사람이 그 짐을 나눠졌다 해도 마찬가지로 유익합니다. 왜냐하면 주님께서 사람들을 죄에서 구원하기 위해 자신의 교회와 연합하시는 것이 언제나 하나님의 계획 중 일부였기 때문입니다. 구속의 사역에 관한 한 주님은 포도즙 틀을 홀로 밟으셨습니다. 하지만 세상을 회개시키는 일, 그리고 허물과 죄악으로부터 세상을 구출해 내는 일은 그리스도께서 혼자 하지 않으십니다. 우리도 함께 하나님의 일꾼들입니다. 우리는 하나님의 손에 붙들린 도구로서 사람들을 죄와 사탄의 속박으로부터 구원하며 진리와 의의 자유 안으로 인도하기 위해 슬픔과 고통을 함께 나누는 사람들이 되어야 하는 것입니다. 그러므로 이제 중요한 것은, 비록 우리가 십자가에서 죽지는 못할지라도 그리스도를 바짝 뒤쫓는 자들로서 그리스도와 함께 멍에를 메는 일입니다. 예수님을 따라 십자가를 지는 것은 신자의 의무입니다. 구레네 사람 시몬은 교회 전체, 그리고 모든 신자를 대표하여 십자가를 진 것입니다. 예수님은 종종 말씀하시기를, "날마다 자기 십자가를 지지 아니하면 그는 나의 제자가 될 수 없느니라" 하셨습니다. 그리고 마침내 주님께서 그 말씀을 몸소 실천해 보이십니다. 제자는 그의 선생님처럼 되어야 합니다. 십자가에 못 박히신 분을 따르는 자는 친히 십자가를 져야 합니다. 예수님의 십자가를 그의 어깨에 멘 구레네 사람 시몬의 모습에서 우리는 제자의 의무가 무엇인가를 보게 됩니다.

시몬만 홀로 십자가를 지고
다른 모든 사람들은 자유롭게 가야 하나요?

모든 사람이 져야 할 십자가가 있습니다
그리고 내가 져야 할 십자가가 있습니다

우리 각자가 받아야 할 교훈은 우리 주님의 십자가를 지체 없이 지고, 주님과 함께 가며, 거짓없이 주님의 수치를 감수하는 것입니다.

내가 처음에 전할 말씀은 예상치 못한 사람들이 십자가를 지도록 종종 부르심을 받는다는 것입니다. 시몬과 같이 그들은 그리스도를 섬기도록 강제로 징용당합니다. 오늘 본문은 "마침 알렉산더와 루포의 아버지인 구레네 사람 시몬이 시골로부터 와서 지나가는데 그들이 그를 억지로 같이 가게 하여 예수의 십자가를 지우고"라고 말씀합니다. 시몬은 자원하지 않았습니다. 그는 십자가 지는 일을 강요받았습니다. 다른 복음서 저자도 시몬이 급히 징용되어 충심으로 십자가를 졌다고 말하는 것 같습니다. 하지만 처음에 그는 강요당하였습니다. 이러한 영광을 누린 사람이 베드로나 야고보나 요한, 혹은 수년 동안 구세주의 말씀을 들어왔던 많은 제자들 가운데 한 명이 아니었다는 것이 매우 이상합니다. 그 영광을 누린 사람은 북부 아프리카에서 온 나그네였습니다. 그는 나사렛 예수님의 삶 혹은 가르침을 한 번도 접하지 못한 사람이었습니다.

다음과 같은 사실을 주목합시다. 첫째, 그는 알려지지 않은 사람이었습니다. 마치 우리나라에서 요한이 흔한 이름인 것처럼 시몬은 유대 사회에서 매우 흔한 이름이었습니다. 이 사람은 많은 시몬들 중에 한 명의 시몬에 불과하였습니다. 더 이상 설명될 필요가 없는 한 개인이었습니다. 하지만 하나님의 섭리는 이 알려지지 않은 어떤 사람, 혹은 불확실한 사람이라고 말할 수 있는 이 사람을 선택하여 하나님의 아들을 위해 십자가를 지는 거룩한 사명을 감당하게 하게 하였습니다. 내 마음에 감동이 되는 것은 지금 이후로 그리스도의 십자가를 져야 하는 "어느 지역 사람 시몬"이 여기에도 계시다는 것입니다. 친구여, 하늘에 계신 우리 아버지 외에는 아무도 여러분을 알지 못합니다. 아버지께서는 여러분으로 하여금 그의 아들과 교제하라고 지명하셨습니다. 나는 여러분을 거칠게 "어느 지역 사람 시몬"이라고 말하겠습니다. 그리고 여러분이 있어야 할 섬김의 장소로 인도하시도록 성령님께 여러분을 맡기겠습니다. 그러나 이 " … 사람 시몬"은 매우 특별한 " … 사람 시몬"이었습니다. 더 이상 강조할 필요가 없어 보이는 그런 점을 나는 강조합니다. 그는 하나님께서 아시고, 택하시고, 사랑하신 사람이었으며, 이 특별한 섬김을 시작한 사람이었습니다.

교회를 크게 핍박한 사람 사울은 이후에 사람들이 놀라며 "이 사람이 변화되었다"고 소리칠 정도로 능력 있는 복음전도자가 되었습니다. 어떤 사람이 사울에 대하여 이렇게 말했습니다. "내가 전에 그를 알았을 때 그는 바리새인들 중에 바리새인이었으며, 언제나 성구함(聖句函; 양피지에 구약 성경의 성구를 적은 것을 담은 가죽 상자. 아침 기도 때 하나는 이마에 하나는 왼팔에 잡아맴)을 끼고 살 정도로 고집불통의 사람이었으며, 그는 그리스도와 그리스도인들을 너무나 미워한 나머지 교회를 아무리 핍박하여도 성에 차지 않았습니다." 그러자 다른 사람이 말을 이었습니다. "정말 그랬어요. 그런데 그는 희한하게 달라졌어요. 그가 예수의 제자들을 붙잡으려고 다메섹으로 내려가던 중에 무슨 일이 벌어졌다고 사람들이 말해요. 도대체 무슨 일이 벌어졌는지 우리는 정확히 모르지만, 분명히 그 이후부터 그는 지금까지와는 전혀 다른 모습이 되어 버렸어요. 사실 그는 완전히 뒤집어진 것 같아요. 그의 인생의 방향이 분명히 전환되었어요. 그가 전에 멸하려 했던 그 신앙을 이제는 열광적으로 위합니다."

이처럼 급속한 변화가 "다소 사람 사울"에게 일어났습니다. 당시 이스라엘 안에는 사울이란 이름을 가진 사람들이 넘쳐났습니다. 그러나 하나님의 선택하신 사랑은 영원한 작정 가운데서 이 한 사람 사울을 주목하였고, 이 사울을 위하여 구속하신 사랑이 그 심장의 피를 흘렸고, 이 사울 안에서 효과적인 은혜가 크게 역사하였던 것입니다. 오늘 이 자리에 또 다른 사울이 계신지요? 주님께서 그로 하여금 지금 가시채 차는 것을 중단하게 해 주시고, 우리가 주님으로부터 "그가 기도하는 중이니라"(행 9:11)는 말씀을 듣게 되기를 축원합니다. " … 사람 사울"과 꼭 닮은 사람이 이 순간 이 집에 있으리라고 확신하며, 나의 기도와 함께 수많은 사람들의 기도가 하나님께 상달되어서 그가 즉시 주 예수님께 복종할 수 있기를 나는 소망합니다.

시몬이 그리스도의 십자가를 질 적임자는 아니었던 것 같습니다. 왜냐하면 그는 시골에서 이제 막 올라온 나그네였기 때문입니다. 아마도 그는 예루살 렘에서 무슨 일이 벌어지고 있는지 거의 혹은 전혀 몰랐을 것입니다. 그는 다른 대륙(아프리카)에서 왔습니다. 그는 "구레네 사람 시몬"이었습니다. 나는 구레네가 예루살렘에서 8백 마일은 족히 떨어진 곳이라고 생각합니다. 그곳의 위치는 지금 북아프리카의 트리폴리(Tripoli)라고 불리는 곳이었습니 다. 그곳에는 유대인 촌락이 오래 전에 형성되어 있었습니다. 그는 아마도 로마의 갤리선(galley; 고대 로마의 전함)을 타고 알렉산드리아에서 욥바로 들 어왔을 것이며, 그곳에서 작은 배를 타고 파도를 헤치며 노를 저어 예루살렘 에 도착하여 유월절을 지켰을 것입니다. 그는 오랫동안 예루살렘에 오기를 고대하였습니다. 그는 조상들의 성읍에 있는 성전의 명성에 대하여 늘 들어 왔습니다. 그리고 온 백성들이 모이는 총회와 엄숙한 유월절 축제 보기를 갈 망하였습니다.

그는 그 먼 거리를 여행하였으며, 배가 요동했던 기억을 아직 지울 수 없 었으며, 따라서 로마의 호위병들에게 강제로 끌려가서 사형집행을 돕게 되 리라고는 도무지 생각할 수 없었습니다. 예수님에 대하여 소란이 일어난 그 순간에 그가 그 성읍에 들어간 것, 그 슬픈 행렬이 이제 막 골고다 언덕으로 향하여 출발하여 가는 바로 그때에 그가 그 거리를 지나가고 있었다는 것은 특별한 섭리였습니다. 그는 조금 빨리도 조금 늦게도 그곳을 지나지 않았습 니다. 그는 마치 그곳에서 약속이나 한 것처럼 정확하게 그 자리에 있었습니 다. 하지만 사람들의 말대로, 그것은 약속에 의한 것이 아니라 단순한 우연 의 일치였습니다. 정확한 시간에 그 자리에 그를 데려다 놓기 위해 얼마나 많은 섭리들이 함께 작용했는지 나는 말할 수 없습니다. 하지만 주님께서 이 모든 것을 주장하셨으며, 그래서 그런 우연의 일치가 발생한 것입니다. "구 레네 사람 시몬이 시골로부터 와서 지나가는데," 이 상황은 오랜 여행 이후 의 상황입니다. 이제 그는 한층 고상하고 나은 삶을 살기 시작할 것입니다.

또한 주목할 것은 시몬이 다른 목적으로 왔다는 것입니다. 그는 예수님의 십자가를 질 생각으로 예루살렘에 온 것이 아니었습니다. 유대인들이라면 누구나 유월절에 예루살렘에 있기를 갈망하였습니다. 좀 거칠게 표현하자 면, 그때는 휴가 기간이었습니다. 즉, 수도로 소풍을 가는 때였습니다. 그때는 "터가 높고 아름다워 온 세계가 즐거워하는"(시 48:2) 큰 성읍으로 여행하고 올라가는 계절이었습니다. 멀리 떨어진 구레네로부터 온 시몬은 반드시 예루살렘에서 명절을 지켜야만 했습니다. 아마도 그는 욥바까지 가는 배삯을 지불하기 위해 수 개월 동안 돈을 모았을 것입니다. 그리고 다윗의 성, 곧 자기 하나님의 성전에 가는 기쁨에 금을 아낌없이 소비하였을 것입니다.

그는 유월절을 지키려고 왔습니다. 그가 예루살렘에 온 목적은 바로 그것이었습니다. 축제가 끝나고, 이스라엘 백성들과 함께 어린양의 고기를 나눠 먹으면 그는 크게 만족하고 집으로 돌아갈 것입니다. 그리고 이후에 그는 남은 여생을 살아가면서, "나는 전에 우리 백성들이 애굽에서 나온 것을 기념하는 큰 축제에 참여했었지"라고 회상할 것입니다. 우리는 한 가지 길을 작정하지만 하나님은 다른 계획들을 가지고 계십니다. 우리는 "내가 들어가서 설교자의 말씀을 들어야겠다"고 말합니다. 하지만 하나님은 그의 은혜의 화살이 우리의 마음을 깊이 찌르도록 작정하십니다. 사람들은 많은 경우에 은혜를 열망하지 않고 복음의 말씀을 들어왔기에 주님은 그들이 주님을 찾지 않는다는 사실을 알고 계십니다. 한 사람이 설교를 별 관심 없이 들었습니다. 그러다가 설교자가 우연히 "영원"이라는 단어를 사용하자 이 사람은 거룩한 생각에 사로잡혀 구세주의 발 앞으로 나아갔습니다. 사람들은 심지어 악한 의도를 가지고 예배 자리로 가지만 지금까지 은혜의 목적은 달성되어 왔습니다. 그들은 비웃기 위해 왔다가 결국은 기도하게 되었습니다. 어떤 사람은 하나님의 섭리로 말미암아 그리스도인들과 만나는 장소로 갔다가 그리스도인의 단 한 마디의 훈계로 은혜를 받았습니다.

한 여인이 어느 날 저녁 파티에 참여했다가 그곳에서 세자르 말란(Caesar Malan)을 만났습니다. 제네바의 유명한 성직자인 그는 평소와 같이 여인에게 그리스도인인지 물었습니다. 여인은 깜짝 놀라 안절부절 못하였고, 그것은 자신이 상의하고 싶은 문제가 아니라는 투로 짧게 대답하였습니다. 그러자 말란 목사님은 그 문제를 고집스럽게 말하지 않겠다고 아주 부드럽게 대답하였습니다. 하지만 그는 여인이 그리스도께 마음을 드리고 주님의 쓰임 받는 일꾼이 되게 해 달라고 기도하였습니다. 2주일이 채 되지 못하여 여인은 목사님을 다시금 만났습니다. 그리고 어떻게 하면 자신이 예수님께 나갈 수 있는지 목사님에게 물었습니다. 말란 목사님은 "있는 모습 그대로 주님께 나오시오"라고 대답하였습니다. 이 여인은 예수님께 자신을 드렸습니다. 그 여인이 바로 우리에게 귀한 찬송을 만들어 준 샬롯 엘리엇(Sharlotte Elliott)입니다.

> 나 있는 모습 그대로소이다 — 한 마디 변명도 할 수 없습니다
> 하지만 당신께서 나를 위해 보혈 흘리시고
> 당신께로 나를 오라고 명하시네
> 오 하나님의 어린양이시여, 나 이제 갑니다

이 여인이 그때 그 파티에 있었던 것, 그리고 제네바에서 오신 하나님의 종이 그 자리에 함께 하여 그녀에게 아주 충실하게 말씀해 주었던 것은 그녀에게 복된 일이었습니다. 십자가를 질 의도가 없이 다른 생각을 가지고 왔으나 결국 주 예수님의 십자가 군대에 등록된 "구레네 사람 시몬"의 이야기가 앞으로 많이 재연되기를 축원합니다!

또한 제가 말씀드릴 것은, 이 사람이 이 특별한 시간에 이 주제에 대하여 전혀 생각하고 있지 않았다는 사실입니다. 왜냐하면 그는 그때에 단순히 지나가고 있었기 때문입니다. 그가 무슨 생각을 했든지 그는 예수님의 수난 혹은 그 슬픈 결과에 대하여 조금도 주목하지 않은 것으로 보입니다. 성경은 분명히 "지나가는데"라고 말씀하고 있습니다. 그는 그 문제에 관심을 가지고 군중 가운데 서서 그 슬픈 행렬을 지켜보지 않았습니다. 여인들은 그곳에서 슬피 울고 있었으며, 주님은 이 예루살렘의 딸들에게 "나를 위하여 울지 말고 너희와 너희 자녀를 위하여 울라"(눅 23:28)고 말씀하셨습니다. 하지만 이 사람은 그냥 지나가고 있었습니다. 그는 불쾌한 현장에서 속히 벗어나 성전에 올라가고 싶어했습니다. 그는 군중들을 헤치며 조용히 자기 길을 가고 있었으며, 열심히 자기 일만 하였습니다. 그리고 난폭한 손이 자신을 붙잡고 "저 십자가를 어깨에 메라"고 하자 그는 틀림없이 크게 놀라며 괴로워했을 것입니다.

로마의 백부장이 명령하자 이 시골 사람은 거절하지 못하고 하는 수 없이

따를 수밖에 없었습니다. 그때에 분명히 그는 고향인 구레네로 돌아가 땅이나 경작해야겠다고 생각했을 것입니다. 그는 어깨를 낮추어 새 짐을 지고 그 십자가의 주인인 신비로운 분의 걸음에 자신의 발을 맞추어야 했습니다. 그는 단지 지나가고 있었지만 로마 군병들에 의해 강제로 십자가를 졌으며, 이는 내가 설명한 대로, 그것은 하나님의 불가항력적인 은혜였습니다. 마가는 시몬이 알렉산더와 루포의 아버지라고 소개하였는데, 마가가 복음서를 쓸 당시에 그의 아들들은 이미 기독교인들에게 좋게 알려져 있었던 것 같습니다. 시몬의 아들이 만일 바울이 "루포와 그의 어머니에게 문안하라 그의 어머니는 곧 내 어머니니라"(롬 16:13)고 한 말씀에 나오는 바로 그 루포와 동일인물이라면, 시몬의 아내와 그의 아들들은 그때에 이미 신자들이요 그리스도의 고난을 함께 나누는 사람들이 되었을 것입니다. 처음에는 강제적인 이상한 방법으로 그가 주님을 만나게 되었지만 이후에 그는 더 영적으로 주님을 새롭게 만났을 것이며, 이로 인하여 진실하게 십자가를 지는 사람이 되었을 것입니다.

오, 오늘 우연히 이곳을 지나가는 여러분, 예수님께로 가까이 나오십시오! 나는 주님의 종으로서 말하며, 여러분을 강제로 주님께 인도할 것입니다. 내가 잘 아는 크닐(Knill) 씨가 자신의 회개에 대하여 말할 때 이런 표현을 사용했던 것을 기억합니다. 나도 여러분에게 그런 표현을 사용하고 싶습니다. 그 표현은 이렇습니다. "8월 2일, 정확히 열두 시 15분이었습니다. 그때에 천국의 모든 하프가 울렸습니다. 그 이유는 죄인 하나가 회개했기 때문이지요." 여러분에게 그런 일이 벌어지기를 축원합니다. 지금 여러분이 "영혼의 목자와 감독 되신 이에게 돌아와"(벧전 2:25) 천국의 모든 하프가 지금 하나님의 주권적인 은혜를 높이 찬송하며 울리기를 간절히 축원합니다!

두 번째로 살펴볼 대지입니다. 십자가는 언제나 질 수 있습니다. 여러분이 십자가를 어떤 식으로 질 수 있는지 아주 간단하게 말씀드리겠습니다.

첫째, 여러분이 그리스도인이 되는 것입니다. 십자가에 여러분의 마음을 집중시키면 여러분은 십자가를 질 것입니다. 그리하면 그리스도께서 소망이 되실 것이며, 그의 죽으심을 신뢰하게 될 것이며, 그분 자신을 여러분이 사랑하게 될 것입니다. 여러분을 위해 십자가를 지시고 저주를 받으신 주님의 발 앞에 여러분의 무거운 짐을 내려놓기까지는 진실로 십자가를 지는 사람이 결코 되지 못할 것입니다.

다음에 여러분이 주 예수 그리스도에 대하여 공공연히 고백하는 것이 십자가를 지는 것입니다. 스스로 속이지 마십시오. 여러분이 구원받은 사람이라면 이는 여러분에게 당연한 일입니다. 내가 신약에서 보는 언약은 단순히 신자가 아니라 자신의 신앙을 고백하는 신자에게 해당되는 말씀입니다. "사람이 마음으로 믿어 의에 이르고 입으로 시인하여 구원에 이르느니라"(롬 10:10). "누구든지 사람 앞에서 나를 시인하면 나도 하늘에 계신 내 아버지 앞에서 그를 시인할 것이요, 누구든지 사람 앞에서 나를 부인하면 — 문맥으로 보아 부인한다는 것은 시인(고백)하지 않는 것을 의미함 — 나도 하늘에 계신 내 아버지 앞에서 그를 부인하리라"(마 10:32-33). 영감된 말씀을 인용하면 "믿고 세례를 받는 사람은 구원을 얻을 것"(막 16:16)입니다.

그리스도에 대한 여러분의 비밀스러운 신앙을 그리스도의 방식으로 공공연하게 고백해야 합니다. 그런데 이렇게 고백하는 것이 종종 십자가를 지는 일입니다. 많은 사람들은 지하철로 천국에 가고 싶어할 것입니다. 비밀이 그들에게 어울립니다. 그들은 해협을 지나기를 원하지 않습니다. 바다는 너무 거칩니다. 하지만 터널이 만들어지면 그들은 좋은 나라로 갈 것입니다. 두려워할 것을 두려워하십시오. 그리스도를 부끄럽게 여기는 것을 부끄럽게 여기세요. 모인 천사들, 사람들, 마귀들 앞에서 "나는 그리스도를 따르는 제자로다"라고 말하는 것을 조금이라도 부끄럽게 여기는 그런 사람을 부끄럽게 여기세요. 지금까지 여러분이 십자가에 못 박히신 주님을 은밀히 따랐다면 이제는 드러내놓고 십자가를 지는 사람이 되시기 바랍니다! 여러분은 지금까지도 "목사님, 제 이름을 등록해 주세요"라고 외치지 않으십니까?

또한 신자들은 그리스도인의 사명을 감당함으로써 자기 십자가를 져야 합니다. 여러분은 복음이 전파되지 않는 마을에서 살고 있습니다. 여러분이 복음을 전하십시오. 여러분은 하나님께서 도무지 인정할 수 없을 정도로 엉터리 복음을 전하는 벽지 마을에 살고 있습니다. 여러분이 진리를 전하십시오. 여러분은 "바보짓 한다고 웃음거리가 될 텐데요"라고 말합니다. 그리스도를 위하여 바보가 되는 것이 수치스럽습니까? "오, 하지만 나는 주저앉을 텐데요." 주저앉으세요. 그것이 여러분에게 유익을 줄 것입니다. 그리하면 여러분이 다른 누군가를 주저앉게 할 수 있을 것입니다. 자신의 무능함을 절감하고 주저앉는 것보다 더 나은 전도는 세상에 없습니다. 그 주저앉음이 다른 사람들에게 그대로 전해진다면 이는 부흥을 일으킬 것입니다. 여러분이 숨막힐 정도로 열심을 낸다면 다른 사람들 또한 열심을 내게 될 것입니다. 아직까지도 여러분은 "하지만 나는 모든 사람들의 미움을 받을 텐데요?"라고 투덜거리십니까? 그리스도를 위하여 그만한 것도 참을 수 없단 말입니까?

착한 수도사가 마틴 루터(Martin Luther)에게 "네 독방에 가서 계속 침묵하라" 하였을 때 마틴이 어찌하여 그 충고를 받아들이지 않았을까요? 참으로 그 이유가 무엇입니까? "젊은 사람이 나서는 것은 아주 나쁜 것이야. 너는 큰 해를 끼치게 될 거야. 그러니까 마틴, 침묵하게. 네가 누구기에 그 큰 권위를 가지고 간섭한단 말인가? 자신을 위하여 거룩해지게. 다른 사람들을 어지럽히지 말게. 개혁을 선동하면 수많은 착한 사람들이 자네로 인하여 화형당하고 말거야. 침묵하게."

하나님을 찬송합시다. 마틴은 집으로 가지 않았고, 침묵하지도 않았습니다. 그는 자기 주님의 일을 시작하였고, 용감히 증거함으로써 온 세상을 깨웠습니다. 오늘날, 마틴, 그대는 어디에 있나요? 나는 여러분을 불러달라고 하나님께 기도드립니다. 여러분이 주님의 이름을 고백하였고 지금 주님의 종이라면, 여러분으로 하여금 주님을 공공연히 증거하게 하시며, 구세주의 보혈의 구원하는 능력을 전하게 해 달라고 나는 주님께 기도드립니다. 시몬이여, 나오십시오. 나는 여러분이 위축되어 있는 모습을 봅니다. 하지만 십자가는 져야만 합니다. 그러므로 등을 구부리십시오. 그것은 결국 나무십자가일 뿐이요, 쇠로 된 십자가는 아니므로 여러분은 십자가를 질 수 있습니다. 여러분은 십자가를 져야만 합니다. 하나님께서 여러분을 도우실 것입니다.

또한 어떤 형제에게는 자신의 주변에 만연하는 죄를 책망하는 것이 자신의 십자가를 지는 것입니다. 사람들은 이렇게 말합니다. "그런 더러운 모든 일들에 간섭하지 마세요. 그런 일들을 하는 자들에게 말 한 마디 하지 마세요. 그 사람들이 마귀에게 가든지 말든지 내버려 두세요. 그렇지 않고 간섭하면 여러분의 너무나도 깨끗하고 점잖은 인품이 더러워질 거예요." 필요하다면 우리는 기꺼이 손을 상할 것이며, 우리의 인격을 걸고 죄를 책망해야 할 것입니다. 우리는 지금 런던을 더럽히고 있는 악마의 소행을 처단할 것입니다. 사람들이 은밀히 행하는 죄에 대하여 공공연히 항의할 수밖에 없을 때 참으로 우리의 육신은 움츠러들며, 그와 함께 우리의 순수한 인품도 움츠러듭니다. 하지만 시몬이여, 이 점에서 주님은 여러분이 십자가를 지기를 요구하십니다. 여러분이 십자가를 진다면 주님은 여러분에게 용기와 지혜를 주실 것이며, 여러분의 수고가 주님 안에서 결코 헛되지 않을 것입니다.

하지만 때때로 십자가를 지는 것은 한편으로 더 조용한 일이며, 섭리에 복종하는 것이라고 말할 수 있습니다. 한 젊은 친구는 이렇게 말할 것입니다. "나로서는 집에서 사는 것이 나의 사명이라고 알고 있습니다. 하지만 아버지는 무정하시고, 가족은 일반적으로 내게 너무 부담을 줍니다. 나는 집을 떠났으면 좋겠습니다." 친애하는 자매여, 당신은 그리스도의 십자가를 져야 합니다. 주님께서는 당신이 집에 머물기를 원하실 것입니다. 그런 면에서 십자가를 지십시오. 종은 이렇게 말할 것입니다. "나는 그리스도인 가족과 함께 있고 싶습니다. 하지만 내가 있는 자리에서 머무를 수 있다는 생각이 들지 않는군요."

착한 자매여, 아마도 주님께서는 어두운 곳에서 빛이 되라고 여러분을 지금 있는 자리에 두셨을 것입니다. 모든 등불이 한 거리에만 있어서는 안 될 것입니다. 만일 그렇다면 마당과 골목길은 어떻게 되겠습니까? 그리스도인은 종종 다음과 같이 말해야 할 사명이 있습니다.

"나는 지금 내가 있는 곳에 머무르며 이 문제와 싸워 이길 거야. 내가 말하는 것은 인격과 모범으로, 친절과 예의와 사랑으로, 예수님을 위하여 이 자리에서 승리하겠다는거야." 물론 쉬운 길은 수도사가 되어 수도원에서 조용히 지내는 것이며, 아무 일도 하지 않고 하나님을 섬기는 것입니다. 혹은 수녀가 되어 수녀원에서 살며, 거기서 인생을 허비함으로써 인생의 싸움에서 승리하기를 막연히 기대하는 것입니다. 이런 생각은 어리석지 않습니까? 그리스도인들인 여러분은 하나님께서 섭리 가운데 여러분을 던져두신 곳에서 예수님을 위하여 일어나 끝까지 인내해야 합니다. 여러분의 직업이 죄스러운 일이 아니고 주변의 유혹이 너무 크지만 않다면 여러분은 보루를 지켜야 하며 결코 포기할 생각을 꿈에도 하지 말아야 합니다.

여러분의 짐이 무겁거든 그것을 그리스도의 십자가라고 여기고 그 짐을 지기 위해 등을 구부리십시오. 여러분의 어깨가 처음에는 쓰라리겠지만 머지않아 여러분은 더욱 강해질 것입니다. 왜냐하면 여러분의 힘이 최고에 달할 것이기 때문입니다. "사람은 젊었을 때에 멍에를 메는 것이 좋으니"(애 3:27). 하지만 사람이 젊었을 때만큼 늙어서도 십자가를 지는 것이 좋습니다. 사실상, 우리는 결단코 이처럼 복된 짐을 벗어서는 안 됩니다. 새에게 날개가 얼마나 중요합니까! 배에 돛이 얼마나 필요합니까! 마찬가지로 사람이 십자가를 자기 인생의 소중한 짐으로 기꺼이 받아들일 때 십자가는 그의 영혼에 없어서는 안 될 큰 힘이 될 것입니다. 자, 시몬이여, 그대는 어디에 있나요? 하나님의 이름으로 십자가를 어깨에 메십시오.

세 번째, 십자가를 지는 것은 숭고한 강권입니다. 로마 군대의 거친 손이 시몬을 강권하였고, 로마 군병이 라틴어로 "십자가를 어깨에 메라"고 시몬에게 거칠게 다그쳤습니다. 하지만 오늘날 우리에게 그리스도의 십자가를 지라고 강요하는 목소리는 그보다 부드럽습니다.

첫 번째 강압은 이렇습니다. "그리스도의 사랑이 우리를 강권하시는도다"(고후 5:14). 그리스도께서 여러분을 위하여 이 모든 십자가를 지신 것입니다. 그러므로 부드럽지만 거부할 수 없는 이 강권을 받고 여러분은 사랑의 답례를 그리스도께 드려야 합니다. 여러분이 이 교회당에 앉아 있을 때 예수님께서 환상 가운데 여러분에게 나타나 보이지 않나요? 가시면류관을 쓰신 주님의 머리, 못 박히신 손과 발이 보이지 않나요? 주님께서 여러분에게 "내가 너를 위하여 이 모든 십자가를 졌다. 너는 나를 위하여 무엇을 하였느냐?"고 예리하게 말씀하지 않으십니까? 자리에 앉은 채 깜짝 놀란 여러분이 얼굴을 감싸며 속으로 이렇게 대답합니다. '나의 남은 인생으로 그 물으심에 대답하겠습니다. 나는 맨 첫째로 예수님의 종이 되겠습니다. 장사가 첫째고 그리스도인의 사명이 둘째가 아니라 그리스도인의 사명이 첫째고 장사가 둘째가 되도록 하겠습니다.'

나의 사랑하는 자매여, 여러분은 다음과 같이 말해야 합니다. "나는 그리스도의 딸, 아내, 혹은 어머니가 된 것처럼 그리스도를 위하여 살겠습니다. 나는 나의 주님을 위해 살겠습니다. 왜냐하면 주님께서 나를 위해 목숨을 바치셨으며, 따라서 나는 나의 것이 아니라 값으로 사신 바 되었기 때문입니다."

진실한 심령은 두 번째 사실, 이를테면 하나님과 그리스도를 위한 영광스러운 삶을 묵상할 때 십자가를 지라는 강권을 받지 않을 수 없습니다. 장사하여 돈을 벌고 부자가 되고 그리고 죽는 그런 인생이 무슨 의미가 있습니까? 그는 사진이 게재된 런던 신문에 많은 재산을 남기고 죽었다는 짤막한 기사만을 남겼습니다. 하지만 이 가련한 사람이 직접 가질 수 있는 것은 아무것도 없었습니다. 그의 사유지는 상당한 가격이 나갔지만 그는 조금도 가지고 갈 수 없었습니다. 그가 조금이라도 소유하였다면 그것은 그가 자기 돈으로 선을 행하였기 때문일 것입니다. 하지만 무익한 종처럼 그는 주인의 창고에 썩을 것만 잔뜩 쌓아두었습니다. 대부분의 사람들은 자기 본위의 삶을 삽니다. 예수님을 위해 사는 삶이, 비록 십자가를 져야 하지만, 고상하고 용맹스럽고 숭고합니다. 그리스도와 그의 십자가를 위해 온전히 헌신하는 삶이야말로 진정한 삶입니다. 그러한 삶은 천사들의 삶과 비슷하며, 한층 더 나아가 인간의 영혼 안에서 하나님께서 사시는 것입니다. 여러분이 고결한 생기를 가지고 가치 있는 삶, 기억할 만한 삶을 살아서 하나님의 보좌 앞에서 영원한 삶을 누릴 수 있게 되기를 축원합니다.

여러분 주변에 살아가는 사람들의 필요를 생각한다면 여러분의 어깨에 메워진 십자가를 여러분은 절감해야 합니다. 그들은 지식 없이 죽고 멸망해가고 있으며, 부자나 가난한 자나 똑같이 그리스도를 모르고 있습니다. 수많은 사람들이 자기 의에 사로잡혀 있습니다. 그들이 멸망해가고 있는데도 여러분은 그들에게 긍휼을 베풀지 않습니다. 여러분의 마음이 쇠처럼 굳어졌나요? 이 시대가 여러분에게 열정적이고 힘있는 삶을 요구하고 있다는 사실을 여러분은 부인하지 못하리라고 나는 믿습니다. 어떠한 그리스도인도 지금 그냥 앉아 있기에는 너무 심한 죄책감을 느끼게 될 것입니다. 그것이 여러분에게 하나의 십자가일 수 있지만, 예수님을 위해 여러분은 그 십자가를 져야 하며, 주님께서 여러분을 안식처로 부르실 때까지 그 십자가를 내려놓아서는 안 됩니다.

여러분이 거하는 곳에서 그리스도의 뜻이 땅에 떨어진 상태에 있기 때문에 여러분은 그리스도의 십자가를 져야 할 것입니다. 나는 위풍당당한 기사도 정신을 갖춘 사람을 기뻐합니다. 그는 구름이 끼고 어두운 날에 정당한 진리를 따르기 무척 좋아합니다. 그는 결코 사람들의 숫자를 세지 않고 논거(論據)를 따집니다. 그는 사람들이 다음과 같이 하는 말을 듣습니다. "비국교도 예배당이 있지만 그 예배당은 저 뒷골목에 있지요. 침례교회 하나가 있는데 그 교인들은 거의 하나같이 가난하고, 그들 가운데는 양반이 없어요. 복음적인 교회(evangelical church; 혹은 low church. 영국 국교회 중 의식을 경시하며 복음을 강조함: 역주)도 허술합니다. 상류층 가족들은 고교회파(high church; 교회의 권위, 의식을 중히 여기는 영국교회의 한 파: 역주) 교회에 출석하지요." 감히 말하건대, 그는 이러한 말을 듣지만 그의 심령은 이러한 말에 염증을 느낍니다. 그는 복음이 전파되는 곳에 갈 것이며, 그 밖에 다른 곳으로는 가지 않을 것입니다. 멋진 건축물에 그는 매력을 느끼지 않으며, 장엄한 음악이 그의 신앙의 중요한 요소가 아닙니다. 이런 것들이 복음을 대신한다면 그는 이런 것들을 혐오할 것입니다.

사람이 체면 때문에 진리를 버린다는 것은 비열한 행동입니다. 오는 모든 사람들에게 용기 있게 주님의 선하신 뜻을 증거합시다. 그가 자기 하나님과 성경과 그의 양심 앞에서 진실하기 위하여 모욕을 당할지라도 그에 대한 보상으로 영광을 얻을 날이 반드시 올 것입니다. 주님께 충성할 수 있고 주님을 위해 얼마든지 값을 치를 수 있는 자는 복이 있습니다. 그는 배신자들이 작은 것이라고 치부하는 그런 문제들에도 충성합니다. 이 타락한 시대에 십자가를 지는 사람들이 너무나 없기 때문에, 우리는 오늘날 구레네 시몬과 같은 사람들에게 십자가를 지라고 강권할 것입니다.

게다가 여러분 자신이 만족하지 못한다는 것을 알고 있기 때문에 여러분은 십자가를 져야 한다고 나는 말할 것입니다. 여러분의 마음에는 쉼이 없습니다. 여러분은 세상적인 것으로는 성공하였습니다. 여러분은 아주 건강합니다. 여러분에게는 다정한 친구들이 있습니다. 하지만 여러분은 행복하지 못합니다. 마음의 평안을 얻는 단 한 가지 길이 있으니 그것은 예수님께 나오는 것입니다. 주님은 말씀하십니다. "수고하고 무거운 짐 진 자들아, 다 내게로 오라. 내가 너희를 쉬게 하리라"(마 11:28). 예수님께 나온 이후에도 또 다른 갈망 때문에 여전히 쉼이 필요하다면, 그때에도 여러분은 다시금 같은 구세주께 나와 주님의 다음 말씀을 들어야 합니다. "나는 마음이 온유하고 겸손하니 나의 멍에를 메고 내게 배우라. 그리하면 너희 마음이 쉼을 얻으리니 이는 내 멍에는 쉽고 내 짐은 가벼움이라"(마 11:29, 30).

신앙을 고백한 여러분 가운데 더러는 아직까지 완전한 쉼을 얻지 못하였습니다. 그 이유는 여러분이 비록 용서의 십자가를 바라보았지만, 직업에 종사하는 것처럼 한 번도 십자가를 지는 일에 종사하지 않았기 때문입니다. 여러분은 그리스도를 바라고 있지만 그리스도를 위해 살고 있지 않습니다. 예수님을 위해 무언가 일을 하거나 감당할 때에 여러분의 심령이 쉼을 얻게 될 것입니다. "나의 멍에를 메고 내게 배우라. 그리하면 너희 마음이 쉼을 얻으리니."

네 번째로, 십자가를 지는 것은 복된 일입니다. 시몬이 이 사실을 깨달았다고 나는 확신합니다. 시몬의 특별한 섬김에 틀림없이 따라온 복들이 어떤 것이었는지 말씀드리겠습니다. 첫째, 시몬은 십자가를 짐으로써 그리스도와 교제하게 되었습니다. 로마 군병들이 그에게 그리스도의 십자가를 지라고 강요하였을 때 그는 예수님께 가까이 가게 되었습니다. 만일 그러한 강요가 없었더라면 그는 자기 길로 갔거나 혹은 군중들 속으로 사라졌을 것입니다. 그러나 지금 그는 지성소 안에, 곧 예수님 가까이에 있습니다. 살면서 처음으로 그는 주님의 복된 모습을 뵈었습니다. 그가 주님의 모습을 뵈었을 때 그의 마음이 그 모습에 홀딱 반해 버렸을 것이라고 나는 믿습니다.

로마 군병들이 그의 어깨 위에 십자가를 올려놓았을 때 그는 그 거룩하신 분을 바라보았고, 그의 이마에 둘린 가시면류관을 보았으며, 그의 두 눈으로 주님을 뚫어지게 쳐다보았습니다! 그 얼굴, 그 비길 데 없는 얼굴, 그와 같은 모습을 그는 한 번도 뵌 적이 없었습니다. 고통 가운데서도 위엄이, 고뇌 중에도 순결이, 슬픔 가운데도 사랑이 함께 하였습니다. 만일 시몬이 십자가를 지라는 강요를 받지 못하였다면, 그는 인자의 모습을 제대로 보지 못하였을 것이며, 주님의 온전한 모습을 그렇게 뚜렷하게 주목하지 못하였을 것입니다. 우리가 주님을 위해 고난을 받거나 수고할 때 예수님에 대하여 얼마나 많이 깨닫게 되는지 참으로 놀라울 정도입니다. 예수님을 믿는 심령들이여, 여러분이 주님을 섬기는 일에 강요당하여 전보다 주님과 더욱 친밀하고 소중한 교제를 나눌 수 있게 되기를 축원합니다. 누구든지 주님의 뜻을 행하면 주님의 교리를 알게 될 것입니다. 자신의 십자가를 가장 잘 지고 가는 사람들이 예수님을 가장 잘 압니다.

또한 십자가로 말미암아 시몬은 그리스도와 발을 맞추었습니다. 예수님께서 십자가 앞부분을 메고 가시고 시몬이 뒷부분을 메고 갔다면, 주님의 발이 먼저 닿는 대로 시몬이 자신의 발을 옮겨놓았을 것이 분명합니다. 이처럼 십자가는 우리로 하여금 우리 주님의 길을 따라가게 하는 놀라운 수단이 됩니다. 우리는 십자가를 벗어 버리는 것을 바라지 않습니다. 만일 그렇게 된다면 우리는 우리 주님으로부터 그리고 거룩한 발걸음으로부터 벗어나고 말 것입니다. 우리가 거룩한 짐을 계속하여 어깨에 메고 가며, 약간 앞서 가시는 주님을 볼 수 있다면, 우리는 보장된 길로 나아가게 될 것입니다. 이처럼 예수님 가까이에 있다는 것은 복된 특권이며, 이 특권은 십자가를 지는 대가로 쉽게 얻을 수 있습니다. 여러분이 예수님을 알기 원한다면, 일어나 예수님을 위하여 일하십시오. 담대하게 예수님을 고백하고, 예수님을 위하여 기쁘게 고난을 받으십시오. 그리하면 여러분은 예수님을 알게 될 것이며, 한 걸음씩 예수님을 따르는 법을 깨우칠 것입니다.

시몬이 이러한 영광을 누린 것은 그가 그리스도의 일에 관련하였기 때문입니다. 시몬이 죄를 제거할 수는 없었지만 주님의 연약함을 도울 수는 있었습니다. 시몬이 속죄를 이루기 위하여 십자가에서 죽을 수는 없었지만 주님께서 하나님의 뜻을 이루는데에 십자가 밑에서 주님께 도움을 드릴 수는 있었습니다. 여러분과 내가 주님의 고난에 끼어 들 수는 없지만 주님과 함께 주님의 궁휼을 나눌 수는 있습니다. 우리가 사로잡힌 자에게 자유를 줄 수는 없지만 그들이 이미 해방되었다고 그들에게 전해 줄 수는 있습니다. 그리스도의 일에 관련되어 있다는 것은 영광입니다. 구속하신 주님의 사역에 참여한다는 것은 이 세상이나 세상에 속한 나라들의 모든 허영과 화려함보다 더욱 매력적인 일입니다.

주님의 일에 동참하기를 갈망하는 거룩한 심령을 가진 사람들이 어디에 있나요? 그런 사람들은 앞으로 나와 이렇게 말하십시오. "예수님, 지금까지는 나의 십자가를 졌습니다. 이제부터는 내가 당신의 뒤를 따르겠습니다. 살든지 죽든지 당신께서 면류관을 주실 때까지 당신의 십자가를 지겠습니다."

시몬이 십자가를 지고 군중들 사이를 지나가는 동안 난폭한 군병들은 틀림없이 그에게 발길질을 하거나 때렸을 것입니다. 하지만 확신하건대 그와 동시에 귀하신 주님께서 그를 때때로 바라보셨을 것입니다. 그때에 시몬은 미소짓는 그리스도의 모습에 행복해 하였을 것입니다. 그는 그때의 추억을 소중히 간직했을 것이 분명합니다. "내가 그날 아침에 멘 십자가는 지금까지 가장 가벼운 짐이었습니다. 왜냐하면 복되신 주님께서 자신은 화를 당하면서도 내게 미소지으셨을 때, 나 자신이 헤라클레스처럼 강한 힘을 느꼈기 때문입니다."

그의 장남인 알렉산더와 아직 머리도 마르지 않은 어린 소년인 루포가 자랐을 때, 그들은 자기들의 아버지가 예수님을 따라 십자가를 졌다는 사실이 가문의 영광이라는 사실을 깨달았을 것입니다. 마가는 시몬이 십자가를 진 사실과 알렉산더와 루포가 그의 아들들이라는 것을 기록하였습니다. 내 생각에 이 노인이 임종할 때 이렇게 말했을 것입니다.

"나의 소망은 주님 안에 있다네. 내가 주님의 십자가를 졌으니 이 얼마나 복된 짐이냐! 이 육신은 소멸할 수 없지. 왜냐하면 내 이 육신으로 예수님이 지신 십자가를 졌기 때문이지. 내가 주님의 십자가를 졌기 때문에 나는 부활하여 영광의 주님을 다시금 뵐거야. 그리고 주님께서 사랑으로 나를 분명히 일으켜 주실 거야."

우리가 살아 있는 동안 주님과 함께 일한다면, 주님의 나라가 임할 때 우리는 주님과 함께 영광을 누리는 복을 받을 것입니다. "시험을 참는 자는 복이 있나니 이는 시련을 견디어 낸 자가 주께서 자기를 사랑하는 자들에게 약속하신 생명의 면류관을 얻을 것이기 때문이라"(약 1:12).

# 14

# 죽어 가는 강도

## 나를 기억하소서

"하나는 그 사람을 꾸짖어 이르되 네가 동일한 정죄를 받고서도 하나님을 두려워하지 아니하느냐? 우리는 우리가 행한 일에 상당한 보응을 받는 것이니 이에 당연하거니와 이 사람이 행한 것은 옳지 않은 것이 없느니라 하고 이르되, 예수여 당신의 나라에 임하실 때에 나를 기억하소서 하니"(눅 23:40-42).

수많은 사람들이 죽어 가는 강도의 회개에 대하여 들을 때마다 그가 죽음의 순간에 구원받았다는 사실을 기억하며, 그 사실만을 주목합니다. 항상 그는 열한 시에 구원을 받은 사람으로 소개되었으며, 또 사실이 그렇습니다. 그의 경우는 사람이 회개하기만 하면 용서를 받는다는 사례가 됩니다. 그리스도의 십자가는 교수대에 매달려 마지막 순간을 맞이하는 사람에게도 효력이 있습니다.

하지만 이런 내용이 이 기사가 우리에게 가르쳐 주는 전부는 아닙니다. 오직 한 가지 관점만을 관찰하므로 그 밖에 다른 무언가 — 아마도 좀 더 중요한 것 — 를 놓쳐버린다는 것은 유감스러운 일입니다. 종종 이 이야기는 지금까지 일종의 반감을 일으켜 왔습니다. 말하자면 분명히 죄라고 생각되는 것을 사람들이 이를 부인하려는 욕심 때문에 잘못된 방향으로 향하였던 것입니다. 정확히 말하면, 이 사례가 죽을 때까지 회개를 지연시키려는 의도로 인용되어서는 결코 안 된다는 것이 저자의 뜻이요 또한 나의 생각입니다. 그리스도인이라면 누구든지 그렇게 부정적으로 이 사례를 이용해서는 안 됩니다. 하나님께서 오래 참으시니 죄를 계속 지어도 괜찮다는 논리를 이끌어 내는 사람은 아주 나쁜 사람입니다. 이 사례가 목적으로 변질될 수는 없습니다. 회개를 늦게 해도 된다는 말은 강도짓을 해도 된다는 뜻이 될 수도 있는 것입니다. "이 강도가 죽을 때가 다 되어 구원받았기 때문에 회개를 늦게 해도 될 것이다"라고 말하는 것은 곧 "이 강도가 구원받았기 때문에 나도 강도가 될 수 있다"고 말하는 것과 똑같습니다. 사실, 사람들이 악한 마음을 가지고 있다면 전혀 좋은 일이 아닌데도 이를 곡해할 수 있습니다. 즉, 하나님의 공의는 절망할 이유요, 하나님의 자비는 죄를 지을 근거가 된다고 곡해하는 것입니다. 악한 사람은 죄의 연못에 빠져 죽는 것만큼 진리의 강물에도 빠져 죽을 것입니다. 스스로 멸망하는 정신을 가진 사람은 생명의 양식으로도 자신의 영혼을 질식시킬 수 있으며, 혹은 영원한 반석에 부딪혀 산산이 부서질 수 있습니다. 아무리 하나님의 은혜가 크더라도 은혜를 거절한 사람들로 하여금 그 은혜를 방탕으로 바꾸지 못하게 할 수는 없습니다.

하지만 감히 말하건대, 오늘 밤 내가 죽어 가는 사람의 침상 곁에 서 있다면, 그리고 그 사람이 자신의 영혼에 대하여 불안해 하면서 자신이 뒤늦게 회개하였기 때문에 혹시라도 그리스도께서 자신을 구원하지 않으실까 염려한다면, 나는 그 사람에게 죽어 가는 강도 이야기를 틀림없이 해 줄 것입니다. 그렇습니다. 나는 선한 양심으로 지체 없이 그 이야기를 해 줄 것입니다. 어쨌든 마음속으로 나는 마땅히 전해야 할 주제를 전했다는 기분 좋은 확신을 가질 것입니다. 이 이야기는 마지막 순간에 살아 계신 하나님께로 마음이 돌아서는 그런 사람들을 위해 사용되도록 의도된 것이기 때문입니다. 윌리엄 쿠퍼(William Cowper 1731~1800; 영국 시인)의 찬송을 약간 수정하여 우리는 이렇게 말할 수 있을 것입니다.

죽어 가는 강도가 그 당시
그 샘을 보고 기뻐하였도다
당신이 그처럼 타락하였을지라도
당신의 모든 죄를 씻을 수 있네

의로운 많은 사람들은 자기들이 복음을 수호해야만 한다고 생각하지만 사실은 복음의 위엄을 있는 그대로 드러내는 것이야말로 복음을 지키는 가장 확실한 방법입니다. 우리가 조건부로 복음을 보호하고 예외적으로 복음을 지키며, 지식적으로 복음을 제한할 때, 이는 사울의 갑옷을 입은 다윗의 모습과 같습니다. 복음이 방해를 받으니 복음이 "(나는) 이것을 입고 가지 못하겠나이다"(삼상 17:39)라고 말하는 소리를 들을 것입니다. 복음을 있는 그대로 전하십시오. 그리하면 이 복음 자체가 "모든 믿는 자에게 구원을 주시는 하나님의 능력"(롬 1:16)이 되는 증거를 보일 것입니다.

늙어서 회개하는 사람은 거의 없다는 말을 나는 들어보았습니다. 이는 젊은이들에게 큰 각성과 강한 인상을 주는 말이라고 생각됩니다. 겉으로 보면 분명히 그런 것 같습니다. 하지만 한편으로, 이는 나이든 사람들에게는 실망을 주는 말이기도 합니다. 나는 이러한 말을 자주 반복해서 말하는 것을 반대합니다. 왜냐하면 그리스도와 사도들의 가르침에서 이런 말에 부합되는 내용을 나는 찾지 못하기 때문입니다. 확실히 우리 주님은 그날 열한 시에 포도원에 들어간 어떤 사람에 대하여 말씀하셨습니다. 주님의 기적에는 죽어 가는 자들을 치료하는 것뿐만 아니라 죽은 자들의 부활까지도 포함되었습니다. 어떤 시간, 혹은 어떤 나이에 사람들이 구원받을 수 있느냐 하는 문제에 대해서 주님의 말씀을 통해 내릴 수 있는 결론은 아무것도 없습니다. 다만 지금 현재 여러분에게 내릴 수 있는 명령은 "오늘 너희가 그의 음성을 듣거든 너희 마음을 완고하게 하지 말라"(히 4:7)는 것입니다.

여러분이 지금 인생의 초기 단계이든 혹은 잠시 후 영원의 세계로 들어가든지, 지금 복음 안에서 여러분 앞에 세워진 소망의 피난처로 달려간다면 여러분은 구원을 받을 것입니다. "주 예수를 믿으라 그리하면 너와 네 집이 구원을 받으리라"(행 16:31)는 말씀을 우리는 여러분에게 전해야만 합니다. 이보다 전에 주님께서 말씀하신 복음, 곧 "믿고 세례를 받는 사람은 구원을 얻을 것이요"(막 16:16)라는 말씀을 우리가 전한다 해도, 이는 나이와 상관없이 살아 있는 모든 사람에게 적용되는 말씀입니다.

하지만 강도의 특별한 한 가지 상황을 보고 사람들이 뒤늦게 회개해도 된다고 나는 생각하지 않습니다. 그것이 한 가지 관점은 될 수 있을지라도 중요한 관점은 될 수 없습니다. 어쨌든 어떤 심령들에게는 그 밖에 다른 관점들이 훨씬 더 중요할 것입니다.

첫째, 강도가 희한하고 특별한 방법으로 회개하였다는 사실을 자세히 살펴보아야 하겠습니다.

대제사장들, 서기관들, 장로들이 고난당하시는 구세주를 향해 "그가 하나님을 신뢰하니 하나님이 원하시면 이제 그를 구원하실지라 그의 말이 나는 하나님의 아들이라 하였도다"(마 27:43)라고 하자 "함께 십자가에 못 박힌 강도들도 이와 같이 욕하더라"(44)고 한 마태복음의 말씀을 보면, 로마 군병들이 십자가에 못 박았을 때 이 사람은 회개하지 않은 완악한 강도였던 것 같습니다.

비평가들이 흔히 사용하는 방법에 따르면, 오직 한 강도(좌편)만이 욕하였지만 한 강도의 말과 일치시키기 위해 일반적으로 이처럼 표현한 것이라고 합니다. 하지만 비평가들이 호의적이라 할지라도 나는 그들의 비호를 받지 않습니다. 나는 계시를 존중한 나머지 말씀 안에 모순과 오류가 있다는 사상을 내 이성으로는 도무지 인정할 수 없습니다. 복음서 저자가 지적한 "그들(강도들)"은 두 강도 모두를 의미하며, 따라서 함께 십자가에 못 박힌 이 두 악행자들이 모두 처음에는 그리스도를 욕하였다고 나는 믿습니다. 그런데 여차여차하여 그가 십자가에 매달려 있는 동안에 이 강도가 회개하였을 것입니다. 틀림없이 아무도 그에게 설교하지 않았으며, 그가 달린 십자가 밑에서 어떠한 복음적인 설교도 행해지지 않았습니다. 그리고 어떠한 기록을 보아도 그를 위한 특별기도집회도 없었습니다. 하지만 그는 주 예수 그리스도를 믿는 신실하고 인정받는 신자가 되었습니다.

원한다면 이 사실에 유의하여 우리들 주변에 있는 많은 사람들의 경우에 대하여 실제적인 상황을 주목해 봅시다. 설교를 듣는 교인들 중에는 어려서부터 교훈을 받았고, 훈계와 경고를 받았고, 권면을 받았지만 아직도 그리스도께 나오지 않은 사람들이 많습니다. 반면 이 사람은 이들과 같은 이점이 전혀 없었지만 그럼에도 불구하고 주 예수 그리스도를 믿고 영원한 생명을 얻었습니다. 어려서부터 복음의 소리를 듣고 자라온 여러분, 죽어 가는 강도가 여러분을 위로하기는커녕 여러분을 정죄하고 있습니다! 어찌하여 여러분은 그토록 오랫동안 불신 상태에 머물러 있나요? 여러분은 하나님의 사랑의 증거를 절대로 믿지 않을 작정인가요?

이 가련한 강도를 회개시킨 것이 무엇이라고 생각하시나요? 정말 감동적인 것은 그가 우리의 위대하신 구세주를 봄으로써 회개하였을 것 ─ 틀림없이 그랬을 것임 ─ 이라는 사실입니다. 우선 첫째로, 우리 구세주께서 십자가를 메고 가시는 도중에 훌륭한 행위를 보여 주셨습니다. 아마도 이 강도는 그동안 사회에서 온갖 종류의 사람들과 어울렸을 것입니다. 하지만 그는 주님과 같은 사람을 한 번도 뵙지 못하였습니다. 주님과 같은 모습으로 십자가를 진 사람은 결코 없었습니다. 이 강도는 이 온유하고 위엄 있는 분이 과연 누구시길래 이런 모습을 보일까 하고 당연히 이상하게 여겼을 것입니다. 그는 여인들의 우는 소리를 들으면서 과연 자신을 위해 누가 울어줄까 하고 속으로 궁금해했을 것입니다. 그런데 사람들이 주변에 모여 눈물을 흘리는 까닭은 바로 상당히 기이하신 이분 때문이라고 그는 판단했습니다. 신비스러운 수난자가 엄숙하게 "예루살렘의 딸들아, 나를 위하여 울지 말고 너희와 너희 자녀를 위하여 울라"(눅 23:28)고 하신 말씀을 듣고 분명히 큰 충격을 받고 놀랐을 것입니다.

죽음의 고통을 당하는 와중에도 예수님께서 여인들에게 보내신 특이한 연민의 눈빛, 그의 눈에 비친 자기 희생의 모습에 대하여 생각하게 되었을 때, 틀림없이 그는 이상하게 마음이 누그러지는 감동을 받았습니다. 마치 한 천사가 그의 앞을 지나간 후 새로운 세상, 인간의 새로운 존재에 눈을 뜨게 된 것만 같았고, 그런 느낌은 그가 전에 한 번도 경험해 보지 못한 그런 것이었습니다. 그와 그의 동료는 야비하고 난폭한 놈들이었습니다. 그들과 함께 고난을 받고 계신 이분은 가냘픈 모습이었고 그들과 비교될 수 없이 훌륭한 분이셨습니다. 그렇습니다. 주님은 다른 어떤 사람들보다 뛰어나신 분입니다. 저분이 누구일까? 어떤 분일까? 시간이 지나면서 예수님께서 괴로워하며 힘이 빠져 가는 모습을 강도가 보았지만, 자신에게 욕을 퍼붓는데 대하여 불평이나 저주 한 마디 하지 않는 것을 그는 목격하였습니다. 미움으로 노려보던 자들에게까지 주님은 사랑의 눈빛으로 대하셨습니다. 분명히 고난의 길(via Dolorosa)을 걸어가신 주님의 발걸음은 하나님께서 이 악한 사람의 마음에 선포하신 첫 번째 설교였습니다.

그는 로마 군병들에게 둘러싸인 구주의 모습을 보았습니다. 그때에 처형하는 자들이 망치와 못을 가지고 와서 구세주를 눕히고 손과 발에 못을 박았습니다. 그때에 십자가에 못 박힌 이 범죄자는 다음과 같이 구세주께서 외치는 말씀을 듣고 깜짝 놀랐습니다. "아버지, 저들을 사하여 주옵소서. 자기들이 하는 것을 알지 못함이니이다"(눅 23:34). 이 강도는 아마도 자기를 처형하는 자들에게 저주를 퍼부었을 것입니다. 하지만 이 사람은 위대하신 아버지에게 기도를 드리는 것이었습니다. 아마도 그가 유대인이었으므로 그 기도가 무슨 의미인지 그는 이해했을 것입니다. 자기를 죽이는 자를 위해 예수님께서 기도하는 소리를 듣고 그는 몹시 놀라지 않을 수 없었습니다. 그런 간구는 그가 한 번도 듣지 못하였고, 또한 꿈에도 상상할 수 없는 그런 것이었습니다. 거룩하신 하나님의 입술 아니고는 어느 누구의 입술이 그렇게 말할 수 있겠습니까? 이토록 사랑하고 용서하는 하나님과 같은 기도는 그분이 메시아이심을 증거하는 것이었습니다. 메시아 외에 누가 그렇게 기도하겠습니까?

그 기도소리는 악인에게 새롭고 이상한 소리였습니다. 물론 그가 그 의미를 충분히 이해하였다고 나는 생각하지 않습니다. 하지만 그 기도소리가 그에게 깊은 감동을 주었을 것이라고 나는 믿어 의심치 않습니다. 또한 그 기도소리에 그는 자신과 함께 십자가에서 고난당하시는 그분이 엄청난 의의 신비를 가진 분이라고 느끼게 되었을 것입니다.

그리고 가운데 십자가가 세워졌을 때, 자기 십자가에 매달린 이 강도는 주위를 살펴보았습니다. 추측컨대, 그는 히브리어, 헬라어, 라틴어로 "나사렛 예수, 유대인의 왕"이라고 쓴 빌라도의 비문을 보았을 것입니다. 그렇다면, 그 비문은 그에게 작은 성경이었고 신약이었을 것이며, 이에 그는 자신이 알고 있었던 바 구약에 대한 지식으로 이를 해석하였을 것입니다. 이런저런 내용, 곧 이상한 분, 육체를 입은 사랑, 놀라운 인내와 위엄, 그 이상한 기도를 종합해 보니, 분명히 구약을 알고 있었던 그는 ─ 나는 그가 구약을 알고 있었을 것이라고 믿어 의심치 않음 ─ 혼자서 이렇게 말했을 것입니다. "이 사람이 바로 그인가? 이분이 참으로 유대인의 왕이신가? 이 분이 정말 기적을 행하시고 죽은 자를 살리시고, 자신이 하나님의 아들이라고 말한 그분인가? 그것이 전부 사실인가? 그러면 정말 그가 우리의 메시아란 말인가?"

그때에 그는 이사야 선지자의 말씀을 기억했을 것입니다. "그는 멸시를 받아 사람들에게 버림 받았으며 간고를 많이 겪었으며 질고를 아는 자라" (사 53:3). "그는 실로 우리의 질고를 지고 우리의 슬픔을 당하였거늘" (4절). "그가 징계를 받으므로 우리는 평화를 누리고" (5절). "이 말씀이 이 사람을 지목하고 있는 것이 분명한데, 어찌하여 내가 전에는 이사야 선지자의 이 말씀을 깨닫지 못하였던고! 시편에서 '악한 무리가 나를 둘러 내 수족을 찔렀나이다' (시 22:16)라고 소리쳤던 사람이 바로 이분이신가?" 그는 이렇게 속으로 말했을 것입니다. 그는 자신의 영혼 속에서 슬며시 확신이 생기는 것을 느꼈습니다. 그리고 다시금 주변을 살피니 모든 사람들이 그를 거절하고 멸시하고 야유하는 것이 보였습니다. 이 모든 것을 보니 "나를 보는 자는 다 나를 비웃으며 입술을 비쭉거리고 머리를 흔들며 말하되, 그가 여호와께 의탁하니 구원하실 걸, 그를 기뻐하시니 건지실 걸 하나이다" (시 22:7, 8)라는 말씀대로 이루어지고 있는 것을 분명히 알게 되었습니다.

아마도 죽어 가는 강도는 그리스도의 입으로부터 직접 복음을 들었을 것입니다. 사람들은 "그가 남을 구원하였다"고 말하였습니다. 그때에 그는 "아, 그가 남을 구원하였다고? 그렇다면 왜 나는 구원하지 않는 것이지?" 라고 생각하였습니다. 나는 이 널빤지에 의지하여 천국으로 헤엄쳐갈 수 있을 것이라고 생각합니다. 즉, 이 널빤지란 그가 남을 구원하셨다면 확실히 나도 구원하실 수 있다는 논리입니다. 나를 멸시하려고 보냈고, 거기서 우리 주님이 멸시를 당하신 아주 불쾌한 인쇄물을 내가 어쩔 수 없이 읽었을 때, 나는 이렇게 생각하였습니다. "이런, 이 기분 나쁜 신성모독의 글에서도 복음을 배우는군!" 여러분은 거름더미 속에서도 다이아몬드는 그 빛이 약해지지 않는다는 것을 깨달을 수 있습니다. 여러분은 신성을 모독하는 입술을 통해서도 복음을 들을 수 있으며, 그런 입술에서 말하는 복음도 여전히 구원의 복음이 될 것입니다.

그러나 무엇보다도 그의 마음을 가장 크게 사로잡았던 것은 잔혹한 십자가에 달리신 예수님을 다시 뵌 것이었습니다. 아마도 그리스도의 신체는 그에게 전혀 매력적이지 못하였을 것입니다. 왜냐하면 그리스도의 얼굴과 외양이 어느 누구보다도 크게 손상되어 있었기 때문입니다. 하지만 그 복되신 얼굴에는 남다른 매력이 있었던 것이 분명합니다. 이는 완전한 형상이 아니었을까요? 그리스도의 얼굴을 상상해 볼 때, 그 모습은 화가가 캔버스 위에 담을 수 있는 그런 것과는 차원이 달랐습니다. 그 얼굴은 정말로 선하고 친절하며 헌신적인 모습이면서도 기품 있는 모습이었습니다. 그 얼굴은 최고로 의롭고 비할 데 없이 부드러운 모습이었습니다.

그 이마에는 의와 강직함이 드리워 있었지만 사람들을 대하여는 무한한 긍휼과 친절이 항상 몸에 배어 있었습니다. 여러분이 그 얼굴을 한 번만 뵈면 반할 것이요, 저절로 절대로 잊을 수 없고 다 이해할 수 없게 될 것입니다. 그 얼굴은 슬픔이 가득하면서도 사랑이 가득하였고, 온유가 가득하면서도 결의가 가득하였으며, 지혜가 가득하면서도 순수함이 가득하였습니다. 어린아이 혹은 천사의 얼굴이면서도 특히 사람의 얼굴이었습니다. 위엄과 고통, 괴로움과 신성함이 그 안에 기묘하게도 조화를 이루었습니다. 그리스도는 분명히 하나님의 어린양이요 또한 인자이셨습니다. 강도가 그 모습을 바라보고 믿었습니다. 구세주의 모습을 봄으로써 그의 마음이 사로잡히다니 참 이상하지 않습니까? 고뇌와 수치와 죽음을 당하신 주님! 한마디 말씀도 없었고, 설교 한 편도 듣지 못하였으나 그가 예수님을 바라보므로 그 마음이 주님께 사로잡히고 말았습니다.

이제 이 사람의 믿음의 특성에 대하여 잠시 여러분과 함께 생각해 보기를 원합니다. 왜냐하면 이 강도가 우리 주 예수 그리스도를 향해 발휘한 믿음은 아주 독특한 것이라고 생각하기 때문입니다.

인격적으로 큰 수치를 당하는 상황에서 그리스도께서 흉악범처럼 죽어 가고 있는 현장을 진정으로 바라보았을 때 비로소 이 사람이 그리스도를 믿었다는 사실을 주목하십시오. 십자가에 못 박힌다는 것이 무엇을 의미하는지 여러분은 결코 이해하지 못합니다. 그 고통은 우리의 상상을 초월합니다. 이 사람은 자신의 눈으로 그것을 보았습니다. 그리고 그가 처형당하시는 그리스도를 "주여"(KJV에는 "Jesus, Lord"라고 번역됨: 역주)라고 불렀다는 사실은 적지 않은 신앙의 승리였습니다. 예수님께서 피를 흘리며 죽어 가시는 모습을 보면서도 그가 예수님에게 "당신의 나라가 임하실 때에 나를 기억하소서"라고 간청한 것은 주목할 만한 신뢰의 행위였으며, 고귀한 신앙의 행위였습니다.

이 강도가 그리스도를 믿었을 때 제자들이 모두 다 그리스도를 버리고 도망갔다는 사실을 기억하십시오. 요한은 가까운 거리에서 꾸물거리고 있었고, 경건한 여인들은 멀리 서 있었을 것입니다. 그러나 아무도 죽어 가고 계신 그리스도를 응원하기 위해 용감하게 나서지 않았습니다. 유다는 그리스도를 팔았고, 베드로는 부인하였으며, 나머지는 버렸습니다. 바로 그때에 죽어 가는 강도가 그리스도에게 "주여"라고 고백하고 "당신의 나라에 임하실 때에 나를 기억하소서"라고 말하였습니다. 나는 이를 영광스러운 신앙이라고 칭합니다. 여러분 가운데 어떤 이들은 믿는 친구들에게 둘러싸여 있으면서도 믿지 않습니다. 여러분이 사랑하는 사람들의 증거를 듣고 강한 권면을 받으면서도 믿지 않습니다. 하지만 이 사람은 다만 혼자 나서서 예수님을 자기 주님이라고 부릅니다! 백부장은 나중에 예수님께서 숨을 거두셨을 때 증거하였습니다. 하지만 이 강도는 아무도 주님의 말씀에 "아멘"이라고 말하지 않았을 때 외롭게 예수님을 의지하며 신앙을 고백한 사람이었습니다. 그의 동료 강도까지도 십자가에 못 박히신 그리스도를 조롱하였으므로 이 사람은 마치 한밤중에 외로이 떠 있는 별처럼 빛났습니다.

여러분은 다니엘과 같은 사람이 될 용기가 있습니까? 여러분은 고립될 용기가 있습니까? 여러분은 음란한 패거리들 가운데 혼자 눈에 띄며, "예수님은 나의 왕이시다. 예수님께서 그의 나라에 임하실 때 나를 기억해 달라고 나만 홀로 예수님께 간구하노라"고 말할 용기가 있습니까? 제사장들과 서기관들과 군주들과 백성들이 모두 그리스도를 조롱하고 비웃을 때 여러분은 그러한 신앙을 고백할 수 있을 것 같습니까? 죽어 가는 강도는 놀라운 신앙을 나타내 보였습니다. 이제 여러분이 이후에 강도에 대하여 말할 때 이러한 사실을 생각해 주기를 여러분에게 부탁드립니다.

또 다른 관점에서 보면 그의 신앙이 더욱 빛나 보일 것입니다. 이를테면, 그 자신도 극도의 고통을 받고 있었습니다. 기억하십시오. 그도 십자가에 못 박혔습니다. 십자가에 못 박힌 자가 십자가에 못 박히신 그리스도를 믿었던 것입니다. 온몸이 찢어지게 아플 때, 섬세한 신경들이 뒤틀릴 때, 그 고통이 얼마나 오랫동안 계속되었는지 우리가 알지 못할 만큼 그 몸이 십자가에 매달려 죽어갈, 바로 그때에 현재의 고통을 잊고 미래를 산다는 것은 위대한 신앙의 행위입니다!

다시 한 번 이 사람의 신앙의 특성을 알아봅시다. 그의 눈이 잠시 동안 열렸지만 그는 많은 것을 보았습니다! 그는 미래의 세계를 보았습니다. 그는 전멸이나 사람이 불멸하지 않을 수도 있는 가능성을 믿지 않았습니다. 그는 분명히 다른 세상이 있을 것이라고 기대하였습니다. 그리고 그 다른 세상은 죽어 가시는 주님께서 그의 나라에 임하실 때 나타날 것이라고 기대하였습니다. 그는 그 모든 것을 믿었으며, 그 믿음은 오늘날 어떤 이들의 믿음보다 더 큰 것이었습니다. 그는 또한 예수님께서 비록 십자가에 못 박히셨지만, 죽으신 후에 나라를 세우실 것이라고 믿었습니다. 그는 예수님께서 손과 발이 못에 박힘으로써 친히 나라를 얻으셨다고 믿었습니다. 이는 지식 있는 믿음이었습니다. 그렇지 않습니까?

그는 다른 사람들이 나누어 가질 나라를 세우실 것이라고 믿고, 이에 그 나라에서 자신의 기업 얻기를 열망하였습니다. 하지만 그는 자신의 주제를 바로 알았습니다. 그러하기에 그는 "주여, 나로 당신의 우편에 앉게 해 주소서"라든가, 혹은 "당신의 궁궐의 진미를 나도 함께 먹을 수 있게 해 주소서"라고 말하지 않았습니다. 그는 다만 "나를 기억하소서. 나를 생각하소서. 나의 길을 인도하소서. 당신 곁에서 십자가에 매달려 죽어 가는 당신의 가련한 동료를 생각하소서. 주여, 나를 기억하소서! 주여, 나를 기억하소서!"라고 말했을 뿐입니다. 나는 이 기도에서 진실한 겸손을 보며, 아울러 그리스도께서 극도의 모욕을 당하셨을 때 감미롭고 즐겁고 확신 있게 그리스도를 찬미하는 모습을 봅니다.

여러분 중에 누구라도 이 죽어 가는 강도를 회개를 지연한 사람으로만 생각했다면, 이제는 그리스도를 크고 당당하게 믿은 사람으로 생각해 주기 바랍니다. 여러분도 그렇게 믿기를 축원합니다! 가련한 죄인은 그리스도를 아무리 믿어도 부족하였습니다. 그리스도에 대한 살아 있고 충성스러운 믿음으로 그리스도를 영화롭게 한 심령은 결코 멸망하지 않았습니다. 그러므로 어떠한 죄라도 있는 그대로 오십시오. 여러분의 심령이 깊이 눌려 있는 상태 그대로, 괴로운 양심 그대로 나와 그리스도를 믿으십시오. 앞으로 나와 여러분의 믿음의 두 손으로 주님을 붙잡으십시오. 그리하면 주님은 여러분의 것이 되고 여러분은 그의 것이 될 것입니다.

이제 세 번째로, 나는 하나님께서 도우심을 따라 강도의 믿음의 다른 특성을 여러분에게 보여드리고자 하는데, 그것은 그의 믿음의 결과입니다.

나는 사람들이 "자, 당신도 보시다시피 이 죽어 가는 강도가 회개했지만 그는 세례 받지 못했어요. 그는 한 번도 성찬식에 참여하지 못하였고, 교회에 등록하지도 못했어요"라고 말하는 소리를 들었습니다. 그는 그럴 수가 없었습니다. 하나님께서는 우리에게 불가능한 것을 요구하지 않으십니다. 이 가련한 사람은 십자가에 못 박혔습니다. 그러니 어떻게 세례를 받을 수 있겠습니까? 하지만 그는 그보다 더 위대한 일을 하였습니다. 비록 그가 보이는 의식들을 행하지는 못하였지만 그 의식들이 의미하는 바를 아주 분명하게 행하였으며, 이는 그의 상태에서는 훨씬 더 훌륭한 것이었습니다.

이 죽어 가는 강도는 무엇보다 먼저 주 예수 그리스도를 고백하였습니다. 이 고백이 바로 세례의 핵심입니다. 그는 그리스도를 고백하였습니다. 그는 자기 동료 강도 앞에서 그리스도를 인정하지 않았나요? 그는 최대한 공개적으로 고백하였습니다. 그는 십자가 주변에 모인 모든 사람들 앞에서 다 들을 수 있도록 그리스도를 인정하지 않았나요? 이는 최대한 공공연한 고백이었습니다. 그런데 어떤 겁많은 사람은 한 사람에게도 그리스도를 고백하지 않았으면서도 자신들이 그리스도인이라고 주장합니다. 그리고 이 가련한 강도를 예로 들어 변명합니다. 그들이 십자가에 못 박혀 있나요? 그들이 고통 중에 죽어 가고 있나요? 오, 아닙니다. 그런데도 그들은 마치 이러한 상황들 때문에 고백할 수 없었던 것처럼 그렇게 말합니다. 이 얼마나 정직하지 못한 모습입니까!

사실 우리 주님은 은밀한 신앙과 아울러 공공연한 고백을 요구하십니다. 여러분이 공공연한 고백을 하지 않는다면 구원받으리라는 보장은 없으며, 오히려 마지막 순간에 부인하게 될 위험이 있습니다. 사도는 이에 대하여 "네가 만일 네 입으로 예수를 주로 시인하며 또 하나님께서 그를 죽은 자 가운데서 살리신 것을 네 마음에 믿으면 구원을 받으리라"(롬 10:9)고 정리하였습니다. 또 다른 곳에서는 이에 대하여 "믿고 세례를 받는 사람은 구원을 얻을 것이요"(막 16:16)라고 명백히 규정되어 있습니다. 곧 제자들이 그리스도를 고백하는 것이 그리스도의 구원의 방법이라는 말씀입니다. 참된 신앙이 있다면 반드시 신앙의 고백이 있어야 합니다. 여러분이 촛불이고 하나님께서 여러분에게 불을 붙이셨다면, "이같이 너희 빛이 사람 앞에 비치게 하여 그들로 너희 착한 행실을 보고 하늘에 계신 너희 아버지께 영광을 돌리게 하라"(마 5:16). 주 예수 그리스도께서 우리에게 기대하시는 최소한의 것은 우리가 있는 힘을 다해 그리스도를 고백하는 것입니다.

많은 그리스도인들이 정직하게 신앙을 고백하지 아니함으로 말미암아 큰 어려움에 빠진다고 나는 믿습니다. 예를 들면, 사람이 직장에 들어가거나 혹은 군인이 되어 막사에 들어갔을 때 처음부터 자신의 깃발을 올리지 않는다면 나중에 슬슬 올리는 것은 아주 어려워질 것입니다. 그러나 만일 그가 즉시 담대하게 "나는 그리스도인입니다. 그러므로 내가 여러분의 마음에 들지 않는 어떤 부분이 있을 것이며, 또 경우에 따라서는 여러분이 좋아하지 않아도 내가 어쩔 수 없이 해야 하는 그런 일들도 있을 것입니다"라고 모든 사람들에게 알린다면, 사람들은 여러분의 입장을 분명히 이해할 것이며, 잠시 후에 그는 따돌림을 당하지 않고 더 이상 방해를 받지 않게 될 것입니다. 그러나 그가 만일 자신의 입장을 숨기고 세상도 그리스도도 모두 기쁘게 하리라고 생각한다면, 그는 힘든 시간을 맞이해야 할 것입니다. 그렇게 되면 그가 설령 타협을 하려고 할지라도 개밥에 도토리 신세가 될 것입니다. 결코 그렇게 되어서는 안 될 것입니다. 담대하게 주님 편에 서십시오. 여러분의 색깔을 밝히세요. 여러분이 누구인지, 어떠한 사람인지 알리세요. 비록 여러분의 길이 순탄하지는 않겠지만 이편 저편에 다 좋게 하는 것보다는 분명히 힘들지 않을 것입니다. 양다리를 걸치는 것이야말로 너무나 힘든 일입니다.

이 강도는 그때에 거기서 자신을 드러내며 그리스도에 대한 자신의 믿음을 최대한 공개적으로 고백하였습니다. 그가 행한 두 번째 일은 동료 죄인을 꾸짖은 것입니다. 그는 우리 주님을 공박한 동료의 악한 말에 대하여 변호하였습니다. 이 회개하지 아니한 죄인이 어떠한 말로 주님을 모독하였는지 나는 모르겠습니다만 그의 회개한 동료는 매우 정당하게 이렇게 그에게 말하였습니다. "네가 동일한 정죄를 받고서도 하나님을 두려워하지 아니하느냐? 우리는 우리가 행한 일에 상당한 보응을 받는 것이니 이에 당연하거니와 이 사람이 행한 것은 옳지 않은 것이 없느니라"(눅 23:40, 41).

오늘날 그리스도를 믿는 신자들은 견책을 당하지 않기 위하여 결단코 죄를 묵인해서는 안 될 것입니다. 하지만 많은 그리스도인들이 그렇게 하고 있습니다. 잘못된 말이나 행동을 보고도 침묵하는 것은 함께 그 죄에 동참하는 것이라는 사실을 여러분은 모르십니까? 여러분이 죄를 꾸짖지 않는다면 — 물론 합당한 경우에, 그리고 올바른 정신으로 꾸짖는 것을 의미함 — 여러분의 침묵은 그 죄에 동의하는 것이 될 것이며, 여러분은 그 죄를 도운 자, 그리고 선동한 자가 될 것입니다. 도둑을 보고도 "게 섰거라 도둑아!"라고 소리치지 않는 사람은 공범으로 몰릴 것입니다. 하나님을 모독하는 말을 듣거나 불순한 일을 보고도 한마디 이의를 제기하지 않는 사람은 그가 과연 올바른 사람인지 의심받아 마땅합니다.

셋째, 죽어 가는 강도는 자신의 죄를 온전히 고백하였습니다. 그는 자기와 함께 십자가에 매달린 강도에게 이렇게 말하였습니다. "네가 동일한 정죄를 받고서도 하나님을 두려워하지 아니하느냐? 우리는 우리가 행한 일에 상당한 보응을 받는 것이니 이에 당연하거니와." 많은 말은 아니지만 이 말씀 속에는 많은 의미가 담겨 있습니다. "이에 당연하거니와." 사람이 자신이 하나님의 진노를 받아 마땅하다 — 자신의 죄 때문에 자신에게 임한 고통을 당하는 것이 마땅하다 — 고 고백할 때, 그는 정직한 것이 분명합니다. 이 사람의 경우에, 그의 믿음이 회개의 눈물로 장식될 만큼 그의 회개는 그의 믿음의 눈 안에 있는 거룩한 눈물처럼 반짝거렸습니다.

또한 이 죽어 가는 강도는 남자답게 자기의 주님을 변호하였습니다. 그는 말하기를, "우리는 우리가 행한 일에 상당한 보응을 받는 것이니 이에 당연하거니와 이 사람이 행한 것은 옳지 않은 것이 없느니라"고 하였습니다. 정말 멋진 말 아닙니까? 그는 "이 사람은 죽어 마땅하지 않다"고 말하지 않고 "이 사람이 행한 것은 옳지 않은 것이 없다"고 하였습니다. 그 말은 주님께서 정말로 결백하신 분이라는 뜻입니다. 이 말은 범죄자 중에 하나로 헤아림을 입으셨고, 대적들의 거짓된 고발로 죽임을 당하시는 주님에 대한 죽어 가는 강도의 멋진 증언입니다. 사랑하는 성도들이여, 여러분과 내가 이 강도만큼 우리의 주님을 제대로 증거할 수 있기를 기도합니다. 그는 우리 모두보다 나은 사람입니다.

이 사람의 믿음의 또 다른 증표를 봅시다. 그는 기도하였습니다. 그는 예수님께 기도를 드렸습니다. "예수여 당신의 나라에 임하실 때에 나를 기억하소서." 참된 신앙은 언제나 기도하는 신앙입니다. "어찌된 일이야, 그가 기도하네." 이 말이 그가 거듭났다고 하는 가장 확실한 증거들 중에 하나입니다. 오, 기도를 많이 하기를 바랍니다. 그래야만 예수 그리스도에 대한 우리의 신앙이 과연 올바른 것이라는 사실을 증명할 수 있기 때문입니다. 회개한 이 강도는 입술을 크게 열어 기도하였습니다. 그는 다가올 천국에 대한 큰 확신을 가지고 기도하였으며, 다른 모든 것은 제쳐놓고 먼저 그 나라를 구하였습니다. 그는 생명을 구할 수도 있었고, 고통의 경감을 구할 수도 있었지만 그는 먼저 그 나라를 구하였습니다. 이는 그가 은혜를 받았다는 확실한 증표입니다.

그의 기도와 아울러 여러분은 그가 예수님을 경배하였다는 사실을 알아야 할 것입니다. 그는 "예수여 당신의 나라에 임하실 때에 나를 기억하소서"라고 말하였습니다. 이 기도는 마치 "오직 그리스도만이 나를 생각하소서. 그것으로 족합니다. 그리스도만이 나를 기억하소서. 그분이 나를 기억하시면 오는 세상에서 내게 필요한 모든 것을 얻게 될 것입니다"라고 말하는 것 같습니다. 이는 그리스도의 신성을 인정하는 말입니다. 사람이 누군가의 기억에 자신의 모든 것을 맡기는 것은 그가 자신을 기억하는 그 사람을 최대로 존경하기 때문에 가능한 것입니다. 주 예수님께서 자신을 기억해달라는 것이 이 사람이 요구하고 바라는 전부라면, 그는 주님을 정말로 존경한 사람입니다. 그의 기도에는 그룹들과 스랍들의 영원한 찬송과 맞먹는 경배가 있다고 나는 생각합니다. 그의 기도에는 주님에 대한 찬미가 있었고, 이 찬미는 주님의 보좌를 둘러싸고 있는 천사들의 끝없는 교향곡에 뒤지지 않는 것이었습니다. 강도, 그대가 참으로 잘 하였도다!

이제 마지막으로 살펴볼 대지는 이렇습니다. 죽어 가는 강도에게 우리 주님은 미래에 대하여 아주 특별한 약속을 하셨습니다. 예수님은 그에게 "오늘 네가 나와 함께 낙원에 있으리라"(눅 23:43) 하셨습니다. 그는 주님께 자기를 기억해 달라고만 부탁하였지만 이 놀라운 대답을 들었습니다. 어떤 면에서 나는 이 죽어 가는 강도가 부럽습니다. 왜냐하면 주님께서 나의 죄를 용서하신 날 낙원을 베풀지 않으셨기 때문입니다. 우리는 오랫동안 기다려야만 했고, 우리 중에 어떤 사람들은 더 많이 기다려야 할 것입니다. 왜 그렇습니까? 우리에게는 거친 들에서 해야 할 일이 있으며, 따라서 우리는 아직까지 낙원에 들어가지 못하는 것입니다.

리처드 백스터(Richard Baxter) 목사가 자기는 천국에 들어가기 위해 서두르지 않는다고 한 말을 나는 기억합니다. 그리스도의 영광에 대하여 집필하고 있던 존 오웬(John Owen) 박사를 한 친구가 방문하여 천국에 가는 것에 대하여 어떻게 생각하느냐고 물었습니다.

"나는 그곳에 있기를 갈망하고 있습니다."

"이런! 내가 방금 경건한 백스터 목사에게 물었더니, 그분은 여기 있는 것이 좋을 것이라고 하면서 그 이유는 자기가 세상에서 더 쓸모가 있기 때문이라고 하였습니다."

그러자 오웬 박사는 이렇게 말씀하였습니다. "오! 나의 형제 백스터는 언제나 실천하는 경건으로 넘쳐 있단 말이야. 하지만 그 때문에 나는 죽을 수밖에 없는 이런 상태로 남아있기를 간절히 바란다고 말할 수는 없지. 나는 떠나는 것이 더 좋아."

이 두 분께서 각각 바울의 반이 되신 것 같은 느낌이 듭니다. 바울은 두 가지 모두를 원하였습니다. 그는 떠나기를 바랐지만 교인들에게 자신이 필요하였기 때문에 남아있기로 하였습니다. 우리는 둘 다 원할 것입니다. 바울처럼 떠나서 그리스도와 함께 있을 마음이 간절하지만 또한 우리가 주님과 주님의 교회를 섬길 수 있다면 남아있을 것입니다. 하지만 회개한 강도는 그중에 가장 좋은 것을 가졌다고 나는 생각합니다. 그날 밤 그는 천국에 들어갔습니다. 이 강도는 아침에는 마귀와 함께 식사하였으나 점심에는 세상에서 그리스도와 함께 식사를 하였으며, 저녁에는 낙원에서 그리스도와 함께 식사를 하였습니다. 이 모든 일이 짧은 시간에 이루어졌으나 너무나 복된 일이었습니다. 그는 얼마나 많은 불행을 피하였나요! 그는 얼마나 큰 유혹을 물리쳤나요! 그는 얼마나 악한 세상에서 벗어났나요! 그는 들판에 떨어진 어린양처럼 방금 태어났습니다. 그리고 곧 바로 목자의 품에 안겼습니다. 나의 기억으로는 주님께서 다른 어느 누구에게도 이런 말씀을 하지 않으셨습니다.

우리 주님께서는 어찌하여 즉시 우리 모두를 천국으로 데려가시지 않을까요? 그것은 우리가 세상에서 감당해야 할 사명이 있기 때문입니다. 여러분은 그 사명을 감당하고 있나요? 의로운 사람들이 여전히 세상에 있습니다. 왜입니까? 그들은 어디에 쓰임 받을까요? 나는 그것을 이해할 수 없습니다. 그들이 참으로 주님의 백성들이라면, 그들은 무엇을 위해 존재합니까? 그들은 아침에 일어나 아침식사를 합니다. 그리고 전날처럼 그들은 적당한 때에 점심식사를 하고 저녁식사를 합니다. 이것이 예수님을 위하여 사는 것입니까? 과연 이런 삶일까요? 아직 모자란 것이 많습니다. 이것이 과연 하나님을 모신 인간의 삶입니까?

오, 그리스도인들이여, 여기서 계속 섬김으로 여러분의 주님을 높이세요. 힘을 다해 주님을 섬기는 것 외에 어떻게 주님을 높일 수 있겠습니까? 주님께서 그렇게 하도록 여러분을 도우십니다! 여러분도 이 죽어 가는 강도만큼 주님의 은혜를 입고 있군요! 젊은 그리스도인들은 주님께 얼마나 많은 은혜의 빚을 지고 있는지요! 이 가련한 강도가 평생 동안 해야 할 증거를 단 몇 분 안에 벼락치기로 하였다면, 회개한 이후에 한동안 허송세월을 한 여러분과 내가 이제라도 우리 주님을 힘써 섬겨야 하지 않겠습니까? 지금까지 잠을 잤다면 이제 일어납시다! 우리가 거의 죽어 있었다면 이제 살아납시다. 하나님의 성령께서 우리를 사용하시기를 바랍니다. 그리하여 우리가 포도원 일을 하는 부지런한 종이 되어 낙원의 기쁨에 참여할 수 있기를 축원합니다.

# 15

# 스데반

---

죽음의 증거

"그들이 돌로 스데반을 치니 스데반이 부르짖어 이르되 주 예수여, 내 영혼을 받으시옵소서 하고 무릎을 꿇고 크게 불러 이르되 주여, 이 죄를 그들에게 돌리지 마옵소서 이 말을 하고 자니라"(행 7:59, 60).

인생은 잠시 보이다가 사라져 버리는 안개와 같다는 사실을 기억하는 것이 우리 모두에게 유익합니다. 이런 사실을 망각함으로써 속인들은 편안히 지내며 그리스도인들은 태평하게 살아갑니다. 우리가 주님의 재림을 기다리지 않는 한, 세속적인 것이 곧 벌레처럼 우리의 심령을 파먹을 것입니다. 여러분이 이 세상의 재물을 누린다 할지라도 신자여, 이것이 여러분의 진정한 평안이 아니라는 사실을 기억하며, 세상이 주는 위로를 그다지 중요하게 여기지 마십시오. 반대로 여러분이 곤경에 처해 있고, 가난의 짐을 지고 있더라도 그 때문에 크게 슬퍼하지 마십시오. 왜냐하면 이런 가벼운 고난은 잠시뿐이며, 우리에게 나타날 영광에 족히 비교할 수 없을 것이기 때문입니다. 마치 없었던 것처럼 보이는 것들을 관찰하십시오. 여러분은 항상 움직이는 큰 행렬의 한 부분이라는 사실을 기억하십시오. 우리의 의무는 신랑이 오실 때를 대비하여 등불을 손질하는 것입니다.

성령의 도우심으로 말미암아 우리 또한 죽어야 하는 그때에 우리의 관심을 향하는 가운데 본문에 나오는 스데반의 죽음의 장면은 우리의 묵상에 도움이 될 것입니다. 스데반의 죽음은 신약에서 유일하게 자세하게 기록된 순교 사건입니다. 물론 다른 성도들의 죽음에 대한 이야기를 우리가 듣고 그와 관련된 사실이 성경에 언급되어 있지만, 그 경우에는 그들이 임종하면서 한 말, 그리고 세상을 떠나면서 가진 그들의 생각을 보여 줄 뿐 자세한 내용이 기록되어 있지는 않습니다. 그 이유는 아마도 거룩한 임종과 승리한 세상 떠남에 대한 정보가 우리에게 결코 부족하지 않다는 사실을 성령께서 아셨기 때문일 것입니다. 성령께서 익히 아신 이러한 임종은 하나님의 백성들에게는 매일 보는 일들이 될 것입니다. 더욱이 아마도 성령께서는 자신의 침묵을 통해 우리로 하여금 깨닫게 하고자 하는 것이 있을 것입니다. 그것은 사람들의 삶의 성격에 우리가 중요성을 부여하는 만큼 사람들의 죽음의 방식에 대하여 중요성을 부여하지 못하게 하시려는 것입니다.

예수님처럼 사는 것이 우리의 가장 큰 관심사입니다. 우리가 사는 동안 주님의 명령을 순종하는 것이 우리의 가장 긴급한 사명입니다. 우리가 죽음의 순간에 해야 할 신앙고백은 그때에 해도 될 것입니다. 우리는 죽음의 순간에 죽는 은혜를 받을 것입니다. 지금 우리의 주된 사명은 은혜를 받아 모든 일에 우리 주 하나님의 교리를 아름답게 꾸며나가는 것입니다. 하지만 스데반의 죽음의 경우에 아주 상세하게 기록되어 있는 만큼 우리는 이를 귀하게 여기고 더 심도 있게 연구해야 할 것입니다. 왜냐하면 스데반의 죽음만이 자세히 기록되었기 때문입니다.

이제 스데반의 죽음을 살펴봅시다. 그리고 그의 죽음의 일반적인 성격을 알아봅시다. 먼저 감동적인 것은 그가 주님을 섬기다가 죽임을 당했다는 사실입니다. 그는 가난한 자들에게, 특히 헬라의 과부들에게 구제가 제대로 베풀어지고 있는가를 알아보기 위해 예루살렘 교회의 집사로 임명되었습니다. 그의 임무 수행에 대하여 온 교회가 기뻐하였으며, 그런 만큼 아주 훌륭하게 사명을 감당하였습니다. 이로 인해 사도들은 그들이 정말로 감당해야 할 사명, 곧 말씀 전하는 일과 기도하는 일에 온 힘을 쏟을 수 있게 되었습니다. 다른 사람의 짐을 져 줌으로써 그를 그 일로부터 아무런 신경도 쓰지 않도록 자유하게 해 준다는 것은 그렇게 만만한 일이 아닙니다. 스데반이 가난한 성도들을 돌본 행위는 불만과 분열을 막아주는 효과가 있었습니다. 이는 단순히 지시만 해서는 이끌어낼 수 없는 결과였습니다. 또한 스데반은 집사가 되는 것으로 만족하지 않고, 말씀을 전하는 자로서 거룩한 사역을 시작하였습니다. 그의 사역에는 큰 능력이 따랐는데, 그 이유는 그가 믿음과 성령으로 충만하였기 때문입니다. 그는 한동안 교회의 역사 가운데 정신적 지도자로서 돋보이는 인물이었습니다.

실로 복음을 반대하는 자들까지도 그의 탁월한 능력을 인정하고, 그들이 가장 맹렬하게 박해해야 할 인물로 삼았을 정도였습니다. 일반적으로 복음의 반대자들은 선한 일을 가장 많이 하는 성도들에게 가장 크게 분노하였던 것입니다. 스데반은 주님의 군사들 가운데 선두에 서서 물러서지 않았습니다! 어떤 이들은 "수수께끼"라고 말하지만 나는 "위대한 특권"이라고 말합니다. 할 일이 없을 때에 누가 죽기를 바라겠습니까? 여러분이 쓰임을 받고 있는 동안에 일 하다가 죽는 것이 좋지 않겠습니까? 남을 돕기보다는 짐이 될 때까지 누가 남아있기를 바라겠습니까? 섬기는 중에 오라는 부르심을 받는다면 우리는 그 명령에 감사함으로 복종해야 합니다. 더욱이 우리는 일하다가 죽었다는 말을 듣고 싶습니다.

짐을 진 그의 몸이 쓰러지니
즉시 일과 삶이 중단되었네

그는 가장 크게 쓰임 받을 때 죽었습니다. 많은 사람들이 그의 사역으로 말미암아 회개하였을 때, 그의 믿음으로 말미암아 사방에서 기적이 일어났을 때, 참으로 교회에 그가 절실하게 필요한 때에 그는 죽었습니다. 이것이 좋지 않습니까? 이로써 먼저 하나님은 당신께서 택하신 한 사람을 통해 얼마나 많이 일하실 수 있는가를 자기 백성들에게 가르쳐 주십니다. 둘째로, 하나님은 어느 누구에게도 의존하지 않으시며, 자신의 포도원에서 가장 훌륭한 품꾼 없이도 자신의 일을 이루신다는 사실을 보여 주십니다. 우리의 삶이 교훈을 주고, 우리의 죽음도 또 다른 교훈을 준다면, 사는 것도 유익하며 죽는 것도 유익합니다. 그리고 일을 하다가 죽는 것이 오래 지체하다가 기운이 쇠하여 아무런 힘도 쓸 수 없는 따분한 겨울에 소천하는 것보다 훨씬 바람직합니다. 또한 하나님께서 그의 종들이 없이도 당신의 뜻을 이루실 수 있고, 혹은 그들을 대신하여 다른 종들을 세워 일하실 수 있다는 사실을 그의 교회에 보여 주기 위해 우리를 부르시는데, 이것이 평범하게 영광돌리는 삶보다 하나님에게 더 낫지 않습니까? 살아 있을 때 뿐만 아니라 죽을 때에도 자기 주인의 뜻을 이루는 사자는 복이 있습니다.

한편 스데반은 고통스러운 죽음을 당하였으며, 혈과 육으로는 감당할 수 없을 만큼 무서운 공포가 따랐습니다. 스데반은 슬피 우는 친구들이 아니라 이를 갈던 대적들에게 둘러싸인 상태로 죽었습니다. 그는 부드러운 베개가 아니라 딱딱하고 잔인한 돌에 맞았습니다. 그는 날아오는 돌에 부서지고 상처 입은 채 쓰러져 잠들었고, 마침내 그의 주님의 품에서 깨어났습니다. 이런 모습이 우리에게는 많은 위로가 됩니다. 왜냐하면 스데반이 온전히 평안한 가운데 죽었을진대, 아니 기쁨과 승리 속에서 죽었을진대, 우리는 그보다 훨씬 더 평화롭게 죽기를 희망할 테니까요! 우리가 임종할 시간에는 이런 잔인한 사람이 없을 것입니다. 그렇기 때문에 우리 주님께서 이전과 똑같이 죽을 때에도 우리와 함께 하심으로써 우리가 큰 힘과 용기를 얻고, 우리가 약할 때에 완전한 은혜가 임하기를 바라지 않겠습니까? 모든 상황 속에서 우리는 위로받을 수 있습니다. 스데반이 수많은 돌에 맞아 잠들었을진대, 우리가 예수님에 대한 동일한 신앙 안에서 죽을 때에는 성도들이 우리의 침대를 둘러싸고 작별인사를 할 텐데, 그 얼마나 평화롭게 잠들 수 있겠습니까!

구체적으로 여러분이 주목해야 할 사실은 스데반이 별세하는 순간은 고요하고 평화롭고 확신이 있고 기쁨이 있었다는 것입니다. 그는 격분한 청중들에게 설교하는 동안 결코 겁을 먹고 움찔하지 않았습니다. 그는 마치 유쾌한 이야기로 그들을 즐겁게 하는 것처럼 확실한 진리를 아주 차분하게 그들에게 전하였습니다. 그들이 분노하였을 때 스데반은 두려워하지 않았습니다. 그의 입술은 떨리지 않았고, 한마디도 철회하거나 소리를 낮추지 않았습니다. 오히려 그는 더 큰 확신을 가지고 그들의 마음을 예리하게 파고들었습니다. 하나님의 사람의 용기로 무장한 그의 얼굴은 차돌 같은 모습이었습니다. 자신이 지금 마지막 설교를 하고 있다는 사실을 의식한 그는 두 날 가진 예리한 칼과 같은 말씀을 가지고 그들의 영혼을 찔렀습니다. 그들의 험상궂은 모습에 그는 거의 아랑곳하지 않았습니다. 그들이 이를 갈 때 그는 당황하지 않았습니다. 그는 자신 위에서 열린 천국처럼 고요하였으며, 그들이 자기를 그 성에서 급히 쫓아내려 하였지만 계속 진리를 전하였습니다. 그들이 문 밖으로 끌어내고, 처형하기 위해 옷을 벗겼을 때, 그는 겁먹은 말이나 떨리는 음성을 한 마디도 내뱉지 않았습니다. 그는 서서 조용히 자신의 영혼을 하나님께 맡겼으며, 흉악한 돌에 맞아 땅바닥에 쓰러졌을 때 그의 무릎은 피로 물들었지만 그는 여전히 동정을 구걸하지 않았고, 비겁한 말을 하지 않았습니다. 오히려 자신을 죽이는 자들에게 자비를 베풀어달라고 주님께 간구하였습니다. 그리고 마침내 긴 여름날에 놀다가 지쳐서 어머니의 무릎 위에서 잠들어 버린 어린아이처럼 그의 눈이 닫히고 말았습니다.

"자니라." 오 그리스도인들이여, 여러분이 그리스도 안에 거한다면, 여러분도 스데반과 같이 죽을 것이라는 믿음을 가지십시오. 우리가 태어날 때에 우리 주변의 모든 사람들은 웃었지만 우리는 울었습니다. 이처럼 우리가 죽을 때 주변 모든 사람들은 울지라도 우리는 웃을 것입니다. 별세하는 그리스도인이 그 방에서 천국에 올라가려 할 때에, 그를 위로하기 위해 그 방에 가득 모인 사람들 가운데 오직 그 임종하는 사람만이 유일하게 평온하고 차분한 경우가 흔히 있습니다. 그는 자신이 누리고 기대하고 있는 것을 말하는 가운데 조용히 영광의 나라로 미끄러지듯 나아갑니다. 우리도 그렇지 않으라는 법이 어디 있겠습니까? 스데반의 하나님은 곧 우리의 하나님이십니다. 스데반의 믿음의 싹을 우리가 이미 가지고 있으며, 앞으로 그 싹은 스데반의 믿음의 크기로 자라날 것입니다. 성령께서 스데반 속에 계셨던 것처럼 우리 안에도 거하십니다. 혹 성령께서 똑같은 능력을 발휘하지 않으신다면, 성령의 능력을 방해하는 것은 오직 우리의 불신앙뿐입니다. 믿음이 배가되면 우리는 약속된 시간이 다가올 때 스데반의 죽음과 똑같은 평온한 죽음을 맞이하게 될 것입니다.

스데반의 심령은 매우 고상한 상태였습니다. 먼저 그에게 있었던 하나님의 마음을 주목해 봅시다. 여러분도 아시다시피 긴 시간 설교하는 동안 내내 그의 심령은 하나님께 사로잡혀 있었습니다만 이스라엘 백성들로부터 푸대접을 받았습니다. 그는 자기 나라 사람에게 조금이라도 악한 의도를 가지고 말하지 않았으며, 그들의 죄악을 거의 의식하지 않은 듯합니다. 하나님께서 그의 사사로운 생각을 모두 빼앗아 버리셨습니다. 그리고 그는 말하기를, 자기의 하나님께서 요셉을 보내셨으나 그의 형제들이 그를 핍박하였으며, 하나님께서 모세를 보내셨으나 백성들이 그를 거역하였으며, 이제 자기 하나님께서 예수님을 보내셨으나 그들이 예수님을 배반하고 죽였다고 하였습니다. 그의 마음속에는 그들에 대한 긍휼이 있었으며, 이러한 사실은 그가 죽어 가면서 그들을 위해 기도한 모습에서 잘 알 수 있습니다. 그러나 이보다 더 중요한 사실은 그가 불경건한 사람들로부터 핍박을 받는 가운데서도 하나님의 마음을 가지고 있었다는 것입니다. 이러한 마음은 분명히 하늘에 있는 성도들이 소유한 마음입니다.

스데반의 설교를 읽어보면, 그가 위에 있는 성도들의 관점에서 완악한 죄인들을 바라보았다는 사실을 알 수 있습니다. 위에 있는 성도들은 하나님의 마음과 하나님 나라의 의를 소유할 것이며, 따라서 마지막까지 반역한 사람들이 파멸당하는 것을 볼 때 그들은 괴로워하지 않을 것입니다. 고의적인 악에 대한 의의 승리, 가장 더럽고 부정한 죄에 대한 거룩의 승리, 구속의 사랑을 부끄럽게 만든 배은망덕에 대한 정의의 승리를 볼 때에 그들은 사사로운 감정을 깨끗이 정리하고 다만 지존하신 하나님의 모든 행사를 즐거워할 것입니다. 왜냐하면 그 행위가 의롭기 때문입니다. 나의 이 말이 잘못 전달될 수도 있지만 그러나 이것은 사실이며, 따라서 그대로 말할 수밖에 없습니다.

또한 스데반의 심령이 순수하게 영적인 것만을 고수하였다는 사실을 주목합시다. 그는 모든 의식주의를 깨끗이 청산하였습니다. 아마도 스데반은 한때 성전을 크게 숭배하였을 것입니다. 최초의 유대인 출신의 그리스도인들은 이전에 성전에 대한 경외심에 빠져 있었기 때문에 믿고 난 이후에도 계속해서 얼마간 그런 감정을 떨쳐 버리지 못하였습니다. 그러나 스데반은 말하기를, "지극히 높으신 이는 손으로 지은 곳에 계시지 아니하시나니 선지자가 말한 바 주께서 이르시되 하늘은 나의 보좌요 땅은 나의 발등상이니 너희가 나를 위하여 무슨 집을 짓겠으며 나의 안식할 처소가 어디냐? 이 모든 것이 다 내 손으로 지은 것이 아니냐? 함과 같으니라"(행 7:48-50)고 하였습니다. 주목할 만한 것은 성도들이 죽을 때 살아 있는 다른 사람들이 중요하게 여기는 것을 대수롭지 않게 여긴다는 것입니다. 임종하는 사람에게 의식이 다 뭡니까? 성도는 열린 눈을 가지고 미래를 내다보며 하나님을 만날 준비를 하고 있는데 말입니다. 임종의 시간에 성례는 별 도움이 되지 못합니다. 성직자의 역할요? 죽는데 그런 것이 어디 있습니까?

무거운 양심의 무게, 그리고 죽음과 심판이라는 무서운 사실에 눌려 갈대 피리는 꺾여 버리고 소리를 내지 못합니다. 죽음의 순간에 성도는 점점 영적일 수밖에 없습니다. 왜냐하면 그는 영혼들의 땅으로 다가가고 있기 때문입니다. 이는 요한이 말한 바 "성 안에서 내가 성전을 보지 못하였으니 이는 주 하나님 곧 전능하신 이와 및 어린양이 그 성전이심이라"(계 21:22)는 내용과 일치합니다. 여러분이 형식의 껍질을 깨고 떨쳐버릴 때까지 영적인 신앙으로 자라는 것이 중요합니다. 왜냐하면 의식이라는 외적인 형식은 종종 사람들에게 살아 있는 새와 알 껍질의 관계와 같은 것이기 때문입니다. 심령이 가장 고상한 삶으로 깨어날 때 우리는 껍질을 깨고 부수며, 이전의 굴레를 벗어납니다. 스데반은 많은 그리스도인들에게 여전히 어두운 그림자를 드리우는 미신으로부터 즉시 빠져나와 영이신 하나님을 신령과 진정으로 예배드렸습니다.

그는 사람들에 대한 모든 두려움을 초월한 것이 분명합니다. 사람들은 그를 향하여 이를 드러내고 히죽 웃으며 또한 악을 썼지만 그것이 그에게 무슨 상관이 있었나요? 그는 잔인무도한 사람들의 손에 이끌려 성문 밖에서 신성을 모독하였다는 죄목으로 처형당할 것입니다. 하지만 그는 그러한 위협에 조금도 굴하지 않았습니다. 그의 얼굴은 말로 할 수 없는 기쁨으로 달아올랐고, 급히 처형당할 사람처럼 보이지 않았으며, 도리어 결혼식장에 가는 사람과 같아 보였습니다. 그는 사형언도를 받은 사람의 모습이 아니라 영원히 죽지 않는 천사의 모습을 하였습니다. 모든 믿는 자들은 죽을 때에 이와 같은 모습이 되어야 할 것입니다!

동시에 스데반은 모든 근심으로부터 해방되었습니다. 그는 집사였으나 "가난한 사람들은 어떻게 하지? 과부들은 어떻게 살아가지? 고아들은 누가 돌보나?"라고 말하지 않았습니다. 그는 심지어 "앞으로 내가 사도들의 어깨를 가볍게 해 드릴 수 없을 텐데 이제 그분들은 어떻게 되나?"라고 말하지도 않았습니다. 그런 말은 한마디도 하지 않았습니다. 그는 열린 하늘을 바라보며 아래에 있는 교회에 대하여 별로 생각하지 않았습니다. 물론 교회를 온 마음으로 사랑하였지만 말입니다. 그는 지금 전투 중인 교회를 교회의 대장님에게 맡겼습니다. 그는 승리한 교회의 부름을 받고, 나팔소리와 함께 "일어나 떠나라"는 소리를 들었습니다. 그리고 그 부름에 대답하였습니다. 이처럼 자신의 근심을 맡기고 안식에 들어가는 자가 복이 있습니다. 우리가 이런 사람이 되어야 하지 않겠습니까? 어찌하여 마르다처럼 우리가 많은 일로 방해를 받아야 합니까? 우리가 태어나기도 전에 우리 주님께서 당신의 교회를 잘 경영하셨습니다. 주님은 우리를 집으로 부르시고는 당황해 하지 않으실 것입니다. 그러므로 마치 우리가 너무나 중요한 사람들이어서 교회가 우리의 부재를 안타깝게 여길 것처럼 그렇게 괴로워할 필요가 없는 것입니다.

스데반은 분개하지 않았습니다. 그는 부드럽게 기도하기를, "주여 이 죄를 그들에게 돌리지 마옵소서"(행 7:60)라고 하였습니다. 마치 벨사살 앞에서 다니엘이 저울을 보고 벨사살이 그 저울에 달려 부족함이 보인 것을 알았던 것처럼, 스데반은 정의의 천칭을 보았고, 그를 죽인 이 살인행위가 큰 저울추처럼 분노하는 유대인들 반대편에 두어진 것을 보고는 부르짖었습니다. "주여, 이 죄를 저울에 달지 마옵소서." 그는 구세주처럼 "자기들이 하는 것을 알지 못함이니이다"라고 말할 수는 없었습니다. 왜냐하면 그들은 자기들의 행한 일을 알았고, 스데반의 설교를 듣고는 귀를 막아 버리고 더 이상 들으려 하지 않았을 정도로 큰 찔림을 받았기 때문이었습니다. 하지만 그는 마지막 숨을 몰아쉬면서 진리가 허용하는 한 그들을 위해 간구하였습니다. 하나님의 자녀는 누구나 모든 분개를 즉시 버려야 합니다. 더 정확하게 말하자면, 하나님의 자녀는 결단코 조금이라도 분개해서는 안 됩니다. 우리의 마음속에 나쁜 기억을 품지 말아야 하며, 우리가 매일 용서받는 것처럼 우리도 매일 아낌없이 용서하며 살아야 합니다. 천국에 가까이 가면 갈수록 우리를 미워하는 자들에 대한 사랑이 더욱 커져야 합니다. 그래야만 우리가 천국에 들어갈 준비가 되었다는 증거를 얻을 수 있기 때문입니다.

스데반은 승리자처럼 죽었습니다. 그의 이름은 스테파노스, 곧 면류관이었습니다. 그리고 참으로 그날 그는 면류관을 받았을 뿐만 아니라 최초의 순교자로서 교회의 면류관이 되었습니다. 그는 승리자였습니다. 그의 대적들이 그의 몸에 돌을 던졌지만 그의 영혼은 그들을 격파하였습니다. 그들에게는 그를 뒤흔들 힘이 없었습니다. 그의 평안한 모습이 그들의 격분을 격파하였습니다. 그는 하나님의 집에 들어가 "하나님의 종아, 잘하였도다"라는 소리를 들었습니다. 그가 그곳에 가는 도중에 그의 대적들이 그를 조금도 괴롭히지 못하였습니다. 하나님께서 그를 사랑하심으로 말미암아 그는 승리자 이상의 기쁨을 누렸습니다.

이제 나는 아주 재미있는 관점, 곧 스데반의 죽음에서 가장 주목할 만한 특성을 살펴보겠습니다. 한 가지 주목할 것은 그의 죽음은 예수님으로 충만했다는 것입니다.

첫째, 주 예수님께서 보이셨습니다. 이 순교자는 하늘을 우러러 주목하였고, 하나님의 영광과 및 예수님께서 하나님 우편에 서 계신 것을 보았습니다. 처음에 그는 산헤드린 공회의 회당에 있었을 것이나 아마도 환상 중에 지붕이 열리고 하늘이 굴러가고 천국 문이 열린 것 같으며, 이에 성령의 기름 부음 받은 그의 눈이 지성소 안을 들여다 볼 수 있었습니다. 성경을 보면 그는 인자(the Son of Man)를 보았습니다. 예수님 자신이 아닌 다른 사람이 예수님을 가리켜 인자라고 한 곳은 성경에서 이곳이 유일합니다. 예수님은 자주 자신을 인자라고 칭했으며, 이는 참으로 예수님의 일반적인 이름이었지만, 제자들은 예수님을 그렇게 부르지 않았습니다. 아마도 인간으로서 거부당하신 메시아의 영광이 스데반의 마음속에 특별히 떠올랐을 것이며, 이 영광을 생각하면서 멸시당하신 주님께서 마침내 승리하셨다는 확신을 가졌을 것이며, 이에 자신도 예수님처럼 멸시받는 예수님의 종이 되어야 하리라고 다짐했을 것입니다.

하나님의 보좌에까지 높아진 대표적인 사람을 본다는 것은 언제나 즐거운 일이지만, 이 경우에는 더더욱 그러합니다. 왜냐하면 주님께서 친히 그의 대적들에게 "이후에 인자가 권능의 우편에 앉아 있는 것과 하늘 구름을 타고 오는 것을 너희가 보리라"(마 26:64)고 경고하셨기 때문입니다. 주님의 이 말씀은 방금 스데반의 증거를 들은 바로 그 사람들에게 하신 말씀이었습니다.

스데반은 주님께서 서신 것을 보았습니다. 보통 우리 주님은 앉아 계신 것으로 묘사되고 있지만, 본문 말씀에는 긍휼하신 주님께서 마치 고난당하는 당신의 종에게 가까이 하시고, 그를 격려하고 싸움이 끝난 후 그를 받으려고 일어나 계신 것처럼 묘사되어 있습니다. 예수님은 마치 자신이 다시금 고난 받으시는 심정으로 고난당하는 사랑하는 성도를 바라보기 위해 보좌에서 일어나셨습니다. 주님께서 서신 자리는 "하나님 우편"이었습니다. 참으로 스데반은 말로 표현할 수 없는 영원한 영광의 빛을 보았습니다. 이 빛은 특별한 은혜를 받기 전에는 인간의 눈으로는 도저히 볼 수 없는 것입니다. 그런데 그런 영광 중에 스데반은 사랑, 능력, 영광의 자리에서 경배와 찬송을 받으시는 인자를 뵈었던 것입니다.

우리가 죽을 때 아마도 우리는 스데반이 보았던 것을 이 눈으로 볼 것을 기대하지 못할 것입니다. 하지만 믿음에는 실감케 하는 큰 능력이 있습니다. 예수님께서 보좌에 앉으신 사실은 언제나 동일하며, 예수님께서 하나님 우편에 계신 것을 우리가 확신하는 한, 육체의 눈으로 주님을 보든 못 보든 그것은 별로 중요하지 않습니다. 왜냐하면 믿음은 바라는 것들의 실상이요 보이지 않는 것들의 증거이기 때문입니다. 여러분이 죽음을 앞에 두고 믿음이 강해진다면, 의심할 여지 없이 여러분은 인간으로서 하나님 우편에 서신 예수님의 모습을 보거나 느낄 것이며, 이로써 여러분은 죽음에 대한 모든 공포에서 완전히 벗어날 것입니다. 왜냐하면 주님께서는 "아버지여, 내게 주신 자도 나 있는 곳에 나와 함께 있어 아버지께서 창세 전부터 나를 사랑하시므로 내게 주신 나의 영광을 그들로 보게 하시기를 원하옵나이다"(요 17:24)라고 말씀하셨기 때문입니다. 내가 관찰해 본 바로는, 적지 않은 많은 성도들이 죽음 이후에 믿음의 실현 이상의 그 무언가를 받을 것이라고 나는 확신합니다.

죽음의 순간에 성도들은 우리가 상상하는 것보다 훨씬 더 자주 초자연적인 하나님의 영광을 보게 됩니다. 별로 교육도 받지 못하고 또 시적인 상상력도 없는 사람들이 마지막 임종의 순간에 자신들이 목격한 사실을 말하는 것을 나는 들어보았습니다. 그들이 결코 책에서 그런 표현들을 인용하지 않았고, 그들이 본 대로 진술한 것이라고 나는 확신합니다. 더욱이 그들이 본 것으로 말미암아 기뻐하고, 하나님의 뜻에 복종하며, 고난 속에서도 인내한 사실을 미루어볼 때 그들에게 이해력이 부족하지 않았으며 오히려 가려진 부분을 실제로 볼 수 있었다는 것을 분명히 알 수 있습니다.

　　오, 내 주님께서 오셔서 만나 주신다면
　　속히 내 영혼의 날개를 펼치고
　　죽음의 철문을 지나 두려움 없이 날아가리
　　내 영혼이 그곳을 지날 때 아무런 두려움도 없으리

　그리스도인의 죽음의 모형으로서 성경에 소개된 이 모범적인 별세는 그리스도를 뵐 수 있는 특권을 가집니다. 이것이 우리의 모습이 되어야 할 것이며, 우리가 믿음으로 말미암아 예수님과 하나되었을진대 두려워하지 맙시다.

　다음에 스데반이 예수님을 불렀다는 사실을 주목하십시오. 본문이 이 사실을 보여 줍니다. "그들이 돌로 스데반을 치니 스데반이 부르짖어 이르되 주 예수여, 내 영혼을 받으시옵소서." 임종하는 그리스도인들은 그리스도의 신성에 대한 의심으로 괴로워하지 않습니다. 그때에 우리에게는 전능하시고 거룩하신 구세주가 필요합니다. 우리는 그 엄숙한 순간에 우리를 구원하시는 "무소부재(無所不在)하시며 영원하신 하나님"을 원합니다. 따라서 예수님을 부르고 경배하였습니다. 그는 다른 중보자를 언급하지 않았습니다. 하나님과 인간 사이의 중보자는 오직 한 분, 곧 인간이신 그리스도 예수이십니다. 스데반은 그리스도를 불렀으며, 다른 어느 누구도 부르지 않았습니다.

　우리가 본문에서 보면, 스데반은 자신이 행한 선행, 자선 행위, 설교, 기적들에 대하여 말하지 않았습니다. 그는 오직 주 예수님만을 불렀고, 온전히 주님만을 의지하였습니다. 살든지 죽든지 예수님을 온전히 의지하는 것이 좋습니다. 여러분이 오늘 밤 누워서 여러분의 죽음에 대하여 조용히 생각하고 과연 죽을 준비가 되어 있는지 물어본다면, 여러분은 십자가 밑에 나와 구세주의 흘리신 보혈을 보고 주께서 하나님과 여러분 사이에 이루신 화목을 믿을 때 비로소 편안함을 가질 것입니다. 그리스도를 부르지 않고는 의로운 삶이나 즐거운 임종은 없습니다.

다음에 스데반은 무엇을 했나요? 그는 예수님을 신뢰하였습니다. 그는 오직 예수님만을 신뢰하였습니다. 그 근거로서 스데반이 "주 예수여, 내 영혼을 받으시옵소서"라고 부르짖었다고 본문은 말씀하고 있기 때문입니다. 그는 자신의 영혼이 몸에서 빠져나와 미지의 세계로 날아갈 것을 느꼈습니다. 아마도 그는 그 놀라운 신비에 당연히 놀라며 떨었을 것이며, 그때의 기분은 마치 우리의 몸에 익숙한 옷이 벗겨진다고 생각할 때 느끼는 그런 기분이었을 것입니다. 하지만 그는 자신의 벗겨진 영혼을 예수님의 손에 맡겼으며, 이로써 그의 두려움과 염려는 끝이 났습니다. 보세요, 그는 지금 죽음의 문제를 해결 받았습니다! 더 이상 자신을 위해 기도하지 않고 그의 대적들을 위해 중보 기도를 드렸습니다. 그리고 나서 그는 눈을 감고 잠들었습니다. 이는 단순하고도 숭고한 죽음의 예술입니다. 다시 한 번 우리는 우리의 죄악된 영혼을 취하여 이를 지켜 주실 수 있는 주님의 못 박힌 손에 맡깁니다. 그런 다음에 우리는 모든 것이 안전함을 확신합니다. 낮의 일이 끝났고, 문은 잠겼으며, 파수꾼이 거리를 순찰합니다. 와서 함께 잠듭시다. 예수님을 뵙고 그의 이름을 부르며, 그를 신뢰하는 중에 죽는 것은 아름답습니다.

또한 주목할 것은 스데반에게서 예수님을 닮은 모습을 볼 수 있다는 사실입니다. 왜냐하면 스데반의 죽음은 예수님의 죽으심의 복사판이기 때문입니다. 우리도 그와 같기를 소망합시다. 그의 죽음은 구체적인 상황 속에서도 예수님의 죽음과 같았습니다. 예수님은 공정한 재판을 받지 못하고 죽으셨으며, 스데반 또한 그러했습니다. 예수님은 기도하면서 죽으셨고, 스데반 또한 그러했습니다. 예수님은 "아버지, 내 영혼을 아버지 손에 부탁하나이다"라고 말씀하시고 죽으셨습니다. 스데반은 독자적으로 하나님께 나아갈 수는 없었지만, 중보자이신 주님을 통하여 하나님께 나아가 "주 예수여, 내 영혼을 받으시옵소서"라고 말하였습니다. 그리스도께서 자기를 죽인 자들을 위해 기도하시며 죽으셨고, 스데반도 "주여, 이 죄를 그들에게 돌리지 마옵소서"라고 기도하고 죽었습니다. 우리의 죽음도 예수님의 죽음을 재현하는 것이라면 두려워할 필요가 어디 있겠습니까? 여태까지 예수님을 닮는 것이 아름다운 일이었던 것처럼 앞으로도 그러할 것입니다. 나는 예수님의 침대에 누워 잠들 것이며, 예수님께서 땅의 품에 안기어 잠드신 것처럼 나도 그리했다가 부활 시에 예수님과 같은 모습으로 일어날 것입니다.

우리는 스데반의 별세로부터 바람직한 죽음에 대하여 중요한 교훈을 얻을 수 있습니다. 첫째, 우리의 죽음이 우리의 삶의 연장이 되는 것이 바람직합니다. 스데반은 살아 있을 때에 믿음과 성령으로 충만하였기에 죽을 때에도 성령으로 충만하였습니다. 스데반은 살아 있을 때에 담대하고 용감하고 평온하고 침착하였기에, 돌에 맞아 죽을 때에도 그와 같았습니다. 한 사람의 죽음에 대한 평가가 그의 삶과 일치하지 않을 때 매우 슬퍼집니다. 장례식 때에 많은 집례자들은 감언이설로 설교함으로써 큰 잘못을 범하였습니다. 그 때에 참석자들은 당연히 이렇게 말합니다. "거 참 이상하네. 고인이 성도인 줄 전혀 몰랐는데 그의 죽음에 대한 보고를 듣고 보니 그가 성도였네. 참으로 고인에 대한 이 놀라운 사실을 듣고 보니, 내 생각이 잘못되었네."

집례자의 보고는 아프다 죽은 그 며칠 동안에 급히 고인의 경건이 조성되었다는 말인데, 그럴 가능성은 희박할 것입니다. 우리는 매일 죽어야 합니다. 아침 식사를 하기 전에 매일 아침 죽어야 합니다. 말하자면, 우리는 죽음을 연습해야 하며, 이로써 우리가 정작 죽을 때 죽음이 전혀 낯선 일이 되지 않도록 해야 할 것입니다. 죽음은 삶의 언저리나 가장자리가 될 수도 있지만, 삶의 연장이 되어야 할 것입니다. 진흙과 같은 삶이 금과 같은 죽음으로 이어질 수 없는 것입니다. 우리는 세상과 함께 점심식사를 하다가 하나님과 함께 저녁식사 하기를 바랄 수 없습니다. 우리는 매일 주님의 집에 거하여야 합니다.

또한 우리의 전 생애를 완성하는 죽음이 가장 바람직한 죽음입니다. 즉, 건축물에 모퉁잇돌을 놓음으로써 이제 더 이상 다른 수고를 전혀 할 필요 없이 모든 수고를 다 끝냈을 때 우리가 잠드는 것입니다. 여러분도 그렇게 되어야 하겠지요? 그런데 어떤 이들은 사업한답시고 정말로 해야 할 일들을 하지 못하고 있군요. 예를 들면, 그런 사람들은 아직 뜻도 정하지 못하였습니다. 그러므로 그들은 그들의 태만으로 인하여 아내와 자녀들에게 많은 슬픔을 안겨줄 것입니다. 어떤 그리스도인들은 세상의 일을 깔끔하게 해내지 못합니다. 그들은 방종하고 무질서하며 단정하지 못합니다. 그래서 그들이 죽게 된다면, 여러 가지 하지 못한 일들 때문에 죽기를 싫어할 것입니다.

횟필드(Whitefield)는 밤에 잠자리에 들 때 이렇게 말하곤 하였답니다. "나는 지금까지 장갑 한 짝이라도 제자리에 놓지 않은 적이 없어. 오늘 밤 내가 죽더라도, 이 세상 일이나 영원한 일 모두 제대로 되어 있겠지."

이것이 최고로 잘 사는 모습입니다. 한밤중이나 새벽이나 혹은 대낮에라도 책의 마지막 한 행을 기록한 후 죽음을 맞도록 합시다. 그래야 바람직한 죽음이 될 것입니다. 우리는 우리의 길을 다 마치고 우리의 세대를 다 섬겼습니다. 이제 우리의 잠은 그 모든 일의 적절한 종결이 될 것입니다. 기차로 떠날 것을 한 달 전에 알았을지라도 떠나기 한 시간 전에 호들갑 떠는 사람들이 세상에는 있습니다. 아무리 기차 출발시간을 알고 있을지라도 몇 분 전에는 도저히 역에 도착할 수 없는 것입니다. 그런데도 그들은 벨소리에 일어나 급히 마차를 타고 가까스로 기차 시간에 맞추어 도착합니다. 마치 할 일이 너무 많아 서두르는 사람처럼 어떤 이들은 죽을 때 이런 식으로 죽습니다. 게다가 은혜도 부족하여 오직 불 가운데 얻는 구원을 얻을 뿐입니다.

세속적인 그리스도인들은 죽을 때에 꾸려야 할 짐이 많으며, 별세하기 위해 준비해야 할 일이 많습니다. 그러나 참된 그리스도인은 서서 허리를 동이고 있습니다. 그는 떠나야 한다는 것을 알고 있습니다. 그 때는 정확히는 모르지만, 손에 지팡이를 잡고 서 있습니다. 그는 신랑이 곧 오실 것이라는 사실을 알고 있기에 등불을 준비하고 있습니다. 이렇게 살다가 죽는 것이 바람직합니다. 성령께서 우리를 그런 상태로 이끄시기를 바랍니다. 그리하여 죽음의 천사가 우리를 불시에 소환하거나 느닷없이 데리고 가는 일이 없기를 바랍니다. 그리하면 고향 가는 길은 일상적인 모습과 조금도 다를 바 없는 간단한 일이 될 것입니다.

유명한 주석가 벵겔(Bengel)은 세상을 깜짝 놀라게 하는 모습으로 영적인 퍼레이드를 벌이는 가운데 죽기를 원하지 않았습니다. 그는 다만 일을 하는 가운데 길 입구에서 부름을 받은 사람처럼 떠나기를 원하였습니다. 그의 기도는 이루어졌습니다. 그는 거의 마지막 죽음의 순간을 느낄 때까지 자신의 작품 원고를 교정하였습니다. 이러한 죽음이 바람직하지 않습니까? 가경자 비드(Bede, 673?-735; 영국 역사가 · 신학자)의 임종 또한 귀한 것이었습니다. 그는 요한복음서 번역을 완성한 후 죽었습니다. 그는 "나를 지으신 분에게로 돌아갈 시간이 되었으니 빨리 기록하라" 하였습니다. 그러자 그의 제자는 "존경하는 선생님, 한 문장이 남았는데요"라고 하였고, 이에 이 사람은 "빨리 적으라"고 말하였습니다. 젊은 학생은 곧 "다 끝났습니다"라고 말하자, 비드는 "네 말을 들으니 좋구나. 이제 다 끝났구나"라고 대답한 후 잠이 들었습니다. 나는 이렇게 별세하기를 원하며, 또한 모든 그리스도인들이 이런 소원을 갖기를 축원합니다. 우리는 매일의 거룩한 삶에서 달라지지 않을 것입니다. 장소만 바뀔 뿐 우리의 섬김은 바뀌지 않을 것입니다. 우리는 마지막 순간까지 주님을 섬기다가 하늘의 부르심을 받고 떠날 것입니다.

일을 게을리 하고 기회를 허비한 고로 후회 막심한 상태에서 죽는다는 것은 신앙을 고백하는 그리스도인에게 틀림없이 가장 무서운 일이 될 것입니다. "다가올 진노를 피하라고 사랑하는 주일학교 아이들에게 진정으로 경고하기도 전에 주일학교 반을 그만두어야 하겠다"고 말하는 것은 슬픈 일입니다. 인생을 낭비하고 죽는 것은 불행이 아니고 또 무엇이겠습니까? 일을 이루지 못하고 목적을 완수하지 못한 채 부름 받고 떠나는 것은 슬픈 일이 아니겠습니까? 죽기가 힘들 정도로 그렇게 살지 마십시오. 아직 익지 않은 과일을 나무에서 따는 것처럼 마지못해 뽑혀진다는 것은 분명히 슬픈 일입니다. 익지 않은 사과는 제자리에 꼭 들러붙어 있습니다. 이렇듯 많은 사람들은 자기의 재물에 꼭 들러붙어 있으며, 어리석게도 세속적인 것에 집착하여 있기 때문에 그들을 세상으로부터 떼어놓으려면 매우 거칠게 끌어당겨야 합니다. 그러나 다 익은 과일은 가볍게 붙어 있습니다. 부드러운 손으로 그것을 잡아떼면, 쉽게 수확할 수 있습니다. 마치 은바구니에 들어갈 금사과처럼 그것은 수확을 기다리고 있는 것 같아 보입니다.

하나님께서 여러분을 영적인 존재로 만드십니다. 그러므로 여러분이 땅 아래에 있는 것에 결연히 집착하는 것을 하나님께서 금지하십니다. 만일 여러분이 아래 것에 집착하면 여러분의 죽음은 폭력이 되고 여러분의 별세는 공포가 되고 말 것입니다.

여러분이 구원의 확신이 없다면, 임종 때에 죽음을 기다리겠습니까? 나의 사랑하는 친구들이여, 고통이 커지고 머리가 혼미해질 때, 여러분은 우울증에 시달려야 할 것입니다. 그러므로 그때에 우선 먼저 여러분 스스로를 위로하기 위해서 여러분에게 강한 믿음이 필요합니다. 친구들이 당신이 임종한 방에서 나가면서 "우리는 이 친구가 구원받기를 바라는데, 여전히 의심스럽네"라고 말하면 좋겠습니까? 여러분의 삶에 달려 있습니다.

경건한 휫필드는 "나는 당신의 유언을 듣고 싶습니다"라고 말하자 "아니오, 아마 나는 유언을 남기지 않을 것이오"라고 말했습니다. 그러자 다른 사람이 "이유가 무엇입니까?" 이에 그는 "내가 살아 있는 동안 나는 매일 유언을 말하고 있기 때문에 내가 죽을 때에 유언이 필요 없을 것이기 때문입니다"라고 대답하였습니다. 이 거룩한 사도는 마지막 날 오후에 설교를 마친 후 침실로 올라가 죽었습니다. 그가 살아 있을 때 무슨 말을 했는지 그들은 알았으며, 이것이 훨씬 더 나은 유언이었습니다. 여러분이 마지막 순간에 유언을 하든 하지 않든, 여러분이 누구를 섬겼는지 아무런 의혹이 없도록 삶 속에서 유언을 하도록 하십시오.

결론적으로, 사람들은 죽음조차 유익할 수 있도록 그렇게 죽기를 바랄 것입니다. 스데반의 죽음은 사울을 회개케 하는데 결정적인 역할을 하였다고 나는 확신합니다. 여러분은 스데반이 바울에게 미친 명백한 영향을 살펴본 적이 있습니까? 아우구스티누스는 말하기를, "스데반이 기도하지 않았다면 바울은 설교하지 못하였을 것이다"라고 하였습니다. 물론 스데반의 죽음이 사울을 회개시켰다는 말은 아닙니다. 사울의 회개는 스데반이 죽은 이후에 일어났습니다. 즉, 사울의 변화는 사울이 다메섹으로 가던 도중에 하나님의 개입으로 말미암아 일어난 일이었습니다. 하지만 스데반의 순교를 목격한 것이 그의 마음의 밭을 갈아 좋은 씨앗을 받아들이게 되었던 것입니다. 내 생각에, 사울은 내세에서 언제나 스데반의 설교에서 자신의 본문을 취할 것 같습니다. 집에 가셔서 스데반의 설교를 다 읽어 보십시오. 그리고 과연 그렇지 않은가 알아 보십시오. 스데반은 할례의 언약에 대하여 말하였는데, 이는 바울이 매우 좋아하는 주제였습니다. 바울이 아덴의 마르스(로마 신화의 軍神, 헬라 신화의 군신은 'Ares') 언덕에 서서 아레오바고 사람들에게 설교하였을 때, 그는 "우주와 그 가운데 있는 만물을 지으신 하나님께서는 천지의 주재시니 손으로 지은 전에 계시지 아니하시고"(행 17:24)라고 말하였습니다. 이는 스데반이 인용한 말씀과 거의 동일합니다.

산헤드린 앞에 섰던 스데반에 대한 기억이 당시에 사도의 마음을 스치고 지나갔던 것이 틀림없습니다. 또 다른 구절도 있습니다. 바울의 표현과 스데반의 표현이 일치하는 긴 구절을 나는 소개드릴 수 있습니다. 스데반은 "너희는 천사가 전한 율법을 받고도 지키지 아니하였도다"(행 7:53) 하였습니다. 이는 바울의 독특한 사상이 되었습니다(참고. 갈 3:19: 역주). 바울은 스데반의 제자였습니다. 스데반의 죽음은 바울이 자라는 종자가 되었습니다. 우리의 유골을 통해 큰 인물이 나게 하는 그런 죽음이라면 이 얼마나 특별한 죽음인가요! 우리가 최대한 쓰임 받을 수 있다면, 우리가 죽을 때 우리보다 나은 일꾼들을 불러낼 수 있을 것입니다. 우리의 마지막 불꽃으로 봉화대에 거룩한 불을 붙여 이로써 복음의 빛이 저 멀리 바다 건너까지 퍼져나가기를 축원합니다. 그렇게 되지 말라는 법이 어디 있습니까? 하나님, 우리가 살아서도 죽어서도 모두 하나님을 잘 섬기게 해 주옵소서. 우리의 유골로 우리의 이전의 불을 살림으로써 우리가 죽어서도 말할 수 있기를 간절히 바랍니다.

> 너희 죄인들아, 그의 은혜를 구하라
> 그의 진노는 너희가 견딜 수 없으리
> 죽으신 구주의 얼굴을 바라보라
> 그리하면 거기서 구원을 얻으리라

# 16

# 바울

### 회개의 모범

"그러나 내가 긍휼을 입은 까닭은 예수 그리스도께서 내게 먼저 일체 오래 참
으심을 보이사 후에 주를 믿어 영생 얻는 자들에게 본이 되게 하려 하심이라"
(딤전 1:16).

사도 바울의 회개가 진귀하고 이례적인 사건이었기 때문에 오늘날에도 사
람들이 그와 같은 방식으로 구원받기를 기대해서는 안 된다고 말하는 것은
큰 잘못입니다. 이 사건은 철저하게 이례적인 사건이며, 전적으로 놀라운 기
적이었다고 사람들은 말합니다. 하지만 오늘 본문은 이러한 입장에 전적으
로 반대합니다. 사도가 철저하게 이례적으로 하나님의 오래 참으시는 긍휼
과 자비를 받은 자가 아니라 오히려 회개의 모범으로서 다른 믿는 자들이 받
는 하나님의 은혜의 본 또는 모형으로 여겨지고 있는 것입니다. "본이 되게
하려 하심이라"는 사도의 표현은 그의 회개가 인쇄업자들이 첫판이라고 부
르는 소위 조판의 초판과 같다는 의미로서 이후에 회개할 사람들에게 견본
이 되었다는 뜻입니다. 그는 하나님의 오래 참으심을 보여 준 전형적인 사례
였으며, 다른 사람들이 본받아야 할 모델이었습니다. 화가들이 그림에 색칠
을 하기 전에 그 작품의 윤곽만 목탄으로 그리듯이 주님께서는 사도 바울의
경우를 말하자면, 당신의 통상적인 은혜의 작품의 밑그림이나 초벌그림으로
삼으셨던 것입니다.

주님은 미래의 신자들 한 사람 한 사람에게 밑그림을 당신의 무한히 다양한 솜씨로 그리시므로 개개인의 그리스도인을 만드시지만, 거기에는 실제로 가이드라인이 존재하는 것입니다. 모든 회개가 이 모범적인 회개와 크게 유사합니다. 핍박하던 다소의 사울이 사도 바울로 변한 것은 은혜가 마음속에 역사한 전형적인 예입니다.

첫째, 바울의 회개 속에서 주님은 다른 사람을 바라보셨고, 이에 바울은 하나의 본이 되었습니다.

개인이 회개하는 모든 경우에 그것은 자신만을 위한 것이 아니라 다른 사람의 유익과 관련되어 있습니다. 선택의 교리를 가혹하다고 생각하는 사람들도 이 교리가 성경적이기 때문에 이 교리를 부인하지 못할 것입니다. 하지만 그들은 선택된 사람들이 인류와 두드러진 관련을 맺고 있다는 사실을 마음속에 기억함으로써 선택의 교리의 가혹성을 다소나마 완화시킬 수 있을 것입니다. 선택받은 민족인 유대인들은 모든 나라 모든 시대를 위하여 하나님의 계시를 간직하라는 목적에서 선택을 받았습니다. 하나님의 은혜로 말미암아 영생을 얻도록 개인적으로 선택받은 사람들이 선택받은 목적 또한 예수님의 이름을 다른 사람들에게 전하는 선택받은 그릇이 되라는 것이었습니다. 우리 주님은 특별히 믿는 자들의 구세주가 되시는 한편, 아울러 주님은 모든 사람들의 구주로 칭해집니다. 주님은 택하신 한 사람의 유익에 특별한 관심을 가지고 바라보시지만 아울러 그 사람을 통하여 다른 사람들에게, 심지어 아직 태어나지 아니한 수많은 사람들에게 사랑을 베푸실 계획을 가지고 계십니다.

바울 사도는 "내가 긍휼을 입은 까닭은 예수 그리스도께서 내게 먼저 일체 오래 참으심을 보이사 후에 주를 믿어 영생 얻는 자들에게 본이 되게 하려 하심이라"고 하였습니다. 여기서 바울의 회개가 다른 많은 사람들의 회개와 직접적인 관계가 있다는 것을 나는 분명히 알 수 있습니다. 바울의 회개는 성격상 그의 형제 바리새인들의 관심을 불러일으켰습니다. 자신의 수준에 맞는 사람들, 곧 헬라 철학자들과 유대의 랍비들과 같은 교양 있는 사람들, 영향력 있는 사람들, 상류층 사람들이 이렇게 물었을 것이 분명합니다.

"다소의 사울을 매료시킨 이 새로운 종교가 무엇이냐? 유대교에 미쳤던

저 열성당원이 이제 기독교에 미친 사람이 되다니. 도대체 그 안에 무엇이 있기에?" 여러분이 구원받았다면, 여러분은 그 구원을 여러분과 같은 사람들에게 하나님의 자비를 보여 주는 증표로 삼아야 할 것입니다. 여러분이 노동자라면, 여러분의 구원이 함께 일하는 노동자들에게 복이 되도록 하십시오. 여러분이 상류층과 고위층 사람이라면, 하나님께서 여러분을 통하여 여러분과 같은 조건에 있는 사람들에게 축복하기를 원하신다는 사실을 생각하십시오. 여러분이 젊다면, 하나님께서 여러분을 통하여 여러분 주변에 있는 젊은이들을 축복하실 것을 소망하십시오. 그리고 여러분이 늙었다면, 심지어 죽음을 눈앞에 두었을지라도 여러분의 회개가 다른 나이 든 순례자들의 심령에 용기를 주는 수단이 되기를 소망하십시오. 주님께서는 사람들의 모임 가운데서 한 사람을 불러내심으로써 그 사람을 통하여 그의 동료들을 십자가의 깃발 아래 참가하게 만드십니다.

아시다시피 바울은 다른 사람들에게 용기를 주기 위한 방편으로 종종 자신이 회개한 사실을 이야기하였습니다. 바울은 부끄러움 없이 자신의 신상을 말하였습니다. 휫필드나 번연(Bunyan)과 같이 탁월하게 영혼을 구원하는 사람들은 하나님께서 자신들에게 긍휼을 베푸신 사실을 자주 말함으로써 자기 동료들에게 믿음의 확신을 주었습니다. 다른 학파 중에서 로버트 홀(Robert Hall)이나 찰머스(Chalmers) 같은 위대한 설교자들이 비록 자신에 대하여 전혀 언급하지 않았고 나는 그들의 자제를 존경하지만, 우리가 그들의 본을 따르고자 한다면 우리는 우리의 가장 강력한 전쟁무기들 중에 하나를 버려야 할 것이라고 나는 확신합니다. 그런데 바로 이러한 체험을 한 그 사람에게서 거룩한 은혜의 이야기를 듣는 것보다 더 감동적이고 설득력 있고 압도적인 것이 어디 있겠습니까? 바울은 몇 번이고 자신이 회개한 이야기를 길게 말하였습니다. 왜냐하면 그것은 자신이 말할 수 있는 가장 효과적인 이야기들 중에 하나라고 생각하였기 때문입니다.

벨릭스나 아그립바 앞에 섰을 때 바울은 자신이 회개한 이야기를 말함으로써 복음을 변증하였습니다. 바울은 자신의 서신서들 전체에서 자신을 향한 하나님의 은혜를 계속적으로 말하였는데, 이로써 우리는 바울이 자신의 간증을 통해 복음을 곧잘 증거하였다는 사실을 확인할 수 있습니다. 이처럼 하나님의 뜻은 우리 자신이 회개한 사실을 말함으로써 다른 사람들에게 용기를 주는 것입니다. 그러므로 여러분은 사람들에게 이렇게 말하십시오. "하나님을 경외하는 여러분들이여, 와서 들어보세요. 그리하면 하나님께서 내 영혼에게 베푸신 은혜를 여러분에게 말씀드리겠습니다."

바울은 자신의 회개에서 용기를 얻어 평생 동안 다른 사람들에게 소망을 가질 수 있었습니다. 여러분은 로마서 1장을 읽어 보셨나요? 자, 이 무서운 말씀을 기록한 그 사람은 말미에 당연히 다음과 같이 기록할 수 있었을 것입니다. "이 괴물들이 과연 개선될 수 있을까요? 이토록 악에 빠진 사람들에게는 복음을 전한들 아무런 소용이 없습니다." 1장에서 바울은 이방세계가 빠진 도저히 있을 수 없는 부끄러운 죄악을 최대한 적나라하게 약술하였지만, 결국 그는 뒤로 가면서 그 더럽고 타락한 세대에게 복음을 선포하였습니다. 이는 하나님께서 한 사람이라도 그 세대로부터 구원하기를 원하신다고 믿었기 때문입니다. 인간에게 소망을 가질 수 있었던 요인 중에 하나를 바울은 분명히 자신이 구원받은 사실에서 발견하였습니다. 그는 여러 가지 점에서 자신을 이방인들만큼 악한 존재라고 생각하였으며, 또 어떤 점에서는 그들보다 훨씬 더 악한 자였다고 생각하였습니다. 그는 자신을 죄인 중에 괴수라고 표현하였습니다. 그런데 그런 괴수를 하나님께서 제일 먼저(foremost) 구원하셨고 자신에게 오래 참으심을 보여 주셨다고 말합니다. 자신이 회개한 이후에 바울은 아무리 파렴치한 인간이라도 회개할 가능성이 있다는 사실을 조금도 의심하지 않았습니다. 그가 잔혹한 대적들과 싸우는 가운데서도 이러한 사실이 그에게 힘이 되었습니다. 사나운 짐승과도 같은 자신을 굴복시킨 사람은 다른 사람들을 길들일 수 있으며, 그들로 하여금 자원하여 그의 사랑의 울타리로 들어오게 만들 수 있는 것입니다.

아울러 바울의 회개와 다른 사람들의 구원 사이에는 또 다른 연관관계가 있었습니다. 말하자면 그의 회개가 그를 충동시킴으로써 평생 죄인들을 그리스도께로 인도하는 사역을 감당하게 하였던 것입니다. 바울은 "나는 긍휼을 입었노라. 내게 평안을 말씀하신 그분께서 같은 목소리로 내가 내 이름을 이방인들에게 전하게 하기 위해 너를 나의 택한 그릇으로 삼았노라"고 하였습니다. 그리고 바울은 주님의 이름을 증거하였습니다. 그는 다른 사람의 기초 위에 세우지 않을 만큼 장소를 초월하여 다니면서 하나님의 교회를 개척하였습니다. 그는 얼마나 끈기있게 수고하였는지요! 그는 얼마나 열렬히 기도하였는지요! 그는 얼마나 큰 능력으로 설교하였는지요! 그는 중상과 멸시를 최고의 인내로 이겨냈습니다. 혹은 매를 맞고 혹은 돌에 맞았지만 그런 것을 두려워하지 않았습니다. 감옥에 갇히는 일, 그리고 죽음까지도 그는 무시하였습니다. 그의 기세를 꺾을 수 있는 것은 아무것도 없었습니다. 주님께서 그를 구원하셨기 때문에 그는 반드시 사람들을 구원해야 한다고 믿었습니다. 그는 조용히 있을 수 없었습니다. 하나님의 사랑은 그에게 불과 같았습니다. 그는 "내가 복음을 전할지라도 자랑할 것이 없음은 내가 부득불 할 일이라. 만일 복음을 전하지 아니하면 내게 화가 있을 것이로다"(고전 9:16)라고 말한 사람입니다. 바울, 그는 특별한 죄인이었지만 오히려 그가 구원을 받음으로써 특별한 열심으로 충만할 수 있었고, 수많은 사람들을 영원한 생명으로 인도할 수 있었습니다. 그는 다음과 같이 말할 수 있었습니다.

> 하나님의 사랑이 나를 강권하시매
> 나는 방황하는 영혼들을 찾습니다
> 불바다 속에서 그들을 구원하고
> 건져내기 위해 부르짖고 간구하며 눈물짓습니다
>
> 나의 생명, 나의 피를 드립니다
> 당신의 진리를 위하여 그것들이 희생된다 할지라도
> 주여, 당신의 주권적인 뜻을 이루소서!
> 당신의 뜻이 이루어지고 당신의 이름이 높여지리이다

이제 나는 잠시 멈추어 한 가지 질문을 드리겠습니다. 여러분은 회개하였다고 고백합니다. 여러분의 회개가 지금까지 다른 사람들과 어떤 연관이 있었습니까? 회개는 다른 사람들과 분명한 연관이 있어야 합니다. 휫필드는 말하기를, 자신의 심령이 거듭났을 때, 자신의 제일의 열망은 전에 시간을 함께 보낸 동료들을 그리스도께로 인도하는 것이었다고 하였습니다. 그가 맨 먼저 친구들을 생각한 것은 당연하고 칭찬할 만한 일이었습니다. 사도들 가운데 한 분이 구세주를 만난 후 즉시 그의 형제에게 달려가 그 사실을 말한 것을 기억하십시오. 새 신자가 가장 먼저 가져야 할 신앙적인 열심은 그의 형제와 자매를 주께로 인도하는 것입니다. 회개한 부모들의 첫 번째 책임은 그들의 자녀들을 주께로 인도하는 것입니다. 사람이 거듭나면 인척관계, 친구관계, 혹은 이보다 느슨한 이웃관계의 정이 즉시 발동해야 할 것이며, 거듭난 성도는 "누구든지 자기를 위하여 사는 자가 없다"(롬 14:7)고 느껴야 할 것입니다.

거룩한 은혜가 여러분 속에 불을 일으켰다면, 그 불이 여러분의 친구들에게도 붙어야 할 것입니다. 이 질문을 생각하십시오. 그리고 이 질문을 피하지 마십시오. 이 질문에 대한 최선의 대답은 이런 것입니다. 즉, 하나님께서 여러분을 구원하신 만큼 여러분이 다른 사람들을 구원하는 하나님의 도구가 되어 드리는 것입니다.

여러분이 어떤 신비로운 실로 여러분의 친구들 그리고 그들의 운명과 매여 있는지 말할 수 없습니다. 여러분도 아시다시피, 전에 노샘프턴셔 (Northamptonshire)에 한 구두 수선공이 있었습니다. 그와 인도의 수많은 사람들과 연관이 있을 줄 누가 알았겠습니까? 하지만 하나님의 사랑을 가슴에 품은 캐리(William Carey; 인도를 선교한 최초의 영국 개신교 선교사)는 가만히 있을 수 없었고, 마침내 세람포어(Serampore)에서 하나님의 말씀을 번역하고 그의 친구들에게 전하기 시작하였습니다. 비록 한 영혼을 구원하는 일이 생명을 바칠 만큼 소중한 것이기는 하지만 우리는 캐리가 그리스도께로 인도한 소수의 사람들에게만 우리의 생각을 고정시켜서는 안 됩니다. 왜냐하면 캐리는 인도가 임마누엘 주님 앞에 무릎 꿇을 때까지 결코 쉬지 아니할 선교단체의 창시자요 리더였기 때문입니다.

중생한 사람이여, 여러분을 둘러보세요. 여러분의 삶이 숭고해지기를 축원합니다. 분발하십시오! 하나님께서 여러분을 통해 행하실 일을 생각해 보세요! 영원하신 하나님께서 여러분을 도우실 때 여러분 앞에 열린 무한한 가능성을 생각해 보십시오. 여러분에게서 먼지를 떨어 버리고, 다른 사람들을 위한 순수한 사랑의 아름다운 옷을 입으세요. 그리하면 하나님께서 먼저 여러분을 회개시킴으로써 수많은 사람들에게 얼마나 큰 은혜를 베푸시는지 알게 될 것입니다.

두 번째로, 바울이 최악의 죄인이었다는 사실이 그가 최고의 은혜를 받는 것을 막지 못하였으며, 이 점에서 그는 또 다시 우리의 모범이 됩니다.

최악의 죄인이었던 그가 최고로 섬기는 자가 되었습니다. 다소의 사울은 신성을 모독한 사람이었습니다. 그런데 그런 그가 주님의 신성을 모독한 사실을 한 번도 기록으로 남기지 않았다는 사실은 칭찬받을 만합니다. 회개한 강도들과 굴뚝 청소부들의 간증을 많이 듣습니다만 우리는 결코 그들을 미워할 수 없습니다. 하지만 그들이 더러운 과거를 자세히 이야기하는 것을 들어보면 차라리 그들의 입을 막는 편이 나을 것입니다. 바울도 악한 상태였을 때 그리스도를 최대한 나쁘게 생각하였음이 틀림없습니다. 바울은 그리스도를 사기꾼으로 생각하였고, 또 그렇게 말하고 다녔으며, 상스러운 욕을 하였을 것이 틀림없습니다. 바울은 자신에 대하여 말할 때, 자신이 불신자요 반대자였다고 말하지 않고 신성모독자였다고 합니다. 이는 매우 강한 어조이지만 사실이 그러하기 때문에 그다지 강하다고도 할 수 없습니다. 그는 노골적이고도 철저하게 주님의 신성을 모독한 사람이었으며, 다른 사람들까지도 주님의 신성을 모독하게 한 사람이었습니다. 자신의 큰 죄를 깨달은 죄인이 어찌 죄악된 행위를 다시 쳐다보겠습니까? "사람에 대한 모든 죄와 모독은" 주님께서 사하시기 때문에 다소의 사울이 주님의 긍휼을 받았던 것처럼 그런 사람이라도 용기를 내어 주님의 긍휼을 구하기를 축원합니다.

입술의 죄악인 신성모독으로 시작하여 사울은 한 걸음 더 나아가 손으로 행하는 죄악인 박해를 하였습니다. 그리스도를 미워하였기에 그는 그리스도의 사람들까지 미워하였습니다. 그는 스데반을 죽이는데 기꺼이 찬성 투표를 하였으며, 그 순교자에게 돌을 던진 사람들의 옷을 보관하였습니다. 그는 남자와 여자들을 감옥에 집어넣었고, 그들로 하여금 주님의 신성을 모독하라고 강요하였습니다. 그가 유대 전역을 최대한 샅샅이 뒤져 그리스도인들을 추적하였습니다. 또한 그리스도인들을 붙잡기 위하여 공문을 들고 다메섹으로 갔습니다. 그의 먹잇감이었던 그리스도인들은 어쩔 수 없이 예루살렘을 떠나 먼 곳으로 도망갈 수밖에 없었지만 그는 그들에 대하여 심히 격분하여 외국까지 가서 박해하였습니다(행 26:11). 그는 신성을 모독하고 박해하는데 일등이었습니다. 어떤 박해자가 이런 말씀을 읽거나 들을까요? 만일 그런 사람이 있다면, 그가 용서받을 수 있다는 사실을 깨닫게 되기를 바랍니다. "아버지, 저들을 사하여 주옵소서. 자기들이 하는 것을 알지 못함이니이다"라고 기도하신 예수님께서는 지금도 여전히 대적들 중에서도 가장 심한 대적을 위해 기도하시는 중보자이십니다.

다음에 그는 자신을 해치는(injurious)사람이었습니다. 내 생각에 벵겔(Bengel)은 바울이 경멸하는 사람이었다고 생각한 듯합니다. 이 탁월한 비평가는 말하기를, "신성모독은 하나님에 대한 죄였고, 박해는 교회에 대한 죄였으며, 경멸은 자신의 마음에 대한 죄였다. 그는 자신을 해쳤다"고 하였습니다. 즉, 그는 있는 힘을 다해 그리스도의 뜻을 방해하였으며, 이로써 자신을 해롭게 한 것입니다. 그는 가시채를 발길질하였으며 자신의 양심에 상처를 입혔습니다. 그는 어떠한 값을 치르더라도 그리스도를 방해하기로 결심하였으며, 이로써 그리스도에 대한 신앙이 확산되는 것을 방해하려고 하였습니다. 그는 지독하게 신앙을 방해하였습니다. 그는 그리스도의 십자가를 반대하는데 일등이었습니다.

이제 그가 하나의 모범으로서 구원 받았다는 사실을 살펴봅시다. 그의 구원은 여러분이 아무리 죄에 일등이었을지라도 바울처럼 긍휼을 받을 수 있다는 사실을 여러분에게 보여 주는 것입니다. 그리고 여러분이 죄에 일등이 아니었다면, 죄인 중에 괴수를 구원하실 수 있는 하나님의 은혜로 그보다 덜 악한 사람들을 틀림없이 구원하실 수 있다는 사실을 또 다시 여러분에게 보여 주는 것입니다. 은혜의 다리를 코끼리가 건넌다면 쥐도 분명히 건널 것입니다. 긍휼하신 하나님께서 가장 큰 죄인들을 오래 참으셨다면, 여러분에게도 참으실 것입니다. 거인이 지나갈 만큼 큰 문이라면 보통 사람들은 넉넉하게 그리로 들어갈 것입니다. 이제 그가 너무나 큰 죄인이기에 구원받을 수 없다고 아무도 말할 수 없습니다. 왜냐하면 천팔백 년 전에 죄인 중에 괴수가 구원을 받았기 때문입니다. 그러므로 여러분도 구원받을 수 있습니다.

바울은 구원받은 후 일등 성도가 되었습니다. 주님은 교회에서 그에게 2등의 자리를 주지 않으셨습니다. 그는 일등 죄인이었으나 주님은 "나는 너를 구원하였노라. 하지만 나는 언제나 너의 사악함을 기억하고 너를 불리하게 하리라"고 말씀하지 않으셨습니다. 그렇지 않습니다. 주님은 그를 충성된 사람으로 여기시고, 그에게 목회사역과 사도직을 맡기셨으며, 이에 그는 사도들 중에 최고가 되기에 조금도 부족함이 없었습니다. 여러분이 지금까지 죄 가운데 깊이 빠져 있었을지라도 앞으로 크게 쓰임 받지 못할 이유는 없습니다. 오히려 여러분이 크게 쓰임 받아야 할 분명한 이유가 있습니다. 왜냐하면 은혜의 법칙상, 많이 용서받은 사람이 많이 사랑하며, 많이 사랑하는 자가 많은 봉사를 하게 되어 있기 때문입니다.

바울보다 교리에 대하여 지식적으로 밝은 사람이 어디 있습니까? 바울보다 열정적으로 진리를 수호한 사람이 어디 있습니까? 바울보다 자신을 희생한 사람이 어디 있습니까? 바울보다 영웅적인 사람이 어디 있습니까? 기독교에서 바울의 이름은 여러 가지 면에서 주 예수님 다음에 위치합니다. 신약성경을 봅시다. 성령께서 그의 종 바울을 통하여 얼마나 많은 분량을 쓰게 하셨는지 확인하십시오. 또한 기독교계 전체를 살펴보십시오. 지금도 이 사람의 영향력이 얼마나 크게 미치고 있는지 확인하십시오. 그의 영향력은 주님께서 재림하실 때까지 계속될 것입니다. 오, 큰 죄인이여, 여러분이 지금도 그리스도를 비웃을 마음이 있다면, 나는 그리스도께서 이 순간 여러분을 쳐서 고꾸라뜨려서라도 그의 자녀로 만들어달라고 기도할 것입니다. 그리고 지금 여러분이 악에 대하여 품고 있는 열정만큼이나 진리에 대하여 열정을 가지게 해 달라고 기도할 것입니다. 깊은 죄에 빠졌다가 그 죄에서 건짐을 받고 예수 그리스도의 보혈로써 죄를 사하고 정결함을 받은 사람들은 어느 누구 못지않게 담대한 그리스도인과 열정적인 전도자들이 됩니다. 누구든지 이와 같은 은혜가 함께 하기를 축원합니다.

이제 나는 본문이 강조하는 내용을 살펴보고자 합니다. 세 번째, 바울의 회개는 하나님께서 오래 참으신 한 증거로서 다른 모든 회개의 본이 되었습니다.

"예수 그리스도께서 내게 먼저 일체 오래 참으심을 보이사 후에 주를 믿어 영생 얻는 자들에게 본이 되게 하려 하심이라." 하나님께서 바울에게 얼마나 오래 참으셨는가를 마음속 깊이 생각해 보세요. 그는 "예수 그리스도께서 오래 참으심을 보이셨다"고 말합니다. 하나님의 오래 참으심은 지금까지 존재한 모든 사람에게 보였을 뿐만 아니라 앞으로 올 모든 사람에게도 보일 것입니다.

당신의 자비의 높이를 나는 검증합니다
그 자비의 깊이를 나는 체험합니다.

주님은 죄의 한계 지점에 이르기까지 그 자비를 깊이 내려주셨으며, 또한 최대한 오래 참아 주셨습니다.

주님의 오래 참으심은 첫째, 바울이 죄악 속으로 돌진하고, 위협을 가하고, 입에 거품을 물고 나사렛 예수와 그의 사람들을 고발하였을 때 그의 목숨을 살려주신 데서 나타났습니다. 주님께서 손가락만 까딱하셨어도 사울은 나방처럼 뭉개졌을 테지만, 전능하신 주님께서 진노를 참으셨기에 그 반역자가 살아남을 수 있었습니다. 이것이 전부가 아니었습니다. 그의 모든 죄악에도 불구하고 주님은 그에게 긍휼을 베푸셨습니다. 주님은 적절한 때에 그에게 복음을 효과적으로 보내어 그의 마음속에 깊이 자리잡게 하셨습니다. 그가 한창 반역을 행하고 있을 때 주님께서 그를 구원하셨습니다. 그는 회개하게 해 달라고 기도하지 않았습니다. 분명히 그는 그날도 다메섹으로 가서 구세주의 이름을 더럽혔습니다. 하지만 그때에 갑자기 자비가 임하여 그 자체의 능력만으로 그를 구원하였습니다. 오 크나큰 은혜여! 이는 참으로 주님께서 오래 참으신 결과입니다!

하나님께서 자비로 바울을 부르셨을 때, 모든 죄가 씻겨졌습니다. 그의 피흘린 죄와 신성을 모독한 죄, 그 모든 것이 한꺼번에 씻겨졌습니다. 그리하여 바울 사도는 어느 누구보다도 자신의 완전한 성결을 확신할 정도였습니다. "그러므로 이제 그리스도 예수 안에 있는 자에게는 결코 정죄함이 없나니"(롬 8:1). "그러므로 우리가 믿음으로 의롭다 하심을 받았으니 우리 주 예수 그리스도로 말미암아 하나님과 화평을 누리자"(롬 5:1). "누가 능히 하나님께서 택하신 자들을 고발하리요?"(롬 8:33) 여러분도 아시다시피 그는 이러한 진리에 대하여 큰 확신을 가지고 자신의 체험을 증거하였던 것입니다. 주님의 오래 참으심이 그의 모든 죄를 깨끗하게 하였습니다. 깊고 깊은 죄에 대한 오래 참으심이 그를 사도의 직분에 올려놓았고, 이에 그는 높고 높은 은혜 가운데서 하나님의 오래 참으심을 증거하기 시작하였습니다.

그가 복음을 전할 수 있었던 것은 틀림없이 엄청난 특권이었습니다. 내 생각에, 그가 열정적으로 복음을 전하다가도 잠시 멈추어 "바울아, 이 모습이 정녕 너의 모습이란 말이냐?"라고 반문하였을 것입니다. 특히 그가 다소로 내려갔을 때 그는 자신의 변화된 모습에 놀라고 또한 하나님의 큰 자비에 놀랐을 것이 분명합니다. 그가 한때 멸하려고 하였던 믿음을 오히려 전파하였습니다. 그가 한 번 설교한 후에 자기 침실로 돌아와서는 이렇게 여러 번 말했을 것입니다. "놀라운 일 중에 놀라운 일이요 기적 중에 기적일세. 전에 저주를 퍼부었던 내가 이제는 설교를 하게 되다니. 틈만 나면 위협하고 죽이라고 말하던 내가 이제는 하나님의 성령의 감동을 받고 예수님의 이름만 들어도 눈물을 흘리며, 그리스도 예수 나의 주님을 아는 지식이 가장 고상함을 알고 모든 것을 배설물로 여기다니 참으로 기적일세 기적이야."

바울이 죄악에 빠졌던 상태와 의로워진 상태의 차이를 이해하지 않고는, 그리고 자비로 자기 종의 죄를 기억하지 아니하시며 그를 높여 교회에서 훌륭하게 섬기게 하신 하나님을 바라보지 않고는 여러분은 주님의 오래 참으심을 이해하지 못합니다. 이러한 바울의 회개는 하나의 본으로서, 하나님께서 믿는 모든 자에게 동일하게 오래 참으심을 보여 주실 것이라는 사실을 나타냅니다. 여러분이 욕하는 자였다면, 하나님은 여러분의 검은 입을 깨끗하게 하시고 그 입으로 찬송하게 하실 것입니다. 여러분은 예수님에 대하여 악의로 가득 찬 검고 잔인한 마음을 가졌습니까? 예수님께서 그 마음을 제거하시고 여러분에게 새로운 마음과 바른 영을 베푸실 것입니다.

여러분이 온갖 종류의 죄에 빠졌습니까? 그 죄악들이 너무나 부끄러워 감히 생각도 할 수 없을 정도입니까? 모든 더러운 것을 도말하시는 주님의 보혈을 깊이 생각하십시오. 여러분의 죄가 셀 수 없을 만큼 많습니까? 여러분의 지난 삶을 기억만 해도 이미 거의 지옥에 떨어진 듯한 기분이 듭니까? 나는 여러분의 기분에 놀라지 않습니다. 하나님은 누구라도 예수님을 통해 자신에게 나오는 자들을 구원하실 수 있기 때문입니다. 여러분은 사울보다 악하지는 않았습니다. 그러므로 여러분에게도 오래 참으심이 적용될 수 있으며, 장차 여러분은 거룩하고 쓰임 받을 가능성이 큽니다. 여러분이 매춘부나 도둑이었을지라도 하나님의 은혜로 여러분이 깨끗해지기만 하면, 여러분에게서 놀라운 일이 일어날 수 있습니다. 임마누엘의 면류관에 박힌 번쩍번쩍 하는 많은 보석들이 지금까지 지저분한 곳에서 얻어졌습니다. 지금 여러분은 거친 돌덩어리와 같지만 예수님께서 여러분을 다듬어 윤이 나게 하시며, 그의 성전에서 기둥같이 세우십니다.

낙심하지 마십시오. 사울이 어떤 존재였으며 바울이 어떤 사람이 되었는지 생각하십시오. 그리고 여러분이 어떤 존재가 될 수 있는지 배우십시오. 오래 참으신 은혜를 받은 바울의 체험은 하나님께서 여러분을 어떻게 대하실지 보여 주기 위해 계획된 하나의 모범이었습니다.

성경은 말씀하네 죄가 있는 곳에
은혜가 더욱더 넘쳤노라고
이에 사탄은 당황하고
스스로 물러갔도다
그리스도께서 승리하셨네!
영광의 소식을 널리 전하세

죄가 강하나 은혜는 더욱 강하도다
그리스도께서 사탄보다 더 위대하시도다
오, 더 이상 죄에 굴복하지 말라
예수님께 돌아와 그에게 굴복하라
그가 승리하셨네!
그러므로 죄인들이 그를 경배하네

네 번째, 바울의 회개는 하나의 모범으로 예정된 것이었습니다. 나는 바울이 받은 놀랄 만한 계시를 우리도 받기를 기대할 수 있다고 말하지 않습니다. 하지만 바울의 회개는 하나의 밑그림으로서 어떠한 회개라도 그 밑그림

위에서 그려질 수 있습니다. 그 안에 칠하는 색깔은 다를지 몰라도 밑그림은 동일합니다. 바울의 회개는 우리의 회개의 밑그림이 되는데 안성맞춤입니다. 그렇다면 바울은 어떻게 회개하게 되었나요? 분명한 것은 바울이 구원을 받는데 아무런 공헌을 한 것이 없다는 사실입니다. 여러분이 체로 치듯이 아무리 그를 철저하게 조사해 보아도 그가 스스로 회개하여 예수님을 믿으리라고 희망할 수 있는 요소는 전혀 발견할 수 없습니다. 그의 선천적인 성향, 어렸을 때부터 받은 훈련, 그의 주변환경, 그의 일, 이 모든 것이 그를 유대교에 묶어두었기 때문에 그가 그리스도인이 된다는 것은 거의 상상할 수 없습니다. 바울에게 복음의 신령한 진리에 대하여 가르쳐 주었던 교회의 최초의 장로였던 아나니아는 그에 대하여 말하기를, "주여 이 사람에 대하여 내가 여러 사람에게 들사온즉 그가 예루살렘에서 주의 성도에게 적지 않은 해를 끼쳤다 하더이다"(행 9:13)라고 할 정도였습니다.

탐욕스러운 늑대가 어린양으로 변화된다는 것은 도저히 있을 수 없는 일이라고 그는 생각했던 것입니다. 예수님을 믿을 만한 조건이 사울에게는 전혀 없었습니다. 그의 마음은 돌밭이었으며, 보습으로 그 밭을 갈 수 없었으며, 좋은 씨가 뿌리내릴 수 있는 공간이 없었습니다. 하지만 주님은 사울을 회개시키셨습니다. 그리고 다른 죄인들도 그와 같이 회개시킬 수 있습니다. 그런데 그것은 오로지 순수한 은혜와 거룩한 능력으로 말미암은 일이었습니다. 왜냐하면 타락한 인간의 본성 안에는 은혜의 빛을 받을 만한 거룩한 요소가 눈곱만큼도 없기 때문입니다. 우리의 마음속에는 변화시키는 은혜가 깃들 수 있는 숙소가 애초부터 존재하지 않으며, 따라서 변화시키는 은혜는 자체적으로 자신이 깃들일 수 있는 땅을 창조해야만 합니다. 하나님을 찬송합시다. 하나님에게는 모든 일이 가능하기 때문입니다.

바울의 회개는 하나님의 능력이 임한 증거였습니다. 오직 하나님의 능력만으로 그는 회개하였으며, 진실한 회개는 모두 그와 같습니다. 여러분의 회개가 설교자의 능력을 보여 주는 것이라면 여러분은 다시 회개해야 합니다. 여러분의 구원이 여러분 자신의 능력의 결과라면 그것은 지독한 사기이며, 여러분은 거기서 벗어나야 합니다. 구원받은 사람은 누구나 성령 하나님의 능력을 받아 행해야 합니다. 참된 중생의 일점 일획도 성령의 역사입니다.

우리의 힘은 구원을 얻는데 도움이 되는 것이 아니라 도리어 방해가 됩니다. 주님은 "주의 권능의 날에 주의 백성이 거룩한 옷을 입고 즐거이 헌신하니"(시 110:3)라고 복된 약속을 우리에게 해 주셨습니다. 회개는 부활만큼이나 하나님의 전능한 힘의 역사입니다. 죽은 자들이 스스로 부활할 수 없는 것처럼 사람들은 스스로 회개하지 못하는 것입니다.

사울은 즉시 변화되었습니다. 그의 회개는 한 번에 이루어졌고 바로 끝났습니다. 그가 평안을 얻기 전에 약간의 틈이 있기는 하였으나 그 회개하던 삼일 동안에도 비록 그가 슬픔에 싸여 있었지만 그는 이미 변화된 사람이었습니다. 그는 한 순간 마귀의 지배 하에 있었지만 그 다음 순간에 그는 은혜의 지배를 받았습니다. 이는 모든 회개에서도 마찬가지로 나타나는 현상입니다. 일몰 때 태양이 지평선 아래로 내려가고 더 이상 보이지 않는 때가 있습니다. 여러분이 죽음에서 생명으로 옮긴 시간을 정확히는 모르겠지만, 여러분이 참으로 믿는 자라면 그런 시간이 분명히 있었습니다. 사람이 자신의 나이를 모를 수도 있지만 분명히 그가 태어난 시간이 있습니다. 모든 회개에는 어두움에서 빛으로, 죽음에서 생명으로 옮긴 뚜렷한 변화가 있으며, 이는 바울의 신속한 중생이 우리에게 너무나 기쁜 소망을 주는 것으로 보아 분명한 사실입니다. 우리가 죄로부터 벗어나는데 결코 지루하고 수고로운 과정이 필요하지 않습니다. 은혜는 묶여 있는 사람들에게 즉각적인 자유를 가져다 줍니다. 예수님을 믿는 사람은 그 순간부터 구원받는 것입니다. 그런데 어찌 죽음 속에 머무르려 하십니까? 여러분의 눈을 들어 즉각적인 생명과 빛을 바라보지 않으시겠습니까?

바울은 믿음으로 말미암아 그의 중생을 증명하였습니다. 그는 영생을 믿었습니다. 그의 편지에서 바울은 자신이 행위가 아니라 믿음으로 말미암아 구원을 얻었다고 우리에게 누누이 설명하였습니다. 모든 사람이 행위가 아니라 믿음으로 말미암아 구원을 얻습니다. 구원을 얻었다면 그 구원은 단순히 주예수님을 믿음으로 말미암은 것입니다. 바울은 자신의 행위를 아무것도 아닌 것으로 여겼으며, 그리스도를 얻기 위해 그는 자신의 행위를 배설물과 똥으로 여겼습니다. 이처럼 회개한 모든 사람은 오직 은혜로 구원받기 위하여 자신의 행위를 부인합니다. 가슴을 부풀리거나 코로 숨을 내쉬는 것이 살아 있다는 증거인 것처럼 예수 그리스도를 믿는 믿음이 구원받은 증거입니다. 믿음은 영혼을 구원하는 은혜이며, 그것이 없다는 것은 곧 멸망당한다는 것을 의미합니다. 사랑하는 친구여, 이러한 사실이 여러분에게 충격을 주지 않나요? 여러분에게 믿음이 있습니까 혹은 없습니까?

바울은 아주 명확하고 분명하게 구원을 받았습니다. "저 사람이 그리스도인입니까 아닙니까?"라고 질문할 필요가 없었습니다. 왜냐하면 그의 변화가 너무나 명백하였기 때문입니다. 바울 사도는 이르기를, 다소의 사울은 이미 죽었고, 다소의 사울이 바울 사도에게 이를 갈 정도로 자신이 변화되었다고 말하곤 하였습니다. 그의 변화를 찬성하든 반대하든, 그를 아는 모든 사람이 알아볼 정도로 그의 변화는 뚜렷했습니다. 그들은 은혜가 만들어낸 그 희한한 차이를 알아차리지 못할 수 없었습니다. 왜냐하면 자정이 대낮 속에 들어온 것처럼 그 차이가 컸기 때문입니다. 사람이 진실로 구원받을 때 이처럼 뚜렷이 변화합니다. 주변에 있는 사람들이 알아차릴 수밖에 없는 그런 변화가 있습니다. 여러분이 집에서 자녀로서 그리스도인이 되었는데 부모님이 여러분의 변화를 알아보지 못할 것이라고 말하지 마세요. 여러분의 부모님께서 반드시 알아볼 것입니다. 그리스도의 복음에 어울리게 말하고, 이로써 사도와 같이 여러분도 마음이 거듭남으로 인하여 확실히 변화되었다는 사실을 사람들이 알아볼 수 있게 하십시오.

바울처럼 우리 모두 거룩한 은혜의 사람들이 되기를 바랍니다. 바울처럼 우리의 바보 같은 생애를 멈추고, 영광스러운 하늘의 빛을 받아 눈이 멀고, 신비로운 목소리의 부름을 받으며, 본래의 무지를 깨닫고, 눈을 멀게 하는 비늘을 떼어내어 예수님을 가장 소중한 분으로 바라볼 수 있게 되기를 바랍니다. 얼마나 신속하게 우리의 죄의 자각이 회심이 되고, 회개가 고백이 되고, 고백이 헌신이 되는지를 우리가 몸소 보여 주기를 바랍니다.

바울은 "무엇이든지 내게 유익하던 것을 내가 그리스도를 위하여 다 해로 여길 뿐더러 또한 모든 것을 해로 여김은 내 주 그리스도 예수를 아는 지식이 가장 고상하기 때문이라"(빌 3:7-8)고 하였습니다. 그는 그리스도께서 죽으시고 부활하심으로 완성하신 일을 신뢰하였으며, 용서와 영원한 생명을 즉시 깨달았으며, 그리하여 헌신적인 그리스도인이 되었습니다. 사랑하는 친구여, 바울의 모범을 따를 마음이 있으십니까? 하나님의 성령께서 바울의 구세주를 믿으라고 여러분을 감동하시는지요? 그리고 다른 모든 믿는 것을 버리고 오직 주님만을 의지하라고 성령께서 감동하시는지요?

성령의 감동을 따르십시오. 그리하면 삽니다. 어떤 손이 여러분을 뒤에서 붙잡고 "너는 너무나 큰 죄인이야"라고 악하게 속삭이는 소리가 들리는 것 같습니까? 뒤돌아서서 그 마귀에게 떠나라고 명령하십시오. 왜냐하면 본문은 마귀가 거짓말 했다고 책망하고 있기 때문입니다. "내가 긍휼을 입은 까닭은 예수 그리스도께서 내게 먼저 일체 오래 참으심을 보이사 후에 주를 믿어 영생 얻는 자들에게 본이 되게 하려 하심이라." 하나님께서 바울을 구원하셨도다. 그러므로 마귀야 물러갈지어다! 주님은 어떤 사람이라도 구원하실 수 있으며, 나를 구원하실 수 있습니다. 나사렛 예수 그리스도는 구원할 능력이 있으시며, 그러므로 나는 그를 의지할 것입니다. 여기에 복음이 있습니다. 여러분이 원한다면, 이 복음을 취하십시오. 하지만 여러분이 이 복음을 받지 않는다면, 아무리 부드러운 복음 — 사랑과 자비의 복음 — 이라도 단지 "믿지 않는 사람은 정죄를 받으리라"(막 16:16)는 이 말씀밖에는 여러분에게 드릴 말씀이 없다는 것을 상기시키고 저의 책임을 마무리해야겠습니다.

하늘의 기쁨을 무시하는 자들에게
깊고 깊은 지옥이 마땅하도다
사랑의 줄을 끊어 버리는 자들은
보복의 쇠사슬에 묶여 고통당하리로다

여러분이 큰 사랑에 굴복하고 그리스도 예수 안에서 평안을 얻기를 축원합니다.

# 17

# 아그립바

---

권면을 받으나 믿지 아니함

"아그립바가 바울에게 이르되 네가 적은 말로 나를 권하여 그리스도인이 되게 하려 하는도다"(행 26:28).

결박되었음에도 불구하고 바울은 왕들과 통치자들에게 직접 권할 수 있는 기회를 얻었기에 부러움의 대상이 될 수 있었습니다. 적어도 바울은 그의 생애에 로마 세계를 다스리는 위대한 권세자인 황제 앞에 섰습니다. 왕좌에 앉아 있는 무지한 군주 앞에 선다는 것은 평범하게 박애를 실천하는 일과는 차원이 다릅니다. 복음은 좀처럼 상류층과 고관들에게 전해지지 못하였습니다. 에드워드 6세가 휴 래티머와 같은 설교자를 두고 예수에 관한 진리를 바로 앞에서 들을 수 있었던 것은 큰 특혜였습니다. 그런 면에서 아그립바도 큰 특혜를 누렸습니다. 하지만 그는 바울 사도와 같은 예수님의 복음 변론자의 열정적인 증거를 들을 수 있는 그 특혜를 거의 고맙게 생각하지 않았습니다. 우리는 상류층에 있는 사람들을 위해 무엇을 하려고 하기보다 많은 기도를 드려야 합니다. 왜냐하면 그들은 그들을 호리는 많은 유혹을 받고 있으며, 초라한 빈민들보다 은혜 받을 기회가 적기 때문입니다. 그러므로 우리는 그들을 특별히 우리의 기도의 제목으로 삼아야 할 것입니다. 그래야만 우리는 보관(寶冠)을 쓴 사람들의 헌신을 더 많이 볼 수 있을 것입니다.

설교자가 왕들에게 설교하라는 요청을 받는다면 그는 사도 바울보다 더 좋은 모델을 얻지 못할 것입니다. 우리가 사도 바울을 설교의 황제며 왕들에게 어울리는 설교자라고 불러도 결코 지나친 말이 아닐 것입니다. 그의 설교는 매우 힘이 있으면서도 또한 대단히 정중합니다. 내용은 강력하나 방법은 품위가 있습니다. 그의 설교는 담대하면서도 매우 조심성이 있습니다. 결코 굽실거리지 않으면서도 주제넘지도 않습니다. 사도는 변증을 위하여 부득불 자신에 대하여 많은 말을 하지만, 조금도 자신을 나타내거나 자랑하지 않습니다. 어떤 인간적인 설득으로 아그립바를 믿음으로 돌아서게 할 수만 있다면 주님께 사로잡힌 이 사람은 능히 그러한 태도를 취하고도 남았을 것입니다. 그는 아그립바의 편견과 취향에 맞게 변증하였으며, 이는 그가 사람들을 구원하기 위하여 "여러 사람에게 여러 모습이 된"(고전 9:22) 그의 능력의 한 예였습니다.

이제 잠시 시간을 가지고 여러분과 함께 생각해 볼 대지는 기독교 사역자의 권면의 큰 목적입니다.

아그립바는 "네가 적은 말로 나를 권하여 그리스도인이 되게 하려 하는도다"라고 말하였습니다. 나는 이 본문에 대한 설교들 중에 본문 말씀에 입각하지 아니한 설교를 발견합니다. 그것은 절반 그리스도인들(Almost Christians)이 있다고 주장하는 모든 설교들입니다. 본문에는 성인들의 용서를 구하라는 내용이 전혀 없습니다. 사도는 결단코 아그립바에게 절반 그리스도인이 되라고 권면하지 않았습니다. 다만 사도는 온전한 그리스도인이 되도록 아그립바를 설득할 뻔하였던 것입니다. 아그립바는 분명히 절반 그리스도인이 아니었습니다. 그의 삶과 성격은 그런 모습과는 거리가 멀었습니다. 그는 "절반 그리스도인"이라는 이름이 훨씬 어울리는 새 신자의 모습이 아니었습니다. 어쨌든 나는 그런 이름의 타당성에 대하여 중대한 회의를 갖지만 말입니다. 사람이 절반(거의) 칼빈주의자가 되어 은혜의 교리들을 잘 이해할 수 있습니다. 그러나 한편 칼빈주의자가 되도록 거의 설득 당할 뻔한 사람은 실제로는 완전한 아르미니우스주의자일 수 있습니다. 거의 예술가 수준인 사람은 그림에 대하여 많은 것을 알지만, 예술가가 되도록 거의 설득 당할 뻔한 사람은 색깔 이름조차 모를 수 있습니다. 아그립바의 고백에 따르면, 지금 바울의 설교의 취지는 그를 그리스도인이 되도록 설득하는 것이었습니다. 사도는 결론 부분에서 그와 같은 의도를 스스로 인정합니다. "당신 뿐만 아니라 오늘 내 말을 듣는 모든 사람도 다 이렇게 결박된 것 외에는 나와 같이 되기를 하나님께 원하나이다"(행 26:29). 친절하게 작별 인사를 하며 그는 자신의 마음속에 있던 소망을 나타내 보였습니다. 그는 자신을 묶고 있던 쇠사슬에서 해방되려고 애쓴 것이 아니라 그의 말씀을 들은 심령들이 죄의 굴레로부터 해방되기를 바란 것입니다.

복음 사역자의 설교는 언제나 영혼을 구원하는 것을 목적으로 삼아야 할 것입니다. 결코 청중이 우리의 탁월한 설교를 칭찬해 주기를 바라서는 안 됩니다. 나는 마음속으로 웅변을 일천 번이나 저주하였습니다. 나는 결코 웅변술을 개발하지 않기를 원했고, 혹은 적어도 웅변술로 하나님의 성소를 결단코 더럽히지 않기를 소원하였습니다. 왜냐하면 내가 잘 짜여진 연설과 적절하게 정리된 문장을 경청하였을 때 종종 피눈물을 흘리는 듯한 느낌을 받았기 때문입니다. 그 이유는 안식일의 집회시간이 장황한 수사를 듣는 것으로 허비되고 있는 반면, 정작 청중들이 바라는 것은 사람들의 마음과 양심에 호소하는 분명하고 강렬한 설교였기 때문입니다. 떠벌리는 말과 미사여구는 사람의 영적인 필요를 조롱하는 것입니다. 사람이 자신의 웅변술을 자랑하고자 한다면, 법정에서 하거나 국회에 들어가서 하십시오. 그러나 연설이라는 천박한 누더기를 걸기 위해 그리스도의 십자가를 세탁물 집게로 떨어뜨리는 일은 결코 없도록 해야 합니다. "설득력 있는 지혜의 말로 하지 아니하고 다만 성령의 나타나심과 능력으로"(고전 2:4) 설교할 때에 비로소 십자가가 바로 세워질 수 있는 것입니다. 사역자는 누구나 바울과 같이 "우리가 이 같은 소망이 있으므로 담대히 말하노니"(고후 3:12)라고 말할 수 있어야 할 것입니다. 아니, 우리는 이 한 가지 목적, 곧 여러분이 그리스도인이 되도록 설득하는 일에 전념할 것입니다.

설령 바울이 아그립바를 권면하여 그리스도인이라는 이름을 가지게 하거나 혹은 그리스도인으로서 세례를 받게 하였을지라도 그는 만족하지 못하였을 것입니다. 그의 목적은 아그립바가 실제로 그리스도인이 되는 것이었습니다. 겉으로 보이는 것은 무의미합니다. 중요한 것은 실제로 그런 것입니다. 아그립바가 공공연히 그리스도인이라고 말하는 것을 보았다면 사도는 충분히 만족하였을 것이라는 여러분의 생각에 나는 공감합니다. 하지만 사도는 혼란스러운 명칭들을 주는 것을 원하지 않았습니다. 바울은 전형적인 그리스도인들을 만들 생각이 없었습니다. 죽느냐 사느냐 하는 것이 그의 큰 과제였으며, 명칭과 의식들은 두 번째 문제였습니다. 열광적인 프랜시스 하비에르(Francis Xavier, 1505~1552; 로욜라와 함께 예수회를 설립한 스페인 선교사)가 이방인들의 이마에다 성수를 뿌림으로써 천주교로 개종시킨 그런 방식으로 나라를 기독교화시킨다는 것은 주목할 가치가 없습니다. 공공연한 벨리알의 아들을 권면하기 위해 침대에서 일어난다는 것은 거의 가치 없는 일이었습니다. 이는 신앙고백이라는 외투를 입고 비밀리에 악을 행하게 하는 것과 같습니다. 아그립바에게 사도가 권면한 목적은 그를 참으로 그리스도인이 되게 하고 진리에 속하게 하려는 것이었습니다. 이처럼 우리는 회개하는 자들을 얻기 위해 힘써야 할 것입니다. 어떤 옷을 입느냐 혹은 어떤 식으로 말을 하느냐 하는 것은 중요하지 않습니다. 우리 교파에 등록하는 문제도 그다지 중요하지 않습니다. 정말로 중요한 것은 진정으로 예수님을 구세주로 영접하는 것입니다. 사람들을 그리스도인으로 만든다는 것, "이것이 진정한 사역이요, 진정한 수고입니다."

사도는 단순히 자신의 판단에 따라 사람을 죄인으로 여기거나, 감정에 따라 벌벌 떨게 만들거나, 열정에 따라 광신자로 만들거나 할 의도가 없었던 것 같습니다. 그런데 오늘날 기독교 사역자들의 대세는 단순히 울게 할 목적으로 사람들을 울리는 것이 아닌지요? 장례식이 거행되고 무덤은 열려 있습니다. 슬픈 기억들이 되살아나며, 아직 아물지 않은 상처가 사정없이 찢어집니다. 원래의 감정이 이처럼 갈가리 찢어진 다음에 당연히 회개로 이어지기를 바라겠지요. 하지만 나는 이런 감정적인 호소를 신뢰하지 않습니다. 내가 원하는 눈물은 죽은 자 때문에 흘리는 눈물이 아니라 그와는 다른 애통의 눈물입니다. 그들이 화관으로 장식하고 고인을 회상하기보다는 훨씬 더 중요한 일에 관심을 갖기를 부탁합니다. 아그립바는 헤롯 가문의 파멸을 보고 측은한 마음이 들었을 것입니다. 하지만 바울은 너무 남자다워서 감상주의자처럼 나긋나긋하게 호소하지 못하였습니다. 또한 바울은 인구에 회자되던 고대 유다의 용맹스럽고 영광스러운 행동을 열거함으로써 아그립바의 애국심을 자극하지도 않았습니다. 다만 단순하게 사도가 목표하였던 것은 단 한 가지였습니다. 곧 이 군주의 마음을 변화시키고 설득하는 일, 성령의 능력으로 그를 감동시켜 새 사람으로 만드는 일이었습니다. 청중들이 그의 설교를 듣고 그리스도인이 되며, 바울 자신과 같이 주님의 종이 되어 그리스도의 의를 신뢰하고 그리스도의 영광을 위하여 살게 되는 이 한 가지만이 사도 바울의 기쁨이었습니다.

설교자가 자신의 목적을 아는 것, 그리고 청중들이 설교자의 의도가 무엇인지 아는 것이 좋습니다. 물론 내 마음의 소원은 사도 바울을 지배하였던 그 소원과 꼭 같다고 나는 믿습니다. 여러분 모두가 그리스도인이 되기를 나는 갈망합니다. 나의 설교로 말미암아 이외에 다른 일이 있을지라도, 곧 여러분의 관대함이 넘쳐나고, 여러분의 덕행이 흠이 없으며, 여러분이 모이는 횟수가 조금도 줄어들지 않고, 여러분의 열심이 조금도 식지 않을지라도, 여러분이 성령의 능력으로 거듭난 온전한 그리스도인이 아니라면, 나의 사역은 철저하게 실패한 것이라고 생각합니다. 이 실패로 인해 나는 크게 슬퍼할 것이며, 여러분은 혼미할 것입니다. 여기 모인 많은 분들이 나의 권면을 받아들여 모두 그리스도들이 되기를 바랍니다. 오직 이 일만이 나의 기쁨이 될 것이기 때문입니다.

여러분이 그리스도인에 대한 정의를 원하신다면, 이미 본장 18절에서 사도가 정의한 바 있습니다. 거기서 사도는 참된 그리스도인의 모습을 네 가지로 묘사하였습니다. 먼저 그리스도인은 눈을 뜨고 어두움에서 빛으로 옮긴 사람입니다. 말하자면 그는 하나님의 진리를 알되, 그가 과거에 가졌던 지식과는 아주 다른 방식으로 이를 압니다. 그는 자신의 죄를 깨닫고 그 죄의 가증함을 절감합니다. 그는 구원의 계획을 알고 그 충만한 능력 안에서 기뻐합니다. 그의 지식은 머리로 아는 피상적인 것이 아니라 마음으로 아는 내면적인 것입니다. 전에 오직 이론적으로만 알았던 진리를 이제는 진실로 깨닫습니다. 그리스도인에게 지식은 꼭 필요합니다. 가톨릭교, 곧 밤의 올빼미는 무지를 기뻐하지만, 참된 기독교는 언제나 빛을 간구합니다. "여호와는 나의 빛이요 나의 구원이시니"(시 27:1). 빛이 먼저요 그 후에 구원이 임합니다. 여러분 모두가 눈을 뜨시기를 축원합니다. 눈을 뜨는 것은 성령의 첫 은

사입니다. 둘째, 그리스도인의 모습은 회개입니다. "어둠에서 빛으로, 사탄의 권세에서 하나님께로 돌아오게 하고."

그리스도인은 악의 권세로부터 해방된 사람입니다. 이제 그리스도인은 자유롭게 거룩을 추구하며, 하나님의 계명을 즐거워합니다. 그는 새로운 세상의 시민이며, 전에 사랑하고 좋아하던 것을 멀리하며, 이전에 알지 못했던 사회의 동일한 시민이 되었습니다. 그는 더 이상 육체와 육체에 속한 욕심을 섬기지 않으며, 주님께서 그의 입법자(lawgiver)시요 왕이십니다. 셋째, 그리스도인은 죄 용서함을 받은 사람입니다. 그는 그리스도의 보혈로 말미암아 죄 사함을 받았으며, 자신의 죄가 깨끗해진 것을 기뻐합니다. 그는 믿음으로 십자가 밑에 나왔고, 믿음으로 피로 충만한 샘으로 나왔습니다. 그때에 성령께서 십자가의 구속을 그에게 적용하셨고, 이로써 그의 양심은 이제 깨끗합니다. 그는 구속, 곧 죄 사함을 받았습니다. 넷째, 그리스도인에게 참으로 중요한 것은 믿음입니다. 본문은 "나를 믿어"라고 말씀하고 있습니다. 이 믿음은 십자가에서 죽으셨다가 부활하신 구주를 믿는 믿음입니다. 이 믿음의 뿌리에서부터 참된 그리스도인의 온갖 성품들이 싹이 날 것입니다. 다섯째, 그리스도인은 거룩하게 된 사람, 즉 구별된 사람, 거룩한 사람, 죄를 미워하는 사람, 하나님의 계명을 사랑하는 사람, 그 계명을 순종하는 것을 기쁨으로 여기는 사람입니다. 이러한 사람은 구원을 받았습니다. 그는 이미 성도의 기업의 일부분을 얻었으며, 이제 온전한 결실을 얻을 복된 곳으로 나아가고 있는 중입니다.

두 번째, 사도의 권면의 태도를 살펴봅시다. 본장에 기록되어 있는 바울의 설교를 주의깊게 읽어 보십시오. 그가 어떤 식으로 아그립바 왕을 설득하려고 했습니까? 주목할 만한 것은 그가 계속 성경에 호소하였다는 사실입니다. 물론 그가 성경에서 한 구절이나 그 이상을 인용하지는 않았습니다. 하지만 그는 철두철미하게 오직 모세와 선지자들이 기록한 말씀, 곧 이스라엘 열두 지파가 찾았던 말씀만을 전하기로 결심하였습니다. 성경은 언제나 여러분에게 유력한 증거가 되어야만 합니다. 여러분은 아직 회개하지 않았으며, 아직 그리스도인이 되지 못하였으나 성경이 진실이라는 사실을 믿습니다. 어린 시절부터 여러분은 영감받은 하나님의 책을 소중하게 여겨 왔습니다. 이제 이 책이 하나님의 책인 만큼, 여러분이 그리스도의 제자가 되는 것이 가장 지혜로운 일이 될 것입니다. 여러분이 감히 이 책을 거절하지 못할진대 — 아직 여러분은 그런 단계에까지 이르지 않았음 — 여러분이 이 책의 지엄한 명령을 계속 순종하지 않으면서 어떻게 이 책과 무리 없이 조화를 이루고, 양심과 건전한 의식을 가진 여러분이 어떻게 이 책과 화해를 이룰 수 있는지 나는 여러분에게 묻지 않을 수 없습니다.

성경은 그리스도 예수 밖에는 영원한 소망의 근거가 없다고 선포합니다. 그런데도 여러분은 아직까지 예수 그리스도의 기초 위에 서지 않다니요! 이 성경은 주 예수님과 그의 구속을 거절한 사람들은 반드시 긍휼을 얻지 못하고 멸망한다고 증거합니다. 여러분은 기꺼이 멸망당하시겠습니까? 성경은 또한 그리스도의 희생의 기초 위에 여러분의 집을 세우라고 초청하고 있습니다. 그리고 여러분이 그렇게 하면 여러분에게 무한한 보증이 있으리라고 약속합니다. 그래도 여러분은 이 큰 선물을 거절할 의향입니까? 여러분이 성경을 믿지 않는다면, 성경의 어떠한 증거도 여러분에게 아무런 효력이 없을 것입니다. 사도 바울이 아레오바고에서 성경을 한마디도 인용하지 않았던 이유는 바로 여기에 있습니다. 여러분은 아그립바처럼 성경을 하나님의 말씀으로 인정하기를 축원합니다. 그리하여 사도 바울의 합당한 성경강론이 여러분의 이성적인 판단을 설득하는 것이 아니라 여러분의 심령을 설득하는 것이 되어야 합니다. 근본적으로 여러분의 심령 안에 악한 것이 없고, 성령의 능력으로 말미암아 뉘우치고 버려야 할 것이 없다면, 여러분은 위에서 말한 대로 될 것입니다.

또한 우리가 주목할 것은, 아그립바에 대한 사도 바울의 권면은 주로 사도 자신의 영혼속에 임한 은혜의 능력을 직접 간증한 것이었다는 사실입니다. 나는 여기서 바울이 다메섹으로 가던 중에 체험한 이야기를 반복할 필요가 없습니다. 그때에 바울은 밝은 빛을 받고 거룩한 음성을 들었으며, 이 죄인은 회개하고 즉시 일어나 나가서 예수님과 그의 은혜를 증거하였습니다. 사람들은 간증을 언제나 중요하게 받아들여야 합니다. 어떤 사람이 자신이 정직하다고 나에게 확신을 줍니다. 그런데다가 그가 자신이 직접 알고 있는 사실을 증거한다면, 다시 말해서 풍문으로 들은 소리가 아니라 자신이 친히 경험하고 겪은 일들을 말한다면, 나는 그의 말을 믿을 수밖에 없을 것입니다. 특히 그의 증거를 다른 사람들이 뒷받침해 준다면 나는 그의 증거를 도저히 부인하지 못할 것입니다. 사실을 아니라고 부인할 정도로 내가 그렇게 불의할 수는 없으니까요. 기독교의 모든 사역자들이 설교할 때 대부분 그리스도께서 자신을 위해 행하신 일을 간증할 것입니다.

예수 그리스도를 믿음으로 말미암아 내가 이전의 나를 거의 알아보지 못할 정도로 완전히 변화되었다고 선언할 때, 내가 사실을 말하고 있음을 나 자신이 알고 있고, 내가 거짓말하지 않는다는 것을 내 양심이 증거합니다. 이로 인하여 나는 굵은 베를 벗고 기쁨으로 띠를 띠었습니다. 이로 인하여 나는 머리에서 슬픔의 재를 떨어 버리고 기쁨의 기름 부음을 받았습니다. 게다가 나 혼자서만 이 은혜를 증거하는 것이 아닙니다. 나 말고도 그리스도를 믿음으로 말미암아 은혜받고 구원받았다고 시종일관 주저 없이 선언하는 수많은 사람들이 있습니다. 여러분은 이러한 간증을 중요하게 받아들여야 합니다. 여러분이 필사적으로 주님의 진리를 거절하고 죄를 좋아할 생각이 아니라면, 여러분은 그 증거를 받아들여야 마땅합니다. 지혜로운 사람이라면, 자신들에 대한 하나님의 책망을 거절하지 아니할 것입니다!

사도는 이 두 가지 논증에 덧붙여 복음의 진실을 분명하게 진술하였습니다. 사도가 어떻게 보배로운 진리를 모아서 23절의 한 구절로 압축하여 표현하였는지 살펴보십시오. "곧 그리스도가 고난을 받으실 것과 죽은 자 가운데서 먼저 다시 살아나사 이스라엘과 이방인들에게 빛을 전하시리라 함이니이다 하니라." 사도가 이와 같은 기독교 신학의 핵심을 이제 막 마무리지으려 하자 베스도가 방해하였습니다. 이 구절에서 여러분은 복음의 중요한 진리 대부분을 본 것입니다. 가능한 한 쉽게 사람들을 설득할 수 있는 방법은 하나님께서 그리스도 예수 안에서 육신을 입으셨다는 사실을 분명히 전하는 것입니다. 즉, 하나님께서 성육신하여 믿는 자들의 죄를 담당하셨고, 사람을 대신하여 고난을 받으셨으며, 이로 인하여 믿는 자들이 의롭다 여김을 받을 수 있으며, 예수님께서 부활하시고 하늘로 승천하여 하나님 보좌 앞에서 믿는 자들을 위하여 간구하시며, 와서 예수님의 고난당하심을 믿기만 하면 모든 죄인이 거저 완전하게 죄 사함을 받는다고 전하는 것입니다. 복음을 분명하게 진술하기만 하면 비록 논법을 사용하지 않는다 할지라도 많은 사람들이 하나님 앞에 굴복하게 될 것입니다. 왜냐하면 복음은 이처럼 놀랍도록 자명한 사실이기 때문입니다. 인간의 마음이 맷돌만큼 굳어있지 않고, 인간의 이성(理性)이 마법사의 말을 듣지 못하는 살무사처럼 깜깜하지만 않다면 실제로 복음은 일반적으로 사람들을 많이 굴복시킬 것입니다.

사도는 아그립바에게 간절한 호소를 하고서야 자신의 설교를 마무리지었습니다. 사도는 "아그립바 왕이여(나단이 '당신이 그 사람이라' 고 지적한 말투로), 선지자를 믿으시나이까 믿으시는 줄 아나이다"(27절)라고 말하였습니다. 사도는 그를 뚫어지게 쳐다보고 그의 마음을 읽었으며, 왕은 사도의 시선을 피하기 위해 갑작스럽게 사도에게 경의를 표하였으며, 유쾌하지 않은 진리를 곧이곧대로 적용하는 것을 피하기 위해 그는 그 자리에서 물러났습니다. 그렇지만 이것이야말로 진정한 설교의 진면목입니다! 우리는 성경을 증거하고 우리의 체험을 말하며 복음의 진리를 분명하게 진술해야 할 뿐만 아니라 마음속으로 영적인 전쟁을 수행해야 하는 것입니다.

그리스도의 종은 성곽 공격용 사닥다리를 가지고 양심의 성벽에 그것을 고정시키고 손에 칼을 들고 올라가서 상대방의 얼굴을 맞대고 거룩한 싸움을 해야 합니다. 그래야만 그 마음을 사로잡을 수 있기 때문입니다. 그리스도의 종은 자신이 알고 있는 잘못을 지적하거나 자신이 파악하고 있는 오류를 다루기를 회피하지 말아야 합니다. 설교자에게는 철저한 자기 부인이 있어야 합니다. 그래야만 설교자는 듣는 자로부터 치명적인 화를 당할지라도 이를 대수롭지 않게 여길 수 있는 것입니다. 그가 목표해야 할 한 가지는 듣는 자로 하여금 그리스도인이 되도록 권면하는 것입니다. 이를 위하여 그는 듣는 자와 거의 맞닿을 만큼 접근하여 핵심을 찔러야 합니다. 아마도 하나님의 은혜로써 그렇게 한다면, 설교자는 듣는 자의 마음을 따끔하게 찌르고, 그의 악의를 뽑아 버리며, 그를 예수님의 포로로 만들 수 있을 것입니다.

세 번째, 이러한 권면에 따른 다른 성공률을 생각해 봅시다. 바울은 얼마나 성공했나요?

우리가 사도 바울만큼 성공적으로 권면하기란 거의 기대할 수 없습니다. 왜냐하면 우리에게는 사도의 능력이나 사도적 권위가 없기 때문입니다. 또한 우리가 주목할 것은 사도의 권면이 베스도에게는 실패하였다는 것입니다. 베스도는 거친 군인이요, 예절바른 성격의 장교이며, 유대를 통치한 로마의 총독들(이들은 모두 파렴치한 무리들이었음) 가운데 가장 존경할 만한 인물이며, 매우 엄격하게 공의를 집행하는 행정관이며, 요세푸스에 따르면 강도들을 추적하여 붙잡는 재주가 뛰어났으며, 대체로 영리하고 활기차고 자존심이 강하였으나 그 지방의 엄격한 통치자가 그에게 행정업무를 일임하였습니다. 그는 상식이 통하는 사람이었으며, 매우 실제적이고, 매우 공정하고, 사실을 매우 좋아하는 직업인이었습니다. 하지만 그는 조금이라도 감상적인 일이나 추상적인 진리를 다루는 일은 일고의 가치도 없다고 생각하였습니다.

"네가 미쳤도다"는 식으로 그는 바울을 하대하였습니다. 그는 아그립바의 얼굴에서 유대인 포로에 대한 동정심이 거의 없다는 것을 알아차린 듯합니다. 왜냐하면 자기의 군주를 위하여 그는 목소리를 낮추어 "네 많은 학문이 너를 미치게 한다"고 바울에게 귀에 거슬리는 말을 하였기 때문입니다. 이 거친 군단장은 의지하는 믿음에 대하여 알지 못하였거나 큰 관심이 없었으며, 다만 유대인들의 트집잡기, 의식(儀式)과 교리(敎理), 바울이 살았다고 주장하지만 죽은 예수에 대한 문제로 속을 태우는 것은 귀찮은 일이라고 생각했습니다. 그는 그런 모든 생각을 치워버리고 속으로 말하기를, "이런 낭만적인 사색에 중요성을 부여하는 사람들은 틀림없이 미쳤거나 매우 어리석은 사람들이야"라고 하였습니다.

복음이 증거되는 곳에는 이런 종류의 사람들이 있습니다. 그들은 이렇게 말합니다. "사람들이 이런저런 종교를 믿고 싶어한다면, 그들로 하여금 반드시, 관용을 믿도록 해야지. 하기야 우리 같은 세상 사람들이야 이러한 문제들에 대하여 털끝만큼도 관심이 없지. 우리는 너무 많은 것을 알고 있어서 어떠한 교리 체계라도 믿을 수 없단 말이야. 우리는 그보다 실제적이고 합리적인 사무를 해결해야 해." 진리의 주장을 알아보고, 신비롭게 계시된 내용을 묻고 힘써 연구하는 것에 대하여 그들은 "싫어, 싫어, 싫어!"라고 대답합니다. (너무 똑똑한 나머지) 그들은 영원한 일들을 사소하게 생각합니다. 현재가 전부이며, 영원은 그들에게 아무 의미가 없습니다! 순간적인 이생이 그들에게 전부이며, 영원한 생명에 대하여는 콧방귀를 뀝니다! 오늘날 그러한 사람들이 설교자에게 슬픔을 가져다 줄지라도 설교자는 결코 이상하게 여겨서는 안 됩니다. 왜냐하면 바울 당시에도 그런 사람들이 바울의 짐이 되었기 때문입니다.

이제 헤롯 가문의 어린 귀공자인 아그립바에게 우리의 시선을 돌려봅시다. 그는 아주 특이한 성격의 소유자였습니다. 그는 주의 깊게 경청하였습니다. 그는 항상 종교적인 문제에 관심을 보였습니다. 그는 무서운 악을 행한 가문에서 태어났으며, 선지자의 목소리와 성경 앞에서 두려워 떨었습니다. 요한의 말을 기쁘게 경청하였던 헤롯처럼 그 또한 바울의 말씀을 주의깊게 경청하고 관심을 보였습니다. 그가 바울의 강론을 마음속으로 검토해보니 바울의 입장에 대하여 수긍할 만한 것이 많이 있다고 느꼈습니다. 물론 바울이 옳을 수도 있다는 사실 외에는 아는 것이 별로 없었지만 말입니다.

항상 그는 불확실하였습니다. 그는 자기 앞에 죄수가 자기보다 더 많은 것을 알고 있으리라고 생각하지 않았으며, 혹은 그런 엄격한 가르침이 자신에게 순종을 요구했을 것이라고는 생각하지 못하였습니다. 그러므로 그는 강연자에게 기분 좋은 말 한 마디를 건네고 강론을 마치게 하고는 나가 버렸습니다. 오, 아그립바여! 나는 조만간 베스도와 같은 사람을 만날 것입니다. 나는 베스도가 어떠한 사람을 의미하는지 알고 있습니다. 그때에 나는 실망하지 않습니다. 하지만 이 아그립바는 철저하게 나를 속입니다. 그는 결코 찌푸리지 않는 아름다운 꽃이지만 열매를 맺지 못합니다. 그는 거의 권면을 받아들일 뻔하였습니다. 우리가 듣기에 그는 좋은 친구이며, 좋은 성품의 소유자입니다! 정말 그럴 수도 있습니다. 하지만 그는 권면을 거의 받아들일 뻔하였으나 완전히 받아들이지는 않았으며, 그리하여 그는 그리스도인이 되지 못하였습니다.

바울의 회중 가운데 세 번째 종류의 청중이 있었는지 궁금합니다. 나는 그랬다고 봅니다. 왜냐하면 거기엔 베스도, 버니게, 아그립바만 있었던 것이 아니라 의심할 필요 없이 많은 수행원들, 그리고 23장 23절에 보면 천부장들과 성중의 높은 사람들이 함께 있었기 때문입니다. 아마도 — 우리에게 정보는 없지만 — 바울이 베스도를 설득하는데 실패하고 아그립바에게 실망한 반면, 뒷좌석 어딘가에 앉아 있던 백부장이나 사병, 혹은 유대의 통치자에게 부드러운 이슬처럼 진리가 스며들었을 것입니다. 마치 대양이 떨어지는 소나기를 흡수하듯이 그들의 심령속으로 진리가 임하였을 것입니다. 확실한 것은 사도가 그 자리에서 가만히 있지 않고 진리를 증거하였다는 사실입니다. 그가 바다 위에 뿌렸던 씨앗이 다시금 뿌리내릴 곳을 찾고 있습니다. 그 때에 지하감옥에서 나와 그가 많은 눈물로 보배로운 씨앗을 뿌리며 전하였지만, 지금 그는 의심할 여지 없이 그날 아침에 뿌린 씨앗에서 자라난 곡식 단을 위에서 바라보며 하늘에서 기뻐하고 있습니다. 하나님을 찬송합시다. 우리의 수고가 주 안에서 결코 헛되지 않습니다.

이제 네 번째로, 완전히 설득되지 못한 사람은 어찌하여 권면을 완전히 받아들이지 못하는지 살펴보겠습니다.

다시금 아그립바를 바라봅시다. 온전히 그를 주목합시다. 왜냐하면 여러분 가운데 더러는 사진을 찍은 듯이 그를 닮았기 때문입니다. 바울이 성경과 자신의 체험을 증거한 강론은 매우 설득력이 있었습니다. 바울의 논증방식은 대단히 힘이 있었습니다. 그러므로 만일 아그립바가 완전히 설득되지 못하였을지라도 그것은 설교자의 잘못이 아니었습니다. 달리 해도 이보다 힘이 있을 수는 없었을 것입니다. 그렇다면 그 잘못은 어디에 있는 것일까요? 나는 지금 법정에 서서 주위를 둘러보며 스스로 이렇게 물어봅니다. "아그립바가 권면을 받아들이지 못한 이유가 무엇일까? 그 증거가 나에게는 효력이 있는데 어찌하여 그에게는 없단 말인가?"

주위를 둘러보다가 나는 아그립바의 우편에서 그가 설득되지 못한 아주 확실한 이유를 발견합니다. 그곳엔 버니게가 앉아 있었습니다. 요세푸스 시절에 그에 대한 아주 고약한 풍설이 떠돌아다녔습니다. 그녀는 아그립바의 동생이었는데 그와 근친상간을 하며 살았다는 비난을 받았다는 것입니다. 만일 그랬다면, 자신의 우편에 그런 여자를 둔 아그립바가 바울의 권면을 온전히 받아들이지 못한 것은 당연한 것입니다. 죄인들이 권면을 받아들이지 못하는 이유는 십중팔구 그들의 죄 때문입니다. 그들이 죄를 사랑하기 때문입니다! 그들은 보지만 보지 못할 것입니다. 만일 그들이 본다면, 그 오른 눈으로 범하는 죄를 쥐어 뜯어야 할 것이며, 또는 오른 팔로 범하는 욕망을 잘라 버려야 할 것입니다. 눈을 뜨고 보는 자들이라면 자기가 죄를 짓는 것을 찬성할 수 없기 때문입니다. 복음을 대적하는 대부분의 반론들은 더럽고 타락한 생활 속에서 길러집니다. 아그립바가 그런 창피스러운 죄 속에서 산 것이 사실이라면, 바울이 아무리 진지하고 성실하게 설득하였을지라도 아그립바가 권면을 받되 온전히 받아들이지 않은 것은 당연합니다.

만일 그녀의 오라비와 관련하여 버니게에게 쏟아진 비난이 사실이 아니라 할지라도, 틀림없이 그녀는 뻔뻔스러운 여인이었습니다. 버니게는 처음에 자신의 삼촌 헤롯과 결혼하였으며, 따라서 헤롯의 조카이자 부인이었습니다. 그녀의 두 번째 결혼은 그녀의 부정(不貞)으로 인하여 곧 깨어지고 말았습니다. 이제 아그립바가 공개적으로 자랑스럽게 그녀를 데리고 다니는 것으로 보아 적어도 그가 그녀와 사악한 교제를 하고 있다는 것이 드러났습니다. 바로 이것이 그가 바울의 권면을 듣고도 절대로 그리스도인이 될 수 없었던 충분한 근거입니다. 사악한 교제는 사탄이 멸망의 시간이 올 때까지 자기의 새들을 가두는 큰 그물과 같은 것입니다. 얼마나 많은 사람들이 탈출하기를 바라겠습니까! 하지만 그들은 자기들 주변에 있는 사람들을 좋은 친구들이라고 생각하고 그들을 걱정합니다. 그들과의 교제가 그들의 쾌락에 필수적인 요소가 된 것입니다.

오, 여러분은 이 사실을 압니다. 아그립바와 같은 여러분, 여러분이 데리고 있는 버니게가 여러분을 지옥으로 끌고 갈 것입니다. 한편, 아그립바가 버니게를 데리고 있다면, 버니게 또한 자신의 아그립바를 데리고 있는 것입니다. 그러므로 남자와 여자가 서로를 파멸하는 자들이 되는 셈입니다.

나는 지금 법정에 서서 다시금 주위를 둘러봅니다. 그리고 아그립바가 쉽게 베스도의 영향을 받은 사실을 깨닫습니다. 거친 베스도가 나타나 온화한 아그립바 위에 상관으로 군림합니다. 베스도가 바울을 비웃고 그를 미쳤다고 할지라도 아그립바는 그의 말에 흔들려서는 안 되었습니다. 그는 유대인들의 문제에서 자신의 전문성을 발휘하여 그 상황에서 호의적인 견해를 피력함으로써 베스도를 다소 진정시킬 수 있었습니다. 그런데 그가 참으로 사도 바울의 권면을 받아들였다면 어떻게 총독 베스도와 함께 나가서 식사를 할 수 있었겠습니까? 만일 아그립바가 바울에게 호의적인 말을 하였다면 베스도가 뭐라고 이야기하였을까요? "둘 다 미쳤군! 아 글쎄, 아그립바마저 미쳤단 말인가?" 아그립바는 예상되는 그런 빈정댐을 도저히 참을 수 없었습니다. 아그립바가 다른 사람들의 비웃음은 견딜 수 있었지만 베스도의 비웃음은 견딜 수 없었습니다. 왜냐하면 베스도는 빈틈없고 상식을 가진 사람이며, 아주 탁월한 통치자이므로 그의 비웃음은 아그립바의 급소를 찌를 것이기 때문이었습니다. 얼마나 많은 사람들이 사람들을 두려워하므로 흔들리는지요! 오, 겁쟁이들이여, 여러분은 두려움으로 인하여 저주받으려 합니까? 불쌍한 인생의 비웃음을 여러분이 무시한다고 그에게 말함으로써 여러분의 인격을 보이기보다 여러분의 영혼이 곧 멸망당하도록 내버려두려 합니까? 세상 사람들이 모두 다 여러분에게 잘못하고 있다고 말할지라도 여러분은 담대하게 의를 따르지 않겠습니까? 제발 부탁하건대 사람답게 행하십시오. 베스도는 자기 마음대로 비웃도록 내버려두시고, 여러분은 믿고 의를 행할 수 있도록 하나님의 은혜를 구하십시오.

아울러 아그립바가 믿지 않은 데는 바울에게도 일부 원인이 있었다고 여러분은 생각하지 않습니까? 나의 이 말은 바울이 이 경우에 조금이라도 책망받을 행동을 했다는 뜻이 아닙니다. 하지만 바울은 설교하는 동안에 아마도 허식과 안락에 맛들여 있던 아그립바와 같은 사람에게 결코 유쾌하지 않고 설득력이 없는 그런 장식(쇠사슬)을 하고 있었습니다. 그를 묶었던 쇠사슬이 황금장식보다 훌륭한 것이었지만, 그런 괴팍한 차림을 하고 있는 기독교의 모습에 아그립바가 충격을 받았다는 사실을 바울이 알아차렸던 것 같습니다. "이렇게 결박된 것 외에는." 하나님의 백성들이 많은 고난을 겪는 것을 불경건한 사람들이 목격할 때, 종종 그들과 함께 기업을 나누기를 거절하게 됩니다. 그들은 의로운 사람들이 자주 비웃음당하고 우스꽝스러운 이름으로 칭해진다는 것을 우연히 발견합니다. 그들은 이기적이기 때문에 도저히 그러한 불편을 감수할 수가 없습니다.

감리교인이 되시오! 아니오! 장로교인이 되시오! 아니오! 진리는 모두 좋은 것입니다. 하지만 그들은 금은 아주 값비싸게 구입할 수 있는 것이라고 말합니다. 사람들은 경멸과 가난에 대한 두려움 때문에 크게 흔들리며, 이로 인하여 그들은 좁은 길에서 이탈합니다. 어떠한 명분으로도 그들이 좁은 길로 갈 수 있도록 설득할 수 없습니다. 왜냐하면 그들에게는 천국으로 순례하는 가운데 만나는 위험들을 감수할 의지가 없기 때문입니다. 그러나 지혜로운 사람들은 그리스도를 위하여 당하는 고난이 영광이라는 사실을 깨닫습니다. 그들은 진리를 위하여 잃는 것이 진정 얻는 것임을 깨닫습니다. 그들은 영혼이 쇠사슬에 묶이는 것보다 팔이 쇠사슬에 묶이는 데 진정한 존귀가 있다는 사실을 깨닫습니다.

결국, 아그립바가 믿지 못한 가장 큰 이유는 그의 마음 가운데 있었습니다. 한편으로 허식을 사랑했고, 한편으로 로마에 있는 그의 주군 네로를 두려워하였으며, 한편으로 그의 성품이 천박하고 거짓된 것이 이유였지만, 가장 큰 이유는 그가 죄를 사랑하였기 때문입니다. 이 때문에 복음이 제시하는 거룩한 근신에 대하여 그의 정욕이 맞섰던 것입니다. 사람들이 그리스도인이 되지 못하는 가장 큰 이유는 그들 자신의 마음속에 있습니다. 믿지 않는 여러분, 여러분의 양심에다 대고 묻는데, 두 가지 입장 사이에서 계속하여 머뭇거리고 있는 몇 가지 원인들에 대하여 내가 잘 설명하지 않았나요? 그렇다면, 하나님의 은혜를 받아 그 원인들을 자백함으로 말미암아 여러분이 그 세력으로부터 구원받기를 축원합니다.

마지막으로, 권면을 받기만 하고 믿지 않는 경우에 뒤따르는 해악을 보여 드리겠습니다.

사람이 권면을 받기만 하고 믿지 않는 경우에 뒤따르는 첫 번째 해악은 그가 전혀 복을 받지 못한다는 것입니다. 반면, 권면을 온전히 받아들여 그리스도인이 된 사람은 복으로 인도받을 것입니다. 어떤 사람이 물이 새는 배를 타고 바다로 나갔습니다. 그는 배 안에 물이 새는 것을 발견하고는 그 배에 자신의 생명을 맡기지 말라는 권면을 받았으나 반대로 그 배에 자신의 생명을 맡기고는 죽고 말았습니다. 어느 도시에 이상한 억측이 떠돌아 다녔습니다. 그 도시에 사는 한 상인은 그 도시에서 주식을 가지지 말라는 권면을 받았으나 반대로 주식을 사들였고, 결국 총체적인 난국 속에서 자신의 재산을 날려 버리고 말았습니다. 심한 병을 앓고 있던 한 사람이 있었습니다. 그는 효과가 탁월한 치료법에 대한 소문을 듣고 그 치료를 받아보라는 권면을 받았으나 그는 그 치료를 받지 않았고, 결국 병은 점점 더 악화되었습니다. 한 사람이 어둠 속에서 지하실에 내려가리라고 마음을 먹고 촛불을 가지고 가라는 권면을 받았으나 그는 촛불을 가져가지 않았고 결국 걸려 넘어지고 말았습니다. 여러분은 생각만 함으로써 복을 얻을 수 없습니다. 어느 범죄자가 교수형에서 구출될 뻔하였습니다. 그에게 사형집행 연기 명령이 떨어지기 5분 전에 그는 처형받았던 것입니다. 거의 살 수 있을 뻔하였으나 그는 죽고 말았습니다. 구원 받으라고 권면을 받기만 하고 믿지 아니한 사람은 결국 영원한 형벌을 받고 말 것입니다. 권면을 받기만 하는 것은 아무런 도움이 되지 못할 것입니다. 하나님의 생명, 하나님의 빛, 하나님의 나라가 여러분에게서 멀어진다는 것은 참으로 가슴 아픈 일입니다. 여러분이 권면을 받기만 하고 그리스도인이 되지 아니하면 그로 말미암아 여러분은 이 모든 복을 상실하게 될 것입니다.

복을 받지 못한다는 사실보다 더 안 좋은 것은, 권면을 받기만 하고 여전히 죄 가운데 있는 사람에게는 분명히 죄에 대한 책임이 더해진다는 사실입니다. 한 사람이 정부에 반역하였습니다. 그는 황급히 폭도들 편에 섰으나 이후에 자신의 행동을 후회하고 정부에 용서를 구합니다. 하지만 다른 범죄자는 심문을 받고 어리석게도 반역을 행하였다는 판결을 받았습니다. 국가에 대항하여 무기를 든 그의 악행이 드러난 것이었습니다. 그는 국가에 충성하라는 권면을 받았으나 아쉽게도 이를 받아들이지 않았던 것입니다. 반역자가 되면 어떠한 자비도 받을 수 없다는 사실을 나는 말씀드립니다. 정직하라는 권면을 받고도 고의로 도둑이 된 사람은 돌이킬 수 없는 악한입니다. 복수하지 말라는 권면을 받고 잠시 생각하고 희생자의 생명을 구원해 줄까 하다가 결국은 고의로 그 사람을 살해한 살인자는 죽어 마땅합니다. 고의로 그리스도의 대적이 되고, 화목하자는 제의를 뻔뻔스럽게 거절하고, 보혈의 은혜를 거절하며, 권면을 받았으나 지독하게 자신의 양심을 어긴 그런 사람은 그 목에 맷돌을 달고 구덩이에 내려가 지옥 밑바닥에 빠져야 할 것입니다. 권면만 받고 믿지 않는 여러분, 바라건대 이 무서운 사실을 보고 두려워하십시오.

다시 한 번 말씀드립니다. 권면을 받기만 하고 그리스도인이 되지 않으면 한없이 후회하게 될 것입니다. 왜냐하면 그는 영원한 고통을 당하는 가운데 그의 펄펄 끓는 영혼속에서 다음과 같은 생각이 솟아날 것이기 때문입니다. "회개하라는 권면을 받았는데 내가 어찌하여 계속해서 죄 가운데 있었을꼬? 예수님을 믿으라는 권면을 받았는데 내가 어찌하여 계속해서 나의 의와 헛된 의식(儀式)들을 고집하였던고? 악한 친구들을 멀리하고 하나님의 종이 되라는 권면을 받았건만 지금 나는 영원히 버림받았도다. 그 어디에도 내 마음을 녹여 주는 권면이 없구나."

내가 여러분에게 어떻게 효과적으로 권면해야 할지 정말 알고 싶습니다! 제발 부탁하건대, 여러분이 자신에 대하여 조금이라도 관심이 있고 여러분에게 조금이라도 건전한 이성이 남아 있거든, 그리스도의 보혈을 통하여 하나님과 화목을 이루고, 조물주의 심판대 앞에 설 준비를 하십시오. 머지않아 여러분이 그 앞에 반드시 서야 하기 때문입니다. 여러분이 앞으로 삼사십 년을 더 산다 할지라도 그 시간은 정말 짧은 시간이요, 순식간에 지나갈 것입니다! 지금 여러분이 가야 할 길을 생각하십시오. 오늘이 은혜받을 만한 때요 오늘이 구원의 날입니다. 주 성령께서 여러분을 새롭게 창조하시고 그리스도인이 되게 하실 것입니다. 그분에게 영광이 영원히 있을지어다.

# 18

# 디모데

---

디모데와 성경

"또 어려서부터 성경을 알았나니 성경은 능히 너로 하여금 그리스도 예수 안
에 있는 믿음으로 말미암아 구원에 이르는 지혜가 있게 하느니라"(딤후 3:15).

시대는 얼마나 놀랍도록 반복되는지! 과거와 똑같은 해악이 닥칠 때 우리
는 그때와 똑같은 해결책을 적용해야만 합니다. 과거에 치명적인 화를 입힌
질병이 재발하였을 때 의사들은 전에 그 질병을 퇴치했던 의술을 의존합니
다. 영적인 문제에서도 우리는 그와 같이 행해야 합니다.

바울 당시 거짓된 교리라는 말라리아가 퍼졌을 때 바울이 적용한 치료책
을 우리는 살펴보아야 합니다. 일반적으로 아주 단순한 모든 것이 실제로 효
과적이라는 사실에 우리는 주목해야 합니다. 과학이나 기술에서 하나의 발
견이 이루어지면, 처음에 그 발견은 복잡하며, 그 때문에 불완전한 것이 사
실이지만 점차 단순화되면서 완전히 개선됩니다. 영적인 문제도 마찬가지입
니다. 영적인 세계에서 현재의 고통을 해결하기 위해 지혜로운 대책을 마련
하자고 말하지 말고, 다만 바울 당시에 매우 효과적이었던 위대한 치료책을
사용하도록 합시다.

바울은 젊은 디모데에게 직접 복음을 가르쳤습니다. 바울은 디모데로 하
여금 자신의 교리를 듣게 하였을 뿐 아니라 자신이 직접 그 교리를 실천하는
것을 그에게 보여 주었습니다. 우리는 사람들에게 진리를 강요할 수 없으나

분명하고 명확하게 가르칠 수 있으며, 그 가르침과 일치된 우리의 삶을 보여 줄 수 있습니다. 진리와 거룩은 오류와 불의에 대한 가장 확실한 대책입니다. 사도는 디모데에게 "너는 배우고 확신한 일에 거하라 너는 네가 누구에게서 배운 것을 알며"(14절)라고 말하였습니다.

그리고 사도는 그 어린 설교자에게 큰 도움이 되었던 또 하나의 효능 있는 치료책을 강조하였습니다. 그것은 말하자면, 그가 어려서부터 성경을 알았던 사실이었습니다. 성경을 아는 것은 어린 디모데에게 최고의 방어수단 중 하나였습니다. 그의 어린 시절의 훈련이 닻처럼 그를 붙들어 주었으며, 시대의 무서운 흐름으로부터 그를 구원해 주었습니다. 그래서 사도는 이 행복한 젊은이에게 "어려서부터 성경을 알았나니 성경은 능히 너로 하여금 그리스도 예수 안에 있는 믿음으로 말미암아 구원에 이르는 지혜가 있게 하느니라"고 말할 수 있었던 것입니다.

앞으로 있을 싸움을 준비하기 위하여 우리는 오직 복음을 전파하고 복음대로 살아야 합니다. 아울러 아이들에게 주님의 말씀을 가르쳐야 한다는 사실을 유념해야 합니다. 이 중에서도 특별히 마지막 사항에 유의해야 합니다. 왜냐하면 하나님은 어린 아기와 젖먹이들의 입을 통하여 대적을 잠잠케 하실 것이기 때문입니다. 사도의 전략을 유지하고 사도의 성공을 확신하십시오. 그리스도를 전하십시오. 때를 얻든지 못 얻든지 복음의 말씀을 전하십시오. 그리고 어린이들을 가르치십시오. 하나님께서 가라지로부터 자신의 밭을 보호하시는 방법 중에 하나가 일찍이 씨를 뿌리는 것입니다.

디모데 안에 나타난 하나님의 은혜의 역사는 조기 교육으로 시작되었습니다. "어려서부터 성경을 알았나니."

"어려서부터"라는 표현은 "아주 어려서부터"라고 해석하거나 개역 성경(Revised Version)처럼 "아기 때부터"라고 해석하는 것이 더 좋을 것입니다. 여기서 '어려서'(child)는 다 자란 아이나 청소년이 아니라 이제 막 유아기를 지난 아이를 의미합니다. 아주 어려서부터 디모데는 성경을 알았습니다. 의심할 여지 없이 이 말씀은 아무리 어려도 우리 아이들에게 성경지식을 능히 가르쳐 줄 수 있다는 사실을 보여 줍니다. 우리가 사실을 인식하기 전에 아기들이 먼저 감동을 받습니다. 태어난 지 처음 몇 개월 동안에 아기는 우리가 상상하는 것보다 더 많은 것을 배웁니다. 아기는 곧 엄마의 사랑을 배우고, 자신의 의존 상태를 배웁니다. 엄마가 지혜롭다면, 아기는 순종의 의미를 배우며, 또한 자신의 뜻을 버리고 한층 높은 뜻을 따라야 한다는 사실을 배웁니다. 이러한 배움이 아기가 앞으로 살아갈 기본 방침이 되는 것입니다.

이해력이 조금이라도 생기면 아이들은 곧 바로 성경을 배울 수 있습니다. 많은 교사들로부터 들은 아주 놀라운 사실은 아이들이 다른 어떤 책보다도 성경에서 읽는 법을 더 잘 깨우친다는 사실입니다. 그 이유는 잘 모르겠습니다. 아마도 성경의 언어가 단순하기 때문일 것입니다. 나는 그렇다고 믿습니다. 아이들이 일반 역사에서 일어난 사건은 잊더라도 성경에 나타난 사실은 쫙 꿰고 있을 것입니다. 성경은 모든 세대의 인간들에게 적합한 내용을 담고 있으며, 따라서 아이들에게 적합합니다. 아이들을 다른 것으로 가르치다가 그 다음에 성경으로 옮겨가야 한다고 생각하는 것은 잘못입니다. 성경은 어린아이를 위한 책입니다. 성경의 내용들은 아이의 지능을 능가하는 높이가 있습니다. 성경의 내용은 너무나 높아서 우리 중에 가장 진보한 사람의 이해력을 가지고도 다 이해할 수 없습니다. 성경 안에는 거대한 바다 물고기도 헤엄칠 수 있는 깊이가 있습니다. 아울러 어린양이 건너갈 수 있는 시내가 있습니다.

지혜로운 교사들은 자기가 맡은 어린이들을 푸른 초장과 잔잔한 물가로 인도하는 법을 알고 있습니다. 하나님의 사람의 죽음을 많은 사람들이 매우 안타깝게 생각하였는데, 이를테면 샤프츠베리의 백작(Earl of Shaftesbury)의 생애를 살펴보니까 그는 처음에 한 겸손한 여인에게서 신앙적인 감동을 받았습니다. 그를 샤프츠베리의 사람, 곧 하나님의 사람, 그리고 모든 사람의 벗으로 만들어 준 그 영적인 감동은 다름 아닌 육아실에서 받은 것이었습니다. 어린 시절의 애쉴리(Ashley; 7th Earl of Shaftesbury, Anthony Ashley Cooper 1801~1885, 영국의 정치가요 기독교 사회운동가. 노동자와 빈민의 벗이라고 불렸다) 경은 경건한 유모에게서 양육받았는데 그녀는 하나님에 관한 일들을 어려서부터 그에게 가르쳐 주었습니다. 그의 말에 따르면 유모는 그가 일곱 살이 되기 전에 세상을 떠났다고 합니다. 이는 어려서부터 그의 마음이 하나님의 성령의 인치심을 받았다는 분명한 증거입니다. 또한 그가 성령의 인치심을 받은 것은 겸손한 하나님의 도구(유모)를 통해서였습니다. 여인들 중에 복이 있는 이 여인의 이름을 우리가 알 수는 없지만, 그녀는 택하심을 받은 아기를 거룩하게 양육함으로써 하나님과 사람에게 이루 헤아릴 수 없는 큰 봉사를 한 것입니다.

젊은 유모들이여, 이 사실을 유념하십시오. 천국에 들어가기 전에 노인이 가지는 생각들 가운데 가장 많은 생각은 그가 이전에 어머니의 무릎 위에 앉았을 때 가졌던 생각입니다. 거스리(Guthrie) 박사가 죽어 가면서 "어린이 찬송"을 불러달라고 한 것은 다름 아닌 우리의 본능이며, 이러한 본능으로 인해 생의 마지막을 함께 포갬으로써 자신의 수명을 다하게 되는 것입니다. 어린이답다는 것은 노인에게 가장 귀한 것입니다.

교사를 잘 선택하는 것이 중요합니다. 어린 디모데를 누가 가르쳤는지에 대하여 우리는 어렵지 않게 말할 수 있습니다. 본서 첫 장에서 바울은 "이는 네 속에 거짓이 없는 믿음이 있음을 생각함이라. 이 믿음은 먼저 네 외조모 로이스와 네 어머니 유니게 속에 있더니 네 속에도 있는 줄을 확신하노라" (1:5) 하였습니다. 의심할 여지 없이 디모데의 외조모 로이스와 어머니 유니게가 합심하여 이 어린아이를 가르쳤습니다. 부모들 말고 누가 자녀들을 가르치겠습니까?

디모데의 아버지는 헬라인이었고, 아마도 이방인이었을 것입니다. 그러나 그 아기는 존경할 만한 할머니가 계셨기에 행복하였습니다. 모든 친척들 중에 할머니는 아기에게 가장 소중한 분입니다. 그는 또한 은혜로운 어머니가 계셨습니다. 전에는 경건한 유대 여자였으나 이후에 믿음이 좋은 그리스도인이 되었습니다. 그녀는 자신의 귀한 아기에게 주님의 말씀을 가르쳐 주는 것을 매일의 낙으로 삼았습니다.

오 귀한 어머니들이여, 하나님께서 그대들에게 거룩한 믿음을 주셨도다! 하나님께서 사실상 여러분에게 "이 아기를 데려다가 나를 위하여 젖을 먹이라. 내가 그 삯을 주리라"(출 2:9)고 말씀하셨습니다. 여러분은 미래의 하나님의 사람으로 모든 선한 일을 행하기에 온전케 하도록 그를 양육하라는 소명을 받았습니다. 여자가 적은 식구들 때문에 집구석에 처박혀 아무 일도 하지 않는다고 생각하는 사람은 사실과 정반대로 생각하고 있는 것입니다. 경건한 여인은 예배 처소에만 머물러 있을 수 없습니다. 여인이 교회 일에만 몰두해야 한다는 환상을 버리십시오. 그것과 상관없이 여인은 자신의 집에서 주님을 가장 위대하게 섬기고 있는 것입니다. 어머니들이여, 여러분의 자녀를 경건하게 양육하는 것이야말로 여러분의 첫째 되고 가장 긴급한 사명입니다.

요즈음 세상에서는 그리스도인 어머니들과 할머니들이 많지 않기 때문에 교회가 자녀들을 날개 아래 품어 가르침으로써 가정교육을 지원해 주어야 한다고 생각합니다. 믿음의 부모가 없는 그런 자녀들을 교회는 어머니의 사랑으로 품어 주어야 합니다. 나는 이러한 교회를 아주 복된 교회라고 생각합니다. 어쨌든 자녀들은 자라나면서 그들의 부모를 닮게 되는데, 안식일과 주중에 많은 시간을 내어 다른 사람들의 자녀를 가르치는 우리의 많은 형제와 자매들에게 나는 감사를 드리는 바입니다. 하나님을 위하여 그들은 부모의 관심을 받지 못하는 자녀들에게 부모의 책임을 다하려고 노력합니다. 이 점에서 그들은 잘 하고 있습니다. 그러나 그리스도인 부모들은 주일학교의 목적이 부모로부터 부모의 사명을 빼앗기 위한 것이라는 착각을 해서는 안 될 것입니다.

그리스도인 부모들이 주님의 교양과 훈계로 자신의 자녀를 양육하는 것이 가장 중요하고 가장 자연스러운 현상입니다. 하지만 당연히 해야 할 사람들이 하지 않는 일을 다른 사람들이 감당해 주는 것이 또한 그리스도의 일입니다. 주 예수님은 자기 양들을 먹이고 자기 아기들을 양육하는 사람들을 만족스럽게 바라보십니다. 왜냐하면 어린 소자들 중 하나라도 멸망하는 것은 주님의 뜻이 아니기 때문입니다. 열심 있는 남자들과 여자들이여, 앞으로 나와 이 기쁜 일에 여러분 자신을 바칩시다.

이제 가르쳐야 할 주제를 생각해 봅시다. "어려서부터 성경을 알았나니." 디모데는 하나님의 책을 아주 귀중하게 여기도록 훈련을 받았습니다. 나는 "성경"이라는 단어를 강조합니다. 주일학교의 중요한 목적 중에 하나가 아이들에게 성경을 귀중하게 여기는 것을 가르치는 것입니다. 유대인들은 구약을 값으로 따질 수 없을 만큼 귀하게 여겼습니다. 불행하게도 그들 중에 많은 사람들이 구약의 글자 하나하나를 미신적으로 숭배하는데 빠지고 그 정신을 놓쳐 버렸지만, 거룩한 계시의 말씀을 그들이 깊이 존중한 것은 칭찬 받아 마땅합니다. 특히 이러한 존중심은 오늘날 절실하게 필요합니다. 이 땅에 하나님의 교회가 서 있는 한 성경은 거룩하게 여겨져야 하며, 존중을 받아야 합니다. 이 성경은 분명히 성령의 영감을 받은 것이며, 칙칙한 신화나 믿을 수 없는 전설에서 비롯된 것이 아닙니다. 성경은 인간이 지은 책들 중에 최고의 책으로서 가장 좋은 상태로 보존되어 우리에게까지 전해진 것이 아닙니다. 성경은 지극히 거룩하신 하나님의 오류가 없는 계시로서 우리 자녀들에게 대물림되어야 하며, 또한 우리들이 그렇게 인정해야 합니다. 이 사실을 강조합시다. 여호와의 말씀은 흙 도가니에 일곱 번 단련한 은같이 순결하다는 사실을 여러분의 자녀들에게 말해 주십시오(시 12:6). 그들로 하여금 하나님의 책을 가장 소중하게 여기도록 가르칩시다.

디모데가 일반적으로 거룩한 것들을 존중할 뿐 아니라 특히 성경을 알도록 훈련받았다는 사실을 주목하십시오. 그의 어머니와 외조모는 성경을 가르쳤습니다. 우리가 안식일에 자녀들을 모아서 그들을 즐겁게 해 주고 재미있게 시간을 보낸다고 생각해 봅시다. 혹은 주중에 하는 대로, 안식일에 도덕적인 내용으로 그들을 가르쳤다고 생각해 봅시다. 도대체 우리가 한 일이 무엇입니까? 우리는 안식일과 하나님의 교회에 합당한 일을 전혀 하지 못한 것입니다. 우리가 특히 아이들에게 우리 교회의 규칙과 규정을 철저하게 가르치고 그들을 성경으로 안내하지 않는다고 생각해 봅시다. 우리가 우리 교회의 규범을 담은 책을 그들 앞에 놓고 성경을 설명하지 않는다고 생각해 봅시다. 도대체 우리가 무슨 일을 한 것입니까? 앞서 말한 규범이 옳을 수도 옳지 않을 수도 있습니다. 그러므로 우리가 우리의 아이들에게 진리를 가르쳤을 수도 있고 혹은 오류를 가르쳤을 수도 있는 것입니다. 하지만 우리가 성경을 철저하게 가르치면 우리는 잘못 가르칠 수가 없습니다.

성경에 기준하여 우리가 옳다는 사실을 압니다. 이 성경은 하나님의 말씀입니다. 우리가 성경을 가르치면, 주님께서 우리의 가르침을 인정하시고 축복하실 것입니다. 오 소중한 교사들이여 — 나를 포함하여 — 우리의 가르침이 더욱 성경적인 것이 되도록 합시다! 우리의 학급들이 우리가 전하는 말을 잊어버린다 해도 속상해하지 맙시다. 다만 주님께서 하신 말씀을 그들이 기억하게 해 달라고 기도 드립시다. 죄에 대하여, 의에 대하여, 그리고 다가올 심판에 대한 거룩한 진리가 그들의 마음속에 새겨지도록 합시다! 하나님의 사랑에 대하여 계시된 진리, 우리 주 예수 그리스도의 은혜, 성령의 역사를 그들이 기억하기를 간절히 바랍니다! 우리 주님의 속죄의 보혈의 능력과 필요성, 그의 부활의 권능, 재림의 영광을 그들이 알기를 바랍니다! 은혜의 교리들이 그들의 마음판에 철필(鐵筆)로 새겨지기를 바라며, 절대로 지워지지 않기를 축원합니다! 우리가 이러한 일을 확실하게 할 수 있다면, 우리의 삶은 결코 헛되지 않을 것입니다.

젊은 디모데는 어려서부터 그 가르침이 효과적이었던 사실을 배운 것 같습니다. 바울은 "네가 성경을 알았나니"라고 말합니다. 아이가 "성경을 알았다"는 말은 대단한 것입니다. 여러분이 "나는 자녀들에게 성경을 가르쳤습니다"라고 말할 수 있지만, 이는 그들이 성경을 알았다는 사실과는 아주 다른 것입니다. 성숙한 여러분 모두가 성경을 알고 있습니까? 일반적인 지식은 늘어나지만 성경을 아는 일은 너무나 희귀해져서 걱정이군요. 우리가 지금 시험을 치른다면 결국 여러분 가운데 일부는 통과하지 못할까 염려됩니다. 하지만 여기에 성경을 안 어린아이가 있었습니다. 말하자면, 그는 성경에 놀랄 정도로 익숙하였습니다. 하나님께서 여러분의 노력을 축복하셔서 구원받는데 꼭 필요한 성경 전부를 여러분의 자녀들이 잘 알 수 있게 되기를 바랍니다. 자녀들은 자기 어머니만큼 죄에 대한 진실한 개념을 가질 수 있습니다.

자녀들은 자기 할머니만큼 구속에 대한 분명한 생각을 가질 수 있습니다. 자녀들은 우리만큼 예수님에 대한 뚜렷한 신앙을 가질 수 있습니다. 우리를 화평하게 하는 것들을 받아들이기 위해서 오랫동안 준비할 필요가 없습니다. 우리를 화평케 하는 것들은 천진난만한 생각 가운데 있기 때문입니다. 아이는 천진난만하게 뛰어갑니다. 아이의 뛰어가는 모습에 천진난만함이 배어 있습니다. 아이들은 복음의 전체 진리를 받아들일 수 없다는 생각은 아주 잘못된 생각입니다. 아이의 조건은 방해가 되기보다 도움이 되기 때문입니다. 나이든 사람들은 하나님 나라에 들어가기 전에 먼저 어린아이처럼 되어야 합니다. 아이들에게 좋은 원칙을 세워 주세요. 주일학교 일을 폄하하지 말고, 또한 그 일을 되는 대로 아무렇게나 하지 마세요. 아이들로 하여금 성경을 알게 하십시오. 인간이 쓴 그 어떤 책보다 성경에서 그 지혜를 얻으십시오.

두 번째 대지 제목은 우리의 구원받는 믿음으로 말미암아 이 성경책이 되살아난다는 사실입니다. 성경 자체가 우리를 구원하지는 않지만 성경은 사람을 지혜롭게 하여 구원에 이르게 합니다. 아이들이 성경을 안다고 하나님의 자녀들이 된 것은 아닙니다. 예수 그리스도를 믿는 은혜가 임할 때에 비로소 곧바로 구원에 이르는 것입니다. 많은 귀한 아이들이 언제 회개하였는지 정확히 말할 수 없을 정도로 아주 일찍이 하나님의 부르심을 받습니다. 하지만 분명히 그들은 회개하였습니다. 어느 시점인지는 몰라도 그들이 죽음에서 생명으로 옮긴 것은 틀림없습니다.

오늘 아침에 해가 언제 떠올랐는지 여러분이 말할 수 없지만 분명한 것은 해가 떠올랐다는 사실입니다. 해는 지평선 아래에 있다가 어느 순간인가 지평선 위로 떠올랐습니다. 우리가 알든 모르든 아이가 실제로 구원받은 그 시간은 바로 그가 주 예수 그리스도를 믿은 때입니다. 아마도 로이스와 유니게는 수 년 동안 디모데에게 구약을 가르쳤을 것이며, 그때에는 그가 주 예수님을 알지 못했을 것입니다. 그렇게 볼 때 그들은 원형(antitype)은 보이지 않고 모형만 가르친 셈이며, 해답은 보이지 않고 문제만 제시한 셈입니다. 하지만 당시로서는 그것이 그들이 아는 모든 진리였기 때문에 나름대로 훌륭한 가르침이었습니다. 한편, 우리에게는 구약의 해답이 되는 신약이 있고, 또한 주 예수님에 대하여 아주 명쾌하게 가르칠 수 있기 때문에 우리의 가르치는 일은 훨씬 더 행복한 일이 될 것입니다! 우리의 귀한 자녀들이 디모데보다도 더 일찍이 그리스도 예수께서 성경의 전부이자 실체이시며, 그를 믿음으로 말미암아 하나님의 자녀가 되는 권세를 얻는다는 진리를 깨우쳐서는 안 될까요?

내가 이렇게 말하는 단순한 이유는 모든 교사들에게 한 가지 바라는 것이 있기 때문입니다. 즉, 모든 교사들은 자신의 아이들이 아직껏 성경의 모든 교리들을 모르고, 또한 그들의 머리로 더 고상하고 더 심오한 어떤 진리를 아직 이해하지 못한다하더라도, 그럼에도 불구하고 아이들이 그리스도 예수를 믿음으로 말미암아 구원에 이르는 지혜를 얻게 되면 곧바로 구원을 얻는 다는 사실을 절감하기를 바라기 때문입니다. 성경에 나타난 대로 주 예수를 믿음으로 말미암아 구원을 확실히 받을 것입니다. 빌립은 내시에게 이르기를, "네가 마음을 온전히 하여 믿으면 가하니라"(행 8:37; 개정개역판에는 생략됨) 하였습니다. 우리도 모든 아이들에게 똑같은 말을 해 주어야 합니다.

그리스도 예수를 믿는 이 믿음으로 말미암아 우리의 구원이 계속되고 진보한다는 사실을 주목합시다. 우리가 그리스도를 믿는 순간 구원을 받았습니다. 하지만 우리는 바라는 만큼 즉시 지혜롭게 되지는 못합니다. 말하자면 우리는 무지한 상태로 구원을 받을 수 있습니다. 이는 물론 상대적으로 그렇다는 말입니다. 하지만 바람직한 것은 우리 안에 있는 소망에 관한 이유를 밝힐 수 있어야 한다는 것입니다. 믿음으로 말미암아 아이들은 작은 제자들이 되고, 믿음으로 말미암아 그들은 훨씬 능력 있는 사람으로 성장해 갑니다. 우리는 어떻게 지혜를 얻을 수 있을까요? 믿음의 길을 떠나서는 지혜를 얻을 수 없습니다. 오히려 우리가 처음에 가진 그리스도 예수에 대한 그 동일한 믿음을 유지함으로써 우리는 지혜를 얻을 수 있습니다.

은혜의 학교에서 믿음은 지혜를 자라나게 하는 중요한 기능입니다. 여러분이 단순한 믿음이라고 하는 철자 교본(spelling book)을 믿음으로 읽을 수 있다면, 여러분은 더 나아가 그리스도 예수에 대한 동일한 믿음으로 확신이라고 하는 고전들을 읽어야 할 것이며, 아울러 하나님 나라의 일에 정통한 서기관이 되어야 할 것입니다. 그러므로 여러분은 믿음의 행실을 꼭 잡으십시오. 오늘날 너무나 많은 사람들이 이를 버리고 있습니다. 이 시대에 사람들은 사상(思想)이라는 미명으로 진보를 꾀하려 하지만 그것은 헛된 상상과 추측일 뿐입니다. 의심을 가지고는 한 발자국도 진보할 수 없습니다. 오직 우리의 진보는 믿음으로 말미암습니다. 그리고 그 믿음의 최종 목표는 약속되고 기름 부음을 받고 높아지신 구세주를 믿는 믿음입니다.

본문은 믿음으로 말미암는 지식이 지혜가 된다는 사실을 분명히 암시하고 있습니다. 지식과 지혜는 실제로 크게 다릅니다. 본문의 말씀을 보십시오. "어려서부터 성경을 알았나니." 하지만 지식을 지혜로 바꾸어 주는 것은 믿음, 오직 믿음뿐입니다. 따라서 성경은 "구원에 이르는 지혜가 있게 합니다." 지식이 힘이라면 지혜는 그 힘을 실제적인 목적에다 적용하는 것입니다. 지식이 금 덩어리라면 지혜는 사람들 사이에서 널리 쓰이는 주조된 금화입니다. 여러분은 믿음을 갖지 못한 아이들에게 지식을 줄 수 있습니다. 하지만 성령께서 주시는 믿음을 가져야만 비로소 그 지식이 지혜가 될 수 있습니다. 성경의 지식이 마음을 감동하고, 생각을 주장하며, 매일의 생활에 영향을 끼치고, 심령을 깨끗하게 하며, 그 의지를 새롭게 할 때 그것은 지혜가 됩니다. 오 교사들이여, 하나님께서 여러분의 소중한 아이들에게 그리스도를 믿는 믿음을 베풀어 주시며, 이로써 여러분이 그들에게 가르친 지식이 지혜가 되게 해 달라고 그들을 위해 기도하십시오! 여러분이 할 수 있는 한 열심히 가르치십시오. 하지만 동시에 주님께 세게 부르짖으십시오. 즉, 성령께서 중생의 역사를 행하시고, 믿음을 만들어 주시며, 지혜를 베푸시며, 구원을 베풀어 달라고 그렇게 부르짖으십시오.

또 한 가지 알아야 할 것은, 성경에서 얻은 지식을 활용할 때 믿음은 지혜를 찾게 된다는 사실입니다. "또 어려서부터 성경을 알았나니 성경은 능히 너로 하여금 그리스도 예수 안에 있는 믿음으로 말미암아 구원에 이르는 지혜가 있게 하느니라." 믿음은 결코 사람들의 생각이나 거짓된 계시 안에서 지혜를 찾지 못합니다. 반면, 믿음은 감동된 말씀에 의지하며 말씀의 안내를 받습니다. 감동된 말씀은 믿음이 마시는 우물물이며, 믿음이 먹는 만나입니다. 믿음은 주 예수님이 자신의 지혜가 된다고 여깁니다. 그리스도를 아는 지식이야말로 믿음에 가장 뛰어난 학문입니다. 믿음은 오직 한 가지, "성경에 뭐라고 기록되어 있습니까?"라고만 묻습니다. 그리고 그 물음에 대한 해답을 성경에서 얻을 때 믿음의 곤란은 끝이 납니다. 믿음 없는 이 세대는 그렇지 않은 것으로 나는 알고 있습니다. 이 때문에 나는 슬퍼하며 애통하지 않을 수 없는 것입니다. 주님의 증거를 거절하는 교회에 화가 있으리로다! 우리는 주님의 말씀을 끝까지 지킬 것이며, 이 말씀으로부터 조금도 떨어지지 않을 것입니다.

그렇다면 아직 회개하지 아니한 여러분 모두에게 정말로 필요한 것이 무엇인지 깨달으십시오. 성경은 틀림없이 믿음으로 말미암는 구원의 방편이 됩니다. 성경을 아십시오. 성경을 읽으십시오. 성경을 연구하십시오. 하지만 그것만으로 구원받지 못할 것입니다. 우리 주님께서 친히 무엇이라 말씀하셨습니까? "너희가 성경에서 영생을 얻는 줄 생각하고 성경을 연구하거니와 이 성경이 곧 내게 대하여 증언하는 것이니라"(요 5:39). 여러분이 예수님 앞에 나오지 아니하면 영생을 얻지 못할 것입니다. 물론 성경을 연구할 때 여러분이 그리스도 예수에 대한 믿음으로 말미암아 구원에 이르게 하는 지혜를 얻을 수 있습니다. 하지만 믿음이 없이는 아무것도 아닙니다.

세 번째로 주목할 것은, 살아 있는 믿음이 활기를 띨 때, 성경에 대한 가르침이 견실한 품품을 새롭게 만들어 준다는 사실입니다. 어려서부터 성경을 알았던 사람이 그리스도에 대한 믿음을 가질 때 그는 하나님의 변치 않는 말씀의 영원한 원리 위에 기초하고 세워질 것입니다. 그리스도인이라고 고백하는 사람들 대부분이 그러하기를 나는 바랍니다.

요즈음 우리들은 "항상 배우나 끝내 진리의 지식에 이를 수 없는"(딤후 3:7) 불안정한 심령들에 둘러싸여 있습니다. 이러한 사람들은 모든 교리의 바람에 끌려 다닙니다. 그들은 "영리한" 사람이면 누구든지 따라가며, 이로써 그들이 우리 주님의 목초지에 속한 양이 아니라는 것이 탄로 납니다. 주님의 양들은 그렇지 않습니다. "타인의 음성은 알지 못하는 고로 타인을 따르지 아니하고 도리어 도망하느니라"(요 10:5). 우리는 마땅히 알아야 할 사실을 알고 자신들이 믿는 이유를 밝힐 수 있는 사람들과 함께 교회를 세우기를 원합니다.

참된 신자가 믿는 이유는 "기록되었으되"라는 말씀에 있습니다. 우리 주님 그리스도께서는 광야에서 시험하는 자를 "기록되었으되"라는 말씀으로 물리치셨습니다. 주님 자신도 영감을 받으셨지만 주님의 가르침에는 구약성경이 넘쳐났습니다. 주님은 언제나 감동된 성경의 말씀을 인용하셨으며, 그 안에서 우리에게 예를 보여 주셨습니다. 여러분과 내가 사탄과 싸우고 악한 세상과 싸워야 하고, 또 그 싸움에서 승리하기를 원한다면, 우리는 힘써 성경 위에 굳게 서야 할 것입니다.

성경을 알고 예수님을 믿는 사람들은 믿음의 기초를 아는 지식으로 든든히 서 있는 사람들입니다. "어려서부터 성경을 알았나니." 그들은 성경을 맹목적으로 숭배하지 않았고 이해하려는 마음으로 귀중하게 여겼습니다. 여러분 모두가 직접 성경을 배우는 학생이 되기를 간절히 바랍니다! 우리는 스스로 성경을 배워야 합니다. 개인적으로 성경을 자신에 대한 계시로 이해하는 경건한 사람은 성경을 사랑하고 연구하며, 성경을 느끼고, 성경에 기초하여 살아가며, 성경을 알아갑니다. 이로써 그는 다른 사람들로부터 독립하게 됩니다. 바울은 곧 죽을 것입니다. 가련한 디모데! 그렇습니다. 디모데의 믿음이 바울의 품에 머물러 있다면 바울이 떠나고 없는 디모데는 가련할 것이며, 그의 마음은 텅 빌 것입니다. 하지만 디모데의 성경은 바울처럼 죽지 않을 것입니다. 그는 성경에 대한 지식을 빼앗기지 않을 것입니다. 성경은 그를 떠나지 않을 것입니다. 견고한 하나님의 말씀 위에 직접 서 있으십시오! 그리하면 여러분은 마땅히 알아야 할 바를 알고 그것을 견고하게 붙잡을 것이며, 이에 믿음의 기준에서 떠내려가지 않을 것입니다.

어려서부터 성경을 배운 사람은 성경의 거룩한 능력에 단단히 사로잡힙니다. 거룩한 능력에 대한 지식이 늘 그에게 작용하는 것입니다. 자신의 마음과 삶에 미치는 성경의 거룩한 영향으로 말미암아 그는 진리와 오류의 차이를 알 수 있습니다. 조금도 거만하지 않고 그는 그 같은 차이점을 분간할 수 있습니다. 왜냐하면 영적인 진리에는 희한하고 신비로운 기름 부음이 있기 때문입니다. 최고 학문의 가르침에는 이러한 기름 부음이 없습니다. 이 기름 부음이 무엇인지 여러분에게 설명할 수는 없어도 하나님의 자녀라면 누구든지 이것을 알 것입니다. 내가 성경 말씀을 읽을 때, 설령 기억 속에서는 그것이 성경 말씀인지 알지 못한다 할지라도, 그 말씀이 내 마음에 미치는 신비로운 능력으로 말미암아 나는 즉시 그것이 하나님으로부터 온 거룩한 말씀인 것을 깨닫게 됩니다. 어느 설교든지 그 설교에서 가장 두드러지는 구절은 바로 잘 인용된 말씀입니다.

하나님의 말씀은 살아 있고, 힘이 있으며, 다른 어떤 말보다도 심령에 박히는 능력이 뛰어납니다. 성경의 말씀들은 때리고 찌릅니다. 심령에 박히고 그 안에 머무릅니다. 성경을 배우고, 성경에 빠지고, 성경연구에 몰두한 사람은 성경의 스며드는 감동을 느끼며 성경을 영원히 신뢰하게 됩니다. 옷에 물들인 진홍색 염료처럼 성경의 색조는 한 번 거기에 빠지기만 하면 그 심령에게서 지워지지 않습니다. 성경의 색조는 영혼 깊이 배어들며, 인간의 본성 안으로 파고 들어갑니다. 성경의 진리는 사람의 생각, 말, 그리고 행동에까지 영향을 미칩니다. 성경의 색조는 전 인격에 침투합니다. 그리하여 그는 성경을 먹고 마십니다. 그 사람의 심령은 하나님께 고정되어 있고, 진리에 고정되어 있고, 거룩한 삶에 고정되어 있습니다. 시대가 아무리 악할지라도 그는 견고히 서 있을 것입니다.

게다가 성령의 은혜로 그 심령속에 성경의 가르침을 받은 사람은 성경의 권위에 복종합니다. 성경의 가르침은 인격 형성에 틀림없이 작용합니다. 언뜻 보기에 내가 이미 받았던 성경의 다른 가르침과 일치하지 않는 본문을 대할 때가 솔직히 말해서 간혹 있습니다. 그 순간 나는 깜짝 놀랍니다. 하지만 내 마음속에 한 가지 확고한 것이 있습니다. 그것은 성경이 나를 어디로 인도하든지 내가 성경을 따르리라는 각오입니다. 그리고 영감된 성경의 한 구절이나 한 음절을 변경하려는 그 어떠한 견해라도 거부할 것입니다. 하나님의 말씀을 일관되게 만드는 일은 나의 소관이 아니며, 나는 다만 말씀 그대로 믿을 뿐입니다. 본문이 길 한가운데 있다면 나는 더 이상 몰아가지 않겠습니다.

로마인들은 테르미누스(Terminus)라는 신을 숭배하였습니다. 이는 경계(境界)의 신이었습니다. 성경은 나의 거룩한 경계입니다. 내가 그 경계를 없애 버린다면 나를 저주하며 위협하는 음성을 나는 듣게 될 것입니다. 우리는 우리만큼이나 우리의 자녀들이 성경을 심히 경외하기를 바랍니다. 성경에 대한 우리의 입장은 분명합니다. 성경을 기록한 것은 영원한 펜입니다. 그러기 때문에 우리가 그것을 받아들여야 합니다. 하나님께서 말씀하셨기에 우리는 성경에 대한 문제 제기를 하지 않습니다. 만일 우리가 문제를 제기한다면, 성경은 "이 사람아, 네가 누구이기에 감히 하나님께 반문하느냐?"(롬 9:20)고 우리에게 말할 것입니다. 우리는 성령의 완전무오(完全無誤)하심 앞에 굴복하고, "주여, 이 말씀의 뜻이 무엇인지 내게 가르쳐 주옵소서. 내가 알지 못하는 것을 내게 가르쳐 주옵소서"라고 말씀드려야 합니다. 성경에 대한 심오한 경외심으로 세상을 사는 자가 진실로 복된 사람이 될 것입니다. 주님은 "나를 영화롭게 하는 자들을 내가 영화롭게 하리라"는 말씀대로 그에게 복을 베푸실 것입니다.

아울러 성경의 교훈은 성도로 하여금 이 시대의 유혹을 단호히 물리치게 해 줄 것입니다. 이 땅에서 하나의 예배 처소에 들어가 보면, 그 끝에는 예쁘고 작은 인형의 집이 있으며, 사람들은 종이로 만든 꽃들과 촛불 앞에서 절합니다. 그 건물 주위에서 나는 처녀들과 성자들의 그림을 봅니다. 하지만 성경을 읽은 사람은 이런 현대의 우상숭배에 빠지지 않습니다. 전에 한 신부가 가난한 아일랜드 사람에게 "당신이 성경을 읽는 것은 아무런 유익이 없을 것이오"라고 말하였습니다. 그 아일랜드 사람은 "아니, 성경에는 '성경을 상고하라'고 기록되어 있는데요. 신부님, 저는 방금 '또 그것을 너희의 자녀에게 가르치며'(신 11:19)라는 말씀을 읽었습니다. 참, 신부들은 자녀들이 없는데, 신부님은 이 말씀을 어떻게 생각하시나요?" 그러자 그 신부는 "아, 당신과 같은 사람들은 성경을 읽어도 이해할 수가 없소"라고 대답하였습니다. 그러자 그 사람은 "글쎄요, 설령 내가 성경을 이해하지 못한다 할지라도 내게 해가 되지는 않을 것이며, 혹 내가 성경을 이해한다면, 성경은 내게 큰 유익을 줄 것입니다"라고 말하였습니다.

그렇습니다. 성경은 미신을 물리치게 해 줍니다. 그러므로 하늘의 바람에 실어 성경을 전합시다. 그리고 여러분 모두 성경을 읽으십시오. 성경을 사랑하는 것이 교회뿐만 아니라 국가의 안전을 보장해 줄 것입니다. 사람들이 철저하게 성경에 근거한다면 우리의 정치는 매우 긍정적으로 변화될 것입니다. 하지만 그렇지 못하다면 해를 당할 것입니다. 성경은 우리의 장래를 떠받치는 모퉁잇돌입니다.

마지막으로, 어려서부터 성경을 배움으로써 아주 훌륭한 성품이 만들어지며, 따라서 성경을 아는 것은 매우 유익합니다. 어려서부터 성경을 알았던 디모데는 다른 모든 사람들을 제치고 바울의 훌륭한 벗이 되었으며, 이에 바울은 그를 사랑으로 바라보았고 기쁨으로 그를 기억하였습니다. 사도들의 벗들은 오직 성경학교에서 배출됩니다. 모세와 다윗, 그리고 선지자들과 교제한 사람들은 사도의 벗이 될 자격이 있습니다. 어려서부터 하나님의 노련한 종을 도울 수 있는 벗으로 자라나야 합니다. 하나님의 사람이 성경을 아는 어린이와 동행하게 해 보세요. 그러면 하나님의 사람은 "이 아이야말로 내게 꼭 필요한 벗"이라고 느낄 것입니다. 오랫동안 핍박을 받아 지친 바울은 어린 디모데를 바라보았을 때, 자신의 허연 수염을 어루만지면서 눈을 치켜 뜨고 기쁜 마음으로 그를 바라보았습니다. 다른 어느 누구보다 디모데가 나은 것이 무엇입니까? 그것은 오직 그가 성경을 알았다는 사실입니다.

성경에서 그가 구원에 이르는 지혜를 얻었던 것입니다. 바울 당시에 성경의 정형화된 가르침보다 철학자들의 진보적인 사상을 더 선호한 어린 친구들이 있었던 것이 분명합니다. 하지만 그들은 사도에게 자신들의 새로운 이론을 말하기 시작하였습니다. 바울은 그들을 엄히 경계하고 교회로부터 내쫓았습니다. 바울이 그들과 그들이 전하는 "다른 복음"에 대하여 아는 것은 오직 자신과 교회를 괴롭힌다는 사실뿐이었습니다. 성경의 훈련을 받지 않은 회심자는 자신 안에 아무런 용기나 기골이나 기백을 갖지 못합니다. 바울은 성경을 알고 성경을 붙들었던 은혜로운 젊은이를 보고 하나님께 감사하고 용기를 냈습니다.

이 젊은이가 목회자가 되고 전도자가 되었습니다. 그의 설교는 우리들이 들어도 기쁨이 넘쳤을 것입니다. 하나님은 우리에게도 이러한 젊은이들을 많이 보내주십니다! 아마도 우리는 이렇게 말할 수 있을 것입니다. "젊은이의 생각은 많이 미숙하고 그의 말씨는 좀 거칩니다. 하지만 우리는 그런 젊은이의 생각과 말씨를 참을 수 있어요. 그에 반해, 그 안에 성경이 얼마나 풍성하게 담겨져 있는지요! 그 생각이 얼마나 깊은지요! 그가 조금 말하다가는 성경 구절을 인용하는 것을 여러분이 보지 않았나요? 그리고 그가 자신의 입장을 밝혀야 할 때 여러 가지 이성적인 논리를 내세우지 않고 다만 주님의 말씀 한마디를 증거하며 자신의 입장을 정리하였습니다."

여러분은 집에서 성경을 보는 사람의 뜻에 여러분의 뜻을 맞추어야 합니다. 우리에게 참으로 필요한 설교자는 바로 이러한 사람입니다. 사랑하는 교사들이여, 아이들에게 성경을 가르치십시오. 그리하여 적당한 때에 그들이 또 다시 성경교사가 될 수 있도록 하십시오.

디모데는 또한 훌륭한 믿음의 군사가 되었습니다. 그는 말씀 안에서 진보하였고, 온통 거짓 교리를 전하는 사람들 가운데서 그는 마지막까지 진리를 지켜냈습니다. 그가 이처럼 견고하고 흔들리지 않으며 용기를 가질 수 있었던 것은 어려서부터 성경을 알았기 때문입니다. 오 교사들이여, 여러분이 무엇을 할 수 있는지 보십시오! 여러분의 학교에 미래의 전도자들이 앉아 있습니다. 유아반에는 먼 곳에 가서 복음을 전할 사도가 앉아 있습니다. 나의 자매들이여, 이스라엘의 미래의 아버지가 여러분의 손에서 훈련받고 있습니다. 나의 형제들이여, 치열한 싸움에서 주님의 깃발을 들고 갈 사람들이 여러분의 가르침을 받고 있습니다. 여러분의 반이 모일 때마다 미래 세대들이 여러분에게 기대를 하고 있습니다. 하나님의 도우심을 받아 여러분의 사명을 잘 감당하기를 축원합니다!

# 19

# 오네시모

---

도주한 종

"아마 그가 잠시 떠나게 된 것은 너로 하여금 그를 영원히 두게 함이리니"(몬 1:15).

인간의 본성은 이기적이나 하나님의 은혜에는 사랑이 있습니다. 그리스도 인이라면 누구든지 자신이 아무에게도 관심이 없고 또한 아무도 자신에게 관심이 없다고 떠들지 않습니다. 왜냐하면 예수 그리스도께서 그의 마음을 깨끗이 씻으실 때 아울러 그 마음을 넓게 해 주시기 때문입니다. 주님만큼 부드럽고 인정 많은 분은 없습니다. 우리가 참으로 주님의 제자들이라면 그리스도의 마음이 우리 안에도 있어야 할 것입니다. 사도 바울은 마음이 매우 넓고 인정이 많은 사람이었습니다. 분명히 그는 로마에서 고난을 겪으며 열심히 복음을 전하고 있었습니다. 선한 사마리아 사람의 비유에 나오는 제사장처럼 사도 바울도 "그 길로 내려가다가" 오네시모를 만났을 것입니다.

사도 바울은 그때에 복음 전도의 사명을 감당하고 있었기 때문에 그냥 지나칠 수밖에 없었다고 변명할 수도 있었습니다. 그 복음 전도의 사명이란 주님께서 칠십 인의 사자들에게 "길에서 아무에게도 문안하지 말라"(눅 10:4)고 말씀하실 정도로 아주 긴급한 용무였던 것입니다. 설령 바울이 "나는 곤경에 처한 도주한 종을 도와줄 시간적인 여유가 없다"고 말했다 할지라도 나는 이상하게 여기지 않을 것입니다. 하지만 바울은 그런 말을 할 마음이 없었습니다. 그는 오네시모에게 복음을 전하였고, 오네시모는 그 복음의 말씀을 듣고 회개하였으며, 따라서 바울은 오네시모를 자신의 아들처럼 여겼습니다. 오네시모가 바울에게 온 이유를 나는 모르겠습니다. 아마도 많은 건달들이 나를 찾아온 것처럼 오네시모도 바울을 찾아왔을 것입니다. 이 시대의 많은 건달의 아버지들이 나를 알았던 것처럼 오네시모의 주인도 바울을 알았을 것이며, 그 주인의 종이 자기 주인의 친구에게 찾아가서 곤경에 처한 자신을 좀 도와달라고 부탁했을 것입니다. 어쨌든, 바울은 그에게 예수님을 전할 기회를 잡았고, 그 도주한 종은 주 예수 그리스도를 믿는 신자가 되었습니다.

바울은 그를 지켜보았고, 그가 회개시킨 사람의 변화된 모습을 칭찬하였으며, 그의 섬김을 기뻐하였습니다. 그리고 오네시모가 그의 주인인 빌레몬에게 되돌아가는 것이 옳다고 생각했을 때, 그는 수고스럽지만 오네시모를 변호하는 편지를 작성하지 않을 수 없었습니다. 이 편지를 쓸 때 그는 단어 하나라도 깊이 생각하고 바로 선택해야 했습니다. 비록 성령께서 단어 하나하나마다 구술(口述)하여 주셨지만, 성령의 영감은 인간의 사고 활동을 막지 않으며 인간이 쓰려는 하는 것을 배려합니다. 모든 단어가 목적을 가지고 선택된 것입니다. 바울이 자신을 변호하려고 하였다면, 그는 이처럼 간절하게 혹은 지혜롭게 변호하지 못했을 것입니다.

여러분도 아시다시피, 바울은 대개 자신의 손으로 편지를 쓰지 않았으며, 자신의 입으로 말한 것을 다른 사람이 받아 적게 하였습니다. 바울이 눈병을 앓았던 것으로 추측되며, 따라서 그가 글을 쓴 경우 어느 서신서에서 "내 손으로 너희에게 이렇게 큰 글자로 쓴 것을 보라"(갈 6:11)고 말한 것처럼 그는 대문자를 사용하였습니다. 이 서신 자체가 큰 분량은 아니었습니다. 따라서 이 구절은 아마도 그가 직접 글을 쓸 때마다 사용할 수밖에 없었던 대문자를 사용했다는 암시를 보여 줍니다. 빌레몬에게 보낸 이 서신은 적어도 부분적으로는 구술되지 않았으며, 바울이 직접 쓴 것이었습니다. 본서 19절을 보십시오. "나 바울이 친필로 쓰노니 내가 갚으려니와." 이 구절은 내가 성경에서 꼽을 수 있는 유일한 친필인데, 이 구절에는 오네시모가 훔쳤을 모든 것을 갚겠다고 약속한 차용증서가 들어 있습니다.

우리 모두 넓은 마음을 가꾸어나갑시다. 그리고 하나님의 사람들, 그 중에서도 특히 지난날의 잘못으로 인하여 곤경에 빠져 있는 새 신자들에게 긍휼을 베풉시다. 무언가 바로 잡아져야 한다 할지라도 즉석에서 그들을 정죄하지 맙시다. "네가 주인의 물건을 훔쳤지, 그렇지. 너는 회개한다고 말하지만 우리는 그 말을 믿지 못하겠어"라고 말하지 맙시다. 그 사람이 이러한 의심과 냉대를 받을 만할지는 모르겠지만 분명히 이러한 태도는 그리스도의 사랑과는 거리가 있습니다. 타락한 자들을 바로잡아 주고 그들에게 다시금 세상에서 새 출발 할 수 있는 기회를 줍시다. 하나님께서 용서하신 사람들을 우리도 용서해야 할 것이며, 예수 그리스도께서 영접하신 사람들을 우리도 충분히 받아들여야 할 것입니다. 예수님이라면 그들을 어떻게 대하셨을까 생각하고 우리도 그대로 행합시다. 그리하여야 우리가 진실로 예수님의 제자들이 될 수 있을 것입니다.

첫째, 하나님의 은혜의 사례로서 오네시모를 생각해 봅시다.

우리는 그가 선택받은 데서 하나님의 은혜를 발견합니다. 그는 종이었습니다. 그 당시에 종들은 매우 무식하고 배우지 못하였으며 천하였습니다. 야만인 취급을 받은 그들은 대부분 아주 비천한 야만 상태에 빠져 있었으며, 그들의 주인은 그들을 야만 상태에서 건져내려고 시도하지 않았습니다. 빌레몬이 오네시모에게 잘해 주려고 했던 노력이 정작 오네시모 본인에게는 진저리나는 일이었을 것이며, 그래서 그는 주인의 집에서 도망쳤을 것입니다. 자기 주인의 기도, 훈계, 기독교의 규범들을 그는 불쾌하게 생각하였을 것이며, 그래서 그는 도주하였을 것입니다. 그가 어느 정도 신임 받는 종으로 대접받지 않았다면 자신의 주인에게 그런 잘못을 저지르지는 않았을 것입니다. 아마도 빌레몬의 별난 친절과 그에 대한 신임은 그의 되먹지 못한 성품에는 과분한 것이었을 것입니다. 우리는 오네시모가 무엇을 훔쳤는지 모릅니다만, 그가 무언가를 가지고 간 것은 분명합니다. 왜냐하면 사도가 "그가 만일 네게 불의를 하였거나 네게 빚진 것이 있으면 그것을 내 앞으로 계산하라"(18)고 말하고 있기 때문입니다.

그는 골로새에서 도망쳐서 비교적 공관원들에게 발각될 가능성이 적다고 생각되는 로마 시로 피신하였습니다. 당시 로마는 오늘날 런던 시만큼 크거나 아마 더 컸을 것입니다. 오늘날 로마에 유대인 지구가 있는 것처럼 로마의 어두운 빈민가에 숨어들었을 것입니다. 그 제국의 도시로 몰려든 강도의 무리들 틈에 끼어 더 이상 자신의 이름이 알려지거나 퍼지지 않을 것이라고 그는 생각했을 것입니다. 그는 거기서 자유롭고 편안하게 도둑질하며 살아갔을 것입니다. 하지만 여러분, 주님께서 하늘에서 사랑의 눈으로 내려다보시다가 오네시모에게 그 시선이 멈추었습니다.

당시에 자유하는 사람들이 없어서 하나님께서 어쩔 수 없이 종을 택하셔야 했나요? 당시에 신실한 종들이 없어서 하나님께서 자기 주인의 돈을 횡령한 종을 어쩔 수 없이 선택하셔야 했나요? 학식 있고 교양 있는 사람들이 하나도 없어서 하나님께서 어쩔 수 없이 야만인을 고려해야 하셨나요? 품행이 단정하고 훌륭한 사람이 아무도 없어서 오늘날 사회의 쓰레기와 같은 이 타락한 사람에게 하나님께서 어쩔 수 없이 무한한 사랑을 집중하셔야 했나요? 고대 로마에서 사회의 쓰레기가 과연 어떤 존재였는지 나는 생각하기도 싫습니다. 왜냐하면 로마의 상류층조차 그 일반적인 관습이 우리가 잘 알고 있는 대로 야수성을 띠었기 때문입니다. 그러니 그 사회에서 가장 비천한 쓰레기가 어떤 존재였는지 우리는 말할 수조차 없을 정도입니다.

오네시모는 죄의 하수구에 들어있는 찌꺼기였습니다. 바울이 쓴 로마서 1장을 읽어 보십시오. 당시 로마라는 이교 세계가 얼마나 소름끼치는 상태였는지 여러분은 알게 될 것입니다. 오네시모는 그런 최악의 상태에서도 최악이었던 것입니다. 주님의 영원한 사랑은 왕과 귀족들을 지나쳤고, 바리새인들과 사두개인들, 철학자들과 마술사들을 외면하였고, 그들이 택한 어둠속에 발부리가 걸려 넘어지도록 방치하였습니다. 그러나 그 영원한 사랑의 시선이 이 가련하고 미개한 녀석에게 집중되었습니다. 그리하여 주님께서 쓰시기에 합당한 영광스러운 그릇으로 만드셨습니다.

은혜의 성격처럼
전적으로 주권적이며 전적으로 자유로우신
위대하신 하나님,
당신의 길은 너무도 이해할 수 없고

당신의 판단은 너무도 심원합니다!

"모세에게 이르시되 내가 긍휼히 여길 자를 긍휼히 여기고 불쌍히 여길 자를 불쌍히 여기리라 하셨으니"(롬 9:15). 골고다 십자가와 시내 산에서 울린 뇌성처럼 주의 음성이 이와 같이 울리고 있습니다. 주님은 주권적이시며, 기뻐하시는 대로 행하십니다. 오네시모와 같은 자를 선택하신 이 놀라운 예정하신 사랑을 찬양합시다!

다음에 이 도주한 종이 회개한 사실에서 은혜를 발견하도록 합시다.

그를 보십시오! 그는 도저히 회개할 것 같이 보이지 않습니다. 이 사람은 부정직하였으며, 언제나 무모하였습니다. 자기 주인의 재산을 훔친 후에 그는 골로새에서 로마까지 먼 길을 여행할 정도로 대담하였습니다. 하지만 주님의 영원한 사랑은 그를 회개시키기로 작정하였습니다. 그는 골로새와 아덴에서 바울의 설교를 들었을 것입니다. 하지만 그때에는 감동을 받지 못하였습니다. 바울은 성 베드로 성당과 같은 곳에서 복음을 전하지 않았습니다. 그런 웅장한 건물에서 바울은 복음을 전하지 않았습니다. 다만 바울은 아마도 궁전 언덕 뒤편에서 복음을 전했을 것입니다. 그곳에는 근위병의 숙소가 있었으며, 프레토리움(Praetorium)이라고 불리는 감옥이 있었습니다. 막사로 된 감옥의 낡아빠진 방에서 바울은 그 손이 한 군인의 손과 쇠사슬로 묶인 채 앉아서 그의 말을 듣겠다고 허락한 모든 이들에게 복음을 전하였습니다. 바로 이곳에서 하나님의 은혜가 이 사나운 젊은이의 가슴에 임하였던 것입니다. 오, 그의 마음속에 즉시 임한 은혜가 이 얼마나 큰 변화를 일으켰는지요!

이제 여러분이 보는 그의 모습은 자신의 죄를 회개하는 모습입니다. 그는 자신이 의로운 사람에게 불의를 저질렀음을 깨닫고 후회하였습니다. 그리고 자신의 잘못된 삶뿐만 아니라 자신의 타락한 마음을 발견하고 괴로워하였습니다. 그는 슬피 울었습니다. 바울은 그에게 십자가에 못 박히신 그리스도를 전하였습니다. 그리고 기쁨의 빛이 그의 눈에서 감돌았습니다. 그 무거운 마음에서 짐을 내려놓았습니다. 새로운 생각들이 그의 어두운 마음을 밝혔습니다. 그의 얼굴은 변화되었고, 전 인격이 새로워졌습니다. 하나님의 은혜는 사자와 같은 사람을 양처럼 순하게 만들고, 갈가마귀와 같은 사람을 비둘기 같이 순결하게 만들 수 있기 때문에 이 모든 일이 가능했습니다.

확신하건대, 여러분 가운데 일부는 오네시모처럼 하나님의 택하심을 받고 효과적인 부르심을 받은 사람들입니다. 그러므로 주님께서 베푸신 인자하심을 기록에 남깁시다. 그리고 우리 스스로에게 이렇게 말합시다. "그리스도께서 영광을 받으시리로다. 주님께서 이 모든 일을 이루셨도다. 주님께 영원히 영광이 있을지어다."

하나님의 은혜는 오네시모를 변화시키는데 탁월한 능력을 발휘하였습니다. 회개한 오네시모는 필요하고 쓸모 있고 유익한 사람이 되었던 것입니다. 바울은 그를 동료로 데리고 있고자 하였습니다. 오네시모는 분명히 친절하고 온유하고 사랑스러운 심령의 소유자였습니다. 바울은 즉시 그를 형제라고 불렀으며, 그를 곁에 두고 싶어했을 것입니다. 바울이 오네시모를 돌려보냈을 때 그가 주인에게 돌아간 것만 보더라도 그의 마음에 변화가 있었음이 분명하지 않습니까? 그가 로마에서 떠났을 때, 그는 이 마을에서 저 마을로 지났을 것이며, 완전히 자유의 몸이었습니다. 하지만 그는 자신의 주인에게 매여 있는 몸임을 깨닫고 — 특히 그가 주인에게 해를 주었기 때문에 — 그는 바울의 충고대로 이전의 자신의 위치로 되돌아가야 합니다. 그는 되돌아와 사과의 편지 혹은 (바울이 써 준) 소개장을 그의 주인에게 전달해야 합니다. 왜냐하면 자신이 행한 잘못을 배상하는 것이 자신의 의무임을 그가 깨달았기 때문입니다. 회개하였다고 고백하는 사람들이 이전의 잘못을 배상하는 모습을 나는 언제나 보고 싶습니다. 그들이 부당하게 돈을 훔쳤다면 그들은 마땅히 갚아야 합니다. 그들이 일곱 배로 갚는다면 더 좋은 일이겠지요.

"하나님께서 나를 용서하셨으니 그것으로 된 거야"라는 말로 무마할 수 있다고 생각하지 마십시오. 사랑하는 친구들이여, 그렇지 않습니다. 하나님께서 여러분을 용서하신 만큼 여러분은 그 모든 잘못을 되돌리려고 노력해야 합니다. 그리하여 여러분의 회개가 참으로 진실된 것임을 보여 주십시오. 이처럼 오네시모는 빌레몬에게 돌아가서 주인을 위하여 일을 함으로써 빚을 갚거나 혹은 빌레몬이 원하는 바를 행해야 할 것입니다. 비록 오네시모가 바울을 섬기기를 원하였을지라도 그의 첫 번째 의무는 자신이 해를 입힌 자에게 빚을 갚는 일이었기 때문입니다. 이렇게 함으로써 오네시모는 자신의 심령이 온유하고 겸손하며 정직하고 올바르다는 것을 보여 주었습니다. 이에 오네시모는 칭찬 받을 만합니다. 아니, 사실은 하나님의 은혜가 칭찬받아야 합니다. 전에 도둑질한 사람이 이제는 돌아와 주인에게 유익을 주는 사람이 되었으니 이 얼마나 큰 변화입니까!

하나님의 은혜가 얼마나 놀라운 일을 행하였나요! 하나님의 은혜는 지금도 놀라운 일을 행하고 있습니다! 악한 사람들을 변화시키며 타락한 사람들을 선도하기 위해 세상은 많은 계획들을 이행합니다. 이러한 계획들이 올바르게 시행되는 한 우리는 이 모든 계획들이 성공하기를 바라마지 않습니다. 아름답고 순수하고 평판이 좋은 무슨 계획이든지 우리는 성공하기를 빕니다. 하지만 이 말씀을 주목합시다. 술고래를 진정으로 변화시키려면 그가 새로운 마음을 가져야 합니다. 창기를 진정으로 교화시키려면 그 안에 새로운 본성이 생겨나야 합니다. 그녀는 구세주의 보혈로 씻음 받아야 합니다. 그렇지 않으면 결코 깨끗해지지 못할 것입니다. 예수 그리스도와 그의 복음으로 말미암지 않고는 사회의 최하층 사람들은 결단코 덕, 맑은 정신, 정결함으로 인도되지 못할 것입니다. 다른 모든 사람들이 자기 좋아하는 대로 하도록 내버려두십시오. 그러나 내게는 우리 주 예수 그리스도의 십자가 외에 결코 자랑할 것이 없습니다.

이제 두 번째로, 본문에서 우리는 죄를 면제받은 매우 흥미로운 사례를 볼 수 있습니다.

오네시모는 주인의 재산을 도둑질하여 도주할 권리가 없었습니다. 하지만 하나님은 그 죄를 이용하여 그를 회개케 하기를 기뻐하셨습니다. 하나님의 섭리 가운데 그는 로마로 인도되었고, 바울이 복음을 전하는 곳으로 가게 되었으며, 결국 그리스도께로 인도되어 올바른 정신을 갖게 되었던 것입니다. 우리가 이러한 사실을 말할 때, 우리는 조심해야 합니다. "아마 그가 잠시 떠나게 된 것은 너로 하여금 그를 영원히 두게 함이리니"라는 바울의 말은 오네시모의 도주를 변명하는 말이 아닙니다. 오네시모가 조금이라도 잘하였다고 바울은 주장하지 않습니다. 죄는 죄입니다. 죄가 아무리 면제받을지라도 죄는 여전히 죄입니다. 우리 구주의 십자가 수난으로 말미암아 인류는 가장 큰 복을 받았습니다. 하지만 그럼에도 불구하고 예수님께서 "법 없는 자들의 손"에 붙잡혀 십자가에서 죽으셨던 것입니다. 요셉의 형들이 요셉을 애굽에 판 것은 기근 시에 야곱과 그의 자손들을 보존하기 위한 하나님의 섭리였습니다. 하지만 요셉의 형들은 하나님의 섭리와 관계없이 자신들의 형제를 노예로 팔아 막은 죄를 지은 것이었습니다. 행동의 결점이나 미덕이 그 행동의 결과에 따라 결정되지 않는다는 사실을 항상 상기합시다. 예를 들어, 만일 스위치를 돌리라고 선로(線路)에 배치된 사람이 그 일을 잊어버렸다면, 그래서 기차 사고가 나고 수많은 사람이 죽었다면 여러분은 이를 큰 범죄라고 판정 내릴 것입니다. 하지만 설령 아무도 죽지 않았을지라도 이는 동일한 범죄입니다. 부주의한 결과가 나타나지 않더라도 그 부주의함 자체가 형벌을 받아 마땅한 것입니다.

만일 여차여차한 방법으로 스위치를 돌려놓는 것이 그 사람의 임무였는데 그렇게 하지 못하였지만 어떤 우연한 일로 인하여 사람들의 목숨은 구할 수 있게 되었다 할지라도 그 사람은 그럼에도 불구하고 비난받아야 할 것입니다. 그가 받을 칭찬은 없을 것입니다. 왜냐하면 그의 잘못은 자신의 임무를 소홀히 한 것이기 때문입니다. 하나님께서 죄를 파기시키신다 하더라도 그럼에도 불구하고 그것은 여전히 죄입니다. 사람의 잘못은 언제나 죄이며, 다만 악에서 선을 이끌어내시는 하나님의 놀라운 지혜와 은혜에 영광을 돌릴 뿐입니다. 오직 전능자의 지혜만이 이런 일을 행하실 수 있기 때문입니다. 그러므로 오네시모가 주인의 재물을 횡령하고 주인에게서 부당하게 도망친 것은 변명의 여지가 없습니다. 그는 여전히 범죄자이며, 다만 하나님의 은혜가 찬양을 받을 뿐입니다.

또한 오네시모가 주인으로부터 도주하였을 때 그 행동으로 말미암아 그는 아마도 망할 것이라는 사실을 깊이 주목했어야 합니다. 그는 친절한 주인의 지붕 아래에서 신뢰받고 의지하며 살고 있었습니다. 그 주인의 집 안에 교회가 있었습니다. 내가 본 서신을 자세히 읽어보면, 오네시모는 경건한 안주인과 바깥주인을 모시고 있었으며, 계속해서 복음을 배울 기회가 있었습니다. 하지만 이 앞뒤 가리지 않는 어린 사내는 이런 친절을 감당하지 못하고 뛰쳐나갔으며, 구원받을 기회를 날려 버렸습니다. 그가 은혜받지 못하였을 때 그 당시 자주 일어났던 노예들의 폭동에 가담하게 되었다면, 그는 다른 노예들처럼 사형을 당하고 말았을 것입니다. 그는 로마에서 사형 집행 직전에 짧은 참회를 하고 곧 바로 처형당했을 것입니다. 조금만 의심을 받더라도 목이 달아나는 것이 노예들과 방랑자들에 대한 통례였습니다. 오네시모는 신속하게 사형을 당하고 영원한 형벌을 받을 운명에 처한 사람이었습니다. 말하자면, 그는 자신이 행한 일로 인하여 사자(獅子)의 턱 사이에 자신의 머리를 집어넣은 꼴이 되었습니다.

한 젊은이가 갑작스럽게 집을 떠나 런던으로 간다면, 그것이 무엇을 의미하는지 우리는 알고 있습니다. 그의 친구들이 그가 있는 곳을 모르고, 또한 그의 친구들이 자기가 있는 곳을 알기를 바라지 않을 때, 그가 어떤 형편인지 우리는 조금은 알 수 있습니다. 오네시모가 무슨 짓을 하고 있었는지 나는 모르겠지만, 그가 기를 쓰고 자신을 망하게 하는 일을 하고 있었던 것만은 분명합니다. 그는 심판받을 길로 행하고 있었습니다. 그는 결과적으로 심판을 받지 않았지만 이는 그가 자랑할 일이 아니었습니다. 다만 모든 영광은 그의 죄를 파기시키신 하나님의 능력에 돌려야 합니다.

하나님께서 어떻게 모든 죄를 파기시키셨는지 알아봅시다. 처음부터 주님은 이 일을 계획하셨습니다. 바울 외에는 아무도 오네시모의 마음을 어루만질 수 없었을 것입니다. 오네시모는 골로새에 살고 있었으며, 바울은 감옥에 갇혀 있는 형편이었기 때문에 그곳에 올 수 없었습니다. 그러므로 부득불 오네시모가 바울에게 가야 했습니다. 친절한 빌레몬이 오네시모에게 "네가 로마에 가서 바울을 만나뵙고 그에게서 말씀을 듣고 오면 좋겠구나"라고 말했다고 해 봅시다. 이 못된 종은 이렇게 말했을 것입니다.

"나는 설교를 듣기 위해 목숨을 무릅쓰고 가지 않겠어요. 설령 당신께서 나를 통해 바울에게 돈이나 편지를 보내겠다면, 그것은 전하고 오겠지만 그의 설교는 사양하겠습니다."

여러분도 아시다시피, 가끔 회개할 생각을 하고 설교를 들으러 오는 사람들이 있지만, 그런 경우에라도 회개는 최후에 나타날 가능성이 높습니다. 왜냐하면 사람들은 성령의 불을 받지 않으려고 결심하고 그곳에 오기 때문이지요. 그래서 설교가 그들의 마음을 깊이 감동시키지 못합니다. 오네시모도 마찬가지였을 것입니다. 그런 식으로는 오네시모를 구원할 수 없었습니다. 그는 다른 식으로 로마에 가야 했습니다. 어떻게 이런 일이 일어날까요? 마귀가 이 일을 할 것입니다. 마귀는 능동적인 자신의 종을 잃게 된다는 사실을 모르고 이 일을 꾸밉니다. 마귀는 오네시모더러 주인의 물건을 훔치라고 유혹합니다. 오네시모는 마귀가 시키는 대로 하였으며, 그가 주인의 물건을 훔친 사실이 발각될까봐 두려워합니다. 그래서 될 수 있는 한 빨리 로마로 도망쳐 그곳의 어두운 빈민가에 숨어듭니다. 그리고 그곳에서 탕자가 겪은 고통을 체험합니다. 즉, 배가 주린 고통을 맛봅니다. 이러한 고통이 어떤 사람들에게는 세상에서 가장 효과적인 훈계가 되기도 합니다. 그들의 양심이 그런 식으로 깨어나는 것입니다. 오네시모는 너무나 배가 고팠고, 무엇을 해야 할지 몰랐습니다. 어느 누구도 그에게 먹을 것을 주지 않았습니다. 그때에 그는 로마에서 자신을 불쌍히 여길 사람이 없을까 생각하게 됩니다. 그는 로마에 아는 사람이 전혀 없기에 굶어죽을 위기에 처하게 됩니다.

아마도 어느 날 아침 한 그리스도인 여성이 바울의 말씀을 들으려고 그곳을 지나갔습니다. 그녀는 이 가련한 남자가 성전 계단 위에 쪼그리고 앉아 있는 모습을 보고 그에게 다가가서 그의 심령에 대하여 말하였습니다. 그러자 그는 "심령, 나는 그 따위에 관심이 없소. 당신이 내게 먹을 것을 주시면 내 몸이 당신에게 감사할 것이오. 나는 지금 굶어 죽어가고 있단 말이오"라고 하였습니다. 그때 여인은 "그러면 나와 함께 갑시다." 그에게 빵을 주고 이렇게 말하였습니다.

"내가 이렇게 하는 것은 예수 그리스도 때문이오."

"예수 그리스도! 나는 그에 대하여 많이 들어보았소. 내가 골로새에 있을 때 그에 대한 이야기를 많이 듣곤 하였단 말이오."

"도대체 누구로부터 예수 그리스도에 대한 말씀을 들었단 말이오?"

"그야, 바울이라고 하는 눈이 좋지 않고 키가 작은 위대한 설교자가 내 주인의 집을 자주 방문했기 때문이오."

"그래요, 나는 지금 바울의 설교를 들으러 가는 중인데, 그의 설교를 다시 듣고 싶지 않습니까? 그는 언제나 가난한 사람들에게 친절하게 말씀하신답니다."

이에 오네시모는 로마 군인들 사이로 비집고 들어갔으며, 바울의 주님께서 바울을 감동하여 오네시모에게 합당한 말씀을 전하게 하셨습니다.

이렇게 되었을 수도 있지만 또 다른 식으로 사건이 전개되었을 수도 있습니다 — 물론 아무도 모르지만 — 그는 '맞아, 바울이 로마에 계신 것을 나는 알고 있지. 그가 이곳에 죄수로 잡혀 있지. 내가 가서 바울이 어느 감옥에 계시는지 알아봐야겠다'라고 생각했을 수도 있습니다. 그랬다면 그는 궁전 감옥에 내려가서 거기서 바울을 만나서 자신의 극도로 빈곤한 생활을 호소하였을 것입니다. 그때에 바울은 그에게 말씀을 전하였을 것이며, 오네시모는 자신이 행한 불의를 바울에게 자백하였을 것입니다. 그리고 바울이 잠시 그에게 훈계한 후에 "이제 너는 돌아가서 네가 저지른 잘못에 대하여 주인에게 사과하고 그 빚을 갚아야 할거야"라고 말해 주었을 것입니다. 이야기는 이 둘 중에 하나로 전개되었을 것입니다. 아무튼, 주님은 로마에 있는 오네시모로 하여금 바울의 설교를 듣게 하셨던 것이 틀림없습니다. 그리고 오네시모의 죄는 하나님과 아무런 상관이 없으며 자기 스스로 완전히 자발적으로 저지른 것이었지만, 복음으로 인해 그의 심령이 복을 받도록 인도하신 신비로운 섭리로 말미암아 그의 죄는 사함을 받았습니다.

이제 나는 그리스도인 여러분에게 이 문제에 대하여 말씀드리고자 합니다. 여러분에게 집을 나간 아들이 있습니까? 고집스럽고 제 마음대로 하는 젊은이가 그리스도인 가족의 규제를 견디지 못하고 나갔습니까? 그렇다면 이는 매우 슬픈 일입니다. 하지만 낙심하지 마십시오. 그에 대하여 절망적인 생각을 갖지 마십시오. 그가 어디 있는지 여러분은 모르지만 하나님은 아십니다. 여러분은 그를 따라갈 수 없지만 하나님의 성령은 하실 수 있습니다. 그가 상하이로 항해하고 있을지 모릅니다. 그렇지만 상하이에도 바울과 같은 사람이 있을 것이며, 그 사람이 그를 구원할 도구가 될 것입니다. 바울이 잉글랜드에 없는 만큼 여러분의 아들은 상하이로 가야 합니다. 여러분의 아들이 오스트레일리아로 가고 있나요? 거기에서 하나님은 여러분의 아들을 축복할 말씀을 예비하고 계실 것입니다. 그 말씀만이 그를 감동시킬 것입니다. 나는 그 말씀을 전할 수 없습니다. 런던에 있는 어느 누구도 그 말씀을 전할 수 없습니다. 하지만 하나님께서 예비하신 그 사람이 그곳에서 여러분의 아들에게 복된 말씀을 전할 것입니다. 그러므로 하나님은 그로 하여금 어리석게 제 마음대로 가도록 허용하시지만 결국은 그를 반드시 구원할 은혜의 수단 아래로 인도하실 것입니다.

한 젊은이에게 임하는 최악의 일이 때때로 최선의 일이 될 수 있습니다. 나는 지위와 재물을 가진 젊은이들이 경마와 유흥에 빠지는 모습을 보면서 가끔 이런 생각을 합니다. 즉, "그들의 방탕은 몹시 잘못된 일이지만 한편으로 그들이 이 때문에 가능한 한 빨리 돈을 허비할 것이며, 이후에 거지 신세가 되면 탕자의 비유에 나오는 젊은 신사처럼 되리라"는 생각입니다. 탕자는 모든 것을 허비한 후 그 땅에 큰 기근이 임하고 궁핍하게 되자 "내가 일어나 아버지께 가리라" 하였습니다. 타락한 행위 뒤에 따르는 질병 — 방종과 방탕 후에 무장한 사람처럼 오는 빈곤 — 은 아마도 사랑의 또 다른 형태일 것입니다. 즉, 하나님은 죄인으로 하여금 자신에게 와서 자신의 방법을 숙고하고 영원히 자비로우신 하나님 자신을 찾도록 하기 위해 이 같은 아픔을 보내신 것입니다.

오네시모는 집에 머물렀을 수도 있었고 결코 도둑이 되지 않았을 수도 있었으며, 혹은 독선으로 말미암아 이리저리 방황할 수도 있었을 것입니다. 하지만 지금 그의 죄는 명백하며, 이 방랑자는 타락한 자신의 마음을 드러내 보이고 말았습니다. 바로 이때 그는 바울 앞에 와서 기도를 받고 회개하게 되었습니다. 제발 부탁하건대, 남자나 여자 혹은 아이의 인격의 표면에 죄가 드러난 것을 보고 그들을 포기하지 마세요. 다만 속으로 이렇게 하십시오. '나로 하여금 기도하라고 이런 모습을 보게 된 거야. 내가 관심을 가지고 이 가련한 영혼을 예수 그리스도께, 곧 능력 많으신 구주께로 인도하라고 이러한 모습이 내 눈에 보인거야. 주님은 아무리 절망적인 죄인이라도 구원하실 수 있어.'

하나님의 자비는 오늘도 일하고 활동하고 있다는 생각을 가지고 그런 모습을 바라보십시오. 그리고 힘써 부정적인 생각을 물리치십시오. 우리의 사명은 소망하고 기도하는 것입니다. "그가 잠시 떠나게 된 것은 너로 하여금 그를 영원히 두게 함이리니." 아마도 이 젊은이가 이처럼 제 마음대로 행동한 것은 그의 죄가 결정적인 위기의 순간에 이르렀다가 결국 돌이켜 새로운 마음을 갖기 위함이었을 것입니다. 그동안 여러분의 딸이 많은 죄를 지은 까닭은 이제 주님께서 그녀의 죄를 깨닫게 하신 다음 결국 구주의 발 앞으로 인도하기 위함일 것입니다. 아무튼 아무리 상황이 안 좋더라도 하나님을 바라며 기도하십시오.

세 번째, 우리는 본문에서 관계가 개선된 예를 볼 수 있습니다. "아마 그가 잠시 떠나게 된 것은 너로 하여금 그를 영원히 두게 함이니, 지금처럼 종으로서가 아니라 사랑 받는 형제로서 두게 함인데, 그가 내게도 귀한 형제인데 너에게는 얼마나 더 귀한 형제이겠는가?" 여러분도 알다시피 우리는 오랫동안 진리를 배웠습니다. 아마도 빌레몬은 종을 둔다는 것이 잘못이라는 사실을 깨닫지 못하였을 것입니다. 당시에 매우 의로운 사람들도 이 사실을 알지 못하였습니다. 존 뉴턴(John Newton)은 노예 무역을 하는 것이 잘못된 것인 줄 몰랐습니다. 조지 휫필드는 의욕을 가지고 사바나 초원에 있는 고아원에 노예들을 버려 두었을 때, 자신이 말이나 금과 은 이상의 무엇을 다루고 있다는 사실을 조금도 생각하지 못하였습니다. 복음은 언제나 노예제도를 뿌리째 흔들었지만 공적인 정서는 깨어나지 못하였습니다.

복음의 핵심은 다른 사람들이 우리에게 해 주기를 바라는 대로 우리가 다른 사람들에게 해 주는 것입니다. 그런데 아무도 다른 사람의 종이 되기를 바라지 아니하므로 어느 누구도 다른 사람을 자신의 종으로 삼을 권리가 없는 것입니다. 아마도 오네시모가 도주하였다가 다시 돌아왔을 때, 바울의 이 편지가 오네시모의 처지에 대하여 빌레몬의 눈을 조금은 뜨게 하였을 것입니다. 의심할 여지 없이 빌레몬은 훌륭한 주인이었으며 그의 종을 신뢰하였고 오네시모를 종으로 대하지 아니했을 테지만, 아마도 그가 오네시모를 형제로 여기지는 않았을 것입니다. 오네시모가 돌아온 만큼 그는 더 좋은 종이 되겠지만 빌레몬 또한 더 좋은 주인이 될 것이며 더 이상 노예 소유자로서 행세하지 않을 것입니다. 그는 이전의 자신의 종을 그리스도 안에서 형제로 여길 것입니다.

하나님의 은혜가 가정에 임하면 다음과 같은 일이 일어납니다. 하나님의 은혜는 관계를 좋게 만듭니다. 하나님의 은혜를 받은 아이는 버릇없이 굴지 않으며, 부모에게 순종해야 한다는 사실을 잊지 않습니다. 하나님의 은혜를 받은 아버지는 지혜와 사랑 없이 자기 자녀들에게 군림하지 않습니다. 왜냐하면 하나님의 은혜를 받은 아버지는 자녀를 노엽게 하지 않으며, 낙심시키지 않기 때문입니다. 하나님의 은혜를 받은 종은 주인 행세를 하지도 않고 주인의 지위를 넘보지도 않으며, 혹은 하나님의 은혜를 받은 주인은 자신의 권위를 과시하지 않으며 주변의 모든 이들을 부드럽게 대합니다. 로올랜드 힐(Rowland Hill) 경은 사람이 회개한 후에 그의 개와 고양이의 형편이 더 나아지지 않는다면 그 사람의 경건은 소용없는 것이라고 말하곤 하였습니다. 그의 말은 의미심장합니다. 은혜로 원만하여질 때 집안의 모든 사정이 좋아집니다. 아마도 주부들은 남자들보다 날카롭고 조급하며 톡 쏘기를 잘합니다. 그런 주부들이 하나님의 은혜를 받으면 그들의 체질 속에 약간의 설탕이 첨가되게 됩니다. 하녀는 빈둥거리기 쉽고, 아침에 늦게 일어나며, 단정하지 못하고, 문간에서 잡담을 즐깁니다. 하지만 그녀가 참으로 회개하면, 그런 흉물스러운 모든 일들은 끝납니다. 그녀는 양심적이고 자신이 마땅히 해야 할 일들을 잘 수행하게 됩니다. 주인은 어떨까요? 주인이 참된 그리스도인이 될 때, 그는 친절과 온화와 이해심을 갖춥니다.

남편은 아내의 머리입니다. 하지만 은혜로 거듭난 남편은 어떤 남편들처럼 전혀 아내의 머리로 군림하지 않습니다. 또한 은혜를 받은 아내는 자신의 위치를 지키며, 온갖 친절과 지혜를 동원하여 할 수 있는 한 자신의 집을 행복하게 만들려고 노력합니다. 여러분의 경건이 성전과 기도회에만 국한되고 가정과 상관이 없다면 나는 여러분의 경건을 믿지 않을 것입니다. 세상에서 가장 훌륭한 경건은 식탁에서 미소짓고, 재봉틀 앞에서 일하며, 응접실에서 상냥한 것입니다. 내게 구두를 반짝거리게 할 수 있는 경건을 주십시오. 그러면 구두를 잘 닦을 것입니다. 내게 요리를 잘 할 수 있는 경건을 주십시오. 그러면 먹을 만한 요리를 만들 것입니다. 내게 옥양목의 칫수를 잘 잴 수 있는 경건을 주십시오. 그러면 조금도 짧지 않게 천을 끊을 것입니다. 내게 많은 양의 물건을 팔 수 있는 경건을 주십시오. 그러면 많은 상인들이 하는 것처럼 열에 아홉은 상표를 붙이지 않아도 될 것입니다. 이처럼 참된 기독교 신앙은 삶의 전반에 영향을 미칩니다.

우리가 참된 그리스도인이라면 우리 동료와의 관계가 달라져야 할 것입니다. 우리의 손아랫사람을 불러내는 자들을 우리는 아주 이상한 눈으로 주시할 것입니다. 다른 사람들을 배려합시다. 특히 그리스도께서 우리를 사랑하신 것처럼 사랑하시는 사람들을 더욱 배려합시다. 빌레몬은 "나는 너를 받아들이지 않겠어. 오네시모 이놈! 처음엔 물렸고, 두 번째는 창피를 당했어. 나는 결코 무릎이 상한 말을 타지 않을거야. 너는 내 돈을 훔쳤어. 나는 너를 다시는 받아들이지 않을 거야"라고 말했을지도 모릅니다. 나는 그런 식의 말을 들어보았습니다. 여러분도 그런 말을 들어보지 않았습니까? 여러분은 그런 말을 들을 때 기분이 좋았습니까? 만일 그런 말을 들었다면 집에 가서 그런 기분을 여러분에게서 지워달라고 기도하십시오. 왜냐하면 여러분의 심령에 그런 기분이 남아있다는 것은 안 좋은 일이기 때문입니다. 주 예수 그리스도께서 여러분을 거저 용서하여 주셨는데, 여러분이 종에게 목청을 높여 "네가 진 빚을 내게 갚아"라고 말할 수 있나요? 여러분이 그렇게 계속해서 성질 부리는 것에 대하여 하나님은 용서하십니다. 그런 만큼 여러분도 긍휼히 여기시고, 불쌍한 사람들의 청을 받아주시고, 기꺼이 용서해 주세요. 악한 일을 행하는 것보다 악한 일을 당하는 것이 훨씬 낫습니다. 눈감아 주어야 할 잘못을 주시하는 것보다 여러분이 주시할 만한 잘못을 눈감아 주는 것이 훨씬 낫습니다.

여러분의 모든 행동에 사랑이 흐르게 하십시오
그리하면 여러분의 모든 말이 친절할 것입니다

이 글은 우리가 어렸을 때 배운 짧은 찬송 가운데 들어있는 가사입니다. 이제 우리는 이 가사대로 실천해야 할 것입니다. 또한 —

복된 동정녀의 아들처럼 삽시다
그는 온유하고 겸손한 아이입니다

하나님의 무한하신 은혜로 우리가 이렇게 되기를 축원합니다.
하나님의 신비로운 섭리 가운데 오네시모가 로마로 가게 되었다면, 바로 지금 여러분이 여기 있는 것도 하나님의 어떤 섭리가 아닌지 궁금합니다! 그럴 수 있습니다. 그런 일들은 지금도 일어납니다. 사람들이 여기에 온 것은 결코 자신들의 뜻이 아닙니다. 설령 누군가 오겠다고 말했을지라도 실제로 자신들이 이곳에 오리라고는 조금도 믿지 못하였을 것입니다. 하지만 그들이 여기에 와 있습니다. 그들은 온갖 우여곡절을 겪으며 돌아다녔지만 그러나 아무튼 그들은 여기에 와 있습니다. 그러므로 부탁하건대 마음속으로 이 문제를 다음과 같이 생각하십시오. '하나님께서 나를 축복하시려고 이렇게 하신 것이 아닐까? 오네시모가 한 것처럼 오늘 밤 내 마음을 예수님께 내어 드리게 하려고 하나님께서 나를 이곳으로 인도하신 것이 아닐까?' 나의 귀한 친구여, 여러분이 주 예수 그리스도를 믿으면, 여러분은 즉시 모든 죄를 사함 받고 구원받을 것입니다. 주님께서 여러분으로 하여금 복음의 말씀을 듣게 하시려고 그의 무한하신 지혜로 여러분을 이곳까지 인도하신 것입니다. 여러분이 이곳까지 온 만큼 아무쪼록 복음을 받아들이고 여러분이 완전히 변화된 모습으로 돌아가기를 바랍니다.

약 3년 전에 나는 나이 드신 성직자와 이야기를 나누었습니다. 그는 양복 조끼 호주머니에 손을 넣어 만지작거리기 시작하였지만 한참이 지나서야 자신이 원하는 것을 찾았습니다. 마침내 그는 거의 다 찢어진 편지를 꺼내면서 "전능하신 하나님께서 당신에게 복을 내리시기를 바랍니다! 전능하신 하나님께서 당신에게 복을 내리시기를 바랍니다!"라고 했습니다. 나는 "벗이여, 도대체 무슨 말씀이십니까?"라고 물었습니다. 그러자 그는 이렇게 말했습니다. "내게 아들 하나가 있었소. 나는 아들이 늙은 나와 함께 지내리라고 생각했소. 하지만 그는 불행스럽게도 내 곁을 떠나버렸소. 나는 아들이 어디로 갔는지도 말할 수 없었소. 다만 아들은 미국으로 간다고 말했을 뿐이오. 아들은 런던 발 미국 행 승차권을 구입했으나 자기가 기대한 날짜에 가지 못하였소."

이 늙은 성직자는 내게 그 편지를 읽어보라고 건네주어 나는 읽었습니다. 그 내용은 이런 것이었습니다.

"아버지, 저는 지금 미국에 와 있습니다. 저는 일자리를 구하였고, 하나님께서 저를 형통하게 하셨습니다. 제가 지금껏 아버지께 지은 수많은 잘못들,

제가 아버지를 슬프게 했던 일들을 용서해 달라고 이 편지를 쓰고 있습니다. 하나님을 찬송합니다. 제가 구세주를 만났습니다. 저는 이곳에 있는 하나님의 교회에 등록하였습니다. 그리고 제 평생에 하나님을 섬기기를 소망합니다. 그리고 이런 일이 있었습니다. 저는 기대한 날짜에 미국에 오지 못하였습니다. 저는 태버너클(Tabernacle; 스펄전 목사의 교회) 교회가 어떤 곳인지 알아보기 위해 그곳에 들어갔는데 거기서 하나님께서 저를 만나 주셨습니다. 스펄전 목사님께서는 '아마도 여기에 도망가는 아들이 있을 것입니다. 주님께서 지금 은혜로 그를 부르십니다' 라고 말씀하셨답니다."

그는 편지를 접어 호주머니에 넣고는 이렇게 말했습니다.

"지금 내 아들은 죽었답니다. 그는 하늘나라에 들어갔습니다. 그리고 나는 당신을 사랑합니다. 내가 살아 있는 한 나는 당신을 사랑할 것입니다. 당신이 내 아들을 그리스도께로 인도하는 도구가 되셨으니까요."

지금 여기에 이와 유사한 사람이 있습니까? 나는 있다고 확신합니다. 어떤 사람은 아주 똑같은 경우입니다. 하나님의 이름으로 나는 이 강단에서 그런 사람에게 경계의 말씀을 전해야 할 책임이 있습니다. 오, 젊은이여, 자비로우신 주님께서 그대로 하여금 잘못된 길에서 돌이킬 수 있도록 다시 한 번 기회를 주고 계십니다. 부탁하건대, 지금 있는 자리에서 눈을 들어 하늘을 바라보고 "하나님이여, 나는 죄인이로소이다. 나를 불쌍히 여기소서"라고 말씀드리세요. 그리하면 하나님께서 그대를 긍휼히 여기실 것입니다. 그리고 나서 그대의 아버지께로 돌아가 그대가 받은 하나님의 은혜를 말씀드리세요. 그리고 그대를 그리스도께로 인도하기 위하여 이곳으로 이끄신 하나님의 사랑을 찬송하십시오.

사랑하는 친구여, 신비로운 면이 조금도 없다 하더라도 우리는 지금 여기에 있습니다. 우리는 지금 복음이 선포되는 자리에 있으며, 우리는 복음을 전해야 할 책임이 있습니다. 사람이 기어이 망하고 말 것이라면, 어떤 사람들처럼 예수 그리스도께서 복음을 분명하고도 간절하게 선포하시는 소리를 듣고 망하느니 차라리 복음을 듣지 못하고 망하는 것이 낫습니다. 이 둘 사이에서 여러분은 얼마나 오랫동안 꾸물거리려 합니까? 그리스도께서 "내가 이렇게 오래 너희와 함께 있으되 네가 나를 알지 못하느냐?"(요 14:9)고 말씀하십니다. 이렇게 간곡히 가르치고 전하며 초청하는데도 여러분은 아직도 돌아서지 않는단 말입니까?

오 하나님, 죄인을 돌아오게 하옵소서
그로 하여금 자신의 타락한 상태를 깨닫게 하옵소서

너무나 꾸물거려 뒤늦게 자신의 운명적인 선택을 후회하지 않도록 더 이상 지체하지 맙시다. 그리스도로 말미암아 하나님께서 여러분에게 복을 내리시기를 축원합니다.

# 제2부

# 신약의 여성들

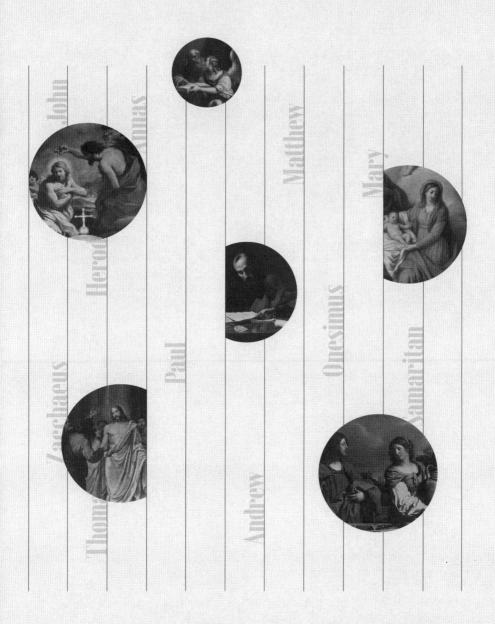

# 1

# 예수님의 어머니

## 마리아의 찬양

"마리아가 이르되 내 영혼이 주를 찬양하며 내 마음이 하나님 내 구주를 기뻐하였음은"(눅 1:46, 47).

마리아는 엘리사벳의 집을 문안하던 중에 이 귀한 찬양으로 자신의 기쁨을 표현하였습니다. 이 문안이 마리아에게 유익하였던 것처럼 우리의 친목이 우리의 마음에 유익이 되었으면 좋겠습니다. "철이 철을 날카롭게 하는 것 같이 사람이 그의 친구의 얼굴을 빛나게 하느니라"(잠 27:17). 믿음으로 충만한 마리아는 역시 거룩한 믿음으로 충만한 엘리사벳을 보러 갔습니다. 그리고 잠시 후 그 둘의 믿음은 온전한 확신에 이르렀고, 마침내 성스러운 찬양이 억수같이 터져 나왔습니다. 이 찬양은 그들의 잠자는 능력을 깨웠습니다. 우리는 이 찬양을 통하여 이 두 사람이 평범한 시골 여자들이 아니라 하나님의 성령께서 넘치도록 임하신 두 명의 여선지자와 시인들임을 깨닫습니다. 우리도 친척이나 아는 사람들을 만날 때 우리의 교제가 단순히 즐거울 뿐만 아니라 유익할 수 있게 해 달라고 하나님께 기도드립시다. 그리하여 단순히 재미있는 시간만 보내는 것이 아니라 우리 모두 날마다 천국으로 한 걸음씩 가까이 나아가므로 영원한 안식을 누리기에 더욱 합당한 자가 될 수 있기를 바랍니다.

여러분이 본받아야 할 마리아의 거룩한 기쁨을 살펴봅시다. 우리는 "즐거운 크리스마스"(Merry Christmas)를 맞이하려는 욕심에 서로에게 인사를 합니다. 약간 신경질적인 일부 그리스도인들은 "즐거운"이라는 말을 싫어합니다. 이 말은 고대 색슨(Saxon)의 아주 훌륭한 단어이며, 어린 시절의 기쁨과 인간의 환희를 뜻합니다. 이 말을 들을 때 사람들은 성탄절 새벽에 성가를 부르며 집집마다 다니는 성가대의 옛 찬송, 자정의 벨소리, 장식용 나무와 타오르는 통나무를 마음속에 떠올립니다. 성경에 나오는 모든 비유 중에 가장 감동적인 탕자의 비유에서 탕자가 오랫동안 방탕하다가 그의 아버지께로 안전하게 돌아왔을 때 "그들이 즐거워하더라"(눅 15:24)고 기록되었는데 나는 여기에서 이 단어를 볼 수 있는 것이 너무나 기분 좋습니다.

내 마음의 간절한 바람은 신자들인 여러분이 고차원적인 면에서 "즐거워하는"(merry) 것입니다. 마리아의 마음은 온통 거룩한 즐거움뿐이었으며, 그 모든 즐거움 하나하나가 모두 거룩한 환희였습니다. 이는 천사들이 보좌 주변에서 누리는 그런 즐거움이었습니다. 천사들은 그 보좌 주변에서 "지극히 높은 곳에서는 하나님께 영광이요"라고 노래할 때 우리는 "땅에서는 사람들에게 평화요 기쁨이로다"라고 노래합니다. 여러분이 오늘과 내일, 그리고 여러분 평생에 마리아의 이처럼 고상하고 거룩한 복을 소유하기를 바랍니다.

첫째, 마리아의 찬양을 살펴봅시다.

마리아의 찬양의 주제는 구세주입니다. 마리아는 성육신 하신 하나님을 환호하며 맞이합니다. 오랫동안 고대하던 메시아가 이제 곧 임하실 것입니다. 선지자들과 왕들이 오랫동안 고대하였던 그가 이제 곧 오실 예정이며, 나사렛 처녀에게서 나실 것입니다. 실로 이보다 더 아름다운 찬양의 주제는 결단코 없었습니다. 신성이 연약한 인성 가운데 겸손히 임하셨습니다. 하나님께서 그의 능력을 손으로 지으신 작품 가운데 나타내셨을 때, 새벽 별들이 함께 노래하였으며, 하나님의 아들들이 기뻐 외쳤습니다. 하지만 하나님께서 친히 임하실 때, 이 놀라운 광경을 경배하기 위해 부를 위대한 찬송에 과연 어떤 악기가 어울리겠습니까? 지혜와 능력이 보이더라도 이것들은 다만 메시아의 속성(attributes, 屬性)에 불과합니다. 하지만 성육신 가운데는 우리의 연약한 흙의 베일을 입은 채 임하신 하나님이 계십니다. 지금 땅과 하늘까지도 이 겸손한 은혜에 경탄을 금치 못하고 있을 때 마리아가 찬양한 것은 당연한 일입니다.

"말씀이 육신이 되어 우리 가운데 거하셨다"는 사실은 비할 데 없는 노래로 찬양받아 마땅합니다. 이제는 하나님과 그의 백성 사이에 더 이상 커다란 장벽이 존재하지 않습니다. 그리스도의 인성이 그 사이에 다리를 놓은 것입니다. 우리는 더 이상 하나님께서 높은 곳에 앉아 계시며, 인간의 빈곤과 불행에 무관심하다고 생각할 수 없게 되었습니다. 왜냐하면 하나님께서 우리를 찾아오시고 우리와 같은 천한 신분이 되셨기 때문입니다. 우리가 하나님의 도덕적인 영광과 순결에 결단코 참여할 수 없다고 더 이상 탄식할 필요가 없습니다. 왜냐하면 영광의 하나님께서 자신의 죄 많은 피조물에게 내려오신 이상, 보혈로 죄 사함 받고 깨끗해진 인생이 별 어려움 없이 별이 빛나는 길로 올라갈 수 있으며, 구속받은 자가 영원히 자신의 왕좌에 앉아 있을 수 있기 때문입니다. 우리는 하나님께 가까이 나아갈 수 없고 그래서 하나님께서 우리의 기도를 실제로 들으시고 우리의 궁핍을 불쌍히 여기실 수 없다는 그런 침울한 생각은 꿈에도 하지 마십시오. 예수님께서 우리와 똑같은 뼈와 살을 입으셨으며, 우리와 똑같이 아기로 태어나셨으며, 우리와 똑같은 연약함과 슬픔을 견디며 사셨으며, 우리와 똑같이 죽음을 당하셨다는 사실을 알아야 합니다. 오, 예수님께서 임마누엘, 곧 우리와 함께 하시는 하나님으로서 우리를 만나 주시는데, 우리가 이 새롭고 산 길로 담대하게 나아가 하늘에 속한 은혜의 보좌 앞에 이를 수 없단 말입니까?

그런데 이것이 마리아의 거룩한 찬양의 전부가 아닙니다. 마리아의 특별한 기쁨의 동기는 구세주의 탄생에 있지 않았고, 구세주께서 자신의 몸에서 태어나신다는 사실에 있었습니다. 마리아는 여인들 중에서 복된 여인이었으며, 주님의 큰 은혜를 입은 여인이었습니다. 하지만 우리도 역시 그녀와 똑같은 은혜를 누릴 수 있습니다. 아니, 우리는 그 은혜를 누려야만 합니다. 그렇지 않다면 구세주의 강림이 우리에게 아무 소용이 없을 것입니다. 내가 알기에, 그리스도는 골고다에서 자기 백성들의 죄를 도말하셨습니다. 하지만 사람들이 영광의 소망으로서 그들 안에 주 예수님을 모시지 않는 한, 그 누구도 십자가에서 이루신 그리스도의 공로를 깨닫지 못하였습니다. 동정녀 마리아 성가의 강조점은 자신에 대한 하나님의 특별한 은혜에 있습니다. 이 짧은 본문에 나오는 인칭 대명사들은 하나님의 은혜가 진실로 자신에게 임한 개인적인 일이었음을 우리에게 말해 줍니다.

"내 영혼이 주를 찬양하며 내 마음이 하나님 내 구주를 기뻐하였음은." 구주는 특별한 의미에서 그녀의 구주셨습니다. 마리아는 "모든 이를 위한 그리스도"를 찬양한 것이 아니었습니다. 다만 "나를 위한 그리스도"가 그녀의 찬양의 기쁜 주제였습니다. 사랑하는 성도들이여, 여러분의 마음속에 그리스도 예수께서 계십니까? 여러분이 멀리서 그리스도를 한 번 보기만 해도 여러분의 영적인 모든 질병이 치료될 것입니다. 그런데 여러분은 지금 여러분의 영적인 양식과 음료로서 그리스도를 여러분의 심장속에 영접하고, 그를 의지하며 살아가고 있는지요? 가끔 거룩한 교제를 나눌 때 여러분은 그리스도의 살을 먹었으며 그의 피를 마셨습니다. 여러분은 세례를 받음으로 그리스도와 함께 장사되었습니다. 여러분은 그리스도께 자신을 제물로 바쳤으며, 또한 여러분을 위한 희생제물로 그리스도를 모셨습니다.

여러분은 아가서에 나오는 신부처럼 다음과 같이 그리스도를 찬양할 수 있습니다. "그가 왼팔로 내 머리를 고이고 오른팔로 나를 안는구나 … 내 사랑하는 자는 내게 속하였고 나는 그에게 속하였도다. 그가 백합화 가운데서 양 떼를 먹이는구나"(아 2:6, 16). 이 말은 행복한 삶의 표현이며, 비열하고 비굴한 말이 아닙니다. 그리스도께서 참으로 여러분의 구주가 되지 않는 한, 여러분은 결단코 마리아의 기쁨을 알 수 없습니다. 그러나 그리스도께서 여러분의 구주가 되시고, 여러분 안에 계셔서 여러분의 마음을 다스리시며, 여러분의 타락을 억제하시고, 여러분의 마음에 신성한 감동을 주시며, 여러분 안에 말로 할 수 없는 기쁨과 충만한 영광이 있다면, 오, 그렇다면 여러분은 찬송할 수 있고, 또 찬송해야만 합니다. 어느 누가 여러분의 혀를 금할 수 있겠습니까?

우리 앞에 있는 최고의 시가 믿음의 찬양이라는 사실을 우리가 간과한다면 우리는 많은 교훈을 놓치고 말 것입니다. 아직까지 구주께서 탄생하지 않았으며, 또한 우리의 판단으로 자신의 몸에서 구세주께서 탄생하실 것이라고 믿을 만한 신체적인 징후도 마리아는 갖지 못하였습니다. 어떻게 이런 일이 있을 수 있을까? 이런 의심이 있었다면 마리아는 혈과 육으로 납득할 만한 응답을 받을 때까지 찬송을 잠시 보류했을 것입니다. 그러나 그런 응답은 없었습니다. 마리아는 하나님께는 모든 것이 가능하다는 사실을 알고 있었으며, 한 천사가 전해 준 하나님의 약속을 믿었으며, 이것만으로도 그녀는 찬송할 수 있었습니다.

하나님께서 하신 말씀에 의지하여 마리아의 심령은 기뻐 뛰었고 자신의 입술로 하나님의 이름을 찬미하였습니다. 마리아의 믿음의 상태, 그리고 마리아가 주저 없이 말씀을 받아들인 모습을 생각해 볼 때, 나는 아브라함이 남자로서 차지한 최고의 지위를 그녀에게 기꺼이 줄 것입니다. 내가 감히 마리아에게 믿음의 어머니라고 칭하지 못한다면, 적어도 이스라엘 중에 가장 훌륭한 어머니들 중에 한 분으로 당연히 그녀를 칭송해야 할 것입니다. "믿은 그 여자에게 복이 있도다"(45절)라고 한 엘리사벳의 축복을 마리아는 마땅히 받을 만하였습니다. 마리아에게 믿음은 "바라는 것들의 실상"이었으며, 또한 "보지 못하는 것들의 증거"였습니다. 하나님의 계시로 말미암아 마리아는 뱀의 머리를 상하게 할 약속된 씨를 자신이 잉태하였다는 사실을 알았습니다. 하나님의 계시 외에 다른 증거는 그녀에게 없었습니다.

오늘날 우리 신자들 가운데 구주의 임재를 거의 혹은 전혀 의식하지 못하고 기뻐하지 못하는 사람들이 있습니다. 그들은 어두움 속에서 살아가며 빛을 보지 못합니다. 그들은 원죄로 인하여 신음하고 있으며, 자신의 만연한 부패 때문에 슬퍼하고 있습니다. 이제 그들은 주님을 믿어야 합니다. 그들이 하나님의 아들을 믿으면, 그리스도 예수께서 그들 안에 계신다는 사실을 기억해야 합니다. 믿음으로써 그들은 찬양 받기에 합당한 사랑에 대하여 마땅히 할렐루야라고 찬양해야 할 것입니다. 만일 여러분이 다윗처럼 크게 낙망하여 있다 할지라도 다윗처럼 여러분의 심령을 향하여 "너는 하나님께 소망을 두라. 그가 나타나 도우심으로 말미암아 내가 여전히 찬송하리로다"(시 42:5)라고 말한들 어쩌겠습니까? 그러므로 마리아처럼 기뻐하십시오. 구주의 기쁨을 마리아는 완전히 자신의 기쁨으로 삼았는데, 이에 대한 증거는 감정이 아니라 믿음이었습니다.

은혜 받은 동정녀의 성가를 자세히 들으면서 나는 그녀의 겸손이 그녀의 찬양을 막지 못하였으며, 도리어 부드러운 음색을 가미하였다는 사실을 발견합니다. "그의 여종의 비천함을 돌보셨음이라"(48절). 사랑하는 친구들이여, 여러분은 자신이 본질적으로 깊이 타락하였다는 사실을 이전보다 더욱 강하게 느끼고 있으며, 여러분의 많은 실수를 절감하고 겸손한 자세를 취하고 있으며, 이 기도의 집에서조차 잠잠하고 땅에 엎드러져서 하나님 앞에 일어서지 못하고 있습니다. 크리스마스 캐롤이 여러분의 귀에 들리고 있는데 여러분은 근심에 젖어 슬퍼하고 있습니다. 여러분 자신이 오늘날 하나님의 교회에 아무 쓸모가 없고, 너무나 천하고 가치 없다고 생각합니다. 그리하여 여러분은 불신앙으로 "분명해, 분명해, 나는 찬양할 이유가 없어"라고 말합니다. 나의 형제여, 나의 자매여, 이리 와서 이 복된 나사렛 처녀를 본받으세요. 그리고 여러분이 그토록 고통스럽게 생각하는 바로 그 비천함과 하찮음을 끊임없는 찬송을 위한 또 하나의 동기로 삼으세요.

시온의 딸들이여, 주님의 사랑을 노래하는 가운데 "그의 여종의 비천함을 돌보셨음이라"고 거침없이 말하십시오. 내가 주님의 은혜를 받을 자격이 없으면 없을수록 나는 더욱더 거침없이 주님의 은혜를 노래할 것입니다. 선택받은 사람들 중에 내가 가장 하찮은 사람인들 어떻습니까? 그래도 나는 사랑의 눈으로 나를 찾으시고 그 사랑을 베푸신 주님을 찬양할 것입니다. 구주께서 살아 계시며, 또한 구주께서 여러분의 구주가 되신다는 사실을 기억하고 여러분은 찬양해야 한다고 나는 확신합니다. 이와 함께 여러분이 전에 죄많고, 더럽고, 타락하고, 가증스럽고, 하나님의 원수된 자였다는 생각을 한다면, 여러분의 목소리는 한층 더 높아져 삼층천까지 올라갈 것이며, 황금 하프로 하나님을 찬양할 것입니다.

약속된 복은 엄청나게 큰 것이었지만 이 아름다운 여류 시인은 그 큰 복 때문에 자신의 간절한 감사를 중지하지 않았다는 사실을 주목해야 합니다. 땅이 조성되기 전에 자기 백성을 사랑하시고, 우리를 위해 자신의 생명을 내어주시며, 영원한 보좌 앞에서 우리를 위해 간구하시고, 우리를 위해 안식의 낙원을 영원히 베푸시는 하나님의 선하심을 내가 묵상할 때, 다음과 같은 어두운 생각이 나를 괴롭혔습니다. "이러한 복은 하루살이 같은 이 가련한 피조물인 인간이 누리기에는 분명히 너무나 숭고한 특권이야." 마리아는 이 문제를 회의적으로 바라보지 않았습니다. 그녀가 큰 은혜를 감사하기는 했지만, 오히려 은혜가 크기 때문에 더욱 진심으로 기뻐했을 뿐입니다. "능하신 이가 큰 일을 내게 행하셨으니"(49절). 보세요, 하나님의 자녀가 되는 것은 큰 일이지만, 여러분의 하나님께서 이와 같은 큰 일을 행하십니다. 그러므로 불신앙으로 비틀거리지 말고 여러분의 양자 됨을 기뻐하십시오. 물론 이것은 큰 은혜입니다. 오! 영원 전에 하나님의 택하심을 받는다는 것은 산들보다 높은 큰 은혜이지만, 구속받은 하나님의 자녀는 그렇게 택하심을 받은 것이 사실입니다. 그러므로 여러분은 이 은혜를 찬양하십시오. 그리스도의 보혈로 구속함 받는 것은 깊고도 말로 할 수 없는 복이지만 여러분은 분명히 그렇게 구속함을 받았습니다. 그러므로 의심하지 말고 기쁜 마음으로 크게 외치세요.

"능하신 이가 큰 일을 내게 행하셨으니." 이 짧은 말씀 안에 얼마나 많은 진리가 담겨 있는지요! 하늘에서 영광을 누리는 영혼은 이 본문에서 끝없는 설교를 할 수 있을 정도입니다. 여러분에게 부탁하건대, 부족하나마 내가 여러분에게 제시하는 이 생각을 붙잡고 마리아가 섰던 거룩한 기쁨의 자리에 힘써 이르시기 바랍니다. 은혜는 분명 크지만 그 은혜를 주시는 분도 크십니다. 사랑이 분명 무한하지만 사랑이 솟아 나오는 그 마음도 무한합니다. 복은 말로 할 수 없이 크지만 옛적부터 이 복을 계획하신 거룩한 지혜도 말로 할 수 없이 위대합니다.

게다가 하나님의 거룩하심 앞에서 신자들의 열렬한 기쁨은 때때로 기가 꺾였습니다. 하지만 마리아의 경우는 그렇지 않았습니다. 그녀는 하나님의 거룩하심을 크게 기뻐하였습니다. "그 이름이 거룩하시며"(49절). 마리아는 자신의 찬양을 밝게 꾸몄습니다. 거룩하신 주님! 제가 저의 구주를 잊을 때 당신의 순결함에 대한 생각으로 저는 몸서리칩니다. 모세가 당신의 율법을 받은 거룩한 산에 섰던 곳에 서서 저는 엄청난 두려움에 떱니다. 저의 죄를 깨달은 저에게 시내 산에서 울린 천둥소리보다 더욱 무서운 것은 "거룩하다 거룩하다 거룩하다 만군의 여호와여"(사 6:3)라고 외친 스랍들의 찬송입니다. 주님 당신의 거룩하심은 죄인인 저를 완전히 멸하시는 '소멸하는 불'이 아니고 무엇입니까? 하늘들도 당신 앞에서 순결하지 못하며 어리석은 천사들을 책망하실진대, 여인의 몸에서 난 거역하는 인간을 어찌 당신께서 용납하실 수 있겠습니까? 인간이 당신 앞에서 어찌 순결할 수 있사오며, 당신의 눈이 인간을 보고 어찌 진노로 속히 소멸하지 않을 수 있사옵니까? 하지만 이스라엘의 거룩하신 자여, 저의 심령이 골고다 산에 서서 베들레헴에서 태어난 인자의 상처를 통해 당신의 거룩하심이 진실하다는 사실을 깨닫고 비로소 저의 심령은 전에 두려워하였던 그 영광스러운 거룩을 기뻐합니다. 거룩하신 하나님께서 인간으로 낮아지시고 인간의 몸을 취하셨나이까? 그렇다면 참으로 소망이 있나이다! 거룩하신 하나님께서 자신의 율법으로 인간에게 선고한 심판을 받으셨나이까? 성육신하신 거룩하신 하나님께서 이제 자신의 상처 난 손을 펴서 나를 위해 간구하나이까? 그렇다면, 내 영혼아, 하나님의 거룩하심이 네게 위로가 되리라.

우리가 독수리 날개를 우리 자신에게 달고 거룩한 찬양으로 하늘을 날아오를 때, 우리 밑에 전망이 환하게 펼쳐집니다. 심지어 마리아는 시의 날개 위에 자신을 얹어놓은 듯이 과거의 긴 통로를 내려다보며 오랜 세월 동안 여호와께서 행하신 놀라운 일들을 바라봅니다. 마리아의 노래가 어떻게 위엄을 더하는지 주목합시다. 이는 나사렛의 수줍어하는 비둘기의 날갯짓이라기보다 독수리의 날개를 단 에스겔의 힘찬 비상입니다. 그녀는 "긍휼하심이 두려워하는 자에게 대대로 이르는도다"(50절)라고 노래합니다. 마리아는 포로시대를 넘어 왕들에게로, 솔로몬과 다윗에게로, 사사들을 지나 광야로, 홍해를 건너 야곱, 이삭, 아브라함에게로, 그리고 계속하여 에덴의 문 앞에까지 이르러 약속의 음성을 듣습니다. "여자의 후손은 네 머리를 상하게 할 것이요"(창 3:15). 마리아는 주님의 전쟁들을 기록한 책을 매우 장엄하게 요약하며, 여호와께서 거두신 승리를 열거하였습니다.

"그의 팔로 힘을 보이사 마음의 생각이 교만한 자들을 흩으셨고"(눅 1:51). 마리아의 다음 찬송에서는 자비가 심판과 매우 즐겁게 어우러져 있습니다. "권세 있는 자를 그 위에서 내리치셨으며 비천한 자를 높이셨고 주리는 자를 좋은 것으로 배불리셨으며 부자는 빈 손으로 보내셨도다"(52-53절). 나의 형제 자매들이여, 우리도 마리아처럼 과거를 노래합시다. 과거는 성실할 때 영광스럽고, 심판당할 때 무섭다는 사실을 보여 주며, 또한 놀라운 일들로 풍성합니다. 우리의 삶은 경배의 찬양으로 채워져야 할 것입니다. 위대하신 왕, 곧 하나님을 감동시킨 일들을 이야기합시다. 우리가 굶주렸으나 하나님은 우리에게 좋은 것으로 채워 주셨습니다. 우리가 거지와 함께 거름더미 위에 쪼그리고 앉아 있었지만 하나님은 우리를 귀족들과 함께 앉게 하셨습니다. 우리는 광풍으로 요동하였으나 키를 잡고 계신 영원하신 선장과 함께 하므로 난파를 두려워하지 않았습니다. 우리는 이글이글 타는 뜨거운 풀무에 던져졌지만 인자께서 함께 하심으로 불꽃에 희생되지 않았습니다.

오 너희 음악의 딸들이여, 지난 오랜 세대에 여호와께서 자기 백성에게 자비를 베푸신 일들을 담은 긴 이야기를 소리쳐 말하십시오. 많은 물들이 주님의 사랑을 끌 수 없었으며, 홍수도 그것을 침수시키지 못하였습니다. 핍박이나 기근이나 헐벗음이나 위험이나 칼, 이런 모든 것들 중에 어느 하나라도 그리스도 우리 주 안에 있는 하나님의 사랑으로부터 성도들을 격리시키지 못하였습니다. 지존자의 날개 아래 있는 성도들은 언제나 안전하였던 것입니다. 원수에게 크게 괴롭힘당하였을 때에도 그들은 완전한 평안에 거하였습니다. "하나님은 그들의 피난처시요 힘이시니 환난 중에 만날 큰 도움이시라"(시 46:1).

마리아가 마음을 바꾸어 과거에 하나님께서 행하신 놀라운 일들을 생각하고 자기 하나님을 기뻐하였을 때, 특히 선택의 중요성을 역설하였습니다. 내가 찬송을 부를 때 "주님께서 먼저 나를 사랑하였기에 나도 주님을 사랑하나이다"라는 곳에서 가장 고조됩니다. 우리가 하나님의 산에 오를 때 사랑의 근원까지 날아오를 수는 없습니다. 마리아의 찬양에는 선택의 교리가 담겨 있습니다. "권세 있는 자를 그 위에서 내리치셨으며 비천한 자를 높이셨고 주리는 자를 좋은 것으로 배불리셨으며 부자는 빈 손으로 보내셨도다."

주 안에 있는 사랑하는 자들이여, 고상한 교리를 묵상하는 것을 두려워하지 마세요. 확신하건대, 여러분의 마음이 매우 무겁고 우울할 때, 이 고상한 교리가 가장 값비싼 강심제를 담은 용기라는 사실을 깨닫게 될 것입니다. 이 교리를 무시하거나 이 교리를 으슥한 곳에 던져 버리는 자들은 에스골의 풍성한 포도송이들을 맛보지 못합니다. 그들은 오래 저장하였던 맑을 포도주, 골수가 가득한 기름진 것을 맛보지 못합니다. 그러나 오랜 세월 동안 분별력을 발휘하여 선과 악을 분간해 온 여러분은 이와 같은 꿀, 이와 비교되는 달콤함이 없다는 사실을 알게 될 것입니다.

여기서 다시 한 번 주목해 보아야 할 한 가지 사실이 있습니다. 여러분도 알 듯이 마리아는 언약에 이르러서야 비로소 자신의 찬양을 마칩니다. 여러분이 선택의 산에 오를 때 그 자매 산에서는 은혜의 언약이 기다립니다. 마지막 찬양 부분에서 마리아는 "우리 조상에게 말씀하신 것과 같이 아브라함과 그 자손에게 영원히 하시리로다"(55절)라고 노래합니다. 마리아가 볼 때 하나님께서 조상에게 말씀하신 것은 다름 아닌 언약이었습니다. 오늘날 더욱 분명한 계시를 받은 우리가 볼 때, 영원의 회의실에서 맺어진 고대의 언약은 가장 큰 기쁨의 주제입니다. 아브라함의 언약은 기껏해야 은혜언약의 사본에 불과합니다. 이 은혜언약은 푸른 하늘이 펼쳐지기 전, 예수님, 곧 믿는 자들의 영원한 아버지와 맺은 언약입니다. 언약은 쑤시는 머리를 부드럽게 받쳐 주는 베개입니다. 예수님께서 보증하시는 언약들은 떨고 있는 심령을 받쳐 주는 가장 든든한 버팀목입니다.

> 그의 맹세, 그의 언약, 그의 보혈이
> 맹렬한 홍수 속에서 나를 받치네
> 땅의 모든 버팀목이 무너질 때,
> 이것은 언제나 나의 모든 힘이요 버팀목이네

그리스도께서 나를 영광으로 인도하겠다고 맹세하셨다면, 또한 아버지께서 나를 아들에게 주어 그의 영혼의 고통에 대한 무한한 보상의 한 부분이 되게 하겠다고 맹세하셨다면, 그렇다면, 나의 영혼아, 하나님께서 불성실하실 때까지, 그리스도께서 진리이기를 그치실 때까지, 하나님의 영원한 공회가 거짓말을 할 때까지, 하나님의 선택을 기록한 붉은 명부가 불로 소멸될 때까지, 여러분은 안전합니다. 그러므로 무슨 일이 일어나든지 완전한 평화 가운데서 쉬세요. 버드나무에 걸어둔 여러분의 수금을 취하여 여러분의 손가락으로 수금이 다 없어질 때까지 끊임없이 최고의 화음으로 연주하십시오.

두 번째, 마리아는 감미롭게 찬양하였습니다. 마리아는 하나님을 온 마음으로 찬양하였습니다. 마리아가 찬양의 주제 속으로 빠져 들어가는 모습을 살펴봅시다. 도입 부분 없이 마리아는 곧 바로 찬양하였습니다. "내 영혼이 주를 찬양하며 내 마음이 하나님 내 구주를 기뻐하였음은"(46-47절). 어떤 사람들은 노래를 부를 때 남이 들을까봐 두려워하는 것 같습니다. 그러나 우리의 시인은 이렇게 노래합니다.

    내 마음과 혀의 모든 힘으로
    나의 노래 중에 조물주를 찬양하리라
    천사들이 내가 외치는 소리를 듣고
    찬송하고 함께 찬양하리라

마리아는 온 마음으로 찬양하였습니다. 분명히 그녀의 영혼은 불타올랐습니다. 마리아가 묵상하는 동안 불이 붙었고, 그때에 혀로 말하였습니다. 우리도 역시 방황하는 우리의 생각을 불러내고 우리의 잠자는 능력을 깨워 구속의 사랑을 찬양할 수 있기를 바랍니다. 마리아는 고상한 언어를 사용하였습니다. "내 영혼이 주를 찬양하며." 이 말은 "내 영혼이 주를 찬양함으로써 힘써 하나님을 높이나이다"라는 의미일 것이라고 나는 추측합니다. 하나님은 그의 존재만큼 위대하십니다. 나의 선함이 하나님께 미칠 수 없습니다. 하지만 그럼에도 불구하고 나의 영혼은 하나님을 높일 것이며, 다른 사람들의 생각 속에서와 내 마음속에서 그리할 것입니다. 나는 하나님의 영광을 더욱 널리 반포할 것입니다. 하나님께서 주신 빛을 나는 나타낼 것입니다. 나는 하나님의 원수들을 하나님의 친구들로 만들 것입니다. 나는 하나님에 대한 완고한 마음들을 사랑으로 바꿀 것입니다.

"내 영혼이 주를 찬양하며." 옛 수도사는 "내 영혼은 그를 위해 더 큰 방을 마련하겠습니다"라고 말하였습니다. 마리아가 하나님을 자신 속에 모시기를 원했던 것처럼 러더퍼드(Rutherford)는 "나의 마음이 하늘처럼 커서 그리스도를 그 안에 모셨으면 … " 하였습니다. 그 후에 그는 자신을 억제하며 이렇게 말하였습니다. "하지만 하늘과 땅도 그리스도를 품을 수 없도다.

오, 내가 일곱 하늘만큼 큰 마음을 가져서 그리스도 전체를 그 안에 모셨으면 … " 이는 우리가 최대한 바랄 수 있는 것보다 더 큰 욕망입니다. 하지만 여전히 우리의 입술은 "내 영혼이 주를 찬양하나이다"라고 노래할 것입니다. 오! 내가 주님을 높일 수 있다면! 내가 주님을 더 높이 올려드릴 수 있다면! 내가 화형을 당함으로 그 작은 불꽃으로 주님의 영광을 더욱 밝게 비출 수 있다면, 나는 고통 중에라도 행복할 것입니다.

또한 마리아의 찬양은 기쁨이 넘쳤습니다. "내 마음이 하나님 내 구주를 기뻐하였음은." 여기에 해당하는 헬라어는 주목할 만한 것입니다. 이 단어는 "그날에 기뻐하고 뛰놀라"(눅 6:23)는 문맥에 나오는 단어와 동일하다고 나는 믿습니다. 영어의 고어체 중에서 기뻐 뛰는 춤을 묘사하는 단어인 "갤리어드"(galliard; 경쾌한 3박자의 춤)를 우리는 지금까지 사용하고 있습니다. 이 단어는 바로 여기서 사용된 헬라어에서 파생되었으리라고 추측됩니다. 이는 일종의 뛰는 춤이었습니다. 옛 주석가들은 이를 레발토(levalto)라고 불렀습니다. 결과적으로 마리아는 다음과 같이 말한 것입니다. "다윗이 언약궤 앞에서 하였듯이 내 마음이 춤을 출 것이며, 뛰고, 도약하며, 나의 주 하나님을 기뻐하리로다." 우리가 하나님을 찬양할 때 슬프고 음울한 음색으로 불러서는 안 됩니다. 나의 형제들 가운데 어떤 이들은 언제나 단조로 하나님을 찬양하거나 혹은 저음의 베이스로 찬양합니다. 그들은 전율을 느껴야 거룩하다고 생각합니다. 어떤 이들은 어찌하여 시무룩한 얼굴을 하지 않으면 하나님을 예배할 수 없나요? 예배드리기 위하여 나아가는 그들의 걸음걸이만 보고도 나는 그런 사람들임을 알 수 있습니다. 어찌나 침울한 걸음걸이인지! 어찌나 엄숙하고 단정한지 꼭 장례식에 참여하는 것 같습니다. 그들은 아직까지 다윗의 시를 이해하지 못합니다.

거룩한 지파들이 알 수 없는 기쁨으로
성전 마당으로 올라가네

그런데 그들은 마치 감옥에 가는 것처럼 아버지의 집에 올라가며 주일이 일주일 중에 가장 우울한 날인 것처럼 하나님을 예배합니다.

스코틀랜드 고지 사람들이 매우 경건하였을 당시 그곳의 어떤 사람에 대한 이야기가 있습니다. 그는 에딘버러(Edinburgh)에 가 보았는데, 두 번째 갔을 때 안식일에 무서운 광경을 목격하였다고 하였습니다. 에딘버러 사람들이 행복한 얼굴을 하고 교회에 가는 모습을 그가 보았다는 것입니다. 그는 주일에 행복한 모습을 하는 것은 악한 일이라고 생각했습니다. 여기에 계신 선량한 사람들 가운데도 그와 같은 생각을 가진 분들이 있습니다. 성도들이 함께 모이면 앉아서 애통해야 하며 기뻐해서는 안 된다고 그들은 생각합니다. 진실로 신음과 한탄은 하나님을 경배하는 정해진 방법이 아닙니다. 우리는 마리아를 본받아야 합니다. 1년 내내 겁을 내고 괴로워하는 사람들에게 마리아를 본받으라고 말합니다.

내 마음이 하나님 내 구주를 기뻐하였음은." 관능적인 기쁨은 중단하십시오. 죄악된 쾌락은 즐기지 마세요. 그러한 모든 기쁨은 악한 것입니다. 그러나 주님 안에서는 아무리 기뻐해도 지나치지 않습니다. 지나치게 냉정하고, 지나치게 차갑고, 지나치게 형식적인 점이 우리의 공적 예배의 결점이라고 나는 믿습니다. 나는 예배 중에 가끔씩 마음으로 "할렐루야"라고 외치는 것을 반대하지 않을 것입니다. 큰 기쁨을 열광적으로 터뜨림으로써 우리의 마음이 뜨거워질 수 있습니다. "영광을 돌리라!"고 외침으로써 우리의 심령이 불타오를 수 있습니다. 내가 경험해 보건대, 내가 웨일스에서 설교할 때만큼 진정한 예배의 준비를 본 적이 없습니다. 그때에 설교하는 동안 내내 성도들은 "하나님께 영광을!", "그의 이름을 송축하라"고 소리쳤는데 설교자인 나는 그 소리 때문에 방해 받지 않고 오히려 도움을 받았습니다. "주안에서 항상 기뻐하라. 내가 다시 말하노니 기뻐하라"(빌 4:4).

셋째, 마리아의 찬양은 감미로운 찬양인데 그 이유는 확신에 차서 불렀기 때문입니다. 마리아는 "내게 노래할 권리가 있는가?"라고 자문하며 찬양을 멈추지 않았습니다. 오히려 "내 영혼이 주를 찬양하며 내 마음이 하나님 내 구주를 기뻐하였음은 그의 여종의 비천함을 돌보셨음이라"고 외쳤습니다. "만약"이라는 말은 모든 그리스도인의 행복을 방해하는 원수입니다. "그러나," "혹시나," "의심," "짐작," "의혹," 이러한 개념은 겁 많은 순례자들을 길에 숨어서 기다리다가 그들의 노잣돈을 강탈하는 노상강도의 무리입니다. 하늘의 천사들이 의심을 가진다면 천국이 지옥으로 변할 것입니다. "네가 만일 하나님의 아들이어든," 이 말은 광야에서 우리 주님을 시험하기 위하여 옛 대적이 휘두른 비열한 무기입니다. 우리의 큰 대적은 어떤 무기가 우리에게 가장 치명적인지 잘 알고 있습니다. 그리스도인이여, 독이 묻은 단도를 가지고 여러분을 해하려고 할 때마다 믿음의 방패를 듭시다. 여러분들 가운데 일부가 의심과 두려움을 키우지 않을까 우려됩니다. 그보다는 차라리 독사 새끼를 부화시키거나 독사를 키우는 것이 더 나을 것입니다.

의심을 품는 것이 은혜 받은 표시라고 생각하지만 그와 반대로 의심은 병들었다는 징후입니다. 여러분이 하나님의 언약을 의심하는 것이 은혜가 아주 없음을 보여 주는 것은 아니지만 여러분에게 더 많은 은혜가 필요하다는 것을 보여 주는 것입니다. 여러분이 많은 은혜를 받았다면 하나님의 말씀을 주신 그대로 받아들일 것이며, 아브라함과 같이 "약속하신 그것을 또한 능히 이루실 줄을 확신하였다"(롬 4:21)는 평가를 받을 것이기 때문입니다. 하나님께서는 여러분이 의심을 떨쳐버릴 수 있도록 도와주십니다. 오, 이런 것들은 마귀적인 것들입니다. 말이 너무 지나칩니까? 그보다 더 한 말도 하고 싶군요. 이런 것들은 악한들입니다. 이런 것들은 그리스도에게서 영광을 강탈하려는 반역자들입니다. 이런 것들은 우리 주님을 욕되게 하는 역적들입니다. 하나님은 의심하는 것을 가증히 여기십니다. 사람이라면 의심하는 것을 가증히 여겨야 합니다. 의심은 여러분의 심령을 훼방하는 잔인한 대적들이며, 여러분이 쓰임 받지 못하도록 방해하며, 모든 면에서 여러분을 약탈합니다. 오 하나님의 사람들이여, 확신을 가지고 말하고, 거룩한 기쁨으로 찬양합시다.

마리아의 찬양에는 확신 이상의 무언가가 있습니다. 마리아는 매우 친밀하게 찬양합니다.

"내 영혼이 주를 찬양하며 내 마음이 하나님 내 구주를 기뻐하였음은 … 능하신 이가 큰 일을 내게 행하셨으니 그 이름이 거룩하시며." 이는 애틋한 사랑으로 하나님께 가까이 나아가는 사람의 찬양입니다. 비록 죄인이지만 보혈로 씻음을 받고 그리스도의 완전한 의로 옷 입었기에 나는 멀리 서 있지 아니하고 담대히 나아가 아버지이신 하나님과 이야기하고, 약속하신 바를 신실하게 이루시는 분을 만날 수 있습니다. 바깥뜰만 밟는 예배자들은 이러한 사실을 이해하지 못합니다. 우리가 부르는 찬송들 중에 더러는 매우 친밀하게 그리스도에 관하여 말하기 때문에 냉정한 비평가들은 "나는 그런 표현을 좋아하지 않는다, 나는 그런 찬송을 부를 수 없다"고 말할 정도입니다. 비평가님, 그런 언어가 체험이 없는 당신에게 어울리지 않는다는 당신의 말에 동의합니다. 하지만 어린 종은 말할 수 없는 천 가지 사실을 말할 수 있습니다. 어느 목회자가 우리가 부르는 찬송가와 다르게 부르던 일을 나는 기억하고 있습니다.

> 우리 하나님을 전혀 알지 못한
> 그들은 찬송하지 못하네
> 하지만 하늘의 왕께 총애 받은 사람들은
> 그들의 기쁨을 널리 전하네

그 목회자는 이런 찬송가를 다음과 같이 불렀습니다.

"하지만 하늘의 왕의 백성들은"

그 목회자가 이렇게 찬송하였을 때 나는 이런 생각이 들었습니다. "맞아, 당신은 당신 느낌대로 노래하고 있는 거야. 당신은 남다른 은혜와 특별한 계시를 전혀 모르고 있는 거야. 그러니까 당신의 본래 수준대로 고집스럽게 '하늘의 왕의 백성들'이라고 부르는 거야." 하지만 나의 마음은 내가 느낄 수 있는 예배를 드리고 싶습니다. 나는 예배 중에 내가 하늘의 왕께 총애를 입고 있다는 느낌을 표현하고 싶고, 따라서 나는 주님의 특별한 사랑, 주님의 분명한 은혜, 주님과의 달콤한 관계, 내 심령과 주님의 신비로운 연합을 노래할 수 있습니다. 여러분이 "주여, 어찌하여 자기를 우리에게는 나타내시고 세상에는 아니하려 하시나이까?"(요 14:22) 물을 때에야 비로소 온전해 질 수 있습니다. 우리에게는 계시되지만 바깥 세상에는 계시되지 않는 비밀이 있습니다. 양들은 받지만 염소들은 받지 못하는 총명이 있습니다.

예를 들면 재판관과 같이 공직에 계신 여러분 모두에게 호소합니다. 여러분은 법정에 앉아 있으며, 거기에 있을 때 적지 않은 위엄을 갖춥니다. 그러다가 집에 돌아오면 어린 자녀들은 여러분의 재판관의 지위를 조금도 두려워하지 않으며, 여러분을 인격적으로 사랑하므로 여러분의 무릎에 올라가고, 뺨에 입을 맞춥니다. 그리고 여러분은 어린 자녀들에게 매우 부드럽게 대하므로 재판정에서는 결코 용납할 수 없는 그런 수많은 일들을 어린 자녀들은 서슴없이 여러분에게 요구합니다.

이 비유는 설명할 필요가 없습니다. 내가 마틴 루터의 기도문 가운데 일부를 읽고 충격을 받았습니다. 하지만 나 자신을 이렇게 타일렀습니다. "내가 마틴과 똑같이 하나님께 이야기할 수 없다는 것은 사실이야. 하지만 아마도 마틴 루터는 양자로 택하심을 받은 사실을 나보다 더 깊이 느끼고 깨달았을 거야. 그는 나보다 담대하기 때문에 나보다 진솔할 수 있었던 거야. 그가 기도할 때 사용한 표현들은 그만큼 주님을 체험하지 못한 사람들의 입에서는 도저히 나올 수 없는 거지." 오 친구들이여, 오늘 우리 곁에 계시는 우리 주 예수님을 노래합시다. 그리스도께로 가까이 나아가 그분의 상처를 보고 여러분의 손을 그분의 옆구리에 넣어보고, 여러분의 손가락을 못 자국에 넣어봅시다. 그리하면 여러분은 지금까지 경험하지 못한 거룩하고 부드러운 멜로디로 찬양할 것입니다.

마리아가 찬양하는 동안 내내 매우 겸손하였고, 감사로 충만하였다는 사실을 나는 마지막으로 말씀드리고자 합니다. 천주교인들은 마리아를 "하나님의 어머니"라고 부릅니다. 하지만 마리아는 찬양 가운데 결단코 그런 내색을 하지 않았습니다. 아니, 마리아의 "하나님 내 구주"라는 표현은 여러분에게 말씀을 전하고 있는 나 같은 죄인이 할 수 있는 말이며, 또한 설교를 듣고 있는 여러분과 같은 죄인들이 할 수 있는 표현입니다. 마리아는 구주가 필요하였으며, 구주의 필요성을 절감하였습니다. 마리아의 심령이 기뻐한 이유는 자신에게 구주가 계시다는 사실 때문이었습니다. 마리아는 구주에게 좋은 인상을 주려는 듯이 말하지 않았고, 도리어 사랑하는 주님 품에 영접되기를 소원하였습니다. 그러므로 우리가 주님께 친밀감을 느끼는 동시에 언제나 우리의 심령이 가장 낮은 자세로 엎드러져야 한다는 사실을 유념합시다. 주님께서 처음부터 끝까지 하나님이시고 영원히 복된 분이신 반면 우리는 먼지와 재에 불과하며, 주님은 만물을 충만케 하시지만 우리는 아무것도 아니며 무익한 존재임을 우리는 기억해야 합니다.

마지막 대지는 마리아 혼자 찬양해야 할 것인가 하는 문제입니다. 만일 우리가 오직 육체적인 기쁨과 세속적인 쾌락을 위하여 노래한다면 마리아 혼자 찬양할 수밖에 없을 것입니다. 내일의 많은 음악도 마리아의 찬양과 장단이 맞지 않을 것입니다. 내일 많은 환희와 많은 웃음이 있을지라도 유감스럽게도 대부분의 환희와 웃음은 마리아의 찬양과 조화를 이루지 못할 것입니다. 이런 음악은 "내 영혼이 주를 찬양하며 내 마음이 하나님 내 구주를 기뻐하였도다"라는 마리아의 찬송과는 질적으로 다릅니다. 젊으나 늙으나 우리는 짐승의 혼으로 연주하기를 그치지 않을 것입니다. 우리가 방종하거나 술 취하거나 무절제함으로써 하나님의 계율을 깨뜨리지 않는 한, 우리는 찬양할 때 하나님의 자비의 맛을 하나도 남김없이 맛볼 수 있을 것입니다. 하지만 여러분이 이와 같이 육체의 행실을 그치지 않으면 음악은 거의 유익을 주지 못하고 시간만 흘러보낼 뿐이며, 인간 속에 내재하는 영혼에 행복을 주지 못할 것입니다. 그렇게 되면 마리아는 여러분을 제쳐두고 혼자서 찬양할 수밖에 없습니다. 식탁의 기쁨은 마리아에게 매우 저급한 것이며, 축제와 가족이 주는 기쁨도 그녀의 찬양의 기쁨과 비교해 보면 하찮은 것입니다.

그렇다면 마리아 혼자 찬양해야 하나요? 오늘 우리 중에 누구든지 예수님을 단순하게 믿음으로써 그리스도를 자신의 구주로 모시기만 한다면 마리아 혼자 찬양하지 않을 수 있습니다. 오늘 하나님의 성령께서 여러분으로 하여금 "나의 영혼을 예수님께 맡기나이다"라고 말하도록 감동하십니까? 나의 소중한 친구들이여, 그렇다면 여러분은 이미 그리스도를 마음에 잉태한 것입니다. 잉태하였다는 말의 신비로운 의미대로 그리스도 예수께서 여러분의 영혼속에 임하신 것입니다. 여러분은 주님께서 우리 대신 죄를 짊어지심으로써 죄를 도말하셨다는 사실을 알고 있나요? 여러분은 사람들을 위하여 대신 피를 흘리신 주님의 모습을 볼 수 있나요? 여러분은 주님을 그러한 분으로 알고 영접하셨습니까? 여러분의 믿음은 주님께서 완성하신 일, 주님의 존재, 그리고 지금도 주님께서 행하시는 일을 신뢰하는 믿음인가요? 그렇다면 그리스도께서 여러분 안에 잉태되었습니다.

여러분은 마리아가 체험한 그 모든 기쁨으로 여러분의 길을 걸어갈 수 있습니다. 나는 그 이상이라도 흔쾌히 말할 수 있습니다. 왜냐하면 여러분의 심령속에 거룩하신 예수님을 영적으로 잉태한 것은 구주의 거룩한 몸을 몸 속에 잉태한 것에 비하면 열 배나 축하할 일이기 때문입니다. 여러분이 심령 속에 예수님을 영적으로 잉태할 때, 주님은 여러분 안에서 영광의 소망이 되실 것입니다. 지금 그리스도를 여러분의 구주로 모셨다면, 여러분이 부를 고상하고 거룩한 노래는 세상에 없을 것입니다. 아니, 천사들의 입술에서 나오는 떨리는 노래, 천사장의 혀를 전율하게 하는 음률도 여러분이 부를 노래는 아닙니다. 오늘 가장 거룩하고 가장 행복하고 가장 영광스러운 말과 생각과 감정은 바로 여러분 안에 있습니다. 그것들을 활용하십시오! 하나님께서 이런 것들을 즐기도록 여러분을 도우십니다. 찬양은 주님께서 받으시는 한편, 기쁨은 언제나 여러분이 누려야 할 것입니다.

# 2

# 베드로의 장모(1)

---

## 최고의 심방

"회당에서 나와 곧 야고보와 요한과 함께 시몬과 안드레의 집에 들어가시니 시몬의 장모가 열병으로 누워 있는지라. 사람들이 곧 그 여자에 대하여 예수께 여짜온대 나아가사 그 손을 잡아 일으키시니 열병이 떠나고 여자가 그들에게 수종드니라. 저물어 해 질 때에 모든 병자와 귀신 들린 자를 예수께 데려오니 온 동네가 그 문 앞에 모였더라"(막 1:29-33).

우리는 본문에서 시작은 미약하였으나 그 마지막은 원대함을 볼 수 있습니다. 한 사람이 예수님의 말씀을 듣고 오면 또 다른 사람이 뒤따라 왔습니다. 그들이 사는 집은 주님께서 임하심으로 거룩하게 구별되었으며, 결국 그 온 도시에 위대하신 선생님의 명성이 끝에서 끝까지 퍼졌습니다.

베드로의 집은 가버나움 성에서 결코 가장 주목할 만한 집이 아니었습니다. 아마도 그의 집은 그 지역에서 가장 가난한 집은 아니었을 것입니다. 아마도 베드로는 자기 배를 소유하였거나 혹은 그의 형제 안드레와 공동으로 소유하였을 것이며, 혹은 베드로와 안드레와 야고보와 요한이 두세 척의 고기잡이배를 공동으로 소유하였을 것입니다. 왜냐하면 그들이 삯꾼들을 고용한 것으로 보이기 때문입니다(막 1:20). 그러나 베드로는 부자이거나 유명하지 않았으며, 그는 회당장도, 뛰어난 서기관도 아니었습니다. 그의 집은 바닷가의 작은 어촌을 형성한 주택들 가운데 있었으나 전혀 주목할 만한 집은 아니었습니다. 그런데 바로 이 집에 예수님께서 방문하셨습니다. 그 문 밖에는 어부의 그물이 걸려 있었습니다. 이것은 장차 보좌에 앉아 그의 동료 사도들과 함께 이스라엘 열두 지파를 심판하기로 예정된 사람의 집임을 유일하게 알리는 대형 문패였습니다. 이 초라한 지붕 아래에서 임마누엘께서 자신을 계시하기로 계획하셨습니다. 우리와 함께 하시는 하나님(임마누엘)께서 친히 시몬에게 하나님을 보이셨습니다. 예수님께서 그 문지방을 넘으셨을 때 얼마나 거룩한 복이 그의 집에 임하였는지 베드로는 거의 알지 못하였습니다. 또한 그의 문에서부터 얼마나 큰 자비의 강물이 가버나움 거리로 흘러갈지 그는 거의 알지 못하였습니다.

이제 여러분의 집이 여러분 자신에게는 아주 소중하겠지만 다른 사람들에게는 그다지 중요하지 않을 것입니다. 어떠한 시인이나 역사가도 여러분의 집에 대한 역사를 한 번도 기록하지 않았으며, 어떠한 예술가도 그 집의 형상을 새기지 않았습니다. 여러분의 집이 아마도 여러분이 살고 있는 지역에서 가장 초라한 오두막집은 아닐 것입니다. 하지만 여전히 여러분의 집은 세상에 알려지지 않았으며, 어느 누구도 말을 타고 가다가 "저 집에 누가 삽니까?," 혹은 "저 집은 얼마나 훌륭한 집인가요?"라고 묻지 않습니다. 하지만 주님께서 여러분을 방문하여 여러분의 집을 언약궤를 두었던 오벧에돔의 집처럼 만들지 말라는 법은 없으며, 구원이 임한 삭개오의 집처럼 만들지 말라는 법은 없습니다. 우리 주님은 여러분의 집을 전 지역을 위한 은혜의 중심지로 만드실 수 있으며, 온 누리에 빛을 퍼뜨리는 작은 태양으로 만드실 수 있으며, 주변의 수많은 사람들에게 건강을 나눠 주는 영적인 의무실로 만드실 수 있습니다.

이제 나는 다음과 같이 세 가지 대지로 말씀을 전하겠습니다. 첫째, 어떻게 은혜가 베드로의 집에 임하였는가? 둘째, 은혜가 그 집에 임하였을 때 어떤 역사가 일어났는가? 셋째, 어떻게 베드로의 집으로부터 은혜가 흘러갔는가?

어떻게 은혜가 베드로의 집에 임하였습니까? 첫 번째 연결고리는 가족이 회개하였다는 사실입니다. 베드로의 형제 안드레가 세례 요한의 설교를 듣고 감동을 받았습니다. 그에게 은혜가 되었던 본문 말씀은 아마도 "보라 세상 죄를 지고 가는 하나님의 어린양이로다"(요 1:29)라는 말씀이었을 것입니다. 안드레는 예수님을 따라 제자가 된 후 다른 사람들을 인도하여 예수님의 제자로 삼고 싶어했습니다. 우리 모두의 사명이기도 하지만 안드레는 먼저 가장 가까운 친척들에게 전도하기 시작하였습니다. "그가 먼저 자기의 형제 시몬을 찾아"(요 1:41). 사랑하는 친구들이여, 여러분이 구원 받았다면, 자신에게 "내가 어느 집에 구원의 사자가 될까?"라고 자문해야 할 것입니다. 아마도 여러분은 아직 가정을 이루지 못하였을 수도 있습니다. 안드레가 가정을 이루었는지는 나도 모르겠습니다. 본문의 상황에서는 그도 베드로처럼 같은 집의 한 구석에서 살았던 것 같습니다. 아마도 안드레와 베드로는 그들의 고향인 벳세다에 각자의 집이 있었을 테지만, 가버나움에 일을 보러 갈 때는 함께 살았습니다. 아마도 안드레에게는 아내와 자녀들이 없었을 것입니다. 물론 확실한 것은 아닙니다. 만일 그랬다면, 그는 스스로에게 "나는 내 형제와 그의 가족에게 유익을 주어야 해"라고 다짐하였을 것이라고 나는 확신합니다.

우리가 생기 있고 사려 깊은 그리스도인들이라면, 우리의 회심이 우리의 모든 친족들에게 좋은 징조가 되어야 하리라고 믿습니다. 우리는 무익하게 "내가 나의 자녀와 집안 식구들을 돌아보아야 했는데, 이제 변명의 여지가 없네"라고 후회하는 말을 해서는 안 될 것입니다. 우리는 집안 식구들에게 빚진 자들이라고 스스로 생각해야 할 것입니다. 여기에 계신 형제들은 안드레처럼 예수님의 제자가 된 후 형제와 형제의 식구들을 예수님께로 인도하는 도구가 되기를 바랍니다. 만일 안드레처럼 형제가 아니라면, 마리아와 마르다처럼 여기에 계신 자매들이 불타는 열심으로 형제들의 부족함을 채워주고, 나사로와 같은 오라비를 주님께로 인도하시기 바랍니다. 삼촌과 아주머니들께서는 조카들의 영적인 상태에 관심을 가져야 할 것이며, 사촌들은 다른 사촌들에게 관심이 있어야 할 것입니다. 그리고 모든 혈족들은 은혜를 끼치기 위하여 거룩하게 쓰임 받아야 할 것입니다. 베드로의 한 형제가 회개하지 않았더라면 베드로의 가정은 복음을 결코 알지 못하였을 것입니다.

이처럼 은혜의 첫 번째 고리는 더욱 중대한 은혜를 초래하였습니다. 이를테면, 그 가정의 가장이 회개하게 된 것입니다. 안드레가 그의 형제를 찾아 자신이 메시아를 만났다고 말하였습니다. 그리고 그 형제를 예수님께로 데려 왔고, 우리 주님께서는 즉시 그 신참내기를 영접하시고 새 이름을 주셨습니다. 베드로는 믿고 그리스도의 제자가 되었습니다. 즉, 그 집의 가장이 바로 서게 된 것입니다. 가정의 가장들에 대한 우리의 책임이 얼마나 막중한지요! 우리는 그들을 떨쳐버릴 수 없으며, 우리가 할 수 있는 한 최선의 노력을 다 해야 합니다. 하나님께서는 우리에게 소왕국을 주셨으며, 그 소왕국에서 우리의 주권과 영향력은 영원토록 긍정적으로 작용하거나 혹은 부정적으로 작용할 것입니다.

아이나 종이나 할 것 없이 우리의 집안 식구들은 모두가 우리의 행동에 의하여 선악간에 깊은 영향을 받을 것입니다. 참으로 우리는 그들에게 영향을 끼치고 싶은 마음이 없으며, 우리의 책임을 회피하려고 할 수도 있지만 그렇게 될 수가 없습니다. 부모의 영향은 그 어느 누구도 포기할 수 없는 보좌입니다. 부모들이여, 여러분의 자녀들이 멸망하느냐 구원받느냐 하는 것은 먼저는 하나님께, 그 다음에는 여러분에게 달려 있습니다. 은혜의 성령께서 여러분을 통해 그들을 회개하게 하실 수도 있으며, 혹은 사탄이 여러분을 도구 삼아 그들을 멸망시킬 수도 있습니다. 여러분의 자녀들은 어떻게 될까요? 여러분에게 명령하건대, 한 번 생각해 보십시오. 하나님의 은혜의 본부가 남편과 아버지의 마음속에 있다는 사실은 가족의 역사에서 놀랄 만한 사건입니다. 앞으로 그 가족의 이야기는 달리 쓰여질 것입니다. 주님께 속한 우리들은 우리 각자에 대한 주님의 은혜를 크게 감사하고, 그런 다음 돌이켜 우리의 식구들을 축복합시다.

이제 베드로의 집에 은혜가 임한 세 번째 단계를 살펴봅시다. 안드레와 베드로가 회개한 후에 두 형제의 파트너이자 동료였던 사람들이 회개하였습니다. 경건한 일을 함께 할 수 있는 동료들을 만난다는 것은 사람에게 큰 힘이 됩니다. 만일 그가 베드로처럼 고기잡이를 한다면, 야고보와 요한과 같은 사람을 동업자로 얻는 것은 큰 수확일 것입니다. 그리스도인들이 매일 자기 동료 그리스도인들과 교제하며, 서로가 서로에게 최선의 길에 관하여 말해 줄 때 경건에 큰 유익이 될 것입니다. 장작들이 서로 같이 붙어 있을 때 더욱 잘 탈 것이며, 숯불은 한 군데 모아질 때 시뻘겋게 타오를 것입니다. 마찬가지로 거룩한 일에서 마음과 마음이 모아질 때 내적인 발화를 일으킵니다. 혼자서 행하는 사람들은 좀처럼 거룩한 열정에 이르지 못합니다.

많은 그리스도인들이 불신자들과 함께 일함으로 말미암아 영적으로 힘든 싸움을 합니다. 그들은 조롱과 핍박을 받을 뿐만 아니라 온갖 종류의 의심과 모독에 노출되어 있으며, 이런 것들이 영적인 삶의 성장을 실질적으로 방해합니다. 그들이 섭리 가운데서 이러한 시험에 빠지면 시험 중에 견고히 서기 위해 그들에게 더욱 큰 은혜가 필요합니다. 사랑하는 형제들이여, 여러분이 매일 업무를 수행할 때 영적으로 도움이 되는 사람을 만나지 못하고 도리어 방해하는 많은 사람들을 만나거든, 여러분은 하나님께 더욱 가까이 나아가야만 합니다. 왜냐하면 여러분에게 갑절의 은혜가 필요하기 때문입니다.

하지만 하나님의 섭리 가운데 여러분이 영적으로 도움이 되는 그리스도인 동료들과 함께 하는 자리에 있다면, 다른 자리로 옮길 경우 두 배의 수입을 올린다 할지라도 여러분은 그런 자리를 쉽게 옮기지 마세요. 나는 맹세하는 자들과 술주정뱅이들과 함께 일하고 60실링을 받느니 차라리 야곱과 요한과 같은 사람들과 함께 일하고 20실링을 받겠습니다. 참으로 언행이 일치하는 그리스도인들과 함께 하는 여러분은 많은 혜택을 누리고 있는 것이며, 틀림없이 훌륭한 그리스도인이 될 것입니다. 그러므로 여러분이 특별한 은혜의 자리에 있음을 감사하고 또한 그 특권을 바르게 사용하고 있다는 것을 보여 주세요. 그러기 위하여 여러분의 집이 온전히 주님께 속한 집이 되도록 여러분의 집에 힘써 은혜를 끼쳐야 합니다.

이제 네 번째로서 더 명백한 단계는 베드로와 그의 친구들이 주님 앞으로 나왔을 때 취해졌습니다. 그 집안의 의인(안드레)은 이미 구원을 받았고, 그의 형제(베드로)와 동료들(요한과 야고보)도 구원 받았지만, 그들은 하나님의 은혜로 말미암아 단순히 구원받은 것 이상의 무언가가 되기 위해 일어났습니다. 그들이 한층 고귀한 일과 고상한 섬김에 부르심을 받은 것입니다. 그들은 어부에서 사람 낚는 어부로 향상되어야 했습니다. 그들은 배 안에서 노 젓는 자들에서 교회라는 배를 조종하는 선장이 되어야 했습니다. 베드로는 이미 제자였지만 아직 뒤에 있었습니다. 이제 그는 앞으로 나와야 합니다. 그는 제자로 산 날보다 어부로 산 날이 많았지만 이제 그는 어부로 살기보다 제자로 살아야 합니다. 이제 그는 예수님의 뒤를 따르되 더욱 공개적으로 신앙고백을 하고, 더욱 충실하게 섬기며, 더욱 친밀하게 성도들과 교제하며, 더욱 주의 깊은 제자의 신분을 갖추며, 고난 속에서도 더욱 온전하게 주님을 의지해야 합니다. 이를 위하여 그는 성령으로 말미암아 내적인 준비를 해야 합니다. 사실상, 그는 주님의 부르심을 받고 전혀 새로운 기준을 따라야 하며, 그런 기준 위에서 혈과 육은 결코 보여 줄 수 없는 진리를 성령으로 말미암아 지키고 체험해야 할 것입니다.

사랑하는 자들이여, 그리스도인과 그리스도인 사이에 큰 차이가 있을 수 있습니다. 나는 때때로 그런 차이를 보고 놀랍니다. 물론 그리스도인과 속인(俗人)의 차이만큼 그리스도인과 그리스도인 간에 큰 차이가 난다고 말할 수는 없겠지요. 왜냐하면 살아 있는 사람들 가운데 저급한 등급과 최고의 등급 간에 나는 차이보다도 살아 있는 사람들 가운데 저급한 등급과 죽은 자들 가운데 최고의 등급 간에 나는 차이가 훨씬 더 클 테니까요. 하지만 살아 있는 사람들 가운데도 큰 차이가 있습니다. 내가 알고 있는 구원받은 사람들이 있습니다 — 적어도 그들이 구원받았기를 나는 바랍니다 — 그러나 오, 성령의 열매는 왜 그렇게 보이지 않는지요. 그들이 비추는 빛은 왜 그렇게 희미한지요. 그들의 헌신은 너무나 미약합니다. 그들은 예수님을 주님이라고 부르면서도 예수님을 거의 닮지 않았습니다.

감사하게도 나는 이와는 아주 다른 분위기 속에 살며, 아주 다른 삶을 보여 주는 사람들을 봅니다. 나는 더욱 고귀한 삶이란 말을 좋아하지 않습니다. 왜냐하면 하나님의 생명은 모든 믿는 자들에게 동일하기 때문입니다. 하지만 그들의 삶은 더 고귀한 삶의 모습이며, 더 발전되고, 더 활기 있고, 더 영향력 있는 모습입니다. 그들의 눈은 더 밝고, 그들의 손은 더 민첩하며, 그들의 귀는 더 빨리 듣고 이해하며, 그들의 말은 더 감미로운 음악처럼 들립니다. 너무나 많은 사람들이 질병으로 괴로워하는 삶을 살다가 죽지만 그들의 삶은 아주 건강합니다.

이제 베드로와 그의 친구들은 낚시 도구와 배를 버려 두고 모욕을 당하시는 예수님과 함께 거하며, 그분으로부터 천국의 비밀을 배우라는 명령을 받았습니다. 나중에 그들이 다른 사람들에게 가르쳐야 하기 때문입니다. 그들은 "나를 따르라"는 선생님의 말씀을 듣고 모든 것을 버리고 주님의 명령을 따랐습니다. 그들은 주님과 함께 살며 담대하게 주님의 명령을 따름으로써 그리스도인으로서 놀라운 발전을 이루었습니다. 사랑하는 자들이여, 이렇게 그리스도인으로서 발전하여야 사람들이 자기 집에 복을 가져다 줄 수 있는 것입니다.

오, 그리스도인들의 재능이 잠자고 있는 것을 생각하면 한숨이 나옵니다! 그들의 자녀들이 어떻게 자라날까, 어떻게 그들이 하나님의 복을 받아 주님의 집에서 기둥이 될까 하고 생각하면 슬퍼집니다. 그들이 뜨겁게 헌신하는 부모의 영향을 받아야 복음의 사역자들이 될 수 있을 텐데 말입니다. 그런데 부모의 멍청함, 미지근함, 속된 마음, 그리고 불성실로 인하여 오히려 자녀들이 그리스도께 나오는데 방해를 받으며, 그들의 거룩한 삶이 성장하지 못하며, 은혜 안에서 자라지 못하며, 부모가 평생 자녀들에게 해를 끼칩니다. 형제들이여, 하나님의 성령께서 여러분에게 임할 때 어떠한 가능성이 여러분 안에 생기는지 여러분은 알지 못합니다. 그렇지만 이것만은 분명합니다. 여러분이 한 차원 높은 거룩한 삶을 살라는 부르심을 받는다면, 여러분은 친척들에게 복을 전하는 수단이 될 것입니다. 그리고 여러분의 남편, 여러분의 아내, 자녀, 친구, 그리고 여러분의 가족 모두가 여러분이 영적인 일에서 진보하는데 도움이 될 것입니다.

자, 이제 주님께서 베드로의 가정에 복을 베풀고자 하셨을 때 주님은 베드로와 안드레와 야고보와 요한에게 더 많은 것을 가르쳐 주셨던 사실을 주목합시다. 즉, 주님께서 그들을 회당으로 데리고 가셨고, 거기서 그들은 주님의 설교를 들었던 것입니다. 기쁨을 주는 설교는 능력이 충만하고, 일반적인 강론과는 아주 다릅니다. 예수님의 설교에는 권세와 능력이 있습니다. 제자들이 그런 설교를 듣고 회당에서 집으로 돌아왔을 때 복이 그 집에 임하였습니다. 우리 가운데 제아무리 훌륭한 사람이라도 가르침을 받아야 합니다. 그리스도인들이 그리스도의 말씀을 듣지 못할 정도로 그리스도의 일에 너무 바쁜 것은 지혜롭지 못합니다.

먼저 먹어야지 그렇지 못하면 우리는 다른 이들을 먹일 수 없습니다. 만일 그리스도께서 회당에 계시다면, 회당이 없어져서는 안 됩니다. 정말이지 주님께서 임하시는 말씀에는 놀라운 능력이 있습니다. 말씀의 능력은 설교자의 웅변에서 나오지 않으며, 유창한 말솜씨에서도 나오지 않으며, 진기한 생각에서도 나오지 않습니다. 능력 있는 말씀은 영혼 안에서 비밀스럽게 조용히 영향을 끼치므로 그 영혼을 위엄 있는 거룩한 사랑 앞에 굴복시킵니다.

여러분이 하나님의 말씀에서 생명력을 느끼는 것은, 인간의 말이 아니라 하나님의 소생시키는 음성이기 때문입니다. 또한 이 하나님의 음성이 여러분의 심령의 방에서 울려 퍼지고, 여러분의 전인격으로 하여금 하나님 앞에서 살도록 만들기 때문입니다. 그때에 설교는 하늘로부터 내려온 만나와 같고, 혹은 멜기세덱이 아브라함에게 준 떡과 포도주와 같습니다. 이로써 여러분은 기뻐하고 힘을 얻고, 새로워져서 돌아갑니다. 베드로와 그의 친구들은 회당에서 위대하신 선생님과 너무나 재미있게 교제한 나머지 계속하여 자기들과 같이 있어 달라고 주님께 부탁하였습니다. 그리하여 그들은 회당에서 곧장 베드로의 집으로 가게 되었습니다. 이 아침에 여러분도 그럴 수 있나요? 나의 주님께서 여러분의 집에 오셔서 여러분에게 미소지으시고 여러분의 마음을 따뜻하게 해 주실 텐데, 아무쪼록 여러분이 교회 통로를 빠져나가면서 주님을 놓고 가지 마세요.

여러분이 길에서 집으로 갈 때에도 주님을 놓지 마세요. 쓸데없는 일로 한담하므로 주님을 슬프게 하지 마시고, 예수님을 여러분의 집까지 모시고 가세요. 지금 시간이 정오라고 주님께 말씀드리고, 뜨거운 낮 동안에 여러분과 함께 해 달라고 부탁하십시오. 혹은 저녁 무렵이라면, 날이 다 저물었다고 주님께 말씀드리고, 여러분의 집에 머물러 달라고 주님께 간청하십시오. 주님을 못 가시게 붙들 수 있는 좋은 구실을 여러분은 언제나 찾아낼 수 있습니다. 옛 신부처럼 말해 보세요. "마음에 사랑하는 자를 만나서 그를 붙잡고 내 어머니 집으로, 나를 잉태한 이의 방으로 가기까지 놓지 아니하였노라"(아 3:4). 집에 아픈 사람은 없나요? 예수님을 집으로 모시고 가세요. 집에 슬픔은 없나요? 주님더러 집에 오셔서 고통 당하는 여러분을 도와달라고 부탁하십시오. 집에 죄는 없나요? 분명히 있을 것입니다. 예수님을 집에 모시고 가서 죄를 깨끗이 제거하십시오.

이제 두 번째 대지로서 은혜가 베드로의 집에 임하였을 때 어떤 역사가 일어났는가를 보여드리겠습니다.

은혜가 일으킨 첫 번째 효과는 그 가족이 기도하게 되었다는 것이었습니다. 네 명의 친구들이 들어와서 곧바로 주님과 이야기하기 시작하였습니다. 본문은 "사람들이 곧 그 여자에 대하여 예수께 여짜온대"라고 말씀하고 있습니다. 즉, 네 친구들은 아파 누워 있는 베드로의 장모에 대하여 예수님께 말씀드렸던 것입니다. 여러분이 이 말씀을 주목했는지 모르겠지만, 나는 이러한 표현, 곧 "사람들이 곧 그 여자에 대하여 예수께 여짜온대"라는 표현을 좋아합니다. 누가는 "사람들이 그를 위하여 예수께 구하니"(눅 4:38)라고 기록하였습니다. 나는 누가의 기록이 옳다고 믿지만 아울러 마가의 기록도 옳다고 믿습니다.

"사람들이 곧 그 여자에 대하여 예수께 여짜온대." 이 말씀이 내게 교훈이 되는 것 같습니다. 때때로 나는 심한 괴로움으로 어찌할 바 모를 때 나의 사랑하는 주님께 그 괴로움에 대하여 있는 그대로 말하며, 주님 보시기에 합당하게 행하기 위해 주님의 충실한 판단에 맡깁니다. 여러분의 집에 세상 근심이나 아픔이 있습니까? 예수님께 그런 사실을 아뢰십시오. 때때로 이것이 야말로 여러분이 할 수 있는 가장 큰 일입니다. 여러분은 사랑하는 자를 고쳐달라고 예수님께 구할 수 있지만 "나의 원대로 마옵시고 당신의 원대로 하옵소서"라고 말씀드려야 할 것입니다. 여러분이 할 수 있는 모든 것은 예수님께 사정을 아뢰고 맡기는 것이라는 사실을 알아야 할 것입니다.

예수님은 너무나 친절하시고 사랑이 많으시므로 가장 친절하게 옳은 일을 행하실 것이 틀림없습니다. 그러므로 우리는 안심하고 예수께 아뢸 수 있습니다. 영적인 문제에 관하여 우리는 예수님을 조르고 매우 성가시게 할 수 있지만, 세상 문제에 관하여는 선을 넘지 말고 예수님께 아뢴 것으로 만족하고 모든 문제를 다 맡겨 버려야 합니다. 어떤 부모들은 자녀들이 병들었을 때, 은혜보다는 본성을 드러내며, 그리스도인으로서 맡기기보다 어머니의 애정을 뚜렷하게 보이며 하나님께 간청합니다. 하지만 그래서는 안 될 것입니다. 우리가 기도로 주님께 우리의 길을 맡기고, 우리의 슬픔을 온유하게 주님께 아뢰었다면, 하나님께서 말씀하실 때까지 잠잠히 지켜보는 것이 우리의 지혜일 것입니다. 주님은 의롭지 않거나 친절하지 않을 수 없습니다.

그러므로 우리는 "선하신 대로 하실 것이니라"(삼상 3:18) 할 것입니다.

베드로의 장모인 이 착한 여인은 그리스도를 믿는 신자였을 가능성이 매우 높습니다. 하지만 나는 감히 그녀의 경우를 영적인 질병의 전형으로 여깁니다. 물론 전혀 바라는 바는 아니지만 본문은 그녀가 영적으로 병들었음을 넌지시 비치고 있습니다. 이제 여러분이 예수님을 집에 모신다고 생각해 봅시다. 그리고 여러분의 집에 믿지 않는 가족이 있다면, 여러분은 즉시 그 가족에 대하여 예수께 여쭐 것입니다. "사람들이 곧 그 여자에 대하여 예수께 여짜온대." 이는 간단한 기도의 형태입니다. 나는 이런 식으로 기도해 보라고 여러분에게 권합니다. 자녀를 위하여 기도할 수 없다고 말하지 마세요. 여러분은 자녀에 대하여 예수님께 아뢸 수 있습니다.

여러분의 형제나 자매를 위하여 간청할 수 없다고 말하지 마세요. 여러분은 예수님에게 가서 어린아이처럼 그들의 믿지 않는 상황에 대하여 아뢸 수 있으며, 이것이 곧 기도입니다. 여러분의 필요가 무엇인지 진술하는 것이 도움을 구하는 가장 좋은 기도입니다. 나는 어떤 사람이 한 사람의 도움이 필요하여 그에게 이렇게 말하는 것을 들어본 적이 있습니다. "이제 나는 당신에게 아무것도 부탁하지 않을 겁니다. 다만 내 이야기를 당신이 듣고 그 다음에 당신 좋은 대로 하기를 바랄 뿐입니다." 만일 그 사람이 자신의 사정을 지혜롭게 이야기한다면, 다른 사람은 미소를 지으며 "내 생각에 네가 정작 구하는 것은 이야기만 들어주는 것이 아니지"라고 말할 것입니다. 예수 그리스도께 문제를 소상히 아뢰세요. 주님은 통찰력을 가지고 여러분의 형편을 간파하시고 도우실 것입니다.

예수님께 아뢰는 것이 간단한 형태의 기도이지만, 내 생각에 그것은 아주 믿음이 있는 기도입니다. 마치 그들은 다음과 같이 생각하고 예수님께 아뢴 듯합니다. "우리는 사정을 아뢰기만 하면 돼. 그러면 우리의 은혜로우신 주님께서 사정을 들어주실 거야. 우리가 곧 베드로의 장모에 대하여 예수님께 아뢰기만 하면, 예수님을 붙잡을 필요도 없고 열병이 난 사람에게 긍휼을 베풀어 달라고 뜨거운 눈물로 호소하지 않아도 될 거야. 그가 우리의 이야기를 듣자마자 마음에 사랑이 넘쳐서 그의 능력의 손을 병든 자에게 내밀어 주실 거야." 여러분은 이와 같은 마음으로 예수님께 가서 여러분의 회개하지 않은 친구나 자녀에 대하여 아뢰십시오.

이 구체적인 사례에서 우리는 교훈을 얻을 수 있습니다. 우리는 가정에서 일어나는 흔한 고충들을 주님께 아뢰어서는 안 된다고 생각하기 쉽지만 이것은 큰 오산입니다. 너무 흔하다고요? 죄악이 흔하다고 어찌 기도의 제목에서 그것을 뺄 수 있습니까? 베드로가 살았던 가버나움 해안을 여행한 사람들은 그곳이 매우 습하고, 축축하며, 열병이 많은 지역이라고 말합니다. 집 주변의 많은 사람들이 열병을 앓았습니다. 하지만 베드로와 안드레는 열병이 그곳에서 흔한 질병이었기 때문에 주님께 아뢰어서는 안 된다고 주장하지 않았습니다. 여러분은 흔해빠진 고통이나 죄를 사랑하는 주님으로부터 감추어야 한다는 사탄의 말에 넘어가지 마세요. 사랑하는 자들이여, 주님께서 여러분의 머리카락을 세고 계시며, 주님의 허락 없이는 참새 한 마리도 떨어지지 않을진대, 여러분의 흔한 고충에 대하여 주님께서는 긍휼을 베푸실 것입니다.

"그들의 모든 환난에 동참하사"(사 63:9). 여러분이 일상적인 평범한 시련들을 구세주에게 가져갈 수 없다고 생각하는 것은 큰 잘못입니다. 예수님께 아뢰세요. 그래요. 모든 것을 그에게 아뢰세요. 만일 여러분의 자녀가 흔한 죄인일 뿐이라도, 그가 그다지 심각하게 타락한 것은 아닐지라도, 여러분의 아들이 한 번도 괴팍한 행동으로 여러분을 슬프게 하지 않았을지라도, 여러분의 딸이 언제나 귀엽고 예의바를지라도, 기도가 필요 없다는 생각을 하지 마세요. 흔히 나타나는 죄의 열병이라도 진통제가 없으면 그것은 치명적일 것입니다. 그러므로 그 흔한 죄에 대하여 즉시 예수님께 아뢰세요. 여러분의 아들이 탕자가 될 때까지 기다리지 마시고 즉시 기도하십시오! 여러분의 자녀가 죽음의 문턱에 이를 때까지 기다리지 말고 지금 기도하십시오!

하지만 때때로 문제의 다른 측면에서 어려움이 발생합니다. 베드로의 장모는 심한 열병을 앓고 있었습니다. 우리는 말씀에서 그 병이 "중한 열병"(눅 4:38)이었다는 것을 알 수 있습니다. 이 표현은 그녀의 몸에서 열이 펄펄 끓고 있었다는 것을 암시합니다. 오늘날 마귀는 때때로 다음과 같이 교묘하게 여러분을 혼동시킬 것입니다. "네가 예수님께 그런 사정을 가져가 보았자 아무 소용없어. 네 아들은 아주 부끄러운 행동을 하고 있고, 네 딸은 너무나 괴팍스러워. 그런 아이들을 위해 네가 기도한다고 그들이 하나님의 은혜 앞에 절대로 굴복하지 않을 거야." 이런 사악한 제언에 휘둘려서 뒤로 물러서지 마십시오. 우리 주 예수 그리스도께서는 중한 열병을 꾸짖으시고, 맹렬한 죄로 인해 망가지고 무기력해진 자들을 일으켜 세워 주실 수 있습니다. "주 우리 하나님께는 긍휼과 용서하심이 있사오니"(단 9:9). 가서 예수님께 사정을 아뢰세요. 사람들이 그 여자에 대하여 예수께 아뢰었던 것처럼, 흔한 문제와 흔하지 않은 문제, 평범한 일이나 비상한 일을 예수님께 다 아뢰세요.

이제 사람들이 예수님께 그 여자에 대하여 아뢸 수밖에 없었던 한두 가지 이유를 알아봅시다. 나는 중요한 이유를 알고 있지만 먼저 작은 이유들부터 말하겠습니다. 내가 추측하기에 사람들이 예수님께 베드로의 장모에 대하여 아뢰었던 첫 번째 이유는 이 여인의 질병이 전염성이 있는 열병이었기 때문이었던 것 같습니다. 집안에 심한 열병이 있는데 그런 사실을 알리지도 않고 누군가를 집에 모신다는 것은 옳지 않은 일입니다.

여러분의 집에 심각한 죄가 있다면 아마도 여러분은 마음속으로 이렇게 생각할 것입니다. "내 남편이 늘 술에 취해 있는데 예수 그리스도께서 어떻게 나의 집에 오시겠어?" 아마도 더욱 슬픔에 빠진 아내는 몰래 술을 마실 것이고, 그 남편은 그 모습을 보고 크게 후회하며 "주님께서 우리에게 복 주시기를 내가 어찌 기대할 수 있으랴?" 할 것입니다. 혹은 자녀가 크고 슬픈 죄에 더럽혀진 모습을 보고 여러분은 "주님께서 이 집안에 미소지으시기를 내가 어찌 기대하랴?" 할 것입니다. 염려하지 마세요. 이 모든 것을 예수님께 아뢰세요. 그리하면 열병이 있든 없든, 죄가 있든 없든, 예수님께서 여러분의 집에 오실 것입니다.

내 생각에 사람들이 이 여자에 대하여 예수님께 아뢰었던 이유는 아마도 그들이 예수님께 대접하지 못하는 그 이유를 변명하기 위한 것이었을 것입니다. 베드로와 안드레가 식사를 준비하는데 무슨 도움이 될 수 있었겠습니까? 그 집에 제일 중요한 사람이 병들어 섬길 수 없었습니다. 우리 불쌍한 인생들의 손은 식탁을 마련하는데 아무 도움이 되지 못합니다. 우리에게는 우리를 도울 수 있는 마리아나 마르다 같은 사람, 혹은 베드로의 아내나 장모와 같은 사람이 필요합니다. 그래서 그들은 우울한 표정을 지으며, "선한 선생님이여, 우리가 마땅히 선생님을 잘 대접해야 하겠지만 선생님을 대접할 여인이 병들었나이다"라고 말하였습니다. 집안에 병든 심령으로 말미암아 한 가정이 얼마나 자주 그리스도를 대접하지 못하는지요. "오 주님, 우리가 가족 기도회를 가져야 하는데 할 수가 없습니다. 남편이 이를 허락하지 않을 거예요." "주님, 이 집안에 찬양소리가 울려 퍼져야 하는데, 그렇게 하면 집 주인이 너무 화를 내서 우리는 조용히 할 수밖에 없네요." "우리가 선하신 주님께 잔치를 베풀어드릴 수가 없네요. 우리는 아무리 힘을 써도 기껏해야 주님 앞에 조금밖에 차려드릴 수가 없네요. 그렇지 않고 무리하게 되면 우리 집안을 유지할 수가 없어요." 염려하지 마세요. 그 모든 사정을 예수님께 아뢰세요. 그러면 예수님께서 오셔서 여러분과 함께 식사하실 것이며, 그런 방해를 도움으로 바꾸어 주실 것입니다.

또한 그때에 그 친구들의 표정이 슬퍼 보였습니다. 아마도 회당에 있을 때 베드로는 장모에 대하여 거의 잊고 있던 상태에서 주님의 말씀을 듣고 기뻐했을 것입니다. 하지만 집에 돌아와서 문을 열고 들어갔을 때 그는 가장 먼저 "장모님의 상태가 어떠신가?"라고 물었을 것입니다. 이에 하인들은 "주인님, 안타깝게도 열이 상당히 높으십니다"라고 대답하였습니다. 베드로의 마음은 낙담하였고, 안색에 먹구름이 덮였습니다. 그리고 예수님께로 향하여 "선한 선생님이여, 당신께서 오셨지만 저는 슬퍼하지 않을 수 없습니다. 내가 너무도 사랑하는 장모님께서 열병이 났기 때문입니다." 이 슬픔으로 인하여 오히려 베드로는 그 여자에 대하여 예수님께 여쭐 수 있게 되었습니다.

하지만 내가 생각하는 중요한 이유는 이런 것입니다. 즉, 우리의 은혜로우신 주님의 마음은 너무나 긍휼하시므로 모든 사람의 슬픔을 언제나 그들 속에서 끌어내셨기 때문입니다. 주님 앞에서 사람들은 자신의 사정을 조금도 숨길 수 없었습니다. 주님의 모습은 여러분 자신의 모습과 너무나도 흡사하고, 여러분과 같이 모든 면에서 시험을 받으셨기 때문에 여러분은 그분께 아뢰지 않을 수 없습니다. 나는 여러분에게 나의 주님을 사랑하고 권면합니다. 그렇게 하면 주님께서는 여러분을 긍휼히 여기셔서 여러분의 마음을 괴롭히는 슬픔을 여러분 속에서 뽑아내 주실 것입니다. 주님의 긍휼하심을 믿고 여러분의 회개하지 않은 친족에 대하여 주님께 아뢰십시오. 주님은 자신을 거역한 죄인들의 악행을 참으셨고, 사람들의 영혼을 사랑하사 그들을 위해 죽으셨습니다. 반역하고 죄악으로 굳어진 심령에 대하여 여러분이 느끼는 염려를 주님은 친절하게 맡아 주실 수 있습니다. 그러므로 예수님께 아뢰세요.

또한 내 생각에 사람들이 예수님께 그 여인에 대하여 아뢰었던 이유는 주님께서 그 여인을 고쳐주시리라는 믿음이 그들에게 있었기 때문입니다. 아직 회개하지 않은 여러분의 자녀, 혹은 여러분의 친구에 대하여 예수님께 아뢰세요. 그리고 예수님께서 사랑의 눈으로 그들을 바라보실 것이라고 기대하십시오. 주님은 구원하실 수 있습니다. 구원하시는 것이 주님다우신 일입니다. 주님은 구원하기를 기뻐하십니다. 구원하심으로 주께서 영광을 받으실 것입니다. 주께서 구원을 베푸시리라 기대하고, 바로 오늘 아직 중생하지 못한 여러분 친구의 사정을 예수님께 아뢰세요.

내가 주변의 모든 문제를 다 다룰 수 있을까요? 아마도 여러분 각자가 가정에 아직 구원받지 못한 사람이 있을 것이며, "나는 지금까지 이 사람이 회개하기를 소망하였습니다"라고 말할 것입니다. 여러분은 지금까지 항상 그녀 혹은 그에 대하여 예수님께 아뢰었나요? 정말로 여러분이 "그래요, 내가 여러 번 예수님께 아뢰었어요"라고 대답하기를 바랍니다. 하지만 여러분이 시작도 하지 않았을 가능성이 많습니다. 이제 시작하십시오. 매일 시간을 내어 위층으로 올라가 제인이나 메리, 토머스나 존에 대하여 상세히 예수님께 아뢰세요. 필요하다면 밤새도록 하나님과 씨름하십시오. 그리고 "주께서 내게 축복하지 않으시면 내가 당신을 가게 하지 않을 것입니다"라고 말씀드리십시오. 여러분이 주님께 말씀드릴 때 한참 이야기하다가 어려운 문제를 아뢰리라고 나는 생각하지 않습니다. 예수님께서 오자마자 사람들은 어려운 문제를 아뢰었습니다. 그들은 즉시 그 여인에 대하여 예수님께 아뢰었습니다. "곧"이라는 단어는 헬라어에서 "즉시"라는 뜻입니다. 그리스도께서 집에 들어오시자 즉시 그들은 그 여인에 대하여 예수님께 여쭈었고, 즉시 그리스도께서 그 여인을 고쳐 주셨습니다.

이처럼 그 집안에 일어난 은혜의 첫 번째 역사는 그들로 하여금 기도하게 하였던 것입니다. 그리고 두 번째 은혜의 역사는 구세주께서 병든 자를 고쳐 주신 것입니다. 주님은 방에 들어가 한마디 말씀을 하시고 그 손을 잡아 병든 여인을 일으키시매 그 여인이 나았습니다. 놀랍게도 여인은 즉시 침상에서 일어나 사람들을 섬길 수 있었습니다. 열병을 치료할 때 이런 일은 절대로 일어날 수 없는 법입니다. 왜냐하면 열병이 떠나더라도 환자의 기력은 매우 약하며, 원기를 찾을 때까지는 몇 날이나 몇 주, 때로는 몇 달이 걸리기 때문입니다. 하지만 그리스도의 치료는 완전합니다. 즉시 환자가 일어나 그들을 섬겼습니다.

이처럼 은혜가 집안에 임하여 치료의 역사가 나타날 때 그 가정을 즉시 변화시키는 모습을 우리는 봅니다. 여인의 달라진 모습을 보세요. 그 초췌한 여인, 열병으로 인해 오한을 일으키다가 다시금 열이 오르는 여인을 보세요. 이 여인은 손가락 발가락 하나 움직일 수 없었습니다. 이제 이 여인을 보세요. 여인은 미소 띤 얼굴로 부지런히 섬깁니다. 그녀만큼 행복하고 건강한 사람은 아무도 없습니다. 이처럼 하나님의 은혜가 임하면 가장 많은 근심을 끼쳤던 사람이 가장 행복한 사람이 됩니다. 죄인이 주님의 주권적인 은혜로 말미암아 구원을 받으면 주님의 종이 됩니다. 환자가 주인이 됩니다.

다른 사람들의 변화도 주목해 보세요. 그들 모두 무거운 마음이었지만 이제는 즐거워합니다. 이제는 베드로의 얼굴에 근심이 없으며, 안드레도 더 이상 괴롭지 않습니다. 집안의 근심이 사라져 버렸고, 질병이 쫓겨났으며, 이에 그들 모두 즐거운 찬송을 부를 수 있습니다. 그 집은 병원에서 교회로 바뀌었고, 의무실에서 잔칫집으로 바뀌었습니다. 주님도 변화할 수 있다는 가정 하에, 주님 자신도 달라진 듯합니다. 의사로서 조심스럽게 병실 안으로 들어가셨던 분이 이제는 원수를 정복한 왕의 모습으로 나오셨기 때문입니다. 사람들 모두가 놀라움과 존경심으로 주님을 바라보며, 그분을 보이지 않는 악한 영들을 물리치신 능력의 주님으로 우러러봅니다.

나는 이제 우리 식구들이 이렇게 변모하고 변화되게 해 달라고 하나님께 기도합니다. 루스(Luz, 벧엘의 옛 이름)가 벧엘이 되게 해 주시고, 아골 골짜기가 소망의 문이 되게 해 주시며, 비뚤어진 우리의 아들들이 주님을 섬기는 자손이 되게 해 달라고 기도합니다. 먼저 여러분이 충만한 은혜를 받으면 그 다음에 여러분의 가족들이 충만한 은혜를 받을 것이며, 결국 집에 영혼이 병든 사람이 하나도 없게 될 것이며, 모든 식구들이 주님 안에서 행복해지고 모두가 주님을 섬기게 될 것입니다.

은혜가 집안에 임하였을 때, 그 은혜가 그 집으로부터 어떻게 흘러갔는지 알아봅시다. 베드로의 장모가 나았을 때 사람들은 그 사실을 숨길 수 없었습니다. 여러분은 하나님의 은혜를 비밀에 부칠 수 없습니다. 은혜는 알려질 것입니다. 여러분의 경건을 광고할 필요가 없습니다. 경건하게 사십시오. 그리하면 다른 사람들이 경건에 대하여 말할 것입니다. 물론 기회 있을 때마다 그리스도를 선전하는 것이 좋습니다. 하지만 무엇보다 가장 좋은 설교는 여러분의 삶입니다.

은혜의 이야기가 온 마을에 퍼져나갔고, 버팀목에 의지하던 한 가련한 사람이 속으로 "내 절뚝거리는 발로 베드로의 집에 가리라" 하였습니다. 또한 손과 발로 거리를 기어다니던 사람도 "내가 베드로의 집에 가서 보리라" 조용히 속삭였습니다. 똑같은 감동을 받은 다른 사람들도 그곳으로 떠났습니다. 병든 사람들을 알고 있던 많은 사람들이 "우리도 아픈 친구들을 베드로의 집으로 데리고 가야겠다"고 했습니다. 이렇게 하여 그 집은 인산인해를 이루었습니다. 보세요. 그 문 앞에는 베드로가 지금껏 한 번도 보지 못했던 놀라운 광경이 펼쳐졌습니다. 그곳은 거대한 병원이었으며, 환자들이 길거리에 늘어서서 위대한 선지자를 보기 위해 아우성치고 있었습니다. "온 동네가 그 문 앞에 모였더라."

이제 여러분은 베드로의 집에 대하여 뭐라고 말하겠습니까? 전에 우리는 그곳을 어부가 사는 누추한 잠자리라고 불렀습니다. 그런 곳이 황실병원, 자비의 궁궐이 되었습니다. 지금 이곳엔 각종 질병에 걸린 사람들, 문둥병자들, 앉은뱅이들, 절름발이들, 기력이 소진한 자들이 모였습니다. 그리고 그곳에서 사랑 많으신 주님께서 그들 모두를 고쳐 주셨습니다. 가버나움 거리는 그날 밤 기쁨의 노래가 울려 퍼졌습니다. 새로운 거리에 춤이 있었습니다. 왜냐하면 절름발이 뛰어다녔기 때문입니다. 그 춤에 동반된 음악도 새로운 것이었습니다. 왜냐하면 벙어리가 입으로 "하나님께 영광을 돌릴지어다"라고 노래하였기 때문입니다. 이 모든 은혜가 베드로의 집에서부터 흘러 나왔습니다.

하나님은 먼저 베드로를 보셨고, 그 다음에 베드로의 장모, 혹은 베드로의 아이나 친척을 보셨고, 그 다음에 온 집안을 보셨습니다. 그리고 그 집으로 부터 놀라운 능력이 흘러나오게 하셔서 모든 이웃들이 감동 받게 하셨습니다. 누군가 "내 집은 그렇게 될 수 없어"라고 말합니다. 사랑하는 형제여, 왜 그렇게 될 수 없죠? 여러분에게는 한계가 있을지라도 하나님 안에서는 한계가 없습니다. 여러분은 자신 속에 갇혀 있습니다. 누군가 "하지만 내가 사는 곳에는 목회가 활기가 없는데요"라고 말합니다. 그렇다면 그 때문에 더욱더 여러분 자신이 그 동네에 축복이 되어야 할 것입니다. "오, 하지만 내가 사는 곳에는 적극적인 많은 그리스도인들이 선한 일을 많이 하고 있는 데요." 그렇다면 그 때문에 더욱더 여러분이 힘을 내어 선을 행해야 할 것 입니다. "오, 하지만 우리의 이웃은 배타적인데요." 그들에게 가장 필요한 것이 복음입니다.

저명하고 힘있는 사람들 중에 구원받은 사람들이 얼마나 적은지요! "오, 하지만 우리의 이웃은 너무 천해요." 바로 그런 곳이 복음이 환영받을 가능 성이 높은 곳입니다. 왜냐하면 가난한 사람들에게 복음을 전하면 그들이 들 으려 하기 때문입니다. 여러분은 조금도 이치에 맞는 변명을 할 수가 없습니 다. 여러분이 원하기만 하면, 하나님은 여러분의 집을 복의 중심으로 만들어 주변에 사는 모든 사람들에게 복이 전해지게 하실 수 있습니다. 그런 집이 될 수 있는 방법을 나는 지금까지 설명한 것입니다.

첫째, 여러분 자신이 먼저 구원받아야 합니다. 여러분 스스로 부르심 받고 고상한 삶으로 나아가야 하며, 주님의 임재로 말미암아 여러분 자신의 마음 이 뜨거워져야 합니다. 그런 다음 여러분의 가정이 복을 받아야 합니다. 그 후에 여러분의 집 주변에 있는 많은 사람들이 복을 받을 것입니다. 형제들이 여, 크게 쓰임 받기를 갈망하십시오. 여러분은 부끄러운 삶을 원하십니까? 죽은 기독교의 메스꺼운 시체에 묶여 있고 싶습니까? 아무리 생각해도 나는 미지근한 것이 몸서리치게 싫습니다. 우리 모두 미지근한 것을 청산합시다! 우리가 복음을 증거할 시간이 얼마 남지 않았으며, 머지않아 우리는 안식에 들어갈 것입니다. 일할 수 있을 때 일합시다. 그림자가 길어지고 있으며, 날이 저물고 있습니다. 여러분이 예수님께 보석들을 갖다 드리고 그 머리에 많은 면류관을 씌워드리고 싶다면 부탁하건대, 일할 수 있을 때 주님을 위해 힘써 일하십시오.

# 3

## 베드로의 장모(2)

### 쓰러진 자를 일으키심

"나아가사 그 손을 잡아 일으키시니 열병이 떠나고 여자가 그들에게 수종드니라"(막 1:31).

 

 

베드로의 장모는 매우 심한 열병을 앓았습니다. 우리가 앞에서 본 대로 열병은 그 지역에서 흔한 질병이었지만 그녀의 열병은 그렇게 가벼운 것이 아니었습니다. 바울이 누가복음의 저자를 "사랑을 받는 의원 누가"라고 하였는데 그 누가는 "시몬의 장모가 중한 열병을 앓고 있는지라"(눅 4:38)고 기록하였습니다. 여러분도 알다시피 열병의 특성상 병이 떠난 후에도 그 환자는 기력이 쇠하게 마련입니다. 하지만 예수 그리스도는 베드로의 장모를 즉시 고치려고 하셨을 뿐만 아니라 그녀가 더 이상 피로하지 않을 정도로 완전히 고칠 작정이었습니다. 그리스도의 치료는 언제나 부분적인 치료가 아니라 완전한 치료입니다.

이 초췌한 환자는 건강을 되찾을 희망을 거의 버렸을 것입니다. 그녀 곁에 있던 사람들도 만일 위대하신 의사이신 주 예수 그리스도를 믿는 믿음이 없었더라면 낙망하고 말았을 것입니다. 그러므로 우리 주님께서 열병이 난 여인이 누워 있던 침실을 찾으신 것은 그녀와 그녀 곁에 있는 사람들에게 큰힘이 되었습니다. 이처럼 주님께서 서슴지 않고 오셔서 그녀의 손을 만지심으로써 그녀의 기운을 북돋워 주셨으며, 그리고 나서 부드럽게 그녀를 일으켜 주셨습니다. 그녀는 부드러운 힘에 이끌려 일어나 앉았습니다. 아니 단순히 앉았을 뿐만 아니라 침실을 떠나 완전히 기력을 회복한 후 사람들을 대접할 의무가 있었던 가정주부로서 그들을 즉시 섬기기 시작하였습니다.

오늘 모인 사람들 가운데 예수 그리스도께서 복 주시기로 작정하신 많은 사람들이 있기를 소망합니다. 하지만 현재 그 사람들은 완전히 쓰러져 있는 상태입니다. 그들은 너무나 낙담한 나머지 그 심령이 거의 절망의 상태까지 내려가 있습니다. 그들은 자신을 위해 은혜가 준비되어 있다는 사실을 믿지 못합니다. 그들은 은혜에 대한 모든 소망을 버렸습니다. 한때는 그들도 약간의 소망을 가지고 있었지만 지금은 다 사라져 버렸습니다. 그들은 베드로의 장모처럼 쓰러져 있는 상태입니다. 그리스도께서 베드로의 장모를 위해 두 가지 일을 행하셨듯이 그들을 위해서도 그리스도께서 두 가지 일을 행하셔야 합니다. 첫째, 주께서 오셔서 그녀를 만지셨습니다. 둘째, 주께서 부드럽게 그녀를 일으키셨고 완전히 그녀의 건강을 회복시켜 주셨습니다. 주님께서 여러분에게도 그와 같이 해 주시기를 축원합니다.

쓰러져 있는 심령들을 보살필 때 우리가 해야 할 첫 번째 임무는 예수 그리스도께서 오셔서 그들과 교제하신다는 사실을 그들에게 알려 주는 것입니다.

고통당하는 나의 가련한 친구들이여, 여러분은 예수 그리스도께서 여러분과 아무런 관계가 없다고 생각합니다. 여러분이 예수 그리스도에 대하여 읽고 들어보았지만, 그분은 여러분과 멀리 떨어져 계신 것 같고, 가까이 할 수 없을 것 같이 여러분은 느낍니다. 주님께서 여러분에게 오셔서 여러분을 불쌍히 여기실 것 같지 않습니다. 하지만 이제 잘 들으십시오.

먼저 예수 그리스도는 오셔서 여러분과 교제하십니다. 왜냐하면 여러분이 인류의 일원이듯이 예수 그리스도께서도 성육신하심으로써 인류의 일원이 되셨기 때문입니다. 그리스도께서 "만물 위에 뛰어나시며" 영원히 은혜로우신 하나님이신 사실은 분명하시지만 아울러 자원하여 이 땅의 어머니의 아이로 이 세상에 태어나셨고, 자신을 낮추어 우리와 같은 조건 속에서 사셨으며, 우리와 같은 연약함, 질병, 슬픔을 당하셨고, 우리를 위하여 죽음을 당하셨다는 사실을 절대로 잊지 마세요. 부탁하건대, 예수님께서 마치 유령인 것처럼 절대로 그렇게 생각하지 마세요. 여러분은 예수님을 다만 영으로만 생각하고 예수님께서 임하실 때 놀라자빠집니다. 하지만 예수님은 여러분과 똑같은 사람이었으며, 다른 사람들처럼 먹고 마시는 사람이었습니다.

그분은 죄인들을 멀리하는 은둔자가 아니었으며, 사람들 가운데 살아가는 사람이었으며, 인성을 가진 완전한 인간, 곧 인간 그리스도 예수였습니다. 이처럼 예수님께서는 인간으로서 여러분에게 찾아오셨습니다. 여러분은 친구에게 말하는 것을 두려워하지 않을 것입니다. 그렇다면 예수님께 말하는 것도 두려워하지 마세요. 그에게 여러분의 형편을 자세히 아뢰세요. 왜냐하면 그분은 교만하고 오만한 성품을 가진 사람이 결단코 아니었기 때문입니다. 그는 "대기하고 있어, 왜냐하면 내가 너보다 거룩하니까"라고 말씀하시지 않았습니다. 반대로 그는 엄청난 사랑을 가슴에 품으신 분이셨습니다. 그는 매력이 넘쳐서 심지어 어린아이들까지 그분 주위에 몰려들 정도였습니다. 그리고 그의 제자들이 어린아이들을 내쫓으려고 하였을 때, "어린 아이들이 내게 오는 것을 용납하고 금하지 말라 하나님의 나라가 이런 자의 것이니라"(막 10:14) 말씀하셨습니다.

예수님은 아무리 질 나쁜 인간이라도 자신에게 가까이 오는 것을 절대로 거절하지 않았으며, 오히려 그들이 자신에게 모이기를 간절히 원하셨습니다. 예수님은 죄악된 예루살렘 성을 보시고 울면서 "암탉이 그 새끼를 날개 아래에 모음 같이 내가 네 자녀를 모으려 한 일이 몇 번이더냐! 그러나 너희가 원하지 아니하였도다"(마 23:37)라고 탄식하셨습니다. 그러므로 괴로운 심령이여, 와서 보십시오. 예수 그리스도께서 우리와 함께 하시는 임마누엘 하나님이시라는 진리를 믿으십시오. 그리고 그 진리 안에서 그분이 여러분에게 가까이 오셔서 여러분에게 안수하고 계시는 그 모습을 보십시오.

여러분은 말하기를, "그분이 사람들에게 가까이 하신다는 것은 이해하겠어요. 하지만 나는 단순히 사람이 아니라 죄인이거든요"라고 합니다. 맞습니다. 예수님은 죄인들에게 가까이 하십니다. 그분의 이름이 예수인 것은 그가 사람들을 죄로부터 건져 주시는 구세주이기 때문입니다. 이 세상에서 그가 행하시는 일은 성자들을 찾는 것이 아니라 "잃어버린 자들을 찾아 구원하는 것"입니다. 이 땅에서 주님의 사명은 선하고 훌륭하고 의로운 자를 가까이

하시는 것이 아니라 악하고 부정하고 불의한 사람들을 가까이 하시는 것이었습니다. 주님은 "건강한 자에게는 의사가 쓸 데 없고 병든 자에게라야 쓸 데 있느니라. 나는 의인을 부르러 온 것이 아니요 죄인을 부르러 왔노라"(막 2:17) 하셨습니다. 만일 주님께서 죄인들을 구원하러 오시지 않았다면, 그분이 희생제물이 되실 이유가 어디 있겠습니까? 희생제물은 오직 죄가 있는 곳에서만 필요합니다. 구속(救贖) 또한 오직 죄책(罪責)이 있는 곳에서만 필요한 것입니다. 그리스도는 죄에 대한 책임을 져야 하는 여러분 죄인을 찾아오셨습니다. 베드로의 장모가 심한 열병을 앓고 있을 때 그녀에게 안수하였던 것처럼 주님은 여러분에게도 안수하셨습니다.

여러분은 다른 사람들이 들을까 염려되어 작은 목소리로 말하지만 여러분의 소리가 내게 들립니다. 여러분은 그냥 죄인이 아니라 큰 죄인이라고 말합니다. 즉, 일반적인 사람들의 일반적인 죄를 뛰어넘어 여러분이 큰 죄를 범하였으며, 여러 면에서 여러분의 붉은 죄가 다른 사람들의 죄의 빛깔보다 더 진하다고 말합니다. 친구들이여, 확신하건대, 예수 그리스도는 죄인들 가운데 괴수를 구원하려고 오셨습니다. 주님께서 십자가 상에서 형언할 수 없는 죽음의 고통을 참고 계시는 모습이 여러분에게 보이십니까? 죽음의 고통에서 나오는 울부짖는 소리, 영혼을 찢는 비명소리, "나의 하나님, 나의 하나님, 어찌하여 나를 버리셨나이까?"라는 소리가 여러분에게 들리십니까? 사소한 죄, 가벼운 과오들이나 실수를 범한 작은 죄인을 위해 주님께서 그러한 죽음을 당하셨다고 여전히 생각하십니까? 절대 아닙니다! 하나님의 아들은 너무나도 많은 죄와 큰 죄인들을 대속(代贖)하시려고 자신의 목숨을 내어주신 것입니다. 그리스도의 구속의 웅장함은 아무리 큰 죄라도 모두 사하셨다는 증표입니다.

예수님께서 큰 죄인들에게 오셔서 그들을 접하신 것이 너무나 분명합니다. 주님의 생애에 대한 기록을 읽어 보면, 주님께서 끊임없이 그런 사람들을 대상으로 실교하신 것을 볼 수 있기 때문입니다. 여러분이 주님에게 몰려온 일반적인 대중들을 조사해 보면, 그들 가운데 대부분이 큰 죄인들이었다는 것을 발견할 것입니다. 바리새인들은 사실을 확인한 후 예수님을 업신여기며, "이 사람이 죄인을 영접하고 음식을 같이 먹는다"(눅 15:2) 말하였습니다. 주님의 설교는 분명히 죄인들을 매료시켰으며, 주님께서는 그런 현상에 대하여 전혀 놀라지 않으셨으며, 또한 그런 천하고 타락한 사람들이 몰려와 설교를 듣는데 대하여 싫은 내색을 하지 않으셨습니다. 아니 반대로, 주님은 잃어버린 양들을 찾고 아버지 집에 돌아온 탕자를 맞이하기 위해 보내심을 받았다고 말씀하셨습니다.

나의 주 예수 그리스도께서 사람이라는 사실을 여러분이 알기를 원합니다. 그런데 주님은 그의 친구가 될 만한, 그와 어울리는 동료들을 찾으려고 온 사람이 아닙니다. 오히려 주님은 도무지 그와 어울리지 않는 남자들과 여자들을 찾아 구원을 베풀려고 오신 사람입니다. 주님은 섬김을 받으러 오지 않고 도리어 섬기러 오셨습니다. 주님은 받기보다는 주기 위해 오셨습니다. 주님께서 이 세상에 오신 목적은 여기저기서 고상하고 주목할 만한 사람들을 뽑아내기 위한 것이 아닙니다. 오히려 그의 은혜가 필요한 영혼들을 찾아 그들에게 가서 그들에게 복을 주고 구원을 베푸시기 위해 오신 것입니다. 주님은 이러한 목적으로 여러분에게 가까이 하십니다.

주님께서 하늘로 올라가기 직전에 제자들에게 다음과 같이 부탁하신 주님의 명령을 기억하십시오. "너희는 온 천하에 다니며 만민에게 복음을 전파하라"(막 16:15). 또한 주님은 부활하신 다음에 "또 그의 이름으로 죄 사함을 받게 하는 회개가 예루살렘에서 시작하여 모든 족속에게 전파될 것이 기록되었으니"(눅 24:47)라는 말씀을 제자들에게 상기시키셨습니다. 복음 전파는 주님을 십자가에 못박은 사람들이 사는 바로 그 장소에서 시작되었습니다. 이 명령을 하실 때 우리 주 예수 그리스도께서는 여러 세기를 가로질러 그 손을 여러분에게 대셨으며, 나는 이 자리에서 그의 명령을 이행하기 위해 여러분에게 복음을 전파하고 있는 것입니다. 왜냐하면 "만민"이라는 용어에는 여러분도 포함되어 있기 때문입니다. 이처럼 예수 그리스도는 바로 이 순간 그의 말씀의 선포를 통하여 여러분에게 오셔서 여러분을 만지십니다.

두 번째, 예수님께서 베드로의 장모의 손을 잡고 그녀를 부드럽게 일으키셨습니다. 베드로의 장모는 즐거운 마음으로 주님의 이끄심에 응하였습니다. 그리고 즉시 주부의 일을 다시 시작함으로써 자신이 완전히 치료되었다는 것을 보여 주었습니다.

지금 누군가 일으켜 주어야 할 만큼 초췌하고 지쳐 쓰러져 있고 낙담한 심령들이 있습니다. 내가 설교하는 동안에 주님께서 여러분 가운데 누군가의 손을 잡아 일으켜 주시기를 축원합니다. 나의 설교의 목적은 짧은 말씀을 통해 여러분이 일어나도록 도움을 드리는 것입니다. 여러분은 구원받기를 원하며 갈망합니다. 하지만 여러분은 결코 구원받지 못할 것이라고 염려합니다. 여러분으로 하여금 구원받지 못하게 방해하는 것이 바로 그 두려움 자체입니다. 여러분이 오직 구원을 소망하기만 한다면, 여러분의 소망은 이루어질 것입니다. 하지만 여러분은 그럴 용기가 나지 않습니다. 이제 내게 여러분의 손을 내미세요. 그러면 내가 여러분을 일으켜 세워 드리겠습니다.

첫째, 전에 여러분의 모습과 똑같았던 다른 사람들도 구원을 받았다는 사실을 기억하십시오. 전에 여러분과 같은 처지에 처하였던 사람들을 알지 못하십니까? 모르겠다면, 여러분이 아는 사람들 가운데 가장 가까운 그리스도인 친구를 찾아서 여러분이 남달리 겪고 있다고 생각하는 형편을 그에게 말해 보세요. 확신하건대, 그는 "애개, 그건 하나도 남다르지 않은데. 구주를 만나기 전에 나도 그랬지"라고 말할 것입니다. 그 첫 번째 그리스도인에게서 그런 모습을 발견하지 못한다 할지라도 여러분은 놀라서는 안 됩니다. 왜냐하면 그리스도인들이 다 같지는 않기 때문입니다. 하지만 여러분이 많은 그리스도인들과 이야기하다 보면 여러분이 아주 남다르다고 생각했던 형편이 사실은 아주 일반적이었다는 사실을 깨닫게 될 것입니다. 왜냐하면 너무나 많은 사람들이 여러분과 똑같은 처지를 경험했기 때문입니다.

"내게는 물어볼 수 있는 친한 그리스도인이 없는데요"라고 여러분이 말합니다. 그래요, 그렇다면 나는 다른 간단한 시험을 여러분에게 제시하겠습니다. 성경을 펴 보세요. 그리고 거기서 회개한 사례들을 주의하여 보시고, 과연 구원받은 사람들이 현재 여러분의 처지와 크게 달랐는지 알아보세요. 그래도 만족스럽지 못하다면, 주 예수님께서 그에게 나아오는 죄인들에게 하신 여러 가지 약속의 말씀들을 살펴보세요. 그리고 여러분과 같은 죄인에게 적용될 말씀이 하나도 없는지 알아보세요. 여러분이 복음의 약속들을 성실하게 점검해 본다면 여러분은 다음과 같이 말할 수밖에 없을 것이라고 나는 생각합니다. "지금 나는 어쨌든 성경 안에서 압박을 받는 것 같습니다. 그런 묘사는 정확히 나의 문제를 해결해 준다고 생각합니다." 여러분이 어떤 성경 본문을 보고 "이런, 이 말씀은 완전히 나를 위해 기록된 것 같구먼. 이 말씀은 정확히 나의 비참한 상태를 묘사하고 있어"라고 말한다는 것은 내가 보기에 아주 당연한 일입니다. 그렇습니다. 그리스도께서 여러분과 같은 죄인들을 초청하시고, 감동된 말씀에 따라 여러분과 같은 사람들을 구원하신다는 사실을 깨달을진대, 여러분이 소망을 갖지 못할 이유가 어디 있겠습니까? 여러분이 지금까지 강도였습니까? 다음과 같은 사실을 기억하십시오.

죽어 가던 강도는 그의 날에
저 샘을 보고 기뻐하였네
당신이 강도처럼 타락하였을지라도
당신도 죄를 씻을 수 있네

여러분이 지금까지 안하무인의 죄인이었습니까? 바로 그런 죄인이었던 한 여인이 그리스도의 발을 자기 눈물로 씻기고, 자기 머리카락으로 닦았던 사실을 기억하십시오. 여러분이 지금까지 저주하는 자였습니까? 베드로는 회개하기 전에 저주를 일삼았던 사람이었다고 나는 생각합니다. 그렇지 않다면, 그가 자기 선생님을 부인할 때 그토록 함부로 맹세와 저주를 하지는 않았을 테니까요. 그런데 그런 옛 습관이 별안간 다시 나타났음에도 불구하고 시몬 베드로는 구원받을 뿐만 아니라 우리 주 예수 그리스도의 가장 유능한 종들 가운데 하나가 되었습니다. 계속해서 나는 온갖 종류의 죄인들에게, 그리고 여러분에게 말씀드립니다. "여러분과 같은 사람이 오늘날 구원받고 하늘나라로 들어갔습니다. 이러한 사실이 여러분을 붙잡아 일으켜 주지 못하겠습니까? 주님께서 여러분을 붙잡아 일으켜 주시기를 기도합니다."

또 한 가지 일으키심을 여러분에게 말씀드리겠습니다. 구원은 하나님의 전적인 은혜입니다. 즉, 구원은 하나님의 거저 주시는 은혜라는 말씀입니다. 하나님은 구원받을 만한 어떤 조건을 보고 사람을 구원하지 않습니다. 주님께서 구원하기를 기뻐하시는 누구든지 구원하십니다. 구원은 하나님의 주권적인 사역이며, 하나님은 이 주권을 놓지 않습니다. 주님은 친히 "내가 긍휼히 여길 자를 긍휼히 여기고 불쌍히 여길 자를 불쌍히 여기리라"(롬 9:15)고 선포하셨습니다. 이 선포로부터 바울이 내린 결론은 이렇습니다. "그런즉 원하는 자로 말미암음도 아니요 달음박질하는 자로 말미암음도 아니요 오직 긍휼히 여기시는 하나님으로 말미암음이니라"(롬 9:16). 그렇습니다. 죄인들의 선행과 상관없이 그리스도 예수 안에 있는 하나님의 주권적인 은혜를 따라 죄인들에게 긍휼을 베푸시는 것이 하나님의 뜻일진대, 하나님께서 여러분에게 긍휼을 베풀지 아니할 이유가 무엇입니까?

여러분은 지금까지 하나님께서 여러분에게 긍휼을 베푸실 명분을 여러분 자신 속에서 찾아왔습니다. 하지만 여러분은 어떤 명분도 자신에게서 찾을 수 없습니다. 하나님께서 죄인들을 구원하실 명분을 죄인들 안에서는 결코 찾을 수 없다고 나는 말씀드릴 수 있습니다. 하나님은 언제나 오직 자신만이 아시는 명분으로 죄인들을 구원하셨습니다. 하나님은 그 명분을 한 번도 보이지 않으셨으며, 또한 보이지 않으실 것이라고 우리에게 말씀하십니다. 주님은 비유에 나오는 포도원 주인처럼 "내 것을 가지고 내 뜻대로 할 것이 아니냐?"(마 20:15)고 물으십니다. 주님은 주님 뜻대로 하실 것입니다. 어떠한 사람도 구원받을 권리가 조금도 없습니다. 우리 모두는 공로를 주장할 권리를 박탈당하였습니다. 따라서 주님께서 긍휼을 베푸실 때 당신이 기뻐하시는 자에게 베풀어 주십니다. 그렇다면, 주님께서 다른 사람에게 긍휼을 베푸신 것만큼 여러분에게도 긍휼을 베풀지 말라는 법이 어디 있겠습니까?

또한 여러분이 기억해야 할 것은 그리스도 예수를 믿는 믿음이 언제나 영혼을 구원한다는 사실입니다. 지금까지 너무나 많은 사람들이 이러한 사실을 시험하여 보고, 과연 그리스도를 믿는 믿음이 그들을 구원하는 체험을 하였습니다. 오늘날, 이러한 교리는 부도덕한 교리라고 말하는 사람들이 있습니다. 그들은 말하기를, 우리는 아주 강력하게 선행을 권장해야 한다고 합니다. 그 이유는 예수 그리스도를 믿는 사람들은 죄악된 삶을 중단해야 한다고 우리가 말하기 때문이랍니다. 하지만 우리는 선행을 구원의 근거라고 설교하지 않습니다. 우리의 선행을 구원의 근거라고 생각하는 것은 어린아이들이 꽃을 따서 땅에다 꽂고, "와 이 얼마나 아름다운 정원을 우리가 가졌는가!"라고 말하는 것처럼 어리석은 일입니다. 우리는 꽃씨를 심거나 혹은 은 혜의 꽃나무 뿌리를 심습니다. 예수 그리스도를 믿는 믿음은 선행의 씨앗이 며 뿌리입니다. 예수 그리스도를 믿는 사람은 죄의 형벌로부터 구원받을 뿐 만 아니라 죄 그 자체로부터, 죄의 권세로부터, 죄의 습관으로부터 구원받습 니다. 부도덕한 교리라고요? 이 복음의 교리가 수많은 사람들을 그리스도께 로 인도하였고 천국으로 인도하였는데요. 이 복음의 교리를 참으로 부도덕 하다고 말한다면, 이 복음은 분명히 하나님으로부터 나온 것이기 때문에 하 나님께서 부도덕하다는 비난을 받아야 할 것입니다. 그리고 복음을 부도덕 하다고 말하는 것은 다름아니라 신성을 모독하는 것입니다.

여러분은 선을 행할 수 없습니다. 여러분이 회개하고 주 예수 그리스도를 믿을 때까지는 결단코 선을 행하지 못할 것입니다. 여러분이 조금이라도 선 한 일을 하려고 노력할지라도 그 모든 노력은 실패하고 말 것입니다. 왜냐하 면 선을 행하려는 노력의 동기가 잘못되었기 때문입니다. 여러분은 선행으 로써 자신이 구원받기를 원할 것입니다. 이러한 선행은 철저한 이기주의, 곧 하나님께서 받으실 수 없는 완전한 이기주의가 아니고 무엇입니까? 하지만 여러분이 주 예수 그리스도를 믿기만 하면, 여러분은 즉시 죄 사함 받을 것이 며, 이로 인하여 죄를 사하신 주님께 진심에서 우러난 감사를 드릴 것입니 다. 그리고 이 감사한 마음으로 주님께서 미워하시는 모든 것을 여러분이 심 히 미워할 것이며, 주님께서 사랑하시는 모든 것을 열렬히 사랑할 것입니다. 그때에 비로소 여러분은 선한 일을 행할 것입니다. 그러나 무슨 동기로 합니 까? 그야 주님께 대한 감사한 마음으로 합니다. 그것은 이기주의의 결과가 아니라 참으로 선한 일이 될 것입니다. 왜냐하면 이런 선행들은 스스로 무언 가를 얻기 위한 수단으로 행해지는 것이 아니라 하나님을 기쁘시게 해 드리 려고 행해지는 것들이기 때문입니다.

그러므로 예수님을 믿은 심령마다 영생을 얻었고 죄로부터 구원을 받았습 니다. 그렇습니다. 지금 예수님을 온전히 신뢰하면 여러분도 그와 같은 복을 체험하게 될 것입니다. 그들은 그리스도의 팔에 안겼고, 그리스도는 그들을 붙잡아 일으켜 주셨습니다. 여러분도 같은 은혜를 받을 수 있습니다. 이제 그리스도의 팔에 안기십시오. 그리스도는 여러분을 받아 주기 위해 밑에 서 계십니다. 그리하면 여러분은 분명히 구원을 얻을 것입니다. 그리스도께서 친히 "믿고 세례를 받는 사람은 구원을 얻을 것이요"(막 16:16)라고 선포하셨습니다. 여기서 믿음이 먼저요, 세례는 믿음의 고백 다음에 오는 것입니다. 그리스도는 이 순서를 지키라고 제자들에게 명령하셨습니다. "그러므로 너희는 가서 모든 민족을 제자로 삼아 아버지와 아들과 성령의 이름으로 세례를 베풀고"(마 28:19).

이제 주님께서 다른 방법으로 일으키시는 것을 여러분에게 말씀드리겠습니다. 여러분의 말을 나는 마음속으로 듣고 있습니다. "오 목사님, 나는 복음을 알고 있지만 어쩐지 복음을 붙잡을 수 없습니다. 기도가 무엇인지 알지만 원하는 대로 기도할 수 없습니다. 회개가 무엇인지 알지만 원하는 대로 회개할 수 없습니다." 여기에 소개하는 말씀이 여러분을 일으키기를 바랍니다. "이와 같이 성령도 우리의 연약함을 도우시나니"(롬 8:26). 여러분은 하늘을 우러러 보고 은혜로우신 성령님께 지금 도와달라고 간구할 수 없나요? 여러분의 마음이 지하맷돌처럼 굳어 있다고 해서 어쨌다는 것입니까? 하나님의 성령은 순식간에 굳은 마음을 부드럽게 하실 수 있습니다.

여러분이 예수님을 믿는 것이 불가능한 것처럼 보인다 해도 무슨 상관입니까? 은혜로우신 성령께서 지금 곧 여러분으로 하여금 예수님을 믿게 할 수 있습니다. 지금 여러분의 성품이 바라는 것과 반대인 것처럼 보인들 무슨 상관이 있습니까? 은혜로우신 성령께서 여러분의 성품을 완전히 변화시킬 수 있습니다. 성령님은 멀어 있는 눈을 뜨게 할 수 있고, 닫혀 있는 귀를 열 수 있으며, 돌과 같이 굳은 마음을 여러분의 육체에서 제거하고 여러분에게 살같이 부드러운 마음을 주실 수 있습니다. 여러분 스스로 일어날 수 없다는 것을 나는 알고 있습니다. 하지만 성령님은 여러분을 도울 수 있으며, 그에게는 불가능이란 없다는 사실을 또한 알고 있습니다. 하늘의 바람이여, 오셔서 저 마른 뼈들에게 부세요. 그들을 생기 있게 하시고, 죽음밖에 없는 곳에서 살아 계신 주님을 섬기는 살아 있는 군대가 되게 하소서.

성령의 거룩한 이름을 찬송합시다. 그는 마음에서 우러나오는 진실한 기도가 있는 곳에서 이 모든 일을 행하실 것입니다. 성령께서 기도하는 법을 가르쳐 주시지 않으면 누구도 진실하게 기도하지 못합니다. 베드로의 장모처럼 쓰러져 있는 여러분, 우리가 아직도 여러분을 일으키지 못하였나요? 주께서 손을 내밀어 여러분을 붙잡아 주시기를 축원합니다. 왜냐하면 우리의 손만으로는 너무 연약하여 여러분을 일으키지 못할 것이기 때문입니다.

여기에 또 다른 일으키심이 있습니다. 내가 지금까지 말한 모든 것에도 불구하고, 여러분은 여전히 버림받아 마땅하며, 또한 버림받아야만 한다고 생각합니다. 여러분이 형벌을 받아야 하나님의 공의가 나타날 것이라고 여러분은 생각합니다. 그것은 사실입니다. 하지만 그와 마찬가지로 또 다른 하나의 사실을 나는 여러분에게 말씀드립니다. 여러분이 구원받으면 하나님의 긍휼이 영광스럽게 드러날 것입니다. "(주께서는) 인애를 기뻐하시므로"(미 7:18). 만일 예수 그리스도께서 나를 구원하신다면 이는 그가 지금까지 하신 일 중에 가장 큰 일이 될 것이라고 생각했던 때가 기억납니다. 그때에 나는 그렇게 생각했으며, 그리고 지금도 그 생각은 변함이 없습니다. 내가 천국에 가더라도 나는 그런 생각을 그대로 간직할 것이라고 확신합니다.

여러분 가운데 누군가 "나는 그런 생각을 한 번도 해 본 적이 없습니다. 왜냐하면 예수 그리스도께서 나를 구원하신다면 나야말로 이 세상에서 가장 불가사의한 사람이 될 것은 너무나 자명한 사실이기 때문이지요"라고 말합니다. 그렇다면 예수 그리스도께서 여러분을 구원하실 공산이 높다고 나는 생각합니다. 왜냐하면 주님은 불가사의한 일들을 행하시고, 놀라운 일들을 이루시기를 기뻐하기 때문입니다. 한 의사가 큰 명성을 얻기 위해 어떻게 하는지 여러분은 생각해 보셨습니까?

런던에는 아주 많은 환자들이 기다리는 여러 의사들이 있습니다. 쇠약한 환자들이 진료를 받기 위해 몇 시간이고 기다립니다. 의사들이 어떻게 하였기에 그렇게 명성을 얻었습니까? 부르튼 손, 염증이 난 손가락, 사마귀를 치료하므로 그 모든 명성을 얻었다고 말한다면, 여러분은 "허튼소리! 아무도 그런 사소한 일을 행하므로 명성을 얻지는 못합니다"라고 말할 것입니다. 그렇다면 그들이 어떻게 하여 명성을 얻었나요? 그래요. 거의 죽을 지경에 이르렀던 환자가 있었습니다. 그는 다른 여러 의사들이 포기했던 환자였습니다. 오직 하나님만이 그를 고칠 수 있었습니다. 혹은 다리가 거의 절단될 지경에 이른 사람이 있었습니다. 그런데 이 의사는 "나는 그 사람의 다리를 자르지 않고도 치료할 것이오"라고 말했습니다. 혹은 속병으로 복잡한 환자가 있었습니다. 이 의사는 "나는 그 병을 다 알고 있소"라고 말하고 치료해 주었습니다. 모든 사람들이 그의 놀라운 의술에 대하여 칭찬하였으며, 이제 모든 환자들이 그 의사에게 치료를 받으러 갑니다. 그는 위중한 환자들을 고침으로써 유명하게 되었습니다. 작은 질병을 50번 고치는 것보다 불치병을 한 번 고치므로 더 큰 신망을 얻을 수 있었습니다. 위대하신 의사이신 우리 주님도 마찬가지입니다. 여러분은 그리스도 외에는 아무도 고칠 수 없을 만큼 복잡한 질병에 걸린 큰 죄인입니다. 주님은 도저히 고칠 수 없을 것 같은 환자들을 고칠 수 있는 능력을 갖고 계십니다. 주님께서 여러분과 같은 환자들을 고치실 때, 하늘과 땅과 지옥이 이 소식을 들을 것이며, 이로 인하여 주님의 위대하심이 드러나게 될 것입니다.

여러분의 병세가 절망적인 것 같을지라도, 혹은 회복될 희망이 조금은 있지만 꽤 오랜 시간이 걸릴 것 같은 느낌이 들지라도, 예수 그리스도께서는 즉시 죄인들을 용서하신다는 사실을 기억하기 바랍니다. 한 순간 한밤중처럼 시커먼 사람이 다음 순간에 대낮처럼 밝아집니다. 십자가에 달리신 예수 그리스도는 놀라운 능력을 가지고 계시기에, 한 사람이 인류의 모든 죄를 자신이 다 짊어졌다 할지라도 믿음으로 그리스도를 바라보기만 하면 그의 죄는 한 순간에 모두 사라질 것입니다. 거대한 뱀들이 라오콘(Laocoon; 그리스 신화에 나오는 트로이의 아폴론의 신관(神官). 그는 신의 계율을 무시하고 신상 앞에서 아내와 육체관계를 가졌기 때문에 아폴론의 분노를 샀다. 트로이 전쟁 10년째, 그리스 군은 내부에 용사들을 숨긴 커다란 목마를 남기고 트로이에서 철수하는 것처럼 가장하였다. 그때 성벽을 부수고라도 이것을 성내로 운반해 아테네 신에게 봉헌해야 한다는 주장과 간계가 숨겨져 있으므로 태워 버리거나 절벽에서 떨어뜨려 바다에 버려야 한다는 주장이 엇갈렸는데, 라오콘은 후자의 주장에 따라 목마의 배를 창으로 찔렀다. 이에 노한 아폴론이 두 마리의 바다뱀을 보내어 라오콘과 그의 아들들을 목 졸라 죽게 하였다. 이것을 보고 라오콘의 주장이 거짓이라고 생각한 트로이 인들은 목마를 성내에 들여놓았기 때문에 마침내 아테네군에게 멸망당하였다: 역주)과 그의 아들들의 사지 전체를 휘감은 모양의 이상한 조각상을 여러분은 보셨습니까? 여러분이 라오콘과 같이 죄악된 습관들에 몸과 마음이 모두 휘감겨 있어서 여러분 스스로는 그것들로부터 자유할 수 없다 할지라도, 믿음으로 예수님을 바라 본다면 여러분은 이와 같은 괴물, 곧 죄의 머리를 완전히 짓밟아 이길 것입니다. 여러분이 예수님을 믿기만 하면, 예수님은 자신의 구멍난 발로 여러분의 죄를 일어나지 못하도록 박살내실 것이며, 여러분은 죄의 권세로부터 구원받을 것입니다.

낙담하고 절망한 가련한 죄인이여, 여러분이 예수님을 믿는다면 내가 명하노니, 여러분과 같은 사람들을 구원하기 위해 오신 그분은 거룩한 구세주가 되신다는 사실을 기억하십시오. 이 진리를 기억하는 것이야말로 모든 의심에 치명타를 날리는 것입니다! 여러분의 경우는 어렵다고 여러분은 말합니다. 맞습니다. 능력이 부족한 곳에는 언제나 어려움이 존재합니다. 앞으로도 능력이 부족한 피조물들이 있는 곳에는 언제나 어려움이 있을 것입니다. 하지만 여기에 창조주가 계십니다. 인간을 지으신 창조주, 하늘과 땅을 지으신 그분이 이 땅에 내려와 인간으로 사셨고 십자가 위에서 죽으셨는데, 이는 오직 죄인들을 구원하기 위함이었습니다. 전능하신 하나님 앞에 무슨 어려움이 있겠습니까? 전능하신 하나님 앞에서 어렵다고 말하지 마십시오. 오 죄인이여, 하나님에게는 불가능이 없습니다. 여러분이 아파 거의 죽을 지경이라 할지라도 예수 그리스도는 여러분을 능히 구원하실 수 있습니다. "여호와께서 말씀하시되 오라 우리가 서로 변론하자. 너희의 죄가 주홍 같을지라도 눈과 같이 희어질 것이요 진홍 같이 붉을지라도 양털 같이 희게 되리라" (사 1:18).

오직 그만 믿으라! 오직 그만 믿으라!
지금 오직 그만 믿으라!
그가 너를 구원하시리! 그가 너를 구원하시리!
지금 그가 너를 구원하시리!

# 4

# 사마리아 여자(1)

## 영혼 구원의 모델

"사마리아 여자 한 사람이 물을 길으러 왔으매 예수께서 물을 좀 달라 하시니"(요 4:7).

이 말씀은 흥미 있는 대화의 시작입니다. 이 대화로 인해 이 여자는 자신이 복을 받을 뿐 아니라 이후로 다른 많은 사람들에게 은혜를 끼치는 도구가 되었습니다. 본장과 앞장이 영혼을 구원하는 하나님의 말씀의 역할을 가장 효과적으로 발휘하였다고 생각됩니다. 물론 성경의 모든 말씀이 사람들을 구원하는데 쓰임 받았다고 나는 생각합니다. 하지만 이 두 장이 거룩한 삶을 태동시키는데 매우 크게 쓰임 받는 복을 받았습니다. 많은 사람들이 이 말씀에서 확실히 깨달은 진리에 이끌려 중생의 문을 통과하였고 믿음의 출입구로 진입하였습니다.

여러분은 여기서 먼저 영혼 구원의 모델을 봅니다. 예수님은 사마리아 여자에게 "물을 좀 달라"고 말씀하셨습니다. 나는 지금 지혜롭게 영혼을 구원하는 많은 사람들에게 말씀을 전하고자 합니다. 내가 바라기로는, 비록 이 지혜를 터득하지 못하였을지라도 가능한 한, 하나님께 쓰임 받아 사람들에게 은혜 끼치기를 열망하는 더 많은 사람들에게 설교하고 싶습니다. 그렇다면, 여기에 여러분을 위한 완벽한 모델이 있습니다. 이 모델을 배우고 본받으십시오.

첫째, 영혼 구원의 모델이신 우리 구주께서는 서먹서먹하지도 않으셨고 쌀쌀맞지도 않으셨다는 사실을 관찰합시다. "예수께서 길 가시다가 피곤하여 우물 곁에 그대로 앉으시니"(6절). 예수님께 영혼을 구원하려는 놀라운 열정이 없었다면, 다른 사람을 가까이하지 않으셨을 것입니다. 이 여자가 예수님께 말을 걸었을지라도 예수님은 그녀에게 쌀쌀맞게 대답하셨을 것입니다. 그리고 더 이상 그녀와 이야기하고 싶지 않다는 눈치를 주었을 것입니다. 매우 친절하면서도 동시에 결코 친밀한 관계를 허용하지 않는 그런 자세가 있습니다. 어떤 사람은 분위기를 썰렁하게 하는 은사를 가지고 있습니다. 그들은 보기만 해도 여러분을 거의 얼려 버릴 정도입니다. 여러분은 다시는 그들에게 말을 걸 수가 없습니다. 사실상, 여러분이 그렇게까지 고상한 명사(名士)들에게 그동안 얼마나 무례하게 행하였는지 놀랄 지경입니다.

그들은 분명히 여러분과 같이 초라한 사람들이 속한 세상과는 전혀 다른 세상에서 살아가고 있습니다. 그들은 너무나 선하고 너무나 위대하고 너무나 영리하고 너무나 큰 그릇이기에 여러분과는 어울릴 수가 없습니다. 여러분이 그들의 행실에 대하여 불평하지는 않는다 하더라도, 여러분은 그들을 피할 것이며, 장래를 위하여 그들을 가까이 하지 않을 것입니다. 왜냐하면 그들은 여러분에게 전혀 매력적인 사람이 아니기 때문입니다. 그들은 여러분을 차갑게 대함으로 쫓아버립니다. 그들은 사람의 마음을 끄는 힘이 없습니다. 오히려 그들은 매력과는 정반대로 부정적인 영향을 끼칩니다.

만일 여러분 가운데 누군가 이러한 마음 자세를 가지고 있다면, 그런 마음 자세로부터 벗어나게 해 달라고 주님께 기도하십시오. 그런 마음 자세로는 착한 일을 시도하지 마세요. 왜냐하면 쌀쌀맞고 냉담하고 고고한 듯한 말투로 영혼들을 그리스도께로 인도한다는 것은 마치 눈덩이로 화덕을 달구려고 하는 것과 마찬가지이기 때문입니다. 그런 모든 자세를 버리십시오. 여러분의 이웃과 선(線)을 그으려는 그런 심리를 키우는 것이야말로 여러분을 가장 나약하게 만들고 쓸모없게 만드는 것입니다. 죄인에게 가까이 가세요. 남자든 여자든 상관없이 죄인에게 다가가세요. 여러분이 혼자 있으려 하지 않으며, 여러분과 이야기하고 있는 그 사람을 형제로, 여러분과 생각을 나눌 수 있는 사람으로, 심령이 상한 가운데 감동을 받는 사람으로 여기고 있다는 것을 보여 주세요.

그가 고난을 받은 만큼 여러분도 여러 면에서 고난당하였다는 사실을 깨닫고 그와 눈높이를 맞추고 그와 같은 입장이 되시고, 그에게 친절을 베푸세요. 구주께서는 조금도 뻣뻣하거나 거만하지 않으셨습니다. 주님은 그와 정반대로 심지어 어린아이들까지도 그분께 스스럼없이 다가갈 수 있다고 생각했습니다. 구주께서는 험악한 날씨에 선원들이 배를 피할 수 있는 큰 항구와도 같은 분이었습니다. 선원들은 그 항구가 그들을 위해 예비된 것처럼 생각합니다. 그리스도의 얼굴 표정, 그의 반짝이는 눈, 그 밖에 그리스도의 모습을 보았을 때 사람들은 그분이 조금도 자신을 위해 살지 않고 다른 사람들에게 은혜 끼치기를 갈망하였다는 사실을 느낄 수 있었습니다. 우물에 앉아 계신 예수님, 자신을 낮추어 타락한 여자에게 말을 거시는 예수님, 바로 여기에 여러분이 본받아야 할 영혼 구원의 모델이 있습니다.

다음에 우리 구주께서는 적극적이고 기민하셨습니다. 주님은 여자가 말을 걸 때까지 기다리지 않으시고, "물을 좀 달라"고 먼저 말을 걸었습니다. 주님은 여자가 우물에서 물을 긷고 막 가려 할 때까지 기다리지 않으셨으며, 여자에게 "나는 지체할 수 없어요. 물을 가지고 집에 가야 해요, 해가 너무 뜨거우니까요"라고 말할 틈을 주지 않으셨습니다. 반대로 주님은 여자가 물동이를 가지고 오는 것을 보자마자 곧 "(내게) 물을 좀 달라"고 말을 걸으셨습니다. 진정으로 영혼을 구원하는 사람은 사냥하러 나가는 사람과 같습니다. 사냥꾼은 졸다가 사냥감을 놓치는 일이 없습니다. 사냥꾼은 기민합니다. 총을 겨누고 있다가 날개나 나뭇잎 하나만 떨어져도 즉시 발사합니다. 노련한 새 사냥꾼은 새들이 깨어나기 전에 아침 일찍이 그물을 칩니다. 그러면 새들이 일어나 움직이기도 전에 그의 그물에 걸립니다.

자비로운 지혜를 갖추신 주 예수님께서는 부지런히 그의 사명을 감당하셨습니다. 주님은 여자를 구원하는 사역을 즉시 시작하셨습니다. 예수님께서 쉬고 계시던 우물가에 여자가 오자마자 주님은 먼저 말을 걸으셨고, 곧 그리스도에 관한 사실과 여자의 죄에 대한 문제로 화제(話題)를 이끌어 가셨으며, 이러한 방법으로 그리스도는 이 여자를 그 죄에서 건져 올리셨고, 또한 그녀를 통해 다른 사람들을 회개하도록 만드셨습니다.

유감스럽게도 여러분 가운데 많은 사람들이 이렇게 하지 못합니다. 여러분은 자신이 수줍음을 잘 탄다고 말합니다. "수줍은" 병사가 총살되었다는 이야기를 내가 얼마나 많이 했나요? 전쟁이 한창일 때 이 병사는 숫기가 없고 수줍어서 후방으로 도망갔습니다. 병사들은 그를 겁쟁이라고 부르고 총살하였습니다. 나는 여러분을 겁쟁이라고 부르지도 않고 총살하지도 않겠습니다. 하지만 여러분이 뒤로 물러나지 않기를 나는 바랍니다. 영혼들이 죽어가고 있는데 말수가 적고 수줍어서야 되겠습니까?

수영을 잘 하는 사람이 동료가 물에 빠져 죽도록 방관하였다면 무슨 말로 변명을 할 수 있겠습니까? 그가 "나는 너무 수줍어서 그를 물 밖으로 밀어낼 수 없었어요. 나도 어쩔 수 없었단 말이에요. 인사도 없이 내 마음대로 강제로 그에게 행할 수 없었어요. 그래서 나는 그를 물에 빠져 죽게 버려 둘 수밖에 없었던 거예요. 대단히 미안하지만 나는 결코 숫기 있는 사람이 아니거든요"라고 한들 변명이 되겠습니까? 여러분은 사람들이 저주받도록 내버려둘 작정입니까? 여러분은 이 도시에 사는 많은 사람들이 그들의 죄로 멸망하도록 내버려둘 작정입니까? 만일 그렇다면, 하나님께서 여러분을 긍휼히 여기시기 바랍니다!

문제는 "이때에 런던이 어떻게 되느냐?"가 아닙니다. 문제는 "이 도시 사람들을 구출하려고 노력하지 않고 그들의 죄 가운데 죽도록 내버려둘 때, 여러분이 과연 어떻게 될 것인가?" 하는 것입니다. 여러분이 그런 비난을 받지 않도록 하십시오. 여러분이 모르는 사람에게, 전에 한 번도 보지 못했던 사람에게 예수님처럼 말을 걸어보십시오. 여러분이 무심코 우연히 만나는 여자에게 예수님처럼 말을 거십시오. 그녀가 떠나기 전에 즉시 말을 거십시오. 여러분의 신앙은 적극적이어야만 하며, 친절을 베풀 수 있는 모든 기회를 기민하게 잡아야 합니다. 본문에서 발견하는 예수님의 모습, 이 모습이야말로 영혼 구원의 이상적인 모델입니다!

다음에 구세주께서는 담대하실 뿐만 아니라 지혜로우셨습니다. 이 여자가 혼자 있을 때 말을 거신 우리의 은혜로우신 주님의 지혜는 아무리 감탄해도 모자랍니다. 누군가 다른 사람이 그곳에 있었더라면, 주님은 결코 그처럼 말하지 못했을 것이며, 이 여자도 역시 그처럼 말하지 못하였을 것입니다. 이 대화는 은밀히 이루어질 필요가 있었습니다. 그런데 여러분은 열심이 너무 지나친 나머지 경솔하게 행동합니다. 분별 있고 신중한 사람이라면 마땅히 조심해야 하건만 여러분은 영혼을 구원하고 싶은 마음만 있지 조심하지 않습니다. 그리스도께서 이 여자와 단독으로 이야기를 하셨지만 대낮에, 열두 시에, 그것도 우물가에서 이야기하셨다는 사실을 기억하십시오. 사람들이 구세주처럼 신중하였다면 그들은 충분히 그들이 가진 열심을 효과적으로 발휘할 수 있었을 것입니다. 이 여자와 같은 경우에, 구세주의 놀라운 겸손과 아울러 지혜를 여러분은 유념하여야 합니다.

유대인들의 관원이었던 니고데모와 주님은 밤중에 대화하셨습니다. 하지만 사마리아의 매춘부와 주님은 낮에 이야기하셨습니다. 영혼을 구원하는 자는 신중하게 자기 주변을 돌아보며, 지혜롭게 자신의 계획을 이루어갑니다. 거친 파도 속에서만 무는 물고기가 있는가 하면, 어떤 물고기는 밤중에만 잡히며, 그런가하면 어떤 물고기는 낮에만 잡힙니다. 여러분이 복을 베풀고자 하는 모든 사람들에게 각각의 경우에 맞게 적용하십시오. 그렇다고 여러분이 너무 조심스러워 위험을 무릅쓰지 말라는 말은 아닙니다. 하지만 여러분은 신중해야 합니다. 특히 난감한 상황에서 여러분이 불필요한 위험을 감수할 필요는 없습니다.

구세주께서는 그 여자에게 말할 수 있는 더 좋은 시간을 찾을 수가 없었습니다. 제자들조차 주님께서 이 여자와 이야기하는 것을 보고 놀랐다는 사실을 생각해 보면, 우물가에서 그것도 정오에 대화하셨다는 것은 예수님께서 무한히 지혜로웠다는 사실을 금방 알 것입니다. 오 영혼을 구원하는 자들이여, 어떻게 해서든 영혼들을 구원합시다. 필요하다면 여러분의 덕망을 해친다 할지라도 기꺼이 그 영혼들을 구원해냅시다. 하지만 그런 모험은 불필요합니다. 보통 그런 모험은 필요하지 않습니다. 꼭 필요한 경우가 아니라면 그런 모험을 해서는 안 될 것입니다. 구세주께서 여러분에게 지혜로운 모범을 보여 주셨습니다. 일 대 일로 사람들과 이야기하신 예수님의 본을 따릅시다. 나는 대중들에게 설교를 많이 하는 편이라 개인적인 적용을 많이 하지 못하는 것 같습니다. 그런데 돌이켜보면 대중들에게 설교할 때보다 개인에게 말씀을 전할 때 나의 사역이 더욱 성공적이었던 것을 알 수 있습니다.

언젠가 나는 식탁에 앉아서 낯선 청년을 발견하고, 함께 내가 설교하는 곳에 가자고 그에게 권면한 적이 있습니다. 나는 가는 길을 몰랐지만 나와 함께 가자고 그에게 권면하였습니다. 길에서 나눈 몇 마디로 그는 그리스도 앞에 나왔고, 이후로 복음을 열렬히 지지하는 자가 되었으며, 아주 쓸모 있는 사람이 되었습니다. 설교를 통해 누가 구원을 받는지 나는 모르지만, 길에서 이야기를 걸 때 누가 회개하는지 알 수 있습니다. 내가 아는 전도자는 공적인 예배로 훌륭하게 쓰임 받고 있습니다. 하지만 그 전도자는 아울러 그의 집 식구들에게도 역시 유익을 주는 사람입니다. 거의 모든 경우에, 목회자는 교회보다 먼저 그의 집에서 자녀들이 회개하며, 또는 그의 하인이나 방문자가 그와 일 대 일로 대화를 나눔으로써 구원을 받습니다. 나는 이런 사역을 선호합니다. 오, 우리 모두가 일 대 일로 사람들과 이야기하는 법을 배울 수 있기를 축원합니다! 이에 여러분에게 다시금 말하건대, 본문에서 영혼 구원의 모델이신 예수님을 본받읍시다.

구세주께서 이 여자에게 어떻게 대화의 문을 여셨는지 살펴봅시다. "예수께서 물을 좀 달라 하시니." 여러분이 낚시할 때 물고기의 입에다 직접 미끼를 던지는 것이 항상 지혜로운 것은 아닙니다. 한 번은 약간 오른 쪽에, 또 한 번은 약간 왼 쪽에 미끼를 던지세요. 그러면 아마도 얼마 안 있어 여러분은 물고기가 입질하는 것을 볼 것입니다. 이처럼 구세주께서는 처음부터 "네가 죄인이로구나"라고 말씀하지 않았습니다. 오, 이런! 아마추어 말고는 일을 이렇게 시작하는 사람은 아무도 없을 것입니다. 예수님은 처음부터 "착한 여자여, 내가 메시아란 말이야"라고 말하지 않았습니다. 물론 예수님께서 메시아라는 말씀은 진리입니다. 그렇지 않습니까? 하지만 처음부터 그 사실을 밝히지 않으시고 주님은 먼저 "물을 좀 달라"고 말씀하셨습니다. 주님은 먼저 여자의 관심을 끌고 그 마음을 감동시키셨습니다. 그런 다음에 가까이 다가가서 그녀의 양심을 살피시고 그 마음을 변화시키셨습니다.

예수님께서 "물을 좀 달라"고 하신 말씀은 단지 아주 평범하고 흔한 부탁이었습니다. 여러분 중에 누구라도 그런 부탁을 할 수 있지만 여러분은 예수님처럼 그렇게 쉬운 방법으로 사람들에게 접근하지 않습니다. 하지만 이 한마디 부탁은 아주 지혜로운 접근 방법이었습니다. 왜냐하면 이 말은 이 여자의 의도와 일치하였기 때문입니다. 여자는 물 길을 생각을 하고 있었고, 예수님은 여자에게 "물을 좀 달라"고 말씀하셨습니다. 만일 자신이 혹은 다른 사람들이 마실 물을 길러 온 사람에게 여러분이 말을 걸어야 한다면, 물을 달라고 하는 표현보다 더 적당한 은유나 표현방식은 없을 것입니다.

그 밖에, 이 말씀은 대단히 함축성 있는 표현이었습니다. 이는 마치 계란이 고기를 품고 있는 것만큼 의미심장한 말이었습니다. "물을 좀 달라." 이 말씀 안에는 많은 내용이 포함되어 있었습니다. 구세주께서 이 여자의 영적인 목마름, 그녀의 심령에 부어 주실 생수, 그리고 그녀가 길러 온 우물물이 아니라 그녀가 가져가게 될 생수, 곧 그 속에서 영생하도록 솟아날 생수에 대하여 말씀하고 싶으셨던 만큼, 이 말은 주님에게 충분히 넓은 마당을 제공해 주었던 것입니다. 이처럼 아주 평범하지만 쉽게 거룩한 진리로 이끌어갈 수 있는 그런 말로 지혜롭게 접근하는 법을 배웁시다.

영혼 구원의 모델이신 구세주께서 처음에 장벽을 허물어 버리신 모습을 우리가 본받아야 한다고 나는 생각합니다. 주 예수 그리스도께서는 분명히 유대인 복장을 하셨으며, 이 여자는 사마리아에서 왔습니다. 이 두 사람 사이에 장벽이 있었습니다. 유대인들과 사마리아 사람들은 상종을 하지 않았기 때문입니다. 우리 주님께서는 "물을 좀 달라"고 말씀하심으로써 폐쇄적인 관습의 장벽을 허물어 버리셨습니다. 다른 표현으로는 이 장벽을 허물지 못하였을 것입니다.

동양의 관습에 따르면, 사람들과 같이 먹고 마시는 것은 그들과 교제를 시작하는 것을 의미하였습니다. 그러므로 "물을 좀 달라"는 예수님의 표현은 이 사마리아 여자와 자신을 차별하는 유대교를 송두리째 떨쳐버리는 말씀이었습니다. 여러분이 사람들을 그리스도께로 인도할 작정이라면, 차별하는 것은 무엇이든지 항상 철폐해야 합니다. 여러분이 재력가입니까? 여러분이 노동자들과 이야기할 때 번쩍거리는 다이아몬드 반지를 끼고 있다면 나는 여러분이 그 영혼들을 돌이킬 수 있다고 믿지 않습니다. 여러분이 과학적인 사람입니까? 여러분이 그렇게 재미있어 하는 긴 음절로 연결된 단어를 사용하지 말고, 아주 평이하고 단순한 말을 하십시오. 혹은 여러분이 어떤 정당에 소속되어 있나요? 정치적인 문제를 개입시키지 마세요. 그런 식으로는 여러분이 영혼들을 구원하기는커녕, 편견과 저항만 자극할 가능성이 높을 것입니다.

내가 프랑스 사람과 이야기하고 있다면, 나는 진심으로 프랑스 사람이었기를 바랄 것입니다. 내가 독일 사람을 구원해야 한다면, 그 나라의 특징들에 대하여 가능한 한 많이 알았으면 할 것입니다. 나는 영국 사람이라는 사실을 조금도 부끄러워하지 않을 것입니다. 하지만 내가 독일 사람이나 줄루(Zulu ; 남아프리카 공화국 Natal 주에 사는 용맹한 종족: 역주) 족이 됨으로써 더 많은 영혼들을 구원할 수 있다면, 나는 사람들의 마음을 얻기 위하여 어떠한 국적이라도 기꺼이 취할 것입니다. 그리고 우리 주님께서 바로 이와 같은 정신에서 "물을 좀 달라"고 말씀하신 것입니다. 주님은 유대인으로서 가지는 고상한 지위를 버리셨습니다. 유대인은 하나님께 속한 귀족이라는 사실을 주목하십시오. 인성(人性)을 갖추신 예수님은 가장 오래된 역사와 가장 고상한 전통을 지닌 민족 출신이셨습니다. 하지만 자기 혈통이 누구인지 아무도 모르는 잡종(雜種)이나 다를 바 없는 이 사마리아 여자와 이야기를 나누기 위해 예수님은 그런 지위를 버리셨습니다. 사마리아인들은 무언가 얻을 것이 있으면 유대인인 척하였으며, 유대인들이 어려움에 빠지면 이방인인 척하였습니다. 그러나 예수님은 그녀를 타박하지 않으셨으며, 그녀가 자신보다 열등하다는 내색을 조금도 보이지 않으셨습니다. 구세주께서 사람들을 대하신 방법 외에는 우리가 영혼들을 구원할 다른 방법이 없습니다. 어떻게 영혼들을 구원할지 하나님께서 우리에게 가르쳐 주십니다!

이제 나는 다른 측면에서 우리의 거룩하신 주님을 나타내 보이고자 합니다. 이 시간 영혼 구원의 모델로서가 아니라 겸손의 대가로서 주님을 소개하고자 합니다. 내가 보기에 주님은 매우 사려 깊은 분으로 보입니다. 이분은 우리의 은혜로우신 주님이시요, 하나님의 아들이시며, 창조주요, 하나님의 먼저 나신 자이십니다.

예수님은 피곤하고 목마른 상태에서 우물가에 걸터앉아 계십니다. 거의 졸도할 정도로 지치신 주님의 모습이 보이지 않습니까? 한 모금의 물도 마시지 못하거나, 물을 마실 방도가 없을 정도로 고통을 당하시다니, 이 얼마나 놀라운 겸손인지요! 주님은 모든 샘을 조성하신 분이요, 비의 열쇠를 쥐고 계신 분이요, 대양(大洋)의 주인이십니다. 그런 주님께서 마실 물이 필요하다니요? 여러분과 나의 주님께서 여기까지 낮아지시다니 이 얼마나 놀라운 겸손인지요! 예수님은 "여우도 굴이 있고 공중의 새도 거처가 있으되 인자는 머리 둘 곳이 없다"(마 8:20)고 말씀하실 정도로 낮아지셨습니다. 언덕에서 잔물결을 일으키며 계곡을 통해 흘러내리는, 우리 주변에서 흔히 볼 수 있는 그 물이 주님을 피해 지나가자 우리 주님께서 "물을 좀 달라"고 지금 막 말씀하셨습니다. 예수님을 사랑하는 여러분, 여러분의 주님을 송축합시다. 그의 발에 입맞춥시다. 그리고 그의 기묘한 겸손을 놀라워합시다.

내가 주님의 겸손에 놀라는 것은 주님께서 그러한 곤경을 자처하셨을 뿐만 아니라 물 한 모금을 부탁하실 정도로 너무나 겸손하셨다는 사실 때문입니다. 기도를 들으시는 분께서 친히 도움을 구합니다. 자신의 구속받은 백성의 부르짖음을 들어주시고, 엄청난 선물로 가득한 손을 내밀어 모든 생물의 필요를 공급하시는 분께서 거기에 앉아 여자에게 "물 좀 달라"고 말씀하십니다. 당신의 피조물 가운데 하나에게 물 한 모금만 달라고 구걸을 하시다니! 주님, 도대체 당신께서는 어디까지 낮아지셨나이까!

더구나 주님께서 누구에게 물 좀 달라고 부탁하였는지 생각하면 여러분은 주님의 겸손에 더욱 감탄할 것입니다. 즉, 주님(He)은 전에 남편이 다섯이나 있었고 지금은 남편이 아닌 남자와 같이 살고 있는 여자(her)에게 물 좀 달라고 부탁하셨던 것입니다. 여러분 가운데 착한 여인들은 이런 여자를 집게로도 잡기 싫어할 것입니다. 그렇지 않습니까? 그리고 여러분과 같이 착한 남자들도 이런 여자를 길에서 보면 다른 길로 돌아갈 것입니다. 하지만 예수님은 그녀에게 주고자 할 뿐 아니라 그녀로부터 받기를 원하셨습니다. 주님은 사마리아 죄인에게 은혜를 베푸셨습니다. 이처럼 주님의 신발 끈을 풀기에도 합당치 않은 이 여자에게 — 세례 요한도 주님의 신발 끈을 풀기도 감당치 못하겠노라고 말하였다면 이 여자에게 무슨 자격이 있겠는가? — 예수님은 "물 좀 달라"고 부탁하셨습니다.

여기서 다시 한 번 주님의 겸손을 주목합시다. 여자는 톡 쏘는 말로 대답하였는데, 이는 정중한 어조였지만 사실상 주님의 부탁을 거부한 것이나 마찬가지였습니다. 그런데도 주님은 이 여자를 비난하지 않으셨습니다. 주님은 "무정한 여자 같으니"라고 말씀하지 않았습니다. 아니, 단 한 마디나 시선으로도 주님은 그녀를 꾸짖지 않으셨습니다. 주님은 우물물을 바라지 않았고, 그녀의 마음 얻기를 원하셨습니다. 그러므로 주님은 말씀을 계속하셨던 것입니다. "너희 중에 누구든지 지혜가 부족하거든 모든 사람에게 후히 주시고 꾸짖지 아니하시는 하나님께 구하라 그리하면 주시리라"(약 1:5), 이 말씀이 아름답지 않습니까? 이처럼 구세주께서 이 여자에게 한마디도 꾸짖지 않으실 것입니다. 여자는 스스로 자기 죄 때문에 자신을 꾸짖게 될 것입니다. 이 여자는 구세주께서 눈감아 주신 그녀의 옹졸함 때문에 꾸지람 받지는 않을 것입니다.

바로 이러한 모습이 그리스도의 겸손의 면류관입니다. 겸손하신 그리스도께서는 자신의 부탁을 여자에게 강요하지 않으셨고, 대신 여자로 하여금 자신의 죄를 고백하도록 이끄셨습니다. 주님은 "물 좀 달라"고 말씀하셨습니다. 그러나 분명히 여자는 물동이를 내려놓지 않았고, 주님은 목이 탔지만 물을 입에 대지도 않으셨습니다. 하지만 주님은 여자를 자신의 죄에 대한 고백, 주님에 대한 믿음으로 이끄셨고, 또한 달려가서 다른 사람들을 주님께 데리고 오도록 감동하셨습니다. 이 모든 것이 다른 사람들이 알지 못하는 먹을 양식과 마실 물을 예수님께 공급해 주었습니다. 주님은 한 영혼을 얻었고, 이것이 주님의 피곤함을 풀어 주었습니다. 우리는 더 이상 주께서 피곤하셨다는 이야기를 듣지 못합니다. 주님께서 죄인이 구원받은 모습을 보시자 모든 피곤이 사라졌습니다. 주님은 원기를 회복하셨습니다. 왜냐하면 주님께서는 목숨을 바쳐 얻고자 하신 것을 얻으셨기 때문입니다. 주님은 위대하신 아버지께로 돌아온 한 심령을 받으셨고, 자기를 신뢰한 한 영혼을 얻으셨습니다.

이제 나는 매우 간략하게, 하지만 조금도 떨어지지 않는 열심으로 세 번째 대지를 말씀드리겠습니다. 그것은 이렇습니다. 여러분은 영혼 구원의 모델을 보았고, 또한 겸손하신 주님을 뵈었습니다. 이제 본문을 통하여 은혜를 받는 방법을 알아봅시다.

나의 친구들이여, 여러분이 이 자리에 와 있지만 구원받으려고 오지는 않았습니다. 아니! 여러분의 마음은 구원과 거리가 멉니다. 여러분은 이 장소를 보려고 왔고, 많은 사람들이 와서 복음 사역자의 설교를 듣는 한 건물을 보려고 왔습니다. 맞습니다. 하지만 그것 때문에 여러분이 은혜를 받지 못하는 것은 아닙니다. 왜냐하면 이 여자도 처음에는 물을 길으러 왔기 때문입니다. "사마리아 여자 한 사람이 물을 길으러 왔으매." 여자는 예수님을 보고 싶어하거나 주님을 알고 싶어하지 않았습니다. 그녀는 다만 물을 구하러 왔을 뿐입니다.

사울은 아버지의 나귀들을 찾으러 갔다가 천국을 경험하였습니다. 이처럼 여러분은 한 번도 구하지 않은 것을 얻을 수 있으며, 한 번도 찾지 않은 주님을 만나 뵐 수 있습니다. 귀를 기울이세요. 여러분의 귀를 열어보세요. 아마도 여러분이 은혜 받을 날이 온 것 같습니다. 큰 은종(銀鍾)이 여러분의 구원의 시간을 알리고 있습니다. 정말 그렇게 되기를 바랍니다. 여러분이 구원에 대하여 한 번도 생각하지 않았더라도 그렇게 될 수 있습니다. 여러분은 회개하지 않았고, 지금 그리스도인이 아닙니다. 하지만 여러분은 세상에서 친절을 베풀기 좋아할 것입니다. 그렇지 않습니까? 여러분은 친절한 행동, 관대한 행동을 좋아합니다. 내가 알기에, 아직 주님을 모르는 많은 사람들에게도 이런 생각이 일어납니다. 어떤 이들은 회개하지 않은 사람에게 돈 좀 달라고 부탁하지 않을 것입니다. 하지만 나는 부탁할 것입니다. 왜냐하면 주님께서 죄 많은 여자에게 "물을 좀 달라"고 말씀하셨기 때문입니다.

한 사람을 여러분에게로 이끄는 방법은 항상 여러분이 그 사람에게 친절을 베푸는 것이 아니요 오히려 그로 하여금 여러분에게 친절을 베풀도록 하는 것입니다. 예수님은 이 방법을 아셨습니다. 그래서 내게 "물을 좀 달라"는 말씀으로 접근하신 것입니다. 여러분이 "당신은 누군가에게 친절을 베풀기를 좋아하지요. 그렇지 않습니까? 당신은 누군가에게 친절하게 대하기를 원합니다"라고 칭찬해 주는 것이 때때로 지혜로운 방법이 될 것입니다. 나 또한 그렇게 칭찬하려고 노력할 것입니다. 자, 보세요. 주님께서 바로 여기에 와 계십니다. 그리고 사마리아 여자에게 접근하셔서 하신 말씀과 똑같이 여러분에게 말씀하십니다. 예수님은 여러분에게 "물을 좀 달라"고 부탁하십니다. 이에 여러분은 이렇게 대답합니다. "오! 제가 그리스도께 무슨 마실 것을 드릴 수 있겠나이까? 그리스도께서 여기에 계신다면 나는 기꺼이 마실 것을 드리겠습니다. 제가 시골 집 문 앞에 있고, 그리스도께서 건조한 날에 제 집 앞을 지나가신다면, 나는 기꺼이 우물물을 퍼서 물 한 바가지를 갖다 드리겠습니다. 내가 아직 회개하지 않았지만 그렇게 해 드리겠습니다."

귀한 심령이여, 여러분은 그렇게 할 수 있습니다. 여러분이 그렇게 하기를 나는 바랍니다. 그리스도의 마음을 시원하게 해 드리는 것은 여러분의 특권입니다. 여러분이 죄인이 아니라면 여러분은 그리스도의 마음을 시원하게 해 드리지 못할 것입니다. 그러나 여러분이 죄인이므로 그렇게 할 수 있습니다. 여러분의 죄책과 죄로 인해 여러분이 그리스도의 마음을 시원하게 해 드릴 수 있는 것입니다. 여러분은 묻습니다. "어떻게요?" 자, 여러분의 죄를 회개하십시오. 죄를 끊고, 죄에서 돌아서세요. "이와 같이 죄인 한 사람이 회개하면 하나님의 사자들 앞에 기쁨이 되느니라"(눅 15:10).

여기서 천사들이 기뻐한다고 말하고 있지 않습니다. 물론 나는 천사들이 기뻐한다는 사실을 믿어 의심치 않습니다. 그러나 성경은 "하나님의 사자들 앞에 기쁨이 되느니라"고 말씀하고 있습니다. 즉, 죄인 한 사람이 회개할 때 그리스도께서 기뻐하시는 모습을 천사들이 보고 있다는 뜻입니다. 천사들이 주님의 모습을 자세히 살펴서 이를 알아냅니다. 여러분이 회개의 눈물 한 방울을 흘리면, 여러분의 죄 때문에 여러분의 마음속에 부끄러움을 느끼면, 그리고 여러분의 심령속에 죄로부터 벗어나야겠다는 결심이 있으면, 여러분은 이미 그리스도의 마음을 시원하게 해 드린 것입니다.

또한, 여러분이 죄인이므로 여러분은 그리스도로 말미암는 구원을 구함으로써 그분의 마음을 시원하게 해 드릴 수 있습니다. 주님은 여자에게 다음과 같이 말씀하시지 않았나요? "네가 만일 하나님의 선물과 또 네게 물 좀 달라 하는 이가 누구인 줄 알았더라면 네가 그에게 구하였을 것이요 그가 생수를 네게 주었으리라"(요 4:10). 이에 여자가 예수님에게 "주여, 그런 물을 내게 주옵소서"라고 말씀드렸을 때, 그녀는 이미 그리스도의 마음을 시원하게 해 드렸습니다. 지금 여러분의 심령으로 조용히 주님께 생수를 구하십시오. 오, 성령 하나님께서 여러분을 감동하셔서 여러분이 그렇게 할 수 있게 되기를 간절히 바랍니다! 여러분을 구원해 달라고 주님께 부르짖으세요. "주 예수여, 나를 구원하소서. 나는 정신 없는 여자이지만 나를 구원하소서"라고 외치세요. "나는 철없는 남자요 생각이 부족하지만 지금 나를 구원하소서"
라고 외치세요. 그렇게만 한다면 여러분은 이미 주님께 마실 것을 드렸으며,
주님의 마음을 시원하게 해 드린 것입니다. 주님에게 모든 음료 중에 가장
달콤한 음료는 주님께서 그리스도이시며 하나님께서 여러분을 구원하기 위
해 주님을 보내셨다는 사실을 인정하고, 주님으로 말미암아 구원을 받기 위
해 여러분 자신을 내어드리는 것입니다.

지금 주님을 믿으세요. 자비로우신 성령께서 여러분을 주님에 대한 믿음
으로 인도하시기를 축원합니다! 그리하면 여러분은 주님의 마음을 시원하게
해 드릴 것입니다. 죄악된 심령들이 와서 주님을 믿는 이것이야말로 주님께
서 받으신 모든 상처에 대한 보답이며, 심지어 그분의 죽으심에 대한 보답이
될 수 있습니다. 나는 한 사람으로부터 이런 이야기를 들은 적이 있습니다.
그가 들판을 걸어가고 있을 때 작은 새 한 마리가 자신의 품으로 날아 들어
왔다는 것입니다. 그 작은 생물이 도대체 왜 자기의 품에 날아들어 왔는지
그 이유를 그는 알 수 없었습니다. 그런데 하늘을 쳐다보니 그 작은 새를 추
격했던 매 한 마리가 떠 있는 것을 볼 수 있었습니다. 이 작은 새가 이 사람
의 품으로 날아들어 은신했던 것입니다. 여러분은 어떻게 생각합니까? 이
사람이 새를 죽였을까요? 아닙니다. 그는 새를 안전하게 보호하여 매가 없
는 장소로 옮겨 주었고, 그 새에게 다시금 자유를 주었습니다.

여러분이 주님을 의지하면 주 예수 그리스도께서 이와 같이 여러분을 지
켜 주실 것입니다. 죄가 여러분을 추격합니다. 그러므로 주님의 품으로 날아
가십시오. 오직 그곳만이 안전하기 때문입니다. 가련한 새와 같은 여러분,
여러분이 주님을 의지하고 주께서 계시는 곳에 둥지를 튼다면, 여러분은 결
단코 망하지 않을 것이며, 여러분의 소망이 헛되지 않을 것이며, 여러분은
영원히 안전할 것입니다!

# 5

# 사마리아 여자(2)

### 전도의 사명

"이때에 제자들이 돌아와서 예수께서 여자와 말씀하시는 것을 이상히 여겼으나 무엇을 구하시나이까 어찌하여 그와 말씀하시나이까 묻는 자가 없더라. 여자가 물동이를 버려 두고 동네로 들어가서 사람들에게 이르되 내가 행한 모든 일을 내게 말한 사람을 와서 보라. 이는 그리스도가 아니냐 하니 그들이 동네에서 나와 예수께로 오더라"(요 4:27-30).

거룩하고 능숙한 솜씨로 우리 주님께서 한 영혼을 찾아 구원하시는 모습을 보세요! 우리는 대형집회를 갖지만 영혼을 구원하려는 마음은 없습니다. 이 시대의 버릇은 오직 자랑할 일만 합니다. 아무도 보지 않고, 단 한 명의 제자도 곁에 없을 때, 몰래 살그머니 친절을 행하고 싶은 확고한 열망을 주님께서 우리 안에 주시기를 기도합니다. 우리가 타락한 한 여자나 한 술주정뱅이를 구세주 앞에 데려오기 위해 몇날 며칠을 투자할 정도로 한 영혼의 가치를 소중하게 여길 수 있기를 축원합니다.

들리는 소리는 없지만 일을 계속하며 주님으로부터 받을 상을 바라보는 자는 복이 있습니다. 한창 뜨거울 때 주 예수님은 많은 사람들이 경멸의 눈초리로밖에는 쳐다보지 않는 여자와 말씀을 나누시는 가운데 평온과 원기를 회복하셨습니다. 은혜로우신 구세주여, 당신께서 여자와 이야기하시는 모습에 제자들이 놀랐던 것처럼 우리는 그다지 놀라지 않습니다. 다만 우리가 정말로 크게 놀라는 것은 당신께서 몹시 타락하고 당신을 욕되게 하며 마음을 아프게 한 우리 같은 죄인들과 이야기를 나누신다는 사실입니다. 오, 참으로 긍휼하신 구주의 마음이여!

본 장을 면밀히 읽어 보면 긍휼로써 익히신 주님의 노련한 대화 솜씨를 볼 수 있습니다. 주님은 여자와 이야기하고 그녀의 질문에 응할 만반의 준비가 되어 있었습니다. 주님께서 나사렛에서 은둔하며 지낸 30년 세월이 결코 헛된 시간들이었다고 생각하지 마십시오. 내가 어리다면, 그리고 주님의 성령께서 나를 가르쳐 주신다면, 나는 주님의 대화 기술을 배우기 위해 30년을 기꺼이 투자할 것입니다. 그때에 성령은 주님의 완전하신 교사였습니다. 주님은 인간으로서 하늘로부터 임하는 성령의 교훈에 귀를 기울이셨고, 따라서 주님의 지혜가 자라고 사역을 감당할 자격을 갖추셨습니다. 이는 우리가 익히 아는 말씀과 같습니다. "주 여호와께서 학자들의 혀를 내게 주사 나로 곤고한 자를 말로 어떻게 도와 줄 줄을 알게 하시고 아침마다 깨우치시되 나의 귀를 깨우치사 학자들 같이 알아듣게 하시도다. 주 여호와께서 나의 귀를 여셨으므로 내가 거역하지도 아니하며 뒤로 물러가지도 아니하며"(사 50:4-5).

하나님과 개인적으로 교제하시고 은둔 가운데 사람들을 연구하심으로써 주님은 하나님의 마음과 아울러 인간의 본성을 깨달으시고, 인간의 마음을 다루는 법을 터득하셨습니다. 구세주께서 사마리아 여자를 영원한 생명과 진리로 이끄셨을 때 사용하신 바로 그 친절과 지혜에 의해 심령들이 구원을 받는 것입니다. 짧지만 복된 몇 마디 말씀으로 주님께서 그녀에게 행하신 놀라운 능력을 나는 이렇게 밖에는 설명할 수가 없습니다.

완전한 인간이자 무한한 하나님에게서 눈길을 돌리기 전에 우리는 충성스럽게 경배하였습니다만, 이제는 이 영광스러운 분으로부터 잠시 관심을 돌리겠습니다. 그분의 제자들이 돌아왔습니다! 그들과 그들의 선생님께서 먹을 양식을 구하러 시내에 들어갔다가 꼭 필요한 심부름을 하고 돌아왔습니다. 그런데 보세요! 주님께서 여자와 이야기하시는 것을 알고 그들은 각자 자기 방식으로 놀라워합니다. 어떤 제자들은 말문이 막히고 그런 현상을 설명할 수가 없었습니다. 그리고 다른 제자들은 할 수만 있다면 그 상황에 끼어 들어 여자에게 이렇게 말하려 했을 것입니다. "이 암여우야, 저리 가지 못해. 네가 여기서 무슨 권리로 우리 지도자와 같은 분과 이야기를 하는 거냐? 우리도 그의 신발 끈을 풀 자격이 없단 말이야. 네가 이분을 가까이하는 것은 그를 욕되게 하는 짓이야. 썩 물러가라."

비록 주님이 두려워서 그런 말을 입에서 꺼내지는 못했지만 그들은 눈짓으로 그렇게 말했습니다. 이렇듯 예수님의 제자들은 관습처럼 되어 버린 그 시대의 혐오감에 젖어 있었던 것입니다.

첫째, 예수님께서 이야기를 나눈 사람이 여자였다는 사실은 충분히 모욕적인 일이었습니다. 사랑하는 자매들이여, 여러분은 복음에 많은 빚을 지고 있습니다. 왜냐하면 여러분의 지위가 오늘날 높아진 것은 순전히 복음의 힘으로 말미암은 것이기 때문입니다. 고대에 랍비들은 뭐라고 말했는지 아십니까? 그들은 "여자들에게 율법을 가르치느니 차라리 그 율법을 불태우는 것이 낫다"고 하였습니다. "남자는 누구나 여자와 대화를 길게 하지 말라. 아무도 길거리에서 여자와 이야기하지 말고, 심지어 자기 아내하고도 이야기하지 말라"고 하였습니다. 당시에 여자들은 심오한 종교적인 교훈을 받기에는 부적절하며, 열등한 존재들이라고 여겨졌던 것입니다.

자매들이여, 여러분 가운데 일부는 우리보다 더 우월하다고 생각하겠지만 우리는 그렇게 생각하지 않습니다. 다만 우리는 여러분과 평등하다고 생각하며, 그리스도 예수 안에는 남자도 없고 여자도 없다고 알고 있습니다. 예수님은 여러분의 지위를 높여 주셨으며, 남자와 대등하게 서 있도록 만들어 주셨습니다. 사도들도 처음에는 그런 끔찍한 미신에 오염되어 있었기 때문에 예수님께서 스스럼없이 한 여자와 이야기하시는 것을 보고 놀랐습니다. 게다가 예수님께서 그런 (부도덕한) 여자와 이야기하신다는 사실에 놀라워했습니다! 나는 제자들이 그 여자의 됨됨이에 대하여 잘 알았다고 생각하지는 않습니다. 하지만 타락한 사람들은 자기도 모르게 자신의 타락한 모습을 보이는데 아마도 그런 모습을 제자들이 보았을 것입니다. 타락한 사람들은 악을 행하는 가운데 자신의 자유분방함을 숨길 수가 없습니다.

제자들은 속으로 '예수님께서 이스라엘 가운데 나이 지긋하고 점잖은 부인, 곧 덕이 높은 어머니 같은 여자와 이야기하셨다면 그리 놀랄 일이 아니었을 텐데, 어쩌자고 저런 여자와 이야기를 나누시지'라고 생각했을 것입니다. 그들은 멸망해 가는 자를 구출하시고 잃은 자를 구원하시는 주님의 사명을 아직까지 이해하지 못하였던 것입니다.

이 가련한 여자는 불행하게도 사마리아인으로 태어났습니다. 무엇보다도 유대인들은 감히 야곱을 자기들의 조상이라고 부르고 자신들이 정통이라고 믿는 사마리아인들을 이방인들과 이교도들처럼 미워하였습니다. 유대인들과 사마리아인들은 서로 유사한 점이 많았습니다. 여러분도 아시다시피, 서로 가까이 지내는 분파들이 일반적으로 서로 지독하게 미워하는 것은 가장 가까운 사이가 되기 위함입니다. 그들은 자기들과 거리가 먼 사람들에게는 아주 관대합니다. 왜냐하면 그 사람들은 완전히 잘못되었기 때문에 다소 용서할 여지가 있는 것입니다. 하지만 그들은 상당한 빛을 받은 사람들과는 눈을 마주치기를 몹시 싫어합니다. 이 여자는 사마리아 이교도들 중에 한 사람이었습니다. 사마리아인들은 감히 예루살렘 성전에 대항하는 신전을 세웠고, 그들도 역시 하나님의 백성이라고 주장하였습니다. 따라서 제자들은 이 여자를 보고 주춤하였으며, 예수님께서 전혀 개의치 않고 이야기하시는 것을 보고 놀랐습니다. 어떻게 이렇게 선하신 분이 그렇고 그런 여자와 어울릴 수 있는가?

이 질문에는 또 다른 측면이 있습니다. 예수님께서 제자들을 택하시고 부르신 후에도 어찌 그들이 예수님께서 그 누구와 이야기한다고 놀랄 수 있단 말입니까? 분명히 그들이 다른 사람들에게 눈살을 찌푸린 것은 자신들도 거름더미에서 컸다는 사실을 망각하였기 때문입니다. 예수님께서 제자들을 부르셨을 때 그들이 어디에 있었으며, 또한 그들이 괴팍함으로 얼마나 많이 주님의 마음을 아프게 하였는지 기억하기만 했다면, 그들은 그다지 놀라지 않았을 것입니다. 주님께서 나에게 말씀해 주신 이후로 주님께서 그 누구와 이야기를 하여도 나는 조금도 놀라지 않았습니다. 주님께서 나와 눈높이에 맞추어 주신 지금, 주님께서 아주 저급하고 천한 사람과 눈높이를 맞추시는 것은 내 마음속에서 전혀 놀랄 만한 일이 되지 못합니다. 그런데 내가 보기에 어떤 형제들은 자기들도 전에 애굽에서 나그네였다는 사실을 망각하고 있으며, 그러한 징후들이 분명히 있다고 나는 생각합니다.

그들은 은혜로 말미암아 자신들이 죄 씻음을 받고 정결케 되었으며, 은혜가 아니었다면 지금도 그들이 부정할 것이라는 사실을 망각하였습니다. 사도 바울도 "너희 중에 이와 같은 자들이 있더니"(고전 6:11)라고 하였습니다. 유감스러운 것은 구원받은 사람들이 최고로 정결하고 놀랍도록 영적인 것처럼 가장하고 예수님께서 영접하신 그런 사람들을 외면한다는 사실입니다. 아아, 이러한 제자들은 자기 선생님께서 보여 주신 친절을 갖추지 못하였습니다! 우리의 거룩하신 주님께서는 우리 모두의 친절을 합친 것보다 더 많은 친절을 죄인들에게 베푸십니다.

제자들을 보세요! 저쪽에 요한이 있군요. 그는 마음이 부드럽지만 주님께서 여자와 대화하시는 것을 보고는 놀라는군요. 저기에 베드로가 있습니다. 그는 허물이 있지만 착하지요. 하지만 그도 주님의 모습에 놀랍니다. 저기에 생각이 깊은 도마가 있습니다. 그 또한 놀랍니다. 그들 모두 착한 사람들이지만 예수님께서 가련한 여자에게 은혜를 베푸시는 모습에 놀랍니다. 오, 베드로, 요한, 야고보, 그리고 여러분 모두 자신의 마음을 살펴십시오. 성령의 빛으로 여러분의 어두운 심령을 환하게 밝히세요. 그리하면 여러분은 이와 같은 독선적인 놀람을 버리고 그 여자의 마음을 아프게 하지 않을 것이며, 주님의 사랑에 깊이 공감하게 될 것입니다. 우리는 질이 아주 나쁜 남자들이나 여자들을 절대로 경멸하지 맙시다. 오히려 있는 힘을 다해 그들에게 구애하여 주님께로 인도합시다.

보세요, 제자들의 이러한 행동으로 말미암아 지금까지 열린 가장 아름다운 회의(會議)들 중 하나가 깨지고 말았으며 절정의 순간에 끝나고 말았습니다. 예수님께서 "네게 말하는 내가 그라"(요 4:26)고 말씀하신 바로 그때에 회의는 끝을 맺어야 했습니다. 왜냐하면 이 차갑고 무정한 자들이 끼어들었기 때문입니다. 그런데 그들은 제자들이었습니다. 그렇지 않습니까? 그들은 진짜 제자들이었습니다. 하지만 그들이 선생님의 뜻에 공감하지 않을 때 그리스도의 제자들은 친교를 깨뜨리는 무례를 가장 많이 범하는 자들이 되고 맙니다. 여러분도 아시다시피, 그들은 구세주에게 필요한 양식을 생각하고 있습니다. 이런 생각을 하는 것은 당연하지만 이는 고상한 생각이나 영적인 생각은 아닙니다. 제자들이 돌아와서는 예수님께서 한 여자와 이야기하시는 것을 보고 놀랐으며, 그리하여 회의가 중단되었고 여자는 돌아갈 수밖에 없었습니다.

여러분 가운데 누구라도 그리스도께 가까이 나아가 주님의 귀하신 얼굴에서 은빛 베일을 거두고, 여러분의 눈으로 주님을 바라볼 때, 여러분이 문단속을 하였는지 주의하십시오. "하지만 문 앞에는 좋은 사람이 있는데요." 맞습니다. 하지만 그는 다른 사람들과 마찬가지로 여러분과 주님의 교제를 방해할 가능성이 매우 높습니다. 아무리 좋은 사람들이라도 때때로 여러분과 사랑하는 주님 사이에 끼어 들 수 있으며, 틀림없이 천국에 들어간 것 같은 교제가 이로 인하여 급속도로 슬픈 종결을 고하고 말 것입니다.

회의는 이처럼 깨져 버렸지만 주님은 종종 악에서 선을 끌어내시기에 그 결과는 주님의 영광이었습니다. 여자는 앉아서 주님의 거룩한 얼굴을 응시할 수 없고, 주님의 복된 입술에서 흘러나온 희한한 음악도 들을 수 없으므로 — 제자들의 방해 때문에 — 그녀는 거룩한 활동에 전념할 것입니다. 여자는 동네로 들어가 사람들에게 전합니다. 이는 옳은 일입니다. 사람들의 마음이 곧으면 여러분이 아무리 방해해도 그리스도를 영화롭게 하려는 그들의 마음을 돌이킬 수 없기 때문에 개탄할 필요가 없습니다. 여러분이 하고 싶은 대로 하십시오. 여러분이 그들의 은밀한 교제를 방해한다면 그들은 즉시 공개적으로 섬길 것입니다.

마리아처럼 주님의 발 앞에 앉아 있다가 쫓겨나거든 일어나서 마르다처럼 주님을 위해 식탁을 준비하는 역할을 수행합시다. 여러분이 갑작스럽게 일상생활을 하지 못하게 될 때 주님께서 여러분이 행할 특별한 일을 주신다는 사실을 항상 생각하십시오. 나는 매우 행복했던 경건한 가정에서 나와서 불경건한 가정에 들어가게 된 그리스도인을 본 적이 있습니다. 이러한 환경은 그들이 바라지도 원하지도 않은 것이었습니다. 하지만 이는 그들로 하여금 그 집을 경건하게 만들고 어두움 가운데 빛을 비추도록 하기 위하여 하나님께서 계획하신 일이었습니다.

친구들이여, 여러분도 역시 여러분의 심령이 힘을 얻었던 이 교회를 떠날 수 있을 것입니다. 그러면 여러분은 마치 추방되거나 빼앗긴 느낌이 들 것입니다. 하지만 걱정 마십시오. 여러분이 전체적으로 음울하고 마비되어 있는 교회에 보내어진다면, 거기서 불쏘시개처럼 성도들의 마음에 불을 붙이세요. 하나님께서 여러분의 평안을 잠시 깨뜨리신 것은 여러분으로 하여금 고귀한 봉사를 하도록 하기 위함입니다. 이처럼 하나님께서는 여러분을 통해 영광을 받으실 것이며, 또한 장차 여러분을 높이시고 위로하실 것입니다.

이 여자가 지금 그리스도의 사자(使者)가 되어 있다는 사실에 주목합시다. 그녀는 주님과 대화하기를 그치고 가서 주님에 대하여 증거합니다. 하긴 이 여자가 주님의 명령을 받지 않고 간 것은 아니었습니다. 왜냐하면 주님께서 "가서 네 남편을 불러 오라"(요 4:16)고 말씀하신 것을 여자가 기억하였기 때문입니다. 그래서 여자는 남편을 불러오기 위해 갑니다. 근거를 가지고 행동을 하는 것이 좋습니다. 보세요. 여자는 자신이 받은 명령을 매우 자유롭게 해석합니다. 그리스도께서 "너에게 남편 다섯이 있었고 지금 있는 자도 네 남편이 아니니 네 말이 참되도다"(요 4:18)라고 말씀하셨을 때, 여자는 사실상 자기 남편이 아닌 동거남에게만 자기 임무를 수행할 것이 아니라 자신과 함께 살았던 60명의 남자들 중 누구라도 부르는 것이 좋겠다고 생각하였습니다. 그리하여 여자는 광장 사거리를 돌아다니던 모든 남자들에게 말을 걸어 자신이 체험한 은혜를 알렸습니다. 우리 구세주께서 자신의 선지자적 사명에 대하여 얼마나 폭넓게 해석하였는지 기억하십시오. 주님은 이스라엘 집의 잃어버린 양들 외에는 교사로서 보내심을 받지 않으셨습니다. 하지만 주님께서 비록 자신의 구역을 넘지는 않았을지라도 구역 끝까지 가셨습니다. 언제나 여러분의 사명의 한계지역까지 가십시오. 절대로 중간에 멈추지 마세요. 있는 힘을 다해 선을 행하려고 노력하십시오. 그리하면 여러분은 성공할 것입니다.

이 여자가 물동이를 버려 두고 간 것을 주목하십시오. 하나님의 성령께서 사려 깊게 이 상황을 잘 기록해 주셨기 때문에 나는 여기서 많은 교훈을 얻을 수 있다고 생각합니다. 여자는 빨리 가기 위해 자신의 물동이를 버려 두었습니다. 아마도 이 물동이가 정원에 물을 뿌리기 위해 쓰는 영국의 일반적인 물동이였을 것이라고 여러분은 머릿속으로 생각할 것입니다. 아마도 여러분은 그런 그림을 그릴 것입니다. 전혀 그런 종류가 아닙니다. 그것은 큰 항아리였거나 질그릇으로 된 큰 물주전자였습니다. 여자는 이것을 머리에 혹은 어깨에 메고 가야 했으며, 그녀에게 아주 큰 짐이었습니다. 그래서 좀 더 빨리 달려가기 위해서 그녀는 그것을 버려 두고 가야 했던 것입니다. 그녀는 신속하게 움직여야 했을 때 자신의 물동이를 버려 둘 만큼 지혜로운 여자였습니다. 왕(주님)의 일이 급할 때 방해가 되는 모든 것을 버려 두는 것이 지혜롭습니다.

우리 주 예수님께서는 친히 한 영혼을 평안으로 인도하려는 열정으로 자신의 배고픔도 잊으셨습니다. 그래서 시편은 주님에 대하여 "내가 음식 먹기도 잊었으므로"(시 102:4)라고 예언하였습니다. 주님은 하늘의 일에 몰입되어 있었기 때문에 "내게는 너희가 알지 못하는 먹을 양식이 있느니라"(요 4:32)고 말씀하셨던 것입니다. 사람이 때때로 땅의 일을 잊지 않고는 영원한 일의 권세를 거의 체험하지 못합니다. 모든 일을 한꺼번에 생각할 수는 없습니다. 여러분의 생각에는 한계가 있기 때문입니다. 그러므로 여러분이 두 가지 이상의 목표를 가짐으로써 생각의 힘이 나뉜다는 것은 현명하지 못합니다. 따라서 여자는 자기 물동이를 버려 두었습니다.

여자는 생각한 대로 행동을 취하였습니다. 물동이가 그녀의 행동에는 방해가 되었을 테지만, 그리스도와 제자들에게는 도움이 되었을 것입니다. 이것으로 제자들은 그리스도께 마실 물을 떠 드릴 수 있었습니다. 주님은 목이 마르셨고, 아마도 제자들도 그랬을 것입니다. 그들은 여자의 물동이로 물을 마실 수 있었습니다. 게다가 버려 둔 물동이는 여자가 다시 돌아온다는 표시였습니다. 여자가 물동이를 버려 둔 행동은 "내가 지금 달려가서 임무를 수행하겠지만 다시 돌아올 것입니다. 내가 위대하신 선생님의 말씀을 들은 것은 이번이 마지막이 아닙니다. 내가 주님을 잘 알고 온전히 그를 믿을 수 있을 때까지 나는 돌아와서 선생님의 말씀을 들을 것입니다"라고 말한 것과 같습니다. 여자가 자기 물동이를 버려 두고 간 것은 이러한 의미가 있었던 것입니다. 때때로 여러분은 한 영혼을 얻기 위해 가게의 문을 닫아야 할 필요가 있을 것입니다. 염려하지 마세요. 아마도 여자는 자기 물동이를 도로 찾았을 것입니다. 이처럼 여러분도 일을 도로 하게 될 것입니다. 그리고 한 영혼이 구원받으면 여러분이 아무리 큰 손실을 입어도 여러분에게 이득이 될 것입니다.

우리는 이 여자의 전도에 깜짝 놀랍니다. 지금 나는 이 여자의 말하는 태도를 자세히 살펴보기를 원합니다. 여기에 우리가 받아야 할 교훈이 있기 때문입니다. 여자는 사람들에게 "내가 행한 모든 일을 내게 말한 사람을 와서 보라 이는 그리스도가 아니냐?"(요 4:29)고 하였습니다. 첫째로 주목할 것은, 그녀가 사람들에게 갔을 때 한 가지 목표밖에는 없었다는 사실입니다. 그것은 그들을 예수님께로 인도하는 것이었습니다. 그녀는 "와서 보라"고 외쳤습니다. 그때에 여자는 사람들의 죄에 대하여는 조금도 말하지 않았고, 그들의 습관을 고치려고도 하지 않았습니다. 여자는 사람들을 바로잡아 주실 수 있는 주님께로 그들을 즉시 데리고 왔습니다. 자신이 사람들을 그리스도께로 데리고 가기만 한다면 반드시 모든 일이 제대로 될 것을 알았습니다. 한 가지 표적만을 쏘는 것이 좋습니다.

여러분의 계획과 목표를 한 가지 일에 집중하고 두 가지 목표를 갖지 마세요. 사람들의 영혼을 위해 하나님의 이름으로 부지런히 일하여 그들을 그리스도께로 인도하십시오. 그리스도께는 부족한 것이 전혀 없습니다. 이 사마리아 여자는 이러한 목표를 가졌고 아주 열정적인 자세로 그 목적을 이루기 위하여 노력하였습니다. "내가 행한 모든 일을 내게 말한 사람을 와서 보라." 여러분이 주님의 일을 감당하고자 한다면 마음을 바치세요. 한마디 말씀이라도 열정적으로 전하십시오. 그리고 여러분이 정말로 살아 있다면 여러분은 그런 행동양식을 배울 필요가 없을 것입니다. 목적을 위해 마음을 드린 사람들은 자연히 그런 행동양식을 갖게 되기 때문이니까요.

여자는 자신을 잊고 말하였습니다. 그녀는 자기 자신을 완전히 잊은 듯하였지만 사실은 자신을 기억하고 있었습니다. 이는 역설(逆說)이지만 모순(矛盾)은 아닙니다. 여자는 "내가 행한 모든 일을 내게 말한 사람을 와서 보라"고 하였습니다. 그녀는 자신을 예로 들었습니다. 여자가 자신을 생각했더라면 자신의 삶에 관한 이야기를 단 한 마디도 하지 않았을 것입니다. 그녀는 사람들이 "그거 정말 재미있는 이야기네!"라고 대답할까봐 우려했을 것입니다. 사람들은 그 여자에 대하여 잘 알고 있었습니다. 그런데도 여자는 사람들로 하여금 재미 삼아 자신에 대하여 말하게 하였습니다.

"내가 행한 모든 일을 내게 말한 사람을 와서 보라." 자신의 모든 감정을 제쳐놓은 저 진정한 수수함이 이 여자의 능력의 한 부분이었습니다. 여러분의 본래 모습과 달리 보이려고 힘쓰지 마세요. 여러분이 지금까지 큰 죄인이었다면 그런 사실을 부끄러워하십시오. 하지만 거기서부터 여러분을 구원하신 그 사랑은 부끄러워하지 말고, 주저하지 말고 그 사랑의 능력을 증거하십시오. 사람들이 여러분에 대하여 뭐라 생각할까 하는 생각을 버리세요. 그리고 예수님께서 여러분을 용서하시고 새롭게 하신 사실에 대하여 사람들이 뭐라 생각할까 하는 사실만을 바라보세요.

여자의 증거가 얼마나 간결하였는지 주목하십시오. 여자의 증거는 한 구절 안에 모두 담겨 있습니다. 그녀의 증거는 한마디의 초청과 한마디의 질문이었습니다. 더 이상의 말이 필요 없었습니다. 아니 반 마디도 필요 없었습니다. 그것으로 충분하였습니다. 사람들을 예수님께로 인도하는 것이 그녀의 성공의 비결이었습니다. 왜냐하면 예수님의 설교가 여자의 많은 말보다 훨씬 낫기 때문입니다. 간결함은 큰 덕목입니다. 유창하기를 갈망하지 말고 다만 열정을 갖게 해 달라고 기도하십시오.

다음에, 여자는 활기가 넘쳤습니다. "사람을 와서 보라." 이 말은 활기가 넘치며, 둔함과 침울함과는 거리가 멉니다. "와서 보라." 이는 "왔노라, 보았노라, 이겼노라"고 한 줄리어스 시저의 유명한 급보(急報)만큼이나 간결합니다. "내가 행한 모든 일을 내게 말한 사람을 와서 보라 이는 그리스도가 아니냐?"

다음에 여자의 증거는 매우 분별이 있었습니다. 여자의 말의 진의가 무엇인지에 대하여는 논란이 있습니다. 하지만 정확한 해석을 하고 있는 대부분의 역본들은 우리가 가지고 있는 역본과는 다릅니다. 여자가 마음에 품고 믿었던 사실은 그녀의 말과 꼭 일치하는 것은 아닙니다. 여자는 아마도 "내가 행한 모든 일을 내게 말한 사람을 와서 보라. 이 사람이 그리스도일 수 있을까?"라고 말했을 것입니다. 혹은 "이 사람이 그리스도는 아니겠지, 그렇지?"라고 말했을 것입니다. 여자는 예수님께서 그리스도라고 단정지어 말하지 않았습니다. 다만 아주 겸손하게 사람들에게 한 번 알아보라고 제시하였던 것입니다. 물론 그녀는 예수님께서 그리스도이심을 믿었습니다. 하지만 사람들이 자기와 같은 여자에게 가르침받는 것을 싫어한다는 사실을 알고 있었습니다. 그래서 이 문제를 직접 알아보라고 겸손하게 제시하였던 것입니다.

"이 사람이 과연 우리가 고대하고 있는 기름 부음 받은 자일까? 가서 판단해 보라." 여자는 자신이 믿는 모든 것을 다 피력하지 않았는데, 그 이유는 사람들에게 반감을 주지 않기 위함이었습니다. 그녀는 교묘하고 지혜로웠습니다. 여자는 자기 선생님의 방식대로 고기를 낚았습니다. 여자는 주님께서 자기를 교묘하게 낚으신 법을 눈치로밖에는 알 수 없었습니다. 하지만 그녀는 재기(才氣) 넘치는 학생이었으며, 자신에게 은혜를 베푸신 친구를 겸손하게 흉내냈습니다. "내가 행한 모든 일을 내게 말한 사람을 와서 보라. 이 사람이 과연 그리스도일 수 있을까?" 이제 막 변화된 여자의 말을 듣고 그들이 예수님께 오지 않을 수 없었을 것입니다. 아마도 그들은 그녀를 천하고 잘못을 많이 저지른 여자로 생각했을 것입니다. 하지만 그들은 그들의 좀 더 나은 지혜로 이 문제를 알아보고자 하였으며, 여자가 바라는 대로 하겠다고 승낙하였습니다. 우리에게도 예수님을 위한 이런 재치가 있어야겠습니다!

여자의 논리는 설득력이 매우 강하였습니다. "이 사람이 내가 행한 모든 일을 내게 말해 주었다." 만일 여자가 "그는 틀림없이 그리스도야"라고 말하는 것이 지혜롭다고 생각되었다면 그렇게 하였을 것입니다. 이제 이번 설교의 마지막 대지입니다. 이를테면, 자신에게서 끌어낸 논리를 사람들에게 적용한 것입니다. 그녀의 설득력 있는 논리를 살펴봅시다. 자신의 마음을 꿰뚫어보고 자신의 모습을 그녀 자신에게 보여 주신 그분의 능력이야말로 그가 특별한 기름 부음을 받은 사람이라는 사실을 입증하는 결정적인 증거였다는 것입니다.

여자의 초청에 대하여 생각해 봅시다. 여자는 성실과 진심으로 사람들을 예수님께로 초청하였을 뿐만 아니라 영리하게 초청하였습니다. 여자는 "와서 보라"고 말하였습니다. 이는 아주 공정한 초청이었습니다. 사람들은 공정한 제안을 좋아합니다. 그리고 성령님도 각자의 마음에 맞는 방법으로 역사하십니다. 여자는 "당신들은 내가 말하는 것을 반드시 믿어야 돼"라고 말하지 않았습니다. 여자는 결코 그렇게 말하지 않았습니다. 그녀는 아주 똑똑하게 "여러분 스스로 와서 보라"고 하였습니다. 내가 지금 여기서 믿지 않는 모든 사람에게 말하고자 하는 것이 바로 이것입니다. 주 예수님은 내가 늘 꿈에 그리던 그런 아주 소중한 구세주이십니다. 와서 그를 시험해 보세요! 그는 정말로 사랑스러우시며, 내 영혼에 말로 할 수 없는 은혜를 베풀어 주셨습니다. 하지만 여러분이 내 말 때문에 믿기를 나는 원치 않습니다. 와서 직접 보세요.

이보다 더 공정한 제안이 어디 있겠습니까? 기도로써 그분을 찾아보세요. 믿음으로써 그분을 신뢰해 보세요. 그분의 복음을 여러분 스스로 시험해 보세요. 이는 오래 전에 있었던 공정한 제안입니다. "너희는 여호와의 선하심을 맛보아 알지어다"(시 34:8). "만군의 여호와가 이르노라 … 그것으로 나를 시험하여 (보라)"(말 3:10). 사실상, 이 제안은 그리스도께서 첫 제자들에게 하신 제안이었습니다. "와서 보라." 또한 제자들이 다른 제자들을 초청할 때에도 예수님의 방법대로 "와서 보라"고 하였습니다.

게다가 이 여자의 초청이 사람들에게 책임감을 느끼게 하였습니다. 여자는 "와서 보라"고 하였습니다. 나도 여러분에게 이렇게 말하겠습니다. 여러분이 와서 보지 않는다면 내가 여러분에게 아무런 도움을 줄 수 없습니다. 내가 여러분의 보증인이 되어 드릴 수 없습니다. 여러분이 직접 판단하시고 분명하게 알아보세요. 여러분 자신을 위하여 와서 보세요. 여러분이 와서 보지 않는다면 모든 책임은 여러분에게 있습니다. 여러분이 와서 본다면, 여러분의 조사로 말미암아 결국 여러분은 반드시 은혜를 받을 것입니다.

내가 여러분에게 복음을 전할 수는 있습니다. 하지만 내가 여러분을 대신하여 그리스도께로 갈 수는 없습니다. 여러분에게 간청하고 설득하는 것은 나의 몫이며 모든 수단을 동원하여 여러분을 구세주 앞으로 인도하는 것도 나의 몫입니다. 하지만 구세주 앞으로 나오는 것은 여러분 각자의 몫입니다. 정말로 성령의 은혜로 말미암아 여러분이 스스로 예수님 앞에 나오기를 바랍니다. 여러분의 성품에 임하시는 성령의 역사로 말미암아 여러분이 예수님 앞에 직접 나와야만 합니다. 여러분이 와서 회개하고 믿어야 합니다. 그리고 여러분 스스로 영생을 취해야 합니다. 자기 자신의 신앙만이 여러분을 구원할 수 있습니다. 여자의 초청은 그런 면에서 아주 좋은 제안이었다고 할 수 있습니다.

또한 말하는 사람이 듣는 사람들에게 인정(人情)을 나타내기 위해서 상냥하게 제안해야 하지 않을까요? 여자는 "가서 보라"(Go, see a man)고 말할 수도 있었지만 그렇게 말하지 않고 "와서 보라"(Come, see a man)고 말하였습니다. 이 말은 이런 뜻입니다. "함께 갑시다. 나도 당신들과 동행하여 길을 인도하겠습니다. 그분은 보면 볼수록 더욱 보고 싶어집니다. 와서 이 놀라운 분을 보세요." 소중한 친구들이여, 여러분이 한 영혼을 구원하려고 할 때, "가라"는 방식을 사용하지 말고 "오라"는 방식을 사용하십시오. 사람이 "나는 그리스도께로 갈 수 없어"라고 소리치거나 혹은 "나는 그리스도께로 가지 않겠어"라고 소리치거든 눈물로 그를 바라보며 이렇게 외치세요. "친구여, 나도 너와 똑같은 죄인일세. 예수님의 보혈밖에는 소망이 없단 말일세. 와서 함께 기도하자. 우리 함께 예수님께로 가자."

그리고 여러분이 그를 위해 기도할 때 "주님, 나는 당신의 한 성도인데, 지금 이 죄인을 당신께로 데리고 갑니다"라고 말하지 마세요. 물론 맞는 말이지만 그렇게 말하는 것은 지혜로운 방법이 아닙니다. "주여, 여기에 당신으로부터 진노를 받아 마땅한 두 죄인이 있나이다. 이제 와서 비옵나니 당신의 자비하심 가운데 구세주를 만나게 해 주시고 당신의 성령으로 말미암아 우리의 마음을 새롭게 하옵소서." 이런 식으로 해야 전도자들이 하나님의 도움으로 다른 사람들을 구원할 수 있는 것입니다. 우리가 "오라"고 말하고 직접 그 길을 인도합시다. 여자는 "와서 보라"고 조용히 말하였지만 그녀의 마음은 큰 소리로 "오라"고 소리쳤던 것입니다.

또한 말한 사람은 은혜롭게 모습을 감추었습니다. 나는 설교하는 형제들이 자의식이 너무 강하여 설교를 망치게 된다는 이야기를 들었습니다. 이런 사람은 자기가 말을 제일 잘하고, 자신이 매우 경건하다는 느낌을 여러분에게 주기를 바랍니다. 이 사람이 설교를 마쳤을 때, 사람들은 "지금까지 이렇게 똑똑한 사람의 설교를 들어본 적이 없다"고 모두 공감하며 감탄합니다. 하지만 그는 마땅히 갖추어야 할 지혜를 갖추지 못하였습니다. 왜냐하면 정말 올바른 설교자는 듣는 여러분으로 하여금 자기 자신을 잊도록 만들어야 하기 때문입니다. 사실 올바른 설교자에 대한 관찰이 다 끝나고 나면 사람들은 이렇게 말합니다. "솔직히 나는 그가 말을 유창하게 한다는 느낌이 전혀 들지 않아. 누구든지 그 정도는 말할 수 있지. 하지만 어쨌든 나는 전에 한 번도 느껴보지 못한 은혜를 받았어." 물고기는 낚시꾼을 전혀 눈치채지 못하지만 낚시꾼은 그놈이 낚시바늘을 삼킨 때를 압니다.

진리가 듣는 자의 마음을 정통으로 찔렀을 때 어떤 형식으로 연설하였느냐 하는 것은 그다지 중요하지 않습니다. 이 여자는 사마리아 사람들로 하여금 자기 자신을 칭찬하도록 하는 그런 말을 조금도 하지 않았으며, 오로지 그들을 예수님께로 인도하기 위하여 "와서 보라"고 말하였습니다. 다만 이 여자가 자기 자신에 대하여 한 말은 오직 구세주를 높이고자 하는 속셈이었습니다. 이는 "그는 흥하여야 하겠고 나는 쇠하여야 하리라"(요 3:30)고 한 세례 요한의 위대한 말과 같습니다. 요한이 쇠하면 쇠할수록 그리스도는 더욱 더 흥하셨습니다.

이제 여자의 논리에 대하여 살펴봅시다. 여자의 말 속에는 논리가 숨어 있습니다. 여러분이 한 일이 분 정도만 살펴본다면 이 논리를 깨달을 것입니다. 여자는 사람들이 이미 이 논리에 동의한다고 믿었기 때문에 이 논리를 감추었습니다. 이 논리는 이렇습니다. 즉, "예수께서 기름 부음을 받으신 그리스도라면, 당신들이 나와 함께 와서 그를 보는 것이 마땅하다"는 논리입니다. 여자가 이 점을 주장하지는 않았는데, 그 이유는 모든 사마리아 사람들이 이 논리에 동의하였기 때문입니다. 예수님께서 그리스도시라면 우리는 마땅히 가서 그의 말씀을 경청하고, 그분의 모습을 뵙고, 그를 따르는 제자들이 되어야 합니다. 나는 여러분에게 이러한 논리를 강하게 주장하지 않을 수 없습니다. 왜냐하면 여러분은 이들 사마리아 사람들처럼 실천하지 않기 때문입니다.

여러분은 예수님이 그리스도이심을 믿습니다. 남자나 여자나 여러분 모두가 그렇다고 나는 생각합니다. 그런데 어찌하여 여러분은 예수님을 여러분의 구세주로 믿지 않는 것입니까. 여러분은 한 번도 예수님의 신성에 대하여 의심해 본 적이 없습니다. 그런데 어찌하여 그분이 여러분의 하나님이 되지 못하나요? 그리스도는 "내가 (진리를) 말할지라도 너희가 믿지 아니할 것이요"(눅 22:67)라고 말씀하셨습니다. 이분이 사람들의 죄를 제거하라고 하나님께서 보내신 기름 부음받으신 분이라면, 여러분은 어찌하여 여러분의 죄를 제거해 달라고 이분에게 구하지 않나요? 이분이 여러분의 죄를 씻을 수 있는 샘이시라면, 여러분은 어찌하여 죄 씻음을 받지 않습니까?

여러분의 이러한 행동에는 명분이 없습니다. 여러분은 비논리적이고 비이성적으로 행동하고 있는 것입니다. 구세주가 계실진대, 올바른 도리를 배운 사람이라면 그분을 모시고야 말겠다고 서약할 것입니다. 죄를 씻을 수 있는 샘이 있을진대 그는 그 샘에서 씻음 받으리라고 결심할 것입니다. 하나님과 바른 관계를 맺을 수 있을진대 그는 서둘러 관계를 개선할 것입니다. 보십시오. 이 여자는 이러한 논리를 주장하지 않았습니다. 왜냐하면 이러한 논리는 주장할 필요조차 없었기 때문입니다. 이러한 논리는 말할 필요 없이 그대로 행하면 되는 것입니다.

그런데 여자의 주장은 "지금 우물가에 앉아 있는 이 사람이 그리스도가 아니냐?"는 것이었습니다. 여자는 이러한 사실을 어떻게 알게 되었습니까? 첫째, 여자는 착하게도 "그분이 내 모습을 드러내셨기 때문에 틀림없이 그리스도이십니다. 그분은 내가 행한 모든 일을 내게 말씀하셨습니다"라고 했습니다. 이 말은 과장되어 있습니다. 잠깐, 소중한 여자여. 분명히 주님은 당신의 삶 전부를 드러내지 않으셨소. 말씀으로 다 드러내지 않으신 것이 틀림없소. 주님은 다만 당신의 부정을 드러내셨을 뿐이며, 그 외에는 아무 말씀도 하지 않으셨소. 하지만 이 여자의 생각이 옳습니다.

여러분은 컴컴하고 어두운 밤에 밖에 나가서 번개가 치는 것을 본 적이 있습니까? 번개는 들판에 서 있는 오크 나무 한 그루를 쳤을 뿐이지만 그때에 번개는 주변의 모든 전경을 보여 주었습니다. 번개는 하나의 목표물을 맞혔을 뿐이지만 그 순간 여러분 주변에 있는 모든 것이 대낮처럼 밝게 보였습니다. 이처럼 주 예수 그리스도께서 이 여자의 호색(好色)을 드러내셨을 때, 여자는 이 한 가지를 봄으로써 자신의 삶에 관한 모든 것을 분명히 깨달을 수 있었습니다. 따라서 주님께서 그녀가 행한 모든 일을 말씀하셨다는 여자의 말은 진실이었습니다. "이 사람이 그리스도가 아니냐?"는 여자의 말이 이상합니까?

사랑하는 자들이여, 여러분의 죄를 보여 주지 못하는 사람은 그 누구라도 참으로 기름 부음 받은 자가 아닙니다. 누군가 선생이라고 하면서 회개하지 않고 죄를 뉘우치지 않고도 구원받을 수 있다고 여러분의 가슴을 부풀게 한다면 그는 그리스도께 속한 사람이 아닙니다. 여러분은 예수님을 떠나서는 아무런 소망이 없습니다. 내가 여러분에게 명령하노니, 이러한 사실과 일치하지 않는 그 어떠한 소망이라도 단호히 던져 버리세요. 여러분이 죄인이라는 것을 모른다면 그리스도께서 구세주이심을 알 수 없습니다. 어떤 이들은 요즈음 울지 않는 신앙(dry-eyed faith)을 권장하고 있습니다. 그리고 거듭남, 죄의 자각, 참회가 본래는 없는 것인 양 사람들은 막바로 확신으로 도약하는 것 같습니다. 하지만 그렇지 않습니다. 주님은 "네가 거듭나야 하겠다"(요 3:7)고 말씀하셨습니다.

이 거듭남은 고통이 없지 않습니다. 그리스도를 믿을 때 죄를 미워하게 되며 죄 때문에 애통하게 됩니다. 사람은 자기가 모르는 것을 미워할 수가 없습니다. 하지만 이 여자는 자신의 죄를 깨닫게 되었으며, 이러한 깨달음으로 인하여 자기에게 말씀하신 분이 메시아라는 사실을 알게 되었습니다. 회개가 없는 선지자들은 평화가 없는 곳에서 "평화로다, 평화로다"라고 외칩니다. 그들은 쓰리고 아픈 곳을 덮어 버리지만 예수님은 그 속에다 침을 꽂아 넓게 벌리시고 환자에게 그 상처의 근원을 보여 주십니다. 그런 다음 그곳을 봉하고 하늘의 기름을 발라 확실하게 치료해 주십니다.

깨지지 않은 마음은 봉함을 받지 못합니다. 마음이 항상 편한 사람은 위로 받지 못합니다. 항상 의로운 사람은 의롭다함을 받지 못합니다. 더럽지 않은 사람은 씻음 받지 못합니다. 그렇습니다. 메시아께서는 이렇게 질병을 드러내십니다. 이것으로 그가 하나님으로부터 보내심 받은 자라는 것을 알 수 있습니다. 왜냐하면 메시아는 속이 들여다보이게 알랑거리는 사기꾼들의 방식을 받아들이지 않고 곧바로 진실을 말씀하시기 때문입니다. 여자의 논리는 분명합니다. 즉, 그가 내게 나 자신의 모습을 보여 주셨기 때문에 그는 틀림없이 메시아라는 주장입니다.

둘째로, 그가 틀림없이 메시아인 것은 그가 내게 자신의 모습을 보여 주셨기 때문입니다. "더러움을 깨닫자마자 나는 즉시 그가 나를 깨끗하게 해 주기를 간절히 원하신다는 사실을 깨달았습니다." 죄인의 눈이 먼저 죄를 보기 전까지는 결코 구세주를 볼 수 없습니다. 겉으로 나타난 인간의 힘 저편에 기록된 절망을 사람이 발견할 때에 비로소 그는 돌이켜 인자(the Son of man)의 긍휼한 눈에서 부드럽게 발하는 소망을 발견합니다. 하지만 그때까지 사람은 소망을 발견할 수 없습니다. 예수님은 자신의 모습을 보여 주셨으며, 이에 여자는 "그가 나에 대한 모든 것을 알고 계심을 나는 압니다"라고 말하였습니다. 복음의 옷이 사람에게 어찌나 정확히 맞는지 놀랄 지경입니다. 사람이 이 복음의 옷을 입을 때 이 예복을 만드신 이가 자신의 체형을 아신다는 사실을 깨닫게 됩니다. 아마도 여러분은 자신들만의 어떤 연약함이나 독특한 기형을 가지고 있을 것입니다. 그러나 여러분은 예수님께서 그 모든 것을 알고 계신다는 사실을 곧 깨닫게 될 것입니다. 왜냐하면 예수님의 구원은 우리의 부족함을 정확히 충족시켜 주기 때문입니다.

또한 여자는 사람들에게 이렇게 말한 것 같이 보입니다. "이 사람은 여러분이 느끼는 것보다 내게 훨씬 크게 느껴집니다. 왜냐하면 그분이 나를 개인적으로 대해 주셨기 때문입니다. 그러므로 나는 그분이 그리스도라고 확신합니다. 여러분도 직접 가서 그분이 그리스도라는 똑같은 증거를 얻어보세요." 만일 주 예수 그리스도께서 여자의 세 번째 남편이 행하였던 모든 일을 그녀에게 이야기하셨다면, 여자가 행한 모든 일을 이야기해 주신 경우보다 주님께서 그녀에게 영향력을 그다지 끼치지 못하였을 것입니다. 자신의 죄를 뼈저리게 느끼고 자신의 상태와 성격에 대하여 전부 알게 될 때, 이러한 자각으로 말미암아 여러분의 마음과 생각은 큰 감동을 받고 여러분은 "이 사람이 그리스도다"라고 말하게 될 것입니다.

아울러 상처 입고 심하게 부서진 나를 주님께서 수술하신 사실을 기억할 때 나는 기꺼이 이렇게 소리칠 것입니다. "그가 나를 어떻게 대하셨는지 보세요. 그는 더할 나위 없이 강한 손을 가지셨으나 부드러운 손으로 나를 만지셨고, 그는 더할 나위 없이 사자와 같이 강한 마음을 지닌 의사이셨지만 여인과 같은 손으로 나를 치료하셨습니다. 그분이 나를 받쳐 주실 때 나는 그의 힘을 느끼고, 그분이 나를 안아주실 때 나는 그의 부드러움을 느낍니다. 분명히 그는 기름 부음 받으신 분이며, 상한 마음들을 싸매어 주라고 여호와께서 보내신 분입니다. 왜냐하면 그분이 나의 상한 마음을 싸매어 주셨기 때문입니다. 내가 치료받은 것을 보면 그분이 그리스도라는 사실이 분명합니다. 여러분도 와서 직접 이와 같은 확신을 체험해 보세요.”

게다가 아마도 여자의 말 속에는 우리가 아직 눈치채지 못한 힘이 있었습니다. “와서 보라”는 여자의 말은 다음과 같은 말입니다. “내가 알기에, 여러분은 그분 앞에 올 수 있습니다. 왜냐하면 내가 우물에 갔을 때 그분은 나를 노려보지 않았으며, 내가 그에게 물을 주지 않았을 때 그분은 내게 화가 나서 ‘무례한 여자 같으니, 나도 너와 말하지 않겠어’ 라고 말씀하지 않으셨습니다. 반대로 나는 그분을 뵙는 순간 마음이 편안하였습니다. 와서 나를 편안하게 만들어 주시고 내가 행한 모든 일을 내게 말해 주신 그 분을 보세요. 나는 그분이 메시아라고 확신합니다. 메시아는 소경의 눈을 뜨게 하려고 오시며, 기적을 행하기 위하여 눈먼 자들 가운데 계시지 않을 수 없습니다. 그는 죄수들을 감옥에서 풀어 주십니다. 그들이 감옥에 있는 아주 형편없는 인생들일지라도 그는 그들에게 나아갑니다. 그러므로 함께 갑시다. 내가 먼저 가서 여러분을 그분께 소개해 드리겠습니다.”

여자의 말은 짧지만 얼마나 인자한지요! 그녀가 알지 못한, 그러나 우리는 알고 있는 한 가지 사실을 나는 덧붙여 말씀드리겠습니다. 어떠한 말로 믿지 않는 여러분을 속히 그리스도께로 오게 할 수 있는지 나는 그 비결을 알았으면 좋겠습니다. 아무튼 여러분은 속히 그리스도 앞으로 나와야 합니다. 여러분이 생명 있는 동안에 그리스도 앞에 나오지 않고 그리스도 없이 죽는다고 가정해 봅시다. 여러분이 그리스도의 말씀을 듣지 못하고 그를 영접하지 못한 채 죽지 않기를 하나님께 바랍니다만 그러나 만일 여러분이 그렇게 된다면 여러분의 영원한 운명은 어떻게 될까요?

여러분은 마지막 날에 무덤에서부터 깨어날 때 소름끼치는 나팔소리와 함께 “심판(審判)을 받으러 나오라! 심판을 받으러 나오라! 어서 나오라!”는 소리를 들을 것입니다. 여러분이 원하든 원하지 않든 여러분은 나와야 할 것이며, 크고 흰 보좌에 앉아 나라들을 심판하는 한 사람을 볼 것입니다. 그때에 그 사람이 여러분을 어떻게 행하실지 아십니까? 그는 여러분이 그동안 행한 모든 일들을 여러분에게 말씀하실 것입니다. 그리고 여러분의 행위를 담은 장면들이 여러분의 영혼의 눈앞에 지나가고, 여러분이 한 말들이 여러분의 귀에 다시금 울릴 때, 여러분은 심히 괴로워하며 "이는 그리스도가 아니냐?"고 한 여자의 주장을 뒤늦게 깨닫게 될 것입니다.

하지만 그때에 그분은 여러분에게 구세주가 아닐 것입니다. 왜냐하면 여러분이 그분을 거절하였기 때문입니다. 그때에 그분은 여러분에게 "내가 불렀지만 너희는 거절하였고, 내가 손을 내밀었으나 아무도 관심을 보이지 않았노라"고 말씀하실 것입니다. 여러분이 행한 모든 일들에 대한 이야기가 계속 이어질 것이며, 그리고 결론적으로 이런 말씀이 떨어질 것입니다. 너희가 긍휼을 거절하였고, 너희가 예수를 거부하였고, 너희가 구원받기를 외면하였으며, 너희를 구원할 이 사람을 모시지 않았으니, 그러므로 너희의 과거는 너희를 태울 영원한 불을 지피는 연료가 되었도다.

아무도 이런 상황에 이르지 않기를 하나님께 빕니다.

# 6

# 병든 여인

———————

예수님의 옷을 만짐

*"이는 내가 그의 옷에만 손을 대어도 구원을 받으리라 생각함일러라"*(막 5:28).

우리 구세주께서 야이로의 딸을 일으키려고 그의 집으로 가시던 도중에 이 여인을 고치시는 기적이 일어났습니다. 이 일 자체가 매우 놀라운 기적이었지만, 이는 이 여인만을 위해 계획된 기적이 아니었으며 주님께서 야이로에게 믿음을 심어 주기 위해 의도적으로 이 기적을 행하셨다고 나는 믿어 의심치 않습니다. 이 이야기를 자세히 읽어보면, 회당장 야이로는 이제 막 엄격한 시험을 통과한 믿음을 가지려는 참이었습니다. 그는 구세주 앞에 와서 자기 딸이 병들어 죽게 되었다고 말씀드리고, 와서 자기 딸을 고쳐달라고 간청하였습니다. 그러나 주님께서 그의 집에 이르기 전에 다른 하인들이 와서 "당신의 딸이 죽었나이다. 어찌하여 선생을 더 괴롭게 하나이까?" 하였습니다. 이제 야이로가 믿음으로 그 충격을 이길 수 있도록 하기 위하여 우리 주님은 먼저 이 여인에게 행하신 특별한 기적을 그에게 보여 주셨습니다.

우리 주님은 야이로에게 "두려워하지 말고 믿기만 하라. 네 딸이 온전하여지리라" 하셨습니다. 노년의 홀(Hall) 주교가 말한 대로, "이러한 위기를 반전시키기 위해서 주님은 이 여인으로 하여금 주님의 옷자락에 손을 대게 하심으로써 그녀를 죽음의 언저리에서 소생시키셨습니다." 야이로의 열두 살 먹은 어린 딸의 경우, 이 소녀와 아주 똑같은 시간에 몹시 아픈 불치병을 앓고 있던 한 여인을 주님께서 고치심으로써 소망을 가질 수 있게 되었다는 것이 기이합니다. 죽음과 다름없는 삶을 살았던 여인이 고침을 받음으로써 야이로는 자기의 죽은 딸도 살아서 일어날 것이라고 믿을 수 있었습니다.

형제들이여, 하나님께서 우리에게 복을 주실 때 부수적으로 다른 사람들에게도 얼마나 큰 복을 주시는지 우리는 알 수 없을 정도입니다. 우리의 회개까지도 다른 사람들이 회개하는데 간접적이나마 틀림없이 영향을 줄 것입니다. 은혜는 은혜를 받는 주체에게 미소를 짓지만 은혜의 목적은 개인의 사적인 유익을 뛰어넘습니다. 주님은 자기 자녀들을 통해 다른 사람들의 믿음을 강하게 합니다. 또는 한 사람이 우리의 믿음을 감사히 받아들일 때 주님은 그의 믿음 안에서 실제로 역사하시며 구원하십니다. 돌 하나로 두 마리의 새를 잡는다는 이야기가 있습니다만 우리의 구세주는 자신의 손을 단 한 번 대심으로써 두 영혼이 아니라 이천 명의 영혼들이라도 구원하시는 비법을 알고 계십니다.

첫 번째, 병자를 살펴봅시다. 여인은 목숨이 서서히 쇠진하는 매우 심각한 질병을 앓고 있었습니다. 여인의 체력은 소진하였고 손상되었으며, 여인의 생활은 고통과 허약함의 연속이었습니다. 하지만 그녀는 놀라운 용기와 기백을 보여 주었습니다. 여인은 건강을 회복하기 위해서 불 속이라도 물 속이라도 뛰어들어갈 각오였습니다. 여인은 분명히 자신 속에 살고자 하는 놀라운 의지를 갖고 있었습니다. 왜냐하면 다른 사람들 같으면 그런 상황에서 병상에 누워 있거나 오래 전에 낙망하였을 텐데 이 여인은 12년 동안 계속해서 이 의사 저 의사를 찾아다니며 치료를 받았기 때문입니다. 아무것도 그녀의 기를 꺾거나 풀을 꺾지 못하였습니다.

여인은 숨쉬는 한 포기하지 않았을 것입니다. 마침내 여인이 참된 의사를 발견하였을 때 그녀는 수많은 군중 숲 속으로 돌진해 들어가 있는 힘을 다해 그분의 옷에 손을 대었습니다. 여인은 아무도 자기를 방해하지 않기를 바랐으나 여의치 못하자 그녀의 깊은 겸손과 합하여 담대한 용기로써 군중을 뚫고 힘써 나아가 마침내 치료하시는 그리스도께 손을 댔습니다. 여인은 건강을 회복하기 위하여 강한 힘과 불굴의 정신을 발휘하였습니다. 사람들이 자기 힘의 십 분의 일만 발휘하여도 그들의 영혼은 참으로 구원받을 것입니다.

또한 그녀의 단호한 결심을 살펴봅시다. 여인은 설령 죽을 수밖에 없는 처지라 할지라도 쉽게 죽지 않았을 것입니다. 여인은 어쩔 수 없다고 체념하지 않고 생명을 유지하고 건강을 다시 얻기 위하여 온갖 노력을 기울였습니다. 12년 동안 여인은 갖가지 수단으로 혹독한 고통과 맞서 싸우며 견뎌냈던 것으로 보입니다. 그녀는 많은 의사에게 많은 괴로움을 당했다고 성경은 기록하고 있습니다. 외과 의사 한 사람에게 괴로움을 당하는 것도 참기 힘든 것인데, 그녀는 많은 전문의들에게 많은 괴로움을 당하였습니다. 당시 의사들은 질병보다도 훨씬 더 무서운 공포의 대상이었습니다. 내가 지금 여러분에게 고대에 행해졌던 수술에 관해 잠시 동안만 이야기하더라도 여러분은 몸서리치며 그만 책을 덮으라고 빌 것입니다. 그래서 합리적인 사람은 당시 의사들의 손에 자신의 몸을 맡기기보다는 차라리 자연스러운 질병으로 고통을 당하는 것이 낫다고 생각했을 것입니다.

의사들의 처방은 소름끼쳤습니다. 당시 의사들은 종교 재판소의 심부름꾼이 되기에 알맞은 사람들이었습니다. 왜냐하면 그들의 고문기술은 완벽하였기 때문입니다. 하지만 우리 앞에 있는 이 영웅적인 여인은 효험을 보기 위해 거쳐야 하는 모든 치료 과정을 견뎌냈습니다. 한편, 그녀는 돈을 모두 탕진하였습니다. 치료를 위해 정말로 돈이 필요할 때 남은 돈이 하나도 없어서 낙심할 수밖에 없는 지경에 이르렀습니다. 돈이 있는 한 그녀는 동전 하나까지도 남기지 않았습니다. 여인의 결심은 충분히 관찰해 볼 가치가 있습니다. 하늘 아래 그 어떤 곳에서라도 치료받을 수만 있다면, 그리고 자신에게 목숨이 붙어있는 한, 어떻게 해서든지 죽음에 희생되지 않기 위해 죽음과 맞서 싸워야 한다고 결심하였습니다.

각성한 심령의 이러한 결심을 본다는 것은 내게는 기쁜 일입니다. 하지만 이러한 결심은 좀처럼 보기가 힘듭니다. 비록 구원의 길에 대하여 무지할지라도 그럼에도 불구하고 사람이 다음과 같이 결심하는 것을 볼 때 나는 흐뭇합니다. "구원받을 수 있다면 나는 구원을 받으리라. 아무리 고통스럽더라도, 아무리 많은 것을 포기해야 할지라도, 아무리 많은 일을 해야 할지라도, 어떻게 해서든 구원받을 길이 있다면 나는 구원을 받으리라. 온 세상을 잃는

다 할지라도 그것을 그다지 큰 지출이라고 생각하지 않으리라. 정말로 힘들게 자기를 부인하는 일이라도 나는 대수롭지 않게 여기리라. 오직 내가 구원받을 수만 있다면."

정말로 형제들이여, 우리의 불멸하는 영혼이 구원받기 위해서 뜨거운 열심과 지조 높은 목적과 최대한의 결심을 가질 가치가 있습니다. 누가 그 가치를 헤아리겠습니까? 영혼의 가치를 무엇에다 비교할 수 있겠습니까? 상인들의 순금(純金)을 우리의 불멸의 영혼에다 비교한다면 이는 찌끼와 같으며, 다이아몬드와 값비싼 수정도 영혼의 가치 앞에서는 이름도 내밀지 못합니다. 욥기에서 말씀하기를, "가죽으로 가죽을 바꾸오니 사람이 그의 모든 소유물로 자기의 생명을 바꾸올지라"(욥 2:4)고 하였습니다. 실로 영혼의 배상금은 엄청나게 비쌉니다.

또한 이 여인의 놀라운 소망에 감탄합니다. 여인은 한결같이 자신이 치료될 수 있다고 믿었습니다. 일반적인 생각이라면 벌써 오래 전에 여인은 포기했어야 마땅합니다. 우리는 일반적으로 여러 가지 사례들을 종합적으로 판단하여 어떤 결론을 추론해냅니다. 여인은 많은 의사들을 만났고 그때마다 실패를 맛보았으므로 이 모든 경험들을 합리적으로 추론한다면 이미 소망은 지나갔다고 결론을 내려야 마땅할 것입니다. 그녀는 "내 병은 고칠 수 없어. 나는 죽을 때까지 고통을 참아야 하지만 더 이상 치료받으리라는 꿈을 꾸어서는 안 돼"라고 말했어야 합니다. 하지만 그녀가 눈이 맑은 여인이었다고 내가 확신하는 만큼, 그녀는 다른 사람들이 절망할 상황에서 소망을 보았습니다.

그녀 속에 있는 무언가가 그녀에게 소망을 주었고, 한결같이 그녀는 좋은 날을 소망하였습니다. 그래서 여인이 예수님에 대한 소문을 들었을 때 그녀의 마음은 설렙니다. 소망이 그녀 속에서 이렇게 말했습니다. "마침내 복이 찾아왔다. 내가 이 순간을 얼마나 오래 기다려 왔는고. 자 왔다. 나는 즉시 이 복을 붙들리라. 이제 하나님께서 내게 이런 복을 보내주셨다. 나는 즉시 이 복을 잡으리라. 이제 의의 태양이 내게 떠올라 그 날개 밑에서 나를 치료해 준다. 그러므로 나는 그 햇빛 속에 일광욕을 하리라. 이제 비로소 나는 의사를 사칭하는 자들에게서 벗어났고, 실제로 치료의 능력을 가진 분을 만났도다."

이제 두 번째로, 나와 함께 이 여인의 믿음의 어려운 환경들을 생각해 봅시다. 이 어려운 환경들을 고찰하는 목적은 이 여인의 믿음의 강도(强度)를 보이기 위함입니다. 이 여인의 믿음의 환경들은 다음과 같습니다.

첫째, 그녀의 질병이 불치병이었으며, 그녀가 이 병으로 인해 오랫동안 고통을 당해 왔다는 사실을 여인은 잊을 수 없었습니다. 질병 초기에는 많은 질병들이 완전히 낫지는 않는다 하더라도 크게 진정될 수 있을 것입니다. 하지만 이 가련한 환자는 때가 너무 늦었습니다. 12년, 이는 너무 오랜 기간이며, 이 오랜 기간 동안 여인은 목숨을 유지하는 힘이 서서히 빠져나갔습니다. 12년 동안 계속해서 수척해지고 피를 흘렸다는 것은 사람을 절망하게 하고도 남습니다. 과연 치료가 가능한가? 12년 동안 몸 속에 뿌리 내린 질병이 과연 근절될 수 있을까? 여인은 마음속으로 당연히 물었을 것입니다. 과연 이런 일이 있을 수 있을까? 병으로 오랫동안 쇠약해진 후 치료될 가능성이 전혀 없어 보이므로 오랜 질병으로 점점 더 박약해지는 것은 당연한 현상일 것입니다. 하지만 이 여인의 행동을 보고 감탄하십시오. 여인은 조금도 흔들리지 않고 예수님을 믿었습니다.

또한 여인은 상습적인 실망을 견뎌냈습니다. 상습적인 실망은 그때마다 회의를 품을 수밖에 없는 끔찍한 이유들을 제공하였습니다. 여인은 이렇게 말하였을 것입니다. "그래 맞아, 첫 번째 의사에게 진단 받았던 일을 나는 기억하고 있어. 그때에 의사는 이 병이 별 것 아니며, 엄청난 값을 주고 바로의 무덤에서 수입한 이집트 산 불로불사의 영약을 한 병만 구입하면 금방 나을 것이라고 내게 말했지. 그런데 그는 내게서 황금만을 빼앗아갔지. 그 다음에 유명한 교수는 자기가 만든 알약을 3백 번만 먹으면 나을 것이라고 장담하였지. 그리고 자신만이 그 신비한 약을 가지고 있고, 아무도 진품을 만들 수 없기 때문에 자기한테서만 이 약을 구입하라고 주장했지. 3백 통만 복용하면 병이 크게 호전될 것이라고 그는 확신했지. 하지만 지루하게 기다렸지만 조금도 나아지지 않았어."

여인은 여러 번 모험을 시도해 보았지만 결과는 언제나 비참하였습니다. 여인은 몇 년 전 근엄한 늙은 의사를 찾아갔던 것을 기억하였습니다. 이 늙은 의사는 박식한 머리를 흔들며 자기는 지금까지 이렇게 심한 병은 처음 보았다고 분명히 말하였습니다. 여인이 그를 찾아갔던 것은 그나마 다행이었습니다. 왜냐하면 이 질병을 아는 사람은 팔레스타인에서 이 사람밖에 없었기 때문입니다. 그가 여인의 혈루를 멈추게 할 수 있는 비법은 레바논의 향고(香膏)를 매일 처방하는 것이라고 믿었습니다. 이 향고는 이 늙은 의사가 고대인들의 지시를 따라, 그리고 여러 해 동안 실험을 거친 희한한 방법으로 백향목의 최상품 수지(樹脂), 약초의 즙을 섞어서 만든 것입니다. 이 비길 데 없는 향고가 그에게 조금 남아 있었다는 것이 참으로 다행한 일이었습니다. 의사는 매우 비싸다고 생각했지만 여인에게는 아주 적당한 값이었습니다. 여인은 향고를 사용하였지만 이로 인하여 새로운 고통을 느꼈고, 새로운 질병에 걸렸습니다. 여인은 답답하게도 두 가지 질병과 싸워야 했습니다.

여인은 의사를 바꾸었습니다. 이번에는 헬라의 의사를 고용하였습니다. 그는 이전의 모든 의사들을 어리석은 놈들이라고 실컷 욕하였습니다. 그리고 그는 이 가련한 여인이 도무지 이해할 수 없는 심오한 학설을 가르쳤습니다. 여인은 자신이 이해하지 못하는 것을 자신의 무지와 새로운 의사의 심오한 학식 때문이라고 간주하고 그를 신뢰하였습니다. 하지만 그는 실패하였습니다. 다음에 여인은 로마의 의사에게 자신의 몸을 맡겼습니다. 로마의 의사는 솔직하고 퉁명스러우며 실용적이었습니다. 그는 헬라어를 말하지 못하였고 거칠었지만 상처 입은 군인들을 능숙하게 치료하는 대단한 기술의 소유자였습니다. 상당한 시간 동안 여인에게 약을 먹인 후 그는 그녀의 질병은 자신이 최초로 시도한 바 있는 유명한 수술(手術)을 받으면 낫는 병이라고 그녀에게 알려 주었습니다. 그리고 그 수술은 정말로 완벽한 수술이라고 이야기했습니다. 사실 그는 다른 환자들에게 여러 차례 수술을 시도하였지만 그들 모두 깨어나지 못하였는데도 자신의 수술이 가장 좋은 수술이라고 믿고 있었습니다. 여인은 그런 위험스러운 수술을 거절하였습니다. 하지만 또 다른 의사에게 고통을 받았고, 또 다른 의사를 찾아 고통스럽게 여기저기 돌아다녔습니다. 그 결과 병원에서 받은 상처로 그녀의 온몸은 흉터투성이가 되었습니다.

내가 상황을 조잡하게 설명한 이 긴 이야기를 고려해 볼 때, 여인이 "나는 이제 그 누구도 믿을 수 없어. 이제 나는 손들었어. 더 이상 괴롭힘을 당하느니 차라리 죽는 것이 나아. 이들 틀림없는 사기꾼들의 손에 더 이상 내 몸을 맡기느니 차라리 운명에 맡기는 것이 나아"라고 말한다 해도 전혀 이상할 것이 없을 것입니다. 그런데 여인은 놀라지 않았습니다. 오히려 그녀의 믿음은 쓰라린 자신의 경험을 능가하였고, 그녀는 주님을 믿었습니다. 여러분 또한 구원을 얻기 위해 선행, 곧 종교 의식, 기도와 눈물에 의존해 보았지만 모든 면에서 철저하게 실패했다면, 여러분이 구원받을 수 있다는 믿음을 가지기가 쉽지 않을 것입니다. 하지만 여러분의 믿음 또한 이 여인의 믿음처럼 실망의 높은 파도를 헤엄쳐 나가 전능하신 구세주를 바라볼 수 있기를 축원합니다.

그녀가 믿음을 가지기에 어려운 또 다른 환경이 있었으니 이는 곧 자신의 무가치함을 뼈저리게 느낀 것이었습니다. 여인이 예수님에 대하여 깊이 생각해 보았을 때, 그분은 권세 있는 분일 뿐만 아니라 거룩한 분이라는 것을 깨달았습니다. 그래서 여인은 예수님을 신뢰함과 동시에 존경하였습니다. 나는 분명히 여인이 예수님을 존경하였다고 확신합니다. 왜냐하면, 비록 여인이 예수님의 옷에 손을 댈 용기를 내기는 하였지만 수줍음으로 말미암아 예수님의 앞이 아니라 뒤로 돌아갔기 때문입니다. 이는 자신이 예수님 앞에 보일 자격이 없다고 생각했기 때문입니다. 여인은 분명히 예수님과 얼굴을 마주치기를 두려워하였습니다. 그 까닭은 예수님께서 자신의 무가치함을 알고 자신을 쫓아버리시거나 자신의 접근을 금하실까봐 염려하였기 때문입니다.

율법의 의식법에 따르면, 그녀는 부정한 사람이었습니다. 따라서 자신의 질병을 부끄러워한 나머지 여인은 감히 말로 부탁하는 것이나 공개적인 신청을 도무지 할 수 없었습니다. 여인은 예수님의 권능과 자비를 크게 신뢰하였지만 동시에 그분의 청결에 압도되었습니다. 그래서 자신이 그분을 만지게 되면 혹시 화내시지 않을까 두려워하였습니다. 이러한 수치심이 틀림없이 그녀를 크게 제한하였습니다. "내가 어찌 그분께 감히 다가서리요? 내가 찾아간 다른 의사들은 나와 똑같이 부정한 사람들이라는 것을 알고 있었지만, 내가 보니 그분은 말씀과 행위가 능하신 선지자이시던데. 그분은 하나님의 사람이며 그 이상의 분이시던데. 내가 어찌 그분에게 감히 다가갈 수 있을까?" 여러분이 자신의 죄와 어리석음을 깨닫고 엎드릴 때, 성령께서 여러분을 감동하심으로 말미암아 예수 그리스도께서 여러분을 온전케 하실 수 있는 분이라는 사실을 믿게 되기를 축원합니다.

또 다른 어떤 어려움이 있었는지 모르겠지만, 내가 보기에 돈이 없었던 것이 그녀가 믿기 어려운 환경이었을 것입니다. 여인이 자신의 모든 살림을 다 허비하였다고 성경은 말씀합니다. 전에 진찰을 하였던 의사들은 막대한 치료비를 받아 챙겼습니다. 그들이 건강을 회복시켜 주지 못하였으면서도 그녀의 재산을 축냈습니다. 여전히 병을 앓고 있는데도 그녀의 재산이 날아갔습니다. 건강을 되찾겠다는 노력으로 여인은 가난에 찌들게 되었습니다. 이제 그녀에게 돈이 없는데 소문이 자자한 위대하신 의사 앞에 어찌 나서겠습니까? 그녀가 예수님의 넓은 마음과 예수님께서 거저 베풀어 주신 많은 치료들에 대하여 생각함으로 이러한 어려움을 극복할 수 있었다고 나는 믿습니다. 그런데 지금도 많은 사람들이 구원을 돈으로 살 수 있다는 생각을 버리지 못합니다. 오늘날 예수님께서 돈이나 다른 값을 드리지 못하는 자들에게 그 은혜를 베푸신다는 사실을 많은 사람들이 기억해야 합니다. 주님은 "돈 없이 값없이 오라"고 말씀하시지만 의식이 있고 양심적인 많은 사람들이 이 사실을 까먹습니다.

아마도 모든 어려움 중에 가장 큰 어려움은 그때 당시에 병이 가장 악화되었다는 사실입니다. 그녀가 아무 효험없이 오히려 더 위중해졌다고 성경은 말씀합니다. 그녀의 병은 전에 이미 위중하였지만 의사들이 독성이 강한 약을 처방하고, 몸을 예리하게 째고, 독한 발포제를 사용함으로써 병을 더욱 악화시켰습니다. 차라리 병을 그대로 두는 것보다 의사들이 더욱 위태롭게 만들었습니다. 여인은 위급한 상태에 이르렀으며 이제는 어느 누구의 도움도 효험이 없다고 고백할 정도가 되었습니다.

이제 여인은 완전히 기어다닐 정도로 악화되었습니다. 대개 이런 정도의 심한 병은 사람의 기를 꺾어놓고, 용기를 잃게 하며, 환자의 기운을 잃게 만듭니다. 따라서 아무리 의연한 여인이라도 "이제는 더 이상 안 되겠어. 포기해야겠어. 이제 누워서 죽는 일만 남았어. 건강을 회복하려고 온갖 노력을 기울여봤지만 다 수포로 돌아갔어"라고 말했다 해도 우리는 조금도 이상하게 여기지 않을 것입니다. 하지만 여인은 놀라운 믿음으로 일어나 그녀의 나약함을 이기고, 그녀의 우울한 마음을 다스리고, 그녀에게 슬며시 다가온 무기력을 던져 버리고, 모든 것이 이제 달라졌다고 믿었습니다. 왜냐하면 이제 여인은 더 이상 명의를 사칭하는 자들을 대하지 않고 하나님께서 보내신 자, 무한한 능력으로 자신의 질병을 능히 고쳐 주실 분을 만났기 때문입니다.

이제 우리는 세 번째 대지로 넘어갑니다. 여인의 어려운 환경을 사라지게 한 요인이 무엇인가? 첫째, 그녀가 예수님에 대한 소문을 들었다고 성경은 말씀합니다. 이에 대하여 마가는 "예수의 소문을 듣고"라고 기록하였습니다. "믿음은 들음에서 납니다"(롬 10:17). 여인은 예수님에 대하여 어떤 소문을 들었을까요? 누가복음 6:19에서는 "온 무리가 예수를 만지려고 힘쓰니 이는 능력이 예수께로부터 나와서 모든 사람을 낫게 함이러라"고 기록되었는데 이 여인이 이러한 소문을 들었을 가능성이 없지 않습니다. 어느 날 큰 무리가 우리 주님을 따랐는데 그들이 주님을 만지려고 밀려들어왔습니다. 왜냐하면 주님을 만지는 자마다 어떤 질병에 걸렸든지 깨끗이 나았기 때문입니다. 사람들이 은혜를 받기 위해 열광적으로 떼를 지어 위대하신 의사에게 몰려든 장면은 틀림없이 굉장한 일이었을 것입니다!

우리 주님은 어떤 날에는 사람들을 구원할 능력이 있고 어떤 날에는 구원할 능력이 없는 그런 분이 아니십니다. 다만, 내가 판단하기에, 주님을 둘러싼 사람들의 믿음에 비례하여 다른 때보다 어떤 때에 주님으로부터 능력이 더욱 강하게 나올 뿐이었습니다. 그때에 마침 예수님의 치유의 능력을 믿은 수많은 사람들이 예수님 앞으로 집단으로 몰려들었기 때문에 그런 기적들이 일어났으며, 예수님을 만진 사람들은 모두 고침을 받았습니다. 어떤 이들은 건강한 사람들도 예수님을 만지고 그로 인해 더욱 큰 활력을 얻었다고 추측합니다. 나도 그렇게 생각합니다. 적어도 영적인 면에서 이는 사실입니다.

여인은 예수님께서 행하신 놀라운 치료에 대한 모든 소문을 듣고 속으로 이렇게 말했습니다. "그렇다면 나도 예수님을 만져야지. 그러면 나도 나을 거야. 이 소문이 사실이라면, 내가 그분을 만지기만 해도 나 역시 온전해질 거야." 전기를 충전시켜서 대량으로 전기를 내보내는 일종의 축전기처럼 그리스도는 놀라운 능력으로 충만하다고 믿었던 것 같습니다. 그녀는 대단한 지혜를 가진 여자는 아니었습니다. 다만 그녀의 중요한 성품은 의지력이 었습니다. 여인은 우리 주님과 주님의 옷 주위를 어슬렁거렸지만 그런 행동 자체가 생명의 지점(the vital point)에 도달한 것은 아니었습니다. 여인은 예수님께서 그의 능력을 나타내리라고 생각했고, 그것으로 충분하였습니다. 중요한 것은 여인이 참으로 예수님을 믿었다는 사실입니다. 여러분이 그리스도를 믿는다면, 여러분 주변이 아무리 어두울지라도 그 믿음이 여러분을 구원할 것입니다. 여러분이 진실로 예수님을 믿기만 한다면, 주님 앞에 여러분의 모든 허물이 드러난다 할지라도 그로 인해 여러분에게 은혜를 베푸시는 주님의 능력은 소멸되지 않을 것이며, 주님의 마음이 여러분에게서 돌아서지도 않을 것이며, 여러분의 믿음의 진가가 소실되지도 않을 것입니다.

정말로 주목해야 할 요점은 바로 이것입니다. 이 가련한 여인은 그리스도에게 아주 힘없이 손을 대기만 해도 자기가 나을 줄 믿었던 것입니다. 이 말씀에 대한 나의 고찰을 주목해 보세요. "내가 그의 옷에만 손을 대어도." "내가 그의 옷에 손을 대기만 하여도"가 아닙니다. 여기서 중요한 점은 손을 댄 행동에 있지 않고 손을 댄 대상에 있습니다. 이 말씀에 대한 나의 고찰은 이렇습니다. "내가 그의 옷에만 손을 대어도. 즉, 내가 비록 그의 몸에다 손을 댈 정도로 그를 가까이할 수 없을지라도, 그의 옷에만 손을 대어도 나는 구원을 받으리라. 주님 안에 있는 능력은 그의 옷 속에도 넘칩니다. 주님께서 옷을 입으신 동안 그 옷에는 내게 필요한 효험이 충만합니다. 그 효험은 히브리인으로서 예수님께서 예복의 가장자리에 달았던 푸른 옷술에까지 미칩니다. 내가 그 옷술에만 손을 대고 그 이상 아무것도 할 수 없을지라도 예수님과 내가 연결되어 나는 고침을 받으리라고 확신합니다."

참으로 훌륭한 믿음입니다! 이 믿음이 주님께 드려야 할 당연한 것이었지만 실로 놀랄 만한 믿음이었습니다. 이는 내가 풍족히 소유하기를 바라는 그런 믿음이었습니다. 그리스도에게 아주 힘없이 손을 댄 것이 병든 몸을 고쳐주었으며, 또한 아주 힘없는 교제가 병든 영혼을 고쳐 줄 것입니다. 예수님과 연합하기만 하십시오. 그러면 복된 일이 있을 것입니다. 주님과 연락하십시오. 그러면 여러분에게 효험이 나타날 것입니다. "내가 그의 옷에만 손을 대어도 구원을 받으리라."

사람이 자신을 잊고 하나님에게 배운다는 것은 언제나 복된 일입니다. 심지어 자신의 믿음조차 잊어버리고 오로지 우리의 믿음의 대상이신 주 예수님만을 생각한다는 것은 마찬가지로 복된 일입니다. 나는 이 여인의 일편단심에 감탄합니다. 여인은 오직 예수님만을 바라보았습니다. 여인은 자신의 질병이 아무리 위중하더라도 주님의 능력이 자신의 질병의 모든 난관을 정복하리라는 사실을 알았으며, 그 결과는 자신이 손을 댄 모습이나 손을 댄 시간에 달려 있지 않고 오로지 주님 자신에게 달려 있다는 사실을 알았습니다. 효험은 주님으로부터 나왔습니다. 아무리 힘없이 손을 대더라도 주님으로부터 효험이 나올 것입니다. 이러한 믿음이 칭찬 받을 믿음입니다. 즉, 다른 모든 것을 잊고 오직 은혜를 베푸시는 주 예수님과 그의 능력만을 생각하는 이것이 지혜입니다.

가련하고 타락한 죄인인 내가 여기 있나이다. 하지만 내가 예수님께 가기만 한다면 나는 용서받고 구원받을 것입니다. 제어할 수 없는 정욕에 시달리는 나, 이런저런 죄의 병에 걸린 나, 그런 내가 여기 있나이다. 하지만 내가 주님에게 손을 대기만 하면, 주님은 치유의 능력이 충만하시기에 내가 비록 영적으로 큰 질병에 걸려 있더라도 내가 주님을 만지는 순간 주님의 효험이 나의 질병을 물리칠 것이며 영원히 정복할 것입니다.

네 번째로, 여인의 대단한 성공에 대하여 말씀드리겠습니다. 하지만 나는 이 여인이 어떻게 결말을 얻게 되었는지에 대하여 다시금 여러분에게 상기시키겠습니다. 여인은 의도적이고 자발적으로 주 예수님의 옷에 손을 댔습니다. 여인의 의도적인 성격에 대하여 나는 잠시 강조해야겠습니다. 여인은 군중 속으로 뛰어들었고, 이리저리 밀려다녔을 것이라고 나는 믿습니다. 그리고 여인은 졸도하거나 심지어 죽을지도 모를 정도로 허약한 상태였습니다. 구세주를 밀쳤던 거친 남자들 속에서 여인은 아무런 동정도 받지 못하였습니다. 하지만 여인은 무슨 짓을 해서라도 구세주의 옷에 반드시 손을 대고야 말리라고 필사적으로 결심하였습니다. 여인은 뒤에서 밀고 들어갔습니다. 왜냐하면 여인은 어디에서 예수님에게 손을 대느냐에 관심이 없었고 오로지 예수님만 만져야만 했기 때문입니다.

군중 속에서 그리스도의 옷은 얽혀 있었으며, 여인은 주님 조금 떨어진 곳에서 주님의 푸른 옷술이 약간 뒤로 삐쳐 나온 것을 발견했습니다. 드디어 기회가 왔습니다. 여인은 오직 그것을 만졌습니다. 비록 옷자락에 불과했지만 그것이 자신과 구세주를 연결시켜 줄 것이며, 그것이 자신이 바라는 전부이기 때문에 그것만으로도 자신에게 충분하다고 믿었습니다. 그 정도로 여인의 믿음은 아주 강하였습니다. 여인은 손가락을 내밀었고 그것으로 끝이었습니다. 하지만 그녀가 자신의 의지와 상관없이 주님 또는 주님의 옷을 생각 없이 만져서 고침을 받은 것이 아니었습니다. 여인은 우연히 주님에게 손을 내민 것이 아니었습니다. 그 만짐은 적극적인 행동이었으며, 소극적인 행동이 아니었습니다. 사도 중 한 사람이 "(당신께서) 무리가 에워싸 미는 것을 보시나이다"(31절)라고 하였습니다. 이처럼 불가피하게 억지로 만지는 것은 주목할 만한 가치나 효험이 전혀 없습니다. 여인의 만짐은 독특하고 의도적이며 자발적인 행위였으며, 이로써 자신이 치료받으리라는 확신을 가지고 행한 일이었습니다.

구원받는 믿음은 이런 것입니다. 그리스도를 만지는 사람들마다 전부 구원받는 것은 아닙니다. 스스로 각성하여 예수 그리스도에게 나올 때, 또한 결연하게, 스스로, 단호하게 그리고 믿음으로 예수 그리스도를 만질 때 그것이 우리를 구원하는 것입니다. 우리는 스스로 믿어야만 합니다. 성령께서 우리를 도우시지만 우리 스스로 믿어야 합니다. 여러분 가운데 일부는 가만히 앉아서 주님께서 찾아 주시기만을 바랍니다. 그리고 천사가 와서 물을 동(動)하며 온갖 일을 할 때까지 연못 곁에서 기다립니다. 하지만 이는 복음이 명하는 성격이 아닙니다. 복음이 여러분에게 와서 "누구든지 감동을 기대하는 자마다 구원을 받으리라"고 말하지 않습니다. 오히려 복음은 "주 예수 그리스도를 믿어라. 믿고 세례를 받는 자는 구원을 얻으리라"고 말합니다. 스스로 자발적이며 의도적인 믿음의 행위를 실천하십시오. 그리하면 여러분이 구원을 받을 것입니다.

여기에 오신 죄인들이 자신의 죄를 깊이 자각하고 오늘 아침 깨어서 이런 믿음의 행위를 발휘하기를 나는 하나님께 기도합니다. 여러분의 지식이 부족할지라도 아는 한도 내에서 예수님을 믿으세요. 비록 여러분이 성경을 통해 부분적으로 아는 그리스도를 접할 뿐이지만 그 적은 부분도 역시 주님에게 속한 것이며, 결국 여러분이 손을 대는 대상은 주님일 것입니다. 여러분은 하나님의 깊은 진리에 익숙하지 못할 수도 있고, 또는 경배를 받으실 주님을 높이는 고상한 교리들에 정통하지 못할 수도 있지만, 여러분이 아는 것만으로도 믿음을 갖기에는 충분할 것입니다.

여러분이 "나는 하나님의 어린양을 믿으리라"고 말하고 실제로 그렇게 한다면 여러분은 이미 주님을 만났고, 구원을 받았습니다. 실로 믿음의 기도, 믿음의 탄식, 믿음의 눈물에 불과하지만 그것으로 여러분은 실제로 주님께 이르렀고, 온전해졌습니다. 그런데 이러한 믿음의 만짐은 여러분 스스로의 행동이자 행위여야 합니다. 아무도 잠자는 중에 구원받지 못합니다. 생생한 믿음의 행위로 그 믿음을 입증하지 않는 한 아무도 살아 있는 심령으로 변화되었다고 주장할 수 없습니다. 이처럼 행동하는 믿음이 있어야 하는데 이 여인이 이러한 믿음을 가졌던 것입니다.

이제 여인의 대단한 성공을 살펴봅시다. 여인은 손을 대자마자 치료받았습니다. 전기처럼 순식간에 손을 대자마자 연결이 이루어졌고, 그녀의 혈루(血漏) 근원이 말랐으며, 그녀의 얼굴에 즉시 화색이 돌았습니다. 즉각적으로 구원을 받은 것입니다! 일전에 어떤 사람이 자기가 즉각적인 회개에 대한 소문을 들었는데 어떻게 그런 일이 일어나는지 모르겠다고 하는 말을 나는 들었습니다.

본문에서 우리는 놀라운 일이 일어난 것을 봅니다. 이러한 일들이 우리 가운데서 얼마든지 일어날 수 있습니다. 모든 경우에 영적인 각성은 순간적으로 발생합니다. 준비 과정이 얼마나 오래되었든 간에, 분명히 죽은 영혼이 살아나는 시간은 순간입니다. 아이가 태어나지 않다가 한 순간에 태어납니다. 우리는 죄 사함 받거나 그렇지 않으면 정죄를 당합니다. 사람이 죄 사함 받지 못하다가 어느 순간에 사함 받는데 그 시간은 도무지 감지할 수 없는 순간입니다. 먼저 양심이 계속 작용하다가 실제로 생명을 받아들이게 되는데, 이러한 일이 서서히 일어난다는 사실을 나는 인정합니다. 하지만 사실 탄생, 곧 사람이 그리스도 안에서 살게 되는 영적인 소생은 어느 경우나 반드시 순간적으로 일어납니다.

사람이 서서히 죄를 깊이 의식하고 자신을 부인하게 됩니다. 하지만 사람이 죽음과 생명 사이, 그 중간에 있을 시기는 없습니다. 사람은 하나님을 향하여 살아 있거나 아니면 죄 가운데서 죽어 있으며, 그 중간 상태는 존재하지 않습니다. 사람은 거듭났거나 아니면 거듭나지 못한 상태에 있습니다. 이두 상태의 중간지점이나 중립지역은 없습니다. 이 여자는 순간적으로 고침받았습니다. 사랑하는 청중들이여, 이처럼 하나님께서 여러분을 순식간에 구원하실 수 있습니다. 하나님께서 지금 여러분을 구원하시기를 기원합니다! 지금 여러분이 믿는다면 구원은 이미 받은 것입니다.

사람이 은혜를 받고도 그 사실을 깨닫지 못하는 경우들이 있습니다만 이여인은 자신이 구원받은 줄 알았습니다. 여인은 자신의 병이 나은 줄 깨달았습니다. 여러분이 구원받은 것을 처음으로 알았을 때의 그 기쁨은 이루 말할수 없습니다! 너무 기뻐서 숨을 쉬지 못할 정도입니다. 그러므로 너무 격렬한 기쁨과 무아경 속에 계속 빠져 있지 않는 것이 좋을 것입니다. 그 순간 기쁨의 빛은 햇빛보다 밝습니다! 말로 할 수 없는 복의 쏟아짐, 홍수, 급류를보고 크게 기뻐합니다. 마침내 "나의 죄가 확실히 내게서 없어졌네. 내가 구원받았네. 나 스스로 이 사실을 알고 있어"라고 말할 때, 그 기쁨은 이루 표현할 수가 없습니다. 가련한 죄인이여, 제발 구세주에게 손을 대세요. 그러면 주님께서 모든 질병으로부터 여러분을 해방시키시며, 이제 여러분으로하여금 모든 일에 예수님을 의지하게 하실 것입니다. 그때에 여러분은 여러분의 질병이 깨끗이 나은 것을 알게 될 것입니다.

다음에 여인은 그리스도로부터 자신이 깨끗이 나았다는 확신을 얻었습니다. 하지만 여인이 공개적인 고백을 하기 전까지는 그런 확신을 얻지 못하였습니다. 물론 여인이 온전해졌다는 사실을 스스로 느꼈지만, 그녀를 위해 예비된 더 큰 위로가 있었습니다. 주 예수 그리스도는 자신을 따르는 자들로하여금 앞에 나오도록 하시며 더 이상 군중 속에 숨는 것을 허락하지 않으십니다. 믿는 자들은 마땅히 자신들의 신앙을 고백하고 세례를 받아야 합니다. 마음으로 믿는 자는 입으로 시인해야 할 것입니다. 그래서 그리스도는 돌아서서 "누가 내 옷에 손을 대었느냐?"(30절)고 물으셨습니다. 이 질문을 들었을 때 새롭게 불붙은 그녀의 기쁨은 자신이 훔친 것을 빼앗기지 않을까 하는두려움에 한풀 꺾이기 시작하였습니다.

그녀의 심령의 온도는 영도 이하로 떨어졌습니다. 그때에 참견하기 좋아하는 제자들이 "무리가 에워싸 미는 것을 보시며 누가 내게 손을 대었느냐 물으시나이까?"(31절)라고 말하였습니다. 그러나 예수님은 주위를 둘러보시며 다시금 "내게 손을 댄 자(somebody)가 있도다"(눅 8:46)라고 말씀하셨습니다. 주님의 옷만 만진 것이 아니라 주님을 만진 누군가가 있었습니다. 그 가련한 "누군가"는 땅 속으로 기어 들어가고 싶은 심정이었습니다. 나는 여인의 심정을 압니다. 예수님께서 자신을 보았을 때 여인은 벌벌 떨었습니다. 주님의 은혜로우신 두 눈이 주위를 둘러보시고 곧 여인을 찾아내었습니다.

여인이 주님의 눈과 마주쳤을 때 생각만큼 두려워할 상황이 아니라고 느꼈지만, 여전히 두려워 떨면서 그녀는 예수님 앞에 나와 엎드리며 모든 사실을 말씀드렸습니다. 그때에 주님은 여인을 부드럽게 일으키시며 말씀하셨습니다. "딸아, 네 믿음이 너를 구원하였으니 평안히 가라 네 병에서 놓여 건강할지어다"(34절). 이제 여인은 자신이 나았다는 사실을 자기 스스로 알았을 뿐더러 주님의 입술로도 확인할 수 있었습니다. 여인은 이제 자신이 참으로 건강한 자가 되었다는 자신감과 함께 거룩한 증거까지 얻었습니다. 그러므로 여러분 중에 성령의 증거를 얻고자 하는 사람들은 앞으로 나와 자신의 신앙을 고백하고 주님께서 여러분을 위해 행하신 일을 말해야 한다는 사실을 기억하십시오. 그렇게 할 때 여러분은 참으로 하나님으로 말미암아 다시 태어났다는 자신감과 아울러 성령의 인 치시는 증거를 얻을 것입니다.

만일 하나님의 소중한 자녀인 여러분이 오늘 아침 매우 우울하고, 냉담하고, 생기가 없고, 나태하다면, 주님의 옷에 손을 대어보세요. 그리하면 여러분은 마음속에 온기를 찾을 것입니다. 여러분이 주님 앞에 나오기만 한다면 생명과 활기와 열심을 도로 찾을 것입니다. 여러분이 다음과 같이 말하는 소리가 내게 들립니다. "나는 의심으로 가득 차 있고, 마음이 아주 우울하고 너무 불행한 것 같아요. 나는 회개했다고 믿는데 즐거워할 수가 없어요."

그렇다면 형제여, 주님을 새롭게 붙잡으세요. 여러분이 주님의 옷에만 손에 대어도 의심하는 여러분의 병이 깨끗이 나을 것입니다. 기도로써, 혹은 믿는 생각으로써 오직 여러분의 부활하신 주 예수님을 가까이 하여 보십시오. 그리하면 나을 것입니다. 아마도 여러분은 이렇게 말하고 있습니다. "나는 주의 일을 하다가 낙심하였습니다. 심지어 포기하고 싶은 생각까지 듭니다. 나는 요즈음 회개하는 사람들을 보지 못하였습니다. 그래서 나는 전에 가졌던 사명감을 가지고 부지런히 일을 할 수 없습니다."

형제들이여, 여러분은 영적인 무기력에 빠져들고 있습니다. 하지만 여러분이 다시금 주님에게 손을 대기만 하면 여러분은 온전해질 것입니다. 처음에 주 예수님께서 여러분을 치료하지 않으셨나요? 지금도 주님은 여러분을 치료해 주실 수 있습니다. 주님께서 능력을 베푸시면 효험이 나타납니다. 그러므로 낙심한 여러분, 주님께로 나오세요. 지금 오세요. 언제나 오세요. 여러분이 타락하였을 때, 크게 잘못되었고, 기분이 언짢을 때, 여러분의 영적인 소화력이 안 좋고, 무릎이 약하고 손이 늘어졌을 때, 머리 전체가 아프고 마음에 활기가 없을 때, 여러분이 주님의 옷에만 손을 대어도 깨끗이 나을 것입니다.

아직 주님의 자녀가 아니어서 두려워하는 여러분 앞에 나는 열린 문을 세워 둡니다. 그리고 여러분이 그 문 안으로 들어갈 수 있게 해 달라고 하나님께 기도드립니다. 여러분이 구세주의 옷에만 손을 대어도 여러분은 나을 것입니다. 여러분이 어떠한 죄와 부정을 저질렀을지라도 어서 와서 피 흘리신 어린양과 교제하십시오. 그리하면 여러분은 용서받을 것입니다. 여러분이 꼭 만질 필요는 없습니다. 왜냐하면 주님을 바라보기만 해도 생명을 얻을 수 있기 때문입니다. 한 번 바라보기만 해도 그것으로 충분히 구원을 얻을 것입니다. "땅의 모든 끝이여, 내게로 돌이켜 구원을 받으라"(사 45:22). "그들이 주를 앙망하고 광채를 내었으니 그들의 얼굴은 부끄럽지 아니하리로다"(시 34:5).

# 7

# 가나안 여자(1)

## 개들

"대답하여 이르시되 자녀의 떡을 취하여 개들에게 던짐이 마땅하지 아니하니라. 여자가 이르되 주여 옳소이다마는 개들도 제 주인의 상에서 떨어지는 부스러기를 먹나이다 하니"(마 15:26, 27).

"예수께서 이르시되 자녀로 먼저 배불리 먹게 할지니 자녀의 떡을 취하여 개들에게 던짐이 마땅치 아니하니라. 여자가 대답하여 이르되 주여 옳소이다마는 상 아래 개들도 아이들이 먹던 부스러기를 먹나이다"(막 7:27, 28).

가장 빛나는 보석들이 종종 가장 어두운 곳에서 발견되곤 합니다. 그리스도께서 이와 같은 믿음을 이스라엘에서 발견하지 못하시고 이 가련한 가나안 여자에게서 발견하셨습니다. 그 지역의 경계 지역과 언저리 지역이 경작을 많이한 중심 지역보다 더 많은 열매를 맺었습니다. 농부가 잡초밖에는 자라지 않으리라고 생각한 밭 두렁에서 주 예수께서 곡식 단을 가득히 채운 가장 풍성한 이삭을 발견하셨습니다. 주님의 뒤를 따라 추수하는 우리 일꾼들도 용기를 내어 그와 같은 체험을 할 수 있기를 기대합시다.

우리는 어느 지역에 대해서도 그곳은 너무 타락하여 회심자들을 얻을 수 없다고 절대로 말하지 맙시다. 또한 어떤 부류의 사람들에 대해서도 그들은 너무나 타락하여 신자가 될 수 없다고 절대로 말하지 맙시다. 비록 저주 아래 있는 땅이지만 두로와 시돈의 경계까지 갑시다. 왜냐하면 그런 곳에서도 우리는 구주의 면류관을 장식할 보석으로 예정된 선택된 사람을 발견할 수 있기 때문입니다.

하늘에 계신 우리 아버지의 자녀들은 어디에나 있습니다. 주님은 적은 지식, 적은 기쁨과 적은 격려로도 강한 믿음을 존재하게 하실 수 있습니다. 그리고 그런 상황 속에서 강한 믿음은 개가를 올리고 승리하며, 하나님의 은혜를 두 배로 찬양합니다. 이 가나안 여자가 바로 그런 믿음의 소유자였습니다. 이 여자는 자신이 믿은 주님에 대하여 조금밖에 듣지 못하였지만 놀라운 믿음을 가졌습니다. 아마도 이 여자는 주님을 처음 뵙던 날 주님 발 앞에 엎드려 "주여, 저를 도우소서!"라고 말씀드릴 때까지 한 번도 주님의 모습을 뵙지 못하였을 것입니다.

우리 주님은 예리한 통찰력으로 믿음을 찾아내셨습니다. 그 보석이 진흙 속에 묻혀 있었지만 주님의 눈은 그 보석의 반짝거림을 잡아내셨습니다. 가시덤불 속에 극상품 밀알 하나가 떨어져 있었지만 주님은 그것을 능히 찾아내셨습니다. 주 예수님은 믿음에 대하여 강한 매력(魅力)을 느끼십니다. 주님은 이 여자의 믿음이라는 좋은 보석에 매료되셨습니다. 그리고 그 보석을 지켜보시고 기뻐하시면서 그것을 외면하기로 결심하셨고, 또한 그것을 다른 빛들 가운데 두시므로 값으로 매길 수 없는 이 다이아몬드의 여러 면들이 서로 광택을 발하게 하여서 주님의 심령을 기쁘게 하도록 하셨습니다.

따라서 주님은 침묵하심으로써, 그리고 시원찮은 대답으로 여자의 믿음을 시험하셨으며, 이로써 그 믿음의 강함을 보고자 하셨습니다. 하지만 주님은 그동안 내내 그 믿음을 기뻐하셨으며, 은밀히 그 믿음을 떠받쳐 주셨으며, 그 믿음을 충분히 시험하신 후 그것으로 정금처럼 나오게 하셨습니다. 그리고 "여자여 네 믿음이 크도다 네 소원대로 되리라"(마 15:28)는 놀라운 말씀으로 그 믿음 위에 주님의 어인(御印)을 찍어 주셨습니다. 어느 가련한 심령이 아주 실망스러운 상황에 있을지라도 강하고 굴하지 않는 믿음으로 주 예수 그리스도를 신뢰하기를 나는 바랍니다. 그리고 그 믿음이 아직 평안을 누리지 못하고 기도에 대한 은혜로우신 응답을 아직 받지 못하였을지라도, 분투하는 그 신앙이 오늘 아침 가나안 여자의 모범을 보고 강해지리라고 나는 믿습니다.

믿음의 입은 결코 닫혀 있을 수 없습니다. 여자의 믿음이 기도를 중단할 만큼 시험에 빠졌을지라도 이 두로의 딸은 믿음의 입을 결코 닫지 않았습니다. 여자의 어려움은 산 넘어 산이었습니다. 하지만 여자는 자신의 어린 딸을 위해 간구하는 것을 멈출 수 없었습니다. 왜냐하면 그녀는 예수님을 모든 질병을 고칠 수 있는 위대한 메시아로 믿었기 때문입니다. 따라서 여자는 자신의 끈덕진 요구를 주님께서 들어주실 때까지 기도하기로 마음먹었습니다. 예수님께서 자기 아이에게서 마귀를 쫓아내실 수 있다고 여자가 확신하였기 때문입니다.

그리스도의 귀와 입이 닫혀 있을지라도 믿음의 입은 닫혀 있을 수 없다는 사실을 깨닫기 바랍니다. 예수님은 여자에게 한마디도 대꾸하지 않으셨습니다. 여자는 매우 애처롭게 말하였습니다. 여자는 주님 앞에 와서 발 아래 엎드렸습니다. 아이의 상태가 매우 다급하였으며, 여자의 모정은 애가 탔으며, 그녀의 부르짖음은 귀를 찢을 듯하였지만 예수님은 한마디도 대꾸하지 않으셨습니다. 마치 예수님께서 귀가 먹고 말을 못하시는 것처럼 여자를 그냥 지나치셨습니다. 하지만 여자는 흔들리지 않았습니다.

여자는 예수님을 믿었습니다. 심지어 예수님도 여자로 하여금 자신을 의심하게 만들 수 없었으며, 침묵하고 싶더라도 그럴 수 없었습니다. 기도가 응답되지 않는다 싶을 때 믿는 것은 어렵습니다. 불쌍한 구도자가 예수 그리스도께서 자신을 능히 구원하실 수 있고 또한 구원하기를 원하신다는 사실을 믿으며, 자신의 기도가 응답받지 못하더라도 도저히 의심할 수 없는 그런 온전한 믿음을 갖기를 나는 하나님께 빌겠습니다. 설령 한달 내내 기도하고도 응답을 받지 못한다 하더라도 여러분이 미처 생각지 못한 구원을 베푸실 주 예수님과 그 능력에 대해 의심하지 마세요.

믿음의 결국은 평안인데 그것을 지금 얻지 못한다 한들 어떠하며, 죄 사함 받았다는 확신을 지금 갖지 못한들 어떠하며, 또한 기쁨의 빛이 여러분의 심령에 임하지 않은들 어떻습니까? 그리할지라도 거짓말 할 수 없으신 주님을 믿으세요. 욥은 "그가 나를 죽이시리니 내가 희망이 없노라. 그러나 그의 앞에서 내 행위를 아뢰리라"(욥 13:15)고 하였습니다. 주님께서 사형 집행인의 옷을 입고 나오셔서 마치 나를 멸하시려는 듯이 공격하실지라도, 나는 그분이 사랑으로 충만한 분이라고 믿을 것입니다.

주님은 언제나 선하시고 인자하십니다. 나는 이 사실을 의심할 수 없습니다. 그러므로 나는 주님의 발 아래 엎드려 그분을 우러러보며 그 손에서 자비가 임하기를 기대합니다. 제발 이러한 믿음을 가집시다! 심령이여, 그런 믿음을 가지고 있다면, 여러분이 지금 살아 있는 것이 분명한 만큼 그토록 확실하게 여러분은 구원받은 사람입니다. 설령 주님께서 겉으로 보기에 여러분에게 은혜 베푸시기를 거절하신다 할지라도 여러분은 입을 다물 수 없습니다. 그러한 여러분의 믿음은 고귀한 것이며, 구원은 이미 여러분의 것입니다.

다음에 여자의 믿음은 제자들의 행동을 보고도 침묵할 수 없었습니다. 예수님의 제자들은 여자에게 친절하게 대하지는 않았지만 그렇다고 아주 나쁘게 대한 것도 아니었습니다. 제자들은 그들의 선생님을 닮지는 않았지만 자주 주님께 오는 사람들을 거절하였습니다. 여자의 시끄러운 소리가 그들을 불쾌하게 만들었으며, 여자는 악착스럽게 그들을 따라붙었습니다. 그러므로 제자들은 "그 여자가 우리 뒤에서 소리를 지르오니 그를 보내소서"(마 15:23)라고 예수님께 말씀드렸습니다. 하지만 가련한 심령, 이 여자는 제자들을 향하여 소리를 질렀던 것이 아니라 그들의 선생님을 향하여 소리를 질렀던 것입니다. 때때로 제자들은 자신들이 매우 중요한 사람들인 것처럼 착각합니다. 그래서 복음을 듣기 위해 밀려오는 사람들이 마치 자기들의 말을 들으려고 그렇게 열심을 내는 것처럼 생각합니다. 하지만 그들이 전하는 말이 그들이 마땅히 전해야 하는 복음의 메시지가 아니라면 아무도 그들의 말에 관심을 갖지 않을 것입니다.

복음 외에 다른 주제를 전해 보세요. 그러면 군중들은 곧 가 버릴 것입니다. 여자의 끈덕진 부르짖음에 귀찮아진 제자들은 다소 여자에게 친절하게 대하였습니다. 왜냐하면 여자가 얻고자 한 은혜를 빨리 얻고 사라지기를 그들은 분명히 바랐기 때문입니다. 그렇지 않다면 "나는 이스라엘 집의 잃어버린 양 외에는 다른 데로 보내심을 받지 아니하였노라"(마 15:24) 하신 주님의 대답은 적절하지 않을 것입니다. 제자들의 관심은 여자의 딸이 낫는 것이 아니라 자신들의 편안함을 구하는 것이었습니다. 그들의 바람은 여자를 쫓아버리는 것이었습니다.

더욱이 사람들이 한 여자를 대하듯이, 제자들이 구도자를 대하듯이, 그리스도인들이 모든 사람을 대하듯이 그렇게 제자들이 자신에 대해 주지 않았지만, 그럼에도 불구하고 여자의 입은 멈추지 않았습니다. 베드로가 찌푸린 얼굴로 여자를 쳐다보았을 것이며, 아마 요한도 타고난 급한 성미 때문에 조금은 안달하였으리라고 나는 믿습니다. 안드레와 빌립과 나머지 제자들도 이 여자를 건방지고 뻔뻔스러운 여자라고 생각했을 것입니다. 하지만 여자는 집에 있는 자신의 어린 딸을 생각하였으며, 마귀에게 사로잡힌 딸의 끔찍한 고통을 생각하였습니다. 이에 구세주의 발 앞에 나아가 "주여, 저를 도우소서"(마 15:25)라고 간구하였습니다.

제자들의 차갑고 무정한 말과 불친절하고 냉담한 행동에도 불구하고 이 여자는 자신이 믿은 주님께 간구하는 것을 중단하지 않았습니다. 가련한 죄인이여, 여러분은 아마도 이렇게 말하고 있을 것입니다. "나는 구원받기를 바라지만 이러이러한 그리스도인이 내게 아주 가혹하게 대하였소. 그 사람이 나의 신실성을 의심하였고 내가 진짜로 회개할 것을 믿지 않았기 때문에 정말로 슬펐단 말이오. 이를 보아 그는 내가 정말로 구원받기를 바라지 않은 것 같소." 이것은 정말 화나는 일입니다. 하지만 여러분이 참으로 주님을 믿는다면 여러분은 우리 같은 제자들에게 신경 쓰지 않을 것입니다. 우리가 친절하게 대하거나 삐딱하게 대하거나 여러분은 개의치 않을 것이며, 다만 주님께서 여러분에게 평화로운 응답을 하실 때까지 간절히 구할 것입니다.

또한 선택받은 소수에게만 은혜를 베풀기 위해 임하였다는 주님의 배타적인 주장에도 불구하고 여자의 입은 닫히지 않았습니다. 주 예수 그리스도는 "나는 이스라엘 집의 잃어버린 양 외에는 다른 데로 보내심을 받지 아니하였노라"(마 15:24)고 말씀하셨습니다. 이 말씀을 제대로 이해한다면 이 말씀 속에 가혹함이 없다는 것은 알겠지만, 이 말씀으로 인하여 여자의 마음이 무거운 납으로 내리누르는 듯한 충격을 받았을 것이 틀림없습니다. "아아, 저분은 나를 위해 오신 분이 아니로구나. 저분이 유대인들에게만 베푸시는 은혜를 내가 어리석게도 구하였구나"라고 여자는 생각했을 것입니다.

성경에서 분명히 선택(選擇) 교리를 가르치고 있지만, 이 교리가 어떤 심령이든지 그리스도께 나오는 것을 방해해서는 안 됩니다. 왜냐하면 이 교리를 제대로 이해한다면, 이 교리가 그리스도께 나오는데 방해하기보다 용기를 주기 때문입니다. 하지만 세상을 조성하기 전부터 하나님께서 자기 백성을 선택하셨다는 이 교리를 무지한 사람이 들을 때 매우 침울한 기분이 들게 됩니다. 나는 어리석은 구도자(seekers)들이 슬프게도 "아마도 나는 은총을 받을 수 없나봐. 나는 처음부터 은총의 대상에서 제외되었는가봐"라고 말하는 소리를 들었습니다. 그들은 처음부터 영원한 생명을 얻도록 예정되지 않았을까봐 두려워서 기도를 중단하는 유혹에 빠졌습니다. 사랑하는 심령이여, 여러분에게 하나님의 선택에 대한 믿음이 있다면, 하나님의 비밀한 일로 말미암아 자기를 정죄하는 추정(推定)을 하지 않을 것이고, 또한 이러한 추정으로써 뒤로 물러서지 않을 것입니다. 오히려 여러분은 분명하게 계시된 진리를 믿을 것이며, 이 진리가 하늘의 비밀스러운 작정(作定)과 모순될 수 없다고 확신할 것입니다.

우리 주님께서 오직 이스라엘의 집에 보내심을 받았습니다만, 그러나 여기서 이스라엘 집은 육체를 따른 집이 아니라 영을 따른 집입니다. 그러므로 수로보니게 여자도 여기에 포함됩니다. 자신이 버림받았다고 생각했을 때에도 여자는 이 집에 포함되어 있었습니다. 그리고 여러분도 역시 이 은혜로운 섭리의 축에 포함될 수 있습니다. 어쨌든 스스로에게 "나처럼 죄 많은 다른 사람들도 이 은혜의 선택에 포함되었는데, 나라고 선택받지 말라는 법이 어디 있는가?" 하세요. 이렇게 논리적으로 생각하면 여러분은 서둘러 믿을 것입니다. 성경의 교리로부터 그럴듯하게 추론하는 어떠한 주장도 약속된 구세주에 대한 여러분의 믿음을 방해할 수 없습니다.

이 경우에 믿음의 입은 무가치함을 인정하고도 닫히지 않았습니다. 그리스도께서 개들을 말씀하셨습니다. 주님의 말씀은 이방인들이 이스라엘 앞에서 개들과 같다는 뜻이었습니다. 여자는 이에 대하여 전혀 이의를 제기하지 않았고, 도리어 "주여 옳소이다"라고 말함으로써 주님의 지적에 굴복하였습니다. 자신이 개에 비교되어 마땅하다고 여자는 생각했던 것입니다. 나는 여자가 자신의 무가치함을 뼈저리게 느꼈을 것이라 믿습니다. 여자는 자신의 어떠한 공로 때문에 자신이 구한 은사를 얻으리라고 기대하지 않았습니다. 여자가 의지한 것은 자신의 선행이 아니라 오직 그리스도의 인자하신 마음이었습니다. 여자는 자신의 탁월한 간청이 아니라 오직 주님의 탁월한 능력만을 의지하였습니다. 자신이 애처로운 이방의 개에 불과하다고 깨달았지만, 그의 기도는 멈추지 않았습니다. 그럼에도 불구하고 여자는 "주여 저를 도우소서"라고 소리쳤습니다.

죄인이여, 여러분이 지옥에서도 가장 나쁜 죄인이라고 스스로 느낄지라도, 그럼에도 불구하고 기도하십시오. 믿음으로 자비를 구하십시오. 여러분이 자신의 무가치함을 절감하여 자멸하고픈 충동을 느끼더라도, 제발 부탁하건대, 그 깊음 속에서, 자기를 혐오하는 지하감옥에서, 더욱더 하나님께 부르짖으세요. 왜냐하면 여러분의 구원은 조금도 여러분 자신에게 달려 있지 않기 때문입니다. 지금 여러분이 어떤 상태냐, 혹은 지금까지 여러분이 어떤 존재였느냐, 여러분이 어떤 존재가 될 수 있느냐 하는 것이 여러분의 구원 조건이 아닙니다. 여러분은 자신에 의한(by yourself) 구원이 아니라 자신에게서(from yourself) 구원받을 필요가 있습니다. 예수님께서 여러분을 채워 주실 수 있도록 비우는 것이 여러분이 해야 할 일입니다. 예수님께서 여러분을 씻을 수 있도록 여러분의 더러움을 고백하는 것이 여러분이 해야 할 일입니다. 예수님께서 여러분에게 모든 것이 되시도록 여러분 자신이 아무것도 아님을 깨달아야 합니다.

이 밖에 주 예수님의 말씀 속에는 여자의 소망을 억누르고 기도를 못하게 하시려는 논조와 의도가 있었습니다. 하지만 여자는 너무도 침울하고 너무도 억압적인 그런 압력 때문에 물러서지 않았습니다. 주 예수님께서 "자녀의 떡을 개들에게 던지는 것은 적절하지 않고, 어울리지 않고, 마땅하지 않고, 합법적이지 않다"고 말씀하셨습니다. 아마도 여자는 주님께서 말씀하시고자 한 뜻을 제대로 알지 못하였을 것입니다. 하지만 그녀가 알아들은 만큼으로도 그녀의 소망의 불길에 충분히 찬물을 끼얹는 것이었습니다. 하지만 여자의 믿음은 꺼지지 않았습니다. 여자의 믿음은 그 어떤 것으로도 죽일 수 없는 불멸(不滅)의 신앙이었습니다. 예수님의 말씀이 무엇을 뜻하든지, 혹은 뜻하지 않든지, 예수님을 끝까지 믿고 주님께 간청하기로 굳게 작정하였기 때문입니다.

복음 안에는 마치 사람이 안개 속에서 보듯이 희미한 내용들이 많이 있습니다. 이러한 내용들을 잘못 이해하게 되면 그 내용들이 구도하는 영혼들을 유인하기보다 쫓아 버립니다. 하지만 그 내용들이 무엇이든 간에 우리는 어떤 위험을 무릅쓰고라도 반드시 예수님께 나오기로 결심해야 합니다. "죽으면 죽으리이다"(에 4:16). 선택이라는 커다란 걸림돌 외에도 구도자들이 과장하고 오해하는 진리와 사실들이 있습니다. 이 때문에 그들은 일천 가지의 어려움을 겪게 됩니다. 그들은 그리스도인의 체험, 거듭남, 원죄, 기타 등등의 문제로 골치를 앓습니다. 사실 영혼이 예수님께로 가는 길에는 일천 마리의 사자들이 있습니다. 하지만 그리스도께서 인정하실 만한 믿음이 있는 사람은 이렇게 말합니다. "나는 이런 것들을 전혀 두려워하지 않습니다. 주여, 저를 도와주소서. 나는 언제나 당신을 신뢰할 것입니다. 나는 당신께 나아갈 것이며, 장애물을 통과하여 당신께로 힘써 나아가 당신 앞에 엎드릴 것입니다. 왜냐하면 당신 앞에 나아오는 자를 당신께서는 결코 쫓아내지 않으실 것이라는 사실을 알기 때문입니다."

믿음은 결코 주님과 논쟁하지 않습니다. 믿음은 예배드립니다. 마태는 "여자가 와서 예수께 절하며"라고 기록하였습니다. 믿음 또한 부탁하고 기도합니다. 마가는 "(여자가) 간구하거늘"이라고 기록하였습니다. 여자는 "주 다윗의 자손이여, 나를 불쌍히 여기소서"라고 말하고는 "주여, 저를 도와주세요"라고 소리쳤습니다. 믿음은 간구할 뿐 결단코 논쟁하지 않습니다. 예수님께서 아무리 견디기 힘든 말씀을 하시더라도 믿음은 그것에 대하여 대항하지 않습니다. 하나님을 믿는다는 것은 하나님께서 하시는 말씀에 동의한다는 의미를 내포하고 있습니다. 따라서 믿음은 의심하는 생각을 몰아냅니다. 순수한 신앙은 주님께서 낙심하게 하시는 말씀을 하시든 용기를 주는 말씀을 하시든 그 어떠한 말씀도 전부 믿습니다. 여자는 "그러나," "만일," 혹은 "아직"이라는 말을 결코 사용하지 않았으며, 다만 말씀에 굳게 서서 "주여, 당신께서 말씀하셨으니 그것이 진리입니다. 주여, 당신께서 정하셨으니 그것이 옳습니다"라고 생각하였습니다. 여자는 결코 말씀을 벗어나지 않았습니다.

본문에서 우리는 믿음이란 주님의 말씀에 전적으로 찬성하는 것임을 알 수 있습니다. 여자는 "주여 옳소이다"라고 말했습니다. 주님께서 뭐라고 말씀하셨는데요?

"너는 개와 같다!"

"주여 옳소이다. 내가 그렇습니다."

"자녀의 떡을 빼앗아 개들에게 주는 것은 마땅치 아니하니라."

"주여 옳소이다. 그러한 행동은 마땅하지 않습니다. 나 때문에 당신의 자녀 중 한 명이라도 은혜를 빼앗기는 것을 나는 원치 않습니다."

예수님은 "지금은 너의 때가 아니니라"고 말씀하셨습니다. "먼저 자녀들이 먹어야 한다. 지금은 자녀들이 식사하는 시간이며 개들은 식사 후에나 먹어야 한다. 지금은 이스라엘의 때며 이방인의 때는 그 다음에 올 것이다. 지금은 아니다."

이에 대하여 사실상 여자는 이렇게 대답하였습니다. "주여, 저도 압니다. 그리고 그 말씀에 동의합니다."

여자는 자신의 기쁘신 뜻에 따라 은혜를 베푸시는 주님의 공의로운 주권에 대하여 아무런 이의나 논쟁을 제기하지 않았습니다. 여자는 어떤 사람들처럼 하나님의 주권을 트집잡지 않았습니다. 만일 그랬다면 이 여자에게 믿음이 없거나 거의 없다고 말할 수 있을 것입니다. 언약의 떡을 자녀에게서 빼앗아 할례 받지 않은 이방인에게 주는 것이 마땅하지 않다는 사실에 대하여 여자는 아무런 주장도 제기하지 않았습니다. 여자는 이스라엘이 자기 때문에 빼앗기는 것을 결코 원하지 않았습니다. 자신은 개이므로 자신 때문에 하나님의 목적이나 하나님의 집의 우선권이 조금이라도 변경되는 것을 여자는 원하지 않았던 것입니다.

하나님의 뜻이 자신의 생각과 반대될지라도 그 뜻을 따르며, 하나님의 계시의 말씀이 자기에게 기분 좋게 보이든지 혹은 나쁘게 보이든지 상관없이 그 말씀을 믿으며, 그 말씀이 상처를 고치는 향품 같든지, 째고 근절하는 칼 같든지 그 말씀을 인정하는 것이 바로 영혼을 구원하는 믿음입니다. 오 사람이여, 하나님의 말씀이 옳다면, 그 말씀에 대항하지 말고 그 앞에 굴복하십시오. 하나님께서 선포하시는 그 어떤 말씀이라도 거역하는 것은 예수 그리스도를 믿는 살아 있는 믿음의 길이 아니며, 또한 하나님과 화목하는 길이 아닙니다. 굴복 가운데 안전함이 있습니다. "주여 옳소이다"라고 말씀드리세요. 그리하면 여러분은 구원을 얻을 것입니다.

여자는 주님께서 하신 모든 말씀에 동의하였을 뿐 아니라 그 말씀 안에서 주님을 경배하였습니다. "옳소이다. 그래도 당신께서는 저의 주님이십니다. 당신께서 저를 '개'라고 부르시지만 그럼에도 불구하고 당신은 저의 주님이십니다. 당신께서 저를 당신의 은혜를 받을 자격이 없는 사람으로 여기시지만 그래도 당신은 저의 주님이십니다. 저는 언제나 당신을 저의 소유자로 인정합니다." 여자는 욥의 마음을 가졌습니다. "우리가 하나님께 복을 받았은즉 화도 받지 아니하겠느냐 하고 이 모든 일에 욥이 입술로 범죄하지 아니하니라"(욥 2:10). 여자는 화를 기쁘게 받아들이며 이렇게 말합니다. "주께서 주시든지 거절하시든지 주의 이름이 찬송을 받으실지로다. 그는 언제나 나의 주님이시로다." 논쟁적인 생각을 떨쳐 버리고 주님의 뜻에 동의할 뿐만 아니라 그 뜻 안에서 주님을 경배하는 이것이야말로 큰 믿음입니다.

그리고 여자가 "주여 옳소이다"라고 말하였을 때, 이는 앞으로 자신을 달리 대해 달라고 요구하지 않겠다는 뜻이었습니다. "주여, 저를 개들로 분류하셨군요"라고 말한 것이었습니다. 여자는 "저를 자녀들에 집어 넣어 주세요"라고 말하지 않았고, 다만 자신을 개만큼 대접해 달라고 요구하였습니다. 여자는 "개들도 부스러기를 먹나이다"라고 말하였습니다. 자신에 대한 예수님의 취지나 말씀이나 판결이 달라지기를 여자는 바라지 않았습니다. "그대로 따르겠습니다. 주여, 그것이 당신의 뜻이라면, 그것은 저의 뜻입니다." 만일 믿음이 없었더라면 오직 캄캄한 절망만을 보았을 환경에서 여자는 한 줄기 희망의 빛을 찾아냅니다. 우리도 그녀와 같은 믿음을 가지고, 하나님과 절대로 논쟁을 벌이지 말기를 축원합니다.

이제 나는 재미있는 부분을 다루겠습니다. 말하자면, 믿음은 논쟁하지 않지만 주장한다는 사실입니다. 여자는 "주여 옳소이다마는 개들도 제 주인의 상에서 떨어지는 부스러기를 먹나이다"라고 말하였습니다. 이 여자의 주장은 옳았고 대단히 논리적이었습니다. 이는 주님께서 먼저 하신 말씀에 근거한 주장이었습니다. 아시다시피, 여러분이 어떤 사람을 설득할 때 먼저 그 사람의 말을 듣고 그의 말에 근거하여 설득하는 것이 가장 좋습니다. 여자는 새로운 주장을 늘어놓지 않았고, "나는 개가 아니란 말이에요"라고 하면서 주님의 말씀을 논박하지 않았습니다. 대신에 여자는 "그래요, 나는 개입니다"라고 말하였습니다. 여자는 주님의 말씀을 받아들이고, 그 말씀을 대인논증(對人論證; 상대방의 성격, 지위, 환경 등을 이용하는 것: 역주)으로 활용하였습니다. 이것이야말로 이 세상에서 더할 나위 없이 훌륭한 방법이었습니다.

여자의 주장은 큰 힘이 있었습니다. 번역가들이 "마는"(yet)이라는 단어를 삽입함으로써 본문을 크게 훼손시켰다고 나는 봅니다. 왜냐하면 헬라어 원문에서는 "yet"에 해당하는 단어가 없기 때문입니다. 이는 아주 전혀 다른 해석입니다. 예수님께서 "자녀의 떡을 취하여 개들에게 던짐이 마땅치 아니하니라"고 말씀하셨습니다. 그러자 여자는 이렇게 말하였습니다.

"맞습니다. 그렇게 하시는 것은 마땅치 않으십니다. 왜냐하면 개들이 먹을 것이 따로 있기 때문입니다. 개들은 주인의 상에서 떨어지는 부스러기를 먹습니다. 자녀들의 떡을 개들에게 주는 것은 아주 옳지 않습니다. 개들에게는 개들이 먹을 것이 있기 때문이지요. 주여, 옳소이다. 자녀들의 떡을 취하여 개들에게 던져 주는 것이 옳지 않다는 말씀을 저는 인정합니다. 자녀들의 상에서 떨어지는 부스러기를 먹을 때 이미 개들은 자기 몫을 받은 것입니다. 그것이 개들이 바라는 전부요, 또한 제가 바라는 전부입니다. 저는 자녀들의 떡을 제게 달라고 요구하지 않습니다. 다만 개들이 먹는 부스러기를 바랄 뿐입니다."

여자의 힘있는 호소력을 살펴봅시다. 여자의 호소력은 여러 가지로 나타납니다. 첫째는 이것입니다. 여자는 희망적인 태도로 그리스도께 호소하였습니다. 여자는 이렇게 말씀드렸습니다. "나는 개입니다. 하지만 주여, 당신께서 어디까지나 시돈에 오셨습니다. 이곳은 제 나라의 국경지대와 가깝습니다. 그러므로 저는 길거리에서 떠돌아다니는 개와는 다릅니다. 저는 지금 상 밑에 있는 개입니다." 마가는 여자가 "상 아래 개들도 아이들이 먹던 부스러기를 먹나이다"라고 말하였다고 우리에게 전합니다. 여자는 근본적으로 다음과 같이 말하고 있는 것입니다.

"주여, 당신께서 제 처지를 아십니다. 저는 당신에게서 멀리 떨어져 있었던 길거리의 개였습니다. 하지만 지금 당신께서 우리 지역에 오셔서 말씀을 전하셨으며, 나는 당신의 말씀을 들을 수 있는 특권을 얻었습니다. 다른 사람들도 고침을 받았으며, 내가 지켜보니 바로 이 집에서 당신은 은혜로운 역사를 행하고 계십니다. 그러므로 저는 비록 개이지만, 상 아래에 있는 개입니다. 주여, 나로 부스러기를 먹게 해 주소서."

당신도 이 사실을 아십니까? 당신은 죄인이며 큰 죄인임을 인정합니다. 하지만 여러분은 이렇게 말합니다. "주여, 나는 복음을 듣도록 허락 받은 죄인입니다. 그러므로 제게 축복하소서. 나는 개이지만 상 아래 있는 개입니다. 그러므로 저를 그렇게 대해 주세요. 당신의 백성을 위로하시는 말씀을 당신께서 전하실 때 저는 그곳에서 당신의 말씀을 들을 수 있습니다. 성도들이 모여서 소중한 언약에 대하여 토의하는 곳에 제가 있습니다. 저는 그곳을 찾아보고 나도 저 성도들 가운데 있었으면 하고 부러워했습니다. 하지만 주여, 당신께서 제게 복음을 들을 수 있는 은혜를 주셨는데, 그 은혜 받기를 소원하는 지금 당신께서 저를 물리치시겠나이까? 결국 나를 물리치신다면, 무슨 목적으로 당신께서 저를 가까이 오게 하셨으며, 또한 제게 다가오셨나요? 나는 개입니다. 하지만 나는 상 아래 있는 개입니다. 비록 제가 자녀들의 발 아래 있을지라도 자녀들 가운데 있다는 것은 특별한 은혜입니다. 그러므로 간절히 비옵나니 주여, 지금 제가 당신을 우러러보며 이 축복을 구할 수 있도록 허락해 주셨사오니 저를 거절하지 마옵소서."

내가 볼 때 여자의 이러한 태도가 설득력이 있었던 것 같습니다. 여자는 이러한 설득력을 잘 활용하였습니다.

둘째, 여자의 호소의 요점은 힘을 북돋워 주는 관계였습니다. 여자는 "주여 옳소이다마는 개들도 제 주인의 상에서 떨어지는 부스러기를 먹나이다"라고 하였습니다. 마태는 여기서 "주인의 상에서"를 강조합니다. "저는 당신께서 제 아버지라고 말할 수 없으며, 자녀의 특권을 바라거나 주장할 수 없습니다. 하지만 당신은 저의 주인입니다. 그리고 주인들은 개를 먹입니다. 주인들은 적어도 자기 주인을 알아보는 개들에게 부스러기를 줍니다." 이러한 간청은 마치 돌아오는 가련한 탕자의 마음속에 있었던 생각 같습니다. 탕자는 속으로 자기 아버지에게 "나를 품꾼의 하나로 보소서"(눅 15:19)라고 말씀드려야겠다고 생각했습니다. 탕자의 믿음은 이 여자의 믿음보다 훨씬 약하였습니다.

"주여, 제가 당신의 자녀는 아니라 할지라도 그래도 저는 당신의 피조물입니다. 당신께서 저를 만드셨나이다. 그러므로 제가 당신을 우러러보며 저를 버리지 말아달라고 부탁드립니다. 제가 당신께 매달리는 것은 적어도 이러한 이유 때문입니다. 즉, 저는 당신을 섬겼어야 하는 당신의 피조물인데 그렇지 못하였으며, 제가 비록 탈선한 여자이지만 여전히 당신의 종이기 때문입니다. 제가 은혜 언약 아래 있지 않더라도 적어도 행위 언약 아래서 당신께 속하여 있습니다. 또한 제가 당신의 종이기 때문에 저를 완전히 물리치지 말아 주세요. 어쨌든 당신께서 저를 지으셨으므로 저에 대한 소유권을 가지고 계십니다. 제발 저를 봐 주시고 축복해 주세요. 개들도 주인의 상에서 떨어지는 부스러기를 먹습니다. 제게도 그렇게 해 주세요." 여자는 개와 주인의 관계를 알아차리고, 기발하게도 그 관계를 잘 이용하였습니다. 우리도 이러한 방법을 제대로 본받아야 할 것입니다.

다음에 여자가 자녀들과 자신의 관련성을 주장하고 있음을 주목하십시오. 여기서 내가 지적하지 않을 수 없는 것은, 애석하게도 번역가들이 문맥의 본질이 무엇인지 분명하게 드러내지 못하였다는 사실입니다. 여자는 자신의 어린 딸을 위해 간구하고 있었습니다. 그리고 우리 주님은 여자에게 "자녀의 떡을 취하여 어린 개들에게 던짐이 마땅하지 아니하니라"고 말씀하셨습니다. "어린"이란 단어는 작다는 뜻이며, 여자는 이 단어를 선택하였습니다. "개들"이란 단어는 "어린 개들"이란 단어만큼 여자의 목적을 절반도 이루어 줄 수 없었습니다. 그래서 여자는 "주여 옳소이다마는 어린 개들도 부스러기를 먹나이다"라고 말하였습니다.

동양에서는 일반적으로 개를 실내에 들여놓지 않습니다. 동양에서는 실제로 개를 부정한 짐승으로 여기며, 개는 버려진 채 거의 야생 상태로 돌아다닙니다. 기독교는 개를 보호하여 인간의 친구로 삼았습니다. 앞으로 기독교는 잔인무도한 생체해부와 천박한 사람들의 동물학대가 옛 야만 시대의 공포로만 남고 더 이상 그런 이야기가 들리지 않을 때까지 이처럼 이성이 없는 피조물을 보호해야 할 것입니다. 동양에서 개는 생활 수준이 형편없으며, 부족한 음식을 찾아 거리를 어슬렁거리며, 성질이 개량된 이리보다 거의 나은 것이 없습니다. 이처럼 동양의 성인들은 개들을 데리고 놀지 않으며, 개에 대한 편견을 가지고 있으나 아이들은 그렇게 어리석지는 않으며, 따라서 동양의 아이들은 작은 개들, 곧 강아지들과 어울립니다. 아버지는 자기 근처에 개가 얼씬도 못하게 하지만 그 아이는 그렇게까지 어리석은 행동을 알지 못합니다. 그리고 아이는 강아지와 같이 놀려고 개를 구합니다. 이에 작은 개는 상 아래에 있게 됩니다. 개가 아이 때문에 집안에 있도록 허락되는 것입니다.

내가 보기에 여자의 주장은 다음과 같습니다. "당신께서 저와 작은 개와 같은 저의 딸을 부르셨습니다. 하지만 작은 개들도 자녀의 상 아래 있습니다. 제가 오늘 당신의 제자들과 함께 있는 것처럼 작은 개들도 자녀들과 어울려 놉니다. 제가 제자들 가운데 한 사람이 아닐지라도 저는 그들과 어울리고 있으며, 그들 가운데 기꺼이 함께 할 것입니다."

가련한 영혼이 이 사실을 붙들고 다음과 같이 말하기를 나는 진심으로 소원합니다. "주여, 제가 당신의 자녀들 가운데 하나가 되게 해 달라고 요구할 수 없더라도 저는 그들과 함께 하기를 간절히 바랍니다. 왜냐하면 제가 그들과 함께 할 때 더할 나위 없이 행복하기 때문입니다. 마치 자녀들이 작은 개들을 못살게 굴고 아프게 하는 것처럼 그들이 때때로 저를 괴롭히고 슬프게 하지만 종종 그들은 저를 쓰다듬으며 제게 친절하고 기분 좋게 말해 줍니다. 그리고 저를 위해 기도해 주며 제가 구원받기를 진심으로 바랍니다. 그러므로 주여, 제가 자녀가 아닐지라도 당신께서 저를 작은 개로 대접해 주소서. 제가 찾는 은혜의 부스러기를 제게 주소서."

여자의 호소는 계속됩니다. 작은 개는 자녀의 충분한 동의 하에 아이들이 먹던 부스러기를 먹습니다. 아이가 떡을 먹으면서 강아지를 데리고 놀 때 아이가 어떻게 하지요? 그야 물론 아이는 이따금씩 개에게 조금씩 떼어서 던져 줍니다. 그러면 강아지는 꼬리를 치며 자기 마음대로 먹습니다. 식사시간에 작은 개가 아이들과 함께 있을 때 한두 명의 어린 친구들로부터 부스러기를 받아먹는 것이 분명합니다. 작은 개가 받아먹는 것을 아무도 방해하지 않을 것입니다. 따라서 여자는 다음과 같이 말합니다.

"주여, 여기 당신의 제자들 곧 자녀들이 있습니다. 그들이 제게 친절을 베풀지 않습니다. 어린 자녀들은 강아지들이 바라는 만큼 항상 친절하게 대해 주지는 않습니다. 하지만 주여, 그들은 여전히 제가 얻고자 하는 복을 얻기를 간절히 바라고 있습니다. 그들은 당신 안에서 자기 몫을 충분히 취합니다. 그들은 당신을 모시고 당신의 말씀을 받습니다. 그들은 당신 발 아래 앉아 있습니다. 그리고 온갖 종류의 영적인 복을 받았습니다. 그러므로 그들이 아주 적은 부스러기 은혜를 가지고 제게 인색하게 굴 수 없다고 나는 확신합니다. 그들은 제 딸에게서 마귀가 나가기를 간절히 바랄 것입니다. 왜냐하면 그들이 받은 복에 비하면 그것은 부스러기에 불과하기 때문입니다. 그러므로 제가 그런 은혜 받기를 그들이 기뻐할 것입니다. 이처럼 주여, 저는 당신의 말씀을 인정합니다. 당신은 자녀들이 배부르기 전에 개들에게 떡을 떼어 주는 것이 마땅치 않다고 말씀합니다. 하지만 주여, 지금 자녀들은 배부르며 따라서 제가 제 몫을 취하는 것을 그들이 아주 기뻐하며, 제게 부스러기를 떼어 주는 것을 찬성합니다. 당신께서 그 부스러기를 제게 주시지 않으시겠습니까?"

여자의 호소가 힘이 있었던 또 다른 요인이 있었다고 나는 생각합니다. 그것은 양식의 **풍족함**이었습니다. 여자는 그리스도에 대한 큰 믿음을 가졌으며 그분을 크게 생각하였습니다. 그러므로 여자는 다음과 같이 말할 수 있었습니다.

"자녀들이 먹을 떡이 부족할까봐 제가 떡을 먹어서는 안 된다고 당신께서 말씀하신다면 당신의 말씀은 설득력이 없나이다. 왜냐하면 자녀들이 먹는 동안에 개들이 부스러기를 먹어도 될 만큼 당신에게는 양식이 풍족하며, 개들에게 떼어 주어도 자녀들이 먹을 양식은 풍족하기 때문입니다."

가난한 사람의 상에서는 부스러기를 떼어 줄 여력이 없기 때문에 개들은 먹을 수 없을 것입니다. 하지만 떡이 흔한 왕의 상에서 자녀들이 앉아서 배불리 먹을 때 작은 개들이 상 아래서 떨어지는 것을 먹도록 허락됩니다. 주인이 던져 주는 것이 아니라 우연히 떨어지는 부스러기만 먹어도 개들에게는 충분합니다. 자녀들이 한 입도 떼어 주지 않더라도 개들은 충분히 먹을 수 있습니다. 따라서 여자는 "주여, 당신의 자녀들에게서 떡을 빼앗아 제게 주시지 않아도 됩니다. 자녀들의 떡을 빼앗는 것은 하나님께서 허락하지 않으십니다. 당신의 넘치는 사랑과 자비는 당신의 자녀들에게도 충분하며 아울러 제게도 충분합니다. 왜냐하면 제가 바라는 전부는 당신께서 날마다 다른 사람들에게 베푸시는 것에 비하면 부스러기에 불과하기 때문입니다"라고 말하였던 것입니다.

이제 여자의 호소가 힘이 있었던 마지막 요인을 살펴봅시다. 여자는 그리스도의 관점에서 모든 것을 바라보았습니다. 여자는 "위대하신 주님, 당신께서 저를 개로 보실지라도 저는 겸손히 당신의 말씀을 받아들입니다. 제가 당신에게 개라면 저의 간구를 들으셔서 저의 딸을 고쳐주시는 것은 제게 베푸시는 당신의 큰 능력과 인자하심에 비하면 부스러기에 불과합니다"라고 말하였습니다.

여자는 작다는 의미의 단어를 사용하여 "작은 부스러기"라고 말하였습니다. 작은 개들은 자녀들의 상에서 떨어지는 작은 부스러기를 먹습니다. 이것이 얼마나 담대한 믿음인지요! 여자는 자신이 구한 은혜를 값으로 따질 수 없을 만큼 귀하게 여겼습니다. 여자는 이 은혜를 온 세상보다 더 귀하게 여겼습니다. 하지만 그 은혜가 하나님의 아들에게는 단순히 부스러기에 불과하다는 사실을 여자는 알았습니다. 그만큼 주님께서 치료의 능력이 무한하시며 그의 선하심과 인자하심이 충만하다는 사실을 여자는 알았던 것입니다. 사람이 개에게 부스러기를 떼어 주면 그는 약간 부족하게 됩니다. 하지만 예수님께서 큰 죄인들에게 자비를 베푸신다 할지라도, 예수님의 겸손과 자비와 사죄의 능력은 전과 같이 풍성합니다. 여자의 호소는 매우 힘이 있었습니다. 여자의 지혜는 그녀의 열심 못지 않았습니다. 그리고 무엇보다도 그녀의 믿음이 매우 놀랍습니다.

근본적으로 여자는 사실상 하나님의 영원하신 의도에 따라 호소하였다는 사실을 말씀드림으로써 여자의 호소력 있는 간청에 대한 나의 약술을 마무리 지으려 합니다. 자녀들에게 떡을 주시는, 다시 말해서 이스라엘에게 하나님의 계시를 보내시는 주님의 위대한 계획이 무엇을 위한 것이었나요? 자녀들을 통해 개들이 떡을 받아먹는 것은 언제나 하나님의 의도였습니다. 이스라엘을 통해 복음이 이방인들에게 전해지는 것 또한 언제나 하나님의 의도였습니다. 자기 백성에게 복을 주심으로써 그의 길이 땅에 전해지고 그의 구원의 능력이 온 나라들 가운데 전해지는 것이 언제나 하나님의 계획이었습니다. 그리고 이 여자는 어쨌든 거룩한 본능으로 말미암아 하나님의 방법에 빠졌습니다.

여자가 하나님의 비밀을 염탐하여 캐내지는 않았지만, 혹은 여자가 적어도 자신이 그렇게 했다고 많은 말로 우리에게 말하지는 않았지만, 여자의 호소에는 타고난 힘이 있었습니다. 다시 말해서 여자의 호소는 이런 내용이었습니다. "자녀들을 통해 개들이 먹이를 먹습니다. 주여, 자녀들에게 떡을 주지 말라고 저는 요구하지 않으며, 또한 자녀들의 양식을 속히 달라고 요구하지도 않습니다. 먼저 자녀들로 하여금 먹게 하십시오. 하지만 그들이 먹는 동안에 자녀들이 가득 쥐고 있는 손에서 떨어지는 부스러기를 먹게 해 주세요. 그러면 저는 만족할 것입니다."

가련한 죄인이여, 당신이 할 수 있는 용감한 호소가 여기 있습니다. 나는 이 호소를 여러분에게 맡길 것입니다. 여러분이 이 호소를 활용할 수 있게 해 달라고 성령께 도움을 구하십시오. 여러분이 이 호소를 잘 활용한다면 여러분은 오늘 주님을 설득할 수 있을 것입니다.

이제 마지막 대지는 이것입니다. 믿음으로 여자의 청원은 받아들여졌습니다. 이 여자의 믿음은 첫째, 칭찬을 받았습니다. 예수님은 "여자여 네 믿음이 크도다"라고 칭찬하셨습니다. 여자는 예수님에 관한 예언을 듣지 못하였습니다. 여자는 믿을 수 있는 환경에서 태어나지도 자라나지도 교육받지도 못하였습니다. 하지만 여자는 일등 신자가 되었습니다. 이렇게 된다는 것은 기적과 같은 일이었습니다. 하지만 은혜는 기적 행하기를 즐거워합니다. 여자는 이전에 주님을 뵙지 못하였으며, 여러 달 동안 주님과 교제한 사람들처럼 주님과 함께 지내지도 못하였습니다. 하지만 주님을 단 한 번 뵘으로써 여자는 이처럼 큰 믿음을 가졌습니다.

그것은 깜짝 놀랄 일이었지만 하나님의 은혜는 언제나 우리를 깜짝 놀라게 합니다. 여자는 아마도 기적을 한 번도 보지 못하였을 것입니다. 그녀의 믿음이 의존해야 했던 모든 자료는 오직 자기 동네에서 들었던 소문뿐이었는데, 이는 유대인들의 메시아가 오셨다는 것이었습니다. 여자는 그가 나사렛 사람이라는 사실을 믿고 신뢰하였습니다. 우리의 조건은 이 여자보다 유리합니다. 우리는 마음만 먹으면 그리스도의 전 생애를 알 수 있고, 복음의 교리들을 이해할 수 있습니다. 왜냐하면 신약에 그 모든 내용들이 계시되었기 때문입니다. 그러므로 우리의 믿음은 여자의 믿음보다 훨씬 더 강해야 마땅합니다. 이 여자는 기회가 별로 없었음에도 불구하고 믿음이 강하였고, 따라서 예수님께서 친히 "여자여 네 믿음이 크도다"라고 칭찬하신 것을 볼 때 이 여자가 우리를 부끄럽게 만들지 않는지요.

또한 여자의 믿음은 행동하는 믿음이었기 때문에 주님의 칭찬을 받았습니다. 마가복음에 따르면, 예수님은 "이 말을 하였으니 돌아가라 귀신이 네 딸에게서 나갔느니라"(7:29)고 말씀하셨습니다. 예수님께서 여자의 믿음과 아울러 그녀의 말에 대하여 보답을 하신 것처럼 보입니다. 지혜롭고 신중하고 겸손하면서도 주님의 말씀을 받아 다시금 주께 말씀드린 여자의 용기 있는 태도를 주님은 심히 기뻐하셨습니다. 믿음을 칭찬하시는 주님은 후에 믿음의 열매와 행위를 칭찬하십니다. 나무는 열매를 바칩니다. 사람 자신이 하나님께 인정받아야 비로소 그의 행위들이 하나님 앞에 인정받을 수 있습니다. 그런데 이 여자는 믿음만 인정받은 것이 아니라 믿음의 결과들도 예수님의 마음을 흡족하게 하였습니다.

여자는 또한 바라던 것을 얻었습니다. "귀신이 네 딸에게서 나갔느니라." 이 말씀을 하시자 귀신이 즉시 나갔습니다. 여자가 곧 집에 돌아가 딸이 침상에서 편히 쉬고 있는 모습을 보았습니다. 귀신이 들린 이후 실로 한 번도 맛보지 못한 소중한 휴식을 딸이 취하고 있었던 것입니다. 우리 주님께서 여자의 마음의 소원을 들어주셨을 때, 어떤 의미로는 일종의 백지위임(白紙委任)을 하셨습니다. 주님은 "네 소원대로 되리라"고 말씀하셨습니다. 영광의 주님께서 마치 한 여자가 믿음으로 휘두르는 정복용 무기 앞에서 무조건 항복하신 것처럼 보입니다. 지금도 우리가 정복하는 믿음으로 이처럼 발버둥칠 때 주님은 여러분과 나의 소원을 이루어 주실 것입니다.

이 여자는 모든 구경꾼들에게, 스스로 소망의 범위 밖에 있다고 생각하는 여러분에게, 하나님의 집에 참석하지 않고 아마도 거의 평생 동안 모든 신앙에 관심을 갖지 않은 여러분에게 교훈이 됩니다. 이 가련한 여자는 시돈 사람이었습니다. 그녀는 여러 세기 전에 죽음의 저주를 받은 민족에 속하여 있었으며, 가나안의 저주받은 씨족의 한 사람이었습니다. 하지만 그녀는 믿었기 때문에 천국에서 큰 자가 되었습니다. 따라서 하나님의 교회 밖에 있다고 간주되는 사람들이 교회의 중심에서 교회 전체를 뜨겁게 하고 밝혀 주는 빛이 되어서는 안 된다는 그런 명분은 있을 수 없습니다. 의지할 데 없고 멀리 떠나 있는 가련한 여러분, 용기를 내고 힘을 내세요. 그리고 예수 그리스도 앞에 나와 그의 손에 여러분 자신을 맡기세요.

또한 구원받기 위한 자신들의 노력이 거절당했다고 생각하는 자들에게 이 여자는 본이 됩니다. 여러분은 기도하였지만 응답받지 못하였습니까? 여러분이 주님을 찾아보았지만 전보다 더 불행하다고 느끼십니까? 여러분이 고치고 바뀌려고 노력해 보았으며, 또한 거룩한 능력을 힘입어 그런 노력을 해보았지만 번번이 실패하였습니까? 하지만 보혈의 효험이 지속되며, 그의 약속이 진리와 함께 하며, 그의 팔이 구원하는 능력을 발휘하는 그분을 신뢰해보십시오. 십자가를 꼭 붙잡으세요. 여러분 바로 밑에서 땅이 꺼질지라도 십자가만을 붙잡아 보십시오. 폭풍우가 거세지고 홍수가 나며, 심지어 하나님조차 여러분에게 등을 돌리시는 것처럼 보일지라도 십자가를 꼭 잡으십시오. 그곳에 여러분의 소망이 있습니다. 그곳에서 여러분은 망할 수가 없습니다.

또한 모든 중보자들에게 이 여자는 교훈이 됩니다. 이 여자는 자신을 위해 간청하지 않았으며 다른 사람을 위해 간청하셨습니다. 여러분이 죄인을 위하여 간청할 때 제발 냉담한 태도로 하지 마십시오. 여러분 자신의 영혼과 목숨을 위하여 간청하는 것처럼 그렇게 구하십시오. 다른 사람의 문제를 진지하게 자기 마음속에 담고, 그 문제를 자기 문제로 여기며, 눈물로써 평화로운 응답을 간청하는 중보자로서 하나님과 씨름해야 할 것입니다.

마지막으로, 이 힘있고 영광스러운 여자가 모든 어머니에게 교훈이 됨을 생각합시다. 왜냐하면 이 여자는 자신의 어린 딸을 위하여 간청하였기 때문입니다. 모성애는 연약한 자를 강하게 만들며, 수줍어하는 자를 용감하게 만듭니다. 하찮은 짐승들과 새들도 모성애가 강합니다. 발자국 소리에도 깜짝 놀라는 작은 로빈 새도 침입자가 둥지에 접근하여 어린 새끼들이 위기에 처할 때 조금도 물러서지 않고 둥지 위에 앉아 있습니다. 어머니는 자식에 대한 사랑으로 영웅처럼 담대해집니다. 여러분이 하나님께 간청할 때, 어머니의 사랑으로 간청하십시오. 그리하면 주님께서는 여러분에게도 "여자여 네 믿음이 크도다. 귀신이 네 딸에게서 나갔느니라. 네 소원대로 되리라"고 말씀하실 것입니다. 이러한 말씀에 의지하여 부모들이 기도하기를 나는 권면합니다. 주께서 여러분을 감동하여 여러분이 이러한 생각을 가질 수 있기를 바랍니다.

# 8

# 가나안 여자(2)

---

### 작은 믿음과 큰 믿음

"예수께서 즉시 손을 내밀어 그를 붙잡으시며 이르시되 믿음이 작은 자여 왜 의심하였느냐 하시고"(마 14:31).

"이에 예수께서 대답하여 이르시되 여자여 네 믿음이 크도다 네 소원대로 되리라 하시니 그때로부터 그의 딸이 나으니라"(마 15:28).

가장 낮은 수준의 믿음과 불신 상태 사이에는 큰 간격이 있습니다. 우리는 신자들에 대하여 모두 똑같은 사람이라고 말하지만 연약한 믿음과 강한 믿음 사이에는 큰 차이가 있습니다. 하나님께 감사한 것은 그 차이가 안전한 길 위에서, 곧 왕의 대로 위에서 난 것이라는 점입니다. 어떠한 장벽도 작은 믿음과 큰 믿음을 갈라놓을 수는 없습니다. 작은 믿음도 왕의 대로를 따라갈 뿐이며, 자기보다 믿음이 강한 형제를 따라잡을 것입니다. 그리고 스스로 "주 안에서와 그 힘의 능력으로 강건해져야 합니다"(엡 6:10).

거룩한 길을 가는 순례자들 중에 발걸음이 느린 사람들에게 나는 자극을 주고자 합니다. 나는 의심은 죽이고 믿음은 살릴 것입니다. 허약 씨, 두려움 아주머니, 낙심 양, 그리고 연약한 모든 사람들이 오늘 아침 용기를 얻기 바라며, 주님께서 그들을 위해 마련하신 모든 것을 그들이 아직까지 누리지 못하고 있다는 사실을 알기 바랍니다. 작은 믿음으로도 구원은 받지만 좀 더 큰 믿음을 가질 필요가 있습니다. 힘과 기쁨과 명예와 유익을 주는 믿음이 훨씬 더 바람직한 은혜입니다. "더욱 큰 은혜를 주신다"(약 4:6)고 성경은 말씀합니다. 그러므로 하나님은 우리에게 더욱 큰 은혜를 주시기 위해 항상 준비하고 계십니다. 작은 믿음은 성숙하고 아름다운 확신으로 무르익을 때까지 크게 성장할 수 있습니다.

여러분이 베드로와 가나안 여자의 이야기를 훤히 알고 있으리라고 나는 생각합니다. 성경을 펼쳐놓으세요. 하나님의 성령께서 여러분의 마음을 여셔서 이 말씀들을 깨닫게 해 주시기를 바랍니다.

첫 번째, 우리는 부드럽게 책망 받을 작은 믿음을 가지고 있습니다.

우리가 큰 믿음을 기대한 곳에서 자주 작은 믿음이 발견된다는 사실을 먼저 말씀드려야겠습니다. 작은 믿음 때문에 책망을 받은 이 사람은 베드로입니다. 주님은 자신에 대한 분명한 지식을 베드로에게 가르쳐 주셨습니다. 베드로 그는 열두 제자들 중에 수제자였으며, 훗날 오순절의 위대한 설교자가 됩니다. 어떤 이들은 베드로를 초대교회의 감독으로 추대하였지만 베드로가 그런 지위를 요구한 적은 없었습니다. 이 사람 베드로는 처음에 기초석에서 떨어져 나온 돌 조각에 불과하였습니다.

주님은 그에게 교회의 열쇠를 주시며 "내 양을 먹이라, 내 어린양을 치라"고 명령하셨습니다. 이러한 베드로에게 주님은 "믿음이 작은 자여"라고 말씀하십니다. 사랑하는 형제 자매여, 여러분이 큰 은혜를 받았고, 고귀한 특권을 누렸으며, 자비로운 보호를 받았고, 그리스도와 친밀하고 소중한 교제를 나눈 것이 사실이 아닙니까? 그렇다면 이맘때에는 여러분의 믿음이 강해야만 합니다. 하지만 여러분은 그렇지 못합니다. 여러분은 곧 집에 돌아갈 것입니다. 여러분의 검은 머리카락은 임마누엘의 땅의 빛을 받아 은빛이 납니다. 여러분은 좁은 시내 건너편에서 나는 성도들의 노랫소리를 거의 들을 수 있습니다.

살아 있는 동안에 하나님의 가르침을 받고, 그리스도에 관한 일들을 깊이 체험한 여러분은 믿음의 아버지들이 되어야 할 텐데, 반대로 여러분은 아직도 어린아이들입니다. 이스라엘의 어머니들이 되어야 할 여러분이 아직도 갓난아이들입니다. 그렇지 않습니까? 이런 일들이 있어서는 안 됩니다. 여러분과 나는 지금 시기적으로 아이들이 아닙니다. 여러분과 나는 지금 우리 주님을 모르는 사람들이 아닙니다. 왜냐하면 왕께서 자주 우리를 그의 잔칫 집으로 인도하셨으며, 우리를 환영하는 사랑의 기치(旗幟)를 달아주셨기 때 문입니다. 그런데도 우리가 여전히 우리의 작은 믿음을 안타까워한다면 부 끄러운 줄 알아야 합니다.

부드러운 책망을 계속하면서 우리는 작은 믿음이 너무나도 간절히 표적들 을 열망한다는 사실을 알게 됩니다. 나는 베드로의 믿음이 갑자기 작아졌다 고 생각하지 않습니다. 그의 믿음은 언제나 작았는데, 거센 바람을 보고 그 작은 믿음이 겉으로 드러났던 것입니다. 베드로가 "주여 만일 주님이시거든 나를 명하사 물 위로 오라 하소서"(마 14:28)라고 말했을 때 이미 그의 믿음 은 약하였습니다. 베드로가 무슨 이유로 물 위를 걷고자 했을까요? 왜 그가 그런 놀라운 일을 추구했을까요? 그의 믿음이 작았기 때문입니다. 강한 믿 음은 표적이 없어도, 증표가 없어도, 놀라운 일이 없어도 만족합니다. 강한 믿음은 하나님의 말씀만을 믿으며, 확증하는 기적을 요구하지 않습니다. 그 리스도에 대한 믿음은 하늘 위에서나 바다 속에서나 어떠한 표적도 요구하 지 않습니다.

작은 믿음은 "만일 주님이시거든"이라고 말하면서 표적과 기적을 보아야 만 합니다. 그렇지 않으면 의심에 굴복하고 맙니다. 황홀한 명상, 비범한 꿈, 희귀한 섭리, 기도에 대한 최고의 응답, 특별한 교제와 같이 평범하지 아니 한 무언가를 작은 믿음은 경험해야 합니다. 그렇지 않으면 무너집니다. 작은 믿음은 지속적으로 "내게 선한 증거를 보여 주세요"라고 외칩니다. 작은 믿 음은 하나님께서 구름 가운데 두신 무지개로 만족하지 못하며, 온 하늘을 하 늘색으로 칠해 주셔야 만족할 것입니다. 작은 믿음은 성도들의 평범한 기업 으로 만족하지 못하며, 다른 제자들보다 더 많이 가지고 더 많이 행하고 더 많이 느껴야 합니다.

베드로는 왜 다른 형제들처럼 배 안에 있지 못하였을까요? 그의 믿음이 약하였기 때문에 그는 갑판을 떠나 깊은 바다로 뛰어내려야 했던 것입니다. 자신이 주님과 함께 바다 위를 걷지 않는 한 바다 위를 걸으시는 이가 주님 이라고 생각할 수 없었습니다. 거룩하신 주님께서 행하시는 일을 자기도 하게 해 달라고 어떻게 감히 요구합니까? 그보다 주님과 함께 욕을 당하기를 기뻐해야 합니다. 그는 너무나 무모하게도 전능자의 기적에 참여하게 해 달라고 요구합니다. 주님께서 기적을 행하시는 것처럼 내가 기적을 행할 수 없다면 나는 의심을 가져야 한단 말입니까? 이는 연약한 믿음의 결점들 중에 하나입니다. 연약한 믿음은 주님의 잔을 마시고 주님의 세례를 받는 것으로 만족하지 못합니다. 연약한 믿음은 주님의 능력을 나눠 가지려 하며 주님의 보좌에 함께 앉으려 합니다.

연약한 믿음은 자신의 능력에 대하여 지나치게 높은 평가를 하는 경향이 있습니다. 누군가 "오, 당신은 분명히 잘못되었습니다. 자기 자신의 능력에 대하여 지나치게 낮게 평가하는 것은 연약한 믿음의 과오가 아닐까요?"라고 말합니다. 형제들이여, 어느 누구도 자기 자신의 능력에 대하여 지나치게 낮게 평가할 수 없습니다. 왜냐하면 사람에게는 그 무엇이든 할 수 있는 능력이 없기 때문입니다. 주 예수 그리스도는 "나를 떠나서는 너희가 아무것도 할 수 없음이라"(요 15:5)고 말씀하셨습니다. 이러한 주님의 증거는 사실입니다. 우리의 믿음이 강하다면 우리는 우리의 능력 없음을 기뻐할 것입니다. 왜냐하면 우리에게는 그리스도의 능력이 있기 때문입니다. 우리의 믿음이 연약하다면 우리는 예수님에 대한 신뢰를 줄이고 그 대신에 자아에 대한 신뢰를 우리의 마음속에 크게 주입할 것입니다.

우리 주님에 대한 믿음이 약해지는 비율에 따라 우리 자신에 대한 생각이 강화될 것입니다. 누군가 "하지만 자기의존이 강한 사람이 큰 믿음의 사람이라고 나는 생각했는데요"라고 말합니다. 그는 믿음이 전혀 없는 사람입니다. 자기의존과 그리스도를 의지하는 것이 한 마음속에 공존하지 못합니다. 베드로는 물 위를 걸어가 주님께로 갈 수 있다는 생각을 가지고 있었습니다. 그는 다른 사람들을 믿지 못하고 자신을 믿었습니다. 야고보와 요한과 안드레, 그리고 다른 제자들은 배 안에 있었습니다.

베드로는 이들 가운데 누구라도 파도 위를 걸어갈 수 있을 것이라고 생각하지 않았습니다. 다만 그는 "주여 만일 주님이시거든 나를 명하사 물 위로 오라 하소서"라고 외쳤습니다. 자의식은 믿음의 속성이 아닙니다. 오히려 자의식은 의심을 위한 보금자리입니다. 만일 그가 자신을 바로 알았다면 이렇게 말했을 것입니다. "주여, 요한을 명하사 물 위로 오라 하소서. 저는 그렇게 위대한 일을 할 자격이 없습니다." 그런데 믿음이 연약한 그는 자신에 대하여 높은 평가를 하였고, 평상시처럼 서둘러 앞에 나섰습니다. 그의 떨리는 발로는 걸을 수 없었던 길로 성급하게 들어섰습니다. 그리고 이윽고 자신이 실수했다는 것을 깨달았습니다. 이처럼 연약한 믿음은 자아를 과장되게 생각합니다. 그러나 큰 믿음은 자아를 믿음의 강력한 날개 아래 숨깁니다.

연약한 믿음에 대하여 또 다른 관점을 살펴봅시다. 연약한 믿음은 주변환경에 지나치게 많은 영향을 받습니다. 베드로는 바람이 엄청나게 큰 파도를 일으켰다는 사실을 모를 때에는 앞으로 잘 나갔으나 파도를 보자 무서웠습니다. 너무나 많은 그리스도인들이 자신이 느끼고 본 대로 살아가는 경향이 있지 않습니까? 새신자가 "행복을 느끼는 것을 보니 내가 회개한 줄 알겠습니다"라고 말하는 소리를 우리는 자주 듣지 않습니까? 그러나 많은 소녀들이 새 드레스를 보고도 행복을 느낄 것이며, 혹은 한 젊은이도 주머니에 있는 약간의 돈으로 인해 즐거워할 것입니다. 이것이 여러분이 회개에 대하여 제시할 수 있는 최선의 증거란 말입니까? 글쎄요, 여러분의 불안한 마음이 행복을 느끼는 것보다 회개에 대한 더 나은 증거가 될 수 있습니다.

죄로 인해 애통하고, 죄와 싸우고 죄를 이기려고 노력하는 것이 좋습니다. 이것이 은혜 받은 분명한 표시입니다. 넘치는 기쁨보다 이러한 자세가 회개했다는 더 확실한 증거입니다. 믿는 자여! 여러분이 예수님을 믿는다면 여러분은 최고로 행복할 것입니다. 하지만 여러분의 행복이 믿음의 근거가 된다면 여러분은 곧 그 행복을 상실하고 말 것입니다. 행복이란 상황이 어떻게 펼쳐지느냐에 따라 달라집니다. 행복은 종종 요행(僥倖)이며 그 이상 아무것도 아닙니다. 행복은 너무나도 우연한 상황입니다. 하지만 믿음은 무슨 일이 일어나도 그리스도를 의지합니다. 따라서 믿음은 슬프고 비통한 일이 있을 때에도 행복합니다. 왜냐하면 믿음은 하나님을 온전히 의지하기 때문입니다. 믿음은 어떤 일이 일어나도 주님의 신실한 말씀과 언약에 의지합니다.

또 어떤 이는 이렇게 말합니다. "나는 기운이 없고 우울함을 느낍니다. 기도하려고 할 때도 침울합니다. 내가 원하는 대로 기도할 수가 없습니다." 그것 때문에 여러분은 과연 자신이 구원을 받았는지 의심합니다. 여러분의 구원이 활기찬 기도에 달려 있습니까? 믿음에 기복이 있는 것은 연약한 믿음의 특징입니다. 형제들이여, 우리가 감정에 따라 산다면 우리는 매우 불행한 삶을 살 것입니다. 우리는 아버지의 집에 거하지 못할 것이며, 집시들처럼 될 것입니다. 그들의 천막은 너무 약하여 비바람을 막을 수 없습니다. 강한 믿음은 그것이 진정으로 서 있어야 할 곳을 압니다. 그리고 그 믿음의 자리는 항상 변하지 않는 것을 깨닫고 그 기초가 한결같이 안전하다는 결론을 내립니다. 왜냐하면 그 믿음의 자리는 바로 그리스도 안이기 때문입니다.

연약한 믿음은 그것의 계속된 위험을 잊기 쉬우며, 그 파괴력을 인정하는 법을 배우지 못하였습니다. 베드로가 파도 위를 걸어갔을 때나 물 속으로 빠져 들어갔을 때나 위험하기는 마찬가지였습니다. 실제로 그는 전혀 위험하지 않았습니다. 왜냐하면 그로 하여금 바다를 걷게 하신 예수님께서 늘 가까이 계셨기 때문입니다. 연약한 믿음은 이러한 실수를 자주 범합니다. 연약한 믿음은 자기 자신을 바라볼 때 자기가 어디에 있든지 언제나 극도로 위험한 상태에 있다는 사실을 알지 못합니다. 하지만 그 믿음으로 주님을 바라본다면 어디에 있든지 전혀 위험하지 않습니다. 베드로가 예수님을 온전히 신뢰하고 있었다면, 그가 큰 파도 위를 걷든지 혹 파도 속으로 가라앉든 그는 주님께서 명하신 대로 하였을 것이며, 바람 앞에서 조금도 흔들리지 않고 안심하였을 것입니다. 신뢰의 근거가 오직 예수님이라면 그 신뢰의 근거는 절대로 문제가 될 수 없을 것입니다.

자신이 위험하다는 사실을 연약한 믿음이 깨달을 때, 마치 진자처럼 극단으로 오락가락하며 자신의 위기를 침소봉대(針小棒大)합니다. 한순간 베드로는 바다 위를 걸었으나 그 다음 순간 그는 익사할 뻔하였습니다. 그가 헤엄칠 생각을 전혀 하지 않았다는 것은 이상한 일입니다. 자신에 대한 의지가 그리스도에 대한 믿음을 망가뜨립니다. 사람이 일단 물 위로 걸어가는 길로 들어서면 그 속에서 헤엄치는 기술을 잊어버립니다. 자기의존은 그리스도에 대한 믿음이 들어올 때 나갑니다. 주님은 의도적으로 베드로로 하여금 자신의 연약함을 알게 하셨으며, 그가 자기 믿음에 서 있다는 사실을 아주 분명하게 깨닫게 하셨습니다. 그리고 믿음으로 주 예수님 안에서 모든 힘을 얻게 하셨습니다.

베드로는 물 속으로 빠져 가면서 "주여 나를 구원하소서"라고 외칩니다. 그는 자기 재주의 한계에 이른 것입니다. 베드로는 익사할 뻔하였습니다. 주님께서 계시는 상황에서 말입니다! 예수님께서 살아 계시는데 그가 죽다니요. 과연 죽을까요? 여러분은 베드로가 죽으리라고 생각하십니까? 분명한 것은 그에게 두려움이 임하였다는 사실입니다.

나는 곤경과 궁핍 속으로 가라앉으리라고 생각할 만큼 너무나도 어리석었습니다. 이는 어리석은 생각입니다. 밝은 날에 우리가 자기신뢰를 믿음으로 혼동하였기 때문에 어두운 날이 올 때 우리는 믿음의 대부분을 상실하고 죽을까봐 무서워하는 것입니다. 여러분이 성도의 견인이라는 교리를 믿었으면서도 "나는 언젠가 대적의 손에 망하리라"고 말하지 않았습니까? 그리스도께서 여러분을 지켜 주시리라고 약속하신 바를 여러분은 알고 있으면서도, 여러분이 마땅히 스스로를 지켜야 하는데 그렇지 못하기 때문에 그리스도께서도 여러분을 지켜 주지 않으시리라는 몽상에 빠집니다. 주님께서 여러분을 절대로 포기하지 않으시리라는 사실을 여러분은 알고 있으면서도 여러분 스스로 거의 포기할 마음을 먹고 "나는 결국 배신자가 되는구나"라고 말합니다. 이렇듯 작은 믿음은 주님을 잊어버립니다. 작은 믿음은 어떤 날은 지나치게 담대하고 어떤 날은 지나치게 소심합니다. 이 모든 이유는 자기신뢰를 믿음으로 혼동하기 때문입니다.

작은 믿음은 몰상식하게 말합니다. 우리 주님께서 작은 믿음을 어떻게 책망하셨는가 주목하십시오. "믿음이 작은 자여 왜 의심하였느냐?" 믿음은 영적인 상식인 반면 불신앙은 상식을 벗어납니다. 보세요. 이왕에 그리스도께서 믿을 만한 분이었다면 그분은 완전히 믿어도 될 분이었습니다. 여러분은 한 사람에 대하여 소개할 때 "그는 신실한 사람입니다. 당신은 때때로 그의 말을 신뢰할 수 있지요"라고 말하지 않습니다. 그를 제한하는 "때때로"라는 말이 그의 인격에 치명적인 손상을 입힙니다.

언제나 신뢰받지 못한다면 그 사람은 정직한 사람이 아니며 진실을 말하는 사람이 아닙니다. 그리고 여러분이 하나님의 언약에 소개할 때 "나는 하나님의 언약들 가운데 일부를 믿을 수 있습니다. 그러므로 내가 어떤 일정한 어려움에 빠질 때 하나님께서 나를 도와주시리라고 기대합니다"라고 말한다면, 여러분은 주님을 불성실하다고 비난하는 것입니다. 강하신 그리스도를 약하게 믿는다는 것 자체가 논리적으로 맞지 않습니다. 확고한 언약을 어찌하여 흔들리면서 믿습니까? 능력의 구세주를 어찌하여 허약하게 믿습니까? 이왕에 믿는 것, 주님에게 맞는 믿음을 갖추도록 하십시오. 이왕에 믿는 것, 말씀에 맞는 믿음을 갖추도록 하십시오. 그래야 여러분이 안전하고 견고하고 정당한 기초, 곧 양심과 지식에서 올바른 기초 위에 서게 될 것입니다.

지금까지 나는 연약한 믿음을 아주 부드럽게 책망하였습니다. 나는 그 머리카락 하나라도 상하게 할 마음은 없었습니다. 작은 믿음이라도 그것은 은혜입니다. 믿음 자체가 작은 것이 아니고 다만 사람의 믿음이 작은 것입니다. 내가 그 연약함을 죽이고 믿음을 살릴 수 있다면, 작음이 제거되고 믿음이 커질 수 있다면 얼마나 좋겠습니까!

이제 작은 믿음을 친절하게 권할 것입니다. 그 믿음이 작기 때문이 아니라 그것이 믿음이기 때문에 나는 작은 믿음을 칭찬할 것입니다. 작은 믿음은 부드럽게 다루어야 할 필요가 있으며, 그래야 그것이 보배롭게 보일 것입니다.

무엇보다 먼저 작은 믿음은 참된 믿음입니다. 예수님으로 시작하고 끝나는 믿음은 참된 믿음입니다. 예수님을 믿는 가장 작은 믿음도 하나님의 선물입니다. 그리고 비록 강한 믿음과 동일하지는 않지만 그것은 "동일하게 보배로운 믿음"(벧후 1:1)입니다. 여러분이 겨자씨만한 믿음을 가진다 할지라도 여러분은 기적을 행할 수 있습니다. 여러분의 믿음이 눈을 씻고 찾아야 할 만큼 아주 작을지라도 그 믿음이 있기만 하다면 그 믿음은 강한 믿음과 같은 성질입니다. 3페니짜리 동전은 면류관과 똑같은 은입니다. 그리고 거기에는 조폐소를 나타내는 각인(刻印)이 확실하게 찍혀 있습니다. 한 방울의 물도 바닷물과 같은 성질입니다. 불꽃 하나도 베수비우스 화산폭발과 똑같은 불입니다. 무엇이 믿음의 불꽃을 만들어내는지 아무도 모릅니다.

보십시오. 작은 믿음이 수많은 영혼들에게 불을 지핍니다! 작은 믿음도 참된 믿음입니다. 우리 주님께서 이처럼 작은 믿음을 가진 베드로에게 "바요나 시몬아 네가 복이 있도다. 이를 네게 알게 한 이는 혈육이 아니요 하늘에 계신 내 아버지시니라"(마 16:17)라고 말씀하지 않으셨습니까? 베드로는 참된 믿음의 소유자였으며, 그 믿음은 작은 믿음이었습니다. 오 청중들이여,

"여러분이 예수님께서 그리스도이심을 믿는다면 여러분은 하나님으로부터 태어난 사람들입니다." 여러분이 그리스도의 완성된 사역을 약하게 의지할 지라도 여러분의 연약한 신앙의 행위는 여전히 강한 손에 자신을 맡긴 것과 다를 바 없으며, 이로써 여러분은 확실히 구원받을 것입니다.

또한 작은 믿음은 말씀을 순종하며, 말씀 없이는 한 발자국도 움직이지 않는다는 사실을 주목하십시오. 작은 믿음은 "만일 주님이시거든 나를 명하사 물 위로 오라 하소서"라고 외칩니다. 예수님께서 "오라"고 말씀하신다면 작은 믿음은 "보소서, 내가 가나이다!"라고 대답합니다. 비록 걷는 모양은 비틀거리고 그 무릎은 약하지만 여전히 작은 믿음은 예수님께서 부르시는 곳으로 물 속이라도 불 속이라도 뚫고 나아갈 것입니다. 나는 주님의 자녀들 가운데 많은 기쁨을 좀처럼 누리지 못하는 사람들을 알고 있습니다. 하지만 나는 그들의 부드러운 양심이 부럽습니다. 그들은 죄와 조금만 접촉해도 움츠러들며, 주님의 계명을 지키려고 조심하는 것은 그들의 성품에서 칭찬할 만한 부분들입니다. 결국 은혜로운 행동은 편안한 기분보다 더 보배롭습니다. 부드러운 양심이 작은 믿음과 나란히 활동할 때 그들은 유순하고 아름다운 두 송이의 백합화 같습니다.

베드로의 작은 믿음은 예수님의 허락의 말씀이 떨어질 때까지 움직이려고 하지 않았습니다. 베드로는 "나를 명하사 물 위로 오라 하소서"라고 요구하였습니다. 매우 낙담하고 크게 두려워하는 사람들인데도 배후에서 "이것이 바른 길이니 너희는 이리로 가라"(사 30:21)는 소리가 들리지 않는 한 그들은 살기 위해 아무 일도 하지 않는 것을 나는 알았습니다. 그들은 말씀의 지도를 살피기 전에는 결론을 내리지 않았습니다. 그들은 모험을 감행하지 않고 대신 무릎 꿇고 인도해 달라고 부르짖었습니다. 왜냐하면 그들은 주님의 뜻이 아니라면 한 발자국도 움직이기를 두려워하였기 때문입니다. 주님의 보증 없이 행하는 것에 대한 거룩한 두려움이 그들에게 있습니다. 작은 믿음일지라도 여러분의 마음과 성품이 이러하다면 나는 여러분을 크게 칭찬할 것입니다!

다음에 작은 믿음은 예수님께 나오려고 몸부림칩니다. 베드로는 단순히 물 위를 걷기 위해 배에서 뛰어내리지 않았습니다. 그가 파도 위를 걷는 모험을 한 것은 예수님께로 가기 위함이었습니다. 베드로는 파도 위를 걸으려 했던 것이 아니라 자기 주님을 뵙고 교제하고자 했던 것입니다. "베드로가 배에서 내려 물 위를 걸어서 예수께로 가되"(마 14:29). 예수님께로 가는 것, 이것이 바로 베드로의 목표였습니다.

내가 알기에 여러분 가운데 일부는 오직 작은 믿음을 가지고 있습니다. 하지만 여러분은 예수님께로 가까이 가기를 갈망하고 있습니다. 여러분은 매일 "주여, 당신을 내게 보이소서. 내 안에 당신을 보이소서. 그리고 나로 하여금 더 많이 당신을 닮게 하소서"라고 갈망합니다. 예수님을 찾는 자는 그 얼굴을 옳게 향하였습니다. 믿음은 작지만 연약함에도 불구하고 주님께로 가까이 가려고 발버둥치는 여러분의 모습을 보니 내 마음이 기쁩니다. 계속하여 발버둥치십시오. 왜냐하면 예수님께서 여러분을 만나시려고 지금 오시기 때문입니다. 여러분이 의심함으로써 가라앉기 시작할 때 주님께서 여러분을 끄집어내어 다시금 여러분의 발로 서게 할 것입니다.

작은 믿음은 잠시나마 당당하게 행동한다는 면에서 다시금 칭찬 받아 마땅합니다. 비록 베드로가 작은 믿음을 가졌지만 그는 희귀하게도 이 파도에서 저 파도로 걸었습니다. 생각해 보면, 그가 배에서 뛰어내린 후 자신이 물 위에 서 있는 모습을 발견하고 놀랐을 것입니다. 그가 밟고 있는 물은 마치 단단한 유리같이 그를 받쳐 주었습니다. 그때에 그는 이제 막 걷기 시작한 어린아이처럼 한 발자국을 뛰었으며, 그리고 믿음이 커져서 또 한 발자국을 뛰었습니다. 그의 발 밑에서 파도가 요동하였지만 그는 잠시나마 그 파도 위에 견고히 서 있었습니다.

작은 믿음은 잠시나마 대장부답게 행동하게 합니다. 작은 믿음은 다윗의 물맷돌처럼 거인을 물리쳤습니다. 왼손잡이 에훗의 단검처럼 작은 믿음은 구원을 이루어냈습니다. 따라서 나는 여러분에게 작은 믿음을 추천합니다. 여러분이 작은 믿음으로도 성일(聖日)들과 축제일들을 가지고 예수 이름으로 이룬 승리들을 셀 수 있기 때문입니다. 가끔씩 작은 믿음을 가지는 것이 아니라 항상 가진다면 여러분은 참으로 멋질 것입니다. 지금이라도 작은 믿음만 있다면 여러분은 산들을 옮길 수 있으며 나무들을 뿌리째 뽑을 수 있습니다.

작은 믿음을 내가 한층 더 추천해야 하는 이유가 있습니다. 왜냐하면 작은 믿음이 곤경에 처할 때 기도에 전념하기 때문입니다. 베드로는 가라앉기 시작하였습니다. 그때에 베드로가 어떻게 했나요? 베드로는 기도했습니다. "주여 나를 구원하소서." 작은 믿음은 자신의 힘이 어디에 있는지 압니다. 작은 믿음이 곤경에 처할 때 그것은 인간이나 자연적인 힘에게로 얼굴을 향하지 않습니다. 도리어 작은 믿음은 즉시 기도합니다.

작은 믿음은 주님 앞에 그 마음을 쏟아냅니다. 나는 사람이 곤고할 때에 즉시 기도를 시작하는 모습을 보기를 원합니다. 이는 놀란 새들이 자동적으로 날개를 펼치는 것과 같습니다. 베드로는 수영에 의지하지 않았습니다. 그는 기도에 의지하였습니다. "주여 나를 구원하소서." 오 작은 믿음이여, 그대는 기도로 호소할 때 큰 힘이 되리라. 아마도 작은 믿음은 연약하기 때문에 더 많이 무릎을 꿇게 될 것입니다. 물론 작은 믿음의 기도는 강한 믿음의 기도만큼 힘이 있지는 않습니다. 하지만 작은 믿음은 기도할 때 아주 풍성해집니다.

또한 연약한 믿음은 이러한 면에서 추천되어야 합니다. 즉, 작은 믿음은 예수님께서 가까이 계시기 때문에 언제나 안전합니다. 베드로는 물 위에서도 안전하였는데 그 까닭은 그리스도께서 물 위에 계셨기 때문입니다. 베드로의 믿음은 약하였지만 그는 자기 믿음의 힘으로 구원받은 것이 아니라 은혜로운 손의 힘으로 구원을 받은 것이었습니다. 베드로가 물 속에 빠져 들어갈 때 그 손이 베드로를 끌어냈던 것입니다. 여러분이 온 마음으로 그리스도를 믿는다면, 그리스도께서 여러분의 믿음의 처음과 마지막이라면, 그때에 비록 여러분이 떨림과 놀람으로 가득할지라도 예수님께서 여러분을 망하도록 절대로 내버려두지 않을 것입니다.

내가 연약한 믿음을 추천하면서 말할 수 있는 한 가지 사실이 있습니다. 그것은 연약한 믿음도 믿음이라는 사실을 예수님께서 친히 인정하셨다는 것입니다. 예수님은 베드로에게 "믿음이 작은 자여"라고 말씀하셨습니다. 예수님은 믿음이 작기 때문에 베드로를 책망하셨지만, 또한 그것이 믿음이 었기 때문에 그에게 미소지으셨습니다. 성령께서 우리의 믿음을 작게 만드신 분이 아니라 우리의 믿음 자체를 만드신 사실을 나는 느끼고 싶습니다.

우리가 작다고 생각하는 믿음이 불신보다 낮다는 사실을 우리 주님은 인정하십니다.

하지만 이제 나는 큰 믿음이 훨씬 추천할 만하다고 말하고자 합니다.

우리가 별로 기대하지 않은 곳에서 때때로 큰 믿음이 발견됩니다. 우리 주님은 남자다운 베드로가 아니라 자기 딸을 위해 간청한 연약한 여자 안에서 이 큰 믿음을 발견하였습니다. 그녀는 여자였지만 남자들을 부끄럽게 만들 만한 큰 믿음을 가졌습니다. 그녀는 가나안 여자였으며, "가나안은 저주를 받아"(창 9:25)라고 기록된 바로 그 민족 출신이었습니다. 하지만 그녀는 어려서부터 성경을 알았던 이스라엘 사람 베드로보다 더 강한 믿음을 소유하였습니다. 그녀는 집안에 큰 곤란이 있는 여자였습니다. 왜냐하면 마귀가 집안에서 그녀의 딸을 괴롭혔기 때문입니다. 여러분이 귀가했을 때 남편이나 딸 속에서 마귀가 역사하는 모습을 본다는 것은 정말 무서운 일입니다. 많은 그리스도인 여자들이 이런 상황을 견뎌내야 합니다. 집에서 위로 받을 일이 전혀 없었지만 이런 심각한 시련에도 불구하고 여자에게 큰 믿음이 있었습니다.

우리가 이 여자와 같아서는 안 될 이유가 어디 있을까요? 나의 형제들이여, 여러분의 조건과 상황이 은혜 안에서 성장하는데 크게 방해가 되기는 하지만 여러분이 그리스도 안에서 장성해서는 안 될 이유가 어디 있습니까? 주 예수님께서는 여러분으로 하여금 능히 장성하게 하실 수 있습니다. 여러분을 둘러싸고 있는 냉기와 더러운 오물로 인하여 여러분이 성장하는데 방해를 받을 수밖에 없는 것처럼 보이기는 하지만 위대하신 농부는 아주 유명한 묘목이 되도록 여러분을 육성할 수 있습니다. 하나님은 불리한 여건을 도리어 성장의 수단으로 바꾸실 수 있습니다. 은혜의 거룩한 화학작용으로써 하나님은 악에서 선을 이끌어내실 수 있습니다. 특별히 믿음의 환경이 불리한 곳에서 믿는 사람들에게 나는 큰 믿음을 추천합니다.

또한 믿음은 끊임없이 인내하며 주님을 바라보아야 한다는 점에서 나는 큰 믿음을 추천합니다. 이 여자는 자기 딸을 고쳐달라고 예수님께 왔습니다. 처음에 예수님은 그녀에게 한마디도 대답하지 않으셨습니다. 아무 말도 하지 않고 애를 태우는 것은 정말이지 이루 말할 수 없는 고통입니다! 다음에 예수님은 제자들에게 그녀에 대하여 냉정하게 말씀하시지만 여자는 아랑곳하지 않고 계속하여 간청합니다. 여자가 예수님께 온 것은 은혜를 받기 위함이었습니다. 여자는 다윗의 자손 예수님을 믿고 반드시 응답을 받으리라고 생각하였습니다. 여자는 응답을 받기로 작정하였으며, 그래서 끝까지 끈덕지게 졸랐습니다. 참으로 강한 믿음 곧 끈기 있는 믿음이 귀합니다! 형제들이여, 여러분은 이러한 믿음을 가졌습니까? 여러분 남자들이여, 여러분은 이런 믿음을 활용하고 있나요? 여기에 이런 믿음을 가진 여자가 있습니다. 그녀는 자신의 목적을 이룰 때까지 이 믿음을 계속 가동하였습니다. 우리도 이런 믿음이 충만하기를 축원합니다!

큰 믿음은 또한 빽빽한 어둠 속에서 빛을 봅니다. 나는 베드로가 가나안 여자의 반만큼이라도 시련을 당하였다고 생각하지 않습니다. 베드로를 놀라게 한 것이 무엇이었습니까? 바람입니다. 그렇다면 여자를 놀라게 한 것은 무엇이었습니까? 예수님의 가혹한 말씀입니다. 누가 바람을 무서워합니까? 가혹한 말로 거절하시는 예수님을 누가 무서워하지 않겠습니까?

"자녀의 떡을 취하여 개들에게 던짐이 마땅하지 아니하니라"(마 15:26). 정말이지 우리 가운데 누가 주님으로부터 이런 말씀을 들었다면 우리는 다시는 기도할 마음을 갖지 않을 것입니다. 우리는 "싫어요, 그 무정한 말로 나를 완전히 쫓아버렸소"라고 말할 것입니다. 하지만 강한 믿음은 그렇게 반응하지 않습니다. 여자는 "그분이 나를 개라고 부르셨습니다. 개들도 모임에 낄 수 있습니다. 작은 개들도 저녁 식사시간에 어린 주인들에게 이끌려 문 안으로 들어가서 빵 껍질이나 부스러기를 먹을 수 있습니다. 주여, 나는 개가 되어 나의 부스러기를 먹겠습니다. 비록 부스러기가 내가 먹을 전부이기는 하지만 그 부스러기만이라도 제게 주소서." 이처럼 여자는 주님께서 마치 퇴짜를 놓는 대신 약속을 하신 것처럼 서슴없이 간청하였습니다.

큰 믿음은 한밤중에도 해를 볼 수 있습니다. 큰 믿음은 한겨울에도 추수할 수 있고, 고지대에서 강물을 찾아낼 수 있습니다. 큰 믿음은 햇빛에 의존하지 않으며 눈에 보이지 않는 것을 다른 빛으로 봅니다. 큰 믿음은 하나님께서 말씀하셨기 때문에 그렇다고 확신하며, 오직 하나님의 말씀만으로 만족합니다. 하나님의 증거를 확증할 만한 무언가가 보이지 않고 들리지 않고 느껴지지 않는다 할지라도 큰 믿음은 하나님을 믿으며, 모든 것이 자신에게 유익하다고 믿습니다.

오 형제들이여, 나는 여러분의 믿음이 이런 상태가 되기를 바랍니다. 즉, 비록 여러분의 감정이 하나님의 언약은 거짓말이라고 비난할지라도 여러분은 하나님을 믿는 자가 되시기를 바랍니다. 여러분의 모든 친구들과 동료들이 주님은 거짓말쟁이라고 비난할지라도 하나님은 모든 사람들에게 진실하시며 모든 사람들이 그 앞에 거짓말쟁이라고 믿을 수 있기를 바랍니다. 우리는 감히 하나님을 의심하지 않을 것입니다. 하나님의 확실한 언약은 반드시 이루어집니다. 이와 같은 믿음은 추천받을 만하며, 우리 주님께서 친히 이러한 믿음을 칭찬하십니다. "여자여 네 믿음이 크도다!"

큰 믿음은 기도하고 이깁니다. 어떻게 여자가 이겼나요! 여자의 딸이 온전해졌으며, 여자는 바라던 은혜를 크게 받았습니다. "네 소원대로 되리라." 나는 기도에 관하여 이처럼 큰 믿음을 가졌으면 좋겠습니다. 이 문제에서, 믿음으로 기도하는 사람은 불안정하고 믿음이 없는 열 명, 혹은 만 명보다 더 많은 것을 얻을 것입니다. 정말로, 여러분이 하나님께 바라는 것을 얻을 수 있는 기도의 방법이 있습니다. 여러분이 골방에 올라가 기도하고 받을 수 있습니다.

정말로 여러분은 "나는 응답받았다"고 말하면서 그 고독한 곳에서 나올 수 있습니다. 설령 여러분이 현실적으로 그것을 받지 못하였다 할지라도 여러분의 믿음이 그것을 움켜잡고 실감하고 그것을 믿었으며, 이로써 즉각 소유하였습니다. 루터는 종종 최악의 상황에서 골방에서 내려오면서 "내가 이겼노라"고 말하지 않았습니까? 그는 기도로 하나님과 씨름하였으며, 기도 외에는 씨름할 아무것도 없다고 생각했습니다. 일단 그가 기도로써 천국을 정복하였다면 그 다음에 땅, 죽음, 그리고 지옥을 정복할 수 있었습니다. 강한 믿음은 이 모든 것을 행하며 더 나아가 그 이상도 행합니다.

여자는 하나님을 남달리 경외하였지만 또한 하나님과 굉장히 친밀하였습니다. 강한 믿음이 건방지게도 자주 하나님께 말하는 소리를 들을 수 있다면 여러분은 그런 모습을 불경스럽다고 생각할 것입니다. 사실 강한 믿음 외에 다른 입술로 그렇게 말한다면 불경스러울 것입니다. 하지만 하나님께서 강한 믿음에게 언약을 보이실 때 "여호와의 친밀하심이 그를 경외하는 자들에게 있습니다"(시 25:14). 그리고 주님께서 "네 믿음이 크도다. 네 소원대로 되리라" 말씀하실 때 강한 믿음은 하나님과 거리낌없이 지내게 됩니다. 그러므로 강한 믿음은 추천할 만한 것이지 금지할 것이 아닙니다. 성자께서 여러분으로 하여금 마음껏 기도하게 해 주신다면 여러분은 참으로 마음대로 기도해야 할 것입니다. 강한 믿음은 언제나 이긴 편에 있습니다. 강한 믿음은 허리띠에 천국의 열쇠를 차고 있습니다. 주님은 흔들리지 않는 믿음의 간구를 조금도 거절하실 수가 없습니다.

우리 주 예수님께서 강한 믿음을 기뻐하셨기 때문에 나는 이것을 추천합니다. "여자여, 네 믿음이 크도다"라는 이 말씀이 얼마나 아름답습니까! "믿음이 작은 자여"라고 베드로에게 말씀하셨을 때에는 주님의 얼굴에 미소가 없었습니다. 자기 제자가 이처럼 작은 믿음을 가지고 있었다는 것이 주님을 슬프게 하였습니다. 하지만 이제 이 가련한 여자가 이토록 멋진 믿음을 가졌으니 참으로 기쁘지 않을 수 없었습니다.

주님은 보석 상인들이 말할 수 없이 귀한 저 유명한 보석을 바라보듯이 여자의 믿음을 바라보셨습니다. 주님은 "오 여자여, 네 믿음이 크도다. 나는 너의 믿음에 매료되었도다. 나는 네 믿음에 크게 놀랐도다. 나는 네 믿음을 기뻐하노라" 하셨습니다. 형제들이여, 여러분과 나는 무언가 우리 주님을 기쁘게 해 드릴 일을 하면 좋겠습니다. 내가 알기에 우리들은 "내가 무엇으로 나의 주님께 감사를 드릴까?"라고 종종 외칩니다. 그렇다면 먼저 주님을 믿으세요. 주님의 약속을 의심하지 말고 믿으세요. 주님을 크게 믿으세요. 흔들리지 말고 믿으세요. 온전히 믿으세요. 그리고 더 이상 믿을 것이 없어 보일 때까지 계속 믿으세요. 그리스도 예수를 항상 믿으세요.

이 여자는 얼마나 풍성해졌나요! 여자가 주님을 기쁘게 해 드렸고 이번에는 주님께서 여자를 기쁘게 해 주셨습니다. "네 소원대로 되리라." 그녀는 하늘 아래서 가장 행복한 여자가 되었습니다. 하나님은 그녀의 소원을 이루어 주셨고, 여자는 기쁨이 넘치고 언제나 기뻤습니다.

우리가 강한 믿음을 가진다면 다른 사람들에게 얼마나 큰 유익을 주는지요! 여자의 딸은 온전해졌습니다. 어머니들이여, 여러분이 큰 믿음을 가진다면 여러분의 자녀가 곧 예수님 앞으로 나올 것입니다. 아버지들이여, 여러분이 큰 믿음을 가진다면 여러분의 아들이 지금처럼 여러분에게 골칫거리가 되지 않을 것입니다. 하나님을 더 크게 믿으세요. 여러분이 아버지 하나님께 효도할 때에 여러분의 자녀들이 여러분에게 효도할 것입니다. 여러분이 하나님을 의심함으로써 욕되게 한다면 여러분의 자녀들이 불순종함으로써 여러분을 욕되게 하는 것이 어찌 이상한 일이겠습니까? 말씀을 전하는 자들이여, 여러분이 더 큰 믿음을 가진다면 더 많은 자녀들이 구세주 앞으로 나올 것입니다. "주여, 우리에게 믿음을 더하소서!"(눅 17:5) 이 시간 우리 모두가 마음으로 이렇게 기도하기를 바랍니다.

나는 다음과 같은 질문으로 결론을 내리겠습니다. 그리스도에 대한 우리의 믿음이 강해져야 할 충분한 이유가 있지 않습니까? 모든 면으로 보아 그리스도를 강하게 믿어야 할 이유가 분명하지 않습니까? 언젠가 나는 여러분에게 존 하이엇(John Hyatt)이 임종 시에 한 말을 여러분에게 소개한 적이 있습니다. 누군가 그에게 "하이엇 씨, 당신은 지금 그리스도를 믿습니까?"라고 물었습니다. 그때에 그는 "내게 만 개의 마음이 있다면 나는 만 개의 마음으로 그리스도를 믿을 것이오"라고 대답했습니다. 나는 그 이상도 믿을 수 있습니다.

세상이 조성된 이후, 시간이 시작된 이후 사람들이 지은 모든 죄가 한 가련한 죄인의 머리 위에 돌아간다 할지라도 그리스도께서 그 모든 죄를 제하셨다고 믿기만 하면 그 죄인은 의롭다함을 얻을 것입니다. 여러분이 어떤 사람이든지, 여러분이 어떤 상태에 있든지, 여러분의 짐을 주님 앞에 가져와 그 발 아래 내려놓으세요. "너희 염려를 다 주께 맡기라. 이는 그가 너희를 돌보심이라"(벧전 5:7). 그러므로 주님께서 여러분에게 절대로 "믿음이 작은 자여 왜 의심하였느냐?"고 말씀하지 않으시기를 바랍니다. 주님께서 종종 기쁨으로 여러분에게 "오 여자여, 네 믿음이 크도다. 네 소원대로 되리라!"고 크게 말씀하시기를 축원합니다.

# 9

# 병약한 여자

## 예수님께서 고치심

"예수께서 안식일에 한 회당에서 가르치실 때에 열여덟 해 동안이나 귀신 들려 앓으며 꼬부라져 조금도 펴지 못하는 한 여자가 있더라. 예수께서 보시고 불러 이르시되 여자여 네가 네 병에서 놓였다 하시고 안수하시니 여자가 곧 펴고 하나님께 영광을 돌리는지라"(눅 13:10-13).

이 여자의 병은 육체적일 뿐 아니라 영적인 병이었다고 나는 믿습니다. 그녀의 외모에는 그 마음이 오랫동안 심하게 우울했다는 표시가 나타나 있었습니다. 여자의 몸은 이중으로 꼬부라져 있었으며, 그녀의 마음도 슬픔으로 굽어 있었습니다.

몸과 마음 사이에는 언제나 교감이 있습니다. 하지만 이 여자의 경우처럼 언제나 그런 교감이 분명하게 나타나 보이는 것은 아닙니다. 만일 교감이 이루어진다면 우리는 많은 경우에 슬픈 모습들을 보일 것입니다. 만일 우리의 외모가 우리의 내적인 상태를 그대로 보인다면 지금 우리 모임에 어떤 결과가 나타날까 상상해 보십시오. 만일 어떤 사람이 구세주와 같은 눈을 가지고 지금 우리를 꿰뚫어볼 수 있으며, 외면에서 내면을 볼 수 있다면 여기 모인 청중의 모습은 어떻게 될까요? 매우 통탄해 하는 모습들이 눈에 보일 것입니다. 왜냐하면 많은 좌석에 죽은 사람들이 앉아 있기 때문입니다.

그들은 겉으로는 생명을 유지하고 있고 살아 있다는 이름은 있지만 영적으로는 죽어 있습니다. 나의 형제들이여, 여러분이 시체 옆에 있는 것을 깨닫게 되면 벌벌 떨 것입니다. 시체는 떨지 않고 느끼지 못합니다. 이는 마치 복음의 소중한 진리가 귓전에 울리는데도 아무런 느낌을 갖지 못하는 불신자들과 같습니다. 그들의 귀는 들으나마나 입니다. 심지어 영적인 생명이 있는 사람들의 경우에도 그 용모가 그다지 사랑스럽지는 않을 것입니다. 어떤 이는 눈이 멀었고, 어떤 이는 불구이며, 또 다른 이는 똑바로 서 있지 못하고 뒤틀어져 있는 모습을 우리는 볼 것입니다.

영적인 기형은 여러 가지 형태를 취하며, 각각의 형태는 보기에 고통스럽습니다. 하지만 다음과 같이 위안이 되는 생각으로 이 가공할 장면을 잊어버립시다. 즉 우리는 병든 사람들임에도 불구하고 예수님은 우리 가운데 계십니다. 또한 예수님께서 율법에 따라 우리를 판단하신다면 주님의 눈을 기쁘게 할 아무것도 그분에게 보이지 않겠지만 그의 자비는 인간의 고통을 경감시켜 주기를 기뻐하기 때문에 병든 수많은 영혼들 가운데 함께 계시는 그분에게 큰 소망이 있습니다.

본문에 기록된 이 가련한 여자는 안식일에 회당에서 거의 보이지 않는 사람들 중에 한 사람이었습니다. 여자는 특별한 질병에 걸려서 키가 줄어들었을 것입니다. 여자는 본래 키에서 거의 절반 정도로 줄어들었으며, 결과적으로 난쟁이처럼 되었으며, 서 있는 군중들 속에 있으면 여자는 보이지도 않았을 것입니다. 이 여자처럼 몸이 꼬부라진 사람은 들어오고 나가도 집회장소에 서 있는 사람들의 눈에 띄지 않습니다.

그런데 우리 주님께서 회당에서 가르치실 때 다소 높은 자리에 계셨을 것이라고 나는 상상합니다. 왜냐하면 사람들이 좀 더 쉽게 보고 듣도록 하기 위해 아마도 주님께서 높은 곳으로 올라가셨을 것이기 때문입니다. 이 때문에 주님은 다른 사람들보다 쉽게 이 여자를 보실 수 있었을 것입니다. 언제나 예수님은 꼬부라진 사람들을 찾아낼 수 있는 곳에 자리를 잡으십니다. 주님의 재빠른 눈은 표적을 놓치지 않았습니다.

가련한 심령, 이 여자는 당연히 모인 사람들 가운데 가장 잘 보이지 않는 사람이었습니다. 하지만 이 여자는 가장 큰 주목을 받았습니다. 왜냐하면 우리 주님의 은혜로우신 눈이 다른 모든 사람들은 대충 훑어보시고 그 눈빛이 이 여자에게 고정되었기 때문입니다. 주님의 부드러운 눈빛은 사랑의 행위로 이어질 때까지 계속 그녀에게 머물렀습니다.

아마도 오늘 아침 이 무리 가운데는 어느 누구로부터도 주목을 받지 못하는 사람이 있을 것입니다. 그러나 주님은 그런 사람을 주목하십니다. 왜냐하면 주님은 사람처럼 보지 않으시며, 사람이 관심 없이 지나쳐 버리는 사람들을 가장 크게 주목하시기 때문입니다. 아무도 당신을 모르며, 아무도 당신에게 관심이 없습니다. 당신의 특별한 고통은 전혀 알려지지 않으며, 또한 당신은 그 고통을 세상에 밝히지 않을 것입니다. 당신은 홀로 고통을 겪습니다. 하지만 낙심하지 마십시오. 왜냐하면 당신 곁에 한 친구가 남아있기 때문입니다. 사실 우리 주님께서 안식일에 회당에서 주목받지 못한 사람을 주목하신 것처럼 주님은 오늘도 당신을 주목하시며 그의 눈이 당신에게 향하시리라고 믿기에 우리는 크게 기뻐합니다.

우리가 생각할 첫 번째 주제는 고통당하던 여자의 꼬부라짐입니다. 본문은 "귀신 들려 앓으며 꼬부라져 조금도 펴지 못하는 한 여자가 있더라"고 말씀합니다. 우리가 먼저 주목할 것은 이 여자가 타고난 밝음을 모두 상실하였다는 사실입니다. 소녀 시절에 이 여자는 어린 암사슴처럼 발이 가벼웠고, 많이 웃어서 얼굴에 보조개가 들어갔으며, 그녀의 눈은 어린아이다운 쾌활함으로 반짝거렸습니다. 여자는 밝고 아름다운 어린 시절을 지냈으며, 다른 사람들처럼 꼿꼿이 걸어다니며 낮에는 해를 쳐다보고 밤에는 빛나는 별들을 바라보았으며, 주변의 모든 것들을 즐기며 삶이 기쁜 것이라고 생각하였습니다. 그러나 병이 점점 심하여져서 그녀를 쇠약하게 만들었습니다. 아마도 그녀의 척추를 약하게 만들었을 것입니다. 그리고 근육과 힘줄이 조여지기 시작하면서 여자는 꼬부라졌고 점점 더 땅으로 가라앉게 되었을 것입니다. 그렇지 않다면, 근육들의 힘이 풀어지면서 똑바로 서 있을 수가 없었으며, 그녀의 몸은 점점 앞으로 기울었을 것입니다. 이러한 원인들 때문에 여자가 꼬부라져 조금도 펴지 못하는 지경에 이르렀을 것이라고 나는 추측합니다.

어쨌든, 18년 동안 여자는 해를 응시하지 못하였습니다. 18년 동안 밤의 별을 바라보며 기뻐하지 못하였습니다. 그녀의 얼굴이 땅을 향하여 떨어졌으며, 그녀의 생명의 빛이 모두 흐릿해졌습니다. 그녀는 마치 무덤을 뒤지는 것처럼 걸어다녔습니다. 이 여자는 한 사람을 발견하면 즐거워했을 것이라고 나는 믿어 의심치 않습니다. 여자는 쇠고랑에 묶인 것처럼 묶여 있었으며, 돌담에 둘러싸여 있는 것처럼 갇혀 있었습니다. 이 시간 하나님의 자녀들 가운데 어떤 이들도 이와 같은 상황에 처해 있다고 나는 확신합니다. 그들은 끊임없이 꼬부라져 있습니다. 행복했던 날들을 회상해 보지만 그런 기억은 그들의 현재의 우울함을 더욱 깊어지게 할 뿐이었습니다. 그들은 때때로 단조(短調)로 노래합니다.

내가 주님을 처음 뵈었을 때
알았던 행복은 지금 어디에 있나요?
예수님과 그의 말씀에 대한
달콤하고 상쾌한 시각은 어디에 있나요?

그때에 나는 얼마나 행복한 시간을 지냈는지!
그때를 기억하면 지금도 얼마나 달콤한지요!
하지만 그런 기억들은 세상이 결코 채워 줄 수 없는
쓰라린 공백을 남겼습니다.

지금 그들은 좀처럼 하나님과 교제하지 못합니다. 그들은 사랑하는 자의 얼굴을 좀처럼 뵙지 못하거나 전혀 뵙지 못합니다. 그들은 믿음에 매달려보고 계속 매달려보지만 평안, 위로, 기쁨은 거의 없습니다. 그들에게 영적인 생명은 아직 남아있지만 영적인 생명의 면류관과 꽃은 상실하였습니다.

이 가련한 여자는 심히 꼬부라졌고 눌렸습니다. 여자는 밑으로 성장하는 듯하였습니다. 그녀의 생명은 구부정하였습니다. 세월의 무게에 눌리면서 여자는 점점 밑으로 꼬부라졌습니다. 그녀의 눈빛은 온통 땅으로 향하였습니다. 하늘에 속한 것, 밝은 것은 그녀의 눈앞에 전혀 보이지 않았습니다. 그녀의 시선은 땅과 무덤으로 좁아들었습니다. 이와 같이 하나님의 사람들 가운데 생각이 언제나 납처럼 가라앉는 사람들이 있습니다. 그들의 감정은 깊은 홈으로 들어가 언제나 낮은 수로로 돌진합니다. 여러분이 그런 사람들에게 기쁨을 줄 수는 없으나 그들에게 경종(警鐘)을 울리는 것은 쉽게 할 수 있습니다. 이상한 기술로 그들은 에스골의 송이들로부터 슬픔의 음료를 쥐어 짜냅니다. 다른 사람들이 기뻐 뛰는 곳에서 그들은 슬퍼서 고개를 떨굽니다. 왜냐하면 기쁜 일들은 자기와 같은 사람들을 위한 것이 아니라는 불행한 추정을 하기 때문입니다.

만일 하나님의 말씀에서 어두운 구절이 있다면 그들은 꼭 그 말씀을 읽고 "이 말씀이 내게 어울려"라고 말합니다. 만일 설교 도중에 비난하는 부분이 있다면 그들은 그 말씀을 하나도 놓치지 않고 기억해냅니다. 그리고 설교자가 어쩌면 그렇게도 자기들을 잘 아는지 놀라면서도 설교자의 모든 말이 자기들을 겨냥한 것이라고 확신합니다. 불리한 일이나 좋은 일이 전혀 일어나지 않았는데도 그들은 그 일을 좋은 징조로 해석하지 아니하며, 합리적이든 혹은 비합리적이든 어떻게 해서든 나쁜 징조로 해석합니다. 그들은 "이는 다 나를 해롭게 함이로다"(창 42:36)라고 말합니다. 왜냐하면 그들은 오로지 땅만 바라보고, 오직 두려움과 고난만을 상상하기 때문입니다.

현명하지만 다소 냉혹한 사람들이 이런 사람들을 비난하고 있는 것을 나는 알고 있습니다. 그들은 그 사람들을 향하여 풀이 죽어 있다고 꾸짖습니다. 여기서 우리가 주목해야 할 다음 구절은 이 여자가 조금도 펴지 못하였다는 말씀입니다. 이런 여자를 꾸짖는 것은 소용이 없습니다. 아마도 이 여자의 언니들이 그녀에게 이렇게 말한 적이 있었을 것입니다. "자매여, 스스로 똑바로 서 보렴. 어깨를 늘어뜨리지 마라. 네 모습이 망가지고 있어. 조심해야 돼. 그렇지 않으면 너는 볼품없게 될 거야."

저런, 어떤 이들은 아주 훌륭한 충고를 할 수 있습니까! 충고는 대개 무료로 해 줍니다. 그리고 충고는 대부분의 경우 필요 이상으로 하기 때문에 아주 좋지 않습니다. 심령이 우울한 사람들에게 충고를 하는 것은 대부분 지혜롭지 못합니다. 그런 충고는 심령을 고통스럽게 하고 화나게 합니다. 충고하기를 좋아하는 사람들이 잠시 그 고통을 경험해 보았으면 하고 바랄 때가 있습니다. 그러면 아마도 그들은 혀를 금하는 지혜를 얻을 것입니다. 소경에게 보라고 충고하는 것이 무슨 소용이 있습니까? 또한 스스로 일어설 수 없는 사람에게 똑바로 서야만 하고, 땅을 쳐다보아서는 안 된다고 말하는 것이 무슨 소용이 있습니까? 이러한 충고는 쓸데없이 고통만 가중시키는 것입니다.

위로자라고 자처하는 어떤 사람들은 도리어 괴롭히는 사람들로 분류되어 마땅할 것입니다. 영적인 질병은 육체적인 질병 못지 않게 심각합니다. 사탄이 심령(心靈)을 묶을 때, 마치 소나 나귀가 사람에게 묶이는 것처럼 심령이 실제로 묶입니다. 심령은 자유할 수 없으며 필연적으로 노예가 됩니다. 이 가련한 여자가 바로 이러한 상태에 이른 것입니다. 용감하게 다시금 심령의 힘을 회복하려고 노력했던 어떤 이들에 대하여 나는 말할 수 있습니다. 그들은 상황의 변화를 꾀하였습니다. 그들은 경건한 교제를 나누었으며, 그리스도인들에게 자기를 위로해 달라고 부탁하였습니다. 그들은 자주 하나님의 집에 들렀으며, 위로의 책들을 읽었습니다. 하지만 여전히 그들은 묶여 있습니다. 여기에는 논란의 여지가 없습니다.

"마음이 상한 자에게 노래하는 것은 추운 날에 옷을 벗음 같고 소다 위에 식초를 부음 같으니라"(잠 25:20). 상한 심령이 억압을 당할 때 최고의 기쁨은 적합하지 않습니다. 어떤 이들은 심령을 괴롭힌 나머지 너무 아파서 그 심령들이 식음을 전폐하며, 죽음의 문턱에까지 이릅니다. 하지만 어느 누가 이러한 곤경에 있더라도 그는 낙심하지 않을 수 있습니다. 왜냐하면 심하게 꼬부라진 사람들이라도 예수님께서 능히 일으키실 수 있기 때문입니다.

이 가련한 여자의 경우 가장 안 좋은 것은 이 여자가 무려 18년 동안이나 고통을 겪어왔다는 사실입니다. 그녀의 병은 만성이었고 상습적이었습니다. 18년! 길고 긴 시간입니다. 행복의 18년! 이 세월은 머큐리(로마신화에 나오는 상업신. 이 신은 신을 신고 있으며 또한 신들의 사절로서 사자(死者)를 명부로 인도한다: 역주) 신들처럼 발에 날개를 달고 날아갑니다. 그들은 왔다가 사라집니다. 행복한 생활의 18년, 이 얼마나 짧은 기간인지요! 하지만 고통의 18년, 땅으로 꼬부라진 18년, 그 몸이 인간보다 짐승에 더 가까운 18년, 이 기간은 어떠한 기간일까요! 해마다 음울한 열두 달이 쇠사슬처럼 심령을 끌어당겼습니다! 여자는 마귀에게 묶인 채 18년을 지냈습니다. 이 얼마나 무서운 재앙이었나요!

하나님의 자녀가 낙담한 채 18년을 지낼 수 있을까요? 나는 "네"라고 대답하지 않을 수 없습니다. 티머시 로저스(Timothy Rogers)라는 사람의 예가 있습니다. 그는 종교적 우울에 대한 책을 썼습니다. 아주 훌륭한 책입니다. 내 생각에 그는 28년을 의기소침하게 보냈습니다. 그는 자발적으로 그 이야기를 소개합니다. 그의 기록의 정확성에 대해서는 의심의 여지가 없습니다. 이와 유사한 예들을 신앙 인물 전기를 읽어본 사람들은 잘 압니다. 신앙의 위인들은 수년 동안 절망이라는 우울한 동굴에 갇혀 지냈으나 결국 기묘하게도 기쁨과 위로를 받는 곳으로 인도되었습니다. 18년 간 의기소침하게 지낸다는 것은 소름끼치는 고통임에 틀림없으나 거기에서 빠져나올 수 있는 길이 있습니다. 마귀가 쇠사슬을 벼리는데는 18년이나 걸리지만 우리의 은혜로우신 주님께서 그것을 깨뜨리는데는 18분도 걸리지 않습니다. 우울하게 지낸 18년이란 세월이 예수님께서 그 포로를 해방시킬 수 없다고 증거하지 않습니다. 예수님에게 그 세월은 다만 주님의 은혜로운 능력을 나타낼 기회를 제공할 뿐입니다.

이 가련한 여자에 대하여 더 많이 주목해 봅시다. 마음과 몸이 모두 꼬부라진 이 여자는 기도의 집에 자주 갔습니다. 우리 주님께서 회당에 가셨을 때 이 여자는 그곳에 있었습니다. 그녀는 "나는 사람들에게 눈치가 보이기 때문에 공공 장소에 가는 것이 매우 괴롭습니다"라고 말할 만도 하였습니다. 하지만 아닙니다. 그녀는 회당에 있었습니다. 사랑하는 하나님의 자녀들이여, 마귀가 때때로 말씀을 들으러 가 보았자 소용없다는 생각을 주었습니다. 여러분이 말씀을 듣게 되면 자기 손아귀에서 벗어나기 쉽다는 것을 마귀는 알고 있는 것입니다. 그래서 여러분을 말씀에서 떼어놓을 수만 있다면 마귀는 그렇게 할 것입니다. 이 여자가 자유를 얻은 것은 기도의 집에 있을 때였습니다. 이와 마찬가지로 여러분도 기도의 집에 있을 때 자유를 얻을 것입니다.

또한 기도의 집에 있는 동안에 여자는 아브라함의 딸이었습니다. 마귀는 소나 나귀처럼 그녀를 묶었지만 그녀의 특권을 빼앗지 못하였습니다. 그녀는 여전히 아브라함의 딸이었고, 겸손한 믿음으로 하나님을 신뢰하는 믿음의 심령이었습니다. 구세주께서 그녀를 고치셨을 때 주님은 "네 죄 사함을 받았느니라"고 말씀하지 않으셨습니다. 이 경우에는 죄에 대한 구체적인 언급이 없었습니다. 죄 때문에 질병에 걸린 사람들에게 하시듯이 주님은 이 여자에게 말씀하지 않으셨습니다. 왜냐하면 비록 여자가 꼬부라졌지만 이 여자에게 필요한 것은 위로였지 책망이 아니었기 때문입니다.

여자의 마음은 하나님 앞에서 의로웠습니다. 나는 그랬다고 믿습니다. 왜냐하면 여자가 고침을 받은 순간 하나님께 영광을 돌리기 시작했기 때문입니다. 이는 여자가 전부터 하나님께 영광을 돌릴 마음이 있었으며 그녀의 심령이 하나님께 찬송을 돌릴 좋은 기회를 기다리고 있었다는 것을 보여 줍니다. 비록 18년 동안 꼬부라졌지만 하나님의 집에 올라갈 때에 여자는 큰 위로를 받았습니다. 그녀가 다른 곳에 갔어야 할까요? 혹은 여자가 집에 처박혀 있음으로 무슨 유익을 얻을 수 있었을까요? 병든 아이는 아버지의 집에 있을 때 가장 좋습니다. 마찬가지로 늘 기도드리는 곳에 있었을 때 여자는 가장 좋았습니다.

두 번째, 여자를 묶은 사탄의 손을 살펴봅시다. 우리 주님께서 우리에게 말씀하지 않으셨다면, 이 여자를 18년 동안이나 묶은 것이 사탄이었다는 사실을 우리는 몰랐을 것입니다. 사탄이 여자를 아주 교활하게 묶고 언제나 그 줄을 붙잡고 있었던 것이 분명합니다. 사실 마귀가 여자를 사로잡은 것으로 보이지는 않습니다. 우리가 복음서를 읽어 보면 우리 주님께서 마귀에게 사로잡힌 사람에게는 한 번도 안수하지 않으셨음을 볼 수 있습니다. 사탄은 여자를 사로잡지 못하였으며, 다만 18년 전 어느 순간에 이 여인에게 임하여서 마치 사람들이 짐승을 마구간에 묶어두듯이 이 여자를 묶은 것입니다. 따라서 여자는 언제나 자유할 수 없었던 것입니다.

마귀는 나와 여러분이 18년 간이나 풀 수 없는 줄을 한 순간에 묶을 수 있습니다. 이 경우에 마귀는 아주 단단히 묶었으므로 피해 당사자나 다른 사람들의 힘으로는 풀 수 없었습니다. 이처럼 마귀는 할 수만 있으면 하나님의 친 백성 중 어느 누구라도 아주 짧은 시간에, 그리고 어떻게 해서든 묶을 수 있습니다. 결코 슬픔을 주려는 의도가 없었던 설교자의 한마디가 한 심령을 비참하게 만들 수도 있습니다. 다시 말해서 좋은 책에서 발췌한 한 문장이나 성경을 잘못 이해하고 전하는 한 구절을 사탄이 교활하게 이용하여 얼마든지 하나님의 자녀를 오랫동안 노예로 묶어둘 수 있는 것입니다.

사탄은 이 여자를 자기 자신과 땅에 묶었습니다. 이처럼 짐승을 묶어두는 잔인한 방법이 있습니다. 나는 가련한 짐승의 머리를 그 짐승의 무릎이나 발에 묶어둔 경우를 본 적이 있습니다. 사탄도 이런 식으로 여자를 자기 자신에게 향하도록 묶었습니다. 어떤 하나님의 백성들은 온통 자기 자신에 대한 생각만 하는데 이는 사탄이 그를 자기 자신에게 묶어두었기 때문입니다. 그들의 눈은 자신에게로 향하여 자신의 내면을 바라보고 오직 자신 안에 있는 작은 세계의 일들만을 봅니다. 그들은 언제나 자신의 연약함을 애통해하며, 언제나 자신의 타락을 슬퍼하며, 언제나 자신의 감정을 감시하고 있습니다. 그들의 생각의 단 한 가지 주제는 자기 자신의 상태입니다. 설령 그들이 장면을 바꾸어 다른 주제로 넘어간다 할지라도 그것은 오직 자기 발 밑에 있는 땅을 바라볼 뿐이며, 슬픔과 불행과 죄와 실망이 가득한 세상에 대하여 괴로워하는 것입니다. 이처럼 그들은 자기 자신과 땅에 묶여 있기 때문에 마땅히 그들이 바라보아야 할 그리스도를 바라보지 못하며, 그리스도의 사랑의 햇빛을 받을 수 없습니다. 근심과 무거운 짐에 눌린 채 햇빛을 보지 못하고 계속 슬퍼합니다. 우리 주님은 묶여 있는 소나 나귀의 비유를 들어 안식일에도 주인이 물을 먹이기 위해 짐승을 풀어 준다고 말씀하셨습니다.

이 가련한 여자에게 심령의 필요한 것이 금지되어 있었습니다. 여자는 구유에 가지 못해 물을 마실 수 없는 나귀나 소와 같았습니다. 여자는 언약을 알았으며, 안식일마다 사람들이 언약의 말씀을 읽는 소리를 들었습니다. 여자는 회당에 가서 포로들을 풀어 주기 위해 오신 그분에 대하여 들었습니다. 하지만 그녀는 그 언약을 향유하거나 자유를 만끽하지 못했습니다. 이와 같이 하나님의 백성들 가운데 많은 사람들이 자기 자신에게 묶여서 급수를 받지 못하며, 생명의 강으로부터 마시지 못하며, 또는 성령 안에서 위로를 얻지 못하고 있습니다. 그들은 복음이 얼마나 귀한지, 그리고 언약의 복이 얼마나 큰 위로가 되는지 알고 있지만 그 위로나 복을 누리지 못하고 있습니다. 정말로 그들이 그 위로와 복을 누릴 수 있기를 간절히 바랍니다. 그들은 탄식하고 울부짖지만 자신이 묶여 있다고 느낍니다.

여기에 예외조항이 있습니다. 사탄이 이 가련한 여인에게 못된 짓을 많이 하였습니다. 사탄은 자신이 할 수 있는 못된 짓을 전부 여자에게 하였습니다. 사탄이 하나님의 자녀를 칠 때 결코 자신의 힘을 남기지 않는다는 사실을 여러분이 확신해도 좋습니다. 사탄은 긍휼을 전혀 모르며 어떠한 생각도 그를 말리지 못합니다. 여호와께서 욥을 잠시 동안 사탄의 손에 넘겨주셨을 때 사탄이 욥의 소유를 얼마나 파괴하고 망가뜨렸습니까! 사탄은 욥에게 자녀나 양이나 염소나 약대나 소를 남겨두지 않았습니다. 사탄은 좌우로 욥을 치고 그의 전 재산을 못쓰게 만들었습니다. 여호와께서 두 번째로 욥을 시험하도록 사탄에게 허락하셨을 때, 사탄은 욥의 뼈와 살을 쳤습니다. 발바닥에서 정수리까지 악창이 나서 괴로워할 때까지 마귀는 조금도 만족하지 않았습니다. 마귀가 욥의 몸의 한 부분만 괴롭혀도 욥에게 충분한 고통을 줄 수 있었을 것입니다. 하지만 마귀는 이에 만족하지 못하고 보복의 욕망을 채워야만 했습니다.

그러나 욥의 경우에 제한이 있었던 것처럼 본문에서도 제한이 있었습니다. 사탄이 이 여자를 묶었지만 그녀를 죽이지는 못하였습니다. 사탄이 그녀를 무덤을 향해 꼬부라지게 할 수는 있었지만 그 무덤 속으로 들어가게 하지는 못하였습니다. 여자가 이중으로 꼬부라질 때까지 사탄이 그녀를 굽어지게 할 수는 있었지만 그 가련하고 병약한 여자의 생명을 취할 수는 없었습니다. 그의 악독한 모든 궤휼로도 사탄은 수명을 다하기 전에 그녀를 죽게 할 수는 없었습니다.

오 하나님의 자녀여, 마귀도 여러분을 파멸시킬 수 없습니다. 마귀가 여러분을 칠 수는 있지만 죽이지는 못합니다. 마귀는 자기가 파멸시킬 수 없는 자들을 괴롭히며 그렇게 하는 가운데 사악한 기쁨을 느낍니다. 마귀는 여러분을 파멸시킬 수 있는 소망이 없다는 것을 잘 알고 있습니다. 왜냐하면 여러분이 그의 사정권 밖에 있기 때문입니다. 하지만 그는 총으로 여러분을 해칠 수 없다 할지라도 할 수 있는 한 그 화력으로 여러분을 놀라게 만들 것입니다. 그가 죽이지는 못할지라도 마치 도살하기 위한 것처럼 묶을 것입니다. 마귀는 가련한 심령을 놀라게 함으로써 수많은 죽음을 느끼게 하는 법을 알고 있습니다.

하지만 이러는 동안 내내 사탄이 이 가련한 여자의 신분을 건드릴 수는 없었습니다. 여자는 18년 전 곧 마귀가 처음에 공격하기 전에도 아브라함의 딸이었으며, 악마가 가장 못된 짓을 한 18년 후에도 아브라함의 딸이었습니다. 사랑하는 영혼들이여, 여러분이 설령 18년 동안 단 한 번도 주님의 사랑을 편안하게 느끼지 못하였을지라도 여러분은 여전히 주님의 사랑 받는 자녀들입니다. 여러분이 분명하게 느낄 수 있는 사랑의 증표를 주님께서 한 번도 주지 않으셨을지라도, 또한 여러분이 얼떨떨하고 마음이 혼란한 이유로 그동안 내내 여러분의 고통스러운 모습만을 계속해서 드러내 보였을지라도, 여러분의 이름은 여전히 그리스도의 손바닥에 새겨져 있으며 아무도 그 이름을 지울 수 없습니다. 여러분은 예수님께 속하였으며, 아무도 그의 손에서 빼앗지 못할 것입니다. 마귀가 여러분을 단단히 묶을 수는 있습니다. 하지만 그리스도께서는 영원한 사랑의 줄로 더욱 단단히 여러분을 묶으셨으며, 이 줄로 끝까지 여러분을 붙잡아 주실 것입니다.

이 가련한 여자는 마귀의 역사로 말미암아 오히려 하나님께 영광을 돌릴 준비를 하고 있었습니다. 여자가 마침내 자유를 얻었을 때 회당에 있던 어느누구도 그녀만큼 하나님께 영광을 돌릴 수 없었습니다. 고통을 겪은 18년의 기간이 이제는 하나님께 감사할 확실한 근거가 되었습니다. 그녀의 슬픔이 깊었던 만큼 그녀의 노래가 아름다울 수 있었습니다. 나는 그날 아침 그곳에서 그리스도께서 자기를 능력으로 해방시키셨다는 여자의 간증을 들을 수 있었으면 좋겠습니다. 마귀는 자신이 헛수고하였다는 것을 틀림없이 절감하였을 것입니다. 그리고 18년 동안 그녀를 내버려두지 않은 것을 틀림없이 후회하였을 것입니다. 왜냐하면 자기가 여자를 묶어둠으로써 오히려 그녀로하여금 예수님의 놀라운 능력을 더욱 멋지게 간증할 수 있도록 자격을 부여해 주었기 때문입니다.

세 번째, 해방자께서 하시는 일을 살펴봅시다. 우리는 마귀에게 묶였던 여자를 살펴보았습니다. 그러나 이제 해방자께서 오셨습니다. 본문에서 우리가 그에 대하여 가장 먼저 발견하는 것은 그가 여자를 보셨다는 것입니다. 주님의 눈이 주변을 둘러보시며 한 사람 한 사람의 마음을 모두 파악하셨습니다. 그리고 마침내 이 여자를 보셨습니다. 그래요, 그녀의 마음은 바로 주님께서 찾고 계셨던 바로 그 마음이었습니다. 주님은 그녀의 성격과 인생사 전부와 그녀의 마음속에 있는 모든 생각, 그 영혼의 모든 소원을 한 눈에 파악하셨습니다. 아무도 그녀가 18년 간이나 묶여 있었다고 주님께 말하지 않았지만 주님은 이미 그 모든 사실을 알고 계셨습니다. 여자가 어떻게 묶이게 되었는지, 그 기간 동안 어떤 고통을 겪었는지, 고침을 받기 위해 그가 얼마나 기도하였는지, 그리고 그 질병이 어떻게 그녀를 압박하였는지 다 알고 계셨습니다. 즉시 주님은 여자의 인생사를 파악하셨고 그녀의 병세를 이해하셨습니다.

주님은 여자를 보셨습니다. 그리고 주님의 날카로운 눈빛에는 어떤 의미가 있었을까요? 우리 주님은 놀라운 눈을 가지고 계셨습니다. 세상에 있는 어떠한 화가도 그리스도의 초상화를 결코 만족스럽게 그리지 못할 것입니다. 왜냐하면 그들이 주님의 의미심장한 눈빛을 그대로 표현할 수 없기 때문입니다. 하늘은 주님의 눈빛 속에 조용히 잠들었습니다. 주님의 눈은 빛나고 날카로울 뿐만 아니라 감동시키는 능력, 사람의 마음을 녹이는 부드러움, 신뢰를 얻는 힘으로 충만하였습니다. 주님께서 이 가련한 여자를 바라보셨을 때 주님의 눈에서 눈물이 나기 시작하였을 것이라고 나는 믿어 의심치 않습니다. 그러나 그 눈물은 슬퍼서 나오는 눈물이 아니었습니다. 왜냐하면 주님은 그 여자를 고치실 줄 아셨고, 그로 인한 기쁨을 예상하셨기 때문입니다.

주님께서 여자를 보고 부르셨습니다. 주님께서 그녀의 이름을 아셨을까요? 그렇습니다. 주님은 우리 모두의 이름을 알고 계십니다. 그러므로 주님의 부르심은 개인적이며 혼동할 우려가 없습니다. 주님은 "내가 너를 지명하여 불렀나니 너는 내 것이라"(사 43:1)고 말씀하십니다. 보세요, 저기 가련한 사람이 통로를 걸어 올라오고 있습니다. 땅으로 꼬부라졌지만 저 가엾은 슬픔 덩어리가 이동 중입니다. 그것이 도대체 여자인가요? 그녀에게 도대체 체면이 있는지 여러분은 거의 알 수가 없습니다. 하지만 그녀는 자기를 부르신 이에게로 오고 있습니다. 그녀는 똑바로 설 수 없었지만 꼬부라지고 약한 모습 그대로 주님 앞에 올 수 있었습니다. 나는 사람들을 고치시는 주님의 방식을 좋아합니다. 왜냐하면 주님께서 그들이 있는 곳으로 오시기 때문입니다. 주님은 그들이 무슨 일을 시작하면 나머지 일을 하시겠다고 그들에게 제안하지 않으시며, 주님께서 시작하시고 주님께서 끝내십니다. 주님은 있는 모습 그대로 나오라고 그들에게 명하십니다.

내 모습 이대로
가련하고 초라하고 눈먼 상태로
나는 갑니다
그래요, 시력, 풍부함, 마음의 치료,
내게 필요한 모든 것을 얻기 위해
오 하나님의 어린양이여
나는 갑니다

여자가 왔을 때 위대하신 해방자께서 "여자여 네가 네 병에서 놓였다"라고 말씀하셨습니다. 그런 일이 어떻게 이루어질 수 있을까요? 그녀는 전과 같이 여전히 꼬부라져 있었습니다. 하지만 주님께서 사탄의 마력이 그녀에게서 풀렸다고 말씀하셨으며, 그녀를 이처럼 꼬부라지게 만든 권세가 깨졌다고 말씀하신 것입니다. 여자의 모습은 이전의 상태와 조금도 다르지 않았지만 여자는 예수님께서 말씀하신 대로 이러한 사실을 마음속으로 믿었습니다.

하나님의 소중한 백성들인 여러분이 힘을 얻어서 여러분의 우울이 끝났고, 18년 세월이 종결되었으며, 의심과 낙심의 시간이 끝났다고 믿을 수 있기를 간절히 바랍니다. 오늘 아침 햇살이 처음으로 동녘을 황금빛으로 물들였을 때 여러분을 위해 빛이 예정되었다는 사실을 하나님의 은혜로 깨닫기를 나는 기도합니다. 보세요, 내가 오늘 이 자리에 온 것은 주님으로 말미암은 기쁜 소식을 공포하기 위함입니다. 자유를 잃은 사람들이여, 포로들이여, 앞으로 나오세요. 예수님께서 오늘 여러분을 자유하게 하시려고 오셨습니다.

이 여자는 해방되었지만 그 해방을 실제로 누릴 수 없는데 그 이유를 곧 여러분에게 말씀드리겠습니다. 우리 주님은 자신의 방식으로 그녀의 몸을 펴는 일을 시작하셨습니다. 주님은 그녀에게 안수하셨습니다. 여자는 힘이 없어서 고통을 당하였습니다. 그런데 주님께서 그녀에게 손을 얹으심으로써 그녀 속에 주님의 생명을 부으셨다고 나는 이해합니다. 주님의 무한한 능력과 생기(生氣)라는 따뜻한 흐름과 여자의 고통스러운 존재라는 무기력한 흐름이 접촉하였으며, 이 접촉이 그녀 스스로 일어나도록 소생시켰습니다.

사랑의 행위가 이루어졌습니다. 예수님께서 친히 그 일을 이루셨습니다. 사랑하는 애도자들이여, 우리가 여러분 자신에 대한 생각에서 우리 주님에 대한 생각으로 여러분을 이끌 수 있다면, 그리고 여러분의 염려에 대한 생각에서 우리 주님에 대한 생각으로 여러분을 이끌 수 있다면, 여러분에게 참으로 놀라운 변화가 일어날 것입니다. 주님께서 여러분에게 안수하신다면, 여러분을 구입하신 그 보배로운 못 박힌 손, 여러분을 위하여 하늘과 땅을 다스리시는 힘있는 손, 죄인들을 위해 간구하려고 펼친 그 복된 손, 그 소중한 손이 여러분을 영원토록 그 품에 꽉 껴안아 주실 것입니다. 여러분이 주님을 깊이 생각함으로써 이런 사실을 느낄 수 있다면 여러분은 곧 초기의 기쁨을 회복할 것이며, 여러분의 심령의 힘을 되찾을 것이며, 여러분의 심령의 꼬부라짐은 한밤의 꿈처럼 사라질 것이며 영원히 잊혀질 것입니다. 오 주님의 성령이시여, 이렇게 되게 하여 주소서.

나는 여기서 지체하지 않고 묶인 자의 해방을 살펴보겠습니다. 성경은 여자가 곧 몸을 폈다고 말씀하고 있습니다. 내가 여러분에게 주목하기를 바라는 점은 이것입니다. 즉, 여자가 스스로 몸을 일으켰다는 사실입니다. 그것은 여자 자신의 행동이었습니다. 어떠한 압박이나 힘이 그녀에게 가해지지 않았고, 여자 스스로 일어섰습니다. 그러나 동시에 여자는 "펴졌습니다." 기적이 그녀에게 임하였던 만큼 그녀는 수동적이었으며, 그러면서도 또한 능동적이었습니다. 그녀는 몸을 펼 수 있게 되었고, 또한 스스로 일어섰습니다. 사람들의 구원에 능동(能動)과 수동(受動)의 놀라운 만남이 있습니다.

아르미니우스주의자는 죄인에게 이렇게 말합니다. "자, 죄인이여, 당신은 책임있는 존재입니다. 당신이 이렇게 저렇게 해야 합니다." 그런가 하면 칼빈주의자는 이렇게 말합니다. "진실로 죄인이여, 당신이 책임을 져야 합니다. 하지만 당신 혼자서는 아무것도 할 수 없습니다. 하나님께서 당신 속에서 역사하셔야 당신이 결심하고 행할 수 있습니다." 우리가 이 두 교사들에게 어떻게 대해야 하겠습니까? 1백 년 전에 그들은 아주 무섭게 싸우기 시작하였습니다. 나는 지금 두 교사들에게 싸움을 붙이지 않을 것이지만 우리는 그들을 어떻게 대해야 하겠습니까? 나는 두 교사 모두 말하게 할 것이며, 그들의 증거 모두가 옳은 것이라고 믿습니다.

아르미니우스주의자는 죄인의 편에서 노력이 있어야 하며 그렇지 않으면 그가 결단코 구원을 얻지 못하리라고 주장하는데 그들의 주장이 옳습니까? 의심할 나위 없이 그렇습니다. 주님께서 영적인 생명을 주자마자 영적인 활동이 있습니다. 아무도 귀를 잡혀서 천국으로 질질 끌려가지는 않으며, 혹은 깃털 침대에서 자는 상태로 천국으로 옮겨지지는 않습니다. 하나님은 우리를 책임 있고 지적인 존재로 대하십니다. 이것이 사실입니다. 이러한 사실을 부인해서 얻을 유익이 무엇입니까?

그렇다면 칼빈주의자는 뭐라고 말합니까? 죄인은 죄라는 질병에 걸려 있으며, 자기 스스로는 일어설 수 없으며, 죄인이 일어설 수 있는 것은 전적으로 하나님의 역사이며, 그러므로 주님께서 모든 영광을 받으셔야 한다고 말합니다. 이런 주장 역시 진실이 아닙니까? 그때에 아르미니우스주의자는 말합니다. "오, 주님께서 영광을 받으셔야 한다는 사실을 나는 한 번도 부인한 적이 없습니다. 나는 당신과 함께 하나님의 영광에 대하여 찬송을 드리겠습니다. 그리고 하나님의 능력을 믿고 당신과 함께 기도를 드릴 것입니다."

찬송과 기도를 드리는 모든 그리스도인들은 완전한 칼빈주의자들입니다. 하지만 우리가 무릎 꿇고 찬양으로 고백하는 내용을 하나의 교리로 받아들이지 않는다는 것은 유감스러운 일입니다. 예수님께서 홀로 죄인을 구원하신다는 것은 분명한 진리이며, 동시에 죄인이 믿음으로 구원에 이른다는 사실 또한 진리입니다. 성령은 결단코 누구를 대신하여 믿어주지 않으셨습니다. 사람이 스스로 믿어야 하며 스스로 회개해야 합니다. 그렇지 않으면 버림을 당할 것입니다. 하지만 성령으로 말미암지 않고는 결단코 참된 믿음 혹은 참된 회개의 씨앗은 존재하지 않았습니다. 나는 이러한 난제(難題)들을 해명하지 않을 것입니다. 이론적으로는 난제이지만 실제로는 난제가 아니기 때문입니다. 이런 진리들은 실제적인 일상생활에서는 분명한 사실들입니다.

어쨌든 이 가련한 여자는 면류관을 어디에 둘지 알았습니다. 그녀는 "나 혼자서 일어섰는데요"라고 말하지 않았습니다. 대신에 그녀는 하나님께 영광을 돌렸으며 모든 공로를 하나님의 은혜로운 능력에 돌렸습니다.

가장 주목할 만한 사실은 그녀가 몸을 즉시 폈다는 것입니다. 여기에 질병을 극복한 그 이상의 의미가 있습니다. 어떤 사람이 18년 동안 척추 혹은 신경과 근육의 병을 앓았다고 가정해 봅시다. 몸을 불구로 만든 질병이 완전히 치료되었을지라도 그 후유증이 무엇일까요? 그야, 질병의 증상이 계속 남아 있을 것입니다. 왜냐하면 그 몸이 오랫동안 한 자세로 굳어졌기 때문입니다. 여러분은 인도의 고행자들에 대한 이야기를 틀림없이 들었을 것입니다. 한 사람이 맹세를 이행하려고 자기의 손을 수년 동안 위로 치켜듭니다. 그리고 고행의 기간이 끝났을 때 그는 손을 내리지 못합니다. 손이 굳어버려서 움직이지 않기 때문입니다.

하지만 이 여자의 경우에 심하게 꼬부라진 몸을 꽁꽁 묶었던 줄이 사라져 버렸으며, 동시에 계속된 경직이 풀렸습니다. 따라서 여자는 한 순간에 몸을 곧게 펼 수 있었습니다. 이는 기적의 능력을 두 번 보여 준 것이었습니다. 시련을 당하고 있는 나의 친구들이여, 주님께서 지금이라도 여러분을 방문하신다면 주님은 여러분의 슬픔의 가장 큰 첫째 원인을 제거하실 뿐만 아니라 우울한 성향이 떠날 것입니다. 슬픔이 오래 지속됨으로 말미암아 여러분이 슬픔의 행로에서 받은 자국들이 메워질 것이며, 또한 주님 안에서 그리고 주님의 능력 안에서 강해질 것입니다.

이처럼 치료가 완전하였기에 여자는 일어서서 하나님께 영광을 돌렸습니다. 나는 저 외식하는 회당장이 분을 내며 말하는 모습을 보았으면 좋았을 것입니다. 그리고 주님께서 그를 완전히 잠잠하게 만드셨을 때 그 사람의 모습을 보았으면 좋았을 것입니다. 하지만 그보다 이 가련한 여자가 몸을 펴서 주님을 찬송하는 모습을 보고 들었다면 특별히 좋았을 것입니다.

여자는 뭐라고 말하였나요? 그녀의 말은 기록되어 있지 않지만 추측해 볼 수 있습니다. 그녀는 이렇게 말했을 것입니다. "저는 18년 동안 여러분 앞에서 출입하였습니다. 여러분이 지금까지 보아 알듯이 나는 얼마나 가련하고 불쌍하고 비참한 인생이었는지요. 하지만 하나님께서 한순간에 나를 세워 주셨습니다. 하나님의 이름을 찬송합니다. 내가 몸을 곧게 폈습니다."

여자의 입술에서 나온 말은 그녀가 표현하고자 하는 내용의 절반도 되지 않았습니다. 어떠한 기자도 그녀의 표현을 다 받아 적지 못하였을 것입니다. 왜냐하면 그녀는 눈으로 말하고, 손으로 말하고, 몸 전체로 말하였을 테니까요. 여자가 정말로 자신이 몸을 폈는지 알아보고, 또한 그것이 꿈이 아닌지 알아보려고 몸을 움직여 보았을 것이라고 나는 생각합니다. 여자는 온통 살아 있는 기쁨의 덩어리가 되었으며, 몸을 움직일 때마다 발바닥에서부터 정수리까지 하나님을 찬송하였습니다. 우주 안에서 이 여자만큼 표정이 풍부한 존재는 없었습니다. 여자는 오랜 죽음에서 구출되고 새롭게 태어난 사람과 같았으며, 새로운 생명의 신기로움에 기뻐하였습니다. 여자가 하나님께 영광을 돌린 것은 마땅하였습니다.

다섯째, 주 예수님께서 1800여 년 전에 행하신 대로 오늘날에도 똑같이 행하시기를 우리가 기대할 수 있는 이유에 대해 생각해 봅시다. 주님께서 이 여자를 자유롭게 해 주신 이유가 무엇이었습니까? 주님의 말씀에 따르면 그것은 무엇보다 인간에 대한 사랑이었습니다. 주님은 "너희가 묶어놓은 소나 나귀가 목이 마른 것을 볼 때 그것을 묶은 줄을 풀어 그 가련한 짐승을 강이나 물탱크로 끌고 내려가 물을 마시우느니라. 너희 중 아무도 소를 묶어두고 굶어죽게 하지는 않을 것이니라"고 말씀하셨습니다. 이것이 바로 주님께서 여자를 자유롭게 해 주신 이유이며, 이 때문에 우리는 예수님께서 슬퍼하는 자들을 도와주실 것이라고 믿게 되는 것입니다.

시련당하는 심령이여, 여러분이 소나 노새가 괴로워하는 모습을 보면 그것을 풀어 주지 않겠습니까? 여러분은 "그래요"라고 대답합니다. 그렇다면 주님께서 여러분을 풀어 주지 않으시리라고 생각하시나요? 여러분의 긍휼이 그리스도의 긍휼보다 큽니까? 보십시오, 나의 주님을 그렇게 간단하게 생각하지 마십시오. 여러분의 마음도 당나귀를 긍휼히 여기겠거든 주님의 마음이 여러분을 긍휼히 여기지 않으리라고 여러분은 생각하시나요? 주님은 여러분을 잊지 않으십니다. 그분은 언제나 여러분을 기억하고 계십니다. 그의 부드러운 자비로 인해 주님은 여러분을 자유하게 하십니다.

더욱이 특별한 관계가 있었습니다. 주님은 회당장에게 사람이 자기 소나 나귀를 풀어 주리라고 말씀하셨습니다. 아마도 다른 사람의 소나 나귀를 가서 풀어 주는 것은 자기가 할 일이 아니라고 생각할 것입니다. 하지만 그것은 자기의 나귀, 나의 소이며, 따라서 그 사람은 자기 짐승을 풀어 줄 것입니다. 그렇다면 소중한 영혼이여, 주 예수님께서 여러분을 풀어 주지 않을 것이라고 생각하나요? 주님은 피 값을 치르고 여러분을 사셨으며, 아버지께서 여러분을 그에게 주셨으며, 주님은 영원한 사랑으로 지금까지 여러분을 사랑하셨습니다. 그런 분이 여러분을 풀어 주지 않으시겠습니까? 여러분은 그의 소유입니다. 주님께서 잃어버린 동전을 찾기 위해 온 집을 청소하셨고, 잃어버린 한 마리 양을 찾기 위해 산과 골짜기를 헤매고 다니셨다는 사실을 모르십니까? 그런 분이 오셔서 자신의 묶여 있는 가련한 소나 당나귀를 풀어주지 않으시겠습니까? 그런 분이 자기의 사로잡힌 딸을 자유롭게 하지 않으시겠습니까? 확실히 그분은 풀어 주십니다.

다음에 적개심이 구세주로 하여금 즉시 행동하게 만들었습니다. 주님은 "열여덟 해 동안 사탄에게 매인 바 된 이 아브라함의 딸"(16절)이라고 말씀하셨습니다. 사탄이 무언가를 묶었다는 사실을 내가 안다면 나는 확실히 그것을 풀려고 노력할 것입니다. 그렇지 않겠습니까? 마귀가 역사할 때 무언가 잘못된 일이 벌어지리라는 사실을 우리는 알 수 있습니다. 그러므로 분명히 마귀의 일을 끊는 것이 좋습니다. 그런데 예수 그리스도는 마귀의 일을 파괴하시려는 목적으로 이 세상에 오셨습니다. 그러므로 주님께서 소처럼 묶여 있던 여인을 보셨을 때 "다름 아니라 마귀가 행한 일을 멸하려고 그녀를 풀어 주노라"고 말씀하셨습니다. 자, 시련 당하는 사랑하는 친구들이여, 여러분의 슬픔이 사탄의 영향 때문인 것으로 밝혀진 만큼 예수 그리스도는 마귀보다 강하신 분임을 여러분에게 보여 주실 것이며, 여러분을 자유하게 하실 것입니다.

또한 여자의 슬픈 상태를 생각해 봅시다. 물이 없는 여물통에 묶인 소나 당나귀는 곧 아주 심각한 곤경에 처하게 될 것입니다. 이 가련한 짐승을 불쌍히 여깁시다. 매시간 어쩔 수 없이 목이 말라 울부짖는 소의 울음소리를 들어 보세요. 여러분이 그 짐승을 불쌍히 여기지 않겠습니까? 여러분도 짐승을 불쌍히 여기건대, 주님께서 자기의 가련하며, 시련당하며, 유혹을 받으며, 고통당하는 자녀들을 불쌍히 여기지 않으시리라고 생각하십니까? 그들의 눈물이 주님의 동정을 전혀 받지 못하고 속절없이 떨어질까요? 그들의 잠 못 이룬 밤들을 주님께서 외면하실까요? 이런 약속을 기꺼이 믿고 싶지만 믿지 못하는 저 상한 심령의 울부짖음은 주님의 귀에 영원히 들리지 않을까요? 주님께서 인자하심을 잊으셨나요? 주님께서 분노하여 자비로운 당신의 마음을 닫아 버리셨나요? 아닙니다. 주님은 여러분의 슬픈 상태를 기억하시고 여러분의 신음소리를 들으실 것입니다. 주님은 여러분의 눈물을 자기의 병에 담으십니다.

마지막으로, 여자가 18년 동안이나 그런 상태로 지냈다는 사실이 그리스도의 마음을 움직인 이유였습니다. 주님은 "그녀가 즉시 풀리리라"고 말씀하셨습니다. 그때에 회당장은 "그녀가 18년 동안이나 묶여 있었으니 내일까지 기다려도 상관없을 것이오. 오늘은 그 많은 날들 중에 단 하루에 불과하니까"라고 말하였습니다. 하지만 그리스도는 이렇게 말씀하셨습니다. "아니라, 18년 동안이나 묶여 있었다면 그녀를 단 일분도 기다리게 해서는 안 될 것이라. 그녀는 이미 너무나 많이 기다려 왔노라. 그녀는 즉시 풀려나리라." 그러므로 여러분이 낙담한 기간이 오래므로 그 낙담의 기간이 끝이 없으리라고 주장하지 마세요. 오히려 해방될 날이 가까이 왔다고 생각하십시오. 밤이 깊을수록 새벽이 가깝습니다.

여러분이 꽤 오랫동안 매를 맞았으므로 마지막 매가 더욱 가까이 온 것이 분명합니다. 왜냐하면 인생들에게 고통과 슬픔을 주시는 것은 주님의 본심이 아니기 때문입니다. 그러므로 힘을 내세요. 용기를 가지세요. 나의 거룩하신 주님께서 지금 오셔서 내가 하고 싶어도 할 수 없는 은혜를 베풀어 주시기를 간절히 바랍니다. 이를테면, 이곳에 있는 하나님의 모든 자녀들로 하여금 기뻐 뛰게 하여 주시기 바랍니다. 의로운 여러분, 주 안에서 기뻐하십시오. 마음이 곧게 펴진 여러분 모두는 기뻐 외치세요. 왜냐하면 주님께서 갇힌 자들을 풀어 주시기 때문입니다. 지금도 주님께서 많은 사람들을 풀어 주시기를 바랍니다.

# 10

# 베다니의 마리아(1)

---

### 모범

"예수께서 이르시되 가만 두라 너희가 어찌하여 그를 괴롭게 하느냐 그가 내
게 좋은 일을 하였느니라"(막 14:6).

이 복된 여자의 기억할 만한 모범을 나와 여러분이 본받기 원하는 마음에
서 나는 이 시간 이 여자에 대하여 말씀드리고자 합니다. 주님께서 "그가 내
게 좋은 일을 하였느니라"고 말씀하신 의미를 내가 아는 한도에서 밝혀내는
것 말고는 내가 할 말이 아무것도 없을 것입니다. 본문은 "그가 내게 아름다
운 일 — 어울리는 일 — 을 하였느니라"고 해석할 수도 있을 것입니다만 오
직 번역자들만은 이 용어 사용하기를 좋아하지 않습니다. "아름답다는 사실
은 영원한 기쁨을 줍니다." 그리스도의 복음과 함께 이 여자의 일이 전해지
면서 교회는 계속하여 이 여자를 기억할 것이며, 하나님의 교회는 이 일이
너무나 아름다워 이 일을 기억하고 영원히 기뻐할 것입니다. 복음이 선포되
는 한 이 베다니의 마리아는 그녀가 한 일 때문에 기억될 것입니다.

그녀가 한 일, 곧 옥합을 깨뜨려 향유를 부은 일이 어떤 점에서 아름다웠
습니까? 그 일이 어디가 아름다웠다는 말씀인가요? 나는 여러분에게 이러한
사실을 보여드리겠습니다.

이 여자가 한 일에는 일곱 가지 아름다움이 있습니다. 그 첫 번째 가장 큰
아름다움은 아마도 그 일이 전적으로 예수님을 영화롭게 하는 일이었다는

사실입니다. 여자가 예수님의 머리에 향유를 부은 의도는 자신이 직접 예수님을 영화롭게 하고자 하는 것이었습니다. 향유를 모두 부은 것은 주님 자신을 위한 일이었으며, 주님의 실제 인격에 대한 경외심에서 비롯된 일이었습니다. 여자는 예수님의 사랑의 행위나 진리의 말씀에 대하여 많이 생각했다기보다는 오히려 비길 데 없이 고귀한 예수님의 본성에 대하여 많이 생각하였습니다. 여자는 나사로가 다시금 부활하던 때에 주님의 사랑의 행실을 보았으며, 주님의 발 아래 앉아서 그의 진리의 말씀을 들었습니다. 그러다가 이제는 주님의 너무나 은혜로우신 인격에 대하여 경배하고 싶은 경외심을 느꼈으며, 이에 여자는 값진 향유를 가져와 그녀의 선생님이자 친구이자 주님이자 그녀의 모든 것이 되신 예수님께 바쳤습니다.

그것을 팔아서 가난한 자들에게 나눠 주었어야 한다는 말도 있었습니다. 하지만 여자는 간접적인 방법이 아니라 직접 주님께 제물(祭物)을 바치기를 간절히 원하였습니다. 의심할 필요도 없이 그것을 팔면 여자는 가난한 자들에게 많은 선물을 줄 수 있었습니다. 하지만 여자는 그렇게 할 경우 자신을 위해 가장 가난해지신 그분에게 감사하고픈 자신의 간절한 열망을 표현할 수 없다고 생각했습니다. 여자는 주님에게 무언가를 드리고 싶었습니다. 자신이 이해하고 있는 주님의 품격에 맞는 그 무엇인가를, 그 당시 상황에 어울리는 그 무엇인가를 존경하는 마음으로 드리고 싶었습니다.

내 생각에 우리 주님에 대한 이 거룩한 여자의 지식이 사도들 모두의 지식을 합한 것보다 더 많았습니다. 그녀의 눈은 베일 안을 들여다보았습니다. 여러분도 기억하듯이 이 일이 있은 지 하루나 이틀만에 주님은 나귀를 타고 의기양양하게 예루살렘으로 올라가셔서 왕이심을 선포하셨습니다. 따라서 주님께서 먼저 기름 부음을 받아야 하지 않겠습니까? 성별된 이 여자 외에 어느 누가 주님에게 기름을 부어 주님의 왕 되심을 그 나라에 공포하였겠습니까? 여자가 예수님에게 기름을 부은 것은 주님의 나라 수도(首都)에서 그분의 왕 되심을 선포하기 위한 준비 행동이었습니다. 어쨌든 여자는 자신의 향유를 오직 주님에게만 부어야 했습니다.

그때에 여자는 주님의 제자들을 새까맣게 잊고 있었던 것만큼 가난한 자들을 잊고 있었습니다. 마르다는 그들 모두를 맞이하기 위해 식탁을 준비하느라 분주하였지만 마리아는 온통 예수님 생각뿐이었습니다. 그녀는 "오직 예수님밖에는 아무도 바라보지 않았습니다." 한 분만을 바라보는 복된 눈이여! 그녀의 행동은 예수님과 함께 한 베드로와 야고보와 요한을 위한 것이 분명히 아니었고 오직 예수님 한 분만을 위한 일이었습니다. 참으로 예수님은 홀로 다른 모든 사람들보다 뛰어나시며 그 모든 경의를 받으실 만하신 분입니다. 그녀는 그때까지 알았던 다른 모든 사람들보다 예수님을 좋아했으며, 그녀의 마음은 오직 주님만이 전부인 사랑의 행동으로 나타났습니다.

이것이 바로 우리가 본문에서 읽을 수 있는 아름다운 일입니다. 우리의 능력을 따라 가난한 사람들을 보살피고 우리의 이웃들에 대한 우리의 의무를 이행한 후에 우리가 예수님을 위해, 정말로 우리의 주님을 위해 무언가를 해야겠다고 느낀다면 이는 여러분과 나에게 아름다운 일일 것입니다. 그렇다면 여러분이 예수님을 위해 무엇을 해야 하느냐고 물으십니까? 자매여, 그것은 내가 여러분에게 이야기할 성질이 아닙니다. 그런 일은 여러분이 자발적으로 행해야 하므로 여러분 자신의 마음에서 그러한 생각이 우러나와야 합니다.

한 형제는 "맙소사"라고 소리치지만 나는 여러분에게 말할 수 없습니다. 이왕에 뜻깊은 일을 하려면 여러분 자신의 뜨거운 심령에서 주님을 위해 무언가를 해야겠다는 거룩하고도 기발한 생각이 우러나와야 할 것입니다. 만일 옥합을 가져와 주님의 머리에 부으라는 명령이 있었다면 이 거룩한 여자의 행위는 의미가 다소 훼손되었을 것입니다. 그녀에게 주님을 위해 행동하라고 명령한 것은 바로 그녀의 사랑이었으며, 이러한 자발적인 모습이 공식적인 지침(指針)을 받고 행하는 것보다 더 좋았습니다. 만일 시몬이 "우리 손님들에게 기름을 부을 향유가 충분하지 않으니 당신이 집에서 옥합을 좀 가져오시오"라고 그녀에게 제안하였다면 그녀의 행동의 가치는 형편없이 떨어졌을 것입니다. 이러한 행동이 영광스러운 것은 예수님을 위해 자신의 모든 것을 바쳐야 하겠다는 생각이 그녀의 마음에서 자발적으로 우러나왔기 때문입니다.

그녀는 대리인을 통해서가 아니라 자신이 직접 그 일을 해야 했습니다. 여자는 주님에게 참으로, 직접적으로, 공공연하게 그렇게 해 드려야만 했습니다. 다른 사람들이 향유의 냄새를 맡을 수 있었습니다. 여자는 다른 사람들이 냄새맡는 것을 금하고 싶지는 않았습니다. 하지만 그 향기는 어디까지나 그들을 위한 것이 아니었고 오로지 주님을 위한 것이었습니다. 여자는 주님의 머리에 그리고 주님의 발에 향유를 부었습니다. 여자는 자신의 열정적이고 존경 어린 감사와 한없는 사랑을 보여드리기 위해 머리부터 발끝까지 주님에게 기름을 부어드렸습니다. 여자는 자기 주님, 자기 하나님 안에 싸여있다고 느꼈으며, 그래서 자발적으로 주님을 위해, 오직 주님만을 위해 예물을 바쳤던 것입니다. 큰 사랑으로 우리를 꼭 붙잡고 계시는 분을 위하여 우리가 무언가를 할 수 있다는 것은 얼마나 큰 기쁨인지요! 나는 즉시 여러분 모두에게서 벗어나서 내 마음이 이 희귀한 만족에 빠지고 싶은 느낌이 듭니다.

선하신 주여, 계산적인 이 세대에 당신께 드려지는 이와 같은 헌신이 얼마나 드문지요! "예수님을 위해 모든 것을 바치는 일"이 우리에게는 좀처럼 나타나지 않습니다. 여러분이 찬송을 부를 때 과연 예수님께 찬송하고 있습니까? 여러분이 기도할 때 과연 예수님께, 그리고 예수님을 위하여 기도합니까? "사람들이 그를 위하여 항상 기도하고 종일 찬송하리로다"(시 72:15)라고 기록되어 있지 않습니까? 지금 나의 마음은 매우 값비싼 향유 옥합을 "오직 예수님"에게만 드린 그녀를 본받으려면 내가 과연 무엇을 해야 하는지 간절히 알기 원합니다. 주님의 보혈로 깨끗해지고 모든 영광을 주님께 돌리며 나의 주님을 사랑하는 여러분, 이제 주님의 비길 데 없는 아름다움을 깊이 생각하십시오. 그리고 여러분이 들어갈 천국을 밝히고 계시는 주님의 얼굴을 우러러볼 때 "우리가 절대적으로, 직접적으로, 개인적으로 주님을 위해 무엇을 할 수 있을까?"라고 마음속으로 생각해 보세요.

두 번째 아름다움은 그 일이 예수님을 전적으로 사랑한 순수한 사랑의 행동이었다는 점입니다. 여자들 가운데 다른 여자 또한 은혜를 입었습니다. 여기서 다른 여자란 "죄인인 한 여자"(눅 7:37)를 말하는 것입니다. 그녀 또한 향유 옥합을 가져와서 베다니의 마리아처럼 예수님께 부어 드렸습니다. 하지만 그녀는 마리아가 하지 아니한 행동을 하였습니다. 이 여자는 자신의 향유와 더불어 눈물을 흘렸습니다. 그녀는 주님의 발을 눈물로 씻었으며 자기의 머리카락으로 닦았습니다. 이는 나름대로 아름다운 행동이었지만 마리아의 행동 또한 다른 면에서 아름다운 행동이었습니다. 이 둘 사이에는 차이가 있습니다. 마리아의 경우에는 자신의 죄에 대한 기억을 하지 않았던 것 같습니다. 물론 죄에 대한 기억이 마리아의 마음속에 있었고, 이로 인해 마리아는 자신을 용서하신 주님을 더욱 뜨겁게 찬송하였다는 것은 틀림없는 사실입니다.

마리아는 예수님의 발 아래 앉아 좋은 편을 택하였으며, 죄 사함 받는 문제는 벌써 오래 전에 해결 받았습니다. 그리고 이제 그녀의 마음속에 받은 은혜에 대하여, 자기의 친오라버니인 나사로를 다시 살려주신 그 은혜에 대하여 깊이 감사하고 있지만, 이 모든 감정은 더 심화된 영적인 사고 속으로 흡수된 듯합니다. 왜냐하면 마리아는 주님으로 인하여 애를 태우는 사랑에 빠졌기 때문입니다. 마리아가 예수님 발 아래 앉는 습관이 없었다면 그녀는 결코 그런 사랑을 체험하지 못하였을 것입니다. 예수님의 발 아래 오래 앉아 있는 것은 인간의 생각에 훌륭한 작용을 합니다. 인간이 견고하지 못한 자신의 문제로 우울해 할 때 예수님의 발 아래 앉아 있음으로 말미암아 인간 자신 속에 선한 것이 야기됩니다.

우리가 그리스도로 말미암아 지옥에서 빠져나왔기 때문에 그분을 사랑하는 것은 복된 일입니다. 또한 그리스도께서 모든 믿는 자들에게 천국의 문을 열어 주셨기 때문에 그분을 사랑하는 것은 복된 일입니다. 그러나 이보다 더욱 고귀한 것은 여러분 자신을 잊고, 만민 가운데서 으뜸이시며 완전히 멋진 분이라고 온 천지가 인정하는 그리스도의 신성한 완전을 기쁘게 묵상하는 일입니다.

"우리가 사랑함은 그가 먼저 우리를 사랑하셨음이라"(요일 4:19). 그가 먼저 우리를 사랑하신 것이 우리의 사랑의 출발점입니다. 이 출발점은 언제나 똑같습니다. 하지만 그 출발점 위에 우리는 사랑이라는 보석들을 층층이 쌓아올려 위대하신 주님을 향한 말로 할 수 없는 애정의 탑을 세웁니다. 처음부터 그리스도는 우리의 마음을 사로잡으셨으며 우리의 영혼을 점령하셨습니다. 그래서 이제 우리는 그를 향한 우리의 사랑을 표현하기 위해 무엇인가를 해야만 합니다. 그 사랑은 주님으로부터 받은 은혜에 대한 감사일 뿐만 아니라 주님의 영광스럽고 경배 받아 마땅한 인격에 대한 강한 애정입니다.

사랑하는 친구들이여, 이 시간 여러분의 마음속에서 이와 같은 감정이 느껴지나요? 바로 지금 그리스도께서 완벽하게 여러분의 공감을 얻으시고, 비단실로 된 족쇄로 여러분의 애정을 꽁꽁 묶으신 결과 오늘날의 여러분으로 만들어 주신 그분에 대한 사랑을 표현하는 이 한 가지 목표를 가지고 무언가를 하고 싶다는 느낌이 듭니까? 그런 감정을 즐기세요. 행동으로 그 감정을 멋지게 표현하십시오. 그리고 사는 동안 그런 감정을 계속 즐겨보세요.

이 여자의 행동의 세 번째 아름다움은 상당한 희생이 있었다는 점입니다. 여자의 행동에는 상당한 비용이 들어갔습니다. 왕비도 공주도 아니었던 여자에게 그 일은 작은 일이 아니었습니다. 유다가 이 값비싼 향유 옥합의 액수를 계산해 본 것에 대하여 나는 언제나 고맙게 여길 것입니다. 유다가 이 여자를 비난하기 위해 계산을 하였지만 나는 유다의 계산을 반길 것입니다. 그는 여자의 행동을 보고 낭비된 액수에 대하여 호되게 야단쳤습니다.

유다가 "이것을 비싼 값에 팔아"(마 26:9)라고 그의 수첩에 적어두지 않았다면 나는 그것이 얼마나 비싼 것인지 결코 알지 못하였을 것이며 여러분 또한 알지 못하였을 것입니다. 그것이 "비싼 값"이었기에 그는 심히 못마땅하게 여겼습니다. 그것이 3백 데나리온 정도는 나갈 것으로 그는 계산하였습니다. 욕심 많은 유다는 적은 돈을 모아 큰 돈을 만들겠다는 생각에 빠져 있었습니다. 데나리온의 지출이 그에게는 금과 은의 지출과도 같은 것이었습니다. 하지만 나는 그가 데나리온으로 계산한 것을 반깁니다. 로마의 화폐 단위인 데나리온은 하루 품삯에 해당하는 액수였으므로 이는 오늘날의 하루 품삯 ― 4실링 ― 과 같은 것이며, 따라서 3백 데나리온은 약 60 파운드에 해당하는 것임을 보여 줍니다. 베다니의 생활수준을 생각해 볼 때 이는 한 여자에게는 엄청난 액수였습니다. 그때의 화폐가치와 오늘날의 화폐가치는 달랐습니다. 그들의 하루 품삯은 오늘날의 10 파운드만큼 가치가 있는 것이었습니다. 그러므로 여자가 단 한 번의 사랑의 행동으로 사용한 3백 데나리온은 엄청난 액수였습니다.

여자의 선물은 값비쌌고, 주 예수님은 최고의 가격과 최고의 비용으로 섬김을 받으시기에 합당한 분이셨습니다. 이 여자보다 더욱 고가로 주님을 섬긴 여자가 있었습니다. 그 여자는 단돈 동전 두 닢으로 주님을 섬겼지만 그것은 여러분도 알다시피 그녀가 가진 전부였습니다. 나는 마리아가 얼마나 많은 재산을 가지고 있었는지 모릅니다. 하지만 그것이 그녀가 가진 전부였다고 나는 확신합니다. 그리고 자신이 가지고 있는 것을 다 모아 드린다 해도 그것이 주 예수 그리스도께는 너무나 적은 것이라고 그녀가 느꼈을 것으로 나는 확신합니다. 만일 주님의 머리에 기름을 부어야 할 상황이었다면 베다니에서 일반 기름을 많이 구할 수 있었을 것입니다.

감람산이 베다니에서 가까웠습니다. 하지만 그녀는 예수님께 흔한 감람유를 붓는다는 생각을 경멸하였습니다. 그녀는 가이사가 받을 만한 황제의 기름을 찾아야만 했습니다. 주님께서 기름 부음을 받으셔야 한다면 마땅히 그 기름을 예루살렘 시장에서 정가(定價)를 주고 구입해야 할 것입니다. 어찌하여 여러분은 마리아처럼 한 시간도 못되어 바람에 날리고 그 향이 사라져 버릴 "값비싼" 향유를 고가를 지불하고 사야 하는 것입니까? 하지만 그리스도를 영광스럽게 섬기는 방법은 그를 최고 중에 최고로 섬기는 것입니다.

만일 우리가 설교로 그리스도를 섬긴다면, 생각으로 꾸밀 수 있는 최고의 화법 또는 혀로 전할 수 있는 최고의 화법으로 그리스도를 섬겨야 합니다. 혹 우리가 주일반에서 가르침으로 그리스도를 섬긴다면, 우리는 가장 부드러운 자세로 가르쳐야 하며 가장 좋은 꼴로 그리스도의 양들을 먹여야 합니다. 혹 우리가 펜으로 그리스도를 섬긴다면, 우리는 한 줄도 지울 필요가 없도록 완전하게 써야 할 것입니다. 혹 우리가 돈으로 그리스도를 섬긴다면, 우리는 최대한 풍성하게 많이 드려야 할 것입니다. 주 예수님께서 여러분에게 무엇을 맡기셨든지, 그것이 금이든지 재능이든지, 시간이든지 말솜씨든지, 그것이 지갑 속에 있는 돈이든지 혹은 사랑하는 마음에서 비롯된 강한 용기이든지 혹은 부지런한 손의 수고이든지 주님께 아낌없이, 풍성하게 드리십시오! 우리가 사랑하는 주님에게 우리가 가진 최고의 것을 드립시다. 그리하면 주님께서 우리의 섬김을 아름답게 여기실 것입니다.

마리아의 행동의 네 번째 아름다움은 그것이 준비된 행동이었다는 점입니다. 요한이 아니었다면 우리가 알지 못하였을 한 가지 사실을 우리는 요한복음에서 볼 수 있습니다. "나의 장례할 날을 위하여 그것을 간직하게 하라"

(요 12:7). "그것을 간직하게 하라"(KJV에서는 "she kept this" : "그녀가 그것을 간직하였다"고 번역됨: 역주). 마리아가 만찬 자리에서 예수님을 뵙고 갑작스러운 생각에 사로잡혀 자신의 창고로 돌아가 작은 향유 옥합을 가져온 것이 아니었습니다. 그리고 마음이 가라앉은 시간에는 후회하였을 것을 그만 애정으로 인해 충동적으로 옥합을 깨뜨린 것이 아니었습니다. 즉흥적인 행동과는 거리가 멀었습니다. 그녀는 몇 주 몇 달 동안이나 오랫동안 생각한 끝에 행동하였던 것입니다.

내가 알고 있는 마음이 따뜻한 형제 자매들은 모임에 참가하였을 때는 무엇을 해야 할지 전혀 생각하지 않았다가 갑자기 일시적인 충동과 감정에 따라 그럴듯하게 말하고 행동합니다. 그들을 비난하려는 것이 아닙니다. 다만 그들이 은혜로운 감동을 따라 행하기를 바랄 뿐이지만 그들의 행동은 우리의 영원히 은혜로우신 주님을 섬기는 최고의 방법이 아닙니다. 충동은 원리로 받아들일 수가 없습니다. 마리아는 주체하지 못하는 광적인 열심으로 생각 없이 행동하지 않았습니다. 마리아는 적절한 때가 오면 가장 적절하게 사용하려고 일부러 그 최고급 향유를 간직해 두었던 것입니다.

내가 생각하기에 마리아가 예수님의 발 아래 앉았을 때에 예수님의 제자들이 예수님의 공적인 설교를 하실 때 주워들은 것보다 훨씬 더 많은 것을 배웠을 것입니다. 그녀는 예수님으로부터 인자가 서기관들과 바리새인들에게 넘겨져서 침 뱉음을 당하고 매를 맞을 것이며, 그들이 인자를 죽일 것이나 삼 일 만에 다시 살아나리라는 말씀을 들었습니다. 그리고 그녀는 그 말씀을 믿었습니다. 마리아는 그 말씀을 곰곰이 생각하고 연구하였으며, 다른 어떤 사도들보다도 그 말씀의 의미를 잘 이해하였습니다. 마리아는 속으로 "그분은 악한 사람들에게 붙들려 희생제물로서 죽음을 당하실 거야. 그러니 내가 그분에게 특별한 영광을 돌려야겠어"라고 생각하였습니다.

그녀가 구약성경을 이러한 관점에서 읽기 시작했을지라도 놀랄 일이 아닐 것입니다. "이분은 하나님께서 보내신 분이야. 그는 우리 모두의 죄를 짊어지셨어. 그러니 그가 심판을 받아 버림을 당하시고 많은 사람들의 죄를 담당하실 거야." 그런 다음 마리아는 속으로 '그렇다면 내가 향유를 가져다가 그에게 부어드리므로 장사를 예비하리라' 고 생각하였습니다. 주님께서 친히 그녀의 행동에 대하여 설명해 주신 것으로 보아 아마도 그녀는 그만큼 철저하게 준비하였을 것입니다. 어쨌든 마리아는 "가엾으신 나의 주님, 그분이 돌아가신다면 썩지 않게 해야 할 텐데 내가 그분의 장례를 도와드려야겠다"고 생각하였습니다. 그래서 그녀가 이것을 간직하였던 것입니다.

"나의 장례할 날을 위하여 그것을 간직하게 하라." 오랜 시간 사랑으로 면밀히 생각한 결과였다는 점에서 이 행동이 크게 아름다운 것입니다. 즉시 행해야 할 선한 일을 지체하는 것은 좋지 않습니다. 하지만 일이 지체된다 할지라도 그 일을 하기 위해 즉시 준비하는 것은 좋은 일입니다. 사람이 "아직 시간이 안 되었지만 내가 그때를 준비해야겠다"고 생각한다면 이는 그 사람의 마음이 매우 몰두하는 사랑에 빠져 있음을 보여 줍니다. 우리는 이렇게 노래합니다.

오, 나의 구세주를 찬양하기 위해
내가 무엇을 해야 하나?

마음속으로 이런 질문을 계속하면 좋겠습니다. 각자 마음속으로 결심합시다. "나는 충동에서 비롯된 성급한 열매를 나의 주님께 드리지 않으리라. 또는 아무런 비용도 들어가지 않는 것을 주님께 드리지 않으리라. 그 대신 내가 주님을 위해 무엇을 할 수 있는가를 고민하리라. 주님을 위하는데 무엇이 필요한가? 내가 주님께 어떤 식으로 경의를 표해야 부족함 없이 주님께 영광을 돌릴 것인가? 나는 그것을 곰곰이 생각하고 묵상하고 숙고할 것이며, 그런 다음에 실행하리라."

이 거룩한 여자는 단순히 계획과 목적만을 가진 사람이 아니라 거룩한 일을 실행에 옮긴 사람이었습니다. 그녀는 오래 전부터 조심스럽게 옥합을 간직하고 있었지만, 그것을 계속 간직해야겠다는 유혹에 빠지지 않았습니다. 그녀는 그 계획을 마음속으로 검토하였습니다. 그리고 그 계획을 검토하면 할수록 적당한 때가 오면 그 일을 실행에 옮기리라고 결심하였습니다. 드디어 실행에 옮길 시간이 왔다고 믿었을 때 마리아는 잠시도 지체하지 않았습니다. 그녀는 생각이 깊은 만큼 민첩하게 행동하였습니다. 유월절이 6일 안으로 다가왔습니다. 따라서 마리아는 그동안 간직해 왔던 것을 가져왔습니다. 시간을 맞추어 정확히 섬긴다는 것은 복된 일입니다. 그것은 가능한 한 최선의 방법으로 주님을 영화롭게 하려는 진지한 노력의 결과입니다.

지금까지 우리가 본 대로, 가난한 여자가 작은 것을 간직하여 두었다가 예수님께 영광을 돌리는 비밀스런 목적을 성취하였다는 것은 정말 아름다운 일입니다. 여러분과 내가 본 대로, 적당히 재산을 가지고 있는 여자가 안락한 삶을 모두 버리고 충분히 돈을 모아 고아원에서 아이들을 돌보는 모습을 본다는 것은 인상적입니다. 그러나 그녀의 행위는 아이들을 위한 것이 아니라 그리스도께 영광을 돌리기 위한 일이었습니다. 스톡웰(Stockwell) 고아원은 한 경건한 여자가 자기 주님께 바쳐드린 옥합입니다. 그녀를 기억하면 은혜가 됩니다. 그 향기는 지금 이 순간에도 땅 사면에 두루 퍼지고 있으며, 그녀가 사랑한 주님께 영광이 되고 있습니다. 이처럼 사려 깊은 행동은 예수님께서 아름다운 일이라고 칭하실 것입니다. 우리 모두 이런 아름다운 행동을 많이 행합시다.

누군가 "하나님과 그의 진리를 위해 끝까지 버텨야 할 위기가 닥칠 것이며 그 위기가 내게는 큰 손실이 될 것이오"라고 말하고, 깊은 생각으로 그런 경우에 대비하는 것은 아름다운 일입니다. "나는 받을 세례가 있으니 그것이 이루어지기까지 나의 답답함이 어떠하겠느냐!"(눅 12:50)라고 말씀하신 주 예수님처럼 생각한다는 것은 아름다운 일입니다. 진리를 위해 용기 있고 헌신적인 결심을 하고 깊은 생각과 열심으로 실행에 옮기는 것은 아름다운 일입니다. 하나님은 우리로 하여금 생각과 충동, 이성과 감정을 혼합하게 하시며, 이로써 지성과 감성, 두 가지 모두를 가지고 하나님을 섬기게 하십니다!

이제 다섯 번째 아름다움입니다. 마리아는 한마디 말도 없이 위대한 행동을 하였습니다. 사랑하는 자매들이여, 실례를 무릅쓰고 나는 이 거룩한 여자가 은혜로운 행동을 하는 동안 내내 보여 준 그녀의 지혜롭고 적절한 침묵을 여러분에게 권하겠습니다. 마리아는 전에도 그 일에 대하여 말하지 않았으며, 그 일을 행하는 동안에도 한마디도 하지 않았으며, 그 후에도 아무 말도 하지 않았습니다. 마르다는 일도 많이 했지만 말도 많았습니다. 하지만 마리아가 한 말은 "주께서 여기 계셨더라면 내 오라버니가 죽지 아니하였겠나이다"(요 11:32)라는 말뿐이었다는 사실을 여러분은 알 것입니다. 마리아는 마르다로부터 말을 빌려와야 할 정도로 말수가 아주 적었습니다. 마르다는 말이 아주 많았습니다. 하지만 마리아는 가능한 한 간단한 것을 좋아했습니다. 마리아는 많은 생각을 하였고, 예수님 발 아래 많이 앉아 있었고, 많은 것을 배우는 자였지만 많은 말을 하는 자는 아니었습니다.

시간이 되자 그녀는 큰 일을 하였습니다. 일반적인 일에서 마르다가 마리아보다 더 많은 일을 하였지만, 생각하는 여자 마리아가 일하는 자 마르다보다 중요한 일에서 더 많은 일을 했다는 것은 매우 묘합니다. 그리스도께서는 마리아에게 "그가 내게 좋은 일을 하였느니라"고 말씀하셨지만 마르다에게는 결코 그렇게 말씀하지 않으셨습니다. 주님은 언니인 마르다가 많은 일로 인해 은혜 받는데 방해를 받고 있다고 약간 책망하셨습니다. 하지만 주님은 마리아의 일을 칭찬하셨으며 세상이 존재하는 한 그녀의 일이 기억될 것이라고 선포하셨습니다. 세속적인 판단으로는 마리아가 일꾼이라는 평판을 받지 못하였지만 하나님의 나라에서는 좋은 일의 여왕이었습니다.

다시금 말씀드리건대 그녀는 한 마디 말도 하지 않았습니다. 여러분이 일을 하기도 전에 야단스럽게 떠들어댐으로써 여러분의 일을 망치는 그런 경우가 있습니다. 쥐가 태어나면 사람들은 그 작은 피조물이 산더미만한 무서운 고통을 잉태한 징조라며 깜짝 놀랍니다. 또한 일을 다 마친 후에 너무 많은 말을 하여 그 모든 일을 망쳐놓는 그런 경우가 있습니다. 우리 자신들이 뭔가 대단한 사람들이라는 것을 온 세상에 알려야 되는 것같이 그렇게 말합니다. 일을 성취한 후의 기쁨과 행복이 여러분 자신을 드러내 보이지 않도록 해야 하며, 주님의 몸에 기름이 흘러내려 그 향기가 진동하게 해야 하며, 우리는 다시금 본래 무익한 자의 자리로 내려와야 할 것입니다. 침묵하는 사랑의 행위들은 예수님의 귀에 음악과 같습니다. 나팔을 불지 마세요. 그렇지 않으면 예수님께서 경계하시고 떠나실 것입니다.

우리가 일은 많이 하고 말은 적게 한다면 적어도 우리 자신에게 은혜가 될 것이며 아마 다른 사람들에게도 은혜가 될 것입니다. 더욱더 숨어서 주님을 섬기도록 합시다. 사람의 시선을 끌려는 거만한 욕망이 많을수록 그런 욕망을 벗어나려고 노력합시다.

사람들은 "거룩한 일을 하는 법을 알고 싶어요"라고 말합니다. 그렇게 하십시오. 그리고 혈육과 의논하지 마세요. "나는 내 일을 다 마쳤으니 이제 여러분이 나의 일에 대하여 어떻게 생각하는지 정말로 듣고 싶습니다." 여러분은 쓸데없이 사람의 견해에 의존하는 것을 극복해야 합니다. 여러분의 동료 하인이 어떻게 생각하느냐가 뭐가 그렇게도 중요합니까? 여러분의 주인과 고락을 같이 하십시오. 여러분이 지금까지 좋은 일을 하였다면 그 일을 다시 하십시오.

한 병사의 이야기가 있습니다. 이 병사는 말을 타고 달려가서 지휘관에게 이르러 "중대장님, 우리가 적군으로부터 총 한 자루를 빼앗았습니다"라고 보고하였습니다. 그러자 사무적인 장교는 "다시 가서 다른 총을 빼앗아라" 하였습니다. 성공으로 인해 우쭐대는 친구에게 내가 할 수 있는 최고의 충고가 바로 이 말입니다. 우리에게는 성취해야 할 많은 일들이 남아있기 때문에 이미 이룬 성공을 생각할 겨를이 없습니다. 우리가 지금까지 거룩한 섬김을 해 왔다면 두 번째 세 번째에도 거룩한 일을 합시다. 우리의 끈기 있는 섬김을 받아달라고 주님께 항상 기도하면서 계속해서 거룩한 일을 합시다.

여섯 번째로 마리아의 행동의 아름다움은 그녀가 우리 주님의 죽으심과 관련하여 일을 하였다는 점입니다. 제자들은 이 슬픈 주제를 생각하므로 위축되었습니다. 베드로는 "주여 그리 마옵소서"(마 16:22)라고 하였습니다. 하지만 가까이서 주님의 마음을 함께 나누고 주님께서 하시려는 일에 교감을 나누었던 마리아는 죽으심에 대한 생각으로 위축되지 않고 오히려 죽으심과 관련된 일을 수행하였습니다. 주님의 죽으심을 마리아가 어느 정도로 의식하였는지는 확실하지 않지만 그녀가 주님의 장례와 관련하여 기름을 부었다는 것은 분명한 사실입니다.

그리스도인들이 주 예수님을 위해 감당해야 할 최고의 의무는 십자가 모양으로 찍혀 있는 주님의 핏자국에 감동되는 일입니다. 최고의 설교는 "십자가에 못 박힌 그리스도"(고전 1:23)를 전하는 것입니다. 최고의 삶은 "그리스도와 함께 십자가에 못 박히는"(갈 2:20) 삶입니다. 최고의 사람은 십자가에 못 박힌 사람입니다. 최고의 유행은 십자가에 못 박히는 것입니다. 우리 모두 십자가에 빠지기를 바랍니다! 우리 주님의 말로 할 수 없는 슬픔을 바라보면 볼수록, 그분이 어떻게 우리의 죄를 완전히 제거하셨는지 이해하면 할수록, 우리는 더 많은 거룩을 이끌어낼 수 있습니다. 골고다에서 외치신 소리가 들리는 곳에 살면 살수록, 그분의 엄청난 수난으로 인해 하늘과 땅과 지옥, 그 모든 것이 진동하였던 장면을 볼 수 있는 곳에 살면 살수록, 우리의 삶은 더욱더 고상해질 것입니다.

오직 죽으신 구세주만이 사람들에게 생명을 주십니다. 그리스도께 가까이 가십시오. 그리고 날마다 그리스도에 대한 기억을 지니고 다니십시오. 그리하면 여러분은 고귀한 행위를 하게 될 것입니다. 그리스도께서 죽으셨으므로 죄에 대하여 우리도 죽읍시다. 그리스도께서 장사되셨으므로 우리의 모든 교만도 장사지냅시다. 그리스도께서 다시 사셨으므로 우리도 새로운 삶으로 일어섭시다. 커다란 한 가지 목표로 십자가에 못 박히신 우리 주님과 연합합시다. 주님과 함께 살고 주님과 함께 죽읍시다. 그리하면 우리의 모든 행동이 매우 아름다울 것입니다.

내 생각에 일곱 번째 아름다움은 이런 것입니다. 여러분은 약간 억지가 아니냐고 생각할지 모르겠지만 내 마음이 감동을 받았기 때문에 나는 이것을 말하지 않을 수 없습니다. 마리아가 구세주 부활을 어느 정도 감지하고 구세주에게 기름을 부었다고 나는 믿습니다. 나는 여러분에게 묻습니다. 민족들이 죽은 자들을 미이라로 만드는 이유가 무엇입니까? 왜 죽은 자들을 불로 태우지 않습니까? 일반적인 그리스도인은 장례에 무언가 신비스러운 것이 있다고 생각하고 화장(火葬)하는 것을 무서워합니다. 그것은 틀림없이 후천적인 경험에 의한 느낌일 것입니다. 인간의 순박한 본성은 화장터를 좋아하지 않으며 불을 원하지 않습니다. 우리는 조상들과 함께 푸른 산자락 밑에 묻히기를 선호합니다.

고대의 많은 민족들, 특히 이집트인들과 그 밖에 동양인들은 고인의 시신에다 세심한 주의를 기울여 고귀한 향품을 발랐으며, 수지(樹脂)와 세마포(細麻布)로 쌌습니다. 무엇 때문인가요? 희미하게나마 미래에 대한 생각이 그들의 마음속에 떠올랐기 때문입니다. 타락한 지 오래되었어도 인간에게는 불멸에 대한 막연한 믿음이 어렴풋이 남아있었던 것입니다. 불멸에 대한 진리는 온 세상에 보편적으로 받아들여졌으며, 구약성경을 보더라도 이 같은 사상은 사람들에게 당연한 진리였습니다. 하나님의 존재와 영혼의 불멸은 구약 가르침의 근간을 이룹니다. 사후세계 또한 구약에서 다소 분명하게 일반적으로 인정되었습니다. 구약의 불멸의 진리가 확실하게 드러나지는 않았지만 분명히 존재하였으며, 이 교리를 거부한 사람들은 이방인들이 살았던 곳보다 더 짙은 어둠 속에 빠졌습니다. 이집트의 왕은 왜 자기 아버지의 시신을 미라로 만들었으며, 향품을 그 속에 집어넣었을까요? 이는 이집트 왕이 어쨌든 저세상이 있다고 생각하였기에 시신을 소중하게 처리한 것이 아니겠습니까?

마리아는 이보다 깊이가 있고 분명한 사상을 가졌습니다. 왜냐하면 그리스도께서 죽으신 후에 그 은혜로우신 몸에 무언가 중요한 일이 일어날 것이라고 그녀가 기대하였기 때문입니다. 그렇게 때문에 그녀는 예수님의 장례를 위해 간직해 둔 값비싼 향유를 가져와 주님의 몸에 부었던 것입니다. 어쨌든 주 예수님을 위한 여러분의 섬김이 부활하신 그리스도를 위한 섬김이 되도록 합시다. 오래 전에 죽으신 자, 곧 과거의 영웅에게 예배드리러 이곳에 오지 마세요. 다만 영원히 살아 계신 예수님을 경배하기 위해 이곳에 오세요.

그는 살아 계시네, 그대의 위대한 구세주가 살아 계시네

주님께서 자기의 성도들에게 상을 주시기 위해 틀림없이 친히 오실 것입니다. 주님께서 오시기 전에 여러분이 행하는 것을 보십니다. 누군가 "우리는 위대한 간역자(看役者)가 보는 앞에서 삽니다"라고 말하였습니다. 나는 그런 호칭을 좋아하지 않습니다. 내게는 간역자가 없습니다. 내가 주님을 눈으로 뵙지는 못하지만 나를 사랑하고 나를 위해 목숨을 내어주셨기 때문에 내가 사랑하는 주님 앞에서 산다는 것은 내게는 크게 흥분되는 일입니다. 이 사실에 여러분이 소생하지 못한다면 과연 무엇으로 여러분이 소생하시겠습니까? 이러한 사실에 여러분이 힘을 얻어 지칠 줄 모르게 거룩한 일을 섬길 수 없다면 과연 무엇으로 여러분은 힘을 얻겠습니까?

우리 주 예수 그리스도는 살아 계십니다. 우리 모두 그의 고귀하고 거룩한 머리에 기름을 부을 방도를 모색합시다. 우리를 위해 가시관을 쓰신 그분에게 면류관을 씌워드릴 방도를 모색합시다. 주님께서 살아 계심을 알고 그분 안에서 사는 것이 우리의 본분입니다. 그분에게 우리의 온 힘을 쏟기를 바랍니다. 그리고 그분을 위해 소비하고 사용하는 것이 큰 기쁨이 된다는 사실을 우리 모두 알기 바랍니다.

동료 그리스도인들이여, 나는 여러분에게 그리스도를 위하여 무엇이든지 하라고 독려하지 않겠습니다. 왜냐하면 여러분의 자유로운 사랑의 생활을 망칠까 염려되기 때문입니다. 주님을 온전하게 섬기라고 나는 여러분에게 간청하고 싶지 않습니다. 억지로 일을 하는 사람들은 기쁨으로 자원하여 일하는 사람들만큼 결코 많은 상을 받을 수 없기 때문입니다. 하지만 내가 여러분을 사랑하는 만큼 나는 여러분이 주님을 더 많이 사랑하도록 할 것입니다. 우리가 그리스도께 속하면 속할수록 우리는 더욱 자유롭기 때문에 그리스도께 속한다는 것은 즐거운 일입니다. 바울은 자신을 그리스도의 종, 예수님의 노예라고 부르는데 나는 이러한 바울의 태도를 좋아합니다. 그는 "누구든지 나를 괴롭게 하지 말라 내가 내 몸에 예수의 흔적을 지니고 있노라"(갈 6:17)고 기쁘게 고백하였습니다.

자신이 주님에게 낙인 찍힌 종이라고 생각하는 것을 자랑하는 듯이 보입니다. 그는 매를 맞고 상처를 입었으며, 채찍에 맞은 흔적이 그의 등에 남아 있었습니다. 그래서 그는 자기 자신에 대하여 "이런 자국들이 주님의 흔적이오. 나는 그의 이름으로 낙인 찍혔소"라고 항상 미소지으며 말하곤 하였습니다. 노예가 되는 것이 기쁨이라니 이 얼마나 즐거운 섬김인가요! 할 수만 있다면 나의 머리카락 하나라도 전부 주님을 위해 바치겠습니다. 할 수만 있다면 나의 마지막 피 한 방울까지라도 주님을 위해 흘리기를 바랍니다. 여러분 모두를 위해 말씀드리건대, 나의 자유, 참으로 나의 자유는 할 수만 있다면 다시는 죄를 짓지 않는 자유이기를 바라며, 그리스도의 명령을 순종하는 자유이기를 바랍니다. 나는 주님의 기쁘신 의지 안에서 나의 자유의지를 버릴 것입니다. 그리고 주님의 명령을 온전히 순종함으로써 내가 전에 결코 얻지 못했던 자유를 다시금 찾을 것입니다.

그러므로 여러분의 마음의 거룩한 사랑을 억지로 강요하면서까지 여러분이 예수님을 위해 무엇을 할 수 있는가를 제시하지 않겠습니다. 가장 좋은 주스는 과일에 가장 적은 압력을 주었을 때 흘러나오는 것처럼, 자발적인 섬김이야말로 최고의 섬김입니다.

나로 하여금 여러분을 밀어 제치지 않게 해 주세요. 그리고 여러분은 질질 끌지 마세요. 자발적으로 열심을 내세요. "나를 끌어 주세요. 내가 당신의 뒤를 따르리이다"라고 주님께 말씀드리세요. 개인적인 분명한 명분으로 주님을 사랑하는 것이 다른 이유로 사랑하는 것보다 낫지 않겠습니까? 다시 반복합니다만, 나는 여러분의 거룩한 비밀에 파고들지 않을 것이며, 여러분 스스로 조용히 생각하고 반성하여 주님과 교제하도록 할 것입니다. 성령께서 이 말에 은혜 베푸시기를 축원합니다!

# 11

# 베다니의 마리아(2)

---

### 은혜로운 퇴장

"예수께서 여자에게 이르시되 네 믿음이 너를 구원하였으니 평안히 가라 하시니라"(눅 7:50).

내가 전하고자 하는 주제의 주된 내용은 "평안히 가라"는 말씀에 해당하는 은혜로운 퇴장(退場)입니다. 방금 은혜를 받은 여자에게 "가라"는 말씀은 슬프게 들렸습니다. 왜냐하면 여자는 자신을 용서하신 주님과 평생 동안 함께 하고 싶었기 때문입니다. 하지만 "평안히"라는 말씀은 쓴 쑥을 꿀로 바꾸어 놓았습니다. 오랫동안 죄에 사로잡혀 괴로움을 당하였던 그녀에게 이제 평화가 임하였던 것입니다. 그녀가 눈물로 씻었던 주님의 발에서부터 일어나서 구원받은 자로서 앞으로 믿음의 발걸음을 계속 내딛기 위하여 걸어갔습니다.

본문에서 우리 주님은 독선적으로 트집을 잡는 냉랭한 분위기로부터 참회자를 벗어나게 하였으며, 이에 그녀에게 어울리지 않는 논쟁으로부터 해방시켜 주셨습니다. 하지만 나는 이 복된 말씀에서 그 이상의 의미를 깨닫습니다. 내가 보기에, 이 가련한 죄인이 자신의 발을 눈물로 씻길 정도로 자신에 대한 사랑이 충만한 것을 보시고 우리의 거룩하신 주님께서는 바리새인들에게 그녀의 사랑이 큰 이유를 비유로 설명하신 다음 "평안히 가라"고 말씀하신 것 같습니다.

이 말씀은 그 순간 여자가 꼭 필요한 일을 한 것에 대하여 갈채를 보내신 것뿐만 아니라 그녀 평생에 그녀와 동행하고 함께 하시겠다는 의미였으며, 그리하여 어두운 골짜기를 다닐지라도 해를 두려워하지 말라는 의미였습니다. 왜냐하면 그 부드러운 음성으로 "평안히 가라"고 하신 말씀을 그녀가 항상 들을 것이기 때문입니다. 이 음성을 들었다는 것이 얼마나 아름다운 일입니까! 그리고 이 음성을 지금도 듣고 있다는 것이 얼마나 아름다운 일입니까!

먼저 즐거운 보증을 생각해 봅시다. 회개한 여자가 평안히 갈 수 있었던 근거는 그녀가 구원받았기 때문입니다. 구세주는 그녀에게 확신을 주셨습니다. "네 믿음이 너를 구원하였으니."

그녀는 우리와 다른 구원을 받은 것이 아니라 똑같이 보배로운 믿음으로 말미암아 동일한 구원을 받았습니다. 그녀가 구원을 받은 방법은 그리스도를 믿는 것이었습니다. 이는 우리와 똑같지만 여러분 가운데 일부가 정말로 갖고 싶어하는 바를 그녀는 가졌습니다. 그것은 그녀가 주님의 입으로부터 구원받았다는 보증을 얻었다는 사실입니다. 누군가 "나에게도 주 예수님께서 임하셔서 주님의 입으로 '네 믿음이 너를 구원하였도다'라고 말씀하신다면 나도 평안히 갈 것이오"라고 말하는 소리를 나는 듣습니다. 당연히 여러분은 그렇게 생각하겠지요. 우리의 왕, 우리의 구세주의 입에서 그런 복된 말씀을 듣는다는 것은 틀림없이 큰 기쁨일 것입니다.

하지만 사랑하는 친구들이여, 여러분의 믿음을 그런 단순한 상황에 붙들어매서는 안 됩니다. 그리스도의 육신이 문자 그대로 여러분 앞에 서서 "네 믿음이 너를 구원하였도다"라고 말씀하시든 혹은 오류 없이 기록된 말씀을 통해 여러분에게 말씀을 하시든 그것은 별 차이가 없는 것입니다. 아버지의 말씀을 내가 믿을진대, 내가 존경하는 그분을 아침에 정원에서 뵙고 직접 그의 음성을 들었든지, 혹은 나중에 나를 보시면 말씀하실 내용을 종이에 친필로 적어 보내신 편지를 내가 우편으로 받았든지 그것은 별 차이가 없습니다. 아버지께서 내게 말씀하실 때 언덕에 있는 우리 집까지 올라와 모든 것을 말씀하셔야 한다고 나는 요구하지 않습니다. 만일 그렇다면 나는 얼간이일 것입니다.

내가 만일 "사랑하는 나의 아버지, 아버지께서 편지에서 저에 대한 사랑을 확실히 보여 주셨는데 아버지께서 제게 오셔서 제 얼굴을 보시고 제 손을 붙잡으시고 아버지의 좋으신 뜻을 제게 확실하게 보여 주시기 전에는 저는 그 사랑을 믿을 수 없겠습니다"라고 한다면, 아버지는 제게 이렇게 말씀하실 것입니다.

"사랑하는 나의 아들아, 너 어디 아프냐? 너는 틀림없이 정신이 나갔구나. 네가 그렇게 유치한 줄은 미처 몰랐구나. 나의 친필(親筆)은 언제나 믿을 수 있는 것이란다. 내가 네 눈앞에 나타나서 네 귀에다 대고 말하기 전에는 믿을 수 없다고 말하다니 도저히 믿을 수 없구나."

나의 육신의 아버지께 내가 행하지 않는 일을 나의 하늘의 아버지께 나는 행하지 않을 것입니다. 하늘의 아버지께서 내게 보내신 편지를 나는 확실히 믿습니다. 성경에 그 내용이 기록되어 있다면 나는 실제로 아버지께서 하늘로부터 내려와서 내게 직접 말씀하신 것처럼, 혹은 밤에 환상 중에 내게 나타나 말씀하신 것처럼 확실히 믿을 것입니다. 이것이 상식적인 논리가 아닙니까? 여러분도 나의 말에 즉시 동의하지 않습니까?

여러분은 이렇게 말합니다. "존경하는 목사님, 물론 목사님 말씀에 동의합니다. 하지만 그때에는 주님께서 여자에게 직접 말씀하셨습니다. 우리는 더이상 어떠한 의심도 해서는 안 되겠지만, 주님께서 우리에게 보증의 말씀을 해 주셔야 우리는 평안히 갈 것입니다. 목사님도 아시다시피, 예수님께서 '네 믿음이 너를 구원하였다'고 친히 말씀하셨을 뿐만 아니라 그렇게 여자를 바라보셨습니다. 주님은 여자에게로 향하셨고 여자는 주님께서 자기에게 말씀하시는 것을 알았습니다. 누구에게 보증하셨는지 착각하지 않았습니다. 당시 그 방에는 다른 사람들도 있었지만 주님은 그 말씀을 시몬에게, 베드로에게, 야고보와 요한에게 하지 않으셨습니다. 여자는 예수님의 모습을 보고 주님의 말씀이 자신을 위한 것인지 알았습니다. 오직 그녀만이 가야 할 유일한 사람이었고, 결과적으로 '평안히 갈' 유일한 사람은 그녀 자신이었습니다. 우리 주님은 단수로 '네 믿음이 너를 구원하였도다'라고 말씀하셨습니다. 이 말씀이 나에게 절실히 느껴지기를 나는 바랍니다."

그래요. 하지만 내게는 이런 말이 다소 어처구니없다고 느껴집니다. 그렇지 않습니까? 만일 아버지께서 나와 내 형제 자매들에게 "사랑하는 자녀들아, 나는 너희를 사랑한다. 그리고 내가 너희에게 필요한 것들을 마련해 두었단다"라고 말씀하셨다고 해 봅시다. 훗날 내가 "아버지, 그때에 제가 아버지를 믿지 않았고, 아버지의 말씀에서 아무것도 기대하지 않았다는 사실을 알고 계십니까? 왜냐하면 그때에 아버지께서 제 곁에 있는 다른 형제 자매들에게 말씀하셨기 때문이죠. 나는 아버지의 사랑의 말씀이 진실이라고 생각하지 않았습니다. 왜냐하면 아버지께서 제 형제 자매들 모두에게 말씀하셨기 때문이지요. 아버지께서는 단수(單數)로 '얘야' 라고 말씀하지 않고 복수(複數)로 '얘들아' 라고 말씀하셨습니다. 그리고 저의 형제 자매들 모두에게 말씀하셨습니다. 그러므로 아버지의 다정다감한 보증의 말씀에서 나는 아무런 위로를 얻을 수 없다고 느꼈습니다"라고 아버지에게 말해야 한다고 나는 생각하지 않습니다.

만일 내가 그렇게 말한다면 나는 정말로 철없는 녀석일 것입니다. 그리고 나의 아버지는 자기 아들을 정신병원에 보내야 되겠다고 생각하게 될 것입니다. 그 원인을 몰인정한 마음에서 찾지 않는다면 아버지는 그 원인을 저능한 머리에서 찾을 것입니다. 내 아버지께서 내게 하신 말씀을 자녀들 각자에게도 똑같이 말씀하신다면, 그야 분명히 아버지의 말씀은 신뢰가 떨어지기보다는 훨씬 더 믿음직스러울 것이며, 따라서 나는 단수보다는 복수로 말씀하신 사랑의 언약으로부터 더 많은 위로를 얻을 것입니다. 하나님께서 오직 나만을 유일한 사랑의 대상으로 삼고 외로운 계획을 수행하시기보다는 수많은 다른 사람들과의 교제 가운데서 내게 은혜를 베푸신다고 믿는 것이 더 쉬울 것입니다. 그렇지 않습니까?

누군가 이렇게 말합니다. "맞아요, 하지만 아직 당신이 풀어야 할 문제가 있습니다. 그 복수 가운데 내가 과연 포함되어 있는지 나는 알고 싶습니다. 예수님께서 말씀하신 그 사람들 중에 내가 실제로 들어있는지 나는 알고 싶습니다." 불안해하는 나의 친구들이여, 여러분은 그런 사실을 알 수 있습니다. 여러분은 아주 확실히 알 수 있습니다. 성경에 "믿는 자는 영생을 가졌나니"(요 6:47)라고 기록되어 있습니다. 예수님을 믿느냐 안 믿느냐 하는 의심을 여러분이 할 필요가 전혀 없습니다. 여러분이 예수님을 믿는다면, 그 믿음이 문제의 요점입니다. 여러분이 실제로 예수님을 믿느냐 안 믿느냐 하는 것을 여러분 자신이 쉽게 확인할 수 있습니다. 여러분이 예수님을 믿는다면 여러분은 예수님의 것이며, 예수님의 모든 약속도 여러분을 위한 것입니다. 여러분에게 믿음이 있습니다. 주님께서 믿음이 너를 구원하였다는 일반적인 말씀을 하셨을 때, 그 말씀은 온 세상에, 모든 곳에, 모든 시대에, 현 시대가 끝날 때까지 적용됩니다. 그리고 믿음의 복음이 전파되지 않은 곳에서는 지금까지 사람들이 고착된 징벌(懲罰)의 상태에 빠져 있었습니다. "네 믿음이 너를 구원하였으니." 여러분이 적어도 믿음을 가지고 있다면, 예수님께서 그리스도이심을 여러분이 믿는다면, 여러분은 하나님으로 말미암아 거듭난 사람들입니다. 여러분이 주 예수님께

    당신에 대한 나의 신뢰가 계속되며
    당신으로부터 내 모든 도움을 받습니다

라고 말할 수 있다면 그것이 믿음입니다. 그리고 예수님께서 "네 믿음이 너를 구원하였도다"라고 증거하십니다. 오류가 없으신 증인께서 모든 믿는 자에게 이와 같이 말씀하셨기 때문에 여러분이 이를 의심해야 한다고 나는 생각하지 않습니다. 사실상 여러분은 주님의 음성을 듣지 못합니다. 왜냐하면 오늘날 주님께서 입으로 말씀하시기보다 기록된 성경을 통해 말씀하시기 때문입니다. 진실한 사람이 기록한 것이나 말한 것을 우리는 다 믿습니다. 만일 그 중에 어느 하나를 고르라고 한다면 나는 주님께서 종이에다 신중히 기록하신 것을 선호할 것입니다. 왜냐하면 음성은 깨끗이 사라지지만 기록은 남아있기 때문입니다.

우리 주님께서 선언하신 말씀을 반복하여 읽고, 온갖 모양으로 정리하고, 그 말씀이 얼마나 신실하고 참된 것인지 깨닫는 것이 우리에게 크게 유익할 것입니다. 만일 구세주께서 오늘 밤 만나 주시고 "네 죄 사함을 받았느니라, 네 믿음이 너를 구원하였느니라" 말씀하신다면 내가 그렇게 하리라고 말하기보다는 성경책에서 그런 사실을 찾는 것이 여러분에게 더 큰 확신을 줄 것입니다. 기록은 음성을 능가합니다.

여러분은 "아니에요, 나는 그런 사실을 알 수 없습니다"라고 말합니다. 자, 베드로는 변화산에서 그리스도와 함께 있었으며, 이로써 그리스도께서 하늘의 영광 중에 계셨다는 베드로의 확신은 조금도 흔들리지 않았습니다. 하지만 이 모든 것에도 불구하고 베드로는 "우리에게는 더 확실한 예언이 있어"(벤후 1:19)라고 말합니다. 베드로는 자기가 확실하게 목도한 그런 광경을 기억하는 것이 영구적으로 영감된 하나님의 말씀만큼 언제나 자신에게 큰 확신을 주지 못한다고 느꼈던 것입니다. 여러분도 같은 느낌을 가져야 합니다. 내 인생의 어느 시점에서 내가 주님을 뵙고 주님께서 내게 말씀하신 사실을 오늘 밤에 내가 알았다고 합시다. 그런 일이 일어난 바로 그 장소가 내 영혼에는 매우 소중하고 성스러울 것입니다. 하지만 이따금씩 나타나는 현상처럼 내가 의기소침해지고 어두움이 내 영혼을 덮었을 때, 나는 분명히 스스로에게 "너는 그런 일을 전혀 보지 못하였어. 그것은 환상, 꾸며낸 상상, 일시적 정신 착란 외에 아무것도 아니었어"라고 말할 것입니다.

하지만 사랑하는 성도들이여, 내가 이 성경책을 펼쳐서 거룩한 말씀을 한 줄 한 줄 볼 때, 내가 상상하고 있는 것이 아님을 압니다. 그곳에 "하나님이 세상을 이처럼 사랑하사 독생자를 주셨으니 이는 그를 믿는 자마다 멸망하지 않고 영생을 얻게 하려 하심이라"(요 3:16)고 기록되어 있습니다. 나는 이 말씀을 확신하며 또한 내가 믿고 있음을 확신하며, 그러므로 내가 구원받았음을 나는 확신합니다. 나는 손가락으로 이 구절을 짚고 다음과 같이 말하기를 좋아합니다.

"주여 당신께서는 거짓말하실 수가 없다는 것을 나는 압니다. 저는 이 성경이 당신께서 쓰신 책이라는 사실을 조금도 의심하지 않았습니다. 다른 의심들이 저를 괴롭힐지라도 이 성경을 의심하지는 않았습니다. 당신께서 내 영혼속 깊이 말씀하시기에 저는 제 존재에 대하여 확신하는 만큼이나 이 성경이 당신의 말씀임을 확신합니다. 그러므로 당신께서 친히 제게 나타나셔서 음성으로 말씀하신 것보다 성경에서 언약하심으로써 제 의심을 제거하시고 제 영혼의 영원한 구원을 보증하신 것이 더 잘 된 일이었습니다."

기록된 말씀이 가장 확실합니다! 여러분이 믿는다면, 여러분이 살아 있는 것이 분명한 사실인 만큼 여러분은 확실히 구원받았습니다. 여러분이 믿는다면, 천지는 없어지겠으나 주님의 말씀은 여러분을 위해 언제나 변치 아니할 것입니다. "아들을 믿는 자에게는 영생이 있고"(요 3:36). 믿는 자는 바로 지금 영생을 소유하였습니다. 우리 주님은 이러한 사실을 다음과 같이 표현하셨습니다. "믿고 세례를 받는 사람은 구원을 얻을 것이요"(막 16:16). "사람이 마음으로 믿어 의에 이르고 입으로 시인하여 구원에 이르느니라"(롬 10:10). 이 약속의 말씀에는 "만약"이나 "그러나"라는 단어는 없습니다. 구원이 현재의 일로서, 그리고 영원한 것으로 묘사되었으며, 모든 경우에 확실한 사실로 묘사되었습니다. 왜 우리가 이 문제로 인해 근심하고 피곤해야 합니까? 사실이 이러하니 우리 모두 위로를 받읍시다. 우리는 "영감의 정도"를 따져서 전부 더러운 쓰레기라고 결론 내리고 이 성경을 폐기하든지 그렇지 않으면 논리적으로 우리의 소망을 확신하며 이를 즐거워해야 합니다. 단언하건대, 이 성경이 확실한 증거의 말씀이라는 믿음으로 굳게 서는 한 여러분이 구원받았다는 사실을 알 것입니다.

이 성경책이 사실이라면 예수님을 믿는 모든 사람들은 예수님만큼 안전할 것입니다. "나는 믿노라, 하지만 내가 구원받지 못하였을까봐 두려워하노라"고 말하는 것은 여러분이 사실은 전혀 믿고 있지 않다는 사실을 빙 둘러서 말하는 것일 뿐입니다. 왜냐하면 여러분이 정말로 믿는다면, 하나님께서 진리를 말씀하셨다는 사실을 믿을 것이기 때문입니다. 성경은 "하나님이 우리에게 영생을 주신 것과 이 생명이 그의 아들 안에 있는 그것이니라"(요일 5:11)고 말씀합니다. 이는 위대하신 아버지의 증거이며, 영원하신 성령님의 증거입니다. 그러므로 우리는 감히 이 말씀을 의심해서는 안 됩니다. 여러분이 믿는지 안 믿는지에 대하여 의심할 수는 있습니다. 하지만 여러분이 진실로 거짓없이 주 예수님을 믿는다고 보면, 원인에 따르는 결과가 있는 것처럼, 믿음의 원인으로 인해 확실한 결과, 곧 구원이 따르는 것이 확실합니다. "네 믿음이 너를 구원하였으니 평안히 가라."

더 이상 염려하지 말고 평안히 가세요. 심문은 끝났습니다. 구원이 이루어졌으므로 가서 여러분의 일을 하십시오. 여러분의 영혼은 구원받았습니다. 가서 성취된 구원을 기뻐하십시오. 그리고 더 이상 의심하지 마세요. 하나님께서 모세에게 "너는 어찌하여 내게 부르짖느냐? 이스라엘 자손에게 명령하여 앞으로 나아가게 하라"(출 14:15)고 말씀하셨습니다. 어찌하여 여러분은 물어보고 의심합니까? 앞으로 나아가 하나님께서 여러분을 위해 예비하신 것을 누리세요. 여러분이 그리스도 안에서 구원받고 의롭다함을 받은 지금 성화(聖化)를 이루세요. 그리고 그 밖에 여러분의 주님 그리스도 예수 안에서 여러분 앞에 놓인 은혜언약의 축복들을 구하십시오. 언약은 확실합니다. 이 사실을 확신하십시오. 그리고 완전히 평안한 심령으로 하나님께서 여러분에게 베푸시는 은혜를 누리세요.

두 번째, 이해심 많은 교훈을 들어봅시다. 먼저 "가라"는 말씀이 있고 그 다음에 "평안히"라는 말씀이 있습니다.

"가라"는 말씀에는 두 가지 의미가 있습니다. 첫째는 어디로부터 가라는 뜻이며, 둘째는 어디로 가라는 뜻입니다. 여자는 어디로부터 가야 했나요? 첫째, 그녀는 궤변가들로부터 벗어나야 했습니다. 시몬과 바리새인들은 벌 떼가 침으로 넘쳐난 것처럼 반대로 가득하였습니다. 그들은 마음속으로 "이 사람이 누구관대 죄를 용서하느냐?"고 생각하였습니다. 그들은 감히 완전자의 성품을 의심하였습니다. 이러한 여자가 자기 곁에 와서 눈물로 자기 발을 씻기도록 허락하신 것을 보고 그들은 주님의 정결함을 의심하였습니다. 그래서 구세주께서 그녀에게 "가라"고 말씀하신 것입니다. 이곳은 순수한 사랑이 있을 만한 좋은 자리가 아니었습니다. 그녀의 영혼은 사자들 가운데 있었습니다. 예수님께서는 "이곳에 더 머물러서 이 트집쟁이들에게 괴로움을 당하지 말라. 네 믿음이 너를 구원하였도다. 너는 큰 복을 받았으니 평안히 가라"고 말씀하신 것 같습니다.

하나님의 자녀가 자기 주님을 공격하거나 자기의 믿음을 비난하는 무리들 가운데 있을 때, 자기 일만 하고 비웃는 자들로 혼자서 비웃도록 하는 것이 가장 큰 지혜라고 나는 믿습니다. 구세주께서는 여자에게 다음과 같이 말씀하지 않으셨습니다. "멈추어라. 그리고 시몬이 이야기하는 것을 들어 보라. 소중하고 착한 여자여, 그대가 나의 발을 눈물로 씻기고 있었노라. 지금 대단히 지적인 신사가 매우 유식한 강의를 하고 있으니 그의 말을 경청해 보라. 그대가 모든 일들을 증명해 보여야 해. 그러므로 멈추어 그의 말을 들어보아라. 그대의 죄를 사해 준 내 행위를 반대하는 신사들이 여기에 많다. 그리고 그런 반대들은 그들의 뿌리깊은 사상에서 나온 것이다. 그들의 말을 들어보아라. 그런 다음에 내가 그들의 질문에 답해 줄 것이며, 그대의 마음을 달래 주리라."

주님은 이렇게 말씀하셨습니다. "가라, 평안히 가라. 평안을 잃지 않도록 멈추지 말라. 그대는 평안을 얻었노라. 그대는 위로와 기쁨을 얻었노라. 그것을 빼앗기지 말라." "네 믿음이 너를 구원하였으니 집으로 가라. 그들을 떠나라. 평안히 가라."

사람들로부터 벗어나는 것 외에도 "본의 아니게 사람들에게 알려지는 것을 피하라"는 뜻으로 주님께서 그렇게 말씀하셨다고 나는 생각합니다. 우리 구세주께서 오늘날 상당히 뛰어난 사람들 같았다면, 주님은 "이 사람들 앞에 서서 네 경험을 말해 주어라. 이번 주에 여러 모임에 참석해서 그들 모두에게 말해 주어라" 하셨을 것입니다. 구세주의 발을 눈물로 씻고 자기 머리카락으로 닦은 그녀가 훌륭한 여자가 아니었나요? 그녀는 자신의 눈과 머리카락을 보이며 은혜로운 간증(干證)을 할 수 있었습니다. 이 간증을 듣고 단 몇 사람만이 감동을 받을 것이라고 누가 말할 수 있겠습니까? 구세주께서는 "네 믿음이 너를 구원하였으니 평안히 가라"고 말씀하셨습니다. 이는 그녀에게 여하간 감사할 뿐만 아니라 흥분되는 말씀이었습니다.

이 말씀은 다음의 말씀과 같습니다. "너와 같은 여자들에게 너는 말할 수 있느니라. 너는 타락한 가련한 여자를 찾아 죄를 사하는 나의 은혜를 조용히 말해 줄 수 있느니라. 하지만 너의 경우 네 아름다운 이름은 미래에 평안한 너의 삶 가운데 나타나리라. '네 죄 사함을 받았느니라.' 그것으로 충분하노라. 사랑으로 말미암은 훌륭한 행동으로써 네가 이제 활동할 단계에 이르렀지만 명성을 얻으려는 버릇을 갖지 말라. 되바라지고 영웅적인 태도로 자신을 나타내려고 애쓰지 말고 평안히 가라."

주님은 거의 다음과 같이 말씀하신 듯합니다. "이제 네 가정으로 들어가라. 너의 다른 자매들과 함께 있어라. 장차 너의 순결(純潔)로써 나의 교리를 아름답게 나타내어라. 그리고 네게 얼마나 큰 변화가 일어났는지 모든 사람들에게 보여 주어라. 왜냐하면 아마도 너의 연약함이 옛날의 너를 죄인으로 만들었던 바, 성도가 된 지금도 너를 위험에 빠뜨릴 수 있기 때문이니

라. 그러므로 네가 여기서 지체하고, 나의 제자들과 합류하여 공공연하게 거리를 지나가며 나를 따라오는 것을 나는 원하지 않노라. 네 믿음으로 구원받았으니 평안히 가라."

주님께서 여기서 큰 지혜를 가르쳐 주셨으며, 이 지혜를 하나님 교회의 지도자들이 본받아야 한다고 나는 생각합니다. 내가 조금 더 설명을 드려야겠다고 생각합니다. 말하자면, 그녀가 평생에 한 번 이룬 고귀한 직무로부터 구세주께서 그때 그 자리에서 그녀를 퇴장시키셨다고 나는 생각합니다. 그녀는 눈물로 주님의 발을 씻고 자기 머리카락으로 닦았습니다. 이는 열정적인 사랑의 행동이었습니다. 이는 복음이 전해지는 모든 곳에서 그녀를 기억하게 할 만한 행동이었습니다. 그리고 우리는 그녀의 회개, 그리스도에 대한 그녀의 사랑뿐만 아니라 그녀의 영웅적인 용기를 본받아 마땅합니다. 하지만 아울러 우리가 언제나 영웅적인 행동을 할 수만은 없습니다.

인생은 주로 일반적인 행위들로 이루어집니다. 언제나 눈물로 발을 씻거나 머리를 풀어 수건처럼 사용하는 것은 불가능할 것입니다. 언제나 숭고한 일 행하기를 원한다는 것은 어떤 사람들에게 힘든 일입니다. 그들은 종종 단번에 실패하며 웃음거리가 되어 버립니다. 그들은 언제나 결과를 얻으려고 애쓰고 있습니다. 전에 훌륭한 사람이 이룬 업적에 대한 이야기를 듣고 그들 스스로 그 업적을 이루어야 하며, 계속 그 일을 행해야만 합니다. 오 나의 자매여, 여러분이 그리스도를 위하여 말해야 할 때가 올 것이며, 많은 사람들 앞에서 공개적으로 말해야 할 때가 올 것입니다. 그러나 내일은 여러분이 집에 가서 자녀들을 돌보고 남편을 행복하게 해 주는 것이 좋겠습니다.

여러분이 긴 양말을 꿰맴으로써, 어린 자녀들의 양말을 기움으로써 그리스도를 영화롭게 해야 할 것입니다. 이러한 행동이 바로 눈물로 주님의 발을 씻기는 것입니다. 여러분이 가진 경건이 가정생활에 충실한 경건이 아니라면, 또한 일반적인 수고를 거룩한 섬김으로 만드는 경건이 아니라면 여러분의 경건은 잘못된 것입니다. 우리가 원하는 사람들은 도끼와 대패로, 혹은 판매대에서, 혹은 펜을 사용함으로써 하나님을 섬길 수 있는 사람들입니다. 이들이 우리가 원하는 사람들입니다. 하지만 많은 사람들이 즉시 눈에 띄는 곳으로 도약하여 깜짝 놀라게 하는 행동을 하고 싶어합니다. 즉시 일을 이루었으므로 그들의 남은 생애는 불안정한 상태가 됩니다. 그들은 십계명을 지키고 예수님의 발자취를 따를 것처럼 보이지 않습니다. 확 달아오른 사람들이 "평안히 가라"는 주 예수님의 말씀을 듣기를 나는 바랍니다. "널리 알려지기 위한 긴장으로부터 긴장이 덜한 가정의 의무로 돌아가세요."

주님께서 이렇게 말씀하신 의도는 여자가 좋아했던 주님과의 단독적인 관계를 끝내기 위한 것이었다고 여러분은 생각하지 않습니까? 그녀는 주님 곁에 있었습니다. 하지만 여자는 이제 다시는 주님 곁에 있지 못할 것입니다. 물론 영적으로는 주님 곁에 있겠지요. 하지만 육신적으로는 분명히 주님 곁에 있지 못할 것입니다. 묵상 생활이 습관화되어 있고, 그보다 더 나은 생활이 없다고 생각하는 사람들이 실제생활을 잊어버려야 한다고 생각하기 쉽습니다. 하지만 결코 그래서는 안 됩니다. 우리는 주님 발 아래 앉아서 배우는 것 못지않게 주님께서 명하신 대로 살아야 합니다. 여러분은 유명한 하나님의 사람에 대한 이야기를 알아야 합니다.

그는 골방에서 주 예수님을 뵈었다고 생각했습니다. 그리고 확신 가운데 큰 기쁨으로 예배를 드렸습니다. 그러나 바로 그때 수도원 문에 달려 있는 벨이 울렸습니다. 이는 수도원 문 앞에서 배고픈 사람들에게 빵을 나눠 주는 시간이었기 때문입니다. 그때 그는 주님과 함께 교제하느냐 아니면 나가서 불쌍한 거지들에게 빵을 건네느냐 하는 생각으로 잠시 갈등하였습니다. 마침내 그는 고귀한 영적인 복을 희생하더라도 자신의 사명을 다해야겠다고 생각했습니다. 그는 나가서 빵을 나누어 주었습니다. 그리고 큰 기쁨으로 돌아왔을 때 여전히 환상은 계속되었고, 한 음성이 그에게 들렸습니다.

"네가 여기에 머물렀다면 나는 갔을 것이다. 하지만 네가 나갔다 왔기 때문에 나는 너와 교제하기 위해 지금까지 여기에서 있었노라."

우리는 사명의 길을 따라가야 합니다. 어떠한 영적인 즐거움도 사명을 중단해야 할 명분이 될 수 없습니다. 하나님께서 주신 사명을 결코 다른 사람에게 맡기지 마세요. "네 믿음이 너를 구원하였으니 평안히 가라." 온종일 성경을 읽거나 온 저녁을 기도해야 한다고 생각하지 마세요. 모든 것에는 때가 있습니다. 모든 거룩한 일을 적절하게 합시다. 그래야 여러분의 삶이 화려한 색깔과 거룩한 모양으로 장식된 멋진 모자이크처럼 완전한 모양을 갖출 수 있을 것입니다. "네 믿음이 너를 구원하였으니 평안히 가라. 그리고 싫증내지 말고 그 다음 일, 또 그 다음 일을 계속해서 하여라."

이어서 여자가 어디로 가야 했는지 말씀드리지 않을 수 없습니다. 내가 보기에 주님은 이렇게 말씀하셨을 것입니다. "집으로 가라. 지금까지 너는 타락한 여자였다. 집은 네가 있어야 할 곳이다. 너의 부모님이나 친척들이 계신 집으로 가라. 집을 찾아라. 가정적인 사람이 되어라. 네 일에 전념하라. 네 사는 곳이 어디든지 그곳으로 가라. 매일 해야 할 사명을 하지 않는 것이 네가 유혹에 빠진 원인이었노라. 유익한 행실과 규칙적인 습관을 회복하라. 이것이 네게 안전하니라. 네가 머리와 마음과 손을 바쳐 일한다면 유혹 받지 아니하리라."

주님께서 "이제 시련을 받는 평범한 생활로 가라"는 뜻으로 말씀하지 아니하셨나요? 여러분은 자신이 공기 중에 떠다니고 장미를 먹고 사는 매우 특별한 사람, 곧 성인과 같은 사람이라고 생각하시나요? 그런 공상을 버리세요. 나는 중국 사람들이 구름 위를 걸어다닐 수 있는 신발을 판다는 이야기를 들었습니다. 어떤 이들은 이 놀라운 물건을 틀림없이 샀을 것이라고 나는 믿습니다. 왜냐하면 그들은 구름나라에서 살고 어리석은 상상의 죽마(竹馬)를 타고 꿈속처럼 걷기 때문입니다. 여러분 자신을 대단하다고 생각하지 마세요. 여러분은 평범한 남자나 여자일 뿐입니다. 동료 그리스도인들이 행하고 있는 그런 사명을 감당하고 여러분 자신을 뛰어난 사람이라고 생각하지 마세요. 세상에서 가장 다루기 힘든 사람은 자신이 뛰어나다고 생각하는 사람입니다. 자신을 대단히 중요하다고 생각하는 사람들은 사실은 보잘것없는 사람들입니다. 가련한 인생이여! 어리석게 우쭐하게 하는 것은 하나님의 은혜가 아닙니다.

주님의 말씀은 가서 더 많이 섬기라는 뜻이었습니다. "평안히 가라. 네가 나의 사랑을 설명해 줄 사람들이 있노라. 오, 네가 어찌 그 사랑을 말로만 설명하랴! 눈물로 내 발을 씻은 네가 가서 너처럼 타락한 자들을 위해 많은 눈물을 흘려라. 눈물로 그들에게 전하므로 그들의 마음속에 나의 사랑이 들어갔는지 눈으로 확인하라. 가서 평안히 살고, 내가 네게 맡긴 모든 사명을 감당하라." 이것이 바로 주님께서 말씀하신 의도라고 나는 생각합니다. 여기에 앉아서 즐겁게 시간을 보내리라고 생각하지 마세요. 여기서 나가 구세주의 이름을 높이십시오. 가라!

또한 말씀의 의도는 다음과 같습니다. 주님은 "평안히 가라"고 말씀하셨습니다. 주님을 사랑하는 우리 모두가 앞으로 남은 여생을 평안히 보내기를 바랍니다. 용서하시는 주님의 사랑으로 우리가 죄책감으로부터 벗어나기를 바랍니다. 용서받은 자여, 여러분이 많은 용서를 받았으므로 많이 사랑합시다. 온통 사랑만을 생각하고 아무것도 두려워하지 맙시다. 어둡고 망신스러운 지난 일로 더 이상 고민하지 맙시다. 못 박히신 주님의 손이 그 모든 죄를 지워 버리셨습니다. 위대하신 주님께서 여러분의 모든 빚을 다 탕감해 주셨습니다. 그런 것으로 더 이상 괴로워하지 마세요. 평안히 가세요. 죄의 짐을 벗어 버리고 하나님의 말씀의 교훈으로 말미암아 여러분의 죄가 용서받았다는 사실을 확신할 때 얼마나 평안한지요! 이는 모든 지각에 뛰어난 평안입니다.

또한 여러분을 바라본 모든 사람들의 모든 비판과 관련하여 예수님께서 "평안히 가라"고 말씀하셨습니다. 사람들을 신경 쓰지 마세요. 그들을 개의치 마세요. 그들이 여러분을 어떻게 하겠습니까? 주인만 인정한다면 좋은 만족스럽습니다. 다른 사람들이 종의 섬김에 대하여 무엇이라 말할지라도 종은 신경 쓸 필요가 없는 것입니다. 당신의 믿음이 당신을 구원하였습니다. 사람들의 고약한 말을 모두 잊어버리세요. 그리고 그들의 잔인한 말을 마음속에 담아두지 마세요. 평안히 가십시오. 그리고 비판하는 말을 듣고 놀라지 마십시오.

또한 "네가 한 일에 대하여 평안히 가라"는 의미로 주님께서 말씀하셨다고 나는 생각합니다. 나는 그러한 말의 필요성을 알고 있습니다. 이 여자는 눈물로 그리스도의 발을 씻고 자기 머리카락으로 닦는 매우 이상한 행동을 하였습니다. 그 자리를 벗어난 후에 여자가 이렇게 생각할 수도 있었습니다. "내가 너무 뻔뻔스러웠나 모르겠네. 내가 너무 유별나지는 않았나? 내가 어떻게 그런 일을 했을까? 내가 그의 발을 씻고 있을 때 내 모습이 어떻게 보였을까? 나 같은 죄인이 복되고 거룩하신 주님에게 그런 일을 하였으니! 나의 무례함에 난처해 하셨으면 어쩌지?"

때때로 여러분도 그리스도를 위해 용감한 일을 하고 나중에 이처럼 생각하지 않았습니까? "결국 내가 무모하게 잘난 척하였어"라고 여러분은 말합니다. 처음으로 설교를 마친 젊은이는 "이번에 잘 해냈어, 하지만 다시는 설교하지 않을 거야. 나는 분명히 이런 거룩한 일에는 맞지 않아"라고 말합니다. 이런 마음을 아신 주님께서 이 여자에게 다음과 같이 말씀하셨습니다. "평안히 가라. 나는 너와 너의 사랑 넘치는 섬김을 받았노라. 네가 한 일에 대하여 걱정하지 말라. 네가 한 일이 내게 너무나도 아름다운 일이며, 너의 큰 사랑이 진한 향기를 풍기고 있구나. 너는 올바른 일을 한 것이다. 네 믿음이 너를 구원하였으니 평안히 가라." 나는 우리에게 이러한 평안이 있기를 바랍니다. 우리가 죄 사함 받음으로 평안을 얻고, 사람들의 비판에 대하여도 평안을 얻은 것처럼 우리가 주님을 위해 한 일에 대하여도 평안을 얻기를 바랍니다.

"평안히 가라." 이 시간 이후 정말로 거룩한 평안을 누리시기 바랍니다! 우리는 안달하기 쉽습니다. 내가 알고 있는 좋은 친구들은 의심으로 팽창된 혈관을 가지고 있어서 이따금 피를 흘리며, 자신들을 크게 괴롭힙니다. 그러나 그것은 쓸데없는 걱정입니다. 내가 알고 있는 어떤 자매들은 매우 착하지만 쓸데없이 걱정합니다. 그들은 "신경과민"이라고 말합니다. 아마 그것이 사실일 것입니다. 그러므로 나는 더 이상 말하지 않겠습니다. 하지만 신경과민도 치료받을 수 있습니다! 나는 그들이 평안하기를 바랍니다! 퀘이커 교회(the Society of Friends)의 교인들은 다른 어떤 교파들보다 이러한 덕목에 출중합니다. 그들은 침착하고 자족하며 안정된 것처럼 보입니다. 아마도 그들은 다소 느릴 것입니다. 하지만 그들은 매우 확신이 있고 견고하며 흔들리지 않으며 평온합니다. 우리는 빨리 가려고 너무 지나치게 서두릅니다. 우리가 속도를 조금 줄이더라도 그들보다는 빠를 것입니다. 우리의 일을 하나님께 훨씬 철저하게 맡긴다면 우리의 평안은 강물같이 넘쳐날 것입니다.

아마도 이 선한 여자는 자신이 주님을 위해 한마디 해야겠다고 생각했을 것입니다. 함께 한 사람들이 주님께서 죄를 사할 수 없다고 말하자 "그분이 나의 죄를 용서해 주셨고 나의 성질을 변화시켜 주셨습니다. 그런데 당신들이 어떻게 감히 그렇게 말합니까?"라고 말하고 싶지 않았겠습니까? 하지만 구세주께서 "가라"고 말씀하셨습니다. 여자는 다투라고 부름받지 않았습니다. 하나님의 모든 자녀가 대적과 싸우도록 부름받지 않은 것에 대하여 하나님께 감사합니다. 어려서부터 싸움을 하고 자라난 우리들은 싸움하는 것을 좋아하지 않습니다. 우리는 이 거룩한 여자처럼 싸움에서 벗어날 수 있기를 바랍니다. 종교적인 싸움을 위한 징집(徵集)에서 제외된 것을 여자는 마땅히 기뻐했을 것입니다. 그리하여 여자는 사람들로부터 많이 얻어맞는 것을 피할 수 있었습니다. 그녀의 지휘자가 그녀를 전쟁터 밖으로 내보냈을 때 여자는 행복하게 집으로 갈 수 있었습니다.

여자는 은혜로운 마음 상태를 상실할 수도 있었고, 이로 인해 심각한 상처를 입을 수도 있었을 것입니다. 여자는 사랑에 깊이 빠져 있었으며, 주님은 여자로 하여금 계속해서 그런 상태에 머물러 있게 하셨습니다. 주님은 이렇게 말씀하신 것처럼 보입니다.

"너는 너무나 소중하니 전쟁에서 얻어맞고 상처를 입어서는 안 된다. 가라. 평안히 가라. 소중한 영혼이여, 네가 나를 너무도 사랑하니 네가 다투고 논쟁함으로 괴롭힘을 당하는 것을 나는 원하지 않노라. 평안히 가라."

그녀에게 어울리지 않는 싸움에 무모하게 가담하였다면 그녀에게는 아무런 유익이 없었을 것입니다. 만일 그녀가 말을 하였다면 잔인한 바리새인들은 그 말을 되받아 희롱하였을 것입니다. 왜 그들에게 약점을 보여 사악한 웃음거리를 제공합니까? 진실한 모든 심령들은 싸움에 어울리지 않습니다. 게다가 주님께서 그녀의 대변자(代辯者)이셨기에 그녀가 대답할 필요가 없었습니다. 따라서 주님께서 "네가 없어도 내가 그들을 굴복시킬 수 있으니 평안히 가라"고 말씀하신 것입니다.

우리가 믿음으로 어려운 문제를 맡긴 후 평안히 집으로 가는 것이 믿음의 본분입니다. 의심할 여지 없이, 여자가 말하는 것보다 평안히 가는 것이 이런 불경건한 사람들에게 더 큰 도움이 되었을 것입니다. 평안하고 행복한 삶이 종종 그리스도를 가장 훌륭하게 나타내는 증거가 됩니다. 그러므로 주님을 사랑하는 모든 이들에게 나는 말합니다. 주님께서 우리에게 "이 싸움, 소란, 혼란에 조금도 가담하지 말라. 네 믿음이 너를 구원하였으니 평안히 가라"고 말씀하실 때가 있습니다.

내가 말하고 싶은 마지막 말씀은 다음과 같습니다. 가련한 많은 심령들은 그리스도께 한 번 나가볼까 말하며 믿지 않습니다. 그들은 언제나 신앙에 대한 이야기를 듣고 생각합니다. 하지만 그들은 실제로 믿지 않습니다. 자, 이제 더 이상 신앙에 대하여 듣거나 토론하지 말고 믿으세요. 예수 그리스도를 믿으세요. 그리고 더 이상 믿어볼까 말하지 마세요. 여러분은 이미 믿었다고 생각해야 하며 앞으로 믿을 것이라고 생각해서는 안 될 것입니다. 여러분이 예수님을 믿도록 하나님께서 도와주십니다. 그러므로 지금 믿음의 다리를 건너 예수님 계신 황금 해안으로 나오십시오!

# 12

# 마리아와 마르다

### 선생님

"이 말을 하고 돌아가서 가만히 그 자매 마리아를 불러 말하되 선생님이 오셔서 너를 부르신다 하니"(요 11:28).

마르다가 마리아의 귀에 대고 작은 소리로 "선생님이다"라고 속삭인 것을 보아 이 자매들이 예수님께서 안 계실 때 우리 주님을 공통적으로 선생님(Master)이라고 불렀을 것이라고 나는 추측합니다. 아마 제자들도 모두 주님을 보통 선생님이라고 불렀을 것입니다. 왜냐하면 예수님께서 "너희가 나를 선생이라 또는 주라 하니 너희 말이 옳도다 내가 그러하다"(요 13:13)고 말씀하셨기 때문입니다. 우리가 사랑하는 사람들에게 우리는 특별한 칭호를 붙이며, 이로써 그들에 대한 존경을 나타냅니다. 그러나 그들의 공식적인 칭호나 실제 이름을 언제나 사용하는 것은 아니며, 그 대신에 우리가 그들을 부르는 어떤 한 이름이 있습니다. 그 이름은 그들과 우리의 즐거운 연합을 자극하며, 혹은 그들의 사랑스러운 성품을 상기시켜 주며, 따라서 그 이름은 우리가 부르기에 너무 편안합니다. 이처럼 제자들 대부분이 예수님을 "선생님"이라고 불렀으며, 많은 제자들이 이 이름을 "주님"이라는 말과 함께 사용하였을 것입니다.

내가 추측하기에, 마리아는 눈에 띄게 이 칭호를 많이 사용하였으며, 이 칭호는 그녀가 주님을 부를 때마다 사용한 이름이었습니다. 아마도 그녀는 주님을 "나의 선생님"이라고 불렀을 것입니다. 물론 마르다가 마리아에게 "너의 선생님께서 오셨다"고 말하지는 않았을 것입니다. 그렇다면 예수님에 대한 마르다의 충성이 의심받았을 것이기 때문입니다. 아마도 마르다는 마음속으로 주님을 "우리 선생님"이라고 느끼지 못하였을 것이며, 더 많은 사람들에게 선생님이 되신다는 사실을 알지 못하였을 것이며, 죽음까지도 주관하시는 선생님이시라는 사실을 꿈에도 생각하지 못하였을 것입니다. 그래서 마르다는 "그 선생님"이라고 불렀습니다. "그 선생님이 오셨다"라는 말은 주님을 강하게 지칭한 말이었습니다.

아주 놀랍게도 마리아가 이처럼 항상 "선생님"이라는 칭호를 즐겨 사용하였던 것은 예수님을 집안식구처럼 느꼈기 때문이었습니다. 또한 놀랍고 감미롭고 신비적인 시인이자 주님을 사랑한 조지 허버트(George Herbert, 1593~1633; 영국의 시인이자 성직자: 역주)가 예수님의 이름을 들을 때마다 항상 "나의 선생님"이라고 말하였다는 것은 더욱 놀라운 일입니다. 그는 "그 향기"(The Odour)라는 기묘한 시를 우리에게 남겼는데 다음과 같이 시작됩니다.

　나의 선생님이란 칭호가 어찌나 달콤하게 들리는지요
　나의 선생님

아시다시피 이 말은 "Teacher", 곧 권위 있는 Teacher라고 번역할 수 있습니다. 선생님(Master)이란 단어의 핵심적인 의미가 바로 Teacher이기 때문입니다. 나는 Master라고 부르는 것이 좋습니다. 왜냐하면 용법이나 그 단어에서 연상되는 의미가 Teacher라는 뜻을 포함하고 있기 때문입니다. 또한 우리가 중고등학교나 대학교에서 담임선생님을 Master라고 부르는 습관이 지금도 남아있기 때문입니다. 하지만 우리의 성경에 "Teacher께서 오셨다"고 번역되었다면 한층 과녁에 가까웠을 것입니다.

먼저 우리 주님에게 이러한 칭호가 타당한 이유에 대하여 잠시 말씀드리겠습니다.

주님은 참으로 the Master-the Teacher이십니다. 내가 두 단어를 조합한들 어떻겠습니까? 주님은 이 직무에 특별히 잘 어울리십니다. 사람이 master-teacher가 되려면 대가다운(masterly) 정신을 가져야 합니다. 대가다운 정신은 타고난 우수성으로 사람들에게 인정받으며, 그런 정신을 가진 사람들은 이 때문에 전면에 나설 수밖에 없습니다. 나폴레옹의 도덕적 자질은 제쳐놓고, 나폴레옹의 광대한 정신은 사병들 가운데서 영원히 감추어질 수 없었습니다. 이와 마찬가지로, 크롬웰이나 워싱턴 같은 사람들도 사람들 가운데 대가로 올라섰는데, 그 이유는 그들의 정신적인 도량(度量)이 대가다웠기 때문입니다.

그런 사람들은 사물을 빨리 봅니다. 그들은 사물을 포괄적으로 파악합니다. 그리고 그들은 사람들에게 자기의 도량에 대한 믿음을 심어 주어 오래지 않아 대가의 자리에 오르며, 주변의 모든 사람들이 공통적으로 이를 승낙합니다. 여러분은 작은 마음을 가진 사람을 master-teacher로 모실 수 없습니다. 작은 마음을 가진 사람이 사람들의 환심을 사 선생의 자리에 오를 수는 있지만, 그곳이 그의 자리가 아니라는 사실을 누구나 다 압니다. 아무도 그를 대가로 생각하지 않을 것입니다.

많은 화가들이 있었지만, 지금까지 라파엘로나 미켈란젤로와 같이 그들의 이름을 남길 만한 화파(畵派)를 발견한 화가들은 그리 많지 않습니다. 지금까지 많은 시인들이 있었지만, 아름다운 시의 대가가 될 만큼 아름다운 사상의 학풍을 발견한 시인들은 그리 많지 않습니다. 지금까지 많은 철학자들이 있었지만, 소크라테스나 아리스토텔레스와 같은 사람들이 매일 발견되지는 않을 것입니다. 위대한 선생들은 분명히 위대한 정신을 가졌으며, 이런 사람들은 흔치 않습니다. 모든 선생들 가운데 선생, 모든 선생들 가운데 대가는 틀림없이 위대하고 거대한 정신을 가지고 있으며, 그들의 머리와 노력이 다른 사람들보다 뛰어납니다.

마리아는 주 예수 그리스도 안에서 그런 정신을 보았으며, 우리도 역시 그러합니다. 그래서 우리가 우리 주님에 대하여 "선생님"이라고 부르는 것입니다. 그 이름에는 전지(全知)하시고 오류가 없으신 신성(神性)이 포함되어 있으며, 동시에 모든 덕목이 조화를 이룬 완전하고 원만한 인품, 더하지도 모자라지도 않은 균형 잡힌 미덕이 포함되어 있습니다. 여러분은 주님 안에서 완전한 정신을 볼 수 있는데, 이는 대단히 남성적이면서도 또한 대단히 여성적인 인간다운 정신입니다. 예수님 안에는 여성의 부드러움과 인정, 남성의 힘과 용기가 결합되어 있었습니다. 예수님의 사랑은 여성적이나 나약하지 않았습니다. 예수님의 마음은 남성적이나 완고하거나 가혹하지 않았습니다. 예수님은 완전한 인간이셨으며, 타락하지 아니한 완전한 인성(人性)을 갖추셨습니다.

우리 주님은 그에게 가까이 온 모든 사람들에게 깊은 인상을 주셨으며, 그들은 주님을 아주 싫어하든지 아니면 뜨겁게 사랑하였습니다. 예수님은 어디에 계시든지 사람들 가운데 대가로 보였습니다. 마귀도 예수님을 인정하고 다른 모든 사람들보다도 예수님을 시험하였습니다. 마귀는 자기의 좋은 적수를 발견하고 예수님을 광야로 데려가 결투를 하였습니다. 인류의 명백한 우두머리를 패배시킴으로써 인류를 쳐부수려고 하였습니다. 서기관과 바리새인들이 옷술을 크게 하지 아니한 모든 사람을 경멸하였지만 이분을 멸시할 수는 없었습니다.

그들이 예수님을 미워하였지만 그들의 미움은 최상의 선과 위대함에 대하여 악이 돌릴 수밖에 없는 무의식적인 존경이었습니다. 예수님은 그들이 무시할 수 없고 무심코 지나칠 수 없는 분이었습니다. 예수님은 어느 곳에서나 권세와 능력이 있었습니다. 그렇습니다. 예수님은 master, 곧 "그 선생님"이셨습니다. 예수님은 전인격적으로 위대하시고, 따라서 마치 작은 산들보다 높이 솟아있고 모든 골짜기들을 그늘로 가리는 알프스의 굉장한 산봉우리처럼 모든 사람들 위에 뛰어나십니다.

사람이 master-teacher가 되기 위해서는 대가의 정신을 가져야할 뿐만 아니라 대가다운 지식을 갖추어야 합니다. 교육으로 얻은 지식보다는 경험으로 얻은 지식이 최고입니다. 우리 주 예수님의 경우가 바로 그러했습니다. 예수님은 생명의 학문을 우리에게 가르쳐 주시려고 오셨으며, 그 안에 생명이 있었습니다. 예수님은 모든 면에서 삶을 경험하셨으며, 우리와 똑같이 모든 면에서 시험을 받으셨지만 죄는 없으십니다. 가장 높이 있는 사람도 그보다 높지 않으며, 가장 낮게 있는 사람도 그보다 낮게 여겨지지 않았습니다. 주님은 자기를 낮추사 사람들의 연약함과 슬픔을 당하셨습니다. 주님이 밟아보지 못한 황량하고 우울한 골짜기는 없으며, 주님이 오르지 못한 기쁨의 높은 봉우리는 없습니다. 주님은 자기 백성을 광야에서 인도하시며, 옛적의 호밥처럼 그들이 광야 어디에다 진을 쳐야 하는지 아시며, 어디로 가야 약속의 땅에 이르는지 그 길을 훤히 알고 계십니다. 주님은 "고난을 통하여 온전하게"(히 2:10) 되셨습니다. 주님은 단순한 이론으로 진리를 가르치지 않으시고 몸소 체험한 것으로 진리를 우리에게 가르치십니다. 주님의 치료법은 이미 자신이 검증하신 것입니다. 우리에게 쓰라림이 있다면 주님은 그 쓰라림의 사발들을 통째로 들이키셨습니다. 주님의 컵에 달콤함이 있다면 기꺼이 우리에게 주실 것입니다. 그래서 주님은 이생과 경건에 관련된 모든 사실들, 지옥문에서 하나님의 보좌로 인도하는 구원의 모든 도리를 친히 잘 이해하십니다.

게다가 본문에서 우리의 위대하신 선생님께서는 대가답게 가르치는 모습을 보여 주셨으며, 이는 대가에게 꼭 필요한 것입니다. 왜냐하면 많은 지식과 위대한 정신이 있는 사람이라고 누구나 다 다른 사람을 가르칠 수 있는 것은 아니기 때문입니다. 선생님에게는 가르치는 재능이 필요합니다. 내가 알고 있는 어떤 사람들의 말씨는 평범한 사람들의 말씨와 아주 다른 것 같습니다. 그들이 무언가 말을 할 때 알아들을 수 없는 말로 횡설수설합니다. 아마 자기 자신과 소수의 제자들은 무슨 말인지 이해하지만 평범한 사람들은 무슨 소린지 알아들을 수 없습니다.

자기가 이해하고 있는 바를 다른 사람들이 이해할 수 있도록 가르칠 수 있는 그런 선생님이 훌륭한 분입니다. 나는 옛 사람 코벳(Cobbett)의 표현을 좋아합니다. 그는 "나는 사람들이 내 말을 이해할 수 있도록 말할 뿐만 아니라 그들이 내 말을 오해하지 않도록 말합니다"라고 말하였습니다. 바로 그리스도께서 제자들에게 그렇게 가르치신 선생님이셨습니다. 제자들이 주님의 발 아래 앉았을 때 주님은 그런 어리석은 사람들도 오해하지 않도록 진리를 분명하게 가르치셨습니다. 주님은 소박한 비유와 말씨로 그들의 귀와 마음을 사로잡으셨고, 하늘의 진리들을 아주 쉽게 이해하게 만드셨으며, 주님께서 가르치실 때 하나님의 성령께서 그들의 머리를 맑게 해 주셨으며, 그들로 하여금 진리를 받아들일 있도록 만들어 주셨습니다.

게다가 주님은 분명하게 가르치셨을 뿐만 아니라 사랑으로 가르치셨습니다. 주님은 매우 친절하게 제자들에게 계시하셨기 때문에 그들이 무지한 것이 오히려 즐거웠습니다. 왜냐하면 무지하기에 배워야 했고, 그들이 배우는 즐거움이 컸기 때문입니다. 주님은 그럴 정도로 친절하게 가르쳐 주셨던 것입니다. 주님께서 가르치신 방법은 가르치신 진리만큼이나 귀하였습니다. 그리스도의 학교에 온 사람들은 누구나 집에 온 느낌을 받았으며, 자기 선생님이 마음에 들었으며, 어딘가에 배울 수 있는 곳이 있더라도 자기들은 반드시 선생님 밑에서 배워야 한다는 확신을 가졌습니다.

선생님께서 가르치실 때 성령을 조금씩 — 충만히는 아니고 — 베푸셨습니다. 왜냐하면 승천하실 때까지, 그리고 성령께서 교회에 세례를 베푸실 때까지는 성령충만이 보류되었기 때문입니다. 하지만 주님은 자기 백성에게 하나님의 성령을 조금씩 베풀어 주셨으며, 이로써 그들은 진리를 귀가 아니라 마음으로 배웠습니다. 우리는 그리스도와 같은 선생들이 아닙니다. 우리가 아무리 잘해야 다만 사람들의 귀에 대고 가르칠 수 있을 뿐입니다. 우리는 성령을 베풀 수 없습니다. 오직 주님만이 성령을 베푸실 수 있습니다.

오늘 성령께서 그리스도로부터 오셔서 그리스도에 관한 일들을 우리에게 계시하시면, 우리는 우리 주님의 대가다운 교육법을 한층 더 볼 수 있으며 예수님께서 얼마나 위대하신 선생님이신지 알 수 있을 것입니다. 예수님은 그의 교훈을 칠판에 쓰지 않으시고 육의 마음판에 새기는 분이십니다. 예수님은 교과서를 우리에게 주십니다. 아니 예수님 자신이 교과서입니다. 예수님은 우리에게 교훈을 베푸시는데 예수님 자신이 교훈 자체이십니다. 우리가 해야 할 일을 예수님께서 우리 앞에서 행하여 보여 주십니다. 그래서 우리가 예수님을 알기만 하면 예수님께서 우리에게 무엇을 가르치기를 원하시는지 알 수 있습니다. 그리고 우리가 예수님을 본받기만 하면 우리는 주님께서 베푸신 교훈을 이미 따른 것입니다.

교훈을 자신 속에서 구현하신 우리 주님의 방법은 아주 훌륭한 방법이며, 이런 면에서 어느 누구도 예수님에게 견줄 수 없습니다. 자녀들에게 훈계하기보다 모범을 보임으로써 그들이 더 많은 것을 배우지 않겠습니까? 이것이 바로 우리 선생님께서 우리를 가르치신 방법입니다. "그 사람이 말하는 것처럼 말한 사람은 이때까지 없었나이다"(요 7:46). 이 말씀이야말로 기독교의 위대한 교훈입니다. 하지만 이 말씀은 "이 사람이 행하는 것처럼 행한 사람은 이때까지 없었다"는 말씀에 의해 무색해집니다. 왜냐하면 이 사람의 행위와 말씀이 서로 일치하며, 그 행위가 그의 말씀을 구현하고 시행하며, 그 행위가 그의 말씀에 생명을 주며, 또한 우리가 그의 행위를 통해 그의 말씀을 이해하게 되기 때문입니다.

게다가 사랑하는 친구들이여, 우리 선생님에 대하여 — 내가 이미 말한 내용에 이것이 포함되지 않았다면 — 추가해야 할 내용이 있습니다. 그것은 예수님께서 선생님으로서 자신의 범위 안에 들어온 자들에게 대가로서 영향을 끼치셨다는 사실입니다. 그들은 단순히 보기만 한 것이 아니라 느꼈습니다. 그들은 알기만 한 것이 아니라 사랑하였습니다. 그들은 단순히 선생님의 교훈을 고맙게 여기기만 한 것이 아니라 그 선생님을 경배하였습니다. 그리스도의 존재 자체가 죄를 제어하고 궁극적으로는 내쫓아버리는 능력이 되었고, 덕을 심고 새 생명을 태동시키고 양육하고 온전하게 만드는 능력이 되었으니 이러한 그리스도께서 얼마나 위대한 선생님이셨는지요! 가르칠 자격을 갖춘 어머니, 곧 달콤한 사랑의 설탕 안에 자신의 교훈을 절임으로써 달콤하게 가르칠 줄 아는 어머니가 아이를 가장 잘 가르칠 수 있습니다. 그때에 배운다는 것은 의무인 동시에 즐거움입니다.

지금까지 부드럽고 애정이 깊은 어머니들이 있었지만 어떠한 어머니도 예수님께서 마리아의 마음을 사로잡은 것처럼 완벽하게 자기 자녀의 마음을 사로잡지는 못하였습니다. 또는 내 마음이 주님에 대하여 느끼는 것처럼 여러분이 주님에 대하여 느낀다면, 자녀의 마음을 사로잡은 그 어떤 어머니보다도 예수님께서 여러분과 나의 마음을 더욱 완전하게 사로잡으셨다고 나는 말할 수 있습니다. 주님께서 말씀하신 바를 입증할 어떠한 증거도 우리는 바라지 않습니다. 주님 자신이 증거가 되시기 때문에 증거나 논거가 필요없는 것입니다. 주님의 사랑이 우리에게 모든 것을 입증하는 증거입니다. 우리가 주님에 대하여 깊이 숙고하지 않아도, 주님께서 우리를 행하신 일이 우리가 제기하는 모든 질문에 대하여 이미 답변을 하였습니다.

설령 우리가 이해하지 못하는 말씀을 주님께서 우리에게 하신다 할지라도 우리는 그 말씀을 믿을 것입니다. 우리가 그 말씀을 이해하게 해 달라고 요구할 때 주님께서 우리에게 "안 돼"라고 말씀하실지라도 우리는 있는 자리에 그대로 있을 것이며, 그 신비의 말씀을 믿을 것입니다. 우리가 주님을 이처럼 사랑하기에 몰라도 아는 것만큼 기뻐합니다. 설령 우리가 모르는 것을 주님이 원하실지라도 우리는 기뻐합니다. 주님의 침묵이 주님의 말씀만큼 우리에게 감동을 준다고 믿습니다. 우리가 주님을 사랑하기에 우리는 곧바로 그의 가르침을 존경하고 받아들이며, 그만큼 주님은 우리에게 감동을 주십니다. 우리가 주님을 알면 알수록 표현하기 어려울 정도로 유쾌한 주님의 감동이 우리의 본성을 지배하며, 우리의 상상, 생각, 이유, 모든 것이 주님 앞에서 더 완전하게 굴복합니다.

이 때문에 사람들이 우리를 바보라고 부를 수 있습니다. 하지만 우리는 예수님의 발 아래서 "이 세상이 자기 지혜로 하나님을 알지 못하고"(고전 1:21), 우리가 회개하고 어린아이들처럼 되지 아니하면 결단코 천국에 들어가지 못한다고 배웠습니다. 그러므로 우리는 세상이 우리를 어린애 같이 잘 속는다고 생각해도 당황하지 않습니다. 세상은 점점 사나워지고 어리석어지지만 우리는 점점 더 어린아이다워지고 지혜로워집니다. 우리가 낮아져서 주 예수님처럼 되는 것이 가장 확실하고 참된 성장이라고 우리는 생각합니다. 우리가 더 이상 내려갈 데가 없을 때, 우리가 아무것도 아닌 존재가 될 때까지 더욱더 낮아질 때, 우리는 예수님의 학교에서 충분히 성장할 것이며, 진정한 배움을 크게 얻고 지식에 넘치는 그리스도의 사랑을 알 것입니다.

지금까지 우리의 가장 사랑하는 주님께서 "선생님"이라는 이름을 받을 자격이 있다는 것을 증거하였습니다. 이제 추가로 주님께서 직무상 교회의 유일한 선생님이 되신다는 사실을 말씀드리겠습니다.

교회에서는 오직 그리스도의 말씀만이 교리의 근거가 됩니다. 주님께서 일점 일획이라도 절대로 더하거나 빼지 말라고 부탁하시고 우리에게 남기신 이 영감된 성경, 바로 이것이 최고 권위를 가진 우리의 법전(法典)이며, 우리의 공인된 신조이며, 신앙의 확고한 기준입니다. 너무나 많은 사람들이 다양한 "신학체계들"을 주장하였다고 합니다. 하지만 내 생각에는 오직 하나의 신학체계만이 있었으며, 앞으로도 반드시 그럴 것입니다. "그(예수 그리스도) 안에는 신성의 모든 충만이 육체로 거하시고"(골 2:9). 정통교회의 신학체계는 그리스도 자신이십니다. 어떤 교회들은 다른 기준들을 말하지만, 우리는 우리 선생님 외에 어떠한 신학기준도 알지 못합니다. 주님은 "내가 땅에서 들리면 모든 사람을 내게로 이끌겠노라"(요 12:32)고 말씀하셨습니다. 우리는 다른 선생님에 대한 그림을 느끼지 못합니다. 주님께서 기준이십니다. "그에게 모든 백성이 복종하리로다"(창 49:10).

우리는 마틴 루터와 같이 하지 않는 사람들과 함께 하지 않습니다. 마틴 루터를 주신 하나님을 찬송할지로다! 마틴 루터를 경멸하는 말을 하나님께서 금하십니다. 하지만 우리가 마틴 루터에게 세례를 받았습니까? 그렇지 않습니다. 어떤 이들은 존 칼빈(John Calvin)의 사상만을 고집합니다. 나 또한 칼빈을 죽을 인생들 가운데 가장 존경합니다. 그럴지라도 존 칼빈이 우리의 선생님은 아니며, 다만 그리스도의 학교에서 뛰어난 학생일 뿐입니다. 칼빈이 그리스도께서 가르치신 대로 가르치는 한 그의 가르침은 권위가 있습니다. 하지만 칼빈이 예수님에게서 벗어난다면 그는 볼테르(Voltaire)의 전철을 밟게 될 것입니다.

무엇이든지 존 웨슬리(John Wesley)의 말에 의존하는 형제들이 있습니다. "웨슬리가 뭐라고 말하였을까?" 이것이 그들에게는 중요한 물음입니다. 그가 죽은 지 오래된 지금, 그가 그리스도인들을 인도하기 위해 무엇이라고 말할까, 혹은 말했을까 하는 물음이 우리에게는 그렇게 중요한 것이 아닙니다. 그보다 훨씬 더 중요한 것은 예수님께서 뭐라고 말씀하셨는가라고 묻는 것입니다. 지금까지 존재한 위대한 인물들 중에 한 사람이 웨슬리였지만 그가 우리의 선생님은 아닙니다. "우리의 선생님은 오직 그리스도 한 분뿐입니다." 모든 그리스도인들이 이 진리에 굳게 서기를 나는 하나님께 간구합니다. 그때에

분파들과 이름들과 당파들은 쇠하고
예수 그리스도께서 만유 안에 계시나이다

예수 그리스도만이 유일한 선생님이시며 유일한 입법자이십니다. 교회는

그리스도의 법을 시행할 권한이 있지만 법을 제정할 권한은 없습니다. 그리스도의 사역자들은 그리스도의 명령을 수행해야 합니다. 그들이 그렇게 할 때 땅에서 매이면 하늘에서도 매일 것입니다. 하지만 그들이 이 성경책의 명령 외에 다른 어떠한 명령을 따른다면 그들의 법은 멸시받아 마땅합니다. 그 내용이 어떠하든지 그러한 법은 그리스도인의 마음을 매지 못할 것입니다. "그러므로 아들이 너희를 자유롭게 하면 너희가 참으로 자유로우리라"(요 8:36). "그리스도께서 우리를 자유롭게 하려고 자유를 주셨으니 그러므로 굳건하게 서서 다시는 종의 멍에를 메지 말라"(갈 5:1).

이제 두 번째로, 그리스도를 선생님으로 알아본 마리아의 특별한 인식을 생각해 봅시다.

마리아가 어떻게 그런 인식을 하였을까요? 마리아는 그리스도의 학생이 되었습니다. 그녀는 겸손하게 그리스도의 발 아래 앉았습니다. 사랑하는 자들이여, 그리스도께서 우리의 선생님이시라면 우리도 마리아처럼 합시다. 예수님의 모든 말씀을 받고, 고찰하며, 읽고, 주목하고, 배우며, 그 말씀을 먹고 마음속으로 소화시킵시다. 우리가 마땅히 읽어야 할 성경을 읽지 않는 것은 유감이며, 우리 선생님께서 사용하신 표현의 아주 작은 부분까지 마땅히 관심을 가져야 하는데 그렇지 못한 것 또한 유감입니다.

나는 선생님의 발 아래 앉아 있는 마리아의 모습을 보고 싶습니다. 위대한 화가들이 처녀 마리아의 그림을 자주 그렸는데 그 그림에서 마리아는 한 곳만을 뚫어지게 응시하고, 완전히 도취된 채 교훈을 마음속에 간직하는 모습을 보여 주었습니다. 때로는 새로운 생각과 새로운 교리에 깜짝 놀라는 모습입니다. 그리고 호기심에 찬 얼굴로 기다리다가 마침내 그녀의 마음에 새로운 빛이 홍수처럼 쏟아질 때 말로 할 수 없는 기쁨으로 그녀의 얼굴이 밝게 빛납니다. 제자로서 집중력을 보인 그녀의 모습은 그녀가 예수님을 선생님으로 얼마나 진실하게 모셨는지 보여 주었습니다.

또한 주목할 것은 마리아가 예수님의 제자였을 뿐만 아니라 다른 어느 누구의 제자도 아니었다는 사실입니다. 당시 가말리엘(Gamaliel)이 인기가 있었는지 모르겠지만 마리아는 가말리엘의 발 아래 앉지 않았습니다. 아마도 랍비 벤 시몬(Rabbi Ben Simon) 같은 사람들이나 당시에 유명한 학자가 있었을 것이나 마리아는 그들에게 단 한 시간도 허비하지 않았습니다. 왜냐하면 그녀는 시간 날 때마다 이들보다 훨씬 더 소중하신 랍비의 발 아래서 기쁘게 시간을 보냈기 때문입니다. 그녀가 약간 귀가 먹어서 한마디 말씀도 놓치지 않으려고 선생님 가까운 곳에 앉았을지 모르겠습니다. 아마도 마리아는 마음이 느슨해질까봐 염려했을 것입니다. 그래서 그녀는 귀가 약간 먹은 사람처럼 설교자 가까이에 앉았을 것입니다. 어쨌든 마리아가 가장 좋아한 자리는 주님 발 앞이었습니다. 우리 심령의 청각(聽覺)이 언제나 둔하기 때문에 우리가 예수님의 말씀을 듣고 예수님과 교제할 때 예수님 가까이에 있는 것이 좋다는 것을 이로써 우리는 알 수 있습니다. 마리아는 여러 가지 이유로 예수님으로부터 다른 어떤 사람으로 선생님을 바꾸지 않았습니다. 그녀의 유일한 선생님은 나사렛 사람이었습니다. 다른 사람들은 나사렛 사람을 멸시하였지만 그녀는 그분을 주님이라고 불렀습니다.

마리아는 자발적인 학생이었습니다. 예수님께서 "마리아는 이 좋은 편을 택하였다"(눅 10:42)고 말씀하셨습니다. 아무도 예수님 앞에 마리아를 보내지 않았습니다. 예수님께서 그녀를 끌어당기셨기에 그녀는 오지 않을 수 없었으나 그녀는 그곳에 있는 것이 너무 좋았습니다. 마리아는 예수님의 말씀을 자발적이고 적극적으로 경청하는 학생이었습니다. 학생들은 배우고자 할 때 언제나 잘 배울 수 있습니다. 학생들이 마지못해 학교에 간다면 그들은 비교적 조금밖에 배우지 못할 것이지만, 학생들이 학교에 가고 싶어하며 선생님을 사랑한다면, 그들은 빨리 배울 것입니다. 자신들을 가르쳐달라고 학생들의 선택을 받은 선생님은 행복합니다.

마리아가 예수님만 주목하고, 또한 사랑과 기쁨으로 주목하였기 때문에 예수님을 "선생님"이라고 부를 수 있었습니다. 그리고 마리아가 그리스도를 선생님으로 택한 후 끈질기게 **붙잡았다**는 사실을 주목하십시오. 그녀는 자신의 선택을 돌이키지 않았으며 포기하지 않았습니다. 마르다는 어느 날 곁눈질을 하였습니다. 그때에 마리아가 즉시 구운 고기와 삶은 고기를 준비했다면 어땠을까요? 부엌에서 상을 차려 주고 불을 살펴주었으면 하고 마르다가 마리아에게 얼마나 많이 기대하였을까요? 그런데 마리아가 왜 오지 않는 걸까? 그때에 마르다가 얼굴을 찌푸리고 있었을 것이라고 나는 믿어 의심치 않습니다. 하지만 찌푸린 얼굴은 전혀 소용이 없었습니다. 마리아는 여전히 그 자리에 앉아 있었습니다.

아마도 마리아는 마르다의 얼굴을 보지도 못하였을 것입니다. 마리아가 마르다의 얼굴을 보지 못하였을 것이라고 나는 생각합니다. 왜냐하면 성도가 그리스도의 아름다움을 발견할 때 다른 사람들의 얼굴이 보이지 않기 때문입니다. 그리스도에게는 성도들의 마음을 흡수하는 무언가가 있습니다. 그리스도는 여러분 모두를 자신에게로 흡수하여 가지고 가 버리시며, 그리스도께서 잡아끄시면 모든 사람들뿐만 아니라 사람들 속에 있는 모든 것을 끌어들일 수 있으십니다. 그래서 마리아가 그곳에 계속 앉아서 그리스도의 말씀을 경청하고 있었던 것입니다. 책을 놓지 않는 자녀들, 가끔씩 공부하지 않고 항상 공부하는 그런 자녀들이 공부를 잘 할 것입니다. 이렇듯 마리아는 주님을 끈질기게 주목함으로써 주 예수 그리스도의 선생님 되심을 인식하였던 것입니다. 학생은 마땅히 Master-teacher를 끈질기게 주목해야 합니다.

마리아는 예수님에게 겸손하게 나아갔습니다. 마리아가 예수님의 발 아래 가까이 앉아 있는 동안 매우 겸손한 마음으로 그곳에 앉아 있었습니다. 마리아는 마음이 겸손하였기 때문에 가장 낮은 자리에 앉아 있는 것이 자신의 가장 큰 영광이라고 생각했습니다. 자신을 가장 작게 여기는 자들이 그리스도를 가장 잘 배울 것입니다. 주님의 발 아래에 있는 자리가 우리에게 너무나 좋게 보일 때, 혹은 하여튼 그 자리가 과분하다고 생각될 때, 비로소 주님의 설교가 비처럼 임하고 이슬처럼 떨어질 것이며, 이에 우리는 향기로운 원기(元氣)를 흡수하는 어린 풀잎처럼 우리의 심령이 성장할 것입니다.

세 번째 대지는 그 이름이 우리에게 특별히 아름답다는 점입니다. "Master" 혹은 "나의 Master," 혹은 "나의 Teacher." 나는 마음속으로 그 이름을 사랑합니다. 왜냐하면 한 선생님 때문에 예수 그리스도께서 나의 구세주가 되셨기 때문입니다.

회개하는 영혼들이 없을 때 따분하며 사람의 마음이 무겁지만 여러분의 선생님에게 나아가 이야기하는 것은 아름다운 일입니다. 영혼들이 회개하고 여러분의 마음이 기쁠 때, 여러분의 선생님에게 모든 영광을 돌리는 것은 즐겁고 건강한 일입니다. 영국 왕실에서 파견된 대사가 전신(電信)이 없는 아득히 먼 땅에 있다는 것은 분명히 힘든 일입니다. 그곳에서 대사는 자신의 책임을 수행하여야 합니다. 그는 자신의 책임이 너무 무겁다고 느낍니다. 하지만 하나님을 찬송합시다. 진실한 모든 사역자와 그의 선생님 사이에는 전신으로 교통합니다. 그는 결단코 자기 혼자서 무언가를 할 필요가 없습니다. 사역자들은 요한의 제자들을 본받아 행하면 됩니다.

요한의 제자들은 세례 요한의 토막 난 시신을 가지고 왔을 때 이 사실을 예수님께 가서 말씀드렸습니다. 이것이 바로 그들이 할 일입니다. 모든 교회에 어려움이 있고, 모든 가정에 괴로움이 있으며, 모든 일에 걱정거리가 있지만, 여러분은 선생님의 종으로서 "모든 일의 책임은 내가 아니라 그분에게 있다. 나는 그분이 명하신 바를 행할 뿐이다"라는 마음가짐으로 선생님을 모시는 것이 옳습니다. 만일 우리가 주님의 명령을 벗어난다면 그 책임은 우리에게 있으며, 우리의 불행이 시작될 것입니다. 하지만 우리가 주님을 따르기만 한다면 우리는 길을 잃어버릴 수가 없습니다.

사랑하는 친구들이여, 여러분이 고통을 당할 때 불러야 할 아름다운 이름이 바로 이것이 아닙니까? 아마도 여러분 가운데 어떤 이들은 지금 고통 중에 있을 것입니다. 여러분에게 고통을 보내신 분이 고통으로써 여러분을 가르치시는 바로 그 선생님이시라는 사실을 여러분이 깨달을 때 여러분은 두려움에서 크게 벗어날 수 있을 것입니다. 그 선생님은 자기 방식대로 여러분을 가르칠 권한이 있습니다. 우리들의 학교에서는 칠판을 통해 많은 것을 배우지만 그리스도의 학교에서는 고통을 통해 많은 것을 배웁니다.

여러분이 다음의 이야기를 여러 번 들었지만 나는 용기를 내어 다시 이야기합니다. 아주 예쁜 장미를 심혈을 기울여 가꾼 정원사가 있었습니다. 어느 날 아침 그가 정원에 가 보니까 그 장미가 사라졌습니다. 그는 동료 하인들을 꾸짖었습니다. 그리고 몹시 가슴 아파하다가 누군가 이렇게 말하는 소리를 들었습니다. "오늘 아침에 주인님(master)이 정원을 거니시는 것을 제가 봤습니다. 나는 주인님께서 그 장미를 가져가셨다고 믿습니다." 그러자 그 정원사는 "오 그래, 주인님께서 가져가셨다면 그야 문제없지"라고 말하였습니다. 여러분이 사랑하는 자녀나 아내, 혹은 친구를 잃었습니까? 여러분의 꽃을 가져가신 이는 바로 예수님이십니다. 여러분의 꽃은 그분께 속한 것입니다. 예수님께서 그것을 갖고 싶어하시는데 여러분이 꼭 지켜야 하겠습니까?

우리는 때로 선한 사람들의 목숨을 위하여 기도해야 합니다. 그럴 수 있다고 나는 생각합니다. 하지만 간청하는 것이 언제나 믿음을 발휘하는 것은 아닙니다. 왜냐하면 그리스도께서는 이쪽으로 잡아당기시는데 나는 저쪽으로 잡아당기기 때문입니다. 나는 "아버지여, 저들을 이곳에 있게 하옵소서"라고 말하지만 예수님은 "아버지여, 내게 주신 자도 나 있는 곳에 나와 함께 있게 하옵소서"(요 17:24)라고 말씀하셨습니다. 그렇다면 주님께서 어렵지 않게 취하시도록 해야 할 것입니다. 그리스도께서 반대쪽으로 끌고 계신다고 생각되면 여러분은 즉시 포기하십시오. "주인님(Master)께서 가지세요. 종이 주인님을 반대할 수 없잖아요"라고 말씀드리세요. 가져가신 이는 주님이십니다. 주님으로 하여금 선하신 뜻대로 행하시도록 합시다. 나는 벙어리와 다름없이 침묵하였습니다. 주님께서 그 일을 행하셨기 때문에 나는 입을 열지 않았습니다.

우리 선생님께서 우리에게 가르치시는 그러한 교훈을 먼저 몸소 배우셨습니다. 다음의 표현은 매우 인상적입니다. "천지의 주재이신 아버지여, 이것을 지혜롭고 슬기 있는 자들에게는 숨기시고 어린 아이들에게는 나타내심을 감사하나이다. 옳소이다. 이렇게 된 것이 아버지의 뜻이니이다"(눅 10:21). 하나님께서 지혜롭고 슬기 있는 자들을 지나치시기를 기뻐하셨기에 그리스도 그렇게 되기를 기뻐하셨습니다. 우리의 마음이 저 가난한 목자를 닮는 것이 좋습니다.

한 신사가 가난한 목자에게 "당신에게 좋은 날이 있기를 바랍니다"라고 말했습니다. 그러자 가난한 목자는 "내게는 단 하루도 나쁜 날이 없었소"라고 대답했습니다.

"나의 친구여, 어떻게 그럴 수 있소?"

"모든 날은 하나님께서 만드시고 택하신 날들이오. 그러니 모든 날이 좋은 날들인 것이오."

"그래요, 하지만 어떤 날들은 다른 날들보다 당신을 더 기쁘게 하지 않소?"

"아니오, 하나님을 기쁘시게 하는 것이 나를 기쁘게 하오"

"그래요, 하지만 기쁜지 아닌지 당신이 선택을 하는 것이 아니오?"

"맞아요. 내가 선택을 합니다. 바꿔 말하면, 하나님께서 나를 위해 선택하신 것을 나는 선택합니다."

"그러나 살지 죽을지 당신이 선택하지 않습니까?"

"아니오, 내가 이 땅에 있다면 그리스도께서 나와 함께 하실 것이오, 내가 천국에 있다면 내가 그리스도와 함께 할 것이오"

"하지만 당신이 선택해야만 한다고 가정한다면?"

"나는 하나님께서 나를 위해 선택해 달라고 간구할 것이오"

모든 것을 하나님께 맡기는 단순함이 얼마나 아름다운지! 이것이 바로 예수님을 완전하게 선생님이라고 부르는 참된 의미입니다.

> 주님께서 공급하시는 모든 것으로 만족하고
> 그 밖에 세상의 모든 것을 버렸도다

다시 말하건대 사랑하는 친구들이여, 예수님을 선생님(Master, 주인님)이라고 부르는 것이 아름답지 않습니까? 왜냐하면 우리가 예수님을 선생님(주인님)이라고 부를 때 예수님에게 다가가기가 쉽고 아울러 마음이 매우 즐겁습니다. 예수님을 신랑이라고 부르는 것은 하나님의 아들과 매우 친근해지는 것이니 참으로 큰 영광입니다! 친구라는 말은 허물이 없고 영광스러운 호칭입니다. 하지만 예수님을 선생님(주인님)이라고 부르는 것이 종종 더 편안하며, 우리로 하여금 아름답게 주님을 섬기게 해 주며, 비록 우리가 높은 자리를 얻지 못한다 하더라도 우리에게 순전한 기쁨을 줍니다.

우리의 마음이 올바르다면 주님의 명령을 행하는 것은 우리의 바라는 만큼 이루어질 것입니다. 지금 우리가 아들이요 종이 아니지만, 그래서 우리의 섬김이 이전의 섬김의 성격과 다르지만, 여전히 주님을 섬기는 것은 우리의 기쁨입니다. 하늘나라가 영원히 섬기는 곳이 아니고 그 무엇이겠습니까? 이 땅에서 우리는 안식에 들어가려고 수고하지만 하늘에서는 우리가 수고하면서 안식에 들어갑니다. 하늘의 안식은 온전히 성화된 심령들의 완전한 순종입니다. 여러분도 이런 안식을 갈망하지 않습니까?

여러분이 주님의 종이 되는 것이 하늘에서 느낄 수 있는 가장 큰 기쁨 중 하나가 아닐까요? 영화를 얻는 성도들이 하늘나라에서 주님의 종들이라 일컬어집니다. "그의 종들이 그를 섬기며 그의 얼굴을 볼 터이요 그의 이름도 그들의 이마에 있으리라"(계 22:3-4). 죄를 벗어 버립시다. 그러면 바로 지금 우리는 하늘나라를 체험할 것이며, 이 땅이 우리에게 하늘나라가 될 것입니다.

여러분이 교회당 문밖으로 나갈 때 여러분의 혀로 이 아름다운 이름을 부르며 나가기를 바랍니다. "나의 선생님, 나의 선생님." 여러분은 이보다 더 아름다운 곡조를 결단코 듣지 못할 것입니다. 가서 종들이 사는 것처럼 사세요. 예수님을 진정 여러분의 선생님(주인님)으로 모시는 것을 잊지 마세요. 왜냐하면 예수님께서 "내가 주인일진대 나를 두려워함이 어디 있느냐?"(말 1:6)고 말씀하시기 때문입니다. 주님을 찬양하십시오. 종들은 선한 주인을 찬양하는 것이 마땅하기 때문입니다. 그리고 지금까지 어떠한 종도 이렇게 귀하신 선생님을 모셔본 적이 없었기 때문에 주님을 찬양하는 것이 마땅합니다.

# 13

# 예루살렘의 딸들

### 나를 위해 울지 말라

"또 백성과 및 그를 위하여 가슴을 치며 슬피 우는 여자의 큰 무리가 따라오는지라. 예수께서 돌이켜 그들을 향하여 이르시되 예루살렘의 딸들아 나를 위하여 울지 말고 너희와 너희 자녀를 위하여 울라. 보라 날이 이르면 사람이 말하기를 잉태하지 못하는 이와 해산하지 못한 배와 먹이지 못한 젖이 복이 있다 하리라. 그때에 사람이 산들을 대하여 우리 위에 무너지라 하며 작은 산들을 대하여 우리를 덮으라 하리라. 푸른 나무에도 이같이 하거든 마른 나무에는 어떻게 되리요 하시니라"(눅 23:27-31).

여러분은 본문의 상황을 마음에 그려볼 수 있습니까? 빌라도는 유대인들에게 예수님을 넘겨주어 그들 마음대로 하게 해 주었습니다. 예수님은 어깨에 십자가를 멘 채 적은 무리의 군병들에게 이끌려 큰 거리로 나아가셨습니다. 아마도 군병들은 예수님께서 밤새도록 잠을 못 자고 채찍에 맞아서 피곤하고 지친 상태였을 것이라고 판단하고, 혹 길에서 죽지 않을까 염려했을 것입니다. 그래서 그들은 알량한 친절로 군중 가운데서 동정심을 소란스럽게 나타낸 한 사람을 붙잡아 강제로 군역을 시켰고, 처형 도구인 십자가를 운반하도록 하였습니다.

이 장면에서 여러분은 거만한 서기관들과 상스러운 군중을 봅니다. 하지만 이 장면의 중심, 그리고 이 모든 상황의 원인은 바로 우리 주님, 곧 유대인의 왕이신 나사렛 예수님 자신이었습니다. 우리는 예수님의 모습을 그릴 수 없습니다. 예수님의 모습을 그려보려고 했던 모든 이들이 크게 실패하였습니다. 왜냐하면 예수님의 얼굴에는 위엄, 온유, 사랑과 겸손, 거룩함과 슬픔이 혼재해 있었으며, 이러한 모습을 캔버스에 묘사한다거나 말로 표현한다는 것은 불가능하기 때문입니다. 예수님의 몸에는 학대를 당한 흔적들이 많았습니다. 예수님은 채찍질을 당하셨으며, 모든 사람이 그 흔적을 볼 수 있었습니다. 군병들이 예수님에게 옷을 입혀 주었으나 로마인들에게 채찍질 당한 흔적을 감출 수 없었습니다. 가시면류관을 쓰신 자국들이 이마에 찍혀 있었으며, 군병들의 거친 행동 역시 그 증거를 남겼기 때문에 예수님의 얼굴은 심하게 일그러졌으며, 그 용모 또한 알아볼 수 없을 정도였습니다.

이제 예수님은 십자가에서 치욕스러운 죽으심을 당하시기 위해 끌려가셨습니다. 그곳에는 기뻐하는 눈짓들이 있었는데, 그들은 자기들의 희생자가 마침내 자신의 수중에 들어온 것을 보고 환호하였으며, 그들의 위선을 폭로한 그 권세자가 이제 죽음 앞에서 침묵하고 있는 모습을 보고 기뻐하였습니다. 그곳에는 또한 냉혹한 로마인들이 있었는데, 그들에게 사람의 목숨이란 하찮은 것이었습니다. 그리고 빽빽한 군중 가운데 있던 잔인한 폭도들이 뇌물을 받고 그들의 가장 좋은 친구를 죽이라고 소리쳤습니다.

하지만 본문의 상황은 이런 야만적인 분위기가 아니었습니다. 그곳에서 큰 소리로 울부짖음으로 항의한 사람들이 있었습니다. 성경은 그들이 여자들이었다고 기록하였으며 이는 여자들의 체면을 살려주는 말씀입니다. 여자들은 슬픔 가운데 조용히 울지 않았습니다. 그들은 마치 사랑하는 친구의 장례식에 참여한 것처럼, 혹은 친척 중 한 명의 죽음을 예상한 것처럼 그렇게 큰 소리로 통곡하고 사람들이 다 들을 수 있도록 애통해 하였습니다.

여자의 울음소리가 우리 대부분의 마음을 울립니다. 하지만 그곳에서 들린 여자들의 울음소리는 로마 군병들의 돌 같은 마음을 울리지 못하였습니다. 여자들의 울부짖는 소리가 로마 군병들에게는 마치 숲 속에 이는 바람소리에 불과하였습니다. 하지만 그 울부짖는 소리가 가혹하지 않고 완고하지 아니한 심령들을 틀림없이 울렸을 것이며, 그들의 영혼으로 하여금 그녀들과 똑같은 감정을 고스란히 느끼게 하였을 것입니다. 그 울부짖는 소리는 주로 한 분의 마음을 울렸는데, 그는 그 모든 사람들 가운데 마음이 가장 따뜻하신 분입니다. 그분의 귀로 슬퍼서 울부짖는 여자들의 모든 소리를 세심하게 다 들으셨습니다. 그분은 헤롯에게 한마디도 대꾸하지 않으셨으며, 빌라도에게는 단 몇 마디만 말씀하셨고, 조롱과 채찍질을 당할 때에도 마치 털 깎는 자들 앞에 양처럼 침묵하셨지만, 이 울부짖는 소리를 들으셨을 때에는 사랑스럽게 그러면서도 엄숙하게 침묵을 깨뜨리시고 여자들에게 "나를 위하여 울지 말고 너희와 너희 자녀를 위하여 울라"고 말씀하셨습니다. 본문은 이런 상황이었습니다.

이 말씀에 대하여 특별히 주목할 만합니다. 왜냐하면 이 말씀은 구세주께서 죽으시기 전에 밝히신 최후의 연속된 말씀을 구성하고 있기 때문입니다. 이후로 구세주께서 말씀하신 모든 내용은 하나씩 끊어지는 내용이면서 또한 주로 기도의 성격을 띱니다. 요한과 구세주의 어머니에게 하신 말씀, 죽어 가는 강도에게 하신 말씀은 아래를 쳐다보시며 하신 한두 마디의 말씀이었습니다. 대부분 주님은 단문으로 말씀하셨으며, 이는 간절한 열망의 날개를 타고 위로 날아올랐습니다. 이것이 주님의 마지막 말씀이자 작별설교였습니다.

이 말씀이 주변 사람들에게 전해지면서 그들로 하여금 눈물을 훔치게 하다가 급기야 눈물을 쏟아내게 하였습니다. 우리는 그러한 상황 때문에 이 말씀을 한층 더 중요하고 엄숙하게 여기지만, 이러한 상황과 상관없이 이 진리의 말씀들은 자체적으로 중요성과 엄숙함을 가지고 있었습니다. 우리 주님의 최후의 말씀은 그를 거부한 세상에 대한 무서운 예언이었으며, 주님께서 사랑하신 백성에 임할 엄청난 재앙을 예고하는 것이었습니다. 이 재앙은 주님조차도 돌이킬 수 없었습니다. 왜냐하면 그들이 주님의 중재를 거절하였고, 주님께서 그들에게 주시고자 했던 자비를 거절하였기 때문입니다. 그래서 주님은 "예루살렘의 딸들아, 나를 위하여 울지 말고 너희와 너희 자녀를 위하여 울라"고 말씀하셨습니다.

바로 얼마 전에 주님께서 멸망당할 성을 바라보시고 울면서 다음과 같이 말씀하심으로써 친히 그들에게 경고를 보여 주셨습니다. "예루살렘아, 예루살렘아, 선지자들을 죽이고 네게 파송된 자들을 돌로 치는 자여, 암탉이 그

새끼를 날개 아래에 모음 같이 내가 네 자녀를 모으려 한 일이 몇 번이더냐, 그러나 너희가 원하지 아니하였도다!" (마 23:37)

이 말씀을 깊이 생각해보지 않더라도 주님께서 말씀하신 내용이 무엇이며 누구에게 하신 말씀인지 그들이 알았을 것이라고 여러분은 감지할 것입니다. 주님 외에 누가 이런 내용의 말씀을 하겠습니까? 여러분은 이 구절이 진짜 주님의 말씀임을 확신할 수 있습니다. 왜냐하면 이 말씀은 모든 면에서 흉내낼 수 없을 만큼 그리스도를 확실하게 나타내 보여 주기 때문입니다. 주님께서 얼마나 건망증이 심하신 분이셨는가 보세요. 왜냐하면 주님은 동정의 눈물을 바라지 않으셨기 때문입니다. 슬퍼할 이유가 없었나요? 있었습니다. 슬퍼할 이유가 너무 많았습니다. 하지만 주님은 "나를 위하여 울지 말고 너희와 너희 자녀를 위하여 울라"고 말씀하셨습니다. 주님의 생각이 자신의 슬픔보다 다른 사람들의 슬픔에 온통 끌리셨던 것 같습니다. 그리고 주님은 자신을 위하여는 한 방울의 눈물도 소모하지 않으셨고, 사람들이 받을 재앙 때문에 눈물을 흘리셨으며, 이것이 자신의 고통보다도 더욱 자신을 슬프게 하였습니다.

말씀하시는 분이 고통 중에서도 열중하셨던 그 엄숙한 말씀을 살펴보세요. 주님의 슬픔은 눈물을 흘려 마땅한 슬픔이었지만 주님은 그 슬픔에 사로잡히지 않으셨음을 알 수 있습니다. 도리어 예수님의 영혼은 당당하게 미래를 휘어잡고, 왕으로서 자신의 홀과 자신의 심판석을 내다보시며 지금 자신을 욕하는 자들이 받을 파멸(破滅)을 예고하셨습니다. 여기서 주님은 패배의식을 보이시지 않았고 패배를 자인하지도 않았으며, 동정을 구걸하지 않았고, 약간의 분노의 기미조차 보이시지 않았으며, 도리어 당당하게 힘을 얻으셨습니다. 차분하면서도 예언자다운 눈빛으로 주님은 중간에 끼인 세월들을 뛰어넘어 포위되고 사로잡힐 예루살렘을 내다보셨습니다. 주님께서 여자들의 무시무시한 비명소리를 들으셨을 때 그 소리가 마치 로마인들이 예루살렘에 들어와 남녀노소를 불문하고 죽이는 전조인 것처럼 그렇게 말씀하셨습니다. 아니, 주님의 꿰뚫어 보시는 눈으로 얼마나 멀리 내다보시는지 주목하십시오.

주님은 심판의 보좌에 앉아서 자신의 법정에 모든 사람들을 소환할 날을 바라보시고 설명하셨습니다. 지금은 대적들 앞에서 기진맥진하셨지만 그때에 주님은 다시 나타나셔서 불경건한 자들을 놀라게 하실 것이며, 이에 그들은 산들에게 자기들 위에 떨어지라고 할 것이며, 바위들에게 주님의 얼굴을 가리워달라고 소리칠 것입니다. 주님은 그 무시무시한 날에 자신에게 임할 위엄을 인식하신 듯이 말씀하셨으며, 동시에 자기들의 죄로 말미암아 그토록 무서운 파멸을 당할 자들을 불쌍히 여기셨습니다. 실제적으로 주님은 "차라리 태어나지 않는 것이 더 좋았을 그런 사람들을 위해, 그리고 차라리 죽기를 절실히 바라는 그런 사람들을 위해 울라"고 말씀하신 것입니다. 주님은 여자들의 심령의 수문(水門)을 닫을 수 있도록 자신을 위해 흐르는 눈물을 닦으셨으며, 주님의 재림의 날에 말로 할 수 없이 당황할 완고한 죄인들을 위해 슬픔의 눈물을 억수같이 흘리게 하셨습니다.

주님은 울고 있는 여자들에게 "울지 말라"고 말씀하셨습니다. 어느 냉정하고 이해타산적인 주석가들은 우리 주님께서 이 여자들의 우는 것을 꾸짖으셨다고 기록하였습니다. 즉, 이 여자들이 뭔가 잘못을 하였다는 것입니다. 큰 잘못은 아닐지라도 그들이 슬퍼한 것은 칭찬할 만한 것이 못된다고 생각한 것입니다. 아마도 그들은 이 여자들의 슬픔을 인정이 많은 마음에서 비롯된 감상적인 연민이라고 규정했을 것입니다. 냉혈의 주석가보다 몰인정한 사람은 없을 것입니다. 그는 글자 하나하나와 씨름을 하며, 음절 하나하나마다 문법적인 의미를 부여하며 트집을 잡고, 자신의 어휘로 번역을 합니다. 하지만 그들의 주석에는 전혀 공감이 가지 않으며, 심지어 자기의 마음에도 전혀 감동을 주지 못합니다. 이 여자들을 비난해야 하나요? 아닙니다. 이 여자들을 **축복하고 축복합시다.**

비아 돌로로사(Via Dolorosa; 주께서 골고다 언덕으로 올라가신 고난의 길: 역주)로 가는 끔찍한 행진 속에서 여자들의 울음은 구원의 기미를 보여 준 하나의 조짐이었습니다. 예수님께서 자기를 위해 우는 자들을 비난하실 수 있다는 생각을 꿈에도 하지 맙시다. 아닙니다. 아니에요. 천 번이라도 아닙니다! 다행히도 이 온화한 여자들의 모습은 야만적인 악을 행하던 대제사장들, 그리고 "그를 십자가에 못 박아라, 못 박아라!"고 맹렬히 소리친 생각 없는 군중들과 대조를 이룹니다. 다른 모든 사람들이 아주 사납게 죽음으로 몰고 간 그분에게 감히 측은한 마음을 나타낸 것은 내가 보기에 아주 숭고한 용기였습니다.

"그를 십자가에 못 박아라, 저를 못 박아라"고 목이 쉬도록 외친 사람들 가운데서 주님의 뜻을 지지하였다는 것은 남자다운 일이었다기보다 용기였습니다. 이 여자들은 전리품을 향해 돌진하는 남자들보다도 더욱 용맹스러운 여걸(女傑)들이었습니다. 죽음으로 끌려가던 주님을 측은히 여기며 애곡한 것은 칭찬 받아 마땅한 일이지 비판받을 일이 아닙니다. 우리 주님은 그들이 보여 준 측은한 감정을 받아주셨습니다. 다만 "다른 사람들을 위하여 울라"고 말씀하신 것은 사심 없이 다른 사람들을 생각하는 주님의 이타심에서 비롯된 것이었습니다. 여자들이 잘못되었기 때문에 이런 말씀을 하신 것이 아니었습니다. 예수님 자신을 위해 우는 것보다 더 시급하게 다른 사람을 위해 울어야 하겠기에 그런 말씀을 하신 것이었습니다. 다음과 같이 거의 장송가 비슷한 찬송을 우리가 일제히 불렀을 때 큰 은혜가 되지 않았는지요?

제발 잠깐만
오셔서 나와 함께 애곡합시다
제발 구세주 곁으로 오세요
오셔서 우리 함께 애곡합시다
예수, 우리 주님께서 십자가에 못 박히셨습니다

군병들이 비웃고
유대인들이 조롱하는데
주님을 위해 흘릴 눈물이 없나요?
아! 주님께서 얼마나 고통스럽게 매달려 있는지 보세요
예수, 우리 주님께서 십자가에 못 박히셨습니다

우리 중에 그 누가 다음과 같은 찬송을 지은 와츠(Watts) 박사와 그 찬송 부르는 사람들을 비난할 수 있겠습니까?

주님의 고귀한 십자가가 나타날 때
나의 붉어진 얼굴을 숨길 수 있었으면
내 마음을 감사로 녹이고
내 눈을 눈물로 녹일 수 있었으면

　이 여자들이 운 것은 전혀 잘못된 것이 아닙니다. 그러므로 우리는 다음과 같이 말할 수 있습니다. 첫째, 여자들의 슬픔은 합리적이고 정당한 것이었습니다. 그들에게 울 이유가 있습니다. 고난당하시고 외로이 죽음을 당하시는 예수님의 모습을 여자들이 보았기에 그들은 애통하지 않을 수 없었습니다. 저 피 흘리는 어깨, 저 찢어진 성전(몸을 의미함)을 보세요. 성스러운 슬픔으로 일그러졌지만 무엇보다도 차분하고 비길 데 없이 위엄 있는 저 표정을 주목하십시오. 감정이 조금이라도 있는 사람이라면 그는 틀림없이 울 것입니다. 이토록 고난을 당하였고, 앞으로 더욱더 많은 고난을 당할 형편인 그가 너무나 온유하시고 저항을 하지 않으신다고 생각될 때, 그를 측은히 여기는 것이 당연하지 않겠습니까?

　주님은 마음이 온유하고 겸손하셨기에 아무에게도 사나운 표정을 짓지 않으셨으며 아무에게도 잔인한 말로 대꾸하지 않으셨습니다. 주님은 이리들 가운데 놓인 한 마리 어린양 같으셨으며, 혹은 수많은 매들에게 둘러싸인 한 마리 비둘기 같으셨으며, 짖어대는 사냥개들의 한가운데에 놓인 유백색의 암사슴 같으셨습니다. 아무도 측은히 여기지 않았고 아무도 도와주지 않았습니다. 그렇다면 우리까지도 측은히 여기지 말아야 합니까? 아닙니다. 눈물을 흘리는 여자들이여, 그대들이 우는 것은 잘한 일이었습니다. 그대들이 어떻게 그렇게 할 수 있었나요? 그대들이 자녀들의 어머니로서 사랑하는 마음이 있었기 때문입니다.

　겸손하시고, 온유하시며, 이타적이시며, 저들이 하라는 대로 다 하신 주님을 위해 그대들이 어떻게 울 수 있었습니까? 살아 있을 때에도 슬픔을 당하신 그분을 죽음으로 몰아간다는 것은 분명히 넘치는 악이었습니다. 게다가 그분은 흠 없고 순결한 분이셨습니다. 이 사람이 무슨 죄를 저질렀습니까? 그들은 빌라도의 이의(異議)에 대답할 수 없었습니다. "이 사람이 무슨 악한 일을 하였느냐?"(눅 23:22) 주님은 흠이 없으셨기에 그들이 아무런 흠도 찾을 수 없었습니다. 그대들이 주님의 모습을 보고 그분이 모든 인간 중에 가장 순수한 분이시라는 사실을 알았고, 또한 그분 주변에 온통 죄와 헛된 것으로 가득했으나 주님 홀로 거룩하시고 진실하셨다는 사실을 알았습니다. 그런데 도대체 무슨 이유로 그들이 범죄자들과 함께 은혜로우신 주님의 손과 발을 나무에 못 박고 십자가에 매달아야 합니까?

흠이 없으신 것 외에 주님은 긍휼로 충만하셨습니다. 단순히 긍휼하신 것이 아니라 긍휼로 충만하셨으며, 온 인류에 대한 사랑으로 충만하셨습니다. 깊은 슬픔 속에서도 주님의 얼굴에 한없는 자비가 빛을 비추었고 태양처럼 광선을 발하였습니다. 주님은 대적들을 바라보셨으며 그의 눈빛은 기품이 있었으나 너무나 부드러웠습니다. 주님은 떨리는 입술로 "아버지, 저들을 사하여 주옵소서. 자기들이 하는 것을 알지 못함이니이다"(눅 23:34)라고 기도하셨습니다. 주님은 그들을 해할 마음이 없으셨습니다. 주님이 저주하시면 그들을 말라죽게 하겠지만 주님은 그들을 저주할 마음이 없으셨으며, 주님이 그들에게 눈살을 찌푸리시면 주님께서 해방되시겠지만 주님은 그들에게 눈살을 찌푸릴 마음이 없으셨습니다. 주님은 너무나 선하셔서 악을 악으로 갚지 않으셨습니다.

이 여자들은 주님께서 어떠한 삶을 영위하셨는지 생각하였습니다. 주님께서 주린 자들을 얼마나 많이 먹이셨는지요. 아마도 이 여자들 중에 일부는 주님께서 떼어 주신 떡과 물고기를 먹었을 것입니다. 주님께서 그녀들의 아이들을 얼마나 많이 고쳐 주셨으며, 그녀들의 죽은 자를 얼마나 많이 살려 주셨는지요. 그리고 그녀의 친구들의 몸에서 더러운 귀신들을 얼마나 많이 쫓아내 주셨는지요. 주님은 길거리에서 공공연하게 설교하셨습니다. 그리고 결코 나쁜 뜻을 전하지 않으셨으며, 언제나 온유와 사랑을 전하셨습니다. 주님은 인기가 높았고 한때는 군중의 수장이 될 수도 있었지만 주님은 자신의 권세를 결단코 자신의 이기적인 목적을 위하여 사용하지 않으셨습니다. 주님은 나귀를 타고 멋지게 거리를 지나셨으나 그 멋은 검소하고 소박한 것이었습니다.

나귀새끼를 타고 가실 때 아이들이 그 조신(朝臣)들의 역할을 하였고 전쟁나팔 소리도 없었으며, 다만 "호산나 찬송하리로다. 주의 이름으로 오시는 이여"(막 11:9)라고 소리질렀습니다. 도대체 무슨 이유로 그들이 주님을 십자가에 못 박나요? 주님은 오직 선한 일만 하셨습니다. 주님의 고귀한 모습이 나타나자 여자들은 서로에게 물었습니다. "주님께서 무슨 일을 하셨기에 그들이 주님을 죽이려 하는가? 주님께서 무슨 행동을 하셨기에 그들이 주님을 처형하려고 하는가?" 친구 없는 자들의 친구가 되신 예수님께서 어찌하여 죽으셔야 합니까? 다시 말하건대, 나는 이 여자들의 눈물을 칭찬하지 않을 수 없습니다. 죽을 죄를 짓지 않으신 순결하신 주님을 뵈었을 때 그들이 슬피 울고 애통한 것은 놀랄 일이 아닙니다.

여자들의 감정이 매우 희망적이었기 때문에 그들이 울었다고 나는 생각합니다. 그들의 희망적인 감정은 잡다한 사람들로 이루어진 군중의 무감각이나 무자비함보다 훨씬 좋았습니다. 이는 그들의 마음이 상당히 따뜻하다는 것을 보여 주었습니다. 물론 이러한 따뜻한 마음은 타고난 것이지만 이는 더욱 선하고 거룩하고 영적인 감정이 자리잡을 수 있는 토대가 됩니다. 하지만 이러한 감정은 예수님의 이야기 이외에 다른 슬픈 이야기를 듣고 우는 것과는 다릅니다. 나는 사람들이 슬픈 이야기를 듣고 우는 것을 좋아합니다. 우는 자들과 함께 울어야 하지 않겠습니까? 또한 사람들이 오라토리오 음악을 듣고 자연스럽게 공감하는 것처럼 많은 경우에 설교자의 기술 때문에 청중이 자연스러운 공감을 한다는데 나는 반대합니다. 내가 바라는 것이 추호도 단순히 감정적인 공감이 아니라는 사실을 나는 여러분에게 보여드리겠습니다.

사람들의 불행이 내 마음을 슬프게 하는데 반해 감히 아무런 감정도 없이 예수님의 큰 슬픔을 회상할 수 있다고 생각한다면 이는 내게 서운한 일일 것입니다. 여러분 모두가, 특히 여러분 가운데 여자들이 마음이 녹아지지 않은 채 나사렛 예수님의 피 흘리심과 죽으심을 생각할 정도로 완고하다면 나는 몹시 개탄할 것입니다. 이런 감정이 없다면 여러분은 인간성을 상실하고 돌이 되어 버릴 것입니다. 이는 어쨌든 선한 것입니다. 이런 감정은 더 좋은 것이 들어올 수 있도록 문을 열어 주기 때문에 희망적입니다. 이 따뜻한 마음은 훨씬 더 고상한 것에 접목하는데 알맞은 대목(臺木; 접붙일 때 바탕이 되는 나무)입니다. 그리스도의 슬픔 때문에 울 수 있는 사람은 곧 그 슬픔의 원인인 죄에 대하여 울게 될 것이며, 더 나아가 그리스도께서 애통하라고 명령하신 대로, 죄로 말미암아 자신과 자신의 자녀들에게 임한 슬픔과 불행을 애통하는 대로(大路)에 올라설 것입니다.

나는 사람들을 지나치게 감정적으로 그리스도께로 인도하지 않을 것이며, 또한 예수님의 죽으심을 슬픔의 근원으로만 여기라고 요구하지 않을 것입니다. 왜냐하면 예수님의 죽으심은 기쁨의 원천도 되기 때문입니다.

여자들의 울음에 대하여 많이 말씀드린 지금, 나는 주님께서 그러한 슬픔을 적절하게 억제하셨다는 사실을 추가로 말씀드리겠습니다. 무엇보다도, 울음이 본래 선한 것이기는 하지만, 그것은 어디까지나 자연적인 것에 불과하며 영적인 덕에는 미치지 못하는 것이기 때문입니다. 여러분이 그리스도의 죽으심에 대한 이야기를 들을 때 운다는 사실이 여러분의 마음에 성령께서 역사하셨다는 증거는 아닙니다. 아마도 교수형에 처해진 살인자를 보더라도 여러분은 훨씬 더 충격을 받을 것이기 때문입니다. 여러분이 언제라도 십자가 수난에 대한 자세한 이야기를 들을 때 감정이 북받쳐 오르기 때문에 울음이 여러분이 진정으로 구원받았다는 증거는 아닙니다. 전에 말한 것처럼, 여러분이 감동되는 것은 좋다고 생각합니다. 하지만 그것은 다만 자연적으로 선한 것이지 영적으로 선한 것은 아닙니다. 이런 자연적인 공감은 우리가 여러분에게 계속해서 받으라고 권장할 만한 것이 아닙니다. 우리 주님께서는 이러한 감정들을 적절하게 억제하셨습니다.

그 밖에 이러한 감정은 일반적으로 금방 사라져 버립니다. 단순히 겉으로 보이는 그리스도의 수난 때문에 흘리는 감정적인 눈물은 신속히 씻겨지고 잊혀집니다. 이 여자들 가운데 누가 우리 주님의 신자가 되었는지 우리는 알지 못합니다. 다락방에 모인 사람들 가운데 이 우는 무리와 함께 했던 자가 있었는지 우리는 알지 못합니다. 이들은 예루살렘 여자들이었으며, 그리스도께서 죽으실 때에 그리스도를 섬기며 따른 여자들은 대체로 갈릴리 출신의 여자들이었습니다. 이에 대하여 마태복음 27:54-56을 보세요. 이 예루살렘의 동정하는 여자들 대부분이 오늘 울었다는 사실을 내일 잊지 않았을까 염려됩니다. 내가 잘못 생각할 수도 있겠지만, 그들이 구세주의 죽으심을 애통해 하였다는 단순한 사실이 그들이 그리스도의 거듭난 제자들이라고 조금도 증거해 주지 못합니다. 아침의 구름과 새벽이슬은 잠깐 있다가 사라지는 감정에 딱 어울리는 표상들입니다.

이러한 울음은 사실상 무력합니다. 울음이 마음에 영향을 끼치지 못합니다. 울음이 성격을 변화시키지 못합니다. 울음이 죄를 떨어지게 할 수 없으며, 예수 그리스도를 믿어 구원받는 믿음을 주지도 못합니다. 힘있는 설교를 들을 때 많은 눈물을 흘리지만 그 중에는 헛되이 흘리는 눈물도 많습니다. 설교가 끝나자 애통하는 것도 그쳤습니다. 마음속에 은혜의 역사가 없었으며, 눈물은 고작해야 표면적인 현상에 불과하였습니다. 가장 안 좋은 것은 그러한 감정이 종종 자신을 현혹시킨다는 사실입니다. 사람들은 "내가 설교를 들을 때 그토록 많이 울고, 십자가에 달리신 예수님에 대한 설명을 들었을 때 마음이 뜨거워진 것을 보니 내 안에 선한 것이 있는 것이 분명해"라고 생각하기 쉽습니다. 그렇습니다. 이처럼 여러분은 결국 인간의 평범한 감정에 불과한데도 여러분이 성령의 감동을 받고 있다는 신념 속에 자신을 감출 수 있는 것입니다.

이러한 감정은 훨씬 더 나은 감정으로 교체될 수 있습니다. 예수님께서 이 여자들에게 울지 말라고 하신 까닭은 그보다 훨씬 더 슬피 울어야 할 다른 문제가 있었기 때문입니다. 조금이라도 그리스도께서 죽으셨기 때문에 울어서는 안 됩니다. 여러분의 죄가 그리스도를 죽게 만들었기 때문입니다. 여러분은 십자가 수난 때문에 울지 말고 여러분의 죄 때문에 울어야 합니다. 여러분의 죄가 구세주를 저주받은 나무에 못 박았기 때문입니다. 죽으시는 구세주를 위해 우는 것은 치료받는 것을 애통해 하는 것이나 마찬가지입니다. 질병을 애통해 하는 것이 더 현명할 것입니다. 죽으시는 구세주를 위해 우는 것은 의사의 메스를 눈물로 적시는 것과 같습니다. 메스로 잘라내야 하는 넓게 퍼진 용종(茸腫)을 애통해 하는 것이 나을 것입니다. 십자가를 지고 가시는 주 예수님을 위해 우는 것은 지금까지 하늘과 땅이 아는 기쁨 중에 가장 고상한 기쁨의 주제 때문에 우는 것이나 마찬가지입니다. 이때에 여러분의 눈물은 거의 필요가 없습니다. 그런 눈물은 자연적인 것이며, 여러분이 지혜롭다면 눈물을 닦고 기쁨으로 죽음과 무덤의 권세를 이기신 주님의 승리를 찬양할 것입니다. 우리가 정 슬픈 감정을 유지해야겠다고 한다면, 율법을 깨뜨린 사실 때문에 애통합시다. 이 때문에 주님께서 고통스럽게 율법을 세우셔야 했기 때문입니다. 또한 우리로 형벌을 피할 수 없게 한 우리의 죄 때문에 애통해 합시다. 이 때문에 주님께서 죽기까지 참으셔야 했기 때문입니다.

외적인 슬픔을 일으킨 보이지 않는 내적인 원인, 말하자면 자기 백성의 죄와 불법만큼 자신의 외적인 고난을 바라보기를 예수님은 원하지 않으셨습니다. 바로 이 죄와 불법이 예수님의 어깨에 십자가를 올려놓았고 대적들로 예수님을 둘러싸게 만들었기 때문입니다.

이제 우리는 "울지 말라"는 말씀에서 "울라"는 말씀으로 넘어갑니다. 예수님께서 눈물의 한 통로를 막으시고 또 다른 넓은 통로를 여십니다.

첫째, "너희를 위하여 울라"는 예수님의 말씀은 예수님을 고난의 자리로 이끈 바로 그 죄를 애통해야 한다는 뜻이었으며, 그 죄 때문에 예수님께서 고난을 당하셔야 했다는 사실을 깨달아야 한다는 뜻이었습니다. 또한 죄가 그들과 그들의 자녀들을 한층 더 무서운 재앙으로 몰고 갈 것이기 때문에 예수님께서 울라고 말씀하셨던 것입니다. 여러분도 아시다시피, 예수님께서 이 놀라운 말씀을 하시기 전에 이 여자들의 남편들과 아버지들과 아들들이 큰 소리로 "그를 십자가에 못 박아라" 외쳤으며, 빌라도가 물로 손을 씻음으로 예수님의 피에 대하여 자신의 무죄함을 보여 주었을 때 그들은 그러한 행위에 따르는 저주를 자기 나라와 아직 태어나지도 않은 자녀들에게 물려 주었습니다.

"백성이 다 대답하여 이르되 그 피를 우리와 우리 자손에게 돌릴지어다 하거늘"(마 27:25). 이 여자들이 애통하고 슬퍼하였지만, 자기들의 머리를 두고 국가를 대변한 남자들이 하나님의 진노의 뇌운(雷雲)을 드리우게 하였습니다. 예수님께서 이러한 사실을 지적하시며 "국가의 죄 때문에 울라, 너희가 의로운 자를 죽게 하고 있기 때문에 너희에게 확실히 임할 국가적인 저주 때문에 울라"고 말씀하신 것입니다.

참으로 주님의 말씀의 뜻은 훨씬 통렬하였습니다. 주님 주변에 있는 모든 이들이 어떤 면에서 죽음으로 내 몬 한 책임이 있었기 때문입니다. 그리고 내 판단으로는, 여러분과 나, 그리고 모든 인류가 구세주를 십자가에 죽게 한 원인이었습니다. 오 형제 자매들이여, 이 때문에 우리는 울어야 합니다. 우리가 하나님의 율법을 깨뜨렸고 이로 인해 예수 그리스도께서 죽으시지 않고는 우리가 구원받을 수 없기 때문에 우리는 울어야 합니다. 아직 예수 그리스도를 믿지 않았다면, 바로 이 시간에 우리의 죄가 우리에게 그대로 있기 때문에 우리는 애통해야 합니다.

오 심령들이여, 여러분이 죽으시는 그리스도를 불쌍히 여길 필요가 없으며, 다만 여러분 자신을 불쌍히 여기세요. 여러분 자신에게 여러분의 죄가 그대로 있습니다. 여러분의 자녀들이 회개하지 않고 자라며, 여러분을 본받아 완악하게 하나님을 거역한다면, 그들의 죄 역시 그들에게 있으며, 이 분명한 사실 때문에 여러분이 울어야 하는 것입니다. 신자들이여, 여러분이 죄에서 벗어나 주님의 이름으로 죄 사함 받았을지라도 여러분이 지은 죄를 애통하십시오. 그리고 죄 사함 받은 것을 기뻐함과 동시에 그리스도께서 여러분이 함께 쌓아둔 짐을 지셔야 했고 여러분이 마땅히 받아야 할 형벌을 그리스도께서 대신 받으셔야 했다는 사실을 슬퍼하십시오. 누구에게나 죄로 인해 슬퍼해야 할 이유가 많습니다. 죄 사함 받은 주님의 백성들은 기분 좋게 슬퍼합니다. 그런가하면 아직까지도 그리스도의 수난의 결과에 동참하지 아니하고 도리어 하나님의 아들을 죽인 죄에 참여하고 있는 불신자들은 고통스럽게 슬퍼해야 할 것입니다.

이제 다시금 우리 주님께서 울라고 명하신 이유를 고찰해 봅시다. 그 첫째 이유는 그들의 죄 때문이었으며, 둘째 이유는 그들의 죄에 대한 임박한 형벌 때문이었습니다. 유대인들의 국가적인 죄에 대한 형벌은 그 나라의 흩어짐과 거룩한 성의 완전한 파멸이었습니다. 이에 우리 주님은 소름끼치는 언어로 그들이 받을 형벌을 잘 설명해 주셨습니다. 하늘 아래서 그리고 역사 이래로 예루살렘의 포위와 파멸과 같은 끔찍한 사건은 한 번도 없었습니다. 여러분이 이 고통스러운 사건을 잘 알고 있기 때문에 내가 여러분에게 설명할 필요가 없습니다. 그 사건에 모든 공포가 집중된 듯하며 극도로 과장된 듯이 보일 정도입니다.

이보다 더 심한 것은 아무것도 없습니다. 그 어떤 사건이 이와 맞먹을 수 있을지 의심스럽습니다. 하지만 내가 암시한 대로, 우리 주님께서는 로마의 칼과 유대인들의 대학살보다 더 멀리 내다보셨습니다. 주님의 설교를 살펴보면, 주님께서 과연 예루살렘의 포위를 말씀하고 계시는지 아니면 심판의 날을 말씀하고 계시는지 알 수 없는 경우가 종종 있습니다. 주님께서는 예루살렘의 포위를 심판에 대한 예시(豫示), 리허설, 모형으로 생각하셨기 때문입니다. 그래서 주님은 종종 두 사건을 하나의 사건인 것처럼 말씀하십니다.

주님은 나와 여러분에게 포위된 예루살렘에 대하여 말씀하신 것이 아니라 진노의 날, 저 무시무시한 심판의 날에 대하여 말씀하신 것입니다. 그날이 올 때 우리 가운데 누가 버틸 수 있겠습니까? 바로 이날이 다가오기 때문에 우리는 울어야 하는 것입니다. 그날이 오면 사람들이 차라리 나지 않은 것이 나을 뻔한 상황이 될 것입니다. 심판장이 "저주를 받은 자들아, 나를 떠나 마귀와 그 사자들을 위하여 예비된 영원한 불에 들어가라"(마 25:41)고 무시무시한 선고를 내릴 때, 그들은 아이 배지 못하는 배와 젖먹이지 못하는 가슴을 부러워할 것입니다. 그때에 회개하지 않은 죄인들은 "내 생일이 저주를 받았더면, 나의 어머니가 나를 낳던 날이 복이 없었더면, 나의 아버지에게 소식을 전하여 이르기를 당신이 득남하였다 하여 아버지를 즐겁게 하던 자가 저주를 받았더면"(렘 20:14-15) 하고 괴롭게 소리지를 것입니다. 그들은 괴로워서 손을 비틀 것이며 자신의 존재를 저주할 것이며 자신들이 빛을 보지 못하였기를 바랄 것입니다.

또한 우리 주님은 계속해서 큰 슬픔 가운데서 감동적인 목소리로, 눈물을 남겨두라고 여자들에게 말씀하신 것입니다. 그 눈물은 머지않고 죽기를 바라지만 그 바람도 이루어지지 않는 자들을 위해 흘릴 눈물입니다. "그때에 사람이 산들을 대하여 우리 위에 무너지라 하며 작은 산들을 대하여 우리를 덮으라 하리라"(눅 23:30). 산들이 무너지면 그들이 가루가 되는데도 그들은 그것을 바랄 것입니다. 작은 산들에 깔리면 그들이 깊은 구렁텅이에 묻히는데도 그들은 심판장의 얼굴을 대하니 차라리 땅 속에 영원히 묻히기를 바랄 것입니다. 그들은 자신들의 죄로 인한 형벌을 감지하자마자 곧 철저하게 부서지기를 원하거나 혹은 살아서 매장되기를 요구할 것입니다. 그때에 주의 종 요한을 통해 주께서 하신 말씀이 이루어질 것입니다.

"그날에는 사람들이 죽기를 구하여도 죽지 못하고 죽고 싶으나 죽음이 그들을 피하리로다"(계 9:6). 그때에 사멸(死滅)은 불경건한 자에게 너무나 큰 선물이어서 허락되지 않을 것입니다. 땅은 자신을 더럽히고 자신의 주님을 거역한 사람들에게 동정을 베풀지 않을 것입니다. 지금 여러분이 죽어 가는 예수님을 위해 흘릴 눈물이 있다면, 죽는 순간부터 재앙이 시작될 사람들을 위해 눈물을 남겨두세요. 여러분이 "당신을 밴 태와 당신을 먹인 젖이 복이 있나이다"(눅 11:27)라는 말씀을 사람들로부터 들으신 분을 위해 슬퍼한다면, 잉태된 시간을 저주하게 될 그들을 위해 더 많은 눈물을 남겨두세요.

그 다음에 우리 주님은 자신의 고난과 장차 애통하게 될 사람들을 놀랍게도 비교하고 대조하셨습니다. "푸른 나무에도 이같이 하거든 마른 나무에는 어떻게 되리요 하시니라"(눅 23:31). 내 생각에 이 말씀의 의미는 이렇습니다. "가이사에게 반역하지 아니한 내가 이토록 고난을 당한다면 예루살렘이 포위당할 때 실제 반란에 가담하였다가 로마인들에게 붙잡힌 자들은 얼마나 많은 고통을 당하겠는가?" 또한 주님의 말씀의 두 번째 의미는 이렇습니다. "전혀 죄 없는 내가 이와 같은 죽음을 당한다면, 죄인들은 어떠한 죽음을 당하겠는가?"

숲에 불이 맹위를 떨칠 때 수액과 물기를 머금고 있는 푸른 나무들도 화염 속에서 마치 그루터기처럼 우지직우지직 소리를 내며 타는데, 하물며 이미 중심까지 썩어서 땔감으로나 쓸 마른 고목나무들은 얼마나 잘 타겠습니까? 죄 없으신 예수님, 평생 순결하고 거룩하게 사신 예수님께서 고난을 받으셨다면, 오랫동안 죄 가운데 죽어 있었고 죄악 가운데 썩어 있던 그들은 얼마나 많은 고난을 받겠습니까? 다른 곳에서 베드로가 말한 대로입니다. "하나님의 집에서 심판을 시작할 때가 되었나니 만일 우리에게 먼저 하면 하나님의 복음을 순종하지 아니하는 자들의 그 마지막은 어떠하며 또 의인이 겨우 구원을 받으면 경건하지 아니한 자와 죄인은 어디에 서리요?"(벧전 4:17-18)

물론 우리 주님의 고난이 상상을 초월하는 고통이었지만 타락한 영혼들이 받을 재앙에 비하면 몇 가지 점에서 유리한 점이 있었다는 사실을 알 수 있습니다. 첫째, 우리 주님은 자신이 무죄하다는 사실을 아셨습니다. 그러므로 주님의 의가 주님을 받쳐 주었습니다. 어떤 고통을 당하더라도 주님은 자신 때문에 그 고통을 받는 것이 전혀 아니라는 사실을 아셨습니다. 주님은 양심의 고통을 당하지 않으셨으며 양심의 가책으로 괴로워하지 않으셨습니다. 장차 임할 형벌이 더욱 고통스러운 것은 그 고통을 받아 마땅하다는 분명한 사실 때문입니다.

끝까지 회개하지 않은 사람들은 자신에 대한 분노로 괴로움을 당할 것입니다. 이로 인해 그들은 마음속에 지옥이 있는 것처럼 날뛸 것입니다. 하지만 우리 주님에게는 이런 요소가 전혀 없었습니다. 주님 안에는 악이 전혀 없었으며, 악을 행하고자 하는 강한 욕망, 이기적인 요소, 반역하는 마음, 분노, 불만이 전혀 없었습니다. 악한 정욕으로 설레지 않는 사람은 맹렬한 죄로 인해 영혼이 찢어지는 심한 고통과 험한 진통을 겪지 않습니다. 교만, 야망, 탐욕, 악의, 원한, 이런 것들이 지옥 불을 일으키는 연료입니다. 죄인들을 괴롭히는 것은 마귀가 아니라 그들 자신입니다. 우리 주님에게는 이러한 요소가 있을 수 없었습니다. 또 타락한 영혼들은 하나님을 미워하고 죄를 사랑하지만, 그리스도는 한결같이 하나님을 사랑하셨고 죄를 미워하셨습니다. 그렇다면 악을 사랑하는 것이 고통입니다.

있는 그대로 바로 이해하면 죄는 지옥입니다. 지옥은 영혼이 계속해서 악을 사랑하는 상태이며, 이로 인해 사람들은 영원히 타락한 상태가 됩니다. 그러나 거룩하신 예수님께서 비록 상상을 초월하는 고통을 당하셨지만, 선을 미워하고 악을 사랑한 데서 비롯된 고통은 당하지 않으셨습니다. 예수님은 푸른 나무이셨으며 불경건한 자들은 마른 나무들입니다.

우리 주 예수님은 자신이 당한 모든 고통이 다른 사람들을 위한 것임을 아셨습니다. 예수님께서 고통을 통해 셀 수 없이 많은 사람들을 지옥 구덩이에서 건져내신다는 사실을 아셨기 때문에 기쁘게 견디셨습니다. 하지만 타락한 자들의 고난에는 구원하는 능력이 없으며, 그들은 아무에게도 도움을 주지 못하며, 선한 뜻을 갖지 못합니다.

우리 주님은 앞에 있는 상을 바라보셨기 때문에 십자가를 참으셨고 부끄러움을 개의치 않으셨습니다. 하지만 마지막까지 정죄를 당한 자들은 상을 기대하지 못하며 최후의 심판에서 벗어날 희망을 갖지 못합니다. 그들이 어찌 이런 것을 기대할 수 있겠습니까? 예수님에게는 소망이 넘쳤지만 그들에게는 절망이 넘쳤습니다. 예수님은 "다 이루었다"고 말씀하셨지만 그들은 이룬 것이 없습니다.

　게다가 그들의 고통은 스스로 자초한 것이며, 그들의 죄는 스스로 지은 것입니다. 반면, 예수님의 경우에는 예수님께서 죄를 범한 사람들을 구원하고자 하셨기 때문에 심한 고통을 당하셨던 것입니다. 그러나 타락한 자들은 죄를 버리라는 권면을 따르지 않았기 때문에 고통은 스스로 택한 것입니다. 그에 비해 예수님은 사랑 때문에 피를 흘려야 했습니다. 자기 백성들이 구원을 받기에 고난의 잔이 예수님에게서 지나갈 수 없었습니다. 하지만 타락한 자들은 고통을 스스로 자초하게 될 것입니다.

　사랑하는 친구들이여, 지금까지 내가 이 고통스러운 문제에 대하여 충분히 말씀을 드림으로써 한 가지 사실을 여러분에게 확실히 심어 주었다고 생각합니다. 그것은 그리스도의 죽으심이 회개하지 아니한 온 세상 사람들에게 가장 무서운 경고를 하고 있다는 사실입니다. 하나님께서 자기 아들을 아끼지 아니하시고 죄를 담당하게 하셨는데, 스스로 그리고 실제로 죄를 범한 죄인들을 하나님께서 아끼시겠습니까? 죄를 대신 담당하신 아들도 죽이신 하나님께서 회개하지 아니한 죄인을 그대로 놔두시겠습니까? 항상 아버지의 뜻을 행하시고 죽기까지 복종하신 예수님도 하나님의 버림을 당하셨는데 그리스도를 거절하고 지존하신 하나님의 원수가 된 사람들은 어찌 되겠습니까?

　바로 이 때문에 우리는 울어야 하는 것입니다. 내가 엄숙히 말하건대, 여러분으로 하여금 이런 사실을 깨닫게 하려고 하나님께서 오늘 나를 통해 말씀하고 계시는 것입니다. 가장 끔찍한 생각은 우리가 하나님 앞에 범죄한 상태여서 그리스도께서 예언하신 심판을 향해 서둘러 가고 있을지도 모른다는 사실입니다. 이 얼마나 무서운 전망인가요! 그럼에도 불구하고 우리의 마음이 새로워지지 않고 예수 그리스도를 믿지 않는다면, 틀림없이 우리는 파멸하고 말 것입니다.

　또한 여러분 밑에서 자라나고 있는 자녀들이 이제는 이해할 수 있고 자신의 행동에 대하여 책임질 수 있다는 사실을 기억하십시오. 그들이 지금처럼 살다가 지금처럼 죽는다면 차라리 자녀가 없었더라면, 차라리 태어나지 않았더라면 하고 바라게 될 것입니다. 이것을 생각하고 우세요. 사랑하는 친구들이여, 주님께서 여러분에게 올바른 마음을 주셨다면, 여러분이 회개하지 않은 사람들의 상태를 생각할 때 심히 불쌍히 여기지 않을 수 없을 것입니다. 여러분이 길거리에서 맹세하는 소리를 들을 때 여러분의 눈에서 눈물이 흐르지 않을 수 없을 것입니다. 여러분의 아들딸들이 영원한 반석이신 예수님 안에 안전하게 피할 때까지, 그리고 그리스도께서 재림하시는 날 그들이 다른 바위에 피할 필요가 없도록 안전할 때까지 끊임없이 기도하십시오.

간절히 부탁하건대, 사랑하는 그리스도인 친구들이여, 따뜻한 마음으로 모든 죄인들을 위해 기도합시다. 그리고 여러분의 따뜻한 마음을 뜨거운 기도로, 끊임없는 수고로, 방황하는 자들을 향한 거룩한 긍휼로 보여 줍시다.

# 14

# 빌라도의 아내

그녀의 꿈

"총독이 재판석에 앉았을 때에 그의 아내가 사람을 보내어 이르되 저 옳은 사람에게 아무 상관도 하지 마옵소서 오늘 꿈에 내가 그 사람으로 인하여 애를 많이 태웠나이다 하더라"(마 27:19).

　　나는 잠시 주님에 대한 관심을 접고 빌라도의 아내의 꿈을 살펴보겠습니다. 빌라도의 아내의 꿈은 성경에서 단 한 번 언급되었는데 바로 마태복음입니다. 오직 마태만이 이 이야기를 기록하는 사명을 받았는지 그 이유를 나는 모르겠습니다. 아마도 마태 혼자서 그 이야기를 들었을 것입니다. 단 한 번의 기록이지만 이 기록은 우리가 충분히 믿을 수 있는 것이며, 묵상할 내용을 넉넉히 공급해 줄 만큼 긴 구절입니다.

　　빌라도는 집무기간 내내 심히 못되게 굴었습니다. 그는 불의하고 사악한 유대의 총독이었습니다. 갈릴리 사람들과 사마리아 사람들 모두 그의 군사력을 두려워하였습니다. 왜냐하면 조금이라도 폭동의 기미가 보이기만 하여도 주저하지 않고 그들을 학살하였기 때문입니다. 그는 유대인들이 모인 군중 가운데 비수를 가진 첩자들을 보내어 자기에게 미움받는 자들을 제거하였습니다. 이득이 그의 목적이었으며, 교만이 그의 정신을 지배하였습니다. 나사렛 예수께서 그 앞에 이끌려왔을 때 그에 대한 유대인들의 불평이 티베리우스(Tiberius Claudius Nero Caesar, 42 B.C-37 A.D.) 황제에게 보고되고 있던 도중이었으며, 따라서 그는 왕의 소환을 받고 자신의 억압과 강탈, 그리고 살인에 대한 책임을 져야 할까봐 염려하였습니다. 이때에 지은 그의 죄들이 그가 예수님을 처형하는 발단이 되었습니다. 욥의 표현대로 "그가 다니며 행한 죄악들이 그를 에워쌌습니다."

죄의 형벌 중에 한 가지 끔찍한 요소는 죄가 더 큰 죄악을 범하도록 사람을 강요하는 힘이 있다는 것입니다. 빌라도의 죄가 이제 한 무리의 이리들처럼 그를 둘러싸고 울부짖고 있었습니다. 그는 죄와 맞설 수 없었으며, 안전한 피난처로 도망할 여유도 없었습니다. 오히려 두려움으로 인하여 더 많은 죄를 행하게 되었고, 빠져나갈 길이 없었으며, 이로 인해 더욱 가증스러운 행위를 범하고 말았습니다.

그는 예수님에게 단 하나의 허물도 없다는 사실을 알고 있었습니다. 그러나 유대인들이 예수님을 죽이라고 소리쳤기 때문에 자신이 그들의 요구에 응할 수밖에 없으며, 그렇지 않으면 자신이 가이사의 주권에 충성하지 않았다고 유대인들이 또 다시 고발하리라고 생각하였습니다. 그도 그럴 것이, 예수님께서 자신을 왕이라고 칭하였는데 그런 자에게 빌라도가 도망갈 기회를 주었다고 유대인들이 가이사에게 고발할 것이 뻔하기 때문입니다. 만일 그가 정당하게 행하였다면 그는 대제사장들과 서기관들을 두려워하지 않았을 것입니다. 결백할 때 용감합니다. 그러나 죄를 범하면 비겁해집니다. 빌라도의 옛 죄들이 그를 찾아내어 야비한 패거리들 앞에서 그를 약하게 만들었습니다. 지은 죄가 없었다면 그는 심판석에서부터 그들을 쫓아냈을 것입니다.

예수님의 몸가짐과 말씀이 빌라도를 감동시켰습니다. 내가 예수님의 몸가짐에 대하여 말하는 이유가 있습니다. 예수님의 비길 데 없는 온유가 총독으로 하여금 이 죄수 안에 아주 비범한 무언가가 있다고 틀림없이 생각하게 하였을 것이기 때문입니다. 그는 사로잡힌 유대인들에게서 맹렬한 광신을 보아왔습니다. 하지만 그리스도에게는 광신이 없었습니다. 그는 또한 많은 죄수들에게서 죽음을 면하기 위해 온갖 야비한 행동과 말을 하는 것을 보아왔습니다. 하지만 우리 주님에게서는 그런 것을 전혀 볼 수 없었습니다. 그는 주님 안에서 보기 드문 온유와 겸손이 대단한 위엄과 함께 겸비되어 있는 것을 보았습니다. 그는 주님 안에서 순결과 함께 조화를 이룬 온순함을 보았습니다. 이로 인해 빌라도는 주님께서 대단히 선하신 분이라고 생각하였습니다.

그는 감동을 받았습니다. 그는 이 유일무이한 수난자(受難者)에게 감동을 받지 않을 수 없었습니다. 자기가 알기에 완전히 무죄한 분에게 유죄 판결을 내리라고 요청을 받는 아주 희한한 위치에 자신이 있다고 그는 느꼈습니다. 그의 사명은 분명하였으며, 이 사명에 대하여 조금도 의심을 가질 수 없었습니다. 하지만 빌라도는 자신이 받을 이익에 비하면 사명은 아무것도 아니었습니다. 만일 자신에게 손해가 없었더라면 그는 의로우신 주님을 지켜 주었을 것입니다. 하지만 그는 비겁하게도 두려움에 매여 무죄한 피를 흘리고 말았습니다.

그가 동요하던 그 순간에 그는 바라바와 나사렛 예수 중에 하나를 택하라고 유대인들에게 제안하였습니다. 그리고 바로 그때에, 곧 재판석에 앉아 유대인들의 결정을 기다리고 있을 때에, 하나님 편에서 보내온 경고가 그에게 도착하였습니다. 이 경고를 받았음에도 불구하고 그가 예수님에게 유죄 판결을 내린다면 그 판결은 빌라도 자신의 떳떳치 못한 감독 하에 스스로 결정한 것이라는 비난을 영원히 면치 못할 것입니다. 예수님은 틀림없이 하나님의 작정과 예정에 의해 죽으셨습니다. 하지만 아울러 예수님은 악한 손에 의하여 십자가에 못 박혀 죽으신 것입니다. 그러므로 빌라도가 몰라서 죄를 범한 것이 결코 아닙니다. 빌라도에 대한 경고는 그의 아내가 꾼 꿈을 통해 전해졌습니다. 그 꿈은 신비롭고 무서운 내용이었으며, 저 옳은 사람에게 손대지 말라는 경고가 담겨 있었습니다. 그녀는 "오늘 꿈에 내가 그 사람으로 인하여 애를 많이 태웠나이다"라고 말하였습니다.

첫 번째, 섭리와 하나님의 사역의 협력을 주목해 봅시다. 나는 죄를 범하지 않도록 하시려고 사람들에게 경고하시는 하나님의 사역을 살펴보고자 하며, 또한 그와 더불어 하나님의 자비로운 예방책과 경고를 사람들의 마음속에 절실히 자각시키는 섭리(攝理)를 주목하고자 합니다.

첫째, 이 꿈을 주신 하나님의 섭리를 살펴봅시다. 세상에서 법의 지배를 받지 않는 그 무언가가 있다면, 그리고 순전한 우연의 산물이 있다면, 그것은 분명히 꿈일 것입니다. 사실 구약 시대에 하나님께서는 꿈으로 사람들에게 예언하셨지만, 일반적으로 꿈은 생각의 놀이이며, 혼미한 정신상태이며, 무질서한 춤입니다. 로마 총독의 아내가 자연스럽게 꾼 꿈들은 십중팔구 민감하고 양심이 찔리는 내용이 아니었을 것이며, 아마도 은혜와는 상관없었을 것입니다. 일반적으로 꿈은 가장 혼란한 현상이기는 하지만 주님께서 주관하십니다. 파도에서 튀는 물보라가 절벽에 부딪힐 때 하늘의 별들처럼 일정한 궤도를 그리며 떨어지는 것을 나는 잘 이해하고 있습니다. 하지만 사람들의 생각은 완전히 비합법적인 것으로 보이며, 특히 깊은 잠에 빠질 때 더욱 그러합니다.

우리가 새가 날아가는 곳을 예측할 수 있다면 꿈의 방향도 예측할 수 있을 것입니다. 이런 미친 듯한 환상은 통제되지 않으며 또 할 수도 없는 것처럼 보입니다. 꿈을 꾸는데에는 자연히 여러 가지 요소들이 작용합니다. 꿈은 몸의 상태에 따라 또는 마음의 동요에 따라 생깁니다. 의심할 여지 없이 꿈은 집안에서 일어나는 일에 의해 생길 수 있습니다. 그리고 지나가는 바퀴에 침대가 약간 흔들릴 때, 혹은 한 무리의 남자들이 쾅쾅거리며 걸을 때, 하인이 마루를 지나갈 때, 심지어 목공품 뒤에서 쥐 한 마리가 뛰어갈 때 꿈을 꿀 수 있습니다. 그럴 때 별 것 아닌 것이 감각을 자극하므로 얕은 잠을 자고 있는 사람의 마음속에 이상한 생각을 일으킬 수 있습니다.

하지만 이 부인의 경우에 어떤 요인이 작용했는지 모르겠지만, 섭리의 손길이 그 모든 꿈을 주관하였습니다. 자유로운 공상이었지만 그녀의 정신은 오직 거룩한 뜻을 이루시는 하나님의 뜻을 따라 진행하였습니다. 빌라도가 경고를 받으므로 그의 판결은 그 자신의 행동이요 결정이 되었으며, 그 경고는 그의 아내의 꿈을 통해 그에게 전해졌던 것입니다. 섭리가 이렇게 작용하였습니다.

다음에, 이 꿈으로 심적인 큰 고통을 당하도록 하신 하나님의 섭리를 살펴봅시다. "내가 그 사람으로 인하여 애를 많이 태웠나이다!" 과연 어떤 몽상이 그녀의 심안(心眼)에 보여졌는지 나는 말할 수 없지만, 그 꿈은 끔찍한 고통을 주는 것이었습니다. 현대의 화가가 꿈에 대한 상상을 그림으로 그렸지만 나는 그런 상상력을 발휘하는 사람을 따르지 않을 것입니다. 빌라도의 아내가 잠잘 때 예수님께서 가시면류관을 쓰시고 채찍질당하시며, 심지어 십자가에 못 박혀 고통 당하시는 그 무시무시한 장면을 생생하게 보았을 것입니다. 주 예수님의 죽으심을 슬쩍 한 번만 보더라도 주님의 고난이 얼마나 크셨을지 능히 상상할 수 있게 됩니다. 설령 십자가 안에 있는 따스한 사랑을 마음으로 느끼더라도, 십자가에는 너무나 많은 슬픔이 모여 있어서 그것을 목격한 자는 밤에 잠을 이룰 수 없게 됩니다.

혹 그녀의 꿈은 이와는 아주 다른 내용이었을지 모릅니다. 빌라도의 아내가 꿈속에서 하늘의 구름을 타고 오시는 의로우신 주님을 보았을지 모릅니다. 그때에 그녀는 꿈속에서 크고 흰 보좌에 앉으신 분을 보았는데, 바로 그 분은 자기 남편이 사형언도를 내린 바로 그 사람이었습니다. 그녀는 자기 남편이 심판 받으러 끌려가는 모습, 그리고 전에 남편 앞에서 고발을 당한 그 의로우신 분이 자기 남편을 심문하시는 모습을 보았을 것입니다. 그녀는 자기 남편이 밑바닥이 없는 구덩이에 빠지면서 지르는 비명소리에 깜짝 놀라 깨어났을 것입니다. 꿈의 내용이 무엇이었든 간에 그녀는 꿈속에서 고통스러운 생각을 되풀이하여 겪었으며, 이에 깜짝 놀라 깨어났습니다. 그날 밤의 공포가 그녀에게 임하였으며, 낮 동안에도 그 공포가 그녀를 괴롭혔습니다. 그래서 그녀는 자기 남편의 손을 멈추게 하려고 서둘러 나아갔습니다.

그녀가 남편에게 "저 옳은 사람에게 아무 상관도 하지 말라"는 메시지를 전하였다는 사실 또한 놀라운 일입니다. 우리는 대부분의 꿈을 잊어버리고 아주 드물게 이상한 꿈을 꾸었다고 말하며, 수 년 동안 기억할 만큼 깊은 인상을 받는 꿈을 이따금씩 꿉니다.

여러분은 재판석에 앉아 있는 행정장관에게 메시지를 전달해야 할 만큼 심각한 꿈을 거의 꾸지 않을 것입니다. 아주 긴박한 경우에만 그런 뜻을 전할 것입니다. 설령 그 재판장이 여러분의 남편이라 할지라도 그가 아주 중요한 일에 몰두하고 있는데 그에게 여러분의 꿈을 이야기한다는 것은 여러분에게 큰 부담을 줄 것입니다. 대개 일이 끝날 때까지 기다렸다가 꿈을 이야기합니다. 하지만 이 로마의 부인이 심적으로 너무나 큰 충격을 받았기 때문에 자기 주인이 집에 올 때까지 기다릴 수 없었고, 즉시 그에게 꿈을 이야기할 수밖에 없었던 것입니다.

그녀의 충고는 절박합니다. "저 옳은 사람에게 아무 상관도 하지 마옵소서." 이제 그녀는 남편이 옳은 사람에게 타격을 입히기 전에 그의 피를 손에 묻히지 말라고 경고해야만 했습니다. 그녀는 "그를 조금만 채찍질한 다음에 보내세요"라고 말하지 않았습니다. "그에게 아무 상관도 하지 마세요. 불친절한 말은 한마디도 하지 말고 어떠한 해도 그에게 입히지 마세요! 그를 그의 대적들의 손에서 건져 주세요! 그가 죽어야만 한다면, 당신이 직접 죽이지 말고 다른 사람의 손으로 죽게 하십시오! 내 남편이여, 내 남편이여, 내가 부탁하건대 그를 내버려두세요"라고 말하였습니다. 빌라도의 아내는 단호하게 메시지를 전하였습니다. 그녀가 고집 센 남편에게 이 옳은 사람을 가게 하라고 간청하는 강한 메시지를 전달할 만큼 그녀의 마음이 움직인 것은 하나님의 놀라운 섭리였습니다.

다시 한 번 이 섭리와 관련하여 그녀가 경고한 특별한 시점을 주목하기를 바랍니다. 그 꿈은 분명히 아침에 꾼 꿈이었습니다. "오늘 꿈에 내가 그 사람으로 인하여 애를 많이 태웠나이다." 오늘이란 시점은 날이 샌 지 얼마 안 되는 시간이었습니다. 즉 이른 아침 시간이었습니다. 로마인들은 아침에 꿈이 이루어진다는 미신을 믿었습니다. 아마도 그녀의 남편이 집을 떠난 후에 그녀가 이런 꿈을 꾸었을 것이라고 추측됩니다.

사실은 아니지만 나의 어림짐작을 말하도록 내게 허락해 주신다면, 내가 보기에 아마도 그녀는 끔찍하게 사랑 받는 아내였으나 병약하였을 것입니다. 그러므로 남편이 출근한 후에도 낮이 될 때까지 더 많이 쉬어야 했습니다. 남편이 집을 나간 후에 그녀는 또 다시 잠을 자야 했으며, 신경이 예민한 사람이었기 때문에 훨씬 더 꿈을 꾸기가 쉬웠을 것입니다. 꿈을 꾸다가 그녀는 도저히 떨쳐 버릴 수 없는 공포에 눌려 아침잠을 깨고 말았을 것입니다. 그때에 빌라도는 나가고 없었으며, 그가 재판정에 있다는 소식을 들었습니다. 그녀는 시중드는 사람들에게 왜 이른 아침에 남편이 그곳에 있느냐고 물었고 그들은 궁정 안마당에서 떠들썩한 소리가 들렸다고 대답하였습니다. 왜냐하면 대제사장들과 유대인 군중이 그곳에 몰려왔고, 총독이 그들을 맞으러 나갔기 때문입니다.

아마도 그들은 나사렛 예수가 죄수로 그곳에 끌려왔으며, 자기들이 듣기에 총독이 그에게서 아무런 흠도 찾지 못하였다고 말하였는데도 제사장들이 그를 사형에 처할 것을 요구한다고 말했을 것입니다.

그녀는 하녀에게 이렇게 말하였습니다. "가서 호위병을 부르라, 즉시 내 남편에게 가서 내 말을 전하라고 명하라. 그가 큰 소리로 말하게 하여 저 잔인한 유대인들이 듣고 그들의 잔인한 목적을 이루지 못하게 하라. 이 옳은 사람에게 아무 상관도 하지 말라고 내가 남편에게 애원한다고 그에게 말하게 하라. 왜냐하면 내가 오늘 아침에 그에 관한 꿈을 꾸는 가운데 애를 많이 태웠기 때문이니라."

앞서 말한 대로 비록 뜻을 이루지는 못하였지만 이 경고는 꼭 알맞은 때에 전해졌습니다. 섭리의 정확성에 감탄하십시오. "하나님은 결코 빠르지도 않으시고 늦지도 않으십니다." 하나님께서 행하시는 모든 일은 예언에 의해 확정된 바로 그날에 성취되었음을 우리는 알 수 있습니다.

이처럼 섭리에 대하여 살펴보았습니다만, 여러분은 나의 논지, 곧 섭리가 언제나 하나님의 은혜와 협력한다는 주장이 입증된 사실이라는 것에 모두 동의할 것입니다. 어느 위대한 작가는 신학을 조금밖에는 알지 못하지만 그럼에도 불구하고 세상에서 의를 위해 일하는 힘을 자기가 감지한다고 우리에게 말합니다. 정말 그렇습니다! 참 맞는 말입니다. 왜냐하면 섭리는 모든 권세의 우두머리이기 때문입니다. 여러분과 내가 나가서 죄인들에게 하나님의 심판을 알릴 때 우리는 혼자가 아니며, 온갖 섭리가 우리를 받쳐 줍니다. 우리가 십자가에 못 박히신 그리스도를 전할 때 우리는 하나님과 함께 일하는 일꾼들입니다. 하나님께서 우리를 통해 일하실 뿐만 아니라 우리와 함께 일하십니다. 발생하는 모든 일은 목적을 향해 가고 있으며 우리는 그 목적을 위해 일하는 일꾼들입니다. 그래서 우리는 사람들에게 죄와 의를 깨닫게 하려고 노력하는 것입니다.

하나님의 성령께서 계시는 곳에는 자연과 섭리의 모든 세력이 모입니다. 제국의 몰락, 폭군의 죽음, 국가들의 건립, 조약(條約)들의 체결과 파기, 무서운 전쟁들과 심각한 기근들 모두 거대한 목적을 성취하고 있습니다. 그리고 자녀들의 죽음, 아내의 병, 실직, 가정의 빈곤과 같은 가정사들과 기타 다른 수많은 일들이 사람들의 개선을 위하여 일하고 또 앞으로도 계속 일할 것입니다. 우리가 심히도 연약하기에 하나님과 협력하는 여러분과 나는 우주의 모든 세력들과 함께 행진하고 있습니다. 그러므로 이러한 사실로써 힘을 내세요. 주님을 위해 애를 많이 태우고 있는 예수님의 사역자들이여, 용기를 가집시다. 왜냐하면 별들도 자신의 궤도를 돌며 살아 계신 하나님의 종들을 위해 싸우고 있고, 들판의 돌들도 여러분과 동맹관계를 유지하고 있기 때문입니다.

둘째, 이 이야기로부터 나는 인간의 양심이 하나님께 접근할 수 있다는 교훈을 얻습니다. 우리가 빌라도에게 어떻게 이를 수 있겠습니까? 우리가 그에게 어떻게 경고할 수 있겠습니까? 그는 예수님의 음성을 듣고 그의 얼굴을 뵙는 것을 거절하였습니다. 베드로가 가서 그에게 충고할 수 있었을까요? 그는 베드로의 선생님도 거절하였습니다. 요한이 투입될 수 없었을까요? 요한조차도 주님을 저버렸습니다. 경고의 메시지를 어디에서 찾을 수 있겠습니까? 그것은 꿈속에서입니다. 사람들이 아무리 완고하더라도 하나님은 그들의 마음속에 들어가실 수 있습니다. 그들을 결코 포기하지 마세요. 결코 낙심하지 말고 그들을 깨우세요. 꿈이 내 마음에 작용하여 깨닫게 하리라고 나는 생각하지 않습니다. 하지만 어떤 심령들은 그쪽 방면으로 열려 있으며, 꿈이 그들에게 힘이 될 수도 있습니다. 하나님께서 자신의 자비로우신 목적을 성취하기 위해서 심지어 미신도 이용하실 수 있습니다. 빌라도 외에도 많은 사람들이 꿈을 통해 경고를 받았습니다.

더욱이 빌라도가 자기 아내의 꿈을 통해 메시지를 받는 것이 더욱 유리하였습니다. 헨리 멜빌(Henry Melvill)은 이 주제에 대하여 아주 멋진 강론을 하였습니다. 거기서 그는 주장하기를, 만일 빌라도 자신이 이 꿈을 꾸었다면 그의 아내가 꾸었을 때만큼 효력을 발하지 못하였을 것이라고 하였습니다. 그는 빌라도에게 아주 소중한 자애롭고 상냥한 아내가 있었다는 것을 아무도 부인할 수 없는 가설로 받아들입니다. 그의 아내를 소개하고 있는 이 짧은 하나의 이야기가 이를 뒷받침하고 있는 것으로 보입니다. 그녀가 남편을 끔찍이 사랑하였다는 사실은 분명합니다. 그래서 빌라도가 예수님에게 부당하게 행하는 것을 그녀가 막으려고 했던 것입니다. 그녀의 경고는 빌라도의 애정을 통해 그의 양심에까지 이를 수 있었습니다.

그의 사랑하는 아내가 고민을 한다면 빌라도가 자기 아내에게 괴로움을 주고 싶지 않았기 때문에 틀림없이 그는 자기의 판결을 매우 심각하게 고려하였을 것입니다. 그는 자기의 상냥한 아내를 작은 바람으로부터도 보호하고자 하였으며 그녀에게 완전한 위안을 주고 싶어하였습니다. 그리고 그녀가 그것을 간청하면 무엇이든 기꺼이 들어주려 하였습니다. 그러므로 자신에게 메시지를 전달해야 할 만큼 자기 아내가 괴로워했다는 사실이 그에게 적지 않은 괴로움을 주었습니다. 그런데 그 괴로움은 그녀가 호의적으로 생각하는 그분 때문에 받는 괴로움이었으며, 빌라도 자신도 그분에게 흠이 없다는 사실을 알고 있었습니다. 오, 클라우디아 프로큘라(Claudia Procula)여, 이것이 정녕 그대의 이름이라면 자비로우신 하나님께서 그대의 설득력 있는 입술에 그의 메시지를 맡기신 것이 당연하였습니다. 왜냐하면 그대를 통해 메시지의 효력이 열 배나 증가되었기 때문입니다.

전승은 이 부인이 그리스도인이었다고 전하며, 헬라의 교회는 그녀를 성자로서 그들의 달력에 실었습니다. 이에 대한 증거를 찾을 수 없습니다. 우리가 아는 전부는 그녀가 빌라도의 아내였다는 것과 그녀가 아내다운 영향력을 발휘하여 이러한 범죄에 가담하지 말라고 남편에게 경고하였다는 것입니다. 남편에게 부드럽고 남편이 잘못될까봐 괴로워하며 사랑하는 아내가 거칠고 사나운 남편에게 얼마나 자주 큰 영향을 끼쳐왔는지요! 전지하신 하나님께서 이러한 사실을 잘 알고 계시기에 종종 이 영향력 있는 대리자를 통하여 죄 많은 남자들에게 말씀하십니다. 하나님은 가족 중에 한 사람을 회개시켜서 나머지 식구들에게 선교사가 되게 하십니다. 이처럼 하나님은 사람들과 천사들의 말보다 더 나은 수단으로 말씀하시는데 이는 하나님께서 사랑 자체를 자신의 대변자로 이용하시기 때문입니다.

사랑은 웅변(雄辯)보다 더 힘이 셉니다. 나의 친구여, 이 때문에 하나님께서 당신에게 귀여운 아이를 잠시 보내셔서 그로 하여금 구세주에 대하여 더 듬거리며 말하게 하시는 것입니다. 그 아이는 지금 하늘로 가고 없지만 아이의 찬송은 지금도 당신의 귓가에 울리고 있으며, 예수님과 천사들에 대한 아이의 이야기는 아직도 당신에게 남아 있습니다. 아이는 집으로 부르심을 받았습니다. 하지만 하나님은 잠시 동안 그 아이를 당신에게 보내셔서 그로 하여금 당신을 하나님 자신에게로 이끌게 하셨으며 옳은 길로 인도하게 하셨습니다. 이러한 방법으로 하나님께서 여러분에게 죄를 그치고 그리스도께로 돌아오라고 명하신 것입니다.

그리고 지금은 아버지 보좌 앞에 계신 여러분의 사랑하는 어머니께서 돌아가시면서 여러분에게 말씀하신 유언을 여러분은 기억하십니까? 여러분이 지금껏 나의 설교를 수없이 들어왔지만 어머니의 임종 자리에서 하신 마지막 말씀과 같은 설교를 내게서는 결코 들을 수 없었습니다. 여러분은 그 말씀을 절대로 잊을 수 없을 것이며, 혹은 그 영향력으로부터 벗어나지 못할 것입니다. 그 유언의 말씀을 경시하지 않도록 조심하십시오. 빌라도에게 그의 아내의 메시지는 곧 하나님의 최후통첩이었습니다. 이후 하나님은 다시는 그에게 경고하지 않으셨으며, 예수님조차도 그 앞에서 침묵하셨습니다. 그가 아내를 선택한 것은 의심할 여지 없이 하나님의 무한한 지혜와 사랑에 의해 이루어진 것이었는데, 이는 가능하면 빌라도가 죄의 이력에 빠지지 않고 도리어 힘을 얻어 정의를 집행하므로 저 가장 끔찍한 죄악을 피할 수 있도록 하기 위함이었습니다.

따라서 우리는 도시 선교사가 들어갈 수 없는 곳에 주님께서 자신의 선교사들을 보내신다는 당연한 결론에 이를 수 있습니다. 주님은 설교 말씀이 들리지 않는 곳에 어린아이들을 보내어 찬송하며 기도하게 하십니다. 주님은 경건한 여자를 감동하셔서 성경을 읽지 않는 곳에서 그녀의 입술과 삶을 통해 복음을 전파하게 하십니다. 주님은 예수님과 그의 사랑에 대하여 어느 누구도 말할 수 없는 곳에 자라나는 아리따운 소녀를 보내어 형제나 아버지를 구원하도록 하십니다. 우리는 이런 방법으로 역사하시는 하나님께 감사드립니다. 이런 방법은 이 불경건한 도시의 가족들에게 소망을 주며, 주일을 알리는 종소리를 무시하는 사람들에게도 소망을 줍니다. 그들은 가정 설교자들의 말씀, 곧 그들의 마음을 끌어당기는 사자(使者)들의 말씀을 들을 것이며 또한 들어야만 합니다.

덧붙여 말씀드리기는, 하나님은 꿈이나 아내를 이용하지 않고도 보이지 않는 방법으로, 곧 자발적으로 영혼 안에 머물러 있는 생각을 통해 사람들의 양심을 깨우치실 수 있습니다. 오랫동안 묻혀진 진리들이 갑자기 떠오르며,

그 사람이 죄를 범하고 있을 때 떠오른 그 진리들로 말미암아 그는 죄의 길을 멈추게 됩니다. 이는 천사가 발람을 만나 죄의 길을 멈추게 한 것과 같습니다. 형제 자매들이여, 어떤 방법으로든 사람들에게 유익을 주도록 하십시오. 온건한 논증과 건전한 교리만을 사용하지 마세요. 꿈이 여러분의 마음에 감동을 주었다면 그 꿈이 효력을 발휘할 수 있는 곳에서 주저하지 말고 반복해서 꿈을 말하십시오. 이 영적인 전쟁에서는 어떠한 무기도 활용될 수 있습니다. 하지만 여러분 모두 사람들의 영혼을 구원하는데 주력하세요.

여러분이 아내라면 특히 이 거룩한 사역을 위해 분발해야 할 것입니다. 불경건한 남편에게 잘못된 길에서 돌이키라고 주저 없이 말하십시오. 사랑하는 자녀들이여, 자매들이여, 비교적 차분한 여러분들이여, 사명이 있는 곳에서 여러분의 조용한 모습 그대로 주저하지 말고 예수님의 사자들이 되세요. 모든 기회를 활용하여 힘써 죄를 억제하고 거룩함을 이룹시다. 불경건한 자들에게 즉시 경고합시다. 아마도 우리를 기다리고 있는 그 사람은 아직까지 멸망당할 치명적인 행위까지는 하지 않았을 것입니다. 아직 회개할 여지가 있는 동안에 그들의 멸망을 우리가 막아냅시다.

셋째, 이제 우리는 가장 좋은 방법이라도 자주 실패한다는 가슴 아픈 과제를 논하려고 합니다. 인간적으로 말해서, 빌라도의 아내가 그를 경고하도록 이끌린 것은 빌라도의 양심에 감동을 줄 수 있는 가장 좋은 방법이었다고 나는 감히 말하였습니다. 아주 조금이었지만 어쨌든 빌라도는 아내의 경고를 들었습니다. 하지만 그녀의 경고는 헛수고였습니다. 그 이유가 무엇이었나요?

첫째, 이기주의가 이 문제에 뒤얽혀 있었으며, 그것이 큰 요인이었습니다. 빌라도는 자신의 총독직을 잃지 않을까 두려워하였습니다. 그가 유대인들의 잔인한 제안을 따르지 않을 경우 유대인들은 화를 낼 것입니다. 그들은 티베리우스 황제에게 고소할 것이며, 그렇게 되면 빌라도는 돈 잘 버는 자신의 자리를 잃고 말 것입니다. 지금 이 순간에도 이러한 요소들이 여러분을 죄에 사로잡히도록 하고 있습니다. 진실과 공의를 지키기 위해서 너무나 많은 대가를 치러야 하기 때문에 여러분은 진실과 공의를 지킬 수 없습니다. 여러분은 주님의 뜻을 알고 있습니다. 여러분은 무엇이 옳은지 알고 있습니다. 하지만 여러분은 그리스도를 따돌림으로써 그리스도를 부인하며, 또한 죄의 삶을 받으려고 죄의 길에 머무름으로써 그리스도를 부인합니다. 진실한 그리스도인이 될 경우 여러분이 친구의 친절이나 불경건한 사람의 후원, 또는 세상의 유력한 인물의 도움을 상실할까봐 두려워합니다.

여러분은 그 대가를 계산하고 그 값이 너무나 크다고 생각합니다. 여러분은 설령 영혼을 상실할지라도 세상을 얻겠다고 결심합니다! 그 다음에 무슨 일이 있겠습니까? 여러분은 부유한 지옥으로 갈 것입니다! 이는 유감스러운 결과입니다! 여러분이 세상에서 원하는 바를 다 얻었다 한들 거기서 무엇을 바랄 수 있겠습니까? 제발 여러분의 길을 돌아보고 지혜의 목소리에 귀를 기울이시기 바랍니다!

빌라도의 아내의 간청이 좋은 결과를 내지 못한 다음의 이유는 빌라도가 겁쟁이였기 때문입니다. 그의 배후에는 군대가 있었지만 그럼에도 불구하고 그는 유대의 폭도들을 두려워하였습니다. 한 명의 가련한 죄수가 무죄하다는 사실을 알면서도 그를 보내기를 두려워하였습니다. 그리고 이 사건에 대하여 정밀조사를 해야 하는데도 하지 않았기 때문에 그는 두려워하였습니다. 그는 도덕적으로 겁쟁이였습니다! 수많은 사람들이 천국을 향해 싸우며 나아갈 용기가 없어서 지옥으로 떨어집니다.

"그러나 두려워하는 자들과 믿지 아니하는 자들과 흉악한 자들과 살인자들과 음행하는 자들과 점술가들과 우상 숭배자들과 거짓말하는 모든 자들은 불과 유황으로 타는 못에 던져지리니 이것이 둘째 사망이라"(계 21:8). 하나님의 말씀은 이러합니다. 그들은 바보에게 비웃음을 당할까봐 두려워하며, 그래서 영원히 경멸당하는 곳으로 뛰어듭니다. 그들은 옛 동료들과 헤어지는 것을 견딜 수 없었고, 불경건한 현자들을 자극하여 그들로부터 비평과 비꼬는 말을 듣는 것을 견딜 수 없었습니다. 그래서 그들은 동료들과 관계를 유지하며 그들과 함께 멸망당합니다. 그들은 "아니오"라고 말할 용기, 시내를 거슬러 올라갈 용기가 없습니다. 그들은 조그만 조롱만 받아도 그냥 영원히 낙심해 버릴 만큼 비겁한 인간들입니다.

빌라도는 겁이 많으면서도 외람(猥濫) 되었습니다. 사람을 두려워하고 의를 행하기를 두려워한 그가 감히 무죄한 피를 흘린 죄에 대한 책임을 다른 사람들에게 뒤집어씌웠습니다. 물로 피를 씻어내듯이 물로 자기 손을 씻은 다음 "이 사람의 피에 대하여 나는 무죄하니 너희가 당하라"(마 27:24)고 말한 빌라도의 비겁함이여! 마지막 말로써 그는 그 피를 사실상 자신에게 돌린 것이었습니다. 왜냐하면 그는 자기의 죄수를 그들 마음대로 하라고 건네주었기 때문입니다. 그들은 빌라도가 허락하지 않는 한 예수님에게 손 하나 댈 수 없었습니다. 이처럼 빌라도의 무모함이 하나님 앞에서 살인을 저지르고도 그 책임을 부인한 것이었습니다. 많은 사람들의 경우에 이상하게도 비겁함과 배짱이 섞여 있습니다. 그들은 한 사람을 두려워하지만 육체와 영혼을 지옥에 멸하시는 영원하신 하나님을 두려워하지 않습니다. 이러므로 가장 좋은 방법이 동원될지라도 사람들이 구원을 받지 못합니다. 왜냐하면 그들은 주제넘고 감히 주님을 무시하기 때문입니다.

이 밖에도 빌라도는 두 마음을 가졌습니다. 그의 마음이 이랬다저랬다 하였습니다. 그의 마음은 한편으로는 의로운 것을 따랐습니다. 왜냐하면 그는 예수님을 풀어 주려고 노력하였기 때문입니다. 하지만 또 다른 한편으로는 자신의 이익을 따랐습니다. 왜냐하면 그가 유대인들의 불만을 초래함으로써 자신의 지위를 잃어버리는 위험을 감수하려고 하지 않았기 때문입니다.

우리 주변에는 두 마음을 가진 사람들이 많이 있습니다. 오늘 아침에 이곳에 그런 분들이 와 계십니다. 하지만 어젯밤에 그들이 어디에 있었나요? 여러분이 오늘 설교를 듣고 감동을 받을 것입니다! 그러나 내일은 음탕한 말이나 외설적인 노래에 얼마나 많은 감동을 받을까요? 많은 사람들이 두 길로 달려갑니다. 그들이 영혼을 위해 열심인 듯이 보입니다. 하지만 그들은 이익이나 쾌락을 따르는데는 훨씬 더 열심을 냅니다. 그들은 감히 위험을 무릅쓰지 않습니다. 그러나 한편으로 그들은 하나님 앞에서 영원히 쫓겨나서 일체의 소망이 없는 곳으로 가는 그 무시무시한 위험을 감수합니다. 내가 바위를 산산조각 내는 하나님의 뇌성 같은 목소리로 말할 수 있었으면 좋겠습니다. 그리하여 은혜로운 노력들을 훼방하므로 그 사람의 아내가 부드러운 사랑으로 다가올 진노를 피하라고 그에게 부탁하는데도 여전히 자신의 파멸을 선택하는 이런 지독한 악들에 대하여 사람들에게 경고할 수 있었으면 좋겠습니다.

마지막으로, 우리는 여기서 더더욱 무서운 사실을 알 수 있습니다. 곧 이처럼 범죄한 사람들이 예수님을 정죄한다는 사실입니다. 이렇듯 빌라도는 변명의 여지가 없는 죄를 범하였습니다. 그는 고의로 그리고 자신의 자유의지로 하나님의 의로우신 아들을 사형에 처하였습니다. 그분이 하나님의 아들이시라는 사실을 알고도, 또한 자신의 조사와 자기 아내의 경고를 통해 그분이 "옳은 사람"이라는 사실을 알고도 그 같은 짓을 저질렀습니다.

빌라도가 받은 메시지가 아주 명확하였다는 사실을 주시하십시오. 그 메시지는 꿈으로 전해졌지만 그 내용은 조금도 꿈 같은 것이 아니었습니다. 그것은 말로 전할 수 있을 만큼 분명한 것이었습니다. "저 옳은 사람에게 아무상관도 하지 마옵소서 오늘 꿈에 내가 그 사람으로 인하여 애를 많이 태웠나이다." 그는 사실을 훤히 들여다보고도 주님을 정죄하였고, 이는 무서운 죄악의 형태입니다. 오, 나의 사랑하는 친구들이여, 누군가 죄악된 일을 하려고 결심하였다가 최근에 하나님으로부터 경고를 받은 사람이 이 가운데 계십니까? 나는 한 가지 경고를 더합니다. 자비로우신 하나님과 피 흘리신 구세주의 이름으로 부탁하건대, 여러분이 자신을 사랑하는 만큼, 그리고 여러분이 여러분에게 경고를 전해 준 아내를 사랑하는 만큼, 여러분의 손을 멈추고 삼가세요! 이 혐오스러운 짓을 하지 마세요.

여러분이 더 잘 압니다. 하나님의 경고는 수수께끼처럼 애매모호하게 여러분에게 전달되지 않았습니다. 그 경고는 혼동할 우려가 없는 분명한 말로 핵심을 찔렀습니다. 하나님께서 여러분에게 양심을 주셨고 그 양심을 깨우쳐 주셨으며, 그리하여 양심이 아주 분명한 언어로 여러분에게 말을 한 것입니다. 오늘 아침의 설교는 죄의 길에 서 있는 여러분을 멈추게 하고, 여러분의 귀에다 말씀의 권총을 대고 "잔소리말고 빨리 있는 대로 (악한 생각을) 다 내놔"라고 여러분에게 요구하는 것입니다. 조금이라도 움직이면 여러분의 영혼은 위험에 처할 것입니다. 나의 말이 들립니까? 여러분이 천국에서 보낸 충고를 잘 듣겠습니까? 오 제발 여러분이 잠시 멈추고 오늘 그리스도 앞에 굴복하라고 명령하시는 하나님의 말씀을 들어보시기를 바랍니다.

그 밖에도 빌라도는 죄의 흉악함을 알린 분명한 경고를 들을 후에만 범죄한 것이 아니라 사랑을 통해 그의 양심이 찔림을 받고 감동을 받은 후에도 범죄하였습니다. 어머니의 기도를 거슬려 죄를 범하는 것은 무서운 일입니다. 슬프게도 그 어머니가 바로 얼마 전에 돌아가신 여러분의 어머니이십니다. 그분이 임종하시기 전에 자신을 따라 천국에 오라고 여러분에게 부탁하시며 짧은 찬송을 불러주셨습니다.

그래, 우리가 저 요단 강에서 만날 것이다

여러분이 영원히 저주를 받고 스스로 파멸하려고 무죄한 아이들을 죽인 헤롯처럼 여러분의 아이를 내팽개쳐 두겠습니까? 여러분에게 이런 말을 하기가 힘이 듭니다. 내 말이 여러분의 마음에 사무친다면 여러분도 이런 말을 듣고 있기가 매우 힘들 것입니다. 그러나 여러분이 더욱더 듣기에 힘들기를 바라는 것은, "이런 간절한 간청으로 내 마음을 힘들게 하시는 사랑 앞에 내가 굴복하겠습니다"라고 여러분이 고백하기를 바라기 때문입니다.

예수님께서 심판석에 앉으셔서 빌라도가 살아 있을 때에 행한 일에 대하여 심판을 하실 그 최후의 날에 그의 아내가 즉석에서 증인이 되어 그를 정죄하리라고 내가 생각한다 할지라도 그것은 단순한 상상만은 아닐 것입니다. 최후의 날에 이와 같은 장면들이 많을 것이라고 나는 상상할 수 있습니다. 우리가 여전히 죄 가운데 있다면, 그때에 우리를 가장 많이 사랑한 사람들이 우리에게 불리한 가장 확실한 증거들을 말할 것입니다.

나는 어렸을 때의 일을 기억하고 있는데, 그때에 나의 어머니께서 자녀들에게 구원의 도를 설명하신 후에 "네가 그리스도를 거절하고 멸망한다면, 나도 너를 위해 대변할 수 없고 네가 알지 못해서 믿지 못했다고 둘러댈 수 없어. 그리고 네가 심판을 받을 때에 아멘이라고 대답해야 해"라고 말씀하셨습니다. 그때에 나는 비록 어린 나이였지만 큰 감동을 받았습니다. 그렇다면 빌라도의 아내가 달리 무엇이라고 말할 수 있겠습니다. 모두가 진실을 말해야 하는데, 당신의 남편이 당신을 통해 친절하고 간절한 경고를 받았으면서도 버젓이 구세주를 그의 대적들에게 건네주었다는 말 외에 무슨 말을 할 수 있겠습니까?

여러분을 향해 간절한 마음으로 부탁드립니다. "돌아서세요 여러분, 돌아서세요 여러분, 어찌하여 죽으려 하십니까?" 어찌하여 구세주를 대적하여 죄를 범하려 하십니까? 여러분이 구원을 거절하지 않고 그리스도께로 돌아서서 그 안에서 영원한 구속을 얻으시기를 축원합니다. "이는 그를 믿는 자마다 영생을 얻게 하려 하심이니라"(요 3:15).

# 15

# 두 마리아

무덤 가에서

"거기 막달라 마리아와 다른 마리아가 무덤을 향하여 앉았더라"(마 27:61).

막달라 마리아와 다른 마리아가 구세주의 무덤에 마지막까지 남아 있었습니다. 그들은 요셉과 니고데모와 한패가 되어 애도하면서 사랑을 가지고 주님의 시신을 고요한 무덤에 모셨습니다. 그리고 두 남자들이 집으로 돌아간 후에도 두 마리아는 무덤 가에 여전히 남아 있었습니다. 아마도 동산에 있는 어떤 자리나 혹은 바위의 튀어나온 부분에 앉아서 그들은 슬픈 고독 속에 시간을 보냈습니다. 그들은 시신이 어디에 놓였는지 그리고 어떻게 놓였는지 보았고, 그들이 전력을 다하였지만 여전히 앉아서 지켜보았습니다. 사랑은 아무리 해도 모자라며, 섬김을 베푸는데 굶주려 있습니다. 그들은 그들의 가장 귀한 보배를 모셔둔 장소에서 눈을 뗄 수 없었으며, 또한 그들이 가장 사랑하는 분의 성스러운 시체를 하는 수 없이 떠나야 할 때까지 남아 있었습니다.

예수님의 어머니 동정녀 마리아는 요한의 집에 모셔졌습니다. 그녀는 너무나 큰 충격을 받아서 무덤에 남아 있을 수 없었습니다. 왜냐하면 "또 칼이 네 마음을 찌르듯 하리니"(눅 2:35)라는 예언의 말씀이 성취되었기 때문입니다. 그녀는 지혜롭게 자신이 할 수 없었던 장례 일을 다른 사람들에게 맡겼습니다. 그리고 더욱 지혜로운 것은 그때로부터 인생의 마지막 순간까지 그녀가 사람들에게 나타나지 않으면서 겸손하게 여자 중에 복이 있게 되는 명예를 얻었습니다. 또한 무덤에 늦게까지 남아 있었던 세베대의 아들들의 어머니 역시 집으로 돌아갔을 것입니다. 왜냐하면 그녀가 요한의 어머니였으므로 요한과 함께 무덤에 있다가 요한이 동정녀 마리아를 자기 집으로 모시고 갔을 가능성이 매우 높기 때문입니다. 그러므로 그녀는 집주인으로 손님을 섬기고 아들을 돕기 위해 집에 있어야 했습니다.

주님은 죽어 가시면서 요한에게 "보라 네 어머니라"고 말씀하시고 표정으로 그 의미를 설명하셨는데 그런 주님의 마지막 소원을 요한의 어머니는 집에서 순종하였을 것입니다. 이처럼 모두가 떠난 후에 두 명의 마리아는 석양이 지고 있는 때에 홀로 그리스도의 무덤을 지키고 있었습니다. 그들은 주님의 장례를 위해 아직 할 일이 있었고 이 때문에 집에 돌아갔으나 할 수 있는 한 오랫동안 무덤 가에 남아 있었습니다. 그리고 그들이 가장 늦게 갔다가 가장 먼저 되돌아왔습니다.

이제 우리는 두 여자가 "무덤을 향하여 앉았던" 다소 별난 자리에 대하여 살펴보겠습니다. 내가 그 자리를 별나다고 말하는 이유는 두 여자들 외에는 아무도 그 자리에 남아 있지 않았기 때문입니다. 지금까지 우리 구주의 장례에 대하여 설교한 사람들이 거의 없었습니다. 지금까지 주님의 죽으심과 부활에 대하여 많은 사람들이 수없이 설교하였으며, 나는 이를 크게 기뻐하는 바입니다. 그리고 이에 대한 더 많은 설교들이 있었으면 하고 바랄 뿐입니다. 그럼에도 불구하고 우리 주님의 장례에 대하여 지금까지보다 더 많이 숙고할 필요가 있습니다.

사도신경에 "십자가에 못 박혀 죽으시고 장사한 지"라고 되어 있습니다. 이를 보아 사도신경을 작성한 사람들이 주님의 장례를 중요한 진리로 여긴 것이 분명하며, 또 정말로 그렇습니다. 장례는 주님의 죽으심에 따른 당연한 결과이며 또한 주님의 죽으심을 나타내는 증표였으며, 따라서 장례는 이전에 있었던 주님의 죽으심과 관계가 있었습니다. 그리고 장례는 주님의 부활을 위한 적당한 준비였으며, 따라서 장례는 이후에 있었던 일과 관계가 있었습니다. 그러므로 와서 "무덤을 향하여 앉았던" 거룩한 여자들과 함께 우리의 자리를 잡고 이렇게 찬양합시다.

하나님의 영광스러운 아들이시여 안식하소서
당신의 일이 이루어졌나이다
마침내 셋째 날 태양이
당신의 영원한 아침을 가져올 때까지
당신이 졌던 모든 짐을
돌 위에 두소서

지금 당신께서 얼마나 고요히
무덤에 누워 계시는지요
당신의 안식이 얼마나 평온하고 심원한지요
아버지께서 당신을 사랑으로 감싸시며
사랑하는 자에게 잠을 주십니다

바위를 쪼개어 만든 요셉의 무덤 속에서
당신의 머리는 지금 벧엘의 베개를 베고 계십니다
당신을 지키는 자들은 당신의 하나님의 천사들입니다
그들이 당신의 잠을 잘 지켜 줍니다

우리 자신들이 동산에 앉아서 무덤 입구를 막았던 큰 돌을 주시하고 있다고 생각해 봅시다. 우리는 무엇보다 먼저 주님께서 무덤에 계시다는 사실에 감탄할 것입니다. 그 돌이 어찌 아버지의 영광의 광채이신 주님을 감출 수 있는지 우리는 경탄합니다. 모든 생명을 있게 하신 주님께서 어찌 죽은 자 가운데 누우실 수 있는지 우리는 경탄합니다. 강하신 오른 손으로 만물을 붙잡고 계신 주님께서 어찌 한 시간 동안이라도 무덤에 묻히실 수 있는지 우리는 경탄합니다. 이렇게 감탄하면서 우리는 첫째 그가 실제로 죽으신 증거인 무덤에 대하여 곰곰이 묵상할 것입니다.

저 애정이 많은 여자들이 착각할 리가 없었으며, 누군가 그들이 실수하기를 원했을지라도 그들의 관찰력이 너무 날카롭기 때문에 살아 있는 분을 무덤에 둘 리가 없었습니다. 우리 주님의 실제적인 죽으심에 대하여 우리는 그의 매장과 관련된 많은 증거들을 가지고 있습니다. 아리마대 요셉이 빌라도에게 가서 주님의 시신을 가져가게 해 달라고 요구했을 때, 그 로마의 총독은 주님의 죽으심을 확인하고서야 내어주었을 것입니다.

상부의 지배 하에 있던 백부장은 예수님께서 행하신 모든 일들을 주의하여 본 후 결국 그분께서 죽으셨음을 증명하였습니다. 백부장 밑에서 근무한 병사는 최종점검을 통해 주님의 죽으심이 의심할 여지가 없는 사실임을 확인하였습니다. 왜냐하면 그가 창으로 예수님의 옆구리를 찔러 거기서 물과 피가 흘러나오는 것을 보았기 때문입니다. 사형집행이 죄수의 죽음으로 완전히 끝난 것을 확인하지 않는 한 빌라도가 죄수의 시신을 주지 않았을 것인데, 그런 빌라도가 요셉에게 시신을 넘겨주라고 명령하였던 것입니다.

아리마대 요셉과 니고데모와 장례를 도운 친구들 모두 주님의 죽으심에 대하여 조금도 의심하지 않았습니다. 그들은 생명 없는 몸을 다루었으며, 그 몸을 세마포에 쌌으며, 그들이 매우 사랑했던 성스러운 몸 주위에 향품을 두었습니다. 그들은 애처롭게도 그들의 주님께서 죽으신 사실을 확신하였습니다. 심지어 주님의 대적들조차도 그들이 주님을 죽였다는 사실을 확신하였습니다. 그들은 주님 안에 생명의 기미가 조금이라도 남아 있거나 그 몸이 다시 살 것이라는 의혹을 전혀 갖지 않았습니다. 그들이 주님을 몹시 미워하였기 때문에 그런 가능성을 남기는 것을 용납하지 않았습니다. 그들의 악한 마음에서 비롯된 의심을 불식시킬 만큼 그들은 나사렛 예수가 죽었다고 확신하였습니다. 그들이 불안해하며 빌라도에게 갔을 때에 이보다 더 확실한 증거를 얻을 수는 없었으며, 그들은 심지어 예수의 죽은 몸을 제자들이 훔쳐가지 못하도록 지켰으며, 또한 죽은 자에게서 부활하였다고 퍼뜨리지 못하게 하였습니다.

그렇습니다. 예수님은 문자 그대로 실제로 죽으셨으며, 그의 몸과 뼈가 요셉의 무덤에 실제로 묻혔습니다. 어떤 이단들이 오래 전부터 꿈꾸었던 것처럼 십자가에 못 박힌 것은 환영(幻影)이 아니었습니다. 예수님은 참사람이었고 진실로 죽음의 쓰라린 고통을 맛보셨습니다. 그러므로 예수님께서 무덤에 묻히셨고, 그 몸은 수의를 입은 채 무덤에서 깎아낸 바위처럼 움직이지 않았습니다. 여러분이 주님의 죽으심을 생각할 때 재림의 날이 오리라는 사실을 기억하십시오. 재림이 없다면 여러분과 나는 한때 죽으셨던 우리 주님처럼 죽은 자들 가운데 누워있을 것입니다. 하지만 우리가 예수님의 무덤을 뚫어지게 바라보고 우리의 위대하신 주님께서 죽으셨다는 사실을 확인할 때 모든 두려운 생각은 사라지며 우리는 더 이상 벌벌 떨지 않습니다. 왜냐하면 그리스도께서 일찍이 가신 그곳으로 우리도 안전하게 갈 수 있다고 믿기 때문입니다.

우리가 무덤을 향하여 앉아서 다음으로 생각할 주제는 주님과 우리의 연합에 대하여 무덤이 증거한다는 사실입니다. 주님의 무덤은 성 가까이에 있었으며, 사람의 발이 도저히 닿을 수 없는 적막한 산 정상에 있지 않았습니다. 주님의 무덤은 볼 수 있는 곳에 있었습니다. 그곳은 틀림없이 요셉이 자신과 자신의 가족을 위해 마련한 가족무덤이었습니다. 다른 사람을 묻기로 되어 있었던 동굴에 예수님께서 안치되셨던 것입니다.

모세는 어디에 장사되었나요? 오늘날까지 아무도 모세의 무덤에 대하여 알지 못합니다. 하지만 예수님께서 장사된 곳을 그의 친구들이 잘 알았습니다. 주님은 불병거로 운구되지 않았으며, 하나님께서 그를 데려가셨다고도 말씀하지 않았으며, 다만 주님은 "유대인의 장례법대로" 무덤에 묻히셨습니다. 예수님의 무덤은 자신이 구속하신 사람들 가운데 있었습니다. 사형집행이 되었던 장소 근처에 동산이 있었고, 그 동산 안에 있는 무덤, 그것도 다른 사람들을 위해 마련해 두었던 무덤에 사람들이 예수님을 묻었던 것입니다. 이에 우리 주님의 무덤은 우리의 집과 동산 가운데 있었으며, 많은 무덤들과 함께 있었습니다.

예수님께서 누우신 무덤에 대하여 할 말이 많이 있습니다. 예수님의 무덤은 새로운 무덤이었으며, 그 안에는 이전에 두었던 아무것도 없었습니다. 예수님께서 동정녀에게서 탄생하셨던 것처럼 예수님은 아무도 눕지 않은 처녀 무덤에 장사되셨습니다. 그곳은 바위무덤이었습니다. 그러므로 아무도 밤중에 파고 들어가거나 굴을 팔 수 없었습니다. 그곳은 빌린 무덤이었습니다. 예수님은 너무 가난하여 사랑의 빚으로 무덤을 빌려야 했습니다. 하지만 이 무덤은 자원하여 바친 것이었습니다. 주님께서 구원하신 심령들의 사랑으로 예수님은 부유하셨습니다. 예수님은 그 무덤을 요셉에게 돌려주셨으며, 일시적이나마 그곳에 머무심으로써 말로 할 수 없이 그곳을 명예롭게 하셨습니다. 요셉이 어떤 식구를 위해 그곳을 사용하였는지 나는 모릅니다. 하지만 내 생각에 요셉이 자기 식구를 위해 사용하지 않았을 이유가 없습니다. 확실히 주님께서 빌리시면 언제나 즉시 갚아 주시며 거기에다가 보너스까지 주십니다.

주님은 시몬의 배를 강단으로 사용하신 후 그 배를 물고기로 가득 채워 주셨으며, 주님께서 머무신 바위 무덤을 거룩하게 하시고 그곳에 잠들 다음 사람을 위해 향기가 풍겨나게 하셨습니다. 우리는 무덤을 무서워해서는 안 됩니다. 왜냐하면 예수님께서 무덤에 계셨기 때문입니다. 주님의 무덤을 향하여 앉아 있는 우리는 용기를 얻어 성스러운 무덤의 기사(騎士)들처럼 죽음에 도전합니다. 하나님께서 사랑하시는 자에게 잠을 주시는 그 방에서 우리가 하나님과 함께 쉬고 싶어서 우리는 때때로 옷을 벗는 황혼을 거의 열망합니다.

이제 우리 주님의 무덤이 동산 안에 있었다는 사실을 주목해 봅시다. 이 같은 사실이 대체로 주님의 무덤을 더 희망적으로 증거해 주기 때문입니다. 동산 바로 뒤편에서 우리는 이름과 성격이 으스스한 작은 언덕, 예루살렘의 사형집행장, 곧 해골의 곳이라 불리는 골고다를 볼 것입니다. 바로 그곳에 십자가가 서 있었습니다. 그 솟아오른 땅이 공포에 눌려 불모의 땅이 되었습니다. 하지만 우리 구세주의 무덤 주변에서 풀과 식물들과 꽃들이 자라났습니다.

지금도 주님의 무덤 주위에서 영적인 동산이 꽃으로 만발합니다. 광야와 메마른 땅이 기뻐하며 사막이 백합화처럼 즐거워합니다. 주님께서 우리를 위해 또 다른 낙원을 만들어 주셨으며, 주님께서 친히 그 가운데서 가장 향기로운 꽃이 되십니다. 첫 번째 아담은 동산에서 범죄하므로 우리의 자연을 망쳐 놓았습니다. 그러나 두 번째 아담은 동산에서 잠드시므로 우리의 잃은 것을 회복시켜 주셨습니다. 땅에 장사된 구세주께서 땅으로부터 저주를 제거하셨습니다. 그러므로 주님으로 인하여 땅이 복을 받습니다. 주님께서 우리를 위해 죽으시므로 우리 자신이 마음과 삶에서 주님의 열매맺는 동산들이 되게 하셨습니다.

주님의 무덤을 향하여 앉아서 가질 수 있는 최고의 생각은 이제 그곳이 비어 있어서 우리의 주님의 부활을 증거하고 있다는 사실입니다. 두 마리아가 무덤을 떠나기 전에 그들의 가장 소중하신 분의 시신이 그 무덤을 채우고 있었다는 것을 보고 그들은 울 수밖에 없었습니다. 그러나 그들이 되돌아왔을 때 비록 "그가 여기 계시지 않고 그가 말씀하시던 대로 살아나셨느니라"(마 28:6)는 천사의 소식을 미처 듣지 못하였어도 무덤이 비어 있는 것을 깨닫고 틀림없이 기뻐하였습니다. 우리의 그리스도께서는 지금 죽어 있지 않으며, 늘 살아 계셔서 우리를 위해 중보하십니다.

주님은 죽음의 끈에 매여 계실 수 없었습니다. 그에게는 썩을 것이 전혀 없었으며, 따라서 주님의 몸은 새로운 생명으로 살기 위하여 부패한 자리를 떠나셨습니다. 무덤은 부패하였고 무덤을 부패하게 하신 분은 얼마 동안 죽음에 사로잡혀 있다가 영광스럽게 일어나셨습니다. 여러분이 주님의 무덤을 향해 앉으므로 마음으로 죽음에 대한 위로를 받도록 하십시오. 죽음의 쏘는 것이 영원히 사라졌기 때문입니다. 부활이 있을 것입니다. 이것을 확신하십시오. 만일 죽은 자의 부활이 없다면 그리스도께서 부활하지 않으셨을 것입니다. 하지만 주님께서 정말로 부활하셨으며, 그의 부활은 필연적으로 주님 안에 있는 모든 자들이 주님처럼 부활할 것을 충족시켜 주었습니다.

내게 또 다른 생각이 떠오릅니다. 이 두 여자들이 행한 것처럼 내가 그리스도를 온전히 따를 수 있을까요? 말하자면, 주님의 뜻에 대한 나의 느낌과 생각이 바위무덤 안에서 죽어 누워 있는 듯할지라도 그래도 역시 내가 주님을 붙잡을 수 있을까요? 내가 요셉과 막달라 마리아처럼 죽으신 그리스도의 제자가 될 수 있을까요? 그리스도의 가장 낮은 자리까지 따라갈 수 있었을까요? 나는 실제로 이런 사실을 적용하고자 합니다. 교회 역사를 보면, 옛 복음이 논파(論破)되고 마치 죽어 사장된 이론처럼 취급당할 때 하나님의 대적들이 기뻐 날뛰며 소리를 지른 것이 이번이 처음이 아닙니다. 어떠한 경우에도 나는 진리의 무덤을 향하여 앉아 있을 작정입니다.

구식 교리가 언젠가 확실히 힘을 발휘할 때만큼 지금 욕설과 비방을 받을 때에도 나는 구식 교리의 제자입니다. 회의론자들은 진리를 가져다가 눈을 가리고, 채찍질하며, 십자가에 못 박고, 그것이 죽었다고 말하며, 조롱함으로 그것을 매장하려고 할지 모르지만 주님은 요셉과 니고데모와 같은 많은 사람들을 예비하시어 그들로 하여금 진리의 시체까지도 입은 영광을 보게 하실 것이며, 멸시받은 신조를 아름다운 향품으로 감싸게 하실 것이며, 또한 그것을 그들의 마음속에 숨기게 하실 것입니다. 우리는 슬프지만 절망하지 않고 앉아서 그 무덤의 돌이 굴러 떨어져나가고 그리스도께서 그의 진리 안에서 다시금 살아나시며 공공연하게 승리하실 때까지 지켜볼 것입니다.

두 번째, 여기에 앉아서 우리는 주님의 장사되심에 경의를 표하며 기뻐합니다. 어떤 면에서 그리스도께서 장사되신 것은 그리스도의 겸손의 가장 낮은 단계였습니다. 그리스도는 잠시 죽으셨을 뿐 아니라 한동안 땅의 중심에 묻히셨습니다. 한편 다른 면에서 우리 주님의 장사되심은 그의 영광의 첫 번째 단계였습니다. 주님의 장사는 그의 이력에서 전환점이었습니다. 우리 램버스(런던 남부의 자치구)의 이웃들 가운데 한 사람이 만든 예술 작품을 도울턴 씨의 전시회에서 나는 힐끗 보았습니다. 그것은 테라코타로 만든 세공품이었는데, 그리스도를 십자가에서 끌어내리는 장면을 묘사한 것이었습니다. 여유를 가지고 그 작품을 자세히 살피고 싶기도 하였지만 잠깐 본 것만으로도 나는 매료되었습니다. 그 화가는 로마 군병 하나가 십자가 꼭대기에서 죄명이 적혀 있는 양피지를 뜯어내는 장면을 그렸습니다. 거기서 나는 그리스도께서 우리를 고발한 문서를 폐기하신 것처럼 그리스도를 고발하는 기록을 그가 폐기하고 있다는 생각을 하였습니다.

명령을 받은 로마 군병은 이처럼 영원히 은혜로우신 주님의 머리 위에 못 박혀 있던 고소장을 제거하는 모습으로 묘사되어 있었습니다. 이제 주님의 죄명이 없어졌습니다. 주님은 죽으셨고, 율법은 충족되었으므로 더 이상 율법은 율법의 형벌을 다 받으신 그분을 고발할 수 없습니다. 또 다른 병사는 협력자와 함께 주님의 손에서 대못을 뽑아내고 있는 모습으로 그려졌습니다. 거룩하신 몸이 이제 자유롭게 되셨으며, 율법이 더 이상 주님의 몸을 주장하지 못하며 율법의 못들을 뺍니다. 또한 군병이 아닌 한 제자가 다른 편에서 사다리에 올라가 가위로 가시면류관을 자르고 있었습니다. 나는 그 화가가 제자의 행위를 그렇게 묘사한 것은 잘 한 일이라고 생각합니다. 왜냐하면 이제부터 예수님의 이름에서 모든 치욕을 제거하고 다른 모양의 면류관을 예수님에게 씌워드리는 것이 우리의 기쁨이기 때문입니다. 그리고 군병들이 예수님의 시신을 거의 다 풀었을 때 제자 몇 사람이 그 시신을 조심스럽게 받고 있는 동안 아리마대 요셉은 예수님의 시신을 싸기 위해 긴 세마포를 가지고 서 있는 모습을 화가는 묘사하였습니다.

값비싼 몰약과 향품을 담은 단지가 그 자리에 있었고, 여자들은 거룩하신 몸 곁에 뚜껑을 열어 향품을 둘 차비를 하고 있었습니다. 이러한 구상 하나하나가 의의가 있었고 교훈적이었으며, 이에 화가는 큰 칭찬을 받을 만하였습니다. 이 그림은 내가 지금까지 본 어떠한 그림보다도 생생하게 십자가에서부터 주님의 몸을 내리는 장면을 내 마음 앞에 펼쳐 주었습니다. 못들이 모두 뽑혔고, 그리스도는 더 이상 십자가에 달리지 않으셨으며, 내려진 몸은 더 이상 침 뱉음과 멸시와 거절을 당하지 않으시며, 친구들의 친절한 대접을 받으십니다. 수치와 고통과 형벌과 관련된 모든 일이 단번에 끝났기 때문입니다.

나무 십자가는 어떻게 되었나요? 이후에 나무 십자가에 대한 언급은 성경에서 발견되지 않습니다. 나무 십자가와 관련된 전설들은 언뜻 보기에도 전부 거짓입니다. 고통스러운 십자가는 영원히 없어졌습니다. 형틀, 못, 창, 가시 면류관도 보이지 않습니다. 그것들은 이제 쓸모가 없습니다. 예수 우리 주님께서 이미 영광을 받으셨기 때문입니다. 단번의 희생으로 말미암아 예수님께서 자신의 구원을 확보하신 것입니다.

이제 주님의 장례에 대하여 살펴봅시다. 사랑하는 자들이여, 주님의 장례때에 영광스러운 사건들이 많았습니다. 주님의 장례의 첫 번째 효력은 소심한 심령들이 담력을 얻게 되었다는 점입니다. 아리마대 요셉은 존경받는 공회원으로서 높은 지위를 갖고 있었지만 숨은 제자였습니다. 니고데모 역시 유대인의 관원이었습니다. 그는 아마도 요셉이 한 것처럼(그가 유대인들의 결의와 행사에 동의하지 않았다고 기록되어있음; 눅 23:51) 때때로 주님을 위해 한마디하였지만, 그는 결단코 그때까지 담대하게 나서지 못하였습니다. 니고데모는 전에는 밤중에 예수님을 찾아왔으나 이제는 대낮에 예수님을 장사지내기 위하여 밖으로 나왔습니다. 구세주의 소송사건이 최악의 상태에 이르렀을 때 우리는 이 두 사람이 마땅히 숨어있을 것이라고 생각했지만 그들은 그렇지 않았습니다. 그 사건이 절망적으로 보였을 때, 그들은 예수님에 대한 믿음을 나타내 보이며 그들의 주님을 영화롭게 하기 위하여 용기를 내었습니다. 어린양이 죽음을 당하시자 어린양들이 사자(獅子)들이 된 것입니다. 요셉은 담대하게 빌라도 앞에 나아가 예수님의 시신을 달라고 요구하였습니다.

죽으신 그리스도를 위하여 그는 자신의 자리, 그리고 심지어 자기의 목숨을 걸고 행동하였던 것입니다. 왜냐하면 그의 행동은 널리 알려진 반역자의 시신을 요구한 것이기 때문입니다. 이로 인해 빌라도가 그를 사형에 처할지도 모를 일이었습니다. 그렇지 않으면 산헤드린 공회원들이 그에게 분노하여서 자기들끼리 합심하여 자기들이 "속이던 자"(마 27:63)라고 부른 나사렛 예수에게 영광을 돌린 죄로 그를 죽이자고 맹세할 수도 있는 일이었습니다. 요셉은 예수님께서 이미 죽으셨음을 알았음에도 불구하고 예수님을 위하여 온갖 위험을 감수하였습니다.

니고데모도 마찬가지로 용감하였습니다. 그는 십자가 밑에 백 근쯤 되는 향품을 가지고 왔으며, 누군가 자신의 행동을 보고할까봐 염려하지 않았습니다. 이 시대에 복음에 대한 잔인한 공격의 결과로 조용히 숨어있던 심령들이 분발하여 힘과 용기를 발휘해 주기를 나는 바라마지 않습니다. 이런 악한 일들로 말미암아 돌들이 소리 지를 수 있습니다. 아마도 다른 때에 큰소리치고 싸움을 하였던 자들은 기가 꺾여 조용한 반면, 뒤에서 은밀히 예수님을 따르던 자들은 전면에 나설 것입니다.

그때에 우리는 자산가와 지위가 높은 사람들이 주님을 고백하는 모습을 보게 될 것입니다. 요셉과 니고데모 둘 다 재물을 가지고 하나님의 나라에 들어가기가 어렵다는 두려운 진리를 예증(例證)하고 있습니다. 하지만 그들은 아울러 재물 있는 자들이 헌신할 때 하나님의 나라에 넉넉히 들어갈 수 있다는 사실을 우리에게 보여 줍니다. 그들이 비록 마지막에 왔을지라도 마지막까지 남아 있을 것입니다. "무덤을 향하여 앉아서" 우리는 죽으신 주님을 영화롭게 한 친구들의 모습을 보고 위로를 받습니다.

주님의 장례가 사랑하는 심령들의 연합을 도모하였다는 사실을 나는 생각하고 싶습니다. 주님의 무덤은 옛 제자들과 새로운 제자들, 곧 오랫동안 주님과 교제를 나눈 제자들과 새롭게 주님에 대한 신앙을 고백한 제자들의 만남의 장소가 되었습니다. 막달라 마리아와 다른 마리아는 수년 동안 주님과 함께 해 왔고 그들이 가진 물질로 주님을 섬겨왔습니다. 한편 아리마대 요셉은 니고데모처럼 그리스도에 대한 신앙을 공적으로 고백한다는 면에서 새로운 제자였습니다. 신구 제자들이 사랑의 행동으로 연합하여 무덤에 그들의 주님을 묻었습니다. 공감된 슬픔과 공감된 사랑이 놀랍도록 우리를 연합시킵니다. 막달라 마리아는 때에 맞는 사랑으로, 다른 마리아는 주님에 대한 깊은 사랑으로, 나사렛 사람에 대한 뜨거운 사랑을 이제 막 보여 주기 시작한 랍비와 관원과 뜻을 같이 하였습니다. 우리 주님의 시신 주변에 모인 작은 공동체, 일하는 작은 모임은 교회 전체의 전형이었습니다. 일단 각성하기만 하면 신자들은 모든 차별과 영적인 단계를 잊어버리고, 각자 주님을 영화롭게 하기 위하여 자신의 역할을 열심히 감당합니다.

또한 구세주의 죽으심으로 인해 풍성한 기증물(寄贈物)이 바쳐졌다는 사실을 살펴봅시다. 무게가 백 근쯤 되는 향품, 세마포를 사람들이 가지고 왔습니다. 그리고 여자들이 액체로 된 향품을 준비하였고, 이것으로 예수님의 성대한 장례를 치렀습니다. 유대인의 장례법에 따라 향기로운 향품으로 시신을 완전하게 바를 때 그들은 장례를 성대하게 치렀다고 말했습니다. 그들이 가지고 온 모든 물건으로 예수님께서 큰 영광을 받으셨습니다.

매우 사려 깊은 성경의 저자는 우리 주님의 시신을 싼 옷을 수의(壽衣)라고 하지 않고 세마포라고 하였습니다. 이는 예수님의 시신이 반드시 세마포에 싸여져야 한다는 사실을 강조한 듯합니다. 레위기에 나오는 제사장들의 의복에 대한 기록을 읽어보면, 제사장들이 입는 옷은 모두 세마포로 지은 것이어야 했는데, 저자는 이러한 사실을 우리에게 상기시키고 있습니다. 우리 주님은 대제사장이시므로 죽으셨을 때 오직 세마포를 입으셔야만 했습니다. 우리의 믿는 도리의 사도이시며 대제사장이신 예수님께서 무덤에서 순결하고 흰 세마포를 입고 잠드셨으며, 오늘날에도 발까지 내려오는 옷을 입으신 채 자기의 종들에게 자신을 보이십니다.

"그의 무덤이 악인들과 함께 있었으며" ― 이는 예수님의 수치였습니다 ― "그가 죽은 후에 부자와 함께 있었도다" ― 이는 예수님의 영광이었습니다. 주님은 난폭한 군병들에게 처형당하셨으나 친절한 여자들에 의해 무덤으로 옮겨졌습니다. 또한 존경받는 사람들이 주님의 고귀하고 성스러운 시신을 군병들로부터 받아 무덤으로 공손하게 모실 수 있도록 성심껏 도와주었습니다. 그리고 비록 의도한 것은 아니었지만 죽으신 주님께 영광을 돌린 그들의 행위가 마치 무덤을 파수한 것처럼 되었으며, 또한 평화의 왕께서 누워 계신 침상을 지키도록 가이사(Caesar)가 경비병들을 파견한 것처럼 되었습니다. 주님은 왕처럼 누워 계시다가 마침내 만왕의 왕으로서 새벽에 깨어나셨습니다.

최악의 상태에 계신 주님, 곧 죽어 장사된 주님께 이 모든 영광이 돌려진 것을 볼 때 내 마음이 심히 기쁩니다. 다른 사람들이 우리 주님을 멸시할 때 우리도 역시 주님께 영광을 돌려야 하지 않을까요? 어떤 일이 닥치더라도 우리가 주님을 끝까지 붙잡아야 하지 않을까요? 우리는 두려워하지 말고 견고히 서서 하나님의 구원을 보아야 할 것이며, 또한 "무덤을 향하여 앉아서" 주님의 오심을 기다려야 할 것입니다. 최악의 경우라 할지라도 우리는 최고의 상태에 있는, 지금까지 존재한 모든 철학자들을 섬기기보다 차라리 죽으셨다고 생각되는 그리스도를 섬길 것입니다.

이제 세 번째 대지로 넘어갑니다. 무덤을 향하여 앉아 있는 동안에 우리는 주님의 대적들이 조금도 쉬지 못하였다는 사실을 발견합니다. 그들은 제 길로 갔지만 만족이 없었습니다. 그들이 구세주를 잡아 악한 손으로 십자가에 못 박아 죽였지만 그들은 만족하지 못하였습니다. 그들은 원하는 바를 이루었지만 세상에서 가장 불안한 사람들이었습니다.

때는 안식일, 그것도 최고의 안식일, 곧 유월절 기간 중의 안식일이었습니다. 그들은 유월절을 준비하였으며 자신들을 더럽히지 않기 위하여 돌을 깐 곳으로 나가지 않으려고 조심하였습니다. 이제 그들이 원하는 모든 것을 얻지 않았나요? 그들은 예수님을 죽이고 매장시켰습니다. 그들이 행복합니까? 아닙니다. 오히려 그들의 굴욕이 시작되었습니다. 그들은 자신들이 좋아하는 고백과 모순되는 길을 걸었습니다. 그 고백이 무엇이었습니까? 안식일을 엄격하게 지킨다고 자랑하는 것이 그들의 고백의 핵심이었습니다.

그들은 은혜로우신 우리 주님께서 안식일을 범한다고 끊임없이 비난하였습니다. 그들은 안식일에 주님께서 병자를 고치셨다고 비난하였고, 안식일에 제자들이 배가 고파서 약간의 밀 이삭을 손으로 비벼먹었다고 비난하였습니다. 이 사람들을 보시고 그들의 위선을 비웃어 주세요. 그런 그들이 빌라도에게 찾아가서 안식일에 이교도와 상담을 합니다! 그들이 예수의 시신이 도둑질당할까봐 걱정된다고 빌라도에게 이야기하니까 빌라도는 "너희에게 경비병이 있으니 가서 힘대로 굳게 지키라"(마 27:65)고 말하였습니다. 그러자 그들은 안식일에 가서 돌로 무덤을 막았습니다.

너희 외식하는 바리새인들이여, 이것이야말로 너희 스스로 안식일을 범한 것이로다! 그들의 미신적인 전통에 따르면, 밀 이삭을 손바닥으로 비벼대는 것은 일종의 타작하는 행동이었고, 그러므로 그런 행동은 율법을 어기는 범죄행위였습니다. 똑같은 논리로 안식일에 양초에 불을 붙여 밀랍을 녹이는 행동은 난로에 불을 붙이는 행동이나 비슷하였으며, 밀랍을 녹이는 것은 일종의 주조작업으로서 대장장이가 주철(鑄鐵)을 주형(鑄型)에다 붓는 행위와 같았습니다. 이렇게 터무니없는 식으로 유대의 랍비들은 가장 사소한 행동들까지 규제하였습니다. 하지만 유대인들은 자기들의 쉬지 않는 악을 충족시키기 위하여 돌로 예수님의 무덤을 막음으로써 그들의 모순된 율법을 스스로 범하고야 말았습니다.

다음에 그들은 우리 주님에 대한 그들의 고소를 취소해야 했습니다. 그들은 예수님께서 "너희가 이 성전을 헐라 내가 사흘 동안에 일으키리라"(요 2:19)고 말씀하셨다고 예수님을 고소하였습니다. 예수님께서 시온에 세워진 성전을 헐겠다고 말한 것이라고 그들은 꾸며댔습니다. 그러던 그들이 이제는 빌라도에게 가서 이렇게 말합니다. "주여, 저 속이던 자가 살아 있을 때에 말하되 내가 사흘 후에 다시 살아나리라 한 것을 우리가 기억하노니"(마 27:63). 너희 무뢰한들이여, 이는 너희가 새롭게 바꾼 말이로다. 그렇지? 너희들은 말을 바꾸어 사람을 처형하였도다! 이제 너희가 그 음흉한 말을 이해하였느냐? 그렇지, 너희 속이는 자들이여, 너희는 전에 그 말을 이해하였지. 그러나 이제 너희가 너희의 부추를 먹어야 하며 너희 말을 삼켜야 한다.

그리고 이제 그리스도를 죽인 자들이 그들의 두려움을 어떻게 드러내는지 살펴봅시다. 그리스도는 죽으셨지만 그들은 그리스도를 두려워하였습니다!

그리스도께서 죽으셨지만 그리스도께서 언젠가 그들을 정복하시리라는 두려움을 그들은 떨쳐버릴 수 없었습니다.

이것이 전부가 아니었습니다. 그들은 하나님의 증인이 되어 하나님의 기름 부으심을 받은 분이 죽으시고 부활하셨다는 증명서에 서명해야 했습니다. 부활에 대한 의심이 전혀 없도록 하기 위해서 봉인(封印)이 있어야만 했으며, 그들은 가서 돌로 무덤을 막아 봉인하였습니다. 그곳을 경비해야 했고 경비병들은 돌이 제대로 무덤을 막고 있는지 지켜보아야 했습니다. 교만한 자들이 파송을 받아 그리스도의 부엌에서 악착스럽게 일하며, 죽으신 그리스도를 시중들며, 그들이 죽인 몸을 지킨 셈입니다. 후에 그들이 한 거짓은 치욕으로 얼룩졌습니다.

그들은 군병들에게 뇌물을 주어 그들이 잠든 동안에 예수의 제자들이 그를 훔쳐갔다고 말하라고 시켰습니다. 이는 새빨간 거짓말이었습니다. 군병들이 잠이 들었다면 무슨 일이 일어났는지 어찌 알 수 있겠습니까? 부인하므로 오히려 자신의 죄를 완전하게 입증하는 그런 사람들의 경우를 우리는 이해할 수 없습니다. 그 안식일은 거룩한 날이었지만 그들에게는 안식이 없었습니다. 복음을 뒤엎어버린 사람들에게 안식은 없습니다.

도드리지(Doddridge) 박사 시절에 사람들이 복음을 거의 매장하다시피 하였습니다. 비록 국교에 단호히 반대하는 교회강단은 안 그랬지만, 소키누스주의(Socinianism)가 많은 교회에서 전해졌고, 잉글랜드 교회도 마찬가지 상황이었습니다. 자유주의 사상가들은 자기들이 승리를 거두고 복음적인 가르침을 진화하였다고 착각하였습니다. 하지만 그들의 환호하는 소리는 곧 줄어들었습니다. 그들은 "이 형편없는 이신칭의(以信稱義), 성령으로 말미암는 중생의 교리를 더 이상 듣지 않게 될 것이다"라고 말하였습니다. 그들은 유니테리언주의(Unitarianism; 삼위일체론을 부인하고 그리스도의 신성을 부인함: 역주)라는 차가운 바위 안에 잘라 만든 무덤에 복음을 가두고, 복음을 가린 의심의 큰 돌 위에 그들의 이론을 세워 봉인하였습니다. 복음이 영원히 갇혀 있을 것 같았습니다. 하지만 하나님의 계획은 달랐습니다.

글로스터(Gloucester)에 조지 휫필드(George Whitefield)라는 일꾼이 있었고, 최근에 옥스퍼드로 간 존 웨슬리(John Wesley)라는 젊은 학생이 있었습니다. 이 두 일꾼이 복음의 무덤을 지나 희한한 광경을 목격하였고 그들은 그 목격한 바를 말하기 시작하였습니다. 그들이 그 사실을 말하자 불신앙의 땅과 지식적인 비평주의의 돌들이 흔들리기 시작하였고, 묻혀 있던 진리가 오순절의 능력으로 깨어났습니다. 아하! 너희 대적하는 자들이여, 너희가 스스로를 얼마나 크게 속였는가! 잉글랜드 전역에서 몇달 만에, 비록 그 복음이 대부분 문맹자들에 의해 선포되었지만, 무지와 불신앙의 짐이 복음의 맑은 날 앞에서 사라졌습니다. 이미 있었던 일이 앞으로도 있을 것입니다. 역사는 반복됩니다.

이제 마지막 대지입니다. 그리스도의 대적들이 두려워 떨고 있는 동안에 우리는 그리스도의 제자들이 쉬고 있는 것을 봅니다. 때는 제칠일이었으며, 그러므로 그들은 일을 하지 않았습니다. 두 마리아는 집에서 기다렸고, 요셉과 니고데모는 무덤을 찾지 않았습니다. 그들은 고분고분하게 안식일에 쉬라는 규례를 지켰습니다. 그들이 매우 행복할 만큼 충분한 믿음이 있었는지 확신할 수는 없지만 분명한 것은 그들이 무언가 대단한 것을 기대하고 있었고 제삼일을 간절히 기다리고 있었다는 사실입니다. 그들은 소망스러운 충분한 위로를 받고 제칠일에 평안할 수 있었습니다.

사랑하는 자들이여, 그리스도께서 누워 계시는 무덤을 향하여 앉아서 내가 무덤에 대하여 가지는 첫 번째 생각은 그리스도께서 안식하고 계시기 때문에 나도 안식하리라는 것입니다. 바위무덤 안에 계신 우리 주님 주위에 얼마나 멋진 평온함이 있었는지요! 주님 곁에는 매일 수많은 군중이 모여들었습니다. 심지어 주님께서 식사를 하실 때에도 그 많은 사람들이 주님을 가만 놔두지 않았습니다. 주님은 사시면서 단 한 순간의 평온함도 가질 수 없었습니다. 그러나 이제 주님께서 누워 계신 침상이 얼마나 평온한지요! 그 큰 돌이 모든 소음을 차단하였으며, 따라서 주님의 몸은 편안합니다.

자, 주님께서 안식하신다면 나도 그럴 것입니다. 잠시 동안 주님께서 힘을 쓰지 않으신다면, 주님의 종들이 주님께 부르짖으나 그들이 주님을 어지럽게 하지 못할 것입니다. 주님은 주무실 때와 일어나실 때를 가장 잘 아십니다.

무덤 안에서 쉬시는 그리스도를 내가 뵐 때 두 번째로 생각나는 것은, 다시금 우리 앞에 나타나실 권세가 주님에게 있다는 사실입니다. 선장이 근심스럽게 갑판을 이리저리 다니는 모습을 볼 때, 나는 배가 위험하다는 사실을 알아채고 두려워합니다. 하지만 선장이 선실 안으로 돌아올 때, 모든 상황이 정상이며 잠자지 못할 이유가 없다는 사실을 확신할 수 있습니다. 이처럼 은혜로우신 우리 주님께서 비록 맥 빠지는 고소를 당하시고 그 놀라운 능력을 나타내 보이지 않으셨다 할지라도, 우리는 주님의 능력을 의심할 필요가 없습니다. 우리 모두 우리의 안식을 누리며, 주님께 기도하고, 주님을 위해 일합시다. 왜냐하면 이런 일들이 거룩한 안식일에 해야 할 우리의 의무이기 때문입니다. 주님께서 일하실 시간이 올 것이기 때문에 애타거나 염려하지 맙시다.

그리스도인은 모든 상황 가운데서 그리스도를 믿음으로 안식을 누릴 수 있습니다. 사랑하는 성도들이여, 힘써 이 안식을 누리세요. 주님의 뜻이 구유처럼 아직 힘이 없고 연약한 상태에 있을 때에도 주님을 믿으세요. 가장 큰 갈채를 받으실 만한 분이시기에 대중이 길거리에서 주님에게 박수 갈채를 보낼 때에도 주님을 믿으세요. 또한 사람들이 주님을 산 정상으로 데리고 올라가 밀어버리려고 할 때에도 주님을 믿으세요. 사람들이 주님께 "호산나"라고 외칠 때와 마찬가지로 사람들의 미움을 받을 때에도 주님은 우리가 믿을 수 있는 분입니다.

주님께서 심한 고통을 받으실 때에도, 십자가에 달려 있으실 때에도 주님을 믿으세요. 주님의 뜻이 외견상 이루어지지 못한 듯이 보일지라도 끝까지 주님을 믿으세요. 그리스도의 복음은 어떠한 상황 가운데서도 온전히 믿을 만합니다. 여러분의 영혼을 구원한 그 복음, 여러분이 받은 그 복음, 그리고 성령으로 말미암아 여러분의 마음에 인을 친 그 복음은 어떤 일이 있을지라도 견고히 서 있습니다. 그러므로 그 복음을 믿음으로 말미암아 평안과 안식이 여러분의 영혼 속에 배어들 것입니다.

다시 한 번, 장사된 우리 주님과 교제함으로 우리가 평안을 얻을 수 있으면 좋겠습니다. 주님과 함께 죽고 주님과 함께 장사되십시오. 이만한 은혜가 없습니다. 내가 단연코 열망하는 바는, 내 영혼이 주님 안에서 살아가는 동안, 세상과 세상의 지혜에 대하여 내가 죽은 사람처럼 되는 것입니다. 사고 능력이 없고 창의력 있게 가르치지 못한다고 비난을 받을지라도 나는 그런 비난을 감수하겠습니다. 왜냐하면 내 영혼은 오직 주 예수님께서 계시하시고 가르치신 진리 외에 다른 모든 것에 대하여 죽기를 열망하기 때문입니다. 나는 영원한 진리의 바위무덤 속에 누워 있을 것이며, 새로운 사상을 만들지 않고 다만 하나님의 생각에 나 자신을 바칠 것입니다. 그러나 우리가 그 무덤 안에 누워 있다 할지라도, 우리는 거룩이라는 세마포에 싸여야 할 것입니다. 이것이 바로 죄에 대하여 죽은 사람이 입을 수의입니다.

우리 주변에는 온통 향품과 몰약, 무덤을 보존하는 침향이 있어야 하며, 그리하여 그리스도와 함께 죽음으로 우리가 썩음을 보지 않고, 죽음은 다만 우리가 그리스도 안에서 받은 새로운 생명의 다른 형태라는 사실을 보여 줄 수 있어야 합니다. 세상이 지나쳐갈 때, 그 세상으로 하여금 우리 마음의 열망과 대망에 관하여 알게 하여 그들 모두 그리스도와 함께 장사되도록 하며, 그들로 하여금 우리의 영적인 무덤의 기념비에 "그가 여기에 누워 있다"고 기록하게 합시다. 이 세상의 죄, 쾌락, 이기주의, 그리고 지혜에 대하여 "그는 자기 주님과 함께 여기에 누워 있도다."

아직 회개하지 않은 여러분, 그리스도를 믿고 그를 신뢰하는데 구원의 길이 있다는 사실을 아십시오. 여러분이 믿는다면 여러분은 결코 좌절하지 않을 것이며, 여러분 앞에 끝없는 세상이 펼쳐질 것입니다. 왜냐하면 어린아이였을 때에 그리스도를 신뢰하고 믿었을지라도 그는 주님의 나라에 들어갈 것이며, 주님을 따르는 자는 무덤에 내려갈지라도 주님과 함께 영광 중에 있을 것이며 영원히 주님의 승리를 볼 것이기 때문입니다.

# 16

# 막달라 마리아

손수건

"예수께서 이르시되 여자여 어찌하여 울며 누구를 찾느냐 하시니"(요 20:15).

거룩하신 위로자께서 취하시는 지혜로운 방법을 보십시오. 막달라 마리아를 위로하기 위하여 우리 주님께서 그녀에게 질문을 하십니다. 어찌하여 우는지 그 이유를 물어봄으로써 그들이 슬퍼하는 본래의 목적을 깨닫게 하는 것은 슬픔에 겨운 심령들을 안도하게 하는 가장 지혜로운 방법입니다. 간혹 우리 자신들에게도 이 방법을 적용해야 합니다. 우리는 이렇게 묻습니다. "내 영혼아 네가 어찌하여 낙심하며 어찌하여 내 속에서 불안해하는가?"(시 42:11)

심령들이 슬퍼하는 이유를 자신에게 묻기 시작하면서 우리는 그토록 모진 슬픔을 정당화하는 것이 옳지 않다는 사실을 깨닫습니다. 그때에 영혼은 슬픔의 근원을 오해하였다는 사실을 아마도 발견할 것이며, 만일 슬픔의 근원이 제대로 파악된다면 그 근원들이 도리어 기쁨의 근원이 된다는 사실을 깨달을 것입니다. 슬퍼하는 딸들을 지혜롭게 다루신 주님께서는 틀림없이 그들로 하여금 스스로 이야기하게 하셨습니다. 여러분이 한마디도 말하지 않아도 그들이 스스로 이야기하므로 하나님의 은혜를 받아 슬픔을 누그러뜨릴 것입니다.

게다가 우리가 누군가를 위로하려고 하기 전에, 그 슬픔이 취한 특별한 형태와 양식이 무엇인지 아는 것이 언제나 지혜롭습니다. 검진(檢診)해 보지도 않고 즉시 환자에게 처방을 하는 의사는 오진을 하여 잘못된 약을 투약할 수 있을 것입니다. 의사는 먼저 질병을 진단하고, 그 원인이 무엇인지, 증상이 무엇인지, 질병이 얼마나 진행되었는지 알아야 합니다. 그런 다음에 의사는 그 병에 알맞은 약을 투여해야 합니다.

나의 형제여, 여러분의 슬픔을 가라앉히고 어디가 아픈지 들어봅시다. 무엇이 여러분을 초조하게 합니까? 무엇이 여러분의 심령을 고통스럽게 합니까? 아마 슬퍼하는 자들 스스로 올바른 치유책을 여러분에게 가르쳐 줄 것이며, 그래서 여러분이 때에 맞는 말을 할 수 있을 것입니다. "때에 맞는 말이 얼마나 아름다운고"(잠 15:23).

첫 번째, 나는 예외 없이 우리 모두에게 일반적인 문제에 대하여 질문할 것입니다. 여러분의 슬픔은 자연스런 슬픔인가요? 그 슬픔은 우리의 본성에서부터 나오는 것이며, 여자에게서 태어난 모든 사람들에게 일반적인 것인가요? 우리에게 슬픔은 유산처럼 물려받는 것인가요?

여러분이 가족을 잃어서 슬퍼합니까? 너무나 사랑하는 누군가를 잃었나요? 그렇다면 여러분의 슬픔은 유별난 것이 아니며, 예수님도 친구 나사로의 무덤 앞에서 우셨기 때문에 울어도 괜찮지만 지나치게 울지는 맙시다. 여러분이 지금까지 흘린 눈물로 충분합니다. 여기서 더 울면 그 눈물은 나쁩니다. 너무 슬퍼서 심령이 상하여 우는 울음이 있으며, 하나님께서 이러한 울음을 가엾게 바라보십니다. 하지만 반항하는 울음도 있습니다. 우리의 하늘 아버지께서는 이러한 울음을 보실 때 분노를 느끼십니다. "어찌하여 울며."

사랑하는 자들이여, 여러분의 마음속을 들여다보시겠어요? 그래서 여러분의 슬픔의 원인이 정말 정당한 것인지 아니면 너무 지나치게 슬픔을 끌어왔는지 알아보시겠어요? 당신은 사랑하는 자녀를 잃었군요. 하지만 자매여, 사실 당신은 자녀를 잃지 않았습니다. 그리스도께서 보호하고 계시는 것을 당신은 잃었다고 말합니까? 천사들 가운데로 올라간 아이를 당신은 잃었다고 말합니까? 당신의 자녀가 왕궁의 왕자로 모셔졌다면 당신은 자녀를 잃었다고 말하지 않을 것입니다. 그런데 예수님께서 당신의 자녀를 곁에 두시기 위해 데려가신 만큼 당신은 아이를 잃었다고 말해서는 안 됩니다. 당신의 자녀는 지금 하나님의 얼굴을 뵐 수 있습니다. 따라서 주님은 당신에게 "너의 자녀들이 묻혀있는 땅으로부터 다시 나올 것이기 때문에 눈물을 흘리지 말라"고 말씀하십니다.

당신이 남편을 잃었나요? 엄청난 충격이군요. 당신은 울지 않을 수 없을 것입니다. 하지만 누가 당신에게서 남편을 데려가셨나요? 당신에게 남편을 잠시 빌려 주신 그분이 데려가시지 않았나요? 여러 해 동안 위로와 기쁨을 누린 것에 대하여 주님께 찬송하십시오. 그리고 욥과 같이 "주신 이도 여호와시요 거두신 이도 여호와시오니 여호와의 이름이 찬송을 받으실지니이다"(욥 1:21)라고 말하십시오. 당신이 남편을 잃음으로써 당신의 삶이 크게 허전하겠지만 주님께서 그 허전함을 채워 주실 것입니다. 당신은 주님을 잘 아십니까? 그렇다면 주님은 당신에게 남편이 되어 주실 것이며, 아버지 없는 당신의 자녀들에게는 아버지가 되어 주실 것입니다.

주님은 "네 고아들을 버려도 내가 그들을 살리리라. 네 과부들은 나를 의지할 것이니라"(렘 49:11) 하셨습니다. 당신은 과부입니다. 그러므로 주님을 의지하십시오. 만일 당신이 하나님을 믿지 않는 과부라면 당신은 정말로 슬픈 사람입니다. 하지만 슬픔으로 인해 과부가 그리스도를 자신의 구세주로 신뢰하게 된다면, 무력한 자를 크게 도우시는 주님을 우러러보며 자신을 맡긴다면, 그녀는 자신의 잃은 것이 도리어 이익이 된다는 사실을 깨달을 것입니다.

"여자여 어찌하여 우느냐?" 어떤 친척이나 친구를 잃었다 할지라도 당신의 하나님께서 그 사랑하는 사람보다 더 좋은 분이 되어 주실 것입니다. 사랑하는 주 예수 그리스도께서 온 세상의 모든 친구들보다 우리에게 더 좋으신 분입니다. 친구들이 당신 곁을 떠날 때 주님은 그들의 빈자리를 채워 주시고도 남을 것입니다. 이에 우리가 인간의 사랑을 덜 받아도 하나님의 사랑을 더 많이 받을 것이며, 따라서 우리는 잃은 자가 아니라 얻은 자가 될 것입니다. 부활을 내다보고 위로를 받으세요. 그들이 그리스도 안에서 잠들었다면, 그들이 묻혀 있는 것과 마찬가지로 틀림없이 예수 그리스도의 모습으로 아름답게 다시 일어날 것입니다. 그러므로 소망 없는 자들처럼 슬퍼하지 맙시다. 눈물을 닦으세요. 혹 눈물이 떨어진다 하더라도 하나님의 뜻에 즐거이 순종하는 마음으로 웃고 평안하십시오.

"어찌하여 우느냐?" 당신이 슬퍼하는 다른 이유가 있습니까? 당신은 가난 때문에 슬퍼합니까? 가난의 고통을 모르는 사람들은 아마도 당신을 비난할 것입니다. 생계를 꾸려나가기가 힘들어 노예처럼 뼈빠지게 일해야 하는 사람들이 있다는 것을 나는 알고 있습니다. 주님의 고귀한 아들딸들 가운데 어떤 이들은 이 세상 재물을 가장 적게 가진 듯이 보이며, 그들은 아침부터 저녁까지 쉴 새 없이 고역을 치르며 일을 해야 합니다. 오늘과 같은 편안한 안식일이 없었다면 그들이 세상에서 산다는 것은 완전히 속박일 것입니다.

가난한 자매여, 울지 마세요. 가난한 형제여, 울지 마세요. 당신보다 더 가난했던 분이 계십니다. 그분이 당신의 짐을 대신 져 주실 것입니다. 예수 그리스도는 너무나 부유하시다가 가난해지셨기에 주님의 가난은 가난 이상의 고통이었습니다. 많은 재물이 있다가 가난해진 사람만큼 힘든 사람은 없습니다. 아시다시피 주님은 부유하셨지만 우리를 위해 가난하게 되셨으며, 자신의 가난을 통해 우리를 부유하게 하셨습니다. 주 예수님께서 제자들에게 하신 말씀을 기억하십시오.

"들의 백합화가 어떻게 자라는가 생각하여 보라. 수고도 아니하고 길쌈도 아니하느니라. 그러나 내가 너희에게 말하노니 솔로몬의 모든 영광으로도 입은 것이 이 꽃 하나만 같지 못하였느니라. 오늘 있다가 내일 아궁이에 던져지는 들풀도 하나님이 이렇게 입히시거든 하물며 너희일까보냐? 믿음이 작은 자들아!"(마 6:28-30) "공중의 새를 보라. 심지도 않고 거두지도 않고 창고에 모아들이지도 아니하되 너희 하늘 아버지께서 기르시나니 너희는 이것들보다 귀하지 아니하냐?"(마 6:26) 그러므로 주님께서 당신을 먹이시지 않겠습니까? 눈물을 닦으세요. 허리를 굽혀서 하나님께서 당신에게 맡겨 주신 짐을 지고 가진 바를 족한 줄로 아십시오. 왜냐하면 하나님께서 친히 말씀하시기를 "내가 결코 너희를 버리지 아니하고 너희를 떠나지 아니하리라"(히 13:5) 하셨기 때문입니다.

"여자여, 어찌하여 우느냐?" 사랑하는 집안 식구가 아픕니까? 그래요, 그 질병이 오래되었고, 그로 인해 얼굴이 무척 상하고 눈이 흐려지고, 오직 당해본 자들과 간호하는 자들만이 이해할 수 있는 말로 할 수 없이 큰 고통과 괴로움을 겪고 있다면 당신이 우는 것은 당연할 것입니다. 나는 당신의 울음을 이해할 수 있습니다. 하지만 사랑하는 자여, 당신의 사정은 그리스도의 손 안에 있으며, 따라서 당신은 사랑하는 자들을 주님의 손에 안전하게 맡길 수 있습니다. 비록 시련을 당하는 것이 괴로운 일이지만 그것이 꼭 필요하기에 주님은 자기 자녀에게 시련을 주시는 것입니다. 시련을 주님의 사랑의 증표로 받아들이세요. 또한 주님께서 원하시면 우리의 사랑하는 식구들을 회복시킬 수 있으시며, 혹 그들을 회복시키는 것을 합당하게 여기지 않으신다면 질병 가운데서도 주님은 그들과 함께 하시며, 그들이 이 세상으로부터 기쁘게 빠져나가 영원한 주님의 나라에 넉넉히 들어가게 하실 수 있다는 사실을 기억하십시오. 그러므로 너무 많이 울지 마세요. "이는 여호와이시니 선하신 대로 하실 것이니라"(삼상 3:18).

아마 우리 자신의 몸이 아파서 우리가 울 수도 있을 것입니다. 여러분 가운데 어떤 이들은 도저히 예배당에 나올 수 없는 형편이지만 어떻게 이곳까지 올 수 있는지 나는 종종 놀라곤 합니다. 참을 수 없는 고통이지만 여러분은 지금 여기에 나와 있습니다. 적어도 말씀이 전해지는 동안에는 고통을 잊을 수 있어서 당신은 행복을 느낍니다. 나는 그런 분들에게도 눈물을 닦으라고 권하겠습니다.

진이 빠지게 하는 무서운 질병이 점점 우리의 생명을 위협하고 있습니다. 하지만 사랑하는 자매여, 기운이 다하여 천국에 들어가는 것, 이 생명으로부터 전혀 다른 밝은 생애로 옮기는 것은 나쁜 일이 아닙니다. 어쩌면 당신이 불치병으로 알려진 고통스러운 질병으로 고생할지 모릅니다. 이는 여러분을 속히 집으로 데려오기 위해서 왕께서 보내신 또 다른 사자입니다. 여러분이 그리스도를 모시지 않은 상태에서 죽을 병에 걸렸다면 우는 것이 당연합니다. 왜냐하면 죽음 후에 심판이 있기 때문입니다. 이 질병은 여러분으로 하여금 하나님을 만나기 전에 준비하라고 보내신 사자입니다.

여러분이 오늘 죽는다고 생각해 보세요. 하나님은 여러분에게 때에 맞게 경고를 주신 것입니다. 여러분에게 부탁하건대, 경고를 받아들이세요. 질병 때문에 울지 않고, 성령의 감동으로 인하여 죄 때문에 울 수 있기를 축원합니다. 그리고 그리스도를 여러분의 구세주로 믿기를 축원합니다. 그리하면 모든 것이 좋아질 것입니다.

아마도 설교를 듣고 있는 사람들 가운데 "나의 슬픔은 사별이나 나 자신의 질병이나 혹은 친구들의 질병이나 가난 때문이 아닙니다. 그런 시련은 다 참을 수 있다고 생각합니다. 하지만 나는 믿었던 친구에게 배신당하고 사기를 당하였습니다. 내가 마음으로 가장 사랑했던 자가 나를 배신하였습니다"라고 말하는 사람들도 있을 것입니다.

사랑하는 친구여, 당신만이 혼자서 그런 시련을 겪는 것이 아닙니다. 당신보다 더 훌륭하신 주님께서도 배신자로부터 입맞춤을 받았습니다. 그래서 예수님은 가룟 유다에게 "네가 입맞춤으로 인자를 파느냐?"(눅 22:48)고 말씀하셨습니다. 많은 사람들이 시험당할 때에 소위 친구라는 사람들로부터 공공연한 적들보다 더욱 잔인한 공격을 받았습니다. 그들은 작은 새들을 포획하기 위해 조심스럽게 그물을 치는 사냥꾼과 같았습니다. 자, 당신이 그런 새들과 같은 처지라면 예수님께로 날아가세요. 예수님을 믿으세요. 왜냐하면 예수님은 당신을 결코 속이지 않으시기 때문입니다. 예수님께서 당신의 마음의 빈자리를 채워주시면, 그 빈자리는 복이 있을 것입니다. 예수님께서 구멍난 손으로 만져 주실 때 상한 심령은 가장 잘 낫습니다.

이제 나는 본론에 해당하는 질문을 하겠습니다. 그것은 그 슬픔이 영적인 슬픔인가? 만일 그렇다면 다른 사람을 위한 슬픔인가 아니면 여러분 자신을 위한 슬픔인가 하는 것입니다.

나는 좀 더 고상한 내용으로 시작하겠습니다. "여자여, 어찌하여 우느냐?" 여러분은 다른 사람들을 위해 울고 있습니까? 여러분이 누군가를 사랑하므로 그를 위해 자주 기도하였는데, 바로 그 사람이 곤경을 당하고 있으며 죄악에 매여 있습니까? 이런 상태야말로 애통해야 할 문제입니다. "주님과 영원히 함께 하기 위하여" 떠난 사람들을 위해 울지 마세요. 그들은 만사형통하기 때문입니다. 대신 죄 가운데 사는 사람들을 위해, 자유분방한 정욕을 따라 그의 아버지의 이름을 욕되게 한 젊은이를 위해, 자기 멋대로 죄의 길로 빠져버린 딸을 위해 우세요. 나쁜 행동을 끊지 못하는 심령을 위해 우세요. 눈물을 흘리지 않는 눈을 위해 우세요. 자신의 죄를 고백하지 아니하고 단호히 파멸의 길로 나아가는 죄인들을 위해 우세요.

나의 사랑하는 친구들이여, 구세주께서 예루살렘을 위하여 우셨던 것처럼 여러분이 울 때, 하나님께서 여러분의 눈물을 그의 병에 담으실 것입니다. 여러분이 흘리는 눈물은 여러분이 불쌍히 여기는 영혼들에게 좋은 징조가 되기 때문에 힘을 내세요. 여러분이 사랑하는 사람들을 위하여 신음하고 탄식하고 부르짖는 한 틀림없이 여러분은 그들에게 복을 전해 줄 것입니다. 그리고 여러분의 신음과 탄식은 하나님의 복이 그들에게 전해지고 있는 증거라고 나는 생각합니다.

　여러분은 성경에 (어떤 때에) "병을 고치는 주의 능력이 예수와 함께 하더라"(눅 5:17)고 기록되어 있는 말씀을 기억할 것입니다. 왜 다른 때보다 그때에 병을 고치는 능력이 예수님과 함께 하였을까요? 네 친구들이 지붕을 뚫고 그리스도께서 계시던 방으로 병든 친구를 달아 내렸기 때문이 아니었을까요? 영혼을 위한 관심이 네 친구들에게 있었던 것처럼, 영혼들을 위한 진정한 관심이 있는 곳에는 어디든지 비범한 능력이 나타날 것입니다. 그러므로 계속 우세요. 하지만 절망하지 말고 낙심하지 말고 우세요. 주님께서 여러분의 눈물을 보실 것이며, 여러분의 기도를 들으실 것이며, 혹 여러분이 살아서 응답 받는 것을 볼 수 없다 할지라도 하나님께서는 반드시 여러분의 간구를 응답해 주실 것입니다. 아마도 여러분이 천국에 들어갔을 때, 지금 여러분이 위해서 울고 있는 여러분의 아들, 여러분의 남편, 여러분의 자매가 그리스도께 나올 것입니다.

　그러나 지금 여러분은 "왜 웁니까?" 여러분 자신 때문에 웁니까? 이런 영적인 슬픔이 여러분 자신 탓입니까? 여러분이 애통하는 하나님의 자녀입니까? 여러분이 그리스도인인줄 알면서도 울고 있습니까? 그렇다면 여러분이 슬퍼하는 원인이 무엇입니까? 주님의 임재를 체험하지 못하였습니까? 그렇다면 여러분이 울어야 할 이유가 충분합니다. 그럴더라도 왜 여러분이 울어야 합니까? 지금도 주님은 함께 하십니다. 여러분이 주님을 보지 못하지만 주님은 여러분을 보고 계시며 이 순간에도 여러분을 뚫어지게 바라보고 계십니다.

　사랑하는 애도자여, "나는 그리스도와 교제가 끊어진 상태입니다. 몇 달 동안 은혜로운 체험을 회복하지 못할까봐 걱정스럽습니다"라고 말하지 마세요. 이 말씀을 잘 들어보세요. "볼지어다 내가 문 밖에 서서 두드리노니 누구든지 내 음성을 듣고 문을 열면 — 그렇게만 하면 — 내가 그에게로 들어가 그와 더불어 먹고 그는 나와 더불어 먹으리라"(계 3:20). 이는 라오디게아 교회의 사자에게, 미적지근한 라오디게아 교인들에게 하신 말씀이었습니다.

사랑하는 형제 자매들이여, 우리도 미적지근하게 되면 주님께서 여러분에게도 똑같이 말씀하십니다. 여러분에게 찾아오신 그리스도를 기쁘게 맞이하십시오. 그리스도와의 교제를 회복하는데 회개하는 것보다 더 긴 시간이 소요된다고 상상하지 마세요. 회개와 교제는 종종 동시적으로 이루어집니다. 그러므로 여러분이 낙망의 깊은 곳으로부터 우리 주님과 거룩하게 교제하는 높은 곳으로 올려질 수 있습니다. 기운을 내세요. 그리고 바로 이 시간 여러분의 기쁨을 회복하십시오.

하지만 아마도 여러분은 말하기를, "내가 나의 주님을 몹시 슬프게 해드렸기 때문에 나는 웁니다"라고 할 것입니다. 비록 눈물을 흘리게 한 그 죄는 몹시 쓰라린 것이지만 그렇게 흘리는 눈물은 복이 있습니다. 그리스도께서 우리 때문에 슬퍼하실 때 우리가 슬퍼하는 것은 당연합니다. 하지만 애통하는 심령들이여, 비록 그리스도께서 여러분 때문에 슬퍼하시는 것은 당연하지만 다음과 같은 은혜로운 말씀과 위로의 언약을 기억하십시오. "자주 경책하지 아니하시며 노를 영원히 품지 아니하시리로다"(시 103:9).

"내가 잠시 너를 버렸으나 큰 긍휼로 너를 모을 것이요 내가 넘치는 진노로 내 얼굴을 네게서 잠시 가렸으나 영원한 자비로 너를 긍휼히 여기리라. 네 구속자 여호와께서 말씀하셨느니라"(사 54:7-8). 다만 여러분이 구세주께 죄를 범하였다고 고백하십시오. 그리하면 여러분이 즉시 주님께로 돌아갈 수 있습니다. 아니 바로 지금 주님께서 여러분을 만나기 위해 오실 것이며, 대야와 수건을 가지고 오셔서 여러분의 더러워진 발을 씻겨 주실 것입니다. 왜냐하면 주님께서 일찍이 자신의 피로 여러분을 씻기셨기 때문입니다. 이제 다시금 주님께서 여러분의 발을 씻겨 주실 텐데 그러면 여러분은 완전히 깨끗해질 것이며, 깨끗해진 발로 여러분의 주님과 새롭게 교제하며 걸어갈 것입니다.

혹 여러분 가운데 일부는 원하는 만큼 거룩하지 못하기에 슬퍼한다고 말할 것입니다. 나에게도 여러분과 같은 슬픔이 있습니다. 나도 사도 바울처럼 "선을 행하기 원하는 나에게 악이 함께 있는 것이로다"(롬 7:21)라고 말할 수 있습니다. 악이 자기와 함께 있는 것을 이해하지 못하겠다고 말하는 사람들도 있지만 그들이 그렇게 말하는 이유는 자신의 존재를 제대로 알지 못하기 때문이라고 나는 생각합니다. 자신의 존재를 안다면 죄가 자신에게 있었다는 사실을 적어도 가끔씩은 깨달을 것입니다. 할 수만 있다면 나는 생각이나 말이나 행동이나 상상이나 소망에 단 하나의 죄도 없기를 바라며, 여러분도 그러기를 바랄 것입니다. 그런데 현재 여러분은 그렇지 못하기 때문에 울고 있습니다.

그런 눈물이 떨어지는 것은 당연한 것이지만, 다만 그런 눈물 때문에 그리스도의 모습이 희미하게 보이는 일이 없도록 하십시오. 그런 열망들로 인해 오직 그리스도 예수 안에서 완전해진다는 여러분의 지식이 방해를 받지 않도록 하십시오. 그리스도께서 여러분을 위해 승리하셨으며, 언젠가는 여러분 안에 있는 죄를 정복해 주시리라는 믿음이 여러분의 영적 싸움으로 인해 손해를 입지 않도록 하십시오. 그 어떠한 것도 여러분의 확신을 빼앗지 못하도록 하십시오. 그 확신이란 여러분 안에 있는 죄가 완전히 파괴되어 마침내 그리스도께서 여러분을 "티나 주름 잡힌 것이나 이런 것들이 없이"(엡 5:27), "거룩하고 흠 없고 책망할 것이 없는 자로 그 앞에"(골 1:22) 세우심으로써 마침내 아버지께 바치실 것이라는 확신입니다.

혹 여러분이 그리스도를 위해 하는 일이 거의 없기 때문에 슬퍼한다고 말할 것입니다. 또 다시 나는 여러분의 슬픔에 공감합니다. 하지만 그것 때문에 너무 애태우지는 마세요. 주님을 위해 일할 기회를 가장 많이 얻은 우리 같은 사람들도 때로는 그 기회를 활용하지 못하므로 크게 후회하곤 한답니다. 내가 알고 있는 경건한 여자들은 집안에 갇혀서 수많은 가족을 돌보거나 혹은 지속적인 고통으로 침대에 누워지내는데, 그들에게 가장 큰 슬픔은 그리스도를 위해 자신들이 하는 일이 거의 없다는 것입니다. 하지만 여러분은 다윗의 법칙과 다윗의 주님의 법칙을 모르십니까? 그 법칙이란 물건을 지키는 자들도 싸움에 나간 자들과 똑같은 몫을 차지한다는 것이었습니다.

여러분은 후방에서 군용 행낭(行囊)을 지키는 군인들과 같습니다. 전투를 치른 군인들과 함께 왕이 돌아오면 여러분은 그들과 함께 승리를 공유하게 될 것입니다. 본진(本陣)을 지키고 있는 여러분은 모두가 실전에 투입될 경우에 잃게 될 많은 것들을 보존하고 있습니다. 그러므로 비록 여러분이 고난을 당하거나 혹은 이름도 없이 지내고 있을지라도 힘을 내세요. 여러분은 한층 두드러지게 일하도록 부르심을 받은 남녀와 동등한 대접을 받을 것입니다. 여러분이 할 수 있는 한도 내에서 있는 힘을 다해 섬기세요.

내가 알기에, 그리스도께서 어느 누구보다도 가장 큰 칭찬을 아끼지 아니한 여자에게 "그는 힘을 다하였다"(막 14:8)고 말씀하셨습니다. 아마도 그녀는 더 많은 일을 하고 싶어했을 것입니다. 하지만 그녀는 자신이 할 수 있는 한도 내에서 있는 힘껏 하였습니다. 여러분이 할 수 있는 일을 있는 힘껏 한다면 그것으로 족합니다.

또 다른 사람은 말합니다. "아! 하지만 나는 너무도 부족합니다. 내가 하는 일은 잘 안 됩니다. 기도하고 하더라도 나는 언제나 성공하지 못합니다. 나의 간구는 응답되지 못하고 도로 내게 돌아오는 것 같습니다." 자, 사랑하는 친구여, 여러분의 연약함을 조금도 한탄하지 마세요. 사도는 자신이 연약할 때 강하였다고 말하였습니다.

여러분이 여러 가지 약점들로 인해 연약하다 하더라도 그리스도의 능력이 여러분과 함께 하기 때문에 연약한 중에도 영광을 돌릴 수 있는 길이 있는 것입니다. 여러분이 연약할 뿐만 아니라 여러분이 연약 그 자체라고 생각하십시오. 즉, 여러분을 아무것도 아니며 보잘것없는 존재라고 여기세요. 여러분이 그러한 경지에 이르면 울어야 하는 명분이 사라질 것입니다. 여러분이 마지막에 이를 때 하나님께서 시작하실 것이며, 여러분이 자아에 대한 관계를 정리할 때 그리스도께서 여러분에게 모든 것의 모든 것이 되어 주실 것이며, 여러분은 목소리를 높여 여러분을 위해 큰 일을 행하신 주님을 찬양할 것입니다.

성숙하지 못한 그리스도인들은 회개한 때로부터 하늘나라에 들어가기까지 이상한 일들을 우연찮게 많이 겪습니다. 그들이 세운 인생 계획이 좀처럼 이루어지지 않습니다. 그들이 갈 길을 그려놓은 이상적인 지도는 현실적인

지리와 일치하지 않습니다. 그들은 예수님을 믿자마자 달콤한 평안과 안식에 들어가리라고 생각합니다. 아마 그들의 생각이 맞을 것입니다. 하지만 그들은 이러한 평안과 안식이 언제나 지속될 것이며, 아마도 더욱 늘어날 것이며, 하늘나라에 갈 때까지 줄곧 노래하면서 즐거운 대로와 평안한 오솔길을 걸을 것이며, 그들이 가는 길에 빛이 점점 더 밝아지다가 마침내 완전한 날에 이르게 되리라고 상상합니다.

그들은 이처럼 행복을 느끼고 흥겹게 노래하면서 그들이 그리스도인이 되어 처음으로 맛보았던 체험이 그들에게 언제나 있으리라고 상상합니다. 그들은 마치 깊은 광산(鑛山)에서 살다가, 혹은 어두운 지하감옥에 감금되었다가 난생 처음으로 밝은 대낮으로 나온 사람들 같습니다. 그들이 상상 속에서 지금 일년 중 어떤 계절이냐고 물어보면 봄철이라는 대답을 듣습니다. 그때에 꽃들이 이제 막 피어나기 시작하였으나 앞으로는 만발할 것이라는 대답을 듣습니다. 그들은 새들의 지저귀는 소리를 듣지만 앞으로 더 환한 날이 올 것이라는 말을 듣습니다. 또한 5월이 4월보다 더 아름답고, 6월은 훨씬 더 밝으며, 그 다음에 추수의 달이 오면 낫으로 황금곡식을 베어들일 것이라는 말을 듣습니다.

이 미숙한 신자의 계획은 매우 유쾌합니다. 그는 내일 온종일 푸른 풀밭을 거닐 것이며, 혹은 피어나는 꽃봉오리들을 탄복하며 바라보는 정원에 있을 것이며, 거기서 자신을 위해 매혹적인 화환을 모을 것이라고 계획합니다. 하지만 아마도 내일 아침 그가 일어나면 하늘은 구름이 덮여 어둡고, 억수 같은 비가 내릴 것입니다. "오, 나는 이런 상황을 조금도 생각하지 못했어"라고 그는 말합니다. 그 다음 6월에는 아마 그가 조금도 생각하지 못한 소동이 하늘에서 벌어질 것입니다. 하늘에서 불꽃이 튀고 요란한 천둥이 치면서 기운찬 우박이 섞여 있는 소나기가 억수같이 무섭게 쏟아져 내릴 것입니다. 그때에 그는 "아아, 나는 이런 상황을 조금도 예상하지 못했어. 나는 몇 달간 점점 밝아지다가 마침내 황금빛 추수기가 오리라고 생각했는데"라고 말합니다.

그때에 우리는 그에게 실상을 설명해 줍니다. 즉, 이 모든 비와 폭풍들이 우리가 그에게 약속한 바로 그 결과로 이끌어 줄 것이며, 이런 것들이 결코 우리가 대강 말한 축복과 상반되지 아니하며, 따라서 두려워할 필요가 없고, 적절한 시기에 추수의 달이 오리라고 말해 줍니다. 성숙하지 못한 그리스도인이여, 여러분이 가는 길에 빛이 비출 것이며, 또한 점점 더 밝아지다가 완전한 날에 이르리라는 말씀은 사실입니다. 지혜자의 길이 "즐거운 길이요 그의 지름길은 다 평강이니라"(잠 3:17)는 말씀은 사실입니다. 그리스도 안에서 기쁨을 얻을 수 있다는 여러분의 고귀한 생각은 과장된 것이 아닙니다. 여러분이 아무리 많은 즐거움을 예상하더라도 여러분이 예상한 모든 것을 가질 것이며, 또한 여러분이 예상할 수 있는 그 이상도 가질 것입니다. 하지만 때때로 그 예상이 중단되는 때가 올 것입니다. 그때가 여러분에게는 생소할 것입니다.

그때에 여러분의 기쁨이 죽은 듯이 보일 것이며, 여러분의 평안은 몹시 어지러울 것입니다. 여러분의 심령은 "광풍에 요동하여 안위를 받지 못할"(사 54:11) 것입니다. 여러분은 슬픔에 젖어 베옷을 입고 재 가운데 앉을 것이며, 잔치자리에 가지 않고 초상집에 갈 것입니다. 그곳에서 여러분은 눈물을 마시게 될 것이며, 슬픔으로 간을 맞춘 빵을 먹을 것입니다. 이런 일이 있을 때에 마치 이상한 일이 여러분에게 벌어진 것처럼 놀라지 마십시오. 우리가 이미 여러분에게 그런 일이 있으리라고 말한 것을 기억하십시오. 여러분보다 먼저 하늘나라 길을 간 우리가 말하는데, 여러분에게 어두운 때, 폭풍우가 치는 때가 올 것이며, 따라서 그런 때를 대비하라고 우리는 명령합니다.

"여자여, 어찌하여 우느냐?" 아마도 여러분은 "목사님, 나는 성도들과 함께 할 용기가 없습니다!"라고 말할 것입니다. 그렇다면 여러분이 죄인들 가운데 있겠다는 것입니까? 그러면 여러분은 이렇게 대답할 것입니다. "그래요. 나는 죄인입니다. 하지만 내가 생각하고 바라기로는, 나는 비록 작은 믿음이나마 그리스도에 대한 믿음이 완전히 없지는 않습니다. 때때로 나는 그리스도를 사랑하고픈 생각이 듭니다. 하지만 나는 자주 이런 좋은 생각과 반대되는 다른 생각을 하곤 합니다." 아, 나의 친구여, 나도 압니다. 나는 당신과 같은 많은 사람들을 만나보았습니다. 전에 당신과 같은 사람과 이야기를 해 본 적이 있었습니다. 내가 "당신이 그리스도인이 아니라고 말하는 거군요"라고 하자 그녀는 "그게 아니고 제가 그리스도인이 아닐까봐 두려워하는 겁니다"라고 대답하였습니다.

그때에 나는 물었습니다. "왜 당신은 안식일에 하나님의 집에 가지요? 왜 집에 있거나 죄인들이 가는 곳으로 가지 않지요?" 그러자 그녀는 이렇게 대답하였습니다. "목사님, 그건 안 됩니다! 그렇게 할 수는 없습니다. 사람들이 그리스도의 이름을 욕되게 하는 말을 들으면 그 말이 저의 급소를 찌르는 것 같습니다. 하나님의 사람들과 함께 있을 때 저는 가장 행복합니다. 그들이 부르는 찬송을 저는 좋아합니다. 그리고 제가 그들과 함께 있는 동안 제 마음이 뜨거워져서 마치 제가 주님을 찬송해야 하는 것처럼 느낍니다. 제가 하나님을 송축하고 찬송하지 않을 수 없다는 것이 큰 은혜라고 저는 생각합니다."

그때에 나는 말했습니다. "그래요, 당신은 틀림없이 그리스도에 대한 믿음을 가지고 있다고 나는 생각합니다. 그렇지 않다면 당신이 그런 느낌과 행동을 가질 수 없을 것입니다."

어느 사역자가 한 말을 나는 기억합니다. 그는 종이에다 "나는 그리스도를 믿지 않는다"라고 적은 다음 의심이 가득한 한 여자에게 그 선언에다 그녀의 이름으로 서명을 하라고 요구하였습니다. 그러나 그녀는 그렇게 하지 않았습니다. 자신은 믿음이 있다고 생각하지 않았지만 그리스도를 믿고 있었던 것입니다. 나는 전에 믿음이 없다고 말한 여자분에게 만일 그녀가 믿음을 포기한다면 5 파운드짜리 지폐를 주겠다고 하였습니다. 하지만 그녀는 온 세상을 얻는다 할지라도 믿음을 포기하지는 않겠다고 말했습니다.

두려움 씨(Mrs Much-afraid), 낙담 씨(Mr. Despondency), 허약 씨(Mr. Feeble-mind), 멈춤 씨(Mr. Ready-to halt), 이런 식구들이 지금도 많이 있습니다. 착한 여자여, 당신이 왜 우는지 나는 압니다. 당신도 역시 그런 부류에 속하기 때문입니다. 자, 당신이 성도로서 그리스도께 올 수 없다면 죄인으로서 오세요. 당신이 잘못을 저지르고 그리스도를 믿지 않았다면 지금 믿으세요. 당신이 참으로 회개하지 않고, 믿지 않고, 마음이 새로워지지 않았다면, 기록된 말씀을 기억하십시오. "내게 오는 자는 내가 결코 내쫓지 아니하리라"(요 6:37). "원하는 자는 값 없이 생명수를 받으라"(계 22:17).

당신의 영적 상태를 보여 주는 권리증서가 진짜가 아니라 위조된 것이라

할지라도, 당신 자신보다 지혜로우신 분에게 이의를 제기하지 마세요. 예수 그리스도께서 모든 죄인들에게 명하신 대로 지금 당장 빈손 들고 나오세요. 그러면 나는 "당신이 어찌하여 우느냐?"고 물어볼 필요가 없을 것입니다.

마지막으로, 울고 있는 이 사람은 누군가를 찾고 있는 죄인입니까? 그리스도께서 막달라 마리아에게 "어찌하여 우느냐?"고 말씀하셨을 뿐만 아니라 "누구를 찾느냐?"고 말씀하셨습니다. 왜냐하면 마리아가 바로 주님을 찾고 있다는 사실을 주님께서 아셨기 때문입니다. 만일 내가 울면서 그리스도를 찾는 죄인들에게 언제나 설교할 수 있다면, 내가 가진 모든 것을 다 쏟아 줄 것입니다. 내가 예수님을 찾고 있다고 언제나 확신해도 된다면, 나는 죄 때문에 언제나 울면 좋겠다고 가끔씩 생각합니다.

누군가 이 자리에 구세주를 찾기 위해 오셨을 것입니다. 울고 있는 여자여! 죄가 당신을 괴롭히기 때문에 울고 있나요? 달콤했던 죄가 이제는 고통을 주기 때문에 울고 있나요? 당신의 심령이 전에 즐거워했던 것들이 이제는 고통과 슬픔이 되었기 때문에 울고 있습니까? 그렇다면 나는 당신의 눈물을 기뻐합니다. 왜냐하면 그 눈물이 하나님 보시기에 귀하기 때문입니다. 그런 눈물이 세상에서 가장 좋은 다이아몬드보다 더욱 소중합니다. 죄를 회개할 수 있는 심령은 복이 있습니다.

아마도 여러분이 울고 있는 까닭은 그리스도께 거절을 당할까봐 염려하기 때문일 것입니다. 그런 눈물은 흘리지 마세요. 그리스도께 나오는 죄인은 그리스도에 의해 거절당할 염려가 없습니다. 방금 내가 여러분에게 알려 준 대로, 주님은 "내게 오는 자는 내가 결코 내쫓지 아니하리라"고 말씀하셨습니다. 그러므로 괴로운 죄인이여, 오세요. 무거운 짐을 진 심령이여, 오세요. 그리고 예수님께 자신을 맡기세요. 그때에 예수님은 ─ 완전히 변하지 않는 한, 그것은 불가능함 ─ 여러분을 거절하실 수 없습니다. 지금 당장 와서 예수님을 믿으세요. 그리하면 여러분이 바로 이 시간 구원을 받을 것입니다.

또한 여러분이 우는 까닭은 이 때문일 것입니다. 여러분은 이렇게 말합니다. "나는 이전에 각성하였습니다. 내가 주님을 찾으리라고 다짐했지요. 그리고 어느 정도 희망을 얻었고, 죄에서 해방되었다고 상상하였습니다. 하지만 나는 도로 돌아갔습니다. 나의 마지막이 처음보다 못하게 되었습니다."

정말 그렇다면 여러분은 울어 마땅합니다. 여러분의 울음을 나는 막을 수 없습니다. 하지만 나의 사랑하는 친구들이여, 여러분이 전에 거짓된 자세로 예수님께 나왔다면, 그야말로 이제는 진실하게 예수님께 나와야 할 명분이 분명한 것입니다. 전에 여러분이 모래 위에다 지어서 집이 무너졌다면, 그야말로 이제 바위 위에다 집을 지어야 할 명분이 생긴 것입니다. 만일 여러분이 잠시 흥분하였고, 일시적인 감정을 하나님의 성령의 역사로 오해하였고, 믿음 대신 가능성만 인정하였다면 다시는 그렇게 하지 마세요. 하지만 지금 모습 그대로 그리스도께로 나오세요. 그리고 여러분의 지친 영혼을 대속하신 그리스도의 희생에 맡기세요. 그리하면 여러분은 평안을 얻되 즉시 영원한 평안을 얻을 것입니다.

또한 아마도 여러분은 "내가 그리스도께 나오더라도 과연 끝까지 그리스도를 붙들지 걱정됩니다"라고 말하면서 울 것입니다. 여러분 스스로 그리스도를 붙잡지 못할 것을 나는 알고 있습니다. 하지만 아울러 내가 아는 것은 여러분이 그리스도께 와서 믿기만 하면 그리스도께서 여러분을 붙잡아 주실 것이라는 사실입니다. 여러분이 그리스도를 붙잡는 것이 아니라 그리스도께서 여러분을 붙잡아 주시는 것입니다. 이전에 여러분이 그리스도를 붙잡으려고 하다가 실패한 것은 당연합니다. 이제 여러분 자신을 의지하지 마세요. 여러분이 매우 연약하다면 더욱더 여러분의 사랑하는 주님을 힘있게 의지하십시오. 아니, 여러분이 아무것도 아니라면 그 때문에 그리스도께서 여러분에게 모든 것이 되시도록 간절히 의지하십시오. 여러분이 죄로 더러워져 있다면 눈보다 더 희게 만드실 수 있는 주님의 보혈을 더욱더 찬송하십시오.

내가 전한 말씀으로 위로를 받으시기를 하나님의 이름으로 축원합니다! 하나님께서 그렇게 해 주실 줄 믿습니다. 하나님의 역사를 기대합니다. 하나님께서 역사하실 줄 내가 압니다. 그리고 하나님께서 영광을 받으실 것입니다.

# 17

# 요한 마가의 어머니 마리아

## 기도회

"깨닫고 마가라 하는 요한의 어머니 마리아의 집에 가니 여러 사람이 거기에 모여 기도하고 있더라"(행 12:12).

초대교회가 말살당하지 아니한 것은 큰 기적이었습니다. 실로 초대교회는 성난 이리들 가운데 있는 한 마리 외로운 어린양과 같았습니다. 초대교회는 세상의 권세나 자기를 지켜 줄 후원자도 없었고, 마치 저주를 입은 것처럼 수많은 잔인한 대적들을 피해 달아났습니다. 이 어린 교회에게 다른 모임보다 특별한 무언가가 없었더라면, 헤롯에 의하여 죽임을 당한 베들레헴의 천진난만한 아이들처럼 그렇게 말살되었을 것입니다. 하지만 하늘로부터 태어난 교회는 파괴자의 격분에서 벗어날 수 있었습니다.

그렇다면 도대체 어떠한 무기로 이 교회는 자신을 방어하였나요? 우리도 아주 지혜롭게 똑같은 무기를 사용할 수 있기에 이런 질문은 가치가 있습니다. 교회는 극한 위험 속에서도 불가항력적인 파멸로부터 보호를 받았습니다. 교회의 방어수단은 무엇이었습니까? 교회는 어디서 창과 방패를 발견하였을까요? 그 대답은 바로 기도입니다. "여러 사람이 거기에 모여 기도하고 있더라." 아무리 시대가 위험하고, 매 시대마다 특별한 위기가 있다 할지라도, 하나님께서 우리를 보호해 주신다고 우리는 확신하며, 초대교회가 사용한 방법대로, 말하자면 많은 기도로써 우리 자신을 방어할 수 있습니다. 독사의 독이 아무리 강하더라도 기도는 그 독을 뽑아냅니다. 사자가 아무리 사나워도 기도는 그 이빨을 부서뜨릴 수 있습니다. 불이 아무리 맹렬하여도 기도는 그 맹렬한 화염을 끌 수 있습니다.

이것이 전부가 아닙니다. 갓 태어난 교회는 환난을 피하였을 뿐만 아니라 배가(倍加)되었습니다. 교회가 다락방에 모였을 때 겨자씨 만한 존재였는데 이제는 큰 나무가 되었습니다. 이제 교회가 나라들을 뒤덮고, 공중의 새들이 떼지어 교회의 가지로 대피합니다. 이 놀라운 성장이 어디에서 온 것일까요? 그 무엇이 교회의 성장을 가져왔을까요? 외적인 환경은 성장하는데 불리하였습니다. 교회는 어떠한 양식을 먹었나요? 이 연한 가지에 어떤 방식을 적용하였기에 이처럼 빨리 성장하게 되었습니까?

과거에 어떤 방법이 사용되었는지 우리가 살펴서 그 방법을 지혜롭게 적용하면 현상유지 상태이거나 고사직전인 교회들이 힘을 얻고 소망 있는 교회로 발돋움하게 될 것입니다. 이 질문에 대한 대답은 모든 경우에 "여러 사람이 모여 기도하였다"는 사실입니다. 기도하는 동안 하나님의 성령께서 그들에게 임하셨습니다. 기도하는 동안 성령께서 자주 이 사람 저 사람을 구별하여 특별한 일을 맡기셨습니다. 기도하는 동안 그들의 마음이 내적인 불로 뜨거워졌습니다. 기도하는 동안 그들의 혀가 풀려 앞으로 나아가 백성들에게 말하였습니다. 기도하는 동안 주님께서 그들에게 은혜의 보고(寶庫)를 열어 주셨습니다.

기도로써 그들이 보호를 받았고, 기도로써 성장하였습니다. 우리가 살아 있고 성장하는 교회가 되려면, 초대교회와 같은 은혜를 받아야 합니다. "기도합시다"라는 말은 그리스도인들에게 제시할 수 있는 가장 필요한 표어들 중 하나입니다. 왜냐하면 우리가 기도만 한다면, 그래요, 그 기도가 눈물 골짜기에 있는 웅덩이들을 채워 줄 것이며, 물이 가득한 하나님의 강의 수로를 우리에게 열어 주며, 거기서부터 흘러나오는 시내가 우리 하나님의 성을 기쁘게 할 것이기 때문입니다.

교회 일부에서는 초대교회 시대로 돌아가자는 말을 많이 하고 있습니다. 그들은 초대교회의 관습이라는 핑계를 대며 온갖 종류의 미신적인 허구들을 우리에게 소개합니다. 최초의 관습이 참된 그리스도인들에게 매우 중요하다는 사실을 이용하여 그들이 이러한 주장을 하지만 사실상 그들의 기도(企圖)는 교묘하게 꾸며진 것입니다. 그들이 초대교회라고 말할 때 그 초대는 그다지 초대가 아니며, 바로 이 점에서 그들의 논리의 약점이 있습니다. 우리가 이왕에 초대교회를 모델로 삼아야 한다면 진짜 최초의 교회를 모델로 삼읍시다. 우리가 교부들의 사상으로 돌아가야 한다면 사도 교부(Apostolic Fathers)들에게로 돌아갑시다. 우리가 엄격한 전례(前例)를 따라 모범적인 의식과 규칙과 의례를 마련하고자 한다면, 성경에 기록된 최초의 전례로 돌아갑시다.

침례교인들이라고 일컬어지는 우리들은 모든 면에서 사도적인 습관과 관례로 돌아가는데 추호도 반대하지 않습니다. 우리는 진짜 최초의 방식을 존경하며, 진짜 초대교회의 관습을 따르기를 열망합니다. 우리 주님께서 승천하신 직후, 그리고 사도 시대에 성도들이 행한 바로 그 방식대로 모든 의식이 행해지는 것을 본다면 우리는 기쁘게 박수를 칠 것입니다. 그것이 우리가 마음으로부터 이루어지기를 바라는 바입니다. 초대교회가 다시금 살아나는 모습을 본다면 우리는 진실로 만족할 것입니다. "여러 사람이 거기에 모여 기도하고 있더라"는 말씀처럼 우리는 특히 기도에서 초대교회를 본받을 것입니다. 가족기도, 믿음의 기도, 효과적인 기도를 많이 하기를 바랍니다. 그 때에 우리는 주님으로부터 큰 복을 얻을 것입니다.

나의 간절한 소망은 예수 그리스도의 교회를 깨워 기도가 늘어나게 하는 것입니다. 내가 본문을 택한 것은 나의 관심을 끌고 실제로 적용할 것이 많은 한두 가지 관점을 내게 보여 주기 때문입니다. 첫 번째, 초대교회가 기도와 기도회를 중요하게 여긴 점을 주목해 봅시다. 이런 사실이 우리에게 교훈이 되도록 합시다. 우리가 사도행전을 읽고 계속해서 고찰하다 보면 기도회가 초대교회에서 지속적인 모임이 되었다는 사실을 알 수 있습니다. 우리는 미사에 대한 기록은 전혀 볼 수 없지만 기도회에 대한 기록은 많이 볼 수 있습니다. 축제에 대한 기록은 전혀 볼 수 없지만 기도를 위해 모였다는 기록은 자주 볼 수 있습니다. 감옥에서 나온 베드로는 기도회를 생각했던 것으로 보입니다. 아마도 그는 어디로 갈까 생각하다가 밤에 요한 마가의 어머니의 집에서 기도회가 있다는 것을 기억하였을 것입니다. 그는 거기서 진실한 형제를 만날 수 있으리라고 생각하고 그리로 갔습니다.

　"모든 것을 품위 있게 하고 질서있게 하라"(고전 14:40)는 말씀에 따르면, 당시에 성도들은 계획적이고 조직적으로 행동하였습니다. 나는 그날 저녁 요한 마가의 어머니의 집에서 기도회가 열리는 것으로 예정되어 있었을 것이라고 믿어 의심치 않습니다. 따라서 베드로가 그곳으로 갔던 것이며, 그가 예상한 대로 그곳에서 기도회가 열리고 있는 것을 보았던 것입니다. 그들이 그곳에 모인 것은 설교를 듣기 위함이 아니었습니다. 우리는 당연히 설교를 들을 목적으로 자주 모여야 할 것입니다. 그런데 이 모임은 "함께 기도하기 위한 모임"이었습니다.

　기도하는 것이 이 모임의 주된 목적이었습니다. 그들이 설교를 들었는지 나는 모르겠습니다. 물론 목사의 설교를 들으려고 기도회에 참석하는 사람들도 있을 것입니다. 하지만 일반적으로 예루살렘 교회의 담임목사로 여겨지는 야고보는 그 자리에 없었던 것으로 보입니다. 왜냐하면 베드로가 "야고보에게 이 말을 전하라"(행 12:17)고 하였기 때문입니다. 추가로 베드로가 "형제들에게 이 말을 전하라"고 말한 것으로 보아 아마도 사도들 가운데 아무도 그 자리에 없었을 것입니다. 여기서 형제들이란 사도의 무리들을 의미한다고 나는 생각합니다. 뛰어난 설교자들이 모두 떠나 있었던 것 같으며, 아마도 그날 밤에 아무도 설교하거나 권고하지 않았을 것이며, 혹은 그들 모두 중보기도에 몰두하고 있었기 때문에 그럴 필요가 없었을 것입니다. 이 모임은 기도를 위한 모임이었으며, 이 기도회는 초대교회의 정기적인 관습이었으며, 언제나 지속되었습니다.

　교회 안에는 기도에 전념하는 모임들이 있어야 할 것입니다. 그리고 그러한 모임들이 빠지거나 혹 두 번째 자리로 밀려 버릴 때, 교회를 세우는데 결함이 생기게 됩니다. 이러한 모임들은 기도를 목적으로 해야 하며, 교회는 기도하는데 큰 매력을 느껴야 합니다. 기도에 불을 붙이기 위하여 한마디 말씀이나 강렬한 말씀을 약간 듣고 싶다면 그럴 수 있습니다. 하지만 여러분이 말씀을 듣지 못한다 할지라도 기도하는데 설교가 꼭 필요한 것이라고 생각하지는 마세요. 때때로 여러 사람이 모여 기도하는 것을 교회 안의 지속적인 행사로 삼읍시다. 그때에 기도가 유일한 목적이 되어야 할 것입니다.

그리스도인은 혼자서 말씀을 읽고 듣고 묵상해야 할 것입니다. 하지만 이런 것들이 기도를 대신할 수는 없습니다. 크게 보아 교회도 마찬가지입니다. 교회는 가르치는 자들의 교훈을 잘 들어야 하며, 복음의 말씀의 훈계를 잘 받아야 하지만 아울러 반드시 기도해야 합니다. 경건을 게을리하고는 아무것도 보상받을 수 없습니다.

기도회가 교회의 정기적인 관습이었지만 교회는 때때로 특별한 기도를 드렸습니다. 성경은 교회가 "그를 위하여", 곧 베드로를 위하여 하나님께 끊임없이 기도하였다고 말씀하고 있습니다(행 12:5). 기도할 큰 제목이 있을 때 기도할 마음이 커지며 그 기도는 적지 않게 뜨거워집니다. 형제들은 베드로가 감옥에서 나왔음에도 불구하고 여전히 감옥에 갇혀 있으며 사형에 처해질 줄 알고 기도하려고 하였습니다. 그 기도회는 특별히 베드로를 위한 것이며, 그때에 주님의 종을 구원해 달라고 기도할 것이며, 혹은 담대하게 죽을 수 있는 은혜를 그에게 베풀어 달라고 기도할 것이라고 교회가 공고하였습니다. 그리고 이 특별한 제목이 회중의 마음을 뜨겁게 달구었습니다.

그렇습니다. 5절에 "교회는 그를 위하여 간절히 하나님께 기도하더라"라고 기록된 것으로 보아 교인들은 베드로를 위하여 뜨겁게 기도하였습니다. 교인들은 하나님께서 베드로의 사역을 통해 많은 기적을 행하신 것을 보았기 때문에 그를 소중히 여겼으며, 기도로 그를 구할 수 있기에 그가 죽도록 버려 둘 수 없었습니다. 그들은 베드로의 참수당한 머리가 다음날 아침에 대중들 앞에 효시(梟示)될까봐 온 마음과 영혼으로 기도하였으며, 이어지는 설교자마다 점점 더 열렬하게 그를 변호하였습니다.

"주여, 베드로를 살려 주소서"라는 그들의 하나된 부르짖음이 하늘로 올라갔습니다. 내 생각 속에는 지금도 그들의 흐느낌과 부르짖음이 들리는 듯합니다. 하나님, 우리 교회의 정기 기도회를 특별한 목적을 가진 모임이 되게 하옵소서. 그래야 그 기도회가 더 진지할 수 있기 때문입니다. 어떤 선교사를 위해 기도하면 어떨까요? 혹은 구역을 위해 돌아가며 기도하면 어떨까요? 구역원들이나 목사를 위해 기도하면 어떨까요? 우리는 적군의 성벽의 특별한 지점을 향해 간구의 대포를 제대로 쏘아야 할 것입니다.

이 친구들(초대교회 교인들)이 기도에 능력이 있다는 사실을 확신한 것이 분명합니다. 왜냐하면 그들이 베드로를 감옥에서 빼내기 위한 계획을 세우려고 함께 모이지 않았기 때문입니다. 어떤 지혜로운 형제는 교도관들에게 뇌물을 주자고 제안했을 것이며, 또 다른 형제는 다른 방안을 제안했을 것입니다. 그러나 그들은 계획을 마치고 기도하는 일에 전념하였습니다.

그들이 헤롯에게 간청하려고 했다는 기록을 나는 발견하지 못합니다. 그런 극악 무도한 사람에게 마음을 가라앉히라고 부탁하는 것은 소용없는 일이었을 것입니다. 늑대에게 잡은 어린양을 놓아달라고 부탁하는 것과 마찬가지입니다. 아닙니다. 교인들은 헤롯 위에 계신 주님, 곧 보이지 아니하시는 위대하신 하나님께 기도하였습니다. 그들은 아무것도 할 수 없는 것처럼 보였지만 기도로써 모든 것을 할 수 있다고 믿었습니다. 그들은 열여섯 명의 군사들이 베드로를 지키고 있었다는 사실을 거의 신경 쓰지 않았습니다. 일만육천 명의 군사들이 감옥을 지켰다 하더라도 이 믿음의 사람들은 여전히 베드로를 꺼내달라고 기도하였을 것입니다.

그들은 하나님께서 기적을 행하시리라고 믿었습니다. 그들은 기도가 하나님을 감동시킬 것이라고 믿었고, 주께서 성도들의 믿음의 간구에 귀를 기울이신다고 믿었습니다. 조금도 의심하지 않는 마음으로 그들이 함께 모여 기도하였습니다. 그들은 무엇을 기도해야 하는지 알았고 기도 안에 있는 능력에 대하여 아무런 의심도 하지 않았습니다. 기도는 좋은 것이며 우리 자신에게 유익한 행위지만 그것이 하나님의 마음을 감동시키리라고 생각하는 것은 미신이라는 주장은 교회 안에 절대로 있어서는 안 될 것입니다. 이렇게 말하는 자들은 단지 학문적인 차원에서 기도를 계속하도록 허용하면 우리를 기분 좋게 할 수 있을 것이라고 어리석게 생각하였습니다.

그들은 우리가 응답을 받지 못할 것을 알면서도 기도만 계속하는 바보들이라고 생각합니다. 겨우 바람에 속삭이는 것에 불과한 기도를 우리가 계속 유지할 뿐이라고 그들은 생각합니다. 그들의 논리는 하나님의 응답이 있을 수 없다는 사실을 우리가 기왕에 인정하기만 하면 다만 경건한 행위로서의 기도는 얼마든지 계속해도 된다는 것이며, 이러한 논리에 대하여 우리가 따지지 못할 것이라고 그들은 생각합니다. 그러나 자연의 법칙이 확실하고 증명되어 있는 한, 하나님께서 틀림없이 기도를 들으신다는 사실을 우리는 관찰과 체험 모두를 통해 알고 있습니다.

우리는 기도의 효력을 의심하지 않고 도리어 기도가 하늘 아래에서 가장 영향력 있고 확실한 힘이라고 단언합니다. 우리는 "사람의 마음에는 많은 계획이 있어도 오직 여호와의 뜻만이 완전히 서리라"(잠 19:21)는 말씀을 믿습니다. 그리고 계획을 세우는 사람과 장난치지 아니하고 곧 바로 뜻을 이루시는 분, 곧 제일 원인(the First Cause)이 되시는 하나님과 직접 대면하는 바로 여기에 기도의 능력이 있는 것입니다. 기도는 만물을 움직이시는 바로 그 손을 움직이는 것입니다. 우리가 이러한 믿음을 가짐으로써 기도에 능력을 더할 수 있기를 축원합니다.

"기도로 뭘 할 수 있는가?"라고 말하지 말고 "기도로 뭘 못하겠는가?"라고 말합시다. 왜냐하면 믿는 자에게는 능치 못한 것이 없기 때문입니다. 이러한 믿음이 없기 때문에 기도회가 지루한 것이며, 중보의 기도를 게을리 하기 때문에 당연히 회개와 부흥이 일어나지 않는 것입니다.

다음에 초대교회는 기도를 열심히 계속하였습니다. 헤롯이 베드로를 감옥에 집어넣자마자 교회는 기도하기 시작하였습니다. 헤롯이 많은 숫자의 파수꾼들을 세워 그의 죄수를 철저하게 감시하게 하였지만, 하나님의 성도들역시 자기들의 지도자를 위하여 파수하였습니다. 교회는 쉬지 않고 기도하였습니다. 한 기도팀이 일하러 나가야 하면 다른 기도팀이 임무를 교대하였습니다. 일부가 지쳐서 잠을 잘 수밖에 없었을 때 다른 사람들이 기다리고 있다가 복된 기도의 사명을 감당하였습니다. 이와 같이 헤롯과 교회 두 팀이 모두 빈틈없이 경계하였고, 두 팀의 파수꾼들이 낮과 밤으로 교대하였습니다. 어느 편이 승리할지 예견하는 것은 어렵지 않았습니다. 왜냐하면 참으로 여호와께서 성을 지키지 아니하시면 파수꾼의 깨어 있음이 헛되기 때문입니다.

하나님께서 성을 지키는 것을 기뻐하지 아니하시고 도리어 천사들을 보내어 성문의 대문들과 문들을 열도록 하시면, 파수꾼들이 아무리 깨어 있어도 소용이 없으며, 그들은 깊은 잠에 빠질 수밖에 없다는 사실을 우리는 확신할 수 있습니다. 그러므로 하나님의 백성들은 은혜의 보좌 앞에서 지속적으로 간구하였습니다. 기도하는 자들이 교대로 은혜의 보좌 앞에 나왔습니다. 어떤 은혜들은 끈질기게 기도해야 받을 수 있습니다. 무르익은 열매처럼 가지에 손을 대는 순간 손에 떨어지는 은혜들이 있는가 하면, 나무를 반복해서 흔들어야 열매가 떨어지는 것처럼 계속해서 부르짖어야 얻는 은혜들이 있습니다.

우리는 끈질긴 기도를 계발해야 합니다. 해가 비치는 동안에도, 해가 진 동안에도, 기도는 계속되어야 하며, 새로운 연료를 공급하므로 기도의 불이 맹렬하게 타오르게 하며, 하늘로 오르는 봉화처럼 기도의 불꽃이 높이 올라가게 해야 할 것입니다.

다음에 모인 숫자에 대하여 생각해 봅시다. 당시 기도회에 많은 숫자가 모였다는 기록은 여기 있는 어떤 분들에게는 책망의 말씀이 될 것입니다. 본문은 "여러 사람이 거기에 모여 기도하고 있더라"고 말씀합니다. 누군가 기도회에 대하여 말할 때 이삼천 명이 모여 기도하나 두세 명이 모여 기도하나 기도의 능력은 같다고 하였습니다. 이러한 생각은 여러 가지 면에서 심각한 잘못이라고 나는 생각합니다. 이 둘을 비교해 보면 차이가 분명히 납니다. 여러 사람이 함께 모여 기도할 때 열망의 열기와 간절함의 뜨거움이 크게 증가하는 것을 여러분은 한 번도 체험하지 못하였습니까? 아마도 두세 사람의 기도는 너무 단조롭고 지루할 것입니다. 그러나 많은 숫자 가운데서 적어도 한 사람은 심령이 뜨거운 사람일 것이며, 그 한 사람의 기도의 불길에 나머지 사람들의 마음이 기울어질 것입니다. 한 사람의 간청에 자극을 받아 다른 사람들이 그보다 더 큰 것을 구하게 되는 현상을 여러분은 목격하지 못하였습니까?

한 형제의 기도가 다른 형제에게 감동을 주어 더 많이 기도하게 하며, 마음과 마음이 하나되고 영혼과 영혼이 연합함으로써 더 많은 간구를 하게 됩니다. 그 밖에도 믿음의 숫자만큼 그 효력이 가중됩니다. "네 믿음대로 되라"는 약속은 한 명, 두 명, 스무 명에게 그대로 유효합니다. 그러므로 이천 명이 기도하면 이천 배의 믿음의 결과로서 이천 배의 효력이 나타날 것입니다. 두세 명이 기도하면 그 숫자만큼의 하나님의 능력이 나타나며, 이삼백 명이 기도하면 그 만큼의 하나님의 능력이 가중될 것입니다. 위대한 결과가 나타난다면 그것은 많은 사람들의 기도에 따른 결과일 것입니다. 아니, 모든 밝은 날들은 온 교회가 합심하여 기도할 때에 비로소 임할 것입니다. "시온은 진통하는 즉시"(사 66:8), 곧 교회의 한두 사람이 아니라 온 교회가 진통하는 즉시 자녀들을 순산할 것입니다.

그러므로 나는 형제들이 가능한 한 많이 기도에 동참하도록 열심히 기도합니다. 물론 우리가 억지로 모이고 각 사람의 마음이 냉랭하고 시들어 있다면, 우리의 기도는 매우 냉랭하고 무기력할 것입니다. 하지만 우리 각자가 마땅히 기도할 마음을 가지고 나오고, 그 많은 사람들이 불타는 나무에다 나무를 얹어놓은 것처럼, 그리고 타는 숯불을 모아놓은 것처럼 된다면, 우리는 가장 맹렬히 타는 로뎀 나무 숯불(시 120:4)처럼 될 것입니다.

이 기도회는 평범한 기도회가 아니었습니다. 어찌하여 많은 기도회에 모이는 숫자가 적습니까? 신사들은 도심에서부터 집으로 오후 일곱 시까지 도착하여 식사를 하지 못하며, 따라서 그들이 기도회에 참석한다는 것은 기대조차 할 수 없습니다. 그들에게 기도하자고 권하는 것은 잔인한 일이 될 것입니다. 그들은 하루 온종일 어떤 노동자들보다 훨씬 더 열심히 일합니다. 그래서 그들은 "제발 나 좀 봐 주세요"라고 말합니다. 교외(郊外)에 있는 교회들의 기도회는 일반적으로 보잘것없습니다. 왜냐하면 부유한 교인들은 많은 재물에 눌려 있는 유감스러운 상황으로 인하여 가난한 사람들만큼 기도하러 모일 수 없기 때문입니다.

여러분 가운데 쾌적한 저택을 소유한 이들은 건강에 많은 신경을 쓰기 때문에 절대로 저녁 공기를 마시면서까지 기도회에 나오지 않으면서도 한편으로 만찬회와 사교모임에는 꼬박꼬박 참여하는 것이 아닌가 의심이 갑니다. 나는 누군가를 특별히 꼬집어 이런 말을 하는 것이 아니며 다만 우연의 일치일 뿐입니다. 만일 이 말이 누군가에게 해당된다면 이는 아주 특별합니다.

사랑하는 친구들이여, 결국 이것은 우리 자신의 문제입니다. 내가 여기 서서 혹은 여러분이 거기에 앉아서 기도회에 적게 나온다고 불평한들 아무 소용이 없습니다. 어떻게 우리는 그 숫자를 증가시킬 수 있을까요? 나는 숫자를 늘리기 위한 한 가지 방법을 여러분에게 제안하려고 합니다. 그것은 여러분 자신이 나오는 것입니다. 한 사람과 한 사람이 둘을 이루고, 또 다른 사람이 셋을 이루고, 이처럼 사람들이 증가함으로써 점점 수천 명에 이르게 될 것입니다. 큰 숫자는 한 사람 한 사람이 모여서 이루어집니다. 귀한 복이 기도하러 나온 숫자만큼 얻어진다면 이 방법이야말로 우리가 실천해야 할 목표입니다. 내가 그 숫자를 채울 수 있는 방법은 나 자신부터 그곳에 가는 것이며, 또한 친구 한 명을 권유하여 함께 간다면 훨씬 더 좋을 것입니다.

나는 초대교회를 매우 높이 평가합니다. 하지만 베드로가 감옥에 갇히는 일이 없었다면 과연 그토록 많은 사람들이 함께 모였을까 하는 의심이 듭니다. 그들은 서로서로 "베드로가 감옥에 갇혔고 그의 목숨이 위태로워요. 기도회에 가서 그를 위해 간구합시다"라고 말하였습니다. 목회자가 병으로 누울 때 그 교인들이 더 많이 기도한다는 사실을 여러분은 느껴보셨나요? 목회자가 병이 난 한 가지 이유가 교인들의 마음을 감동시켜 목회자를 위해 중보의 기도를 하게 하려는 하나님의 소망이라는 사실을 여러분은 한 번도 생각하지 못하였습니까?

교인들의 기도가 목회자의 설교보다 더 훌륭합니다. 그래서 주님은 목회자에게 "나는 너 없이도 할 수 있노라. 내가 너를 고통의 침대 위에 두고 교인들로 하여금 기도하게 하리라"고 말씀하십니다. 내 생각에, 교인들이 목회자에게 실제로 도움을 주는 가장 좋은 방법은 그들이 기도하는 것입니다. 이로써 그들이 바른 신앙상태를 유지할 수 있게 되며, 아울러 하나님께서 교인들의 기도를 자극하기 위해 목회자를 아프게 할 필요가 없게 됩니다.

교회가 기도를 태만히 하게 된다면, 그들이 가장 존경하는 분들이 몸져 눕거나 혹 별세하게 될지도 모릅니다. 그때에 그들은 아픈 마음으로 하나님께 부르짖을 것입니다. 이와 같은 채찍을 맞지 않을 수 없을까요? 어떤 말들은 이따금씩 가볍게 채찍을 가해야 말을 잘 듣습니다. 그놈들이 채찍에 맞을 이유가 없었다면 맞지 않았을 것입니다. 마찬가지로 우리가 나무랄 데 없이 지속적인 기도를 드리기 위하여 교회의 시련이 필요한 것입니다. 우리에게 필요하다면 우리는 그 시련을 받아야 할 것입니다. 하지만 우리의 기도가 살아있고 뜨겁다면, 베드로가 감옥에 들어가지 않을 것이며, 기타 다른 시련들도 없을 것입니다.

세 번째 대지는 모인 장소에 대한 것입니다. 여기서 나는 한 가지 제안을 할 것입니다. "마가라 하는 요한의 어머니 마리아의 집." 이 말씀은 기도회가 개인의 집에서 열렸다는 것을 보여 줍니다. 여기서 나의 형제들에게 권고하고 싶은 것은 그들의 집에서 기도회를 자주 가짐으로써 그들의 집을 주님께 봉헌하라는 것입니다. 이것이 유이할 것입니다. 집에서 기도회를 가진다면 그 집은 미신적인 요소를 타파할 것입니다. 건물이 신성하고 거룩하다는 미신적인 개념이 여전히 사람들의 생각에 남아 있습니다. 다른 것은 말할 것도 없고 이 세대가 용맹스럽게 그런 개념을 버리리라고 바란다는 것은 어리석은 생각입니다.

도대체 벽돌로 된 사면의 벽 내면이 외부보다 더 거룩해야 하는 까닭이 무엇이며, 어느 특정한 자리에서 드려진 기도가 다른 곳에서 드려진 기도보다 더 잘 응답되어야 하는 까닭이 무엇입니까? 보세요. 오늘날 하나님께서는 어디에서든지 진실한 마음으로 드리는 기도를 들으십니다.

> 우리가 어디에서 주님을 찾든 만나리라
> 모든 장소가 거룩한 땅이라

마가의 어머니의 집에서, 여러분의 어머니의 집에서, 여러분의 형제의 집에서, 여러분 자신의 집에서 열린 기도회가 거룩한 장소를 숭상하는 미신을 확실히 타파하는데 큰 도움을 줄 것입니다. 이 특정한 집, 곧 마가의 어머니의 집에서 기도회를 갖는 일이 허락되었습니다. 그 가족이 베드로와 매우 가까운 관계였기 때문에 가능한 일이었습니다. 마가가 베드로와 어떤 관계인지 여러분은 아십니까? 여러분이 베드로전서 5장에 가 보면 "내 아들 마가"(13절)라는 말을 볼 수 있을 것입니다. 내가 확신하건대, 베드로는 마가의 영적인 아버지였기 때문에 그가 감옥에 갇힌 베드로를 위해 기도하였을 것입니다.

마가와 그의 어머니 둘 다 오순절 날 베드로가 저 유명한 설교를 하였을 때 회개하지 않았다고 말할 수 없습니다. 어쨌든, 마가는 베드로 밑에서 회개하였으며, 그와 그의 어머니는 베드로를 자주 그들의 집으로 초대하였습니다. 그리고 베드로가 감옥에 갇히자 그들이 베드로를 너무나 사랑하였기 때문에 그들의 집에서 특별기도회를 가졌습니다. 목회자를 통해 은혜를 입은 집은 목회자를 위해 틀림없이 기도합니다. 베드로는 믿음의 아들딸들이 자신을 위해 기도하지 않으리라고 염려할 필요가 없었습니다.

이 기도회는 마가의 어머니의 집에 좋은 영향을 미쳤습니다. 의심할 여지 없이 그녀 자신이 축복을 받았으며, 그녀의 아들 마가는 주님의 특별한 은혜를 받았습니다. 물론 마가에게 본받을 점만 있었던 것은 아니었습니다. 마가의 삼촌 바나바는 그를 매우 좋아했지만 매우 정확하게 판단한 바울은 마가의 변덕을 참을 수 없었습니다. 하지만 교회의 일치된 전승에 따르면, 마가는 주님으로부터 큰 은혜를 받아 마가복음의 저자가 되었습니다.

그의 어머니의 집에서 열린 기도회를 통해 그의 마음이 뜨거워지지 않았더라면, 그는 매우 약하고 쓸모 없는 그리스도인이 되었을 것입니다. 또한 그의 집에 온 의로운 사람들이 서로 이야기하면서 예수님에 관한 사실들을 그에게 알려주지 않았더라면, 그의 예술적인 펜은 주님을 위해 사용되지 못하였을 것입니다. 마가는 이 이야기를 듣고 후에 그의 이름으로 된 귀중한 복음서를 기록하였습니다.

이 집은 복을 받았습니다. 여러분의 집도 이따금씩 특별기도회를 위해 개방된다면 여러분도 마찬가지로 복을 받을 것입니다. 내가 예수 그리스도의 제자들에게 권하는데 지금보다 더 많이 여러분의 집을 거룩한 목적으로 사용하십시오. 안식일에 성도들의 집에서 함께 모여 더 많이 성경을 배운다면 런던에 있는 주일학교가 얼마나 크게 부흥할까요! 그리고 기도하기에 좋은 방들을 가진 그리스도인들이 형제들과 이웃들을 불러 기도한다면 얼마나 많은 기도들이 하늘에 상달될까요! 주일에 쓸데없는 이야기를 하느라 많은 시간을 허비하며, 시시한 오락을 즐기기 위해 많은 저녁시간들을 낭비하면서 스스로 그리스도인의 품위를 떨어뜨립니다. 이렇게 소중한 시간을 헛된 일에 사용하므로 가정과 교회에 임해야 할 막대한 은혜를 까먹어 버리고 맙니다.

개인의 집에서 모이는 기도회는 매우 유익합니다. 왜냐하면 큰 집회에서 기도하기를 꺼리는 친구들, 그리고 큰 집회에서 기도할 경우 극히 제한된 말로만 기도하는 사람들이 개인의 집에 모인 적은 수의 사람들 가운데서 자유로움과 편안함을 느낄 수 있기 때문입니다. 또한 간혹 적은 수의 거룩한 교제를 통해 하나님께서 분위기를 더욱 따뜻하고 뜨겁게 만드실 것이며, 이에 대중집회에서는 좀처럼 뜨거워지지 않는 기도의 불이 가정에서는 불붙게 될 것입니다.

내가 이 교회에 오기 전에 작은 교회를 담임했었는데, 거기서 교인들은 자기 집에서 기도회를 가진다고 생각했을 때 가장 큰 행복을 느꼈습니다. 때때로 나는 하루 저녁에 여섯 혹은 일곱 번 참석하였습니다. 이 가정 저 가정을 뛰어다니며 가정들을 잠깐씩 들여다보았습니다. 어떤 가정은 부엌에서 열두 명이 모였고, 어떤 가정은 응접실에서 열 명 또는 열두 명이 모였고, 어떤 가정은 작은 방에서 두세 명이 모였습니다. 그때에 우리는 은혜의 역사가 크게 일어나는 것을 보았습니다. 교구 내에 있는 큰 죄인들이 복음의 능력을 체험하였고, 오래된 성도들이 뜨거워졌으며 젊은 사람들의 회개를 신뢰하기 시작하였습니다. 넘치는 기도 때문에 우리 모두의 심령이 살아 있었습니다.

우리는 이와 같은 풍성한 기도를 드려야 합니다. 우리가 이렇게 많이 기도할 수 있게 해 달라고 기도합시다. 우리는 기도 많이 하는 교회로 알려졌습니다. 혹 우리가 조금이라도 뒤로 후퇴하지 않기 위해 나는 경건한 질투를 느낍니다. 그리고 함께 모여 기도하는 집이 더욱 늘어나기를 바라는 간절한 마음으로 여러분에게 애정을 다하여 가정기도를 제안합니다. 지금 요한 마가의 어머니가 어디에 계신지 모르지만 나는 그녀가 큰 방에서 기도회를 시작하기를 바랍니다.

그녀의 오라비 바나바가 가지고 있던 땅을 팔았고, 그녀 또한 재산이 있다고 추측되기 때문에 나는 그녀가 능히 그렇게 하리라고 믿습니다. 우리는 그녀의 응접실을 기도회를 위해 이용할 것입니다. 혹 가난하여 작고 누추한 방이 있다면 우리는 그런 곳이라도 기쁘게 빌려 쓸 것입니다. 왜냐하면 그곳은 거기에 맞는 사람들이 모이기에 더 알맞기 때문입니다. 아마도 가난한 사람들은 마가 여사의 응접실에 가는 것보다 여러분의 부엌에서 모이기를 좋아할 것입니다. 모든 종류의 방들이 기도를 위해 봉헌될 때 모든 부류의 성도들이 기도할 기회를 얻을 것입니다.

잠시 나는 기도회의 시간에 대하여 말씀드리겠습니다. 기도회는 한밤중에 열렸습니다. 추측컨대 교인들은 밤새도록 기도하였을 것입니다. 그들은 "우리는 밤새도록 응답을 기다리고 또 기다렸습니다"라고 말할 수 있었습니다. 자정이 지나자 천사가 베드로를 풀어 주었습니다. 베드로는 기도하는 그 집으로 갔고, 그때까지 교인들은 잠자지 않고 함께 모여 기도하고 있었습니다. 이제 기도회 시간에 대하여 나는 말씀드리겠습니다. 불편한 시간에 기도회를 가지더라도 참석하십시오. 한밤중이면 꽤 불편한 시간이었으리라고 나는 생각합니다. 기도하지 않는 것보다 밤 열두 시라도 기도회를 갖는 것이 좋습니다. 기도회를 갖지 않는 것보다는 옛적 그리스도인들처럼 고발을 당할지라도 밤중에 비밀집회를 갖는 것이 더 좋습니다.

또 다른 교훈이 있습니다. 한밤중이 가장 적절한 시간이었기 때문에 그들이 한밤중을 택하였던 것입니다. 왜냐하면 한밤중이라야 유대인들의 눈을 피해 안전하게 모일 수 있었기 때문입니다. 기도회 시간을 정하는 사람들은 할 수 있는 한 좋은 시간, 조용한 시간, 한가한 시간, 사람들의 습관에 맞는 시간을 택하게 됩니다. 그럼에도 불구하고 우리가 진실된 마음으로 모인다면 어떤 시간이 정해지더라도 우리 모두 수락해야 한다는 사실을 항상 기억합시다. 그보다 따지지 않고 모든 시간에 기도하러 모일 수 있다면 더할 나위 없이 좋을 것입니다. 그러므로 어떤 시간이라도 우리는 받아들여야 할 것입니다. 어떤 사람에게 그 시간이 좋지 않다면 다른 사람에게는 그 시간이 편리할 것입니다. 이렇게 하므로 모든 신자들이 혹은 이 시간 혹은 저 시간에 함께 모여 하나님 앞에 마음을 쏟아놓고 기도할 수 있을 것입니다.

마지막으로, 우리에게 용기를 주는 성공적인 기도회에 대하여 살펴봅시다. 초대교회 교인들은 기도한 즉시 응답 받았습니다. 기도의 응답은 그들 자신도 놀랄 정도로 빠르게 임하였습니다. 사람들의 설명에 의하면, 교인들은 베드로가 풀려날 것을 기대하지 않았고, 그들이 놀란 것도 그들이 그런 사실을 믿지 않았기 때문이라고 합니다. 아마 그럴 수도 있을 것입니다. 하지만 나는 그런 주장에 의혹을 제기합니다. 그들의 기도로 베드로가 풀려났다는 사실을 여러분은 기억해야 합니다. 따라서 그들의 기도는 믿음이 없는 기도였던 것으로 보이지 않습니다.

나는 교인들이 놀란 원인을 다른데서 찾습니다. 내 생각에는, 하나님께서 어떻게 해서든지 베드로를 구출해 주시리라고 그들이 기대했지만, 바로 그 날 밤에 베드로를 구출하실 줄은 미처 생각하지 못하였던 것입니다. 그들은 마음속으로 그 다음 날에 무언가 좋은 일이 일어날 것이라고 예측하였을 것이며, 따라서 그들이 놀란 이유는 베드로가 풀려났기 때문이라기보다 그 특별한 시간에, 그리고 특별한 방법으로 지하감옥에서 풀려 나왔기 때문이었습니다. 그들이 믿음이 없는 기도를 드림으로써 그날에 하늘의 하나님의 마음을 사로잡았다고 나는 도저히 생각할 수가 없습니다.

사랑하는 친구들이여, 주 예수님께서 기도에 대한 응답으로서 우리에게 큰 선물을 주실 준비를 하고 계십니다. 자정에 모인 교회를 놀라게 했던 만큼 주님은 우리를 크게 놀라게 하실 수 있습니다. 우리가 죄인을 위해 기도할 수 있으며, 아직 기도가 끝나지 않았는데도 "내가 어떻게 하여야 구원을 받으리이까?"라고 외치는 죄인의 소리를 우리는 들을 수 있습니다.

잠자고 있는 교회를 위해 기도할 수 있으며, 우리가 기도하는 도중에 응답받을 수 있습니다. 참으로 교회는 지금도 잠자고 있습니다. 최근에 교회가 약간의 자극을 받았지만, 아직까지도 허리를 동여매지 않았고 냉랭함과 습관성 감옥으로부터 풀려나지 못하였습니다. 하지만 우리가 계속 기도한다면, 우리는 교회가 잠에서 깨어나 자유롭게 풀려나는 장면을 놀라움으로 바라볼 수 있을 것입니다. 우리는 무슨 일이 일어날지 말할 수 없으며, 기도는 여러 가지 모습으로 작용합니다. 하지만 기도는 효과를 발할 것이며, 우리는 반드시 보상을 받을 것입니다.

이제 기도합시다. 새로운 신자들을 가르치고, 하나님의 뜨거운 백성들을 계속 뜨겁게 유지시키고 더욱더 뜨겁게 하기 위해서 우리에게 기도가 필요합니다. 기도에 대한 응답으로 우리가 이 성전 안에서 얼마나 놀라운 축복을 받았습니까! 우리는 아주 적은 성도들과 함께 이 일을 시작하였습니다. 내가 런던에 온 첫 월요일 밤을 나는 기억합니다. 안식일에 보잘것없이 적은 청중이 모였지만 주일에 모인 숫자와 거의 맞먹는 숫자가 기도회에 참석한 것을 하나님께 감사드립니다. 나는 "이 숫자로도 충분하다. 이 사람들은 기도할 수 있다"고 생각했습니다. 그들은 기도했고, 우리의 기도가 늘어나는 만큼 교인들의 숫자도 늘어났습니다. 때때로 기도회 시간에 나는 그 강력한 간청 때문에 터질 듯한 기쁨에 사로잡혔습니다. 우리는 이 큰 예배당을 짓기를 원하였습니다. 우리는 너무나 가난하였지만 이를 위하여 기도하였고, 결국 기도가 이 예배당을 지었습니다.

기도는 지금 우리가 가지고 있는 모든 것을 우리에게 주었습니다. 기도는 영적인 것과 일시적인 모든 것을 우리에게 가져다줍니다. 오늘날 하나님의 교회 안에서 내가 어떤 위치에 있든지 이 모든 것은 여러분의 기도에 대한 하나님의 축복으로 말미암은 것입니다. 여러분이 기도로 나를 도와주는 한 나는 처지거나 실패하지 않을 것이며, 여러분의 기도만큼 나의 능력이 나갈 것입니다. 내가 하는 것이 아니라 하나님의 성령이 하시기 때문입니다. 내가 무엇을 할 수 있겠습니까?

지금까지 하나님의 교회의 참된 성장은 기도에 비례하였습니다. 나는 설교자의 재능에 대하여 관심이 없습니다. 물론 설교의 재능이 있다면 기뻐할 일이겠지요. 나는 교회의 재산에 대하여 관심이 없습니다. 물론 교회가 재산이 있으면 기뻐할 일이겠지요. 나의 가장 큰 관심은 깊고 진지하고 열정적인 기도, 곧 그리스도인들이 마음을 모아 하나님께 올려드리는 기도이며, 이로써 하나님으로부터 사람들에게 축복이 임하는 것입니다. 이 시간이 내가 이 교회에서 마지막으로 하는 설교라면, 나는 여러분에게 많은 기도를 부탁할 것입니다. 지금까지 여러분이 올린 기도를 더 늘리십시오. 그리고 여러분이 하나님께 드리는 기도에다 열정을 더하십시오.

존경하는 나의 선임자 리폰(Rippon) 박사가 노쇠하셨을 때 모든 사람이 그분에 대하여 알아차린 한 가지 사실이 있었는데, 그것은 그분이 언제나 자신의 후계자들을 위해 열심히 기도드렸다는 것입니다. 그분은 누가 후계자가 될지 모르셨지만 하나님께서 앞으로 자신의 교회와 자신의 후계자들에게 은혜를 베풀어 달라고 기도하셨습니다. 나는 오래된 성도들로부터 오늘날 우리 교회의 부흥은 리폰 박사의 기도 덕분이라는 말을 들었습니다.

제발 기도합시다. 이곳저곳에서 드린 열렬한 많은 기도에 대한 응답으로 우리가 이만큼 부흥했다고 나는 믿습니다. 하나님께서 기도에 대한 응답으로 이 교회에 복을 주시기 시작한 지금, 만일 교회가 구약 성경에 나오는 요아스 왕처럼 기도의 손을 거두어 버린다면 어떻게 될까요? 그 왕은 화살을 한두 번만 쏘고 손을 거두었습니다. 만일 여러 번 쳤더라면 하나님께서 그 앞에서 수리아를 멸하시고 그의 백성을 일으키셨을 것입니다. 욕망으로 가득 찬 화살통을 버리고 믿음의 강력한 활을 꽉 잡으세요. 이제 주님의 구원의 활을 쏘고 또 쏘십시오. 그리하면 하나님께서 런던과 온 세상에서 수많은 회심자들을 우리에게 보내 주실 것입니다.

"그것으로 나를 시험하여 내가 하늘 문을 열고 너희에게 복을 쌓을 곳이 없도록 붓지 아니하나 보라"(말 3:10). 하나님께서 그리스도를 위하여 여러분에게 복을 주시기를 축원합니다.

# 18

# 루디아의 회심

## 그리고 그 교훈

"안식일에 우리가 기도할 곳이 있을까 하여 문 밖 강가에 나가 거기 앉아서 모인 여자들에게 말하는데 두아디라 시에 있는 자색 옷감 장사로서 하나님을 섬기는 루디아라 하는 한 여자가 말을 듣고 있을 때 주께서 그 마음을 열어 바울의 말을 따르게 하신지라"(행 16:13,14).

빌립보(Philippi)는 고대사에서 옥타비아누스(Imperator Caesar divifilius Augustus BC 63~AD 14; 고대 로마의 정치가, 로마제국 초대 황제. 옥타비아누스는 어릴 때 이름: 역주)가 소름끼치는 전투에서 브루투스(Brutus, BC 85-BC 42; 고대 로마 공화정 말기 정치가: 역주)와 카시우스(Cassius; 고대 로마 정치가·장군. 브루투스와 의형제이다. 브루투스와 함께 안토니우스·옥타비아누스 연합군을 맞아 싸우다 빌립보에서 전사하였다: 역주)와 맞섰던 위기 가운데서 세계의 미래가 떨었던 바로 그 장소로 유명합니다. 두 명의 공화정(共和政)의 장군들이 이곳에서 파란만장한 생애를 마감하였고, 대제국이 가이사(Caesar)의 발 앞에 몸을 구부렸습니다. 시간이 계속되는 한, 혹은 인간의 인간 학살에 대한 기록이 남아있는 한, 빌립보는 전쟁사에서 중요한 이름들 중에 하나로 기억될 것입니다.

하지만 시간이 흘러 인간의 죄악에 대한 기록이 세상에서 잊혀질 때, 빌립보는 십자가의 최초의 사자가 "유럽을 예수님께로"라고 외치고 악한 마귀에게 최초의 타격을 가하여 우리가 사는 대륙에서 최초의 승리를 거두었던 지역으로 명성을 계속 유지할 것입니다. 옥타비아누스가 피비린내 나는 들판에서 거둔 승리보다 한 여인의 마음을 정복한 사건이 인류를 향한 축복들을 더 많이 포함하고 있었습니다.

바울이 나사렛 예수의 이름으로 어두움의 모든 권세들에게 도전하여 우리의 아름다운 대륙을 침략하는 동안 천사들은 그 광경을 지켜보고 있었습니다. 소대, 곧 사도와 그의 적은 동료들의 용감한 진군을 우리는 마땅히 감탄하며 회고합니다. 그들은 주님께서 선택하신 서방 군대의 선구자들이었습니다. 빌립보는 평화전쟁의 기록 가운데 영원히 등록되어 있습니다.

기독교가 유럽에 처음 전래된 사건은 아주 초라하였습니다. 예수님께서 최초로 전파된 건축물에는 웅대한 모습이 전혀 없었습니다. 사실상 어떤 건물이 있었다는 증거를 우리는 얻을 수 없습니다. 아마도 최초의 복음 전파는 강가에서 야외예배로 이루어졌을 것입니다. 이는 장차 야외설교의 결과를 멋지게 예고하는 사건이었습니다!

군사도시에 불과한 빌립보에는 회당을 세울 만큼 유대인들이 많지 않았으며, 따라서 소수의 유대 여자들은 강가의 한적한 장소에서 모였습니다. 한 나그네가 일백 번 정도 빌립보를 지나다녔어도 유대인들의 모임이 있다는 것을 전혀 알지 못하였으며, 그 정도로 그곳은 아주 적은 사람들만이 자주 찾는 구석진 곳이었습니다. 자세히 보지 않더라도 빌립보 지역에는 이교(異敎) 천지인 듯하였습니다. 그러니 지존하신 이스라엘의 하나님께 기도드리기 위해 은밀한 곳에서 만난 이 연약한 무리를 어느 누가 관심을 가지고 보았겠습니까? 오늘 아침 우리는 이 만남의 장소로 가서 소수의 여자들과 영적인 교제를 나눌 것이며, 강렬한 말투로 이 여자들에게 전하는 저 낯선 남자의 말을 경청할 것이며, 두아디라 시에서 물건을 가져온 자색 옷감 장사의 마음에 어떤 일이 일어났는지 살펴볼 것입니다.

첫 번째, 루디아의 회심에는 여러 가지 흥미로운 요소들이 많이 있습니다.

루디아의 회심은 하나님의 섭리로 말미암아 이루어졌습니다. 두아디라는 옷감 무역으로 유명하였으며, 호메로스(Homer, 고대 그리스 시인: 역주) 시대부터 번창하였던 도시입니다. 두아디라 여자들은 특별히 섬세하고 값비싼 자색 옷감을 만드는 방법을 알고 있었던 것 같습니다. 루디아는 여행하다가 빌립보에 들렀거나 혹은 그녀가 두아디라에서 만든 제품을 팔기 위해 빌립보에서 몇 달 동안 거주하였을 것입니다. 두 장소를 오가는 교통은 아주 편하였으며, 그녀는 자주 그 길을 다녔을 것입니다. 어쨌든, 그녀가 회심할 시간이 되었을 때 그녀는 하나님의 섭리에 따라 그곳에 왔습니다. 두아디라는 성령께서 바울의 전도를 금하신 지역에 속하였다는 것을 여러분은 기억해야 할 것입니다. 그러므로 루디아가 집에 있었더라면, 그녀는 진리를 듣지 못하였을 것입니다.

"믿음은 들음에서 나며 들음은 그리스도의 말씀으로 말미암았느니라"(롬 10:17)는 말씀에 따르면 그녀는 틀림없이 회심하지 못하였을 것입니다. 하지만 섭리에 따라 그녀는 바로 그 시간에 빌립보로 왔습니다. 여기에 첫 번째 연결고리가 있습니다.

그러면 바울은 어떻게 그리로 가게 되었지요? 무엇보다 먼저 비두니아로 가는 길이 분명히 막혀 있었습니다. 그는 무시아를 지나 여행하는 동안 한 마디도 전도할 수 없었습니다. 그는 바닷가에서 가까운 드로아로 인도되었습니다. 그는 저 멀리 푸른 바다를 바라보며 유럽의 어려움을 묵상하였습니다. 그는 잠이 들었고, 밤의 환상 중에 마게도냐로 건너가라는 지시를 받았습니다. 이제 그는 배를 타고 사모드라게로 향합니다. 그리고 바울은 네압볼리에 상륙하였습니다. 동일한 감동에 의해 그는 빌립보로 발걸음을 옮겼으며, 다른 어느 곳으로도 갈 수 없었습니다. 루디아가 있는 바로 그 시간에 바울이 그곳으로 인도되었습니다. 그곳 강가에 작은 예배실이 있다는 것을 그는 깨달았습니다. 바로 그곳에서 루디아로 하여금 구원을 받도록 하나님께서 작정하셨던 것입니다.

루디아의 회심이라는 섭리의 옷감을 만들어 내기 위하여 얼마나 많은 실이 이곳에서 함께 섞여 짜졌는지요! 이 경우에 하나님은 그 여자와 그 사도를 동일한 장소로 이끄시기 위하여 만물을 통치하시고 주장하셨습니다. 사랑하는 자들이여, 하나님의 섭리 가운데 모든 것이 선택받은 자의 구원을 위하여 협력합니다. 하나님께서 나의 말을 통해 선택하신 자를 구원하려고 예정하셨다면, 하나님은 오늘이라도 어떤 불행한 사고를 통해 ― 그 사람이 보기에 불행한 것임 — 그 사람을 오스트레일리아에서 고향으로 보내실 것입니다. 혹 그가 아메리카를 향하여 출범하였을지라도 그 배는 표류(漂流)하여 되돌아올 것입니다.

내가 알고 있는 바는, 하나님께서 하늘과 땅을 진동해서라도 선택받은 영혼으로 하여금 예정된 순간을 놓치지 않게 하신다는 사실입니다. 영원한 작정이 이루어질 때, 곧 "인생이 주권적인 은혜에 사로잡히고 하나님의 권능의 때에 자원하는 그날에," 무슨 일이 있어도 하나님의 목적은 성취되고야 말 것입니다. 하나님께서 그의 기뻐하시는 모든 일을 이루실 것입니다. 우리가 회개하기도 전에 먼저 작정하신 섭리를 따라 하나님께서 우리에게 자신을 보여 주시기로 허락하신 바로 그 장소로 인도하신다는 사실을 우리는 잊지 말아야 합니다.

다음에 루디아의 경우에, 앞선 섭리뿐만 아니라 어떤 의미에서 구원을 받도록 그 영혼을 준비시키는 은혜가 있었다는 사실을 우리는 보게 됩니다. 그 여자는 구세주를 몰랐으며, 그녀의 평안을 준비한다는 사실을 이해하지 못하였습니다. 하지만 그녀는 예수님을 아는 지식으로 이끄는 좋은 징검돌들과 같은 많은 진리들을 알고 있었습니다. 그녀가 나면서부터 유대 여자가 아니었다 할지라도 개종자(改宗者, proselyte, 유대교로 개종한 사람: 역주)로서 하나님의 말씀인 성경을 잘 알고 있었습니다. 루디아는 하나님을 예배하는 여자였습니다. 아니, 유대인들 가운데 하나님을 아주 경건하게 예배하는 사람들 중에 하나였습니다. 비록 그녀가 회당에서 멀리 떨어져 있었지만 — 어떤 이들은 외국을 여행할 때 안식일을 잊어버린다 — 예배의 날이 돌아오면 강가 작은 예배실에서 적은 무리들과 함께 예배에 참석하였습니다.

나는 그녀가 이사야서의 말씀을 읽고 "그는 멸시를 받아 사람들에게 버림받았으며 간고를 많이 겪었으며 질고를 아는 자라 … 그가 곤욕을 당하여 괴로울 때에도 그의 입을 열지 아니하였음이여 마치 도수장으로 끌려 가는 어린 양과 털 깎는 자 앞에서 잠잠한 양 같이 그의 입을 열지 아니하였도다"라는 구절들을 마음속에 담아두고 기억하였을 것이라고 믿습니다. 에티오피아 내시의 경우처럼, 비록 가르쳐 주는 사람이 없었기 때문에 그 말씀의 의미를 깨닫지는 못하였지만 성경을 읽고 마음에 간직하였습니다. 좋은 씨앗을 받아들이기 위해 밭을 갈았던 것입니다.

루디아의 마음은 간수의 경우처럼 딱딱한 돌밭이 아니었습니다. 루디아는 하나님을 예배하되 진지하게 예배하였습니다. 그녀는 이스라엘의 위로자이신 메시아의 강림을 고대하며 하나님을 예배하였습니다. 이처럼 그녀의 마음은 복음을 받아들일 준비가 되어 있었던 것입니다.

셋째, 루디아의 회심이 은혜의 수단을 통해 일어났다는 사실을 우리는 알 수 있습니다. 안식일에 그녀는 경건한 모임에 갔습니다. 물론 사람들이 말씀을 듣지 못할 때에도 하나님께서 기적을 행하시고 사람들을 부르시지만, 일반적으로 은혜 받는 길에 있을 때 하나님께서 그들과 만나 주실 것을 기대해야 합니다. 유럽에서 가장 먼저 회개한 사람이 아주 작은 기도회에서 회개하였다는 사실은 다소 의외입니다. 거기엔 소수의 여자들만 있었습니다. 그곳에 바울과 그의 친구 누가 외에 다른 남자들이 있었다고 생각할 근거는 없습니다. 그리고 아시다시피, 이 남자들은 잠깐 들렀다가 이 기도회에서 설교하라는 감동을 받았으며, 이 설교가 하나님의 손으로 루디아의 마음을 여는 수단이었습니다.

사랑하는 친구들이여, 은혜의 수단을 절대로 소홀히 하지 맙시다. 우리가 어디에 있든지 간에 어떤 사람들의 습관처럼 함께 모이는 것을 잊지 맙시다. 다시 말하는데, 우리가 하나님의 집에 있지 않을 때에도 물론 하나님께서 우리에게 은혜를 주시지만, 우리가 성도들과 교제할 때 하나님께서 주고자 하시는 바를 가장 간절하게 사모할 것입니다. 하나님은 기도할 때, 예배를 드리기 위하여 모였을 때 영광을 보여 주시기를 기뻐하십니다. 또한 큰 집회에서는 그 모습을 보여 주시지 않았던 하나님께서 오직 소수의 여자들만이 모인 그 작은 집에서는 아마도 여러분을 만나 주실 것입니다. 교회의 문이 열릴 때마다 그리고 여러분의 사정이 허락하는 한, 계속해서 하나님의 집에 있으십시오. 루디아는 은혜의 수단을 통해 회심하였기 때문입니다.

우리는 은혜의 수단에 대하여 깊이 생각하지 않고 넌지시 말하고 넘어갈 것입니다. 왜냐하면 루디아의 회심은 확실히 은혜의 역사였기 때문입니다. 본문은 맹백히 "주께서 그 마음을 열어"라고 말씀하고 있습니다. 루디아가 자기의 마음을 연 것이 아니었습니다. 그녀의 기도가 그녀의 마음을 열지 못하였습니다. 바울도 그녀의 마음을 열지 못하였습니다. 평안을 주는 은혜를 받아들일 수 있도록 하기 위해 주님께서 친히 그 마음을 여셨습니다. 인간의 마음을 움직이는 일은 오직 하나님께 속한 것입니다. 우리는 인간의 머리에 호소할 수 있습니다. 하지만 오직 하나님만이 인간의 마음을 깨우실 수 있습니다. 이러한 사실을 결코 잊지 않기를 부탁드립니다.

성경적인 근거와 예증을 따라서 우리가 여러분에게 말씀을 전하고 죽은 자로부터 일어나라고 권고함으로써 그리스도께서 여러분에게 생명을 주실 수 있다고 우리는 생각합니다. 하지만 우리가 여러분에게 상기시키고 또 여러분이 잊지 않으리라고 믿는 진실은 그 모든 일이 언제나 성령께, 오직 성령께만 속한 것이라는 사실입니다. 복음을 전할 때 나는 "주 예수 그리스도를 믿으시오. 그리하면 당신이 구원을 얻을 것입니다"라고 명령합니다. 하지만 내가 분명히 알고 있고, 또한 여러분도 알 수 있는 것은 믿음이란 하나님의 선물이라는 사실입니다. 성경은 우리더러 "너희는 스스로 씻으며 스스로 깨끗하게 하여 내 목전에서 너희 악한 행실을 버리며 행악을 그치라"(사 1:16)는 말씀을 선포하라고 명합니다.

성경은 "악인은 그의 길을, 불의한 자는 그의 생각을 버리고 여호와께로 돌아오라. 그리하면 그가 긍휼히 여기시리라 우리 하나님께로 돌아오라. 그가 너그럽게 용서하시리라"(사 55:7)고 소리칩니다. 우리 구세주는 친히 "좁은문으로 들어가기를 힘쓰라"(눅 13:24), "썩을 양식을 위하여 일하지 말고 영생하도록 있는 양식을 위하여 하라"(요 6:27)고 명하셨습니다. 하지만 그 구원은 우리의 노력이나 우리의 수고, 우리의 개선이나 고침으로 얻지 못한다는 사실을 우리는 잘 알고 있습니다.

이 모든 구원은 오직 성령만이 행하실 수 있는 내적이고 신비로운 사역의 결과입니다. 우리가 이미 회심하였다면 하나님께 영광을 돌립시다. 오직 하나님께만 찬양을 드립시다. "이는 힘으로 되지 아니하며 능력으로 되지 아니하고 오직 나의 영으로 되느니라"(슥 4:6). 오직 하나님만이 마음을 묶고 있는 끈을 끊으실 수 있습니다. 오직 하나님만이 열쇠구멍에 열쇠를 집어넣어 문을 여시고 홀로 들어가실 수 있습니다. 하나님께서 마음을 조성하신 분이시므로 또한 마음을 주관하실 수 있습니다. 그러므로 모든 회심은 주님께서 홀로 행하시는 일입니다.

그런데 하나의 진리는 언제나 다른 진리와 함께 팔짱을 끼고 행진합니다. 그리고 어떤 사람도 단 하나만의 진리를 고집하므로 옳은 사상에 이르지 못합니다. 사람은 두 개의 눈과 두 개의 손을 가지고 있으며, 그 두 개 모두를 사용해야 만족할 수 있습니다. 주님께서 마음을 여셨지만 바울의 설교가 루디아를 회개시킨 도구가 되었습니다. 마음이 열려서 수용할 수 있는 상태가 되더라도 진리가 들어가지 않는다면 그 열린 마음의 문이 무슨 소용이 있겠습니까? 그런데 하나님은 자비의 사자가 방문할 시간에 그 마음을 열어 두셔서 그 마음으로 진리를 받아들일 수 있게 하십니다. 갈아엎어진 밭에서 "씨뿌리는 자는 어디 있나요?"라고 소리치지 않아도 될 것입니다. 왜냐하면 기경(起耕)이 끝나면 씨뿌리는 자가 와서 씨앗을 널리 흩뿌리기 시작할 테니까요. 하나님께서 마음을 여시는 것과 마찬가지로 바울은 틀림없이 말씀을 전하였습니다.

목회자를 헐뜯지 마세요. 현대인들이 받는 시험은 목회가 마치 사람을 크게 보이는 일이며, 설교자의 말씀을 경청하는 것이 마치 조물주를 발판으로 피조물을 미화하는 것인 양 항상 말하는 것입니다. 세상에서 우리의 겸손한 마음을 보이며 하나님을 영화롭게 하는 것은 하나의 질그릇(목회자)을 통해 황금보배와 같은 하나님의 은혜를 기쁜 마음으로 받는 것입니다. 설교자의 연약함이 도리어 하나님의 영광을 돋보이게 하는 것이며, 그것이 결단코 주님께 돌려야 할 영광을 훼손하지 않습니다. 하나님께서 수단을 통해, 곧 하나님께서 성령의 기름을 부어 주신 선택된 사람들을 통해 지금까지 일하셨고 또 앞으로도 언제나 일하실 것입니다. 그리고 그 사람들이 주님을 섬기기에 부족하므로 교회는 언제나 연약한 상태에 있을 것입니다. 교회는 바울로 하여금 설교를 하게 하지만, 하나님 없이 교회 스스로 말씀을 받기 위해 마음을 열지 못할 것입니다.

이제, 루디아의 회심에 대하여 한 가지 생각을 더 말씀드리겠습니다. 루디아의 회심은 분명히 인지할 수 있을 만큼 증표들이 있었습니다. 루디아는 세례를 받았습니다. 그녀가 예수님을 믿자마자 그녀의 식구들과 함께 예수 그리스도에 대한 신앙을 고백하였습니다. 루디아의 가족이 예수님을 믿었으니

이 얼마나 복된 일입니까! 자신과 함께 온 가족이 세례를 받는 것을 보았으니 루디아의 행복이 얼마나 컸겠습니까!

오늘날 어느 교파에서는 세례를 거듭남에 연결함으로써 세례의 의미를 지나치게 과장하는 위험이 있습니다. 하지만 침례교인들이라고 불리는 우리들에게도 마찬가지로 큰 위험이 있는데, 그것은 세례를 지나치게 과소 평가하는 것입니다. 이미 거듭난 사람들 외에는 아무도 세례를 받아서는 안 된다는 우리의 신조(信條)가 세례의 의미에 대한 과대평가를 언제나 건전하게 억제하기 때문에 우리는 세례의 의미에 대하여 지나치게 과장할 수가 없고, 도리어 지나치게 과소 평가할 수 있습니다.

우리는 구세주를 만난 모든 신자들의 의무를 강하게 주장해야 합니다. 그것은 "믿고 세례를 받는 사람은 구원을 얻으리라"(막 16:16)는 마가복음의 말씀을 순종하는 것입니다. 우리는 믿는 모든 자가 구원을 얻으리라는 사실을 의심하지 않지만 우리 입장에서 세례가 믿음과 깊이 연관되어 있는 것을 알기에 우리 주님의 명령을 순종하지 않을 수 없습니다. 비록 세례가 구원의 필수조건이 아니며, 파멸을 당할까 하는 이기적인 두려움으로 인해 강요당해서는 안 되는 것이지만, 하나님의 자녀가 주님의 명령을 자원하여 순종하는 것은 그가 겸손하고 상한 심령을 가졌다는 아름다운 증거라고 우리는 생각합니다. 새로운 신자가 세례를 순수한 순종의 행위이자 주님과 함께 세상에 대하여는 죽고 새 생명에 대하여 다시 사는 연합의 의미로 받아들이고 세례를 받는 것은 결코 초라한 은혜의 표징이라고 말할 수 없습니다.

루디아는 세례를 받았으나 그녀의 선행은 물로 끝나지 않았습니다. 이후에 그녀는 사도 바울을 자신의 집으로 초대하였습니다. 십자가에 못 박히신 유대인의 제자, 멸시받는 유대인 사도의 친구, 배신자, 변절자로 여겨지는 수치를 그녀는 견뎌낼 것입니다. 그녀는 사도를 자기 집에서 모실 것입니다. 사도는 부끄러운 마음에 아무것도 받지 않으려고 그녀의 호의를 거절하였지만 루디아는 사도를 강권합니다. 왜냐하면 그녀의 마음속에 주님의 사랑이 있고 아낌없이 베풀고자 하는 중심이 있었기 때문입니다. 그녀는 자신에게 있는 빵 한 조각이라도 자신을 그리스도께로 인도한 그 사람과 나눌 것입니다. 그녀는 선지자의 이름으로 냉수 한 그릇을 줄 뿐만 아니라 그녀의 집에 그를 머물게 할 것입니다.

물질을 드리지 않는 회심을 나는 탐탁하지 않게 생각합니다. 그리스도의 사람인 체하지만 오직 자신만을 위해 살며, 그리스도를 위해 혹은 그리스도의 교회를 위해 아무것도 하지 않는 사람들은 거듭났다는 증거가 너무 형편없습니다. 하나님의 백성들에 대한 사랑이 지금까지 언제나 참된 회심에 대한 분명한 증표였습니다.

두 번째, 이제 대조의 방법으로 다시금 본문을 살펴보겠습니다.

본 장에는 또 다른 이야기가 있습니다. 그 이야기를 자세히 읽어보십시오. 두 이야기가 매우 대조적입니다. 간수의 경우, 말씀을 받기 위한 사전준비와 같은 것이 전혀 없는 것을 우리는 보게 됩니다. 그는 천하고 사납고 난폭한 듯이 보입니다. 그는 자신에게 떨어진 명령대로 바울을 아주 가혹하게 다루었을 것입니다. 왜냐하면 "그가 이러한 명령을 받아 그들을 깊은 옥에 가두고"(행 16:24)라고 성경이 말씀하고 있기 때문입니다. 하지만 그가 진심 어린 호의를 가지고 그렇게 했을 가능성도 있습니다. 이와 같은 고초에 스스로 뛰어든 광신자 두 사람을 완전히 멸시하는 눈으로 바라보던 간수가 조금이라도 차꼬를 편안하게 조정하여 주었을 리 만무하며, 혹 두 사람이 조금이라도 편안히 있는 것을 그대로 보고 있었을 리 만무합니다.

그는 군단 소속의 거칠고 노련한 군병이었다가 아마도 이제 막 감옥의 간수로 승진되었을 것입니다. 그 밤에 그는 잠이 들었습니다. 분명히 그는 잠든 가운데 말씀을 받을 준비가 되어 있지 않았습니다! 지진이 발생하였고, 간수는 두려움에 침대에서 벌떡 일어났습니다. 그는 칼을 잡고 스스로 목숨을 끊고자 하였습니다. 그가 자살을 하려고 하였던 바로 그때, "네 몸을 상하지 말라 우리가 다 여기 있노라"는 소리가 들렸습니다.

우리는 간수가 회심을 위해 준비한 요소를 눈곱만큼도 찾아볼 수 없습니다. 그는 은혜 받을 소망과는 동떨어져 있었으며, 지옥의 가장자리에 있었으며, 손에 붉은 피를 묻힌 채 창조주의 심판대 앞으로 달려가고 있었습니다. 사랑하는 자들이여, 이러한 사람들이 회심하는 경우가 있습니다. 이런 사람들이 많지는 않지만 이 기도의 집에도 있고 지금까지 있어왔습니다. 사람들이 말씀을 경멸하고 비웃으려는 의도를 가지고 말씀 앞에 왔습니다. 그런데 갑자기 말씀의 묵직한 망치가 그들을 급습하였고, 그 딴딴한 물건에 맞아 가루가 되었고, 그러자 교만한 죄인이 어린아이처럼 겸손하게 되었습니다. 바울도 간수와 다소 비슷한 경우입니다.

오늘 여기에 계신 분들 가운데서도 간수의 이야기를 읽으면서 "나도 한때는 그랬는데, 나도 이 간수만큼 하나님과 상관없는 자였고, 은혜의 부르심을 받지 못하였었는데, 그러나 은혜가 내게 임하여 나를 그리스도 안에 새로운 피조물로 만들었는데"라고 말하는 분들이 계실 것입니다. 루디아의 경우에는 하나님의 은혜를 받도록 많은 준비가 되어 있었지만 이 경우에는 준비가 없었습니다.

루디아가 하나님의 은혜를 받을 가능성이 높은 상황에 있었다는 점에서 우리는 또 다른 대조를 볼 수 있습니다. 루디아는 하나님의 집에 있었습니다. 적어도 예배를 위해 봉헌된 장소에 있었습니다. 그녀는 기도에 동참하였으며, 그 기도는 형식적인 기도가 아니었습니다. 그녀가 외부에 노출되는 만큼 그 기도는 하나님께서 받으실 만한 것이었으며, 어쨌든 마음으로부터 우러나오는 진지한 기도였습니다. 그러나 간수는 그렇지 않았습니다. 그는 복음이 전파될 만한 곳에 있지 않았습니다. 그의 직무는 중죄인들, 살인자들, 그리고 온갖 종류의 범죄자들을 지키는 일이었습니다. 만일 은혜가 그 감옥에 임한다면 실로 가장 은혜롭지 못한 장소에 임하게 될 것입니다.

그의 직업은 종교적인 관념을 조금이라도 품을 만한 것이 아니었습니다. 의심할 여지 없이 그는 미신적인 사람이었습니다. 로마인이 지진만큼 미신적으로 생각했던 것도 없었습니다. 로마 군단 병사의 당당한 마음이 한순간에 벌벌 떨게 된 것은 바로 이와 같은 이유에서였습니다. 우리 구세주의 무덤을 지키던 군사들이 무서워하여 떨며 죽은 사람과 같이 되었던 까닭도 바로 지진 때문이었습니다. 이 지진이 간수에게도 똑같이 큰 위력을 발휘하였습니다.

그는 하나님을 찾지 않았습니다. 그는 하나님에 대하여 아무런 생각도 없었습니다. 그의 생각은 지옥으로 달려갔으며, 그의 가는 길은 무저갱이었습니다. 그런데 한순간에 하나님의 음성이 들리면서 그의 생각의 흐름이 방향을 틀었고, 전에 한 번도 가 보지 못한 곳으로 흘러갔습니다.

이처럼 내가 아는 사람들도 전력을 다해 어둠의 세계로 나아가고 있었습니다. 그들은 제멋대로 고집을 부리며 영원한 파멸을 계승하기로 결심하였습니다. 하지만 그 순간 하나님의 주권적인 은혜가 임하였습니다. 모두에게 놀랍고 그들 자신들에게는 가장 놀라운 은혜로 말미암아 그들은 하나님의 후사(後嗣)들이 되었고 지존하신 자의 자녀들이 되었습니다. 이와 같은 놀라운 은혜가 지금도 임하기를 축원합니다.

게다가 루디아의 경우에 지진과 같은 무언가가 있었다는 사실을 우리는 찾아볼 수 없습니다. 그녀의 경우에 커다란 진동과 놀람이 없었습니다. 다만 "세미한 목소리"가 있었을 뿐입니다. 간수는 벌떡 일어나 벌벌 떨었습니다. 그러나 루디아는 구세주의 필요성을 절감하였으며, "내가 어떻게 하여야 구원을 받으리이까?"하고 외쳤겠지만 우리는 그녀가 떨고 있는 모습이나 양심의 두려움에 사로잡힌 모습을 거의 찾아볼 수 없습니다.

루디아는 영원하신 아버지의 손가락에 의해 부드럽게 인도되었습니다. 빛이 여명처럼 그녀에게 보이기 시작하였고, 점차적으로 어둠을 밝혀 주었습니다. 은혜가 처음에는 안개처럼 내리다가 점점 소낙비처럼 내렸으며, 다음에 굵은 이슬방울처럼 굵어졌다가, 부드럽게 뿌려졌으며, 나중에는 구름의 습기가 땅 위에 남김없이 스며들었습니다. 간수에게 그 은혜는 큰 빗방울로 떨어지기 시작하여 한순간에 억수같이 쏟아지는 4월의 폭풍우와 같았습니다. 간수에게 그 은혜는 마치 태양이 한순간에 떠올라 칠흑같이 어두운 밤을 정오의 찬란한 섬광으로 바꾸어 주는 듯하였습니다. 그러나 루디아의 경우는 그렇지 않았습니다.

사랑하는 친구들이여, 이제 이러한 차이점들을 잘 알아두십시오. 왜냐하면 이런 것들이 여러분의 어려움을 해결하는데 도움이 되기 때문입니다. 모두가 똑같은 모습으로 회심한다고 생각하지 마세요. 여러분 모두가 똑같은 두려움을 거치거나, 혹 똑같이 부드러운 방법으로 인도된다고 상상하지 마세요.

우리의 하나님은 다양하신 하나님이십니다. 창조와 섭리에서 꼭 같은 것은 하나도 없습니다. 은혜의 사역에서도, 우리는 그리스도인들을 하나의 형태로 몰아갈 수 없으며, 혹은 포탄처럼 한군데로 떨어지게 할 수도 없으며,

모든 그리스도인들을 같은 모양에다 맞출 수도 없을 것입니다. 회심하는 모든 경우에 서로 다르고 차별된 무언가가 틀림없이 존재합니다. 모든 사람은 자신의 체험의 거울에 비추어 자신의 회심만이 갖고 있는 특성, 어느 누구의 회심과도 다른 자신만의 독특성을 인지하고 있어야 합니다.

루디아를 회심시킨 방법이 간수에게는 효과가 없었을 것이라는 사실을 여러분은 어찌하여 깨닫지 못합니까? 간수는 강가에 있는 기도처로 가지 않았을 것입니다. 그는 얼마 안 되는 여자들과 함께 앉아 있다는 생각만 해도 웃음이 나왔을 것입니다. 그가 바울의 말씀을 경청하는 모습을 여러분은 보지 못할 것입니다.

"그의 나라가 버린 배신한 유대인의 말을 내가 듣는다? 그런 일은 절대로 안하리라"는 생각에 그는 웃음이 나왔을 것입니다. 반면, 지진은 루디아의 성격에 어울리지 않았을 것입니다. 루디아의 심령은 착하고 온유하였는데, 지진은 그녀를 놀라게 하여 제정신을 잃게 만들었을 것입니다. 그리고 "내가 어떻게 하여야 구원을 받으리이까?"라고 외치기보다 그녀가 완전히 죽지는 않더라도 기절하였을 것입니다.

온유한 루디아와 거친 간수는 아주 다른 사람들이었습니다. 무엇보다 먼저 그들의 성(性)이 달랐습니다. 여자는 남자보다 감성에 부드럽게 호소하는 목소리에 쉽게 감동을 받습니다. 또한 루디아는 윤리적으로 훌륭한 여자였으나 간수는 아마도 죄에 길들여져 있었을 것입니다. 다른 체질에는 다른 방법이 적용되어야 합니다. 농부가 다른 종류의 곡식들을 타작할 때 같은 기계를 사용합니까? 모든 씨앗이 똑같은 방식으로 파종됩니까? 우리가 자녀들을 다룰 때 한 아이에게는 신랄하게 말을 하여도 그 아이가 서운한 느낌을 받지 않지만, 다른 아이에게 똑같은 말을 하면 그 아이가 상처를 받을 수 있습니다. 우리는 아이들에게서 그런 차이점을 경험하지 않습니까?

한 아이에게는 채찍이 필요하지만, 다른 아이에게 채찍을 대는 것은 화(禍)가 될 수 있습니다. 분명히 영혼의 체질에 따라 달리 적용해야 합니다. 그러므로 하나님은 우리 각자를 다른 방법으로 다루십니다. 따라서 우리의 회심이 우리가 좋아하는 방식과 정확히 일치하지 않는다고 하여 우리의 회심의 신실성을 의심해서는 안 됩니다. 오히려 우리는 회심의 열매가 동일한

지, 그것이 하나님으로 말미암는지, 그것이 그리스도께로 이끄는지 살펴야 합니다. 만일 이 모든 것이 그러하다면 어떠한 방식으로 우리가 회심하였든지 그것은 문제가 되지 않습니다.

이제 내가 일반적으로 두 가지 사실을 나란히 놓고 볼 때 우리는 세 번째 대지, 말하자면 둘 사이의 유사성을 발견하게 됩니다. 이 두 사건의 상황은 다르지만 본질은 서로 같기 때문입니다.

사랑하는 친구들이여, 두 이야기 모두에서 섭리와 은혜가 함께 협력하였습니다. 섭리는 루디아를 빌립보로 인도하였습니다. 섭리는 또한 간수가 지키고 있던 감옥을 뒤흔들었습니다. 하나님은 두 가지 경우 모두에서 자연의 영역을 자신의 뜻을 이루는데 이바지하게 하셨습니다. 그때에 빌립보의 자색 옷감에 대한 수요(需要)가 있었습니다. 나는 그 수요가 어떻게 생겨났는지 모릅니다. 당시에 빌립보 여성들 사이에 새로운 유행이 있었는지, 혹은 그곳 상황이 어땠는지 나는 말할 수 없지만, 이런저런 이유로 루디아는 자색 옷감 시장이 있는 빌립보에 이르렀습니다.

그녀를 그곳으로 인도한 것은 바로 하나님의 섭리였습니다. 이와 동일한 섭리가 그것의 수레바퀴인 또 하나의 대변혁에 의하여 그 간수로 하여금 감옥을 지키도록 명하였습니다. 그는 어찌하여 그 특별한 감옥의 간수가 되었을까요? 바울은 어찌하여 빌립보로 인도되었을까요? 바울이 귀신들린 여자를 우연히 고치게 되었고, 이러한 상황을 통해 그가 채찍질당하고 감옥에 처박히게 되었으니 어찌된 영문입니까? 곧이어 지진이 일어났습니다. 고리 안에 고리가, 바퀴 안에 바퀴가 있으니, 섭리가 그 길을 주장하였던 것입니다. 뇌성과 번개로 인해 회심하든지 아니면 "세미한 소리"로 인해 회심하든지 이처럼 모든 경우에 섭리가 개입되어 있었던 것입니다.

두 가지 경우 모두 하나님의 뚜렷한 역사가 있었습니다. 우리는 루디아의 경우에 그것을 보았고 또한 자세히 설명하였습니다. 간수의 경우에 우리는 하나님의 역사를 훨씬 더 뚜렷하게 인식합니다. 불가항력적인 은혜 외에 그 무엇으로 간수가 "내가 어떻게 하여야 구원을 받으리이까?"라고 외칠 수 있었겠습니까?

또한 두 가지 경우 모두 하나님의 말씀이 필수적이었습니다. 앞에서 루디아에게 말씀이 전해졌다는 사실을 우리가 확인하였던 바와 같이 간수에게도 말씀이 전하여졌음을 확인할 수 있습니다. "주의 말씀을 그 사람과 그 집에 있는 모든 사람에게 전하더라"(행 16:32). 지진이 목회자를 불필요하게 만들지 못합니다. 물론 하나님의 강력한 능력은 모든 죄수에게서 자연적인 굴레를 벗길 수 있지만, 하나님은 말씀의 선포를 통해서만 어떠한 영혼이라도 영적인 굴레에서 벗어날 수 있도록 정하셨습니다. "하나님께서 전도의 미련한 것으로 믿는 자들을 구원하시기를 기뻐하셨도다"(고전 1:21).

또한 두 가지 경우 모두 똑같은 증표들이 나타났습니다. 간수는 온 집안과 함께 세례를 받았고, 그들 모두가 믿었다는 사실을 우리가 봅니다. 간수는 전도자들의 그 맞은 자리를 씻어 주었습니다. 루디아가 그들을 대접한 것처럼 그는 온통 검붉게 물들은 박해자의 몽둥이에 심하게 맞아 피를 흘린 그들의 가엾은 등을 씻겨 주었습니다. 간수는 그들 앞에 음식을 차려 주었고 자신이 가지고 있는 최고의 것으로 그들을 대접하였습니다. 그리고 그들이 더 이상 감금되지 않고 그들의 길을 갈 수 있게 된 사실을 알게 된 그날 아침 간수는 크게 기뻐하였습니다.

이 두 사건에는 동일한 결과, 형제들에 대한 동일한 사랑, 동일한 물질의 헌신, "일어나 세례를 받으라"는 하나님의 명령에 대한 동일한 순종이 있었습니다. 하나님의 모든 백성들 가운데는 명백한 유사성이 있습니다. 모든 자녀들은 아버지의 모습을 닮았습니다. 하지만 그들 가운데 하나라도 자기 형제와 꼭 닮은 사람은 없습니다. 하나님의 자녀들 모두 은혜로 인도함을 받았고, 은혜가 그들 가운데 동일하게 역사하였습니다. 하지만 구체적으로 그들이 회심하게 된 동기를 자세히 살펴보면, 그들은 북극과 남극의 거리만큼 차이가 있습니다.

우리는 루디아의 회심을 현재 우리 교회와 하나님께서 능력을 베풀어 주시는 다른 교회에서 일어나고 있는 많은 회심들의 모형으로 여깁니다.

본문은 "주께서 그 마음을 열어 바울의 말을 따르게 하신지라"라고 표현하였습니다. 이 말씀의 의미는 무엇일까요? 여기서 이 말씀이 성령의 역사를 요약하였다고 나는 생각합니다. 의심할 여지 없이 주님께서 편견을 제거해 주셨습니다. 이 편견은 아주 많은 경우에 우리가 반드시 물리쳐야 할 악입니다. 루디아의 경우에 그것은 유대교의 편견이었을 것입니다. 대부분의 유대인들이 나사렛 예수에 대하여 편견을 가지고 있었을 때 아마도 그에 대한 소문이 루디아에게 들렸을 것입니다.

그녀는 자신의 민족이 나사렛 예수를 죽이는데 앞장섰던 사실, 그리고 심지어 그녀의 나라가 "그 피를 우리와 우리 자손에게 돌릴지어다"(마 27:25) 라고 말한 사실을 알고 있었습니다. 그런데 하나님께서 루디아의 마음에서 이러한 모든 편견을 제거하셨던 것입니다. 그녀는 하나도 놓치지 않겠다는 결심으로 바울의 말씀을 앉아서 경청하였으며, 그 사실을 깊이 생각하고 정말 그러한지 상고하였습니다.

그녀는 간절한 마음으로 말씀을 받고 이것이 그러한가 하여 날마다 성경을 상고한 베뢰아 교회 성도들과 비슷하였습니다. 마귀는 종종 사람들에게 머리부터 발끝까지 갑옷을 입힙니다. 그리하여 사람들이 하나님의 화살들이 날아오는 곳에 올 때에도 은혜의 상처를 입을 소망이 거의 없게 됩니다. 왜냐하면 마귀가 그 갑옷의 이음매 하나하나를 편견이라는 커다란 쇠못으로 막아놓았기 때문입니다. 하지만 루디아의 경우는 전혀 그렇지 않았습니다. 그녀는 자원하여 말씀을 들었고 거리낌없이 설교자를 주목하였습니다. 이러한 마음 자세가 되었을 때 많은 은혜를 받았습니다.

다음에, 루디아의 마음이 열렸을 때 그녀의 열망이 깨어났습니다. 이제 그녀는 이 구원의 문제를 이해하고 싶은 마음이 들었습니다. 영원한 구원 — 곧, 창세 전부터 죽임을 당하신 어린양의 피로써 완전히 죄 사함 받는 것 — 에 대한 사도의 말씀이 과연 사실이기를 바라면서 그는 혼자서 "나는 그 말씀에 대하여 알고 싶어. 그 말씀이 사실이기를 바라. 이런 사실들을 이해할 수 있으면 좋겠어"라고 말했을 것입니다. 그리하여 루디아는 말씀에 감동되기를 간절히 바라면서 경청하였습니다. 그녀는 의에 주리고 목이 말랐으니 이러한 자들은 복이 있습니다. "그들이 배부를 것임이요"(마 5:6). 우리 목회자들은 하나님의 은혜로 말미암아 주리고 목마른 영혼들을 볼 때, 이것이 열린 마음이로구나 생각하고 큰 감사를 드립니다. 진주조개가 조수가 밀려올 때 껍질을 여는 것처럼, 은혜의 조수가 밀려올 때 하나님은 사람들의 마음을 열게 하셔서 영적인 공급을 받게 하십니다.

열망이 깨어났습니다. 그러나 이것이 전부가 아니었습니다. 또 다른 열림이 있었으니 그녀의 지각이 이제 밝아진 것입니다. 사도가 하나하나 자세히 설명하자 그녀는 이렇게 말하였습니다.

"그래 맞아. 하나님께서 모세와 같은 선지자를 보내주시겠다고 약속하셨지. 이 사람 예수께서 모세와 같은 분이야. 그는 말씀과 행위가 능하신 선지자시며, 모세 말고는 우리 선지자들 중에 아무도 그와 같은 사람이 없었어. 그래. 이사야는 그분에 대하여 '멸시를 받아 사람들에게 버림 받은' 자라고 예언하였지. 그 말씀이 맞아. 그리고 다윗도 '개들이 나를 에워쌌으며 악한 무리가 나를 둘러 내 수족을 찔렀나이다. 내가 내 모든 뼈를 셀 수 있나이다. 그들이 나를 주목하여 보고 내 겉옷을 나누며 속옷을 제비 뽑나이다'(시 22:16-18)라고 예언했지. 정말 그렇네. 이제 난 알았어. 바울이 전한 그리스도 예수라는 분의 인격 안에서 나는 율법과 선지자들이 예언한 메시아를 느낄 수 있어."

이어서 사도는 나무에 달리신 이 그리스도 예수에 대한 믿음이 모든 죄를 도말한다고 말하고, 그 이유는 바로 이 그리스도 예수께서 그의 은혜로우신 어깨에 모든 믿는 자들의 죄를 짊어지셨기 때문이라고 전하였습니다. 그러자 루디아는 "맞습니다. 이 대속(代贖)의 말씀이 정당한 교리임을 이제 나는 깨달았습니다. 이제 하나님께서 가련한 죄인들에게 필요한 은혜를 그의 충만한 마음으로부터 공짜로 주시기 때문에 나는 하나님께서 의로우신 분임을 알 수 있습니다"라고 말하였습니다. 이처럼 그녀의 지각이 열렸습니다. 루디아는 복음을 정확하게 이해하였습니다. 그녀는 복음의 높이, 깊이, 길이를 알 수 있었으며, 이것은 그 영혼이 바라던 바였습니다.

그 밖에 또 다른 은혜가 임하였습니다. 이제 루디아의 마음이 감동을 받았고, 하나님과 동등하신 분이지만 도리어 종의 형체를 취하신 주님에 대한 사랑이 커져갔습니다. 바울이 주님의 고난에 대하여 설명하는 것을 들었을 때 십자가의 장면이 그녀의 마음에 그려졌고, 그녀는 마음속으로 죽음의 신음소리를 들을 수 있었고 또한 흐르는 피를 주목할 수 있었습니다. 그리고 그녀는 '그래, 나는 그분을 사랑해. 나는 그 하나님을 사랑해. 내 마음은 그를 따라가고 있어. 그래, 그분은 나의 주님이셔' 라고 생각했습니다. 또한 그녀는 "나는 이런 설교가 좋아. 은혜의 교리를 듣는 것이 너무 행복해"라고 말했습니다. 그녀의 기쁨이 이미 시작되었습니다. "즐겁게 소리칠 줄 아는 백성은 복이 있습니다"(시 89:15). 아직 그들이 하나님의 얼굴 빛 안에서 다니지 못할지라도 앞으로 그리할 것이며, 그리하여 약속대로 복을 받을 것이기 때문입니다.

루디아의 마음이 열렸습니다. 그녀의 중심이 거룩한 것을 향해 불붙고 있었습니다. 그리고 믿음이 생겼습니다. 그녀는 기록된 말씀을 모두 믿었습니다. 바울이 전한 말씀대로 메시아가 오셨다는 사실을 절대적인 진리로 여겼습니다. 성경에 근거하여, 예수님께서 하나님의 아들이신 동시에 사람의 아들이심을 믿었습니다. 예수님께서 의로운 분으로서 불의한 자들을 위해 고난을 받으셨으며, 예수님을 믿는 자신의 죄가 이미 용서받았다는 사실을 믿었습니다. 믿음이 들음을 통해 생겼습니다. 그녀는 하나님의 말씀을 믿고 순수하고 겸손하게 자신의 영혼을 십자가 밑에 내려놓았습니다.

믿음이 생기자 온갖 은혜가 따라왔습니다. 이제 루디아는 자신의 죄를 미워하며 회개하였습니다. 이제 그녀는 의를 사랑하고 거룩을 따라갔습니다. 이제 그녀는 아버지의 집에 대저택이 많다는 밝은 소망을 가지게 되었습니다. 이제 그녀는 거룩하고 행복한 마음으로 그리스도의 명령에 순종하는 길로 달려가기 시작하였습니다. 그리고 기독교의 초보적인 원리를 믿을 뿐 아니라 믿음에 담대함을, 담대함에 체험을, 체험에 형제우애를, 형제우애에 사랑을 더하며 완전을 향하여 나아갔습니다. 루디아는 하나님의 길에서 진보하였습니다. 바울이 전한 말씀을 주의 깊게 듣도록 주님께서 그녀의 마음을 열어 주셨기에 이 모든 것이 가능했습니다.

사랑하는 자들이여, 우리가 여기서 얻을 수 있는 실제적인 교훈은 이것입니다. 우리 주변에 있는 사람들을 위해 기도합니다. 하나님께서 그들을 루디아처럼 만들어 주시리라고 소망하며 기도합니다. 우리의 자녀들을 위하여 이러한 간구를 드립시다. 그리하면 그들을 은혜의 수단으로 인도하시고, 진리를 받아들일 수 있도록 그들의 마음을 어느 정도 준비시키신 하나님께서 그들에게 효과적으로 역사하셔서 그들이 구세주를 영접하게 하실 것입니다.

이와 같이 하나님께서 역사하시는 사람들에게 내가 전한 말씀이 도움이 되어 그들이 예수님을 붙잡을 수 있기를 간절히 바랍니다. 기억하십시오. 여러분이 할 일은 아무것도 없습니다. 오직 예수님을 믿기만 하십시오. 그리하면 구원을 받을 것입니다. 구원에 대한 보증으로서 선한 행실이나 좋은 느낌, 혹은 깊은 체험이 여러분에게 필요하지 않습니다. 있는 모습 그대로 여러분이 믿기만 하면 그리스도께서 여러분을 구원하십니다. 그리스도를 구세주로 믿으십시오. 그리하면 주님께서 여러분을 구원하시되 크고 즉각적이고 완전한 구원으로 여러분을 구원하실 것입니다. 주님께서 이 모든 일을 이루실 것입니다. 주님은 찬송을 받아 마땅하신 분입니다.

# 19

# 로마의 여자들

## 바울의 다정한 인사

내가 겐그레아 교회의 일꾼으로 있는 우리 자매 뵈뵈를 너희에게 추천하노니 너희는 주 안에서 성도들의 합당한 예절로 그를 영접하고 무엇이든지 그에게 소용되는 바를 도와 줄지니 이는 그가 여러 사람과 나의 보호자가 되었음이라 너희는 그리스도 예수 안에서 나의 동역자들인 브리스가와 아굴라에게 문안하라 그들은 내 목숨을 위하여 자기들의 목까지도 내놓았나니 나뿐 아니라 이방인의 모든 교회도 그들에게 감사하느니라 또 저의 집에 있는 교회에도 문안하라 내가 사랑하는 에배네도에게 문안하라 그는 아시아에서 그리스도께 처음 맺은 열매니라 너희를 위하여 많이 수고한 마리아에게 문안하라 내 친척이요 나와 함께 갇혔던 안드로니고와 유니아에게 문안하라 그들은 사도들에게 존중히 여겨지고 또한 나보다 먼저 그리스도 안에 있는 자라 또 주 안에서 내 사랑하는 암블리아에게 문안하라 그리스도 안에서 우리의 동역자인 우르바노와 나의 사랑하는 스다구에게 문안하라 그리스도 안에서 인정함을 받은 아벨레에게 문안하라 아리스도불로의 권속에게 문안하라 내 친척 헤로디온에게 문안하라 나깃수의 가족 중 주 안에 있는 자들에게 문안하라 주 안에서 수고한 드루배나와 드루보사에게 문안하라 주 안에서 많이 수고하고 사랑하는 버시에게 문안하라 주 안에서 택하심을 입은 루포와 그의 어머니에게 문안하라 그의 어머니는 곧 내 어머니니라 아순그리도와 블레곤과 허메와 바드로바와 허마와 및 그들과 함께 있는 형제들에게 문안하라 빌롤로고와 율리아와 또 네레오와 그의 자매와 올름바와 그들과 함께 있는 모든 성도에게 문안하라 너희가 거룩하게 입맞춤으로 서로 문안하라 그리스도의 모든 교회가 다 너희에게 문안하느니라 (로마서 16:1-16).

본 장은 로마에 사는 여러 명의 그리스도인들에게 보내는 바울의 다정한 인사를 담고 있습니다. 본문이 영감을 받고 쓰여진 구절이라는 것을 기억하십시오. 본문이 여러 사람들에게 예의를 표현하고 있는 내용이지만 분명히 이 말씀은 사도가 쓴 것이며 일반 편지와 달리 영감 받은 성경의 일부로 기록되었습니다. 그러므로 본문 안에 귀중한 내용이 담겨 있는 것이 틀림없습니다. 우리가 본문을 읽을 때 표면상으로는 지시적인 내용이 없는 듯이 보이지만 내면적으로는 교훈적인 내용이 분명히 들어 있습니다. 왜냐하면 모든 성경이 영감을 받아 기록된 것이며, 어떻게든 우리에게 유익을 주도록 이루어진 것이기 때문입니다. 어쨌든 본문은 한 가지 사실을 보여 주고 있습니다. 그것은 바울이 대단히 다정한 성품의 소유자였다는 사실입니다.

하나님은 거칠고 무정하고 이기적인 성격을 가진 사람을 이방인의 사도로 택하지 않으셨습니다. 바울은 마음뿐 아니라 기억력도 좋은 상태였기에 그는 많은 사람들의 이름을 기억할 수 있었습니다. 여기에 거명된 이름들은 바울이 다른 서신들에서 언급한 사람들, 곧 전 세계에 퍼져 있던 사랑하는 형제자매들과 영적인 사람들 가운데 일부분에 불과하였습니다. 그가 이 많은 사람들의 이름을 기억할 수 있었던 것은 그 사람들에 대한 그의 따뜻한 마음 때문이었다고 나는 믿어 의심치 않습니다. 그 따뜻한 마음 때문에 그는 그의 친구들 한 사람 한 사람의 모습, 형편, 이력, 성격, 그리고 이름을 기억할 수 있었던 것입니다.

바울은 그들을 너무나 사랑한 나머지 그들을 잊을 수 없었습니다. 그리스도인들은 서로 사랑해야 합니다. 그리고 대제사장이 보석이 박힌 흉패에다 자기 모든 성도들의 이름을 기록해 놓은 것처럼 그리스도인들은 서로의 이름을 자기 마음에 새겨야 할 것입니다. 그리스도인은 다른 형제들에 대하여 품은 사랑 때문에 예절로써 그들을 기쁘게 하고자 해야 하며 결단코 무례함으로 고통을 주려고 해서는 안 될 것입니다. 은혜는 하나님의 종에게 아주 고상한 감각을 주며 이로써 보는 이로 하여금 진정한 신사가 되게 만듭니다. 만일 우리가 본문에서 단지 서로 다정하고 예절 바르게 행동해야 하는 미덕만을 배우게 될지라도 우리에게는 큰 유익일 것입니다.

이 밖에도 본문에는 교훈적인 내용이 대단히 많으며, 내가 여러분에게 이러한 교훈적인 내용들을 제대로 설명해 줄 수 있기를 바랍니다. 서론 없이 곧 바로 첫 번째 대지를 주목합시다. 본문은 가족들과 교회의 여러 가지 관계를 두드러지게 예증합니다.

3절을 보십시오. 여기서 사도는 "그리스도 예수 안에서 나의 동역자들인 브리스가와 아굴라"라고 말하고 있습니다. 여기서 여러분은 한 가족을 봅니다. 아버지와 어머니, 혹은 남편과 아내가 함께 하나님의 교회에 속하였습니다. 이 얼마나 행복한 모습입니까! 나머지 식구들에 대한 그들의 영향력은 매우 컸을 것이 분명합니다. 왜냐하면 두 사람이 사랑하는 마음으로 협력할 때 큰 일을 이루어내기 때문입니다.

"브리스가와 아굴라"라는 이름에서 아주 다른 부부의 모습이 연상됩니다. 즉, "아나니아와 삽비라"라는 이름이 이들 부부에게서 연상됩니다. 아나니아와 삽비라는 외식으로 거짓을 꾸몄지만 여기에 나오는 부부는 한마음으로 성실하게 헌신하였습니다. 결혼관계로 연합될 뿐만 아니라 주 예수 그리스도 안에서 연합된 부부는 훨씬 더 복됩니다. 이러한 결혼은 하늘나라에서 맺어진 것입니다. 이 부부는 성숙한 그리스도인들이었던 것으로 보입니다. 왜냐하면 그들이 다른 교인들을 가르치는 교사들이었기 때문입니다.

그들은 무지한 사람들만이 아니라 이미 복음을 잘 알고 있는 사람들도 가르칠 수 있는 교사들이었습니다. 이들 부부는 웅변에 능하고 성경을 잘 아는 젊은 아볼로를 가르쳤습니다. 이로 보아 그들이 성경을 깊이 알고 있었다고 우리는 확신할 수 있습니다. 일반적으로 우리는 하나님을 함께 경외하는 부부, 그리고 가족들을 영적으로 양육하는 부모를 기대합니다. 그들은 서로에게 도움을 주며, 따라서 다른 사람들 이상으로 은혜 안에서 성장합니다.

바울이 여기서 "브리스가와 아굴라"라고 기록한 이유를 나는 모르겠습니다. 사도행전에서는 아굴라와 브리스가라고 기록되어 있는데, 바울은 여기서 아내인 브리스가를 먼저 기록하고 남편인 아굴라는 나중에 기록하였습니다. 내가 이를 이상하게 여기는 것은 아닙니다. 다만 바울은 성별로 순서를 정하지 않고 신앙의 소질에 따라 순서를 정한 것으로 보입니다. 바울이 브리스가를 먼저 기록한 것은 그녀가 인격적인 소양과 은혜로운 일에서 남편보다 먼저였기 때문입니다. 그리스도 안에서는 헌신을 주도하고 견고한 마음으로 하나님의 일을 감당하는 아내에게 우선권이 있습니다.

　성과 은혜 면에서 모두 "아굴라와 브리스가"라고 기록될 수 있다면 좋겠습니다만, 은혜가 성보다 앞서며 그래서 "브리스가와 아굴라"라고 할 때 그 순서는 잘못된 것이 아닙니다. 아내가 첫째이든 둘째이든 둘 다 진실로 하나님의 종들이라면 그것이 그다지 중요한 것은 아닙니다. 사랑하는 남편이여, 당신의 아내가 회심하지 않았나요? 아내를 위하여 쉬지 말고 기도하십시오. 선한 아내여, 당신의 배우자가 아직까지도 은혜를 받지 못하므로 근심이 되고 있습니까? 무릎꿇고 기도할 때 반드시 은혜의 보좌 앞에서 사랑하는 남편의 이름을 부르십시오. 여러분의 평생의 반려자가 하나님께 회심하도록 끊임없이 기도하십시오.

　브리스가와 아굴라는 천막을 만드는 사람들이었으며, 사도와 함께 같은 업에 종사하였습니다. 이 때문에 바울은 고린도에서 그들과 함께 숙박하였습니다. 한때 이들 부부는 로마에서 살았습니다. 그러다가 유대인들은 제국의 도시(로마)에서 떠나라고 명한 글라우디오(Claudius)의 칙령(勅令) 때문에 그곳을 떠나야 했습니다. 그 칙령이 더 이상 시행되지 않게 되자 그들은 로마로 되돌아온 것 같습니다. 그들은 큰 공공건물에서 사용되는 거대한 천막을 공교한 기술로 만들기 위해서 널찍한 공간이 필요했을 것입니다. 천막을 만드는 직업 때문에 그들에게 넓은 방이 필요했을 것이며, 따라서 그들의 방이 그리스도인들이 모일 수 있는 장소가 될 수 있었습니다.

　바울이 언급하고 있는 로마교회는 바로 이들 부부의 집에서 모인 교회였습니다. 그리스도인 가족이 하나님의 교회를 수용할 수 있다는 것은 큰 특권입니다. 그 거실이 기도회로 사용되는 것을 영광으로 생각하고, 그 집에서 가장 좋은 방에서 하나님의 종들이 모여야 한다고 생각하는 것은 복입니다. 그들의 집은 하나님의 언약궤를 모셨다가 후에 영원한 복을 받은 오벳에돔의 집과 같이 되었습니다.

　다음에 7절에서 여러분은 또 다른 가족을 만나 볼 수 있습니다. "내 친척이요 나와 함께 갇혔던 안드로니고와 유니아에게 문안하라. 그들은 사도들에게 존중히 여겨지고 또한 나보다 먼저 그리스도 안에 있는 자라." 내가 본 절을 바르게 이해했다면, 여기서 두 사람은 남자들이었을 것입니다. 아마 안드로니고와 유니우스 둘 다 남자들의 이름이었을 것입니다. 혹 이들의 이름이 안드로니고와 유니아였다면 그들이 남편과 아내였거나 혹은 형제와 자매였을 것입니다. 어쨌든 그들은 한 가족의 일원이었고, 그들이 바울의 친척이었기 때문에 아주 뛰어난 가문에 속한 사람들이었습니다.

그들이 바울보다 먼저 하나님 앞에서 회심하였다는 흥미로운 사실이 부수적으로 슬며시 기록되었습니다. 내 생각인데, 바울의 친척들이 회심한 것이 동기가 되어 바울이 그리스도의 교회에 대하여 살인적인 분노를 일으키지 않았나 생각됩니다. 바울이 안드로니고와 유니아를 친척으로 알았는데 그들이 나사렛 미신이라고 생각한 이단으로 돌아섰고, 이 일로 인하여 바울이 주 예수 그리스도를 극도로 증오하게 되지 않았나 생각됩니다. 나는 이 점을 의문점으로 남겨두겠습니다. 하지만 내가 확신하는 바는 이 두 명의 친척이 이 젊은 핍박자를 위해 기도하였다는 점입니다. 다메섹으로 가는 도중에 다소의 사울이 회심한 이유를 여러분이 깊이 고찰하여 본다면, 여러분은 그보다 먼저 그리스도를 믿은 그의 친척 안드로니고와 유니아가 기도하던 은혜의 보좌 앞에서 그 이유를 발견할 것입니다.

이러한 사실은 가족의 구원을 간절히 바라는 여러분 모두에게 커다란 위로가 될 것입니다. 아마도 여러분에게는 예수 그리스도의 복음을 아주 심하게 반대하는 친척이 있을 것입니다. 이 때문에 그를 위하여 더욱 끈질기게 기도하십시오! 그의 열광적인 반대에도 불구하고 그에게 소망이 있습니다. 그 사람은 분명히 생각이 있는 사람이며, 그의 마음에 빛이 비치고 새로워지면 하나님의 은혜로 말미암아 그의 무식한 열심이 선한 생각으로 돌아설 것입니다. 그 속에 복음을 반대하는 요소가 많은 사람일수록 쓸만한 물건이 될 가능성이 높습니다. 좋은 칼이 좋은 보습이 될 것입니다.

하나님은 핍박자들을 사도들로 만드실 수 있습니다. 오늘날 세상에는 졸장부 같은 사람들로 가득합니다. 그들은 복음을 믿지도 않고 그렇다고 완전히 부인하지도 않습니다. 그들은 복음을 위하지도 않고 반대하지도 않으며, 하나님께도 순종하지 않고 마귀에게도 순종하지 않습니다. 이런 허수아비 같은 사람들은 설령 회심한다 할지라도 결코 소금의 역할을 감당하지 못할 것입니다.

정말로 철저하게 복음을 미워하는 사람이 일단 한 번 하나님의 은혜를 맛보면 그가 전에 멸시했던 진리를 진실로 사랑하게 될 것입니다. 여러분의 친척들을 위하여 열심히 기도하시되 확신을 가지고 기도하십시오. 그들이 지금은 신앙을 뒤집어 버리려고 애쓰지만 여러분이 살아 있는 동안 그들이 강단 앞에 나와 그 신앙을 고백하는 모습을 보게 될 것입니다. 가족의 일원이 하나님의 교회에 등록되어 있다는 것은 그 가족에게 다행스럽고 희망스러운 징조입니다.

다음 구절로 넘어가면 우리는 교회와 관련된 세 번째 가족을 만날 수 있습니다. 이 경우에는 집 주인이 그리스도인이 아니었습니다. 나는 10절의 "아리스도불로의 권속에게 문안하라"를 옳은 번역이라고 생각합니다. "아리스도불로에게 문안하라"가 아니라 아리스도불로에게 속한 자들에게 문안하라는 말씀입니다. 왜 아리스도불로는 빠졌을까요? 그가 죽었을 가능성도 있지만 그가 구원받지 못하였을 가능성이 더 많습니다. 아리스도불로 스스로 자신을 뺐기 때문에 사도가 그를 뺀 것입니다. 그는 신자가 아니었습니다. 그러므로 그는 그리스도인만이 받을 수 있는 인사를 받을 수 없었던 것입니다. 참으로 안타깝습니다. 하나님의 나라가 그의 집에서 가까이 있었지만 그는 은혜를 받지 못하였습니다.

나의 설교를 듣고 있는 사람들 중에 이런 상태에 있는 분은 안 계시나요? 아리스도불로와 같은 여러분은 어디에 있나요? 아리스도불로가 여러분의 이름은 아닙니다. 하지만 여러분의 성격은 중생하지 못한 이 로마인과 같습니다. 그의 온 가족이 주님을 알았는데 그만 알지 못한 것입니다. 내가 하나님의 이름으로 여러분의 아내와 자녀들에게는 복된 말씀, 위로의 말씀을 해 줄 수 있지만 아리스도불로와 같은 여러분에게는 그런 말씀을 해 줄 수가 없습니다. 주님께서 여러분의 사랑하는 자녀에게, 사랑스런 아내에게는 은혜의 메시지를 보내시지만 여러분에게는 보내지 않으십니다. 왜냐하면 여러분이 주님께 마음을 드리지 않았기 때문입니다. 나는 여러분을 위해 기도하겠습니다. 내가 감사하게 생각하는 것은 주님을 사랑하는 여러분의 식구들이 밤낮으로 여러분을 위해 중보의 기도를 드리고 있다는 사실입니다. 이것이 여러분이 교회와 연결되어 있는 희망스러운 접속(接續)입니다. 여러분이 별로 관심은 없겠지만, 하나님의 나라가 여러분 가까이에 임했다는 사실을 믿으세요. 한편 이러한 사실이 여러분을 구원으로 이끌지 못한다면 이 때문에 여러분은 무서운 책임을 져야 할 것입니다. 가버나움처럼 여러분이 특권을 가지고 하늘에까지 높아진다면 더욱더 무섭게 음부에까지 낮아질 것입니다 (마 11:23).

가족 중에 한 사람은 데려감을 당하고 한 사람은 버려둠을 당하는 것은 슬픈 일입니다. 불신 상태로 계속 남아 있다면 여러분이 얼마나 비참하게 될까 제발 생각하십시오. 왜냐하면 여러분의 자녀와 아내는 하늘나라에 가고, 또한 이미 하늘나라에 가신 어머니를 보면서 여러분 자신은 지옥으로 떨어질 텐데, 그때에 여러분은 부르심을 받았으나 거절하였고, 초청을 받았으나 오지 않았으며, 빛을 향하여 눈을 감고 보지 않았다는 사실을 뒤늦게 기억하게 될 것입니다. 여러분은 고의적으로 그리스도를 거절하고 멸망을 자초하며, 자신의 심령을 스스로 죽이는 셈이 될 것입니다.

또 다른 경우를 봅시다. 이는 더 안 좋은 경우라고 나는 생각합니다. 11절, "나깃수의 가족 중 주 안에 있는 자들에게 문안하라"에서 "나깃수의 가족"에 대하여 좀 더 자세히 살펴봅시다. 여기서 나깃수가 이 집의 주인이었으며, 그 집에서 믿는 자들은 그의 종들이나 노예들이었다고 추측됩니다. 네로 시대에 나깃수라는 사람이 있었는데 그는 네로의 후계자에게 처형당하였습니다. 그는 네로의 측근이었습니다. 내가 이렇게 말할 때, 여러분은 그가 그다지 좋은 성품의 소유자는 아니었다고 결론지을 수 있을 것입니다. 그는 큰 부자였으며, 부한 만큼 악하였다고 전해집니다.

그런데 나깃수의 집의 넓은 방들이 불경스러운 노래들로 울려 퍼지고, 쾌락을 추구하는 폭음과 무절제한 방탕함으로 저택을 생지옥으로 만드는 한편, 종들의 방과 노예들의 기숙사에는 구원의 소금이 있었습니다. 아마도 층계 밑이나 종들이 잠자러 기어 들어갔던 작은 방에서 기도가 살아 계신 하나님께 드려졌을 것입니다. 주인은 그런 사실을 꿈도 꾸지 못하였을 때, 종들은 그 집 주위에서 예수 그리스도, 곧 그들이 하나님의 아들로 받들어 모신 구세주에게 찬송을 드렸습니다. 낮은 자를 높이고 부유하고 잘난 사람들을 버리는 선택적 사랑의 방침이 놀랍습니다.

목소리가 들릴 수 있는 지역 안에 악한 주인이 더러 있을 수 있습니다. 그 자신은 전혀 신앙이 없지만 그의 집 안에는 기도 중에 주님을 기다리는 사람들이 있을 것입니다. 여러분의 신발을 닦는 사람이 주님의 사랑을 받는 사람일 수 있는 반면, 그들을 부리는 여러분은 하나님도 없고 세상에서 소망도 없을 수 있습니다. 여러분의 집에 있는 하찮은 하녀가 주님을 경외하는 반면, 여러분은 주님을 찬송하는 것을 잊고 삽니다. 여러분은 무심코 받아들였지만 그는 천사가 되어 식탁에서 여러분을 시중듭니다.

몇 년 전 기억력을 상실한 왕을 자지 않고 기다리던 착한 사람이 있었습니다. 이 왕은 신사라고 불렸지만 다른 이름으로 부르는 것이 더 나을 것입니다. 그의 주인이 술 마시고 법석을 떠는 동안 이 사람은 그 지루한 시간에 하나님과 교제하고 있었고, 보스턴(Boston)의 「롯의 갈고리」와 같은 경건서적을 읽고 있었습니다. 오늘날에도 위대하고 악한 자들의 홀과 온갖 종류의 죄를 범하는 자들의 주거지에는 하나님께서 감추어 놓으신 자들이 있으며, 그들이 세상의 소금이 되어 그들의 주인이 저지르는 죄악을 대신하여 밤낮으로 하나님께 부르짖습니다. 이 모든 것에 대한 심판이 있을 것입니다.

경건한 자들이라고 언제나 무시당하지만은 않을 것이며, 황금덩어리들이 언제나 흙 속에 묻혀 있지만은 않을 것입니다. 오 주인들이여, 여러분의 천한 하인들이 영광의 면류관을 쓰고 여러분은 영원한 어둠 속으로 빠져 들어갈 때 여러분은 어찌 하겠습니까? 잘난 사람들이여, 여러분도 주님을 찾으십시오. 그리하면 주님께서 여러분을 만나 주실 것입니다.

12절을 봅시다. 거기서 여러분은 그리스도인들과 교제하던 한 가족을 볼 수 있습니다. "주 안에서 수고한 드루배나와 드루보사에게 문안하라." 나는 이들이 자매들이라고 생각합니다. 그들의 이름에서 여성임을 알 수 있습니다. 그들의 오라비들은 어디에 있었나요? 그들의 아버지는 어디에 있었나요? 그들의 어머니는 어디에 있었나요? "드루배나와 드루보사," 교회에서 이와 같은 자매들을 얼마나 자주 보는지 모릅니다. 그들은 겸손하고, 신실한 자매들이나 그들의 나머지 가족들은 하나님을 멀리 떠나 있어서 그들은 외롭게 보입니다! 오, 형제들이여, 여러분의 자매들만 외로이 천국에 보내지 마세요. 아버지들이여, 여러분의 딸들이 하나님의 자녀들이라면, 여러분 자신만 하나님의 원수로 남아 있지 마세요. 오 부모들이여, 여러분의 경건한 자녀들을 본받아 구세주를 영접하기로 결단하십시오!

서로 교제하며 계속하여 하늘나라로 나아가는 은혜로운 딸들이여, 여러분을 환영합니다! 주님께서 여러분으로 하여금 서로 위로하게 하십니다. 여러분이 온 누리에 거룩한 빛을 비추며 이 세상에서나 오는 세상에서 쌍둥이별처럼 빛나기를 축원합니다. 하늘 아버지의 집에서 여러분이 해야 할 일이 있습니다. 비록 여러분이 공중 앞에서 설교를 하도록 부르심을 받지는 않았지만 적당한 곳에서 여러분이 크게 환영을 받으며 "주 안에서 수고"하기를 축원합니다.

밑으로 내려가서, 15절에서 우리는 형제 자매인 "네레오와 올름바"를 보게 됩니다. 강한 남자와 연약한 여자가 이처럼 함께 협력하는 모습을 보는 것은 기분이 좋습니다. 그들은 자연의 들판에서 나란히 아름답게 성장하였고, 이제 은혜의 동산에서 함께 개화하였습니다. 경건한 형제와 자매의 교제는 아름다우며, 그들은 꽃다발 안에 있는 장미와 백합처럼 어울립니다. 하지만 그들에게 다른 식구들은 없었을까요? 그들의 집안에 다른 가족들은 없었을까요? 그들이 사랑하는 식구들과 함께 지내는데 영적인 곤란함은 없었을까요? 그들의 친척들이 그리스도 안에 있지 않았고, 그들의 나머지 식구들이 아직 생명책에 이름을 등록하지 않았기 때문에 틀림없이 그들은 자주 함께 기도하고 애통하였을 것입니다. 나의 사랑하는 친구들이여, 여러분이 네레오와 그의 자매처럼 연합하여 다른 형제와 자매를 위해 기도한다면 하나님께서 반드시 여러분의 기도를 들어주실 것입니다.

교회와 관련된 가족의 매우 아름다운 또 하나의 경우가 13절에 기록되어 있습니다. "주 안에서 택하심을 입은 루포와 그의 어머니에게 문안하라. 그의 어머니는 곧 내 어머니니라." 이는 어머니와 아들의 경우입니다. 나는 무리한 억측을 하고 싶지 않습니다. 하지만 이 의로운 여인이 그리스도의 십자가를 지고 갔던 구레네 사람 시몬의 부인이었다고 생각하는 것은 결코 무리한 억측만은 아닐 것입니다. 여러분은 마가가 "알렉산더와 루포의 아버지인 구레네 사람 시몬"(막 15:21)이라고 기록한 말씀을 기억할 것입니다. 분명히 이 두 사람은 당시 하나님의 교회에서 유명하였을 것입니다. 그래서 우리는 여기에 기록된 루포와 그의 어머니에 대하여 친숙합니다. 루포의 어머니가 시몬의 부인이었든 아니든, 그녀는 친절하고 의롭고 사랑스러운 심령의 소유자였던 것 같으며, 교회를 아름답게 꾸미고 위로를 줄 수 있는 귀한 부인들 중에 한 명이었던 것 같습니다.

바울이 루포의 어머니라고 부르면서 또한 "내 어머니" ― 그녀는 바울에게 어머니 같은 분이었다 ― 라고 말할 정도로 훌륭한 여인이었습니다. 이런 훌륭한 여인에게 "주 안에서 택하심을 입은" 훌륭한 아들들이 있었다는 것은 이상한 일이 아닙니다. 우리가 깊이 사랑하는 자들이 그들의 신앙과 더불어 자애롭고 밝은 성품을 지니고 있다면, 그들의 멋진 경건의 매력을 거부하기 힘듭니다. 경건한 여인이 부드러운 어머니일 때 그녀의 아들들, 곧 루포와 알렉산더가 예수 그리스도를 믿는다는 것은 당연한 일일 것입니다. 왜냐하면 그들의 어머니의 사랑과 모범을 보고 그들이 자연스럽게 예수님께로 나왔을 것이기 때문입니다.

루포와 알렉산더와 관련된 구전이 있습니다. 나는 그 책을 읽지는 못하였지만, 한 화가가 벨기에의 한 성당에다 선명한 색채로 그려놓은 것을 보았습니다. 그것은 연속된 그림이었는데, 그리스도께서 십자가를 지시고 예루살렘 거리를 지나시는 모습을 그렸습니다. 이 화가는 곡괭이와 삽을 들고 그리스도를 물끄러미 바라보는 한 시골 남자를 군중들 가운데 배치하였습니다. 그는 밭에서 일하고 마을로 들어가는 것처럼 보였습니다. 다음 그림에서 이 시골 사람은 구세주에게 가해진 잔인한 행위를 보고 분명히 눈물을 흘리고 있습니다. 그는 동정심을 강하게 나타내었는데 그 동정심이 어찌나 강하였는지 주님을 학대한 자들이 구경꾼들을 바라보다가 알아차리고 그에게 다가와 화를 낼 정도였습니다. 이 시골 사람의 두 아들, 알렉산더와 루포도 그 자리에 있습니다.

루포는 머리가 빨갛고 열정적이고 쾌활한 소년입니다. 십자가를 지고 가시는 가련한 구세주에게 동정심을 보였다는 이유로 이 거친 군인들 가운데 한 명이 루포의 빨간 머리를 때립니다. 다음 그림은 그 아버지가 끌려가서 강제로 십자가를 지는 장면입니다. 거기서 알렉산더는 아버지의 곡괭이를 들고 있고, 루포는 아버지의 삽을 들고 있습니다. 그들은 주 예수님을 가까이서 따라가면서 심히 불쌍히 여깁니다. 그들이 비록 십자가를 질 수는 없다 할지라도 적어도 아버지를 도와 아버지의 농구들을 대신 가져갈 것입니다.

물론 이러한 이야기는 구전에 불과합니다. 하지만 알렉산더와 루포가 그리스도의 십자가를 지고 가는 아버지를 보았다면, 그들도 역시 훗날에 십자가를 지신 주님의 제자가 되는 것을 영광으로 알았을 것입니다. 이에 바울이 루포의 이름을 기록하고 그가 훌륭한 사람이었다고 말하였던 것입니다. "주 안에서 택하심을 입은"이란 구절은 "주 안에서 훌륭한 사람"이라고 번역할 수도 있습니다. 그는 심오한 체험을 한 뛰어난 그리스도인이었으며, 모든 면에서 주목할 만한 부모님의 어울리는 후손이었습니다.

우리는 지금까지 그리스도와 관련된 가정들을 여러 가지 면에서 살펴보았습니다. 여기에 계신 모든 가정이 하늘에서나 땅에서나 예수님의 이름으로 일컬어지는 온전한 가정을 이루시기를 축원합니다. 여러분의 아들딸들, 여러분의 형제 자매들, 여러분의 종들과 친척보다 특히 여러분 자신이 예수님의 십자가를 지시기를 바라며, 주님 안에서 영원한 구원을 받으시기를 바랍니다.

우리가 보고 있는 이 흥미로운 말씀은 그리스도인들의 관심사가 무엇인지 보여 줍니다.

세속적인 사람들의 관심사는 매우 많고 전형적입니다. 어느 세속적인 공동체 안에 아주 중요한 한 가지 관심사, 곧 "사람이 얼마나 가치가 있는가"라는 물음이 있지요? 이 물음은 정확히 그리스도인들의 중요한 관심입니다. 하지만 세속적인 사람에게 그러한 물음은 "사람이 얼마나 많은 돈을 자기 서랍에 긁어모았느냐?"라는 뜻입니다. 사람이 세상에서 악한 방법으로 돈을 모을 수 있지만 그러나 아무도 그런 사실을 고려하지 않습니다.

배금주의자(拜金主義者)들의 가장 중요한 질문 하나는 "은행에 잔고가 얼마나 남아 있는가?" 하는 것입니다. 지금 바울이 인사를 하는 가운데 누구는 부유하고 누구는 가난하다는 말은 한마디도 하지 않았습니다. 우리 형제 빌롤로고는 일년에 만 파운드를 벌고, 우리 자매 율리아는 쌍두마차를 끈다고 말하지 않았습니다. 바울은 지위나 재산에 관심이 없었습니다. 다만 각 사람이 이런 것들을 가지고 하나님의 뜻을 이룬다고 말할 때를 제외하고는 바울은 이런 것들에 관심을 갖지 않았습니다. 그들이 정부의 요직(要職)을 차지하고 있다거나 명성이 있는 사람이라거나 혹은 좋은 가문에서 태어났다거나 하는 말을 바울은 조금도 하지 않았습니다. 바울의 관심사는 그리스도인으로서 그런 것들과는 거리가 멀었습니다.

그가 첫째로 소중하게 여긴 것은 교회를 위한 그들의 섬김이었습니다. 1, 2절에서 뵈뵈는 "겐그레아 교회의 일꾼이며, 여러 사람과 나의 보호자가 되었음이라"고 소개되었습니다. 섬길 수 있다는 것은 그리스도인들에게 고귀하고 영광스러운 일이며, 하나님의 교회를 위하여 가장 천한 일을 한다는 것은 가장 존귀한 것입니다. 하나님의 방법을 따라 영광을 얻고자 하는 사람은 누구나 낮아져야 하며, 자신을 많이 부인하는 일을 감당해야 하며, 큰 비난을 들을 각오를 해야 합니다.

거룩한 귀족의 계급에서 으뜸은 순교자들입니다. 왜냐하면 그들이 가장 많은 멸시를 당하였기 때문입니다. 순교자들은 가장 많은 고난을 받았기에 가장 많은 영광을 누리는 것입니다. 이러므로 뵈뵈는 그리스도의 귀족들의 이름을 등록한 황금명부에 그 이름이 새겨질 것입니다. 왜냐하면 그녀는 교회의 종(일꾼)으로서 가난한 자들과 궁핍한 자들을 구제하였기 때문입니다. 나는 그녀가 가난한 그리스도인들의 보호자가 되었을 것이며 여집사로서 구제하는 일을 하였으리라고 믿어 의심하지 않습니다. 옛날에는 궁핍한 할머니들을 교회가 부양하였으며, 그에 대한 답례로서 노인들이 아픈 신자들을 헌신적으로 돌보아 주었습니다. 오늘날에도 다시금 구제하는 일이 생겨나고, 그 옛 직분이 부활하면 좋겠습니다.

그리스도인들이 주목해야 할 특별한 관심사는 수고입니다. 성경을 조용히 살펴보고 6절을 읽어 보세요. "우리(개역개정판에는 '너희'로 번역됨: 역주)를 위하여 많이 수고한 마리아에게 문안하라." 성경에서 여섯 번째 마리아가 여기에 소개되었습니다. 그녀는 전력을 기울여 목회자를 도운 것 같습니다. "우리를 위하여 많이 수고한 마리아." 여기서 '우리'는 사도 혹은 나와 같은 사람을 말합니다. 마리아는 설교자를 몸소 뒷바라지한 쓸모 있는 여인이었습니다. 그녀는 하나님의 종의 삶이 소중하다고 믿었고, 많은 수고와 위험을 당하는 설교자를 마땅히 도와야 한다고 믿었습니다. 그녀가 바울과 그의 동역자들을 위해 무슨 도움을 주었는지 기록되지는 않았지만, "많은 수고"라고 말할 수 있을 만큼 그녀는 노력을 기울여 소중한 도움을 주었을 것입니다. 마리아의 사랑이 컸던 만큼 수고도 컸습니다. 그녀는 "주의 일에 더욱 힘쓰는 자"(고전 15:58)였습니다. 자매 마리아를 본받읍시다.

다음은 의로운 두 여자들, 드루배나와 드루보사를 따라가 봅시다. 이들은 "주 안에서 수고한"(12절) 사람들이라고 기록되었습니다. 그리고 버시는 "주 안에서 많이 수고하는"자라고 기록되었습니다. 사도가 이렇게 차별을 두었기 때문에 드루배나와 드루보사가 화를 냈으리라고 나는 생각하지 않습니다. 이것은 매우 솔직하고 숨김 없는 표현이었습니다. 처음 두 사람은 "수고하였지만" 버시는 "많이 수고하였습니다."

신자들의 영광에는 차별과 등급이 있으며, 이러한 차별과 등급은 섬김의 크기에 따라 매겨집니다. 그리스도를 위하여 수고하는 것은 영광이며, 더 많이 수고하는 것은 더 큰 영광입니다. 누구든지 교회에 등록하여 지위와 영광과 존경 받기를 원한다면, 그 방법은 이것입니다. 즉, 수고하고 더 많이 수고하는 것입니다. 버시는 아마도 노예였을 것이며, 먼 나라 페르시아에서 온 이방 족속이었을 것입니다. 하지만 그녀는 "사랑하는 버시"라고 불릴 만큼 훌륭한 성격을 가졌습니다. 지칠 줄 모르는 그녀의 성실함 때문에 그녀는 이처럼 좋은 말을 들은 것입니다. 자기를 부인하고 그리스도와 그의 뜻을 섬기는 것에 따라 신자들 가운데서 애정 어린 존경을 받습니다. 우리 모두 성령의 능력으로 말미암아 많은 수고를 할 수 있기를 축원합니다.

동시에 또 다른 관심사는 인격입니다. 내가 이미 말한 대로 13절에서 루포는 "주 안에서 훌륭한(개역개정판에는 '택하심을 입은'으로 번역)" 사람이라고 기록되어 있습니다. 이는 그가 택하심을 받은 사실을 말하는 것이 아닙니다. 왜냐하면 다른 모든 사람들도 택하심을 받았으니까요. 틀림없이 이 말씀은 그가 "주 안에서 훌륭한 사람"이었다는 사실을 의미합니다. 그는 특별히 마음씨 고운 인격의 소유자였으며, 경건한 사람, 하나님과 동행한 사람, 하나님의 일에 밝은 사람이었으며, 아는 것과 행동하는 것이 일치하는 사람이었습니다. 그에게 "문안하라"고 사도는 말합니다.

하나님의 교회에서 주목받고자 하는 사람은 진지한 인격을 갖추어야 합니다. 주님을 향한 거룩함이 있어야 하며, 믿음이 있어야 합니다. "믿음과 성령이 충만한 자"라는 말을 들어야 합니다. 이로써 성도들이 그를 기억할 것입니다. 다른 것으로는 안 됩니다.

아벨레는 "그리스도 안에서 인정함을 받은"(10절) 자라고 소개되었습니다. 이는 그가 시험을 통과하고 검증되었으며 체험을 가진 신자였다는 뜻입니다. 그리스도인들은 시험을 통과하고 신실하다는 증거가 있는 성도들을 존중합니다. 연단을 받은 성도들이 우리들 가운데서 존경을 받습니다. 아시다시피 교회라는 공동체에서는 인격이 주목받는 요소입니다.

그리스도인의 또 다른 관심사가 있습니다. 회심한 시점 때문에 교회 안에서 집중적인 관심을 받는 한 사람을 나는 여기서 봅니다. 15절에 나옵니다. "내가 사랑하는 에배네도에게 문안하라. 그는 아시아에서 그리스도께 처음 맺은 열매니라."

여러분은 이 말씀의 뜻을 아실 것입니다. 바울이 아시아에서 전도하기 시작했을 때 에배네도가 첫 번째로 회심한 사람이었습니다. 모든 사역자가 회심한 모든 사람들에게 특별한 애착을 느끼지만 그 중에서도 가장 애정이 가는 사람은 첫 번째로 회심한 사람입니다. 어떤 부모가 다른 자녀들보다 첫 아이를 소중히 여기지 않겠습니까? 나는 체험해 봤기 때문에 이렇게 말할 수 있습니다.

내가 복음을 전하기 시작할 무렵에 한 여성이 그리스도께 앞에 인도받았다고 최초로 고백하였는데 나는 그 여성을 지금도 생생하게 기억하고 있습니다. 지금 이 순간에도 그녀의 집이 눈앞에 어른거립니다. 그 집이 그림 같은 별장이었다고 말할 수는 없지만 그곳은 언제나 나의 관심을 끌 것입니다. 그 시골 여성이 회심하고 믿었다는 이야기를 들었을 때 나는 큰 기쁨을 느꼈습니다. 그녀는 회심한 지 얼마 후 폐결핵에 걸려 죽어서 하늘나라로 갔습니다. 그러나 그때 이후로 이십 명 혹은 일백 명의 회심한 사람들을 기억함으로 받는 위로보다 그녀를 기억하고 받는 위로가 더욱 큽니다. 그녀는 나의 목회를 인정해 주고 나의 어린 신앙에 용기를 준 첫 번째로 귀중한 인장(印章)이었습니다.

여러분 가운데 더러는 런던 파크 스트리트(Park street)에서의 나의 목회

첫 열매들이시기에 너무나도 소중한 분들이 계십니다. 여러분 가운데 일부가 이 성전에서 올해의 첫 열매가 되신 것을 나는 기쁘게 생각할 것입니다. 우리 모두는 여러분에게 상당한 관심을 가질 것입니다. 왜냐하면 그로 인해 우리 모두가 일년 내내 용기를 얻을 것이기 때문입니다. 만일 여러분이 바로 지금 주님을 찾고 싶은 마음이 생긴다면, 나는 언제나 여러분을 사랑으로 바라볼 것이며, 이름들로 가득한 본 장을 읽을 때마다 여러분을 생각할 것입니다. 내가 다른 때에 중생한 사람들을 고마워하는 만큼 오늘 밤에 거듭난 분들에게 고마워할 것입니다. 그만큼 내 마음이 여러분에게 진정으로 끌리기 때문입니다.

마지막으로 세 번째 대지는 이렇습니다. 이 긴 문단은 하나님의 교회 안에 존재하는 ─ 반드시 존재해야 함 ─ 총체적인 사랑을 보여 줍니다.

첫째, 전체 문맥은 로마에 있는 성도들과 형제들을 향한 사도의 사랑을 보여 줍니다. 사도가 그들을 진실로 사랑하지 않았다면 고생을 감수하면서까지 이 편지를 그들에게 보내지 않았을 것입니다. 이 같은 사실은 초대교회 당시에 그리스도인들에게 서로에 대한 충만한 사랑이 있었다는 것을 보여 줍니다. 그들은 서로 문안하고, 거룩하게 입맞춤으로 뜨거운 사랑을 표현하였습니다. 만일 겉으로 표현하고 싶은 내면의 무언가가 없었다면 그들이 결단코 이런 외형적인 몸짓을 하지 않았을 것입니다.

나는 그리스도인의 사랑이 모든 그리스도인들 가운데 더욱 널리 퍼지기를 간절히 바랍니다! 누군가 "아, 그런 일은 조금도 없을 거예요"라고 말합니다. 나의 친구여, 나는 참으로 당신을 잘 압니다. 당신은 사랑이 없는 까닭에 다른 사람들에게 영원히 투덜거릴 사람입니다. 당신의 진실은 사랑이 없다는 것입니다. 내가 언제나 깨닫는 사실은 그리스도인들에게 사랑이 없다고 말하는 사람들이 자기 마음대로 편안하게 생각한 것을 가지고 판단한다는 사실입니다.

그리스도인들을 사랑하는 사람들은 그리스도인들이 서로 사랑한다고 믿습니다. 그리스도인들에 대한 사랑의 마음을 가진 사람은 비록 "더 많은 사랑이 있었으면" 하고 말하겠지만, 결단코 조금도 없다고 말하지는 않을 것입니다. 그리스도인들에게 사랑이 없다는 것은 거짓말입니다. 우리는 지금도 서로 사랑합니다. 그리고 하나님의 성령께서 우리를 도와주신다면 우리는 하나님의 은혜로써 사랑을 더 많이 나타낼 것입니다.

본문에 따르면, 초대 그리스도인들이 실제적인 도움을 줌으로써 서로에게 사랑을 표현하곤 했다는 사실을 주목하십시오. 바울은 뵈뵈를 추천하면서 2절에서 "너희는 주 안에서 성도들의 합당한 예절로 그를 영접하고 무엇이든지 그에게 소용되는 바를 도와줄지니 이는 그가 여러 사람과 나의 보호자가 되었음이라"고 말하였습니다. 여기서 도와줄 일은 교회 일이 아니라 뵈뵈 자신의 일이었다고 나는 생각하지 않습니다. 그녀에겐 거둬들인 돈이 있었을 것이며, 강제로 세금을 징수하는 세무서에 불평을 하였을 것입니다. 뵈뵈의 사정이 어떠했는지 나는 모릅니다. 바울이 우리에게 말하지 않은 것이 좋습니다. 다른 사람의 일을 우리에게 말해 주는 것은 바울의 임무가 아니기 때문입니다. 어쨌든 무엇이든지 로마의 그리스도인이 도울 수만 있다면 도와야 했습니다.

우리가 우리의 그리스도인 형제들을 어떤 모양으로든 도울 수 있다면 우리는 힘이 미치는 한 힘써 도와야 합니다. 우리의 사랑이 말로만 그쳐서는 안 됩니다. 그렇다면 우리의 사랑은 공기처럼 허울뿐일 것입니다. 주의하십시오. 여러분이 형제들의 보증인이 되어 주거나 형제들을 위해 수표에 배서해 주라고 부르심을 받지 않았습니다.

누구에게도 보증을 서지 마세요. 왜냐하면 성경에 보증을 서지 말라고 분명히 말씀하고 있기 때문입니다. "타인을 위하여 보증이 되는 자는 손해를 당하여도 보증이 되기를 싫어하는 자는 평안하니라"(잠 11:15). 나는 일부 형제들이 이에 대한 성경의 교훈을 지혜롭게 생각하므로 엄청난 고통을 당하지 않았으면 좋겠습니다. 하지만 여러분의 동료 그리스도인들을 위하여 여러분이 합법적으로 도와주십시오. 주님은 모두의 주님이시므로 주님에 대한 사랑으로 서로 도와주세요. 서로 짐을 져 주세요. 그리하므로 그리스도의 계명을 완성하십시오.

우리는 서로 사랑을 보여 주어야 합니다. 심지어 큰 희생을 치르더라도 그리해야 합니다. 4절에서 사도는 브리스가와 아굴라에 대하여 "내 목숨을 위하여 자기들의 목까지도 내놓았나니"라고 말하였습니다. 그들은 커다란 위기를 무릅쓰고 사도를 구하였습니다. 우리 교회 안에도 그런 사랑이 여전히 존재합니다. 사람들이 이 사실을 부인하지만 나는 진실을 알고 있습니다. 만일 목회자의 목숨을 구할 수만 있다면 자신들이 그를 대신하여 기꺼이 죽어 줄 수 있다고 진실하게 말할 수 있는 그리스도인들을 나는 알고 있습니다. 목사인 나를 데려가시느니 차라리 자신들을 데려가 달라고 기도하는 입술들을 나는 알고 있습니다.

여러분의 담임목사가 위험에 처하였을 때, 여러분 가운데 많은 분들이 자신의 목숨으로 목사의 목숨을 대신할 수 있다면 아낌없이 하나님 앞에 자신의 목숨을 드리겠노라고 충성스럽게 선언하였습니다. 그리스도인들은 지금도 여전히 서로 사랑하고 있으며, 서로를 위해 여전히 희생을 치르고 있습니다. 내가 여러분 가운데 많은 분들을 칭찬하는데, 여러분은 말로만 목사를 사랑하지 않고 행함과 진실로 사랑하고 있습니다. 이에 대하여 주님께서 여러분에게 상 주시기를 축원합니다.

당시 그리스도인의 사랑은 그리스도를 위하여 고난을 받은 성도들에 대한 강한 존경으로 나타났습니다. 7절을 읽어 보세요. 바울은 안드로니고와 유니아가 자신과 함께 감옥에 갇혔으며, 이 때문에 특별한 어조로 그들에 대하여 말합니다. 초대 그리스도인들은 그리스도를 위해 감옥에 갇힌 자, 순교자, 혹은 거의 순교당할 뻔하다가 살아난 성도를 가장 존경하였습니다. 따라서 이렇게 고난을 당하는 교인들이 상당히 많았습니다.

그리스도인들이 순교를 각오하고 감옥에 갇힌 동안 교인들은 상당한 존경심을 가지고 그들을 격려하였습니다. 요즈음 누군가 그리스도를 온전히 따른다는 이유로 비웃음거리가 되거나 정직하게 진리를 증거한다는 이유로 조롱을 당할 때, 그를 부끄럽게 여기지 말고 그에게 등을 돌리지 맙시다. 그런 사람이 여러분에게 갑절의 존경을 기대하지 않을지라도 여러분이 그와 어깨를 나란히 해 주며 그가 그리스도 주님을 위해 받아야 하는 비난을 부끄러워하지 않기를 요구할 것입니다.

초대교회 당시에는 가장 먼저 고난을 받은 사람들이 가장 먼저 사랑과 존경을 받았습니다. 그들은 죽음을 선고받은 사람에게 그들이 한 형제들임을 반드시 고백하였습니다. 역으로, 사도 시대의 그리스도인들이 우리 개신교도의 선조들이 영국에서 했던 관습을 행하곤 하였습니다. 사형당하는 순교자가 있으면, 교회의 젊은이들이 가서 눈물을 흘리며 그가 죽는 모습을 지켜보았습니다. 이에 대하여 여러분은 어떻게 생각하십니까?

그것은 비난을 받는 도를 배우기 위함이었습니다! 그들 중에 한 청년의 아버지가 "도대체 몰래 빠져나가 목사가 화형당하는 장면을 보는 이유가 무엇이냐?"고 그에게 묻자 그는 "아버지, 이런 도를 배우기 위해 그렇게 했습니다"라고 했습니다. 그가 순교의 도를 잘 배운 결과 그의 차례가 되자 그는 자신의 담임목사가 행한 대로 불꽃으로 타올랐고 하나님 안에서 영광스럽게 승리하였습니다. 젊은이여, 비난을 받는 도를 배웁시다. 비방과 빈정거림을 당한 그들을 바라봅시다. 그리고 "그래, 내 차례가 될 때 비방받는 법을 내가 배우리라. 하나님께서 나를 도우시므로 내가 진리를 성실하게 그리고 담대하게 변호하리라"고 말합시다.

또한 초대교회는 언제나 일꾼들을 사랑하고 존경하였습니다. "우리(너희)를 위하여 많이 수고한 마리아"라고 바울은 말하였습니다. 그리고 바울은 수고한 사람들에 대하여 깊은 애정을 가지고 거듭거듭 말하였습니다. 우리도 남녀를 막론하고 그리스도를 위하여 많이 수고하는 사람들을 많이 사랑해야 합니다. 내가 알고 있는 어떤 사람들은 누군가 다른 사람보다 조금 더 많이 일할 경우 곧바로 그의 흠을 들추어내기 시작합니다. "아무개 씨가 매우 열심인데, 아주 멋져! 그리고 아무개 부인, 하나님께서 그녀를 축복하실 거야, 하지만 그게 그러네."

그들은 명확히 할 말이 없기 때문에 어깨를 으쓱하며 비꼬아 말합니다. 이는 바울의 정신과 반대입니다. 바울은 거룩한 수고를 인정하고 칭찬해 주었습니다. 사랑하는 친구들이여, 남의 흠을 들추지 마세요. 이는 소매치기하는 것만큼 나쁜 짓입니다. 여러분이 잘할 수 있을 때까지 잠잠하십시오! 하나님의 은혜를 받은 남자나 여자는 완전하다고 여러분은 지금껏 그렇게 알았습니까? 하나님께서 설령 완전한 도구들로써 일을 하신다 할지라도, 그 도구들이 받을 영광은 일부분입니다. 우리 모두 완전하지 못하다는 사실을 받아들이세요.

여러분이 이 사실을 받아들이면 여러분은 하나님을 열심히 섬기는 사람들을 사랑하게 될 것이며, 누군가 여러분이 듣는데서 그들을 비방하는 말을 못하도록 막을 것입니다. 누군가 섬기는 사람들을 트집잡을 때 즉시 "하나님께서 그들을 받으십니다. 하나님께서 받으시는 사람들을 나는 감히 경멸할 수 없소"라고 말함으로써 그들의 입을 막아 버리세요.

한편, 바울 당시에 그리스도인들은 모든 성도들을 사랑했지만 그들은 누군가를 특별히 사랑했습니다. 본 장을 읽어 내려가다 보면 "내가 사랑하는 에배네도," "주 안에서 내 사랑하는 암블리아," "나의 사랑하는 스다구," "그리스도 안에서 우리의 사랑하는(개역개정판에는 '동역자인'으로 번역됨: 역주) 우르바노"라고 한 바울의 말을 볼 수 있습니다. 이 모든 이들은 바울이 특별히 존중한 사람들이었습니다. 바울이 다른 사람들보다 더 좋아한 사람들이 있었습니다. 그러므로 어떤 그리스도인들이 다른 그리스도인들보다 더 훌륭하다고 여러분 스스로 판단하여 그들을 더욱 사랑하게 된다 할지라도 여러분 자신을 자책해서는 안 됩니다. 왜냐하면 주님 자신도 다른 제자들보다 더 사랑한 제자가 있었기 때문입니다.

나는 주님의 백성을 모두 다 사랑하기를 바랍니다. 하지만 그들 가운데는 내가 별로 알지 못하면서도 내가 가장 사랑할 수 있는 사람들이 있는가 하면, 한동안 보이지 않으면 내 마음이 아주 편안해지는 그런 사람들이 있습니다. 하늘나라에서는 함께 편안하게 지낼 수 있지만 땅에서는 그들과 함께 지내는 것이 너무나도 고통스러운 그런 사람들이 있습니다. 물론 그런 사람들이라도 여러분은 성도로 받아들이겠지요. 하나님께서 그런 사람들을 받아 주시기에 여러분도 그렇게 해야 합니다. 이렇게 괴팍한 사람들이 있으므로 그들의 방식에 사사건건 간섭하여 그들을 짜증나게 하지 마세요. 그들을 그냥 내버려두세요. 그들을 간섭하지 말고 그들과 화평을 이루세요.

또한 초대교회 당시 그리스도인들은 영적인 생활을 먼저 한 사람들을 존경하는 경향이 있었습니다. 바울은 자신보다 앞서 그리스도 안에 있었던 사람들을 천거하였습니다. 가장 오랫동안 그리스도 안에서 생활한 사람들, 수년 동안 시험을 이겨낸 사람들, 연로하신 교인들, 그리고 장로님들과 권사님들에게 깊은 존경심을 가질 수 있게 되기를 나는 바랍니다. 노인 공경은 당연한 의무이며, 아울러 앞선 분들을 존경하는 것은 우리의 특권입니다. 어른

들을 존경하는 미덕이 우리 가운데 항상 있어야 합니다.

마지막으로 드릴 말씀은 이것입니다. 우리가 모든 그리스도인들을 사랑한다는 것은 좀처럼 눈에 띄지 않고 미천한 교인들까지도 사랑하는 것을 말합니다. 사도는 "아순그리도와 블레곤과 허메와 바드로바와 허마와 및 그들과 함께 있는 형제들에게 문안하라"(14절)고 말합니다.

많은 사람들이 "이 성도들이 누구입니까?"라고 궁금해하는군요. "그들이 과연 누구였습니까? 이 사람들이 무슨 일을 하였습니까? 이게 전부입니까? 빌롤로고, 그가 누구였습니까? 그리고 올름바는 누구였습니까? 우리는 이런 성도들에 대하여 아는 것이 거의 없습니다."

그들은 대부분의 우리들처럼 평범한 사람들이었습니다. 하지만 그들은 주님을 사랑하였습니다. 그래서 바울은 그들의 이름을 기억하고 사랑의 편지를 그들에게 보냈고 이 편지가 성경에 기록된 것입니다. 오로지 뛰어난 그리스도인들만을 생각하므로 주님의 군대의 졸병들을 잊지 맙시다. 일등 신자에게만 눈길을 주지 말고 그리스도께서 사랑하시는 모든 사람들을 사랑합시다. 그리스도의 모든 종들을 귀하게 여깁시다. 마귀에게 가장 큰 사랑을 받는 것보다 하나님의 개가 되는 것이 더 낫습니다. 가장 위대한 죄인이 되는 것보다 가장 미천한 그리스도인이 되는 것이 더 낫습니다. 그리스도께서 그들 안에 계시고 그들이 그리스도 안에 있으며 여러분이 그리스도인이라면, 여러분의 마음을 그들을 향해 여십시오.

이제 마지막으로, 우리 주 예수 그리스도를 사랑하는 모든 이들에게 은혜와 자비와 평화가 있기를 바랍니다. 우리는 주님의 백성들 가운데 하나됨과 사랑이 있도록 노력할 것입니다. 평강의 하나님께서 얼마 안 있어 사탄을 우리의 발로 짓밟게 해 주실 것입니다. 그러므로 우리가 꾹 참고 견딜 수 있기를 바랍니다. 아직 주님의 백성들 가운데 등록하지 않은 분들은 예수 그리스도를 믿고 그분의 영광 가운데로 나아오기를 바랍니다.

● **독자 여러분들께 알립니다!**

'**CH북스**'는 기존 '**크리스천다이제스트**'의 영문명 앞 2글자와
도서를 의미하는 '**북스**'를 결합한 출판사의 새로운 이름입니다.

스펄전
신약 인물 설교

**1판 1쇄 발행** 2005년 5월 25일
**2판 1쇄 발행** 2020년 6월 5일
**2판 2쇄 발행** 2023년 8월 30일

**발행인** 박명곤  **CEO** 박지성  **CFO** 김영은
**기획편집** 채대광, 김준원, 박일귀, 이승미, 이은빈, 강민형, 이지은
**디자인** 구경표, 구혜민, 임지선
**마케팅** 임우열, 김은지, 이호, 최고은
**펴낸곳** CH북스
**출판등록** 제406-1999-000038호
**전화** 070-4917-2074  **팩스** 0303-3444-2136
**주소** 서울시 강서구 마곡중앙6로 40, 장흥빌딩 10층
**홈페이지** www.hdjisung.com  **이메일** support@hdjisung.com
**제작처** 영신사

ⓒ CH북스 2020

※ 이 책은 저작권법에 따라 보호받는 저작물이므로 무단 전재와 복제를 금합니다.
※ 잘못 만들어진 책은 구입하신 서점에서 교환해드립니다.
※ CH북스는 (주)현대지성의 기독교 출판 브랜드입니다.

# "크리스천의 영적 성장을 돕는 고전"
## 세계기독교고전 목록